21世纪汉语言专业规划教材
专题研究教材系列

# 实验语音学概要

## （增订版）

（初　版）吴宗济　林茂灿　主编
　　　　　吴宗济　林茂灿　鲍怀翘
　　　　　杨顺安　颜景助　许　毅　编著

（增订版）鲍怀翘　林茂灿　主编
　　　　　鲍怀翘　李蕙心　林茂灿　李爱军　杨玉芳
　　　　　蔡丹超　吕士楠　曹　文　于　萍　王英利　编著

北京大学出版社
PEKING UNIVERSITY PRESS

## 图书在版编目(CIP)数据

实验语音学概要/鲍怀翘,林茂灿主编. —增订本. —北京:北京大学出版社,2014.9
(21世纪汉语言专业规划教材·专题研究教材系列)
ISBN 978-7-301-24438-8

Ⅰ.①实… Ⅱ.①鲍… ②林… Ⅲ.①实验语音学—研究生—教材 Ⅳ.①H017

中国版本图书馆 CIP 数据核字(2014)第 144604 号

| | |
|---|---|
| 书　　　　名: | 实验语音学概要(增订版) |
| 著作责任者: | 鲍怀翘　林茂灿　主编 |
| 责 任 编 辑: | 周　鹂 |
| 标 准 书 号: | ISBN 978-7-301-24438-8/H·3548 |
| 出 版 发 行: | 北京大学出版社 |
| 地　　　　址: | 北京市海淀区成府路 205 号　100871 |
| 网　　　　址: | http://www.pup.cn　新浪官方微博:@北京大学出版社 |
| 电 子 信 箱: | zpup@pup.cn |
| 电　　　　话: | 邮购部 62752015　发行部 62750672　编辑部 62752028　出版部 62754962 |
| 印 刷 者: | 涿州市星河印刷有限公司 |
| 经 销 者: | 新华书店 |
| | 787 毫米×1092 毫米　16 开本　35.25 印张　插页 1　932 千字 |
| | 1989 年 1 月第 1 版 |
| | 2014 年 9 月第 2 版　2023 年 3 月第 3 次印刷 |
| 定　　　　价: | 72.00 元 |

未经许可,不得以任何方式复制或抄袭本书之部分或全部内容。
版权所有,侵权必究
举报电话: 010-62752024　　电子信箱: fd@pup.pku.edu.cn

# 增订版前言

《实验语音学概要》编成于1987年，1989年由高等教育出版社出版，至今已25个年头了。25年来随着改革开放的进程，我国的语音研究也从当时"有一定的发展"到现在得到了飞速的发展。语音学的基础理论研究和应用技术开发、推广等各方面已与世界语音学领域相衔接；一批中青年语音学家站在语音研究的前沿，活跃在世界舞台上，已成为我国语音研究领域的中流砥柱。

今次，应北京大学出版社的邀请，《实验语音学概要》得以增订再版，说明这本书至今仍有其生命力。可惜原书主编之一、我国现代语音学的开拓者吴宗济先生离开我们已四个年头了。吴宗济先生"是国内外语音学界倍受尊敬的著名语音学家，中国实验语音学的奠基人。在70余年的学术生涯中，作为一位视野广阔的学者，他潜心于汉语语音的基础理论研究和应用研究，致力于中国现代语音学的发展，留下了丰富的著述，对中国语言学、特别是现代语音学的发展做出了杰出的贡献"（曹剑芬）。吴先生生前十分关注《实验语音学概要》的再版工作，但由于各种条件制约，未能如愿。今天本书得以再版，以此告慰吴先生在天之灵，并表达我们对他的深切怀念之情。

本次增订再版有两个宗旨：其一是尽量保持原版的风貌，不做实质性的改动，仅就各章之间的体例做些规整，如音标符号、函数符号和缩略符号等尽可能统一；改正明显的错字错句；补齐正文中提到的参考资料等。各章之间某些观点、提法和公式可能有出入，考虑到这些都代表了当时作者的认识水平，因此保持了原貌。如对雷诺数的表述在第二章与第三、六章有差别，这源于引用出处的不同，所以没有改动；原版图版（语图）部分由于当时条件所限不很清晰，这次重印更受到影响，但考虑到这些语图与相应的正文有关，不好重新录制语图，不能不说是憾事一桩。其二是要编写反映近20年来语音学本体及其相关应用学科发展现状的文章，汇集成《实验语音学概要》的"续编"。这是一个很大的题目，牵涉面很广，每个子学科都可以写成一本专著，但考虑到作为原书的"续编"，在文字数量上又不能喧宾夺主。最后经参与写作的各位老师商定，只描述各子学科在理论研究、技术应用方面主要的新观点、新方法，并开列出相应的参考书目。其目的是让读者了解语音学各领域的最新成果，希望能起到指向标的作用。

"续编"主要负责人是鲍怀翘，并负责原版的校改工作。参与"续编"写作的有：

| | | |
|---|---|---|
| 第一章 | 语音音段的生理和声学分析及相关理论 | 鲍怀翘 |
| 第二章 | 声调区别特征 | 李蕙心 |
| 第三章 | 汉语语调 | 林茂灿 李爱军 |
| 第四章 | 语音库的收集与标注 | 李爱军 |
| 第五章 | 言语知觉 | 杨玉芳 蔡丹超 |
| 第六章 | 语音合成和识别 | 吕士楠 |
| 第七章 | 第二语言教学与习得中的语音研究 | 曹文 |

第八章　语言病理学　　　　　　　　　　　　于　萍
第九章　语音同一认定　　　　　　　　　　　王英利

　　受邀担任"续编"编写任务的都是当今活跃在各领域中的资深学者，他们在百忙中挤出时间按时完成编写任务，对此我们表示衷心感谢。由于他们的参与，使《实验语音学概要》再版蓬荜生辉，在学术价值上提升了一大步，相信必将受到读者的欢迎。当然，本书在校改过程及新增的"续编"中可能有疏漏和错误，敬请读者提出批评指正！

　　北京大学出版社承担了繁重的编辑任务。由于原书在体例等方面问题较多，很多图表模糊不清，所以增加了编辑校对的难度。这次增订再版不仅在文字、符号方面做了认真校对改正，有些模糊的线条图也进行了重画，这使这本书的科学性、可读性都得到了提高。我们对出版社及责任编辑做出的贡献表示深切的感谢和敬意。

鲍怀翘　林茂灿
2014 年夏于北京

# 初版前言

语音学是语言学的一个分支。近二三十年来，语音学确实取得了很大的进展。这些进展的主要推动力在于通信工程要求寻找语音的最本质成分，在于认知科学需要研究语音产生和语音知觉的机理，还在于智能计算机要求研制高质量的语音合成和语音识别系统。当然，语音学的发展还与有关言语病理科学密切相关。现在的语音学已成为与语音有关的许多学科所必不可少的重要组成部分。

数字计算机和数字信号处理技术进入语音学研究领域，使语音学的研究手段和方法发生了革命性的变化。现在，语音学各个部分的研究几乎都离不开各种实验仪器，都要采用种种实验方法，当然，它更离不开计算机。现在的语音学越来越像是一门实验科学。

这几年，我国的语音学研究和言语工程学研究都有一定的发展。语音学工作者和言语工程学工作者都希望有一本从实验角度阐述语音学的著作。我们大胆地做这样的尝试，编写了这本书——《实验语音学概要》。这本书包括正文十章和两个附录，共十二部分。吴宗济撰写第一、六和十等三章，林茂灿撰写第四、七和九等三章，鲍怀翘撰写第三、五等两章，杨顺安撰写第二章和附录二，颜景助撰写附录一，许毅撰写第八章。本书各章都尽可能多地吸取国内外语音学，尤其是关于汉语普通话方面的近期实验研究成果。现在的语音研究，事实上已离不开科学实验，一般较新的语音学著作都不言而喻地包括了实验语音学的内容。本书以"实验语音学"命名，在于突出语音实验在语音学中的地位。当然，目前人们对语言代码的认识还相当肤浅，语音学还在发展，本书的目的在于抛砖引玉，希望今后有更高水平的这方面专著问世。

本书各章的主要内容曾在一个讲习班上讲授过，后来油印成《实验语音学讲义》。各方面同行对讲义提出了不少有益的意见。北京大学中国语言文学系林焘教授和他所领导的语音实验室的同志们对讲义提出了许多宝贵意见。我们在此表示感谢。

由于我们学识水平有限，编写时间仓促，应该收入本书的研究成果可能有所遗漏，敬请有关同志原谅；书中一定还有不少缺点和错误，敬请读者批评指正。

吴宗济　林茂灿<br>
1987 年 10 月于北京

# 目 录

第一章 实验语音学的过去、现在与未来 ............................................. 1
 1.1 实验语音学是一门综合学科 ............................................. 1
 1.2 实验语音学发展的几个阶段 ............................................. 2
 1.3 今天的语音学 ............................................. 9
 1.4 我国语音实验研究概况 ............................................. 10

第二章 语音的物理基础 ............................................. 14
 2.1 振动系统 ............................................. 14
 2.2 声波的基本特性 ............................................. 17
 2.3 声波传播过程中的一些现象 ............................................. 21
 2.4 声波在管道中的传播 ............................................. 24
 2.5 噪声 ............................................. 29
 2.6 声音的频谱 ............................................. 30

第三章 语音产生的生理基础 ............................................. 35
 3.1 声门下系统 ............................................. 35
 3.2 喉 ............................................. 37
 3.3 共鸣腔 ............................................. 48
 3.4 语音产生的空气动力学说 ............................................. 52

第四章 语音知觉的心理基础 ............................................. 58
 4.1 人的听觉系统 ............................................. 58
 4.2 听觉的感受性 ............................................. 65
 4.3 掩蔽效应 ............................................. 71
 4.4 响度 ............................................. 76
 4.5 音高 ............................................. 80

第五章 元音 ............................................. 85
 5.1 元音的舌位模型 ............................................. 85
 5.2 普通话单元音的生理分析 ............................................. 89
 5.3 元音产生的声学理论 ............................................. 95
 5.4 元音声学分析 ............................................. 102
 5.5 复合元音的声学分析 ............................................. 116
 5.6 元音的紧/松问题 ............................................. 118

- 5.7 鼻化元音 …… 120
- 5.8 卷舌元音 …… 122
- 5.9 元音感知 …… 125

## 第六章 辅音 …… 131
- 6.1 辅音的特点 …… 131
- 6.2 辅音生理分析 …… 133
- 6.3 辅音声学分析 …… 138
- 6.4 辅音声学特征与生理特征的关系 …… 147
- 6.5 普通话辅音的声学参量和调音部位 …… 149

## 第七章 声调 …… 170
- 7.1 普通话声调的声学分析 …… 170
- 7.2 普通话变调的声学分析 …… 178
- 7.3 声调的知觉 …… 185
- 7.4 声调的产生 …… 196
- 7.5 音段和基频 …… 204

## 第八章 音节和音联 …… 214
- 8.1 关于音节的定义 …… 214
- 8.2 普通话音节的一般结构 …… 215
- 8.3 普通话音节的声学语音学结构框架 …… 215
- 8.4 普通话声母的语音结构 …… 218
- 8.5 普通话韵母的语音结构 …… 225
- 8.6 声母与韵母的相互作用 …… 230
- 8.7 音联——语音单元之间的连接和分界 …… 232

## 第九章 词重音 …… 242
- 9.1 英语重音的实验研究 …… 242
- 9.2 汉语普通话的词重音 …… 253

## 第十章 区别特征 …… 276
- 10.1 区别特征学说的起源和发展 …… 276
- 10.2 各家的区别特征理论 …… 277
- 10.3 超音段的区别特征 …… 288
- 10.4 汉语普通话的区别特征系统 …… 291

## 附录一 常用的语音实验仪器装置和使用方法 …… 301
- A1.1 研究语音生理特性的仪器装置和使用方法 …… 301
- A1.2 研究语音声学特性的方法和仪器 …… 309

A1.3　语音实验仪器的应用 ·················································· 332

**附录二　计算机在语音学研究中的应用** ·········································· 335
　　A2.1　语音信号数字处理的基础知识 ········································ 335
　　A2.2　语音信号的时域分析 ·················································· 341
　　A2.3　快速傅里叶变换和倒频谱分析 ········································ 347
　　A2.4　线性预测技术 ·························································· 351
　　A2.5　语音合成技术及其在语音感知研究中的应用 ························ 358
　　A2.6　计算机的语言输入和语音输出 ········································ 364

**中英名词对照** ······································································ 368
**图　版** ············································································ 379

# 续　编

**第一章　语音音段的生理和声学分析及相关理论** ······························ 397
　　1.1　导言 ······································································ 397
　　1.2　语音生理研究 ··························································· 397
　　1.3　语音声学研究 ··························································· 412
　　1.4　语音产生理论（The theory of speech production） ··············· 422
　　1.5　协同发音（Co-articulation） ········································· 426
　　1.6　关于语音量子理论（Quantal Nature of Speech，QNS） ········· 432

**第二章　声调区别特征** ··························································· 444
　　2.1　平调的区别特征 ························································ 444
　　2.2　曲折调的区别特征 ····················································· 448
　　2.3　声调之音段与超音段的表达 ·········································· 449
　　2.4　结论 ······································································ 451

**第三章　汉语语调** ································································ 453
　　3.1　赵元任语调学说 ························································ 454
　　3.2　功能语调 ································································ 454
　　3.3　汉语表情语调 ··························································· 459
　　3.4　汉语语调研究任重道远 ················································ 464

**第四章　语音库的收集与标注** ··················································· 468
　　4.1　语音数据库分类 ························································ 468
　　4.2　语音数据库制作规范 ··················································· 468

4.3　语音库的标注 ………………………………………………………………… 471
　　4.4　语音库收集的新方向与挑战 ………………………………………………… 475

**第五章　言语知觉** ……………………………………………………………………… 477
　　5.1　音段知觉 ……………………………………………………………………… 477
　　5.2　词汇的切分和识别 …………………………………………………………… 480
　　5.3　言语知觉的神经生物学基础 ………………………………………………… 483

**第六章　语音合成和识别**
　　　　　——语音学在言语工程技术中的应用 …………………………………… 489
　　6.1　史的叙述 ……………………………………………………………………… 489
　　6.2　语音合成的计算机模型 ……………………………………………………… 495
　　6.3　语音合成技术现状和展望 …………………………………………………… 497
　　6.4　语音识别 ……………………………………………………………………… 498
　　6.5　总结 …………………………………………………………………………… 501

**第七章　第二语言教学与习得中的语音研究** ……………………………………… 503
　　7.1　二语教学语音研究的基础：对比分析 ……………………………………… 503
　　7.2　偏误分析和中介语理论 ……………………………………………………… 504
　　7.3　二语语音习得的语言学模型 ………………………………………………… 505
　　7.4　二语语音习得的认知模型 …………………………………………………… 507
　　7.5　二语习得韵律研究 …………………………………………………………… 509
　　7.6　实验语音学在对外汉语教学中的应用研究及其他 ………………………… 511

**第八章　语言病理学** …………………………………………………………………… 518
　　8.1　言语障碍 ……………………………………………………………………… 518
　　8.2　腭裂语音 ……………………………………………………………………… 522
　　8.3　听觉性言语障碍 ……………………………………………………………… 523
　　8.4　语言障碍 ……………………………………………………………………… 525

**第九章　语音同一认定** ………………………………………………………………… 529
　　9.1　语音同一认定的客观依据 …………………………………………………… 529
　　9.2　语音特征 ……………………………………………………………………… 531
　　9.3　语音同一认定的基本方法 …………………………………………………… 541
　　9.4　说话人自动识别 ……………………………………………………………… 544

**中英名词对照** …………………………………………………………………………… 547

# 第一章　实验语音学的过去、现在与未来

## 1.1　实验语音学是一门综合学科

实验语音学是传统语音学的一个分支，它是为探求语音的本质而发展起来的。早期并无所谓实验语音学，只是由于语言研究的需要，产生了语音实验的一些手段。为了揭示人类语音的真相，而采用了别的学科中的一些方法和器械，主要是利用医学上的器械做些分析，来补充听觉的不足。直到20世纪中期，随着电子设备、声学仪器、电子计算机等的发展，再加上从语音实验中发现了若干对语音现象新的认识，大大补充、刷新了传统语音学的内容；又因为语音的研究不仅限于语言学，凡与人类说话有关的许多学科，都直接、间接地需要一定的语音知识，于是相互渗透，使语音实验的范围越来越扩大，内容越来越丰富，就逐渐形成了一门综合学科。但是，这门学科现在还无法定型，因为还有若干新学科可能会加入。不过迄今为止，它已经成为与人类语言有关的许多学科中不可缺少的一个内容，当然，它的范围和内容视各学科的需要而各有侧重。一些先进国家的大学和科研机构，为了满足国防和生产上的需要，为了探索更深的语音现象和规律，也纷纷设立了实验语音学的专业，逐渐使这门学科有了明确的地位，既扩大了领域，又有了细致的分工，这使这门学问成为一门崭新的综合学科。

要把现代实验语音学的研究范围用短短的篇章说清楚是不容易的。首先，因为研究对象是人的语音，所以凡是与人的语言有关的方面都可以是它的对象。其次，它所用的实验方法五花八门，牵涉到好多学科，例如语音的生理分析，就得把人的发音生理器官及其功能一一摸清楚，而发音器官的大部分是隐藏在体内的，就得用许多直接和间接的测验工具来研究。再如语音的声学方面，关系到语音的四态：音色、音高、音强和音长，又得用通用的或特制的仪器来测验、记录和分析。再次，人的语音和听觉、思维的种种关系，都对语音起着支配作用，于是言语知觉和言语神经系统的研究又提到日程上来了。因此，凡是与言语现象有关的定性和定量分析，都可以是它的内容；而这些内容又多半是别的学科（如医学、物理声学、电子学等）所具有的，所以实验语音学之所以成为综合学科，主要是由这些因素决定的。

现在引一段英国著名语音学家P. Ladefoged和另一位语言学家的谈话，这段谈话表述了他从事语音研究30年的体会。他说："语音科学在语言学之内，但也在语言学之外。"他对自己所干的行当有较风趣的叙述。他说："我一生中曾是个准生理学家，我搞过许多肌电实验；我又曾是个准心理学家，因为学了言语知觉一类的学问；我花了很多时间搞言语处理的计算机模型，因此也算是一个准计算科学家；我也搞过解剖，分解言语器官，因此也算个解剖学者。我认为这都是语音学的一部分……"结论是，他是一位语音学家（Fromkin，1985）。

由此可见，现代语音学综合了许多学科，都离不开实验的手段，因此，以前作为语音学分支的实验语音学，今天已成为语音学的基本内容了。

本章将扼要地叙述这门学科的发展过程、现在的进展情况，以及存在的问题，由此展望它的未来。

## 1.2 实验语音学发展的几个阶段

实验语音学的分期说法不一，过去曾有人［如伦敦大学学院（UCL, University College London）的教授 D. B. Fry］把它分为三期：第一期是 1900—1920 年，第二期是 1920—1940 年，第三期是 1940—1970 年。这三期的大致分别是：第一期是萌芽时期；第二期有了生理医学上的仪器做研究分析，也有一些电子设备如示波器等；第三期则是声学仪器时代。不过自 20 世纪 70 年代以后，各种科技成果突飞猛进，语音实验由粗到精（如时间以毫秒计，肌电以微伏计等等）、由表及里（如由发音部位、发音方法的分析进展到听觉神经乃至大脑神经的探索等等），又因电子计算机大量应用于语音处理和研究，这门学科的发展几乎不到十年就有一次跃进，因此这三期已不能代表全貌了。

近来语音学和别的有关学科的协作日益密切，研究项目和范围日益扩展，实验语音学的发展和其他科学的进展也有并行的步骤。我们现在就把它分为五个时期。这五个时期新旧交叠，既承前启后，又不断更新。它的发展是往往三年五载就有明显的进展，我们这样分期，其界限也不是整齐的，只是为了便于叙述而分成了五期。

### 1.2.1　第一期：1920 年以前

第一期为 1920 年以前，也可叫作"史前"时期。早期语音学家在语音的研究、分析中所用的工具就是脑子、耳朵以及自己的发音器官，师徒相传也只能靠口授。当时有的语音学家也是实验语音学的先驱者。他们在实践中感觉到不学一点生理、物理知识，要搞语音是不行的。当时要把一个语音从连续的音流中分出来是很不容易的，但他们已认识到，依靠仪器进行实验，对语言和言语的研究是很有作用的。（言语指 speech，语言指 language。前者是人所能说的言语特点，不包括社会意义；后者则包括语义、语法，以及社会影响在内。）

实验语音学不仅要研究发音器官，而且要研究主宰发音器官的大脑和神经，但是在早期阶段还没有这方面的条件。限于科学技术的发展，当时实验语音学用的两个主要分析仪器就是浪纹计和假腭。浪纹计是一种原始的示波器，用来测算语言声调的音高频率，以及判断辅音的清浊、送气，鼻音的有无等。假腭（后来改进为腭位照相器）用来分析辅音的舌位。此外还有一些仪器，如渐变音高管、测唇计、气流计等，多数是生理方面的器具和简单的语音模拟器。

这个阶段有这样几位语音学家比较重要。一位是 E. W. Scripture，他著有《实验语音学基础》（*The Elements of Experimental Phonetics*）（Scripture, 1902），这是第一本成系统的实验语音学著作。他把当时所能应用的方法都做了叙述。还有一本书是 P. J. Rousselot 的《实验语音学原理》（*Principles de Phonétique Expérimentale*）（Rousselot, 1924）。这两本书可以认为是最早的语音实验专著。

早在这以前，还有一件传为佳话的史实。举世闻名的 Leonardo da Vinci（达·芬奇，意大利画家、科学家，1452—1519）因画素描对人体解剖有细致的研究，因而对发音器官的解剖也很感兴趣。他留下了一幅喉头解剖图和一幅发音器官纵面解剖图。这应该是最早的发音器官的实验解剖图。

## 1.2.2　第二期：1920—1940 年

实验语音学的第二阶段是 1920 年至 1940 年。在此阶段，欧洲同时出现了几个实验语音学的中心，他们不仅仅限于调查方言，而且要探索语音（如语言的声调、辅音的清浊、元音的舌位等等）的真相。当时，德国的汉堡大学就是一个中心，这里偏重于研究语言学和言语病理学，代表人物是 Panconcelli-Calzia；另一个中心在德国的波恩，代表人物是 Manzerath，他第一个用 X 光照相来拍摄、观察舌位的活动，这在实验语音学上是一个很大的飞跃，它可以使我们看到口腔内部发音器官的动作。1935 年，他开始用 X 光电影摄像研究连续的发音动作。他从影片中发现并解决了许多过去没想到的问题。

这一时期对发展语音学最热心的人物要数英国的 D. Jones。他对发音很有研究，深信语音学家是离不开语音实验的。他曾根据 X 光照片来分析元音的舌位。还有美国的 Bloomfield，他认为随着实验语音学技术的进一步发展，将来有可能用它来找出言语的生理现象、声学现象的规律，从而建立起它的音位系统来。

第二阶段还有一位比较有名的实验语音学家叫 Zwirner，他是德国人，懂得医学，有一些新观点。他主张凡是研究语音必须首先把语音记录下来，即研究材料必须录成可以复核的材料。记录语音的方法在实验语音学中也是经历了一个艰难的过程的。开始时用爱迪生发明的蜡筒刻音机，后来经历了灌制唱片、钢丝录音、磁带录音几个阶段，在有声电影的胶片上录音，也是当时发明的，现在才有了盒式的磁带录音机。Zwirner 当时就注意到了语音的韵律关系，即音高、音强、音长的特征。

在这个阶段，电话已广泛应用。由于电话要把人类的语音转变成电流输送出去，所以产生了许多新的问题。电话听起来是否清晰，除了机械性能以外，还有一个传输线路的经济问题，要压缩语音的频带，这就牵涉到语音真实性的问题。有的电话听起来语音失真，如何改进？这就促进了语音声谱分析的研究。语音究竟有哪些要素？其中哪些是可以忽略的，哪些是必不可少的？也就是说，缺少了它，语言就会失真甚至听不懂。这方面的研究工作做得最先进的是美国的贝尔电话公司，他们在多年前就投入了很多力量，成立了专门的研究机构（Bell Laboratory）进行语音研究。这里还培养出了许多后来从事实验语音学的工程师。如 Fletcher，他首先奠定了听觉和语音之间量的关系，写了一本书叫《交谈中的说和听》（*Speech and Hearing*）（Fletcher, 1929），他举了许多用于语音分析的声学实验数据，这些实验结果为电话工程的频带压缩问题提供了数据。他不仅在美国，在其他国家也很有影响，是语言声学的前辈。

通信工程的改进促进了实验语音学的发展，这一点由于第二次世界大战的爆发而加速了。通信方面要求提高电话线路的传输效率，在一对线路上容纳更多的人通话，这就要求在压缩频带上想办法，因而就需要寻找语言在传输中哪些频率是必要的，哪些是次要的，从而出现了多余率的概念。也就是为了提高电话线路的通信效率，必须找到语声的"最小载讯单元"。实验证明，元音的最小载讯单元是前两三个共振峰，辅音首先需要分别清浊。清音的声源来自口腔的阻碍部位，浊音的声源在声带。声源不同，传送频率的要求也就不一样。为了把频带压缩到最低限度并且让对方听懂输送过去的信息，通信工程师在这方面做了许多研究工作。

正是这些因素促使许多工程师走到了语音的实验研究方面来。在 1920 年以前，语音实验都是语音学家的事,而他们搞的实验语音学实际上只是语音学中的实验方法,从内容上说,还谈不上是"实验语音学"。20 年代以后,工程师开始转到实验语音学方面来,他们使语音学从口耳之学转变为仪器的语音学,使实验语音学得到了较大的发展。这一阶段在生理方面是 X 光照相的应用,声学方面是语音频谱分析手段的提高。还有一项比较重要的是高速照相在研究声带方面的研究。

### 1.2.3　第三期:1940—1960 年

实验语音学的第三阶段是 1940 年至 1960 年,这 20 年可以说是一个蓬勃发展的时期。这时开始有了较好的录音设备,X 光电影可以普遍投入使用了,灵敏的声波记录器也有了。1945 年以后,美国把二次世界大战期间的一些声学设备投入民用,所以仪器、技术都有了较大改进。

这一时期,除了描写语音学外,音位学、实验心理学也都发展起来。这时的语音学都是从某些地区的语言研究出发,进行语音实践,慢慢地产生出一些较好的方法和理论。

第三阶段实验语音学的发展方向有三个方面:声学分析、言语产生研究、言语知觉研究。下面分别叙述。

(1) 言语声学分析

当时除了录音设备有了很大的改进,有所谓"高保真度"的录音与放音等设备外,又有了各式各样的测量分析仪器,可以通过频率分析仪器,对听到的语音的音色进行定量分析。例如,用各种仪表来测量声压,用示波器来测定波形。还有用频谱分析仪的滤波器,通过并列的或渐变的滤波器,把复合的语音波分析出谐波来测定特性频率。其中最有用的要数语图仪,它可以为连续的动态语音测量音色、音强、音高和音长。为此,发明语图仪的工程师们还出版了一本书叫《可见语言》(*Visible Speech*),专门把语音的各种特征列出图谱来,以供按图识音 (Potter *et al.*,1947)。这种仪器本来是为聋人学音用的,但不久竟成为语音研究不可缺少的一本声谱典。

这一时期,由于语音分析方法的发展,人们有可能深入地探测语音的各种特征,这些特征量化成为数码之后,就可以把它们合成后还原为语音。于是各种语音合成设备相继问世。比较有成就的、对语音分析研究有决定性贡献的有:Dudley 的声码器、Liberman 等的图形还音器、Fant 的参量合成器等等。这一时期可以说是言语声学分析和合成的繁荣时期。由于有了这些设备及与其相配合的设备,语音特性的奥秘也就揭开了不少。一些至今还在应用的理论,比如辅音的过渡音征和音轨,元音的嗓音起始时间,声调与音色、音强之间的关系等等,都在这一阶段产生并得到了应用 (Fant,1968)。

这些工程师对语音声学分析的成就,开始被一位美国的语音学家注意到了,他就是M. Joos。M. Joos 最早认真地把语图仪用于语音分析,并创造了一些言语声学的理论,写了一本《声学语音学》(*Acoustic Phonetics*) 的书,作为美国《语言》杂志的一本单刊发行 (Joos,1948)。他在书中除了用语图仪做了些英语句子的图谱(当时只用了窄带滤波器,当然不够理想),对元音、辅音的声学特性做了较详细的分析外,同时还提出了语音分割和分解的理论。作为一名语言学家,他较早地应用语图仪来分析语音,并提出语言学上至今还在探讨的问题,在当时的语音学界中,这种见解是起到了带头作用的。

(2) 言语产生的研究

日本的千叶勉等在 1941 年写了一本书叫《元音的性质和结构》(*The Vowel, Its Nature*

*and Structure*），开始根据 X 光照相把口腔的形状做了许多截面，来研究元音的共振峰声学参数。这本书影响很大，因为他的工作为日后言语产生的研究奠定了基础（Chiba & Kajiyama，1958）。千叶勉在书中除了分析元音以外，还介绍了关于声带的声学特性。按当时流行的说法，他认为发一个音有三个过程：

声源→调制→辐射（物理过程）
声带→舌位→唇外（生理过程）

元音辅音的声学分析研究都属于调制这一部分，而对声源部分研究得较少，因为发音时声带的活动很难看到，而且声带发出的声音必须通过口腔的调制才能听到，而经过调制后听到的是综合音，而不是单纯的声带音。因此，声源的研究很困难。但是千叶勉在这方面做了不少工作。由于他的影响，许多人开始研究言语（语音）产生方面的问题。比较著名的有瑞典通信工程师 G. Fant。他在 1957 年写了一篇博士论文《言语产生的声学理论》，至今这本著作还被认为是比较全面的、有说服力的经典著作（Fant，1960）。他不但用电路模拟证明了千叶勉的理论，而且还用声学参数来定量分析语音中每个元音和辅音的特点。总之，他通过更多的实验发展了千叶勉口腔模型的截面数据理论。

这方面的研究中心，在美国有几个值得一提的地方，一个是哈斯金斯语言实验室；一个是贝尔电话公司的语音研究所；还有一个是麻省理工学院的语言研究中心（语言学家 Jakobson 一直在领导这个研究中心的工作，并同 Fant 合作过）。

他们用于研究言语产生的工具不外乎两种：一是喉镜，最早的喉镜就是医生的喉头镜，外加照相机或电影机；另一种是 X 光照相。前者用来研究声带的振动规律，后者用来研究声带的质量（声带的厚薄跟声音的质量有关）。

在言语产生方面，还有人研究了声腔的形状和基频的强度、共振峰频率的宽度（带宽）以及鼻腔调制关系等问题。

当时哈斯金斯在这方面所做的工作，现在还被大家肯定的是用肌电测试器研究语言和发音的关系。我们知道，人在发音前就有思想活动，大脑神经命令肌肉做什么动作、发什么音，这时肌肉就会产生弱电流。这里还涉及一个问题：我们听音的感觉是连续的，还是像电影胶片那样一格一格间断的？许多实验已经证明，我们听到的语音是整体的，而仪器分析的语音都是离散的。可是，人脑在理解语言时却是前后相对照的。这一时期，实验语音学者还发现，在连续发音中，音跟音之间往往有重叠现象。因为人在发前一个音时已为后一个音做了准备（意在声先），产生了协同发音作用。

（3）言语知觉的研究

言语的知觉就是语音接收的问题。接收过程先通过外耳来接收声波，使耳膜振动，通过中耳、内耳再传达到神经、大脑（这方面工作的进展主要是在 60 年代以后）。言语知觉的研究，除了从人耳的解剖入手以外，还可以通过脑电波的测试以及脑神经的解剖来研究。这方面的研究之所以逐渐开展起来，一个重要的原因就是当时信息论开始抬头了。信息论的创始人是香农（Shannon），他想知道言语是怎样被感知、被听懂的，在什么情况下它是不能听懂的（这里指的是在什么环境下受什么样的干扰就无法收听了，例如受噪音的影响），那么，大脑究竟需要多少信息才可以听懂。有人说人脑先天地有一种对语言音波进行编码的本能，同时又能解码。这种看法显然是受信息论的影响。从信息论来看，我们需要知道言语里究竟给了多少信息的编码，大脑接受了其中多少编码就可以听懂，言语里是否有不必要的、多余的编码。实验证明，确实有多余的编码，也就是言语中给予信息的编码是有冗余率的。通信工程师研究的最小载讯单元，就是设法排除言语中的冗余率，只传输有效的信号。

语言学家发现语音不是一个一个孤立的音素，而是由一连串的音节组成的，因而又研究言语的韵律。所谓言语的韵律特征，又称超音段特征，它实际上指的是音色以外的其他三个要素：音高、音强、音长。我们在言语中听到的音总是有这三个要素的，所以听起来有抑扬顿挫、轻重疾徐。这些超音段成分对言语的最小载讯单元是有影响的。比如说，我们在听清了一个音节的音高特征以后就更容易理解音节的元音、辅音。可见，言语冗余率的研究不能只限于元、辅音的分析。此后，研究韵律特征的文章就逐渐增多了。在这方面应提到的一位语音学家是美国的 Lehiste，她写了一本书就叫《超音段》，专门用这个名词写书的人不多。她用的例子多半是欧洲的语言。从汉语的角度看，这方面还有许多内容可以补充。

从 40 年代到现在产生了许多新东西。这方面的成就收集在两本书里：一是 Ilse Lehiste 编的 *Readings in Acoustic Phonetics*（《声学语音学文选》）；二是 D. B. Fry 编的 *Acoustic Phonetics*（《声学语音学》），内容相似，但收集的文章较新（Fry, 1976）。可以说，这是研究言语声学必读的入门读物。

这一时期的特点可总结为：①动态声谱仪（语图仪）出现；②磁带录音机改进；③在理论方面，有关神经系统的理论出现，信息论抬头；音征理论成熟，这种理论对频带压缩很有帮助，因为它对由于频带压缩而造成的信息上的损失可以起到补偿作用。这一时期已是言语声学实验的繁荣时期。

### 1.2.4　第四期：1960—1980 年

20 世纪 70 年代，电子计算机得到了普遍应用。在语音处理方面，除了声学仪器之外，几乎无时无地都要用到计算机。因为从分析方面说，它能凭惊人的运算速度和不断增大的存储量，把语音处理做到"实时"和"入微"的程度。在语音合成上，它能随心所欲地输入和增减参量，以达到逼肖人声的地步（当然，要真正做到合成的词句和成篇的语言达到乱真的程度，还是未来的事）。在语音识别方面，也只有利用计算技术才能进行。这就是语音处理的三大内容：分析—合成—识别。这在后来就构成了一个新的学科——言语工程学。

语音分析在 20 世纪初到 70 年代已积累了大量的数据，总结出了许多规律，为合成与识别打下了基础。不过这些材料用在逼真的合成上，就还得修正，它离逼真还有一大段距离，原因是：①过去所分析的多半是离散的分段参量，用在连续的自然语言中就有"首尾"不能兼顾的缺点。②现有的数据多半得自声谱分析，过去有些细节常常被认作是冗余率而忽略了，可是这些细节中有些部分是合成自然语音的有用规律。③听觉上的范畴往往和声谱显示的范畴有出入，如果孤立地用现成的参量去合成，而不根据听辨的标准去调整这些参量，是不会达到较高水平的。这好似名菜的调味或名酒的配方，都得由品尝专家来鉴定。语言的合成也得由多数的听音人来审定。其他还有种种内容，如语音中语气的抑扬顿挫、规则合成应用语法的规律，最主要的是语音的多变性和韵律特征等等，都是合成方面所必须探索的。20 世纪大量的合成工作始终未达能应用的地步，原因就在这里。

说到语音识别就又是一番天地了。它与合成的不同点在于：言语合成要求仿真，所用的参量既要求全,又要灵活(遇到连读音变,就得自动适应)。输出的声音既有共性,又得有个性(譬如要求它像男声、像女声,但不能像"机器");而识别则相反,它要求能"听懂"各色人等的音而自行归纳为同一个音位、同一个词或同一句话。它对不同的话都得有反应。所以要让机器"听懂"个别发音人的有限几句话是容易的,而要它不限人、不限词地去识别语言,就很难了。这一时期人们已发现了这个难题,而且都在深入攻关。如果说上一时期懂得了连续语言的分析和单音节的分析是大不相同的,那么在本时期则开始懂得合成要能表达个性,而识别则要能适应共性。

由于计算机普遍应用于语音研究,前一阶段人们关于声谱的认识,以及发音生理与声学的关系研究,有不少问题都提到了议事日程上来。例如,言语分析与合成所必需的语音学知识和仪器的运用、言语产生的动态模型、言语信号的有效声学特性,以及个人语音的识别、言语知觉的模型等等。这样,实验语音学的内容必须加以更新,而且文理既要求合作攻关,也需要有一些读物使非理工专业的人能够接受。这时《实验语音学的当代文集》(*Contemporary Issues in Experimental Phonetics*)一书及时问世(Lass, 1976)。此外,《仪器语音学导论》(*An Introduction of Instrumental Phonetics*)也值得一提(Painter, 1979),此书虽不如前一本包含那么多新技术,但它介绍了不少常用的语音实验仪器及其用法。这时,有的语音学著作,如生理语音学家 Catford(1997)的名著《语音学的基本问题》(*Fundamental Problems in Phonetics*)中也附有"仪器语音学"一章。由此可以看出语音实验方法在这一阶段的重要性了。

### 1.2.5 第五期:1980 年至今

在 1983 年的第十届国际语音科学会议上,不止一位专家做了总结,提出问题。大家公认,如何向多变的自然语音进军是今后的主要任务。在大会上,瑞典工程师兼语音学家 Fant 的中心发言提出了"第五代语言学"的说法,为今后开展工作定下了基调。鉴于当时大家都热衷于搞"第五代计算机"这一浪潮,他认为单靠工程上的改进而没有语言学的知识,是会"触礁"(碰壁)的。"我们对作为语言代码的言语的认识仍然是很贫乏的。我们需要的是第五代的言语科学家,而不是第五代的计算机。"为此他用"言语工程学"这个名词来概括这一学科(我们可以解释为这是新一代实验语音学的广义名词。因为到这一时期,分析工作已做得差不多了,大部分力量都在向这个目标投进),所要解决的问题是用什么样的代码去处理言语的可变量和不变量(主要是找出语音的不变性和多变性的规则)。今后的语音识别不能满足于仅仅作为模式匹配的样板(这样只会对言语理解得很少),而是要"能够处理大量词汇和连续言语,这才是一条面向语音学的途径。因为这是以识别最小单元为基础,这种最小单元可以是区别特征、音位、双音、音节或单词","就是要寻求语言代码,寻求信息单元与其语音实体之间的关系,以及由语种、方言、个人特点和不同语气等成句因素所引起的可变性"(简单地说就是"连读音变")。他谈到言语感知的模型对解决识别是否有效的问题时说:"目前言语识别方案的主要障碍显然在于对付杂乱的声学数据的困难。我们不是损失了包含在瞬息变化中的一批载讯单元,就是在不了解言语代码的情况下实行最密集的采样,结果会找不到本质的信息,或者被一长串计算所欺骗。"(Fant, 1983)

Fant 的发言还有一点特别重要的是,他极力主张文理合作,认为工程师应该学习语言学,而文科生也应补习数理。他说:"语音学与言语工程学之间的紧密联系是不言而喻的。

语音学已经计算机化了，并且已经有了高效的新仪器和先进的言语处理方法。……今天的语音学受到了新的重视，这是因为它在越来越重要的人类职能的研究中有着极其重大的作用。语音学的这种技术色彩还明显地表现在所有的言语研究实验室里，不管它们是属于语言学、心理学、还是医学部门。""这种学科的大胆尝试在过去各独立的学科之间开辟了新的通道。我们可以发现文科院校的年轻人正在研究信号处理的数学问题，反过来，电工学系和计算机系的学生对语音学和语言学的研究也做出了出色的贡献。"

Fant 这一番话可以说是今后长远的方向。他这语重心长的号召不是空泛的，而是来自他多年的艰苦探索。我们只要回顾一下，就能对实验语音学的发展有一个明确的概念了。

早在 50 年代末期，声学语音学虽已出现，而且已有相当一部分的语言学家如 Rousselot、Grammont、Meyer、Durand 等人都已兼有实验语音学知识而大力提倡，但是还有相当多的传统语音学者对语音实验或提出过分的批评，或不肯也不会亲自动手。这也难怪，因为那时的语音实验多只限于单个音素的分析，而忽视了连续语言；同时所用仪器（多数是生理的）又比较原始笨重，有的还会给发音人带来不适，甚至对发音人有害，这就更令人望而却步了。自从语图仪问世以后，这种情况渐渐好转，因此在 1957 年的第八届国际语言学家会议上，Fant 提交了一篇《现代言语声学研究的仪器与方法》（Modern instruments and methods for acoustic studies of speech）的论文（Fant, 1957），丹麦哥本哈根大学的 Fischer-Jørgensen 也提交了《声学语音学的新技术对语言学的贡献》（What can the new techniques of acoustic phonetics contribute to linguistics?）的论文（Fischer-Jørgensen, 1957），他们一个从工程师的观点，一个从语言学家的观点来发言，既用事实证明了语音实验对语言学研究的贡献，也指出了文理分道扬镳的缺点。由 50 年代到 80 年代整整 30 年，语音学家和工程学家才开始讨论合流的问题。这是几十年来的教训，也是信息时代对语音研究革新的要求。

现在再看一看 Fant 所指的"语言代码"是些什么内容，它和实验语音学的发展有些什么关系。这里举美国著名言语工程学家 Flanagan 接受瑞典 Ericsson 奖金时在颁奖大会发言稿中的一个表为例（Flanagan, 1985）：

表 1.1　言语编码发展的里程碑

| 技术 | 知识基础 | 发展状况 |
| --- | --- | --- |
| 模拟 | 言语连续波的复制 | 技术成熟，1900 |
| 时间分配语音内插（TASI） | 语言声的特性 | 已开展，1960 |
| 脉码调制 PCM | 对模拟时间信号进行均匀或不均匀时间间隔采样 | 已开展，1962 |
| 自适应差分脉码调制（ADPCM, 96kb/s, 32kb/s） | 在信号处理中对时间信号进行压缩的一种方法 | 在探索研究中，1984 |
| 发音器官编码 | 言语产生及知觉的参数模型 | 在探索研究中，1985 |

表 1.1 指出，言语编码的进度与言语知识的研究成果是有密切关系的。鉴于 Fant 所说的第五代语言学家尚未产生，因此第五代计算机也难以实现。所谓第五代计算机，事实上就是人工智能的机器，它的进度要取决于言语编码及模型能否完善，能否适应动态语音的处理。这些问题的解决还是将来的事。英国的合成语音专家 Holmes 对言语工程的进展有

较为全面的预测。现在把他在 1983 年第十届国际语音学会议上所做报告的内容归纳如下（Holmes，1983）。

言语工程进展的短期和长期的预测（短期指 10 年以内，长期指 10 年以上）：

（1）言语自动合成

a. 短期预测：规则合成系统在单片微处理机上可以适时处理；并联共振峰共鸣器的言语产生模型取得接近感知特征的效果。

b. 长期预测：拼写文章、句子以及正确的韵律的合成，还需要语言学知识和高水平的人工智能研究。

（2）言语自动识别

a. 短期预测：现有的孤立词识别很少运用语言学知识，其应用范围有限；而依据语言学规范的动态生成规则才是识别的理想样板。能合成协同调音的正确形式的方案正在讨论之中。

b. 长期预测：运用人工智能和更高级的自然语言的模型尚待完成。机器成本要再降低。

（3）数字编码

a. 短期预测：8~16kb/s 范围的自适应预测编码或自适应交换编码可望实现。不限说话人的言语信号数字编码还有困难。更低比特率的声码器对不同说话人的实时适应还待探索。

b. 长期预测：把具有智能的人的语言学知识引入编码装置是有可能的。信息不超过 200b/s 可获得自然语音。

由此可知，在二十世纪七八十年代，语音学界的有识之士已对这门学科的发展认真对待、通盘规划，打算把过去百家争鸣各搞一套的实验语音学有步骤地、更具体地纳入"言语工程学"这个总目标的轨道之中。今后凡是语音研究方面的成果，无论大小，只要具备科学价值，都会给言语模型的理解增添希望。不过这个任务正如上文所说，前几阶段已对言语声波的理解做了大量工作，但要达到能理解语言的模型，其进度还是极其缓慢的。

## 1.3 今天的语音学

在信息时代的今天，一些新兴学科每年都以加速度的进程发展着，实验语音学也是如此。现在试把 80 年代初期和后期语音学的研究范围进行比较，并就言语工程学最近的进展情况对比一下 80 年代初期人们所估计的言语工程学的远景，这应该是有意义的。

代表语音学国际水平的学术会议已于 1987 年 8 月在苏联的塔林召开，这就是国际语音科学会议的第十一届会议，参加者来自 50 个国家，共提交论文 1 000 多篇。这些论文的内容可归纳成 80 多个课题，其中有关实验语音学的课题超过半数。现在摘要选列如下，从中可看出这门学科在今天的一些趋势及所包括的范围。

（1）言语产生：言语产生的一般研究，发音器官的控制，咽喉控制，协同发音作用，声道与声学特征的关系。

（2）言语声学：言语信号分析方法，共振峰的提取，言语的编码，言语声学模型，不同环境中的言语声。

（3）言语知觉：研究方法，知觉模型，中枢神经感知机制，感知的程序，知觉外围分析，作为感知征兆的声学特征，共振峰与频谱巅值的感知，成句言语感知速度，成章的感知程序及效果。

（4）言语工程学，包括：

合成：文语合成，发音器官动作合成，高质量的言语合成，合成语言的自然度和可懂度，言语合成及识别的应用。

识别：言语识别算法，不分人的言语识别，言语识别的规整处理，语音的识别，词的识别，连续语言识别，语音的切分与音位标号。

言语处理：言语信号处理的工作站，语音数据库，言语的增音问题。

（5）其他有关语音实验的课题：言语残疾的研究和矫治，残疾言语机能的补偿器具，歌唱的声门动作。

考察以上几十个课题及每一课题的论文数量和质量，并与上一届（1983 年）会议相比，可以看出以下几种迹象：①从发音到听音都十分注重声学模型，而知觉模型是较新的课题；②言语知觉的比重大大增加，尤其是成句、成章的连续语音的感知研究已占一定地位；③言语工程学已单列一项，其中语音识别的论文数量已超过合成的；④语音的数据库已有普遍建立的趋势。

现在结合本章所列 80 年代初期估计的、认为难攻的远景，来检查一下这次会议中所涉及的有关学科的进度：

文字输入和韵律合成都有了更多的国家来研究，而且已经有了成品；

不认人的识别已有几种方案，研究国家有英、苏、波等。

这点资料当然不能代表当前国际上的研究全貌。因为一来参加会议道远费大，西方一般学者得不到资助无法参加，因此论文绝对包括不了全部研究；二来这几门课题，有的涉及国防机密，有的关系企业竞争，因此这类单位即使有突出的成果，也不一定会轻易拿出来。这种学科课题越是属于尖端，就越难在会议中露面。所以各课题的进展速度应当比所知的大一些。不过这些远景难关确实不易攻克，最大的障碍当属人们对语音不变量的掌握问题。目前许多学者在搞语音的产生和知觉模型，这些模型的最大难点也许是能否符合那些多变的发音器官的动作。说话人之间的发音无论有多大变动，只要不出一定范围，对方就能听懂，而机器听话则是一板一眼，很难适应变量的。这就需要人工智能的研究达到相当水平，这个语音变量的问题才能解决，这才是未来真正应该攻克的难关。

## 1.4　我国语音实验研究概况

### 1.4.1　20 世纪 30 年代

在 20 世纪 30 年代以前，国内大专院校和科研机构还没有实验语音学这门学科。但是在 30 年代，我国几位杰出的语言学家对此大感兴趣，不但努力求知，还用实验方法做了汉语方言的许多研究。如刘复、白涤洲和赵元任、罗常培、王力等，他们都在这一领域做出了不可磨灭的贡献。要想使我们下一代人了解实验语音学在我国开创、中断和繁荣的前因后果，就不能不对他们披荆斩棘开创这门学问的过程做一些介绍。

刘复（半农）：他在法国学习实验语音学，在巴黎写成了博士论文《汉语字声实验录》（《四声实验录》），对北京、南京、江阴、湖南等地的方言声调进行了实验。当时他用的是法国制造的浪纹计，在使用中他感到计算起来太慢，不方便，于是创制了声调推断尺。一种型号较大的，叫"乙一声调推断尺"；一种型号较小的，便于外出做方言调查时使用的，叫"乙二声调推断尺"。他又通乐律，在北京大学建立了"语音乐律实验室"。

白涤洲：他是刘复的学生，写了《关中入声》《关中声调实验录》以及有关北京话音的声调问题。刘复和白涤洲在1934年相继去世，生年都不长。北方从此没有再看到用实验方法来研究语音的人了。

赵元任：当时他在南京中央研究院历史语言研究所。跟刘复的著作差不多同时，他在《清华学报》上发表文章，阐述汉语的声调就是音高频率的变化。他用简单乐器和渐变音高管模拟声调的高低，确定调值，作为描写语音声调的标准。他的方法给调查方言的人以很大的便利。赵元任本来是专攻理科的，1910年由清华学校（按：清华那时还是留美预备学校）派赴美国学数学和物理，又兼学哲学，也选修了语音学。他在美国的十年间读了几个大学，后来就在哈佛大学专攻语音学，1924年应聘为清华学校研究院国学门导师，1925年同刘复一起回国。不久"正式从事语言研究，用实验语音学和方言调查的方法以研究中国语声调之变化，使得国音与各种方言中，字调之种类及彼等实际之分别更为明显"（关志昌，1982）。后来他担任中央研究院历史语言研究所的语言组主任，建立了一套非常完备的语音实验室。这个实验室即使到现在看来，也可以和高水平的实验室相比而不觉逊色。

罗常培：他1919年从北京大学中文系毕业后，即在几个大学任教，1929年任中央研究院历史语言研究所研究员，又任北京大学教授兼中文系主任。他是一位自学成材的语言学家，本来专长于中国音韵学，对古音韵有很深的研究，但与其他传统语言学家不同，他头脑很新，在30年代就大力提倡实验语音学，自己又亲自在许多方言调查中用仪器分析声调（如《临川音系》等）。罗常培1933年在北京大学任教并兼任清华大学教授时，讲授"中国音韵沿革"的课程，其讲义中关于"音韵学研究法"的"审音"一节有这样一段话："辨章声韵，审音为先。前人操术弗精，工具不备。或蔽于成见，或囿于方音；每致考古功多，审音功浅！自近代语音学兴，而后分析音素，可用音标以济权字之穷；解决积疑，可咨实验以补听官之缺。举凡声韵现象，皆可据生理物理讲明。从兹致力，庶几实事求是，信而有征矣。"（罗常培，1956）当年在研究声韵、群尚考据的浪潮中，罗常培独摅陈言，敢树新帜。"考古功多，审音功浅"一句话，道出了古今中外语音学界的共同问题。在当年敢于说出这句话，其影响是深远的，至今还有其现实意义。

王力：他20年代末在清华学校的研究院师从赵元任研究语音，毕业后去巴黎攻读实验语音学。他在巴黎大学的博士论文是《博白方音实验录》（1931）。他是用浪纹计记录一种汉语方言全部语音的第一位学者。由于有语音学和实验的基础，所以在他的许多音韵学著作中，都可发现他对语音实验的重视。

这几位大师，有的以习理而从文，有的以擅文而崇理。罗常培在北京，赵元任在南京，经常互访并通信，商讨语音问题和实验方法。罗常培离开清华后，所担任课程即由王力继续讲授。他们在学术上相互切磋之密切，合作研究之契合，在其后很难找到可与媲美的。因此可以说，30年代是我国实验语音学兴起的时代，那时的实验设备虽还赶不上西方（但是从浪纹计等设备来说，已同国外有数的几个实验室并驾齐驱了），但已有学者急起直追，大力建设，只是由于抗战西迁，才致中断。一直等到新中国成立后的50年代，中国社会科学院的语言研究所才担起这个任务，把停顿了20多年的实验语音学恢复过来，并且取得了新的发展。

### 1.4.2 20世纪50年代至今

在1958年到1965年之间，语言研究所对普通话语音做了不少生理和声学的分析，补充了人员，扩充了实验室，写成普通话语音的实验录五卷（未出版），并出版了发音图谱（周殿福、吴宗济，1963）。正在前进时遭到十年浩劫，又停顿了十几年，幸而设备未毁，人员未散，其后又重新恢复，并加紧建设。

在此期间，国内其他单位对实验语音学也重视起来，中国科学院声学研究所早在50年代就已为言语声学研究打下了基础。南京大学也成立了声学研究所，进行语音声学研究。北京大学于1979年增开实验语音学选修课程，不久就自建实验室。据不完全统计，各大专院校中文系建立语音实验室开展语音实验研究的，已不下十几家，其他理工科技单位从事这项研究的尚不在内。近年来，不断有学者和国际上的同行切磋学问，及时交流信息。这些遍地开花的情况，是前辈们所盼望而没有做到的。

综上所述，我国的实验语音学，萌芽于30年代而厄于八年抗战，新中国成立后，正待欣欣向荣，又挫于十年动乱。恢复正常以后至今不过十年，在这方面进展之速、人才之众，已超过以前整个世纪，而文理合作尤为前所未有的现象，现在正朝着世界共同致力的近景、远景目标，大踏步地向前迈进。

**参考文献**

关志昌（1982）赵元任小传，《传纪文学》第40卷第6期。
刘复（1924）《四声实验录》，上海：群益书社。
罗常培（1956）《汉语音韵学导论》，北京：中华书局。
罗常培、王均（1957）《普通语音学纲要》，北京：科学出版社。
吴宗济等（1979）实验语音学知识讲话，《中国语文》第1-12期。
吴宗济（主编）（1987）《普通话单音节语图册》，北京：中国社会科学出版社。
周殿福、吴宗济（1963）《普通话发音图谱》，北京：商务印书馆。
Barney, H. L. & Dunn, H. K. (1957) Speech analysis, speech synthesis, in S. Kaiser (ed.), *Manual of Phonetics*, North Holland Pub. Go., 180-212.
Catford, J. G. (1997) *Fundamental Problems in Phonetics*, Edinburgh University Press.
Chiba & Kajiyama (1958) *The Vowel, Its Nature and Structure*, Phonetic Society of Japan Tokyo.
Fant, G. (1957) Modern instruments and methods for acoustic studies of speech, *Proc. of the 8th International Congress of Linguists*, Oslo University Press.
Fant, G. (1960) *Acoustic Theory of Speech Production*, S-Gravenhage.
Fant, G. (1968) Analysis and synthesis of speech process, in B. Malmberg (ed.), *Manual of Phonetics* (2nd edition), North Holland Pub. Go., 173-277.
Fant, G. (1983) Phonetics and speech technology, *STL-QPSR* 2-3/1983, 20-35; also published as a keynote address in *Proc. of the 10th International Congress of Phonetic Sciences*, Vol. IIB, Dordrecht, Foris Dubl, 13-24.
Fischer-Jørgensen, E. (1957) What can the new techniques of acoustic phonetics contribute to linguistics? *Proc. of the 8th International Congress of Linguists*, Oslo University Press.
Flanagan, J. L. (1985) New benefits from information and communication technologies, *Report for the Ericsson Prize*, Stockholm.

Fletcher, H. (1929) *Speech and Hearing*, Bell Telephone Laboratories Series, Henry Ford Estate Collection, Van Nostrand.

Fromkin, V. (ed.) (1985) *Phonetic Linguistics*, Academic Press, 6.

Fry, D. B. (ed.) (1976) *Acoustic Phonetics, A Course of Basic Readings*, Cambridge University Press.

Holmes, J. N. (1983) Speech technology in the next decades, *Proc. of the 10th International Congress of Phonetic Sciences*, Utrecht.

Jakobson, R., Fant, G. & Halle, M. (1952) *Preliminaries to Speech Analysis*, M. I. T. Press.

Joos, M. (1948) Acoustic Phonetics, *Language*, Monograph, No. 23.

Lass, J. L. (ed.) (1976) *Contemporary Issues in Experimental Phonetics*, Academic Press.

Painter, C. (1979) *An Introduction of Instrumental Phonetics*, University Park Press.

Potter, G. E., Kopp, G. A. & Green, H. C. (1947) *Visible Speech*, New York.

Rousselot, P. J. (1924) *Principes de Phonétique Expérimentale* (2nd edition), Paris: H. Welter.

Scripture, E. W. (1902) *The Elements of Experimental Phonetics*, NY: Scribner and Sons.

# 第二章 语音的物理基础

从物理上来说,语音是一种由人的发音器官发出来的,携带着言语信息的声波。因此,为了深入研究语音的特性,就必须对声波产生及传播的基本特性有一个初步的了解。本章将简要介绍一些与语音学密切相关的声学基础知识。

## 2.1 振动系统

当我们拨动一根琴弦或敲击一只音叉时,可以看到琴弦或音叉在很快地往返振动。同样,在发浊音时,也可用仪器观测到声带的开闭振动。这些都属于机械振动,是声音的源泉。所以,研究声波的特性总是从机械振动现象入手的。

### 2.1.1 简谐振动

首先,让我们来讨论如图 2.1(A)所示的振动系统。在光滑桌面的 O 点处,放着一个质量为 M 的质量块,质量块的左端系着一根弹簧,弹簧的另一端固定在壁面上,质量块在桌面上的位移由指针指示。现在,我们把质量块拉到 A 点[图 2.1(A)],一撒手,由于受到弹簧恢复力的作用,质量块立即朝 O 点运动。根据弹性定律,弹性恢复力 $F$ 与弹簧的伸缩量 $x$ 成正比,即

$$F = -kx$$

式中负号表示力 $F$ 的方向与弹簧的变形方向相反,比例系数 $k$ 代表弹簧的弹性大小,亦称劲度。质量块回到 O 点后,由于惯性作用,又往左冲去,使弹簧受到压缩;到达 B 点后,又被推向右方。这样一来,如果质量块与桌面间没有摩擦力,此质量块就会在 A—O—B 间不停地往返振动。图 2.1(B)中,顺序画出了质量块在不同时刻偏离 O 点的位移;图 2.1(C)则表示不同时刻质量块的振动速度。可以看出,在位移最大的两端点 A、B 处,振速为零;在位移为零的 O 点,振速最大。

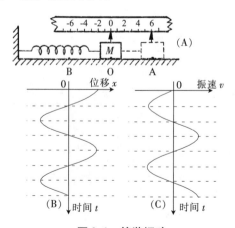

图 2.1 简谐振动

像这样由质量块和弹簧组成的振动系统，就是一种最典型的简谐振动系统。这种系统的振动是周而复始的，是周期性的。质量块从 A 回到 O，冲到 B，又经 O 返回到 A 的过程，叫作振动的一周，一周所经历的时间叫作周期。在这种简谐振动中，各个周期是相等的，一秒内振动的周期数就叫作振动的频率。很显然，周期 $T$ 和频率 $f$ 是互为倒数的，即：

$$f = 1/T \text{ 或 } T = 1/f \tag{2.1}$$

周期的单位是秒（由符号 s 表示）。语音学上又常用毫秒（ms）来度量，1s = 1 000 ms；频率的单位是赫兹（Hz），简称赫，也常用千赫（kHz），1 kHz = 1 000 Hz。

在这种质量-弹簧系统中，在一定的位移范围内，系统的振动频率只取决于质量 $M$ 和劲度 $k$，即系统有一个固定的振动频率 $f_0$：

$$f_0 = \frac{1}{2\pi}\sqrt{\frac{k}{M}} \tag{2.2}$$

上式表明，弹簧愈刚劲，质量愈轻，$f_0$ 就愈大。

大家知道，初等数学中的三角函数 $\sin x$ 或 $\cos x$ 是周期函数，随着自变量 $x$ 的增大或减小，其值在 1—0— –1 之间往返变化。理论推导表明，图 2.1（B）和图 2.1（C）中，进行简谐振动的质量块，其位移 $x$ 和振速 $v$ 随时间 $t$ 的变化可表示为：

$$x\ (t) = A\cos 2\pi t/T = A\cos 2\pi f t = A\cos\omega t \tag{2.3a}$$
$$v\ (t) = V\sin 2\pi t/T = V\sin 2\pi f t = V\sin\omega t \tag{2.3b}$$

式中 $\omega$ 称为圆频率，因为三角函数以 360 度（= $2\pi$ 弧度）为一周期，即对一个周期 $T$ 的振动来说，有

$$\omega T = 2\pi$$

于是有

$$\omega = 2\pi/T = 2\pi f \tag{2.4}$$

由于三角函数是周期函数，我们可以得到更一般的简谐振动的表达式，例如，对位移有

$$x\ (t) = A\sin\ (\omega t + \varphi) \tag{2.5}$$

式中 $A$ 是简谐振动的最大位移，称为位移振幅；括号中的 $\omega t + \varphi$ 是正弦函数的自变量，表征振动的状态，称为相位；其中 $\varphi$ 称为初相，表征振动开始时的状态。例如，图 2.2 中简谐振动的位移可表示为：

$$x\ (t) = A\sin\ (\omega t + \pi/2)$$

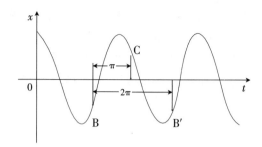

图 2.2　简谐振动的相位关系

图 2.2 中 B 和 B′点，时间相差一个周期，相位相差 2π，振动状态相同，称为同相振动；而 B 点和 C 点，时间相差半个周期，相位差为 π，振动状态相反，称为反相振动；时间为零时，因初相为 π/2，所以位移振幅达到最大值 A。

总之，只要知道振幅、频率（或周期）和初相，就可以描述出一个简谐振动系统的运动状态。

### 2.1.2　阻尼振动、强迫振动和共振

在上一小节所说的振动系统中，我们已假定，系统没有受到摩擦力作用，但实际上，摩擦力总是存在的。由于有摩擦力，系统的机械能会逐渐损耗掉，振幅越来越小，最后振动停止（图 2.3）。这样的振动称为阻尼振动。阻碍振动的摩擦力之类的东西称为阻尼，阻尼愈大，振动衰减得愈快。

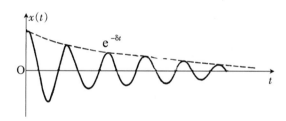

图 2.3　阻尼振动的波形

在数学上，阻尼振动用下式来描述：

$$x(t) = A\mathrm{e}^{-\delta t}\sin(\omega t + \varphi) \tag{2.6}$$

式中 e = 2.718，是自然对数的底，$\delta$ 是衰减常数，随着时间 $t$ 的增长，$\mathrm{e}^{-\delta t}$ 逐渐衰减到零。

阻尼总是存在的，只靠外力一次性作用而激发起来的所谓自由振动终归会停下来。如何才能使振动维持下去呢？显然，如果我们对振动系统施加周而复始的外力，振动自然能持续下去，这就是所谓的强迫振动。

让我们回到本节开始的质量-弹簧系统。如果此质量块是铁制的，在其右端受到一个电磁铁的吸引，当磁力以 $f$ 为频率时大时小地变化时，质量块也就以 $f$ 为频率在桌面上不停地往返振动，如图 2.4（A）所示。在这一强迫振动系统中，质量块的振动大小不仅决定于磁力的大小和频率 $f$，而且也决定于由式（2.2）所确定的系统的固有频率 $f_0$。当激励力频率 $f$ 很低时，质量块的振幅为 $A$；但当频率 $f$ 逐渐增加时，振幅就逐渐增加；当激励力的频率等于系统固有频率 $f_0$ 时，振幅达到极大，有时甚至数倍于 $A$；继续再增加 $f$，振幅又减小，这就是所谓共振现象。

秋千也可以看作一种简单的振动系统，由于摩擦力的存在，一次性的推动之后，它会慢慢停下来。如果推动的节拍刚好等于秋千的固有频率，秋千就出现共振，越荡越高。

在讨论强迫振动时，常常用频率响应来说明系统的振动状态随激励力频率 $f$ 的变化情况。在图2.4（B）所示的频率响应中，横轴代表激励力的频率 $f$，纵轴代表质量块的位移振幅，图中曲线表示随着频率 $f$ 由低变高，位移逐渐增大，当 $f=f_0$ 时，振幅极大，此后频率再增，振幅又逐渐减小。频率响应曲线尖峰的尖锐程度取决于系统的阻尼，阻尼愈小，共振曲线就愈尖锐。

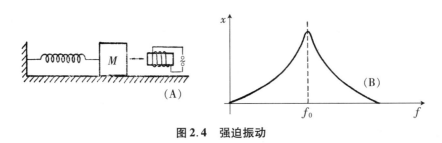

图 2.4　强迫振动

共振现象在语音的产生过程中极为要重，在§2.4和§2.6我们还会深入讨论。

## 2.2　声波的基本特性

### 2.2.1　从振动到声波

广义地说，波动就是能量在介质中传播的过程。声波则是在空气等类介质中，某种扰动引起的压强或密度的变化向四周传播的过程。

通常，空气中的声波是由机械振动产生的。例如，敲击音叉使其振动时，音叉周围的空气粒子就受到挤压，有疏有密。由于空气粒子间有相互作用，仿佛有无形的弹簧连接着，于是，一层推一层，就把音叉的振动以空气压强的时小时大，或以空气的时疏时密的形式传播出去。这种现象跟投石入水，波纹四散，一圈一圈传开去的现象是相似的。一般称声波存在的空间为声场。

在声波传播的过程中，空气的许多物理量都在变化，其中压强和粒子速度在声学中最有意义。大家知道，空气有气压，气压 $p_0$ 随空气的密度而变化，在海水平面，标准气压 $p_0=760\text{mmHg}=10^5\text{N/m}^2$。在声场中的某一微小区域中，因声波传播而使某一时刻的气压变成 $p'$，此 $p'$ 与 $p_0$ 之差就是声压 $p$：

$$p = p' - p_0$$

声压的度量单位跟气压相同，一般用帕（Pa）：

$$1\text{Pa} = 1\text{N/m}^2$$

过去也常用微巴（$\mu\text{bar}$）：

$$1\mu\text{bar} = 1\text{dyn/cm}^2 = 0.1\text{Pa}$$

本来空气中的粒子是处在无规律运动之中的，每一粒子的运动速度和方向都在随时变化着。有声波传播时，在这种杂乱的运动上又叠加了一种有规律的运动，粒子这种有规律运动的速度就称为粒子速度。在许多实际应用中，我们常常用体积速度而不用粒子速度。例如，讨论声带的振动，常论及声门处的体积速度；讨论嘴唇处的声波，常论及嘴唇开口处的体积速度。体积速度的定义是：在声波传播方向上，单位时间内流过某一小截面的空气流量，这种空气流量是由声波扰动引起的。如果截面跟传播方向垂直，则体积速度就等于粒子速度与截面积的乘积。

在声场中的任意一点上，无论声压还是体积速度都是随时变化的。如果以时间 $t$ 为横坐标，以声场某一观测点的声压 $p(t)$ 或体积速度 $u(t)$ 为纵坐标，画得的曲线就是波形图。对简谐振动产生的声波来说，其波形是正弦曲线式的（参见图 2.2），这种声音称为纯音。波形图对语音特性的研究是很重要的，不同语音的波形是千姿百态的，图 2.5 表示的是几种语音的波形。

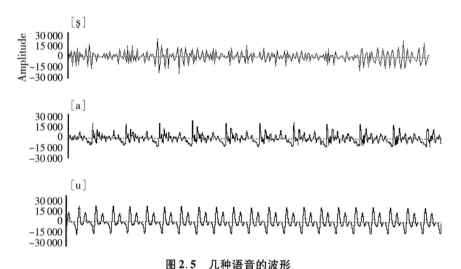

图 2.5 几种语音的波形

声波从产生它的声源向四处传播，在一个周期的时间内传播的距离就叫波长，记为 $\lambda$；声波一秒钟传播的距离就是声速，因为频率 $f$ 是一秒内的振动周期数，所以声速 $c$ 就等于频率与波长的乘积：

$$c = f\lambda \tag{2.7}$$

空气中的声速除了与空气的密度等物理常数有关，还与温度有关。一般来说，如下公式是足够精确的：

$$c = 331.5 + 0.6T \ (\text{m/s}) \tag{2.8}$$

式中 $T$ 是摄氏温度。例如，假定口腔内的温度为 35 度，由上式可算出声速为 352.5 m/s（可近似为 350 m/s）。

在声学乃至语音学中，波长是一个很重要的量。由式（2.7）可得

$$\lambda = c/f \tag{2.9}$$

即波长随频率升高而减少，取声速为 350 m/s，频率 100 Hz 时的波长为 3.5 m，1 000 Hz 时的波长为 35 cm。

## 2.2.2 声压的度量

无论是波形简单的纯音还是波形复杂的语音，它们在声场中某点的声压都是瞬息万变的，时正时负，时大时小。某一时刻的声压值叫作瞬时声压。在实际应用中，对于像声压这样瞬息变化的物理量，常用有效值来计量其大小。有效值又称为方均根值，用下角标 rms 来表示，它是在一段时间内，将各个时刻的瞬时值平方相加，对该段时长进行平均后再开平方而得的数，即

$$P_{rms} = \sqrt{(p_1^2 + p_2^2 + p_3^2 + \cdots)/\text{时长}} \quad (\text{Pa}) \tag{2.10}$$

式中，$p_1$、$p_2$、$p_3$…是各时刻的瞬时声压。

对图 2.6（A）所示的正弦式声波来说，其瞬时声压 $p(t)$ 可表示为

$$p(t) = P_m \sin(\omega t - \varphi) \tag{2.11}$$

其中 $P_m$ 是最大峰值声压。经计算，其有效值为

$$P_{rms} = P_m/\sqrt{2} = 0.707 P_m \tag{2.12}$$

对图 2.6（B）所示的复杂波来说，虽然其最大峰值要比图 2.6（A）的大一些，但因持续时间很短，所以计算下来，其有效值反倒小于图 2.6（A）的有效值。

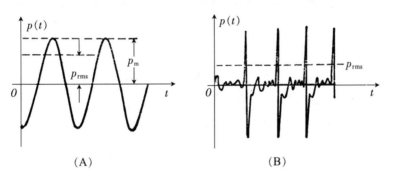

**图 2.6　有效值**

用有效值来度量声压大小是比较合理的。今后，若不另加说明，本书中声压以及其他瞬变量的大小均指有效值。

第四章将会讲到，人耳是非常灵敏的，一般人能感受到的最小声压（闻阈）在 1 000 Hz 为 $2 \times 10^{-5}$ Pa 量级，而能承受的最大声压（痛阈）为 $2 \times 10^1$ Pa 量级，两者相差百万倍！为了计量上的方便，也为了符合人耳的主观感受性，往往采用以分贝（dB）为单位的声压级（SPL 或 L）来计量声压的大小。声压级 $L$ 的定义是：

$$L = 20 \log_{10} \frac{p}{p_0} \quad (\text{dB}) \tag{2.13}$$

式中参考（或基准）声压 $p_0 = 2 \cdot 10^{-5}$ Pa，即闻阈值，$\log_{10}(\cdot)$ 是以 10 为底的常用对数。这就是说，声压级是一种有基准的、相对的计量单位。但是，由于经过对数运算后又乘以 20，所以当考核的声压 $p$ 为 10 倍 $p_0$ 时，声压级是 20 dB，而不是 10 dB；当 $p = 20 p_0$ 时，$L = 26$ dB，只比前者增加 6 dB。表 2.1 列出了一些比值的分贝换算值，其中声强级将

在§2.2.3中介绍。一般谈话的声音约70 dB，在震耳欲聋的喷气飞机下约有120 dB以上的噪声。

表2.1 比值-分贝换算表

| 比值 | 对数值 | 声压级/dB | 声强级/dB |
|---|---|---|---|
| 2 | 0.3 | 6 | 3 |
| 4 | 0.6 | 12 | 6 |
| 10 | 1 | 20 | 10 |
| 100 | 2 | 40 | 20 |
| 1 000 | 3 | 60 | 30 |
| $10^n$ | $n$ | $20n$ | $10n$ |

### 2.2.3 声能与声强

声波既然是一种空气粒子的运动，就必然有动能，而且在声波中既然有力或压强的作用，也就必然有做功的势能，声波中动能和势能的总和就是声能。随着声波的传播，声能也就传播出去。声能的计量单位是瓦（W）。

在声学中，声强是个很重要的概念，在讨论人耳对声音强弱的感觉问题时，我们使用声强，而不是声压。声强是单位时间内流过某单位面积的声能平均值。对平面波来说，声强$I$与声压有效值的平方成正比，即

$$I = p_{\text{rms}}^2 / \rho_0 c \quad (\text{W/m}^2) \tag{2.14}$$

式中$\rho_0$是空气密度，$c$是声速。

为了计量上的方便并与听觉感受尽量接近，同样，也可以以分贝为单位，把声强表示成声强级（用符号$L$表示）：

$$L = 10\log_{10}\frac{I}{I_0} \quad (\text{dB}) \tag{2.15}$$

其中，基准声强$I_0 = 10^{-12}$ W/m$^2$。注意：分贝（dB）既可以作为声压级的单位，又可作为声强级的单位，但含义是不同的。在本书中，如果不另说明，均把声压级简称为声级。

### 2.2.4 倍频程

音调或音高是人对声音高低的主观感受，关于音高的感知问题，第四章还会详述，这里只就声音高低的物理度量做一说明。

从声学上来说，声音的高低主要取决于声波频率的高低，频率高，声音尖锐；频率低，声音低沉。前面说过，频率的单位是赫兹（Hz），人耳所能听到的声音，其频率大约从20到20 000 Hz。

为了比较两个声音的高低，往往采用倍频程一类的单位，倍频程又叫八度音。如果两音频率相差一倍，就说此两音差一个倍频程，从20到20 000 Hz，大约有10个倍频程（20—40—80—160—320—……）。

如果两频率之比等于 2 的三次方根,即 $f_2/f_1 = 2^{\frac{1}{3}} = 1.26$,则说此二频率相差 1/3 倍频程,例如有 100、126、159、200 Hz 的四个声音,相邻两音就都是相差 1/3 倍频程。

如果两频率之比等于 2 的十二次方根,即 $f_2/f_1 = 2^{\frac{1}{12}} = 1.059$,则称此二频率相差 1/12 倍频程。1/12 倍频程的概念相当于音乐中的十二平均律。在乐律中,将一个倍频程等分为 12 个音程,每一音程称为半音,一个半音就相当于 1/12 个倍频程。后面讲到声调的感知时,会以音乐中的半音为单位。

## 2.3 声波传播过程中的一些现象

### 2.3.1 反射和衍射

声波在传播路途中,碰到障碍物后掉转方向的现象就是声波的反射。当然,障碍物必须是光滑而坚硬的,其尺寸必须大于声波的波长,否则还会有其他现象。

声波的反射与光线的反射在效应上是相似的。如图 2.7,平面声波以 $\theta_\text{入}$ 的入射角投射到平面障碍物上,就会以 $\theta_\text{反}$ 的反射角反射出去,且有

入射角 $\theta_\text{入}$ = 反射角 $\theta_\text{反}$

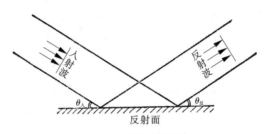

**图 2.7　声波的反射**

有时声波会从障碍物的边缘或孔洞绕到后面,这种现象就是声波的衍射或绕射。如图 2.8,衍射效应跟声波的波长有很大的关系,当障碍物尺寸或孔洞尺寸比波长大时,衍射现象就可以忽略,此时,在障碍物后会出现"声影"。如果把人头当作一个障碍物,话音中的高频成分因其波长比人头的尺寸小,就不容易绕射到头的后方。

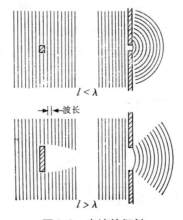

**图 2.8　声波的衍射**

### 2.3.2 吸收

声波在空气中传播时,由于空气有黏滞性和导热性等,声能会有损耗,即使是平面波,随着传播距离的加大,声压也会越传越小;或当声波投射到障碍物上时,由于障碍物质地柔软,声能部分用于激励障碍物振动,或者障碍物带有许多细小的孔隙,使声能有耗损。这些现象统称声波的吸收。在口腔中,传播声波的腔体壁是十分柔软并有黏滞液的,鼻腔还有鼻毛之类的东西,都能吸收声能,我们听到的许多语音特性都与这些吸声效应有关。

当声波投射到某种材料上时,一部分声能被反射回去,其他被吸收掉,吸收掉的声能与入射的声能的比值就表示该种材料对声波的吸收能力,称为该材料的吸声系数 $\alpha$:

$$\alpha = 吸收声能/入射声能（\%）$$

$\alpha$ 等于 1 时,意味着声能被全部吸收;$\alpha$ 等于 0 时,则意味着声能被全部反射。像玻璃棉、矿渣棉和泡沫塑料之类的多孔材料以及在胶合板上打了许多小孔的穿孔板,其吸声系数就比较大,常用来对房间做吸音处理。

### 2.3.3 混响

如图 2.9 (A),在一房间中,由声源发出的声波经四壁的多次反射,到达接收点。就某一时刻而言,接收点的声音是该时刻的直达声和若干反射声的叠加,这些反射声又是在此时刻之前不同时刻发出的。如图 2.9 (B),如果此声音持续时间极短,是脉冲式的声波,则在接收点紧接直达声后的,是一连串的反射声,我们听到的就不是单纯的一响,而是一片轰隆声。这种现象就是声音的混响。

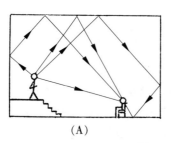 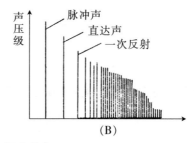

(A) (B)

图 2.9 混响效应

混响效应的大小用混响时间来表示。如图 2.10,如果在某一房间中已有某一声压级的声波,声源停止发声后,由于混响效应,房间的声音不会马上止息,而是有一个衰减过程。在此过程中,声压级衰减 60 dB 所花的时间就是混响时间(记作 $RT$ 或 $T_{60}$)。

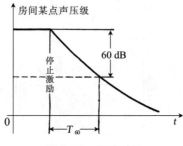

图 2.10 混响时间

对于语音实验来说，混响时间过长，则前后音之间会产生混淆；混响时间过短，则感音量不足，语音发"干"。一般说来，混响时间取 0.3~0.6 秒为宜。一个房间混响时间的长短，主要取决于房间的形状、大小和四壁的吸声处理，这是建筑声学的课题。

### 2.3.4 干涉、拍和驻波

实验表明，如果两列声波同时经过同一介质，那么介质中任一点的位移就等于这两列声波引起该点位移的几何和。所谓几何和就是带方向的叠加，如果两位移同方向则相加，反方向则相消。

如图 2.11（A）所示，如果两列声波的频率相差较大，叠加后的波形是高频波"骑"在低频波上，听起来仍是两个声音。我们说这两列声波不相干。

如图 2.11（B）所示，如果两列声波的频率相差不多，叠加后的波形出现周期性的起伏，这种现象称作拍。起伏的频率等于这两列声波的频率之差，称为拍频。产生拍的两个声音听起来不再是两种频率的声音，而是一个有起伏的悦耳的声音。

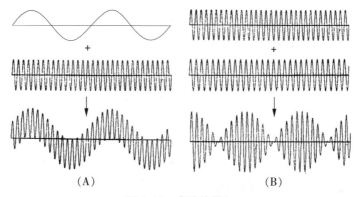

图 2.11　声波的叠加

如果两列声波的频率相同，则叠加波形随两波相位而异。同相时，叠加波加强，如图 2.12（A）；反相时，互相抵消，如图 2.12（B）。两列声波的这种互相加强或抵消的现象就是干涉。

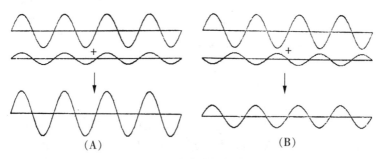

图 2.12　声波的干涉

在干涉现象中有一种特殊的驻波现象。如图 2.13，在一根长管中，左端有一活塞式的声源，右端由一刚性反射面封死。声源发出的声波传到右端被反射回去，于是向右的入射波和向左的反射波相互干涉，叠加的结果在管中产生了一种特殊的声压分布。如果以左端为原点，则在 $x = \lambda/4$、$3\lambda/4$、$5\lambda/4$…即等于 1/4 波长奇数倍的地方，声压达到极大，这些地方称为波腹；在 $x = \lambda/2$、$\lambda$、$3\lambda/2\cdots$ 即等于半波长的整数倍的地方，声压为 0，这是波节所在。管中的声压波动不再传播，好像凝固了一般，故称为驻波。

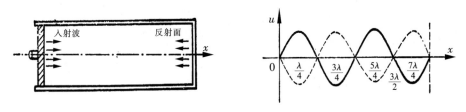

图 2.13　管中的驻波

在形状规则、四壁光滑的房间中，也会因干涉而产生更为复杂的驻波现象，使得房间中的声压分布不均，有的区域特别强，有的区域又特别弱，这对语音实验是不利的，需做建筑声学方面的处理。

## 2.4　声波在管道中的传播

声波在管道中的传播无疑是一个让我们很感兴趣的问题，因为发音器官中的咽腔、口腔和鼻腔就是传播语音声波的管道。

### 2.4.1　电-力-声类比

讨论声波在管道中传播的问题时，人们常常利用电-力-声类比的手法。在力学系统、声学系统和电学系统中都有振动现象，虽然它们的本质是不同的，但在现象上和形式上却是相通的。例如，力学系统中的简谐振动，声学中的简谐波和电学中的交流电，都可以用数学中的正弦函数来描述。由于电路理论及其分析方法比较成熟，所以，人们往往把力学系统或声学系统类比成某种电路，然后借用电路分析的手法来解决力学系统或声学系统的问题。经过理论推导，三种系统中各物理量之间的类比关系如表 2.2 所示。

表 2.2　电-力-声类比关系

| 电学系统 | 电压 | 电荷 | 电流 | 电阻抗 | 电阻 | 电感 | 电容 |
|---|---|---|---|---|---|---|---|
| 力学系统 | 力 | 位移 | 速度 | 力阻抗 | 力阻 | 质量 | 力顺 |
| 声学系统 | 声压 | 体积流量 | 体积速度 | 声阻抗 | 声阻 | 声质量 | 声顺 |

下面举两个例子来说明类比的应用。

例 1　简谐振动系统

图 2.14（A）是本章一开始所讲的力学系统，在这里，弹簧的力顺 $C$ 是劲度的倒数，即弹性小时，劲度小而力顺大。振动力 $F$ 通过质量块加到弹簧上，质量块与桌面间有摩擦力阻 $R$。图（B）是著名的赫姆霍芝共鸣器，它形如细口大肚瓶，在瓶颈边缘有一定的声阻 $r$，假如瓶口有音叉振动，则瓶内空气亦振动发声。通过分析，这两种系统都可以类比为电感 $L$、电阻 $R$ 和电容 $C$ 的串联电路，如图 2.14（C）所示。

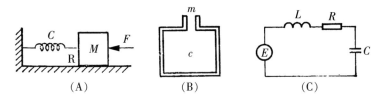

图 2.14 电-力-声类比

根据电路理论，此种电路的固有共振频率为

$$f_0 = 1/2\pi \sqrt{LC} \tag{2.16}$$

于是，按照类比关系可得图（A）和图（B）系统的共振频率：

$$\left.\begin{array}{l} f_0 = 1/2\pi \sqrt{MC}\ (\text{力学}) \\ f_0 = 1/2\pi \sqrt{mc}\ (\text{声学}) \end{array}\right\} \tag{2.17}$$

因为瓶颈的声质量 $m$ 与颈长 $l$、颈截面积 $S$ 和空气密度 $\rho$ 有如下关系：

$$m = \rho l/S$$

瓶内空气的声顺 $c$ 与容积 $V$、声速 $c_0$ 有如下关系：

$$c = V/\rho c_0^2 \tag{2.18}$$

把关于声质量 $m$ 和声顺 $c$ 等式的右边分式分别代入图（B）系统的共振频率公式，得到赫姆霍芝共鸣器的共振频率为

$$f_0 = \frac{c_o}{2\pi}\sqrt{\frac{S}{Vl}} \tag{2.19}$$

此式表明，细口、长颈的大肚瓶，共振频率低；而广口、短颈的小肚瓶，共振频率高。

例 2

图 2.15（A）是一根有分支的声管，分支的管颈质量 $m_3$ 和气室声顺 $c_3$ 组成了一个共鸣器，分支两端声管的声质量分别为 $m_1$ 和 $m_2$，左端有激励声压源 $p_1$，右端以管外空气为负载。根据类比分析，可得图 2.15（B）所示的等效电路，应用电路分析的手法，可以求得右端声压 $p_2$ 随输入声压 $p_1$ 的频率 $f$ 而变化的情况（即频率响应），如图 2.15（C）所示。可以看到，保持输入声压的振幅不变，而使频率由低变高时，右端管口的声压 $p_2$ 会随频率而变，有峰有谷，在出现峰的频率 $f_p$ 时，输出声压增强；谷频 $f_v$ 时，声压削弱。进一步分析可得

$$f_p = 1/2\pi \sqrt{(m_3 + 0.5m_1)\ c_3}\ (\text{设}\ m_1 = m_2)$$
$$f_v = 1/2\pi \sqrt{m_3 c_3}$$

谷频乃共鸣器固有频率，在此，它非但不增强声音，反而削弱声波，像这样的谷通常称为反共振。其实此共鸣器也在共振，但它把固有频率附近的大部分声能"陷入"共鸣器中，所以通过声管 $m_2$ 传出去的声音自然少得多。发鼻辅音时，鼻腔有如 $m_2$，咽腔有如 $m_1$，而关闭的口腔有如 $m_3$、$c_3$ 组成的反共振腔，这样就可以定性解释鼻音中的一些效应。

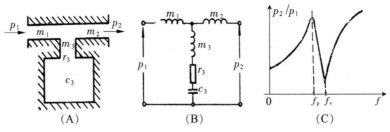

**图 2.15 有分支的声管的类比**

从以上两例可以看到,借助电-力-声类比的手法,可以较便利地解决许多声学问题。但是必须指出,把一根管子看成一个声质量,把一个气室看成声顺,这种所谓集总元件式的处理方法是有先决条件的,只有当声元件的尺寸比声波波长小得多时,才能这样处理。

### 2.4.2 声管及其传输线类比

声管是一类最常见的声学系统,如吹奏乐器和扬声器中的号筒。我们的咽腔、鼻腔和口腔组成的声道当然也是一根构形复杂的声管。像这类声管一般是无法用集总元件来类比的。以人的声道来说,男性声道平均长度假如是 17.5 cm,对应于 500 Hz 的声波的波长,频率减小,波长加长,所以像这样长度的声道是不能满足"比声波波长小得多"的条件的。

在电学系统中,一根传输线在高频时也不能看成是只有纯电阻的导线,而可以看成一种分布参数系统,即在传输线的每一小段上都分布着电阻、电容和电感等,整根传输线对外部电源有一输入阻抗,对外部负载有一输出阻抗。我们可以类似地把声管看作一小段一小段相连接的管道,每一小段有其声阻、声顺和声质量。图 2.16(A)是截面积 $A$ 和长度 $l$ 的一小段声管,图 2.16(B)是其等效电路,电路元件的大小取决于这段声管的截面积和长度以及空气的有关参数。在实用上,常用如图 2.16(C)所示的 T-型网络来等效图 2.16(B)的电路,网络中的阻抗 $Z_a$ 和 $Z_b$ 通过数学上的双曲线函数与基本声元件相关联,即有

$$\left.\begin{array}{l} Z_a = Z_0 \tanh \gamma l/2 \\ Z_b = Z_0 \operatorname{csh} \gamma l/2 \\ Z_c = \sqrt{LC} \\ \alpha = 0.5\,(R\sqrt{C/L} + G\sqrt{L/C}) \\ \beta = \omega\sqrt{LC} \\ \gamma = \alpha + j\beta \end{array}\right\} \quad (2.20)$$

式中 $\omega$($=2\pi f$)是圆频率,$C$、$L$、$R$、$G$ 分别为声顺、声质量、声阻和声抗,它们的参数值由此单元声管的长度 $l$ 和截面积 $A$ 以及空气的密度等常数来决定。因此,只要知道 $l$ 和 $A$,那么此 T-型网络的元件参数就是已知的。

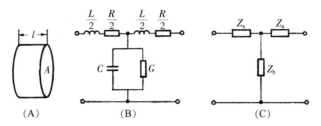

图 2.16 单元声管的类比

这样一来，如果有一根形状复杂的声管，如图 2.17（A）所示，我们可以用许多段长都为 $l$ 和截面积为 $A_1$、$A_2 \cdots A_m$ 的彼此相接的单元声管来近似，如图 2.17（B）所示。根据图 2.16，每一小段声管又类比于一个 T-型网络，这样，将一个个 T-型网络串联起来就得到此复杂声管的类比网络，如图 2.17（C）。这一根声管对声波的传播特性可用传输函数来表示，它是图 2.17（C）中右端的输出体积速度 $U_2$ 与左端的输入体积速度 $U_1$ 之比，即传输函数 $T$ 为

$$T = U_2/U_1 \tag{2.21}$$

如果此声管就是发某个元音的声道，则 $U_1$ 就代表声门处的体积速度，$U_2$ 是嘴唇处的体积速度。由于各小段声管的长度和截面积是已知的，所以每一 T-型网络乃至整根声管的元件值也是已知的。通过数学运算，我们可求出此声管的传输函数的表达式 $T(i, f)$，它随时间 $t$ 和频率 $f$ 而变。在语音学中，我们关心的主要是：这样的声管的频率传输特性 $T(f)$ 对不同频率的声音是如何有选择性地传输的？

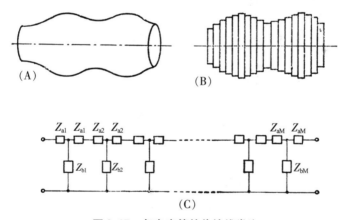

图 2.17 复杂声管的传输线类比

应用电路中的方法，我们可以求出某一具体声管的类比网络的传输频率特性曲线，如图 2.18 所示。图中横坐标为频率 $f$，纵坐标是传输函数 $T$，图中的曲线反映着该声管对不同频率的输入声音是如何选择传输的，是如何分别对待的。曲线中标有 $F_{p1}$、$F_{p2} \cdots$ 者，称为该传输系统的极点，在讨论语音学问题时，这些极点就称为共振峰；标有 $F_{z1}$、$F_{z2} \cdots$ 者，称为该传输系统的零点，对应于语音学中的反共振峰。当输入声管的声音的频率处于某一共振峰区域时，声管对这样的声音起共鸣作用，输出的声音就增大；反之，输入的声音处在反共振峰区域或两共振峰之间的谷形区域时，声管对这样的声音就起抑制作用，输出的声音就减小。如果输入的声音是一种包含多种频率成分的声音，经过声管传输后，有的成

分被共鸣,有的成分被抑制,就变成与原来不一样的声音。如果声管的形状变化了,其频率传输特性曲线也随之而变,这时,所传输的声音也相应变化。

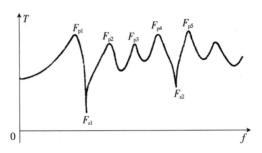

图 2.18　声管的传输频率特性曲线

我们的发音器官就是一根形状可变的声管,发不同的语音时有不同的形状,其频率传输特性也各不相同,于是,在嘴唇处吐出了千差万别的语音。一般说来,发元音时,声源位于声管的始端,对应的声管频率传输特性曲线上只有共振峰;发鼻音时,声管有分支,发 /t/、/s/ 等清辅音时,声源在声管的中间,在这两种情况下,传输曲线上不但有共振峰,还有反共振峰。

对传输频率特性曲线的一个共振峰来说,有三个特性量(见图 2.19)。一是共振峰频率 $F$,即共振峰顶位置对应的频率。二是带宽 $B$,它标志着该共振峰的尖锐程度。从共振峰顶的高度算起,沿两边的斜坡下降 3 dB,以此两点为界,所占有的频率区间就定为该共振峰的带宽。带宽愈窄,共鸣选择性愈强,如果输入声音的频率稍一偏离共振峰频率,就得不到充分的共鸣。第三个特性量是共振峰的幅度 $L$,它标志着共鸣作用的大小,不过,幅度 $L$ 与带宽 $B$ 密切相关,$B$ 宽则 $L$ 小。在考察语音的声学特性时,共振峰频率是十分重要的,正如下面的章节所述,不同的语音有一组不同的共振峰频率。

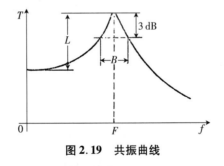

图 2.19　共振曲线

声管的传输线类比虽然涉及较多的数学和电路理论,但对一般读者来说,只需领会上述基本思路就行了。下面以一特例结束本节。

### 2.4.3　均匀开管

如图 2.20 左边所示,有长 $l$ 的一根均匀声管,右端开启,左端有体积速度为 $U_1$ 的声源,按上一小节所讲的,可画出它的等效网络,如图右所示,于是求得传输函数为

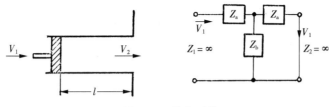

图 2.20 均匀开管

$$T = U_1/U_2 = Z_b/(Z_a + Z_b) = 1/\cosh\gamma l$$

在下列条件下：$\gamma l = \pm j(2n-1)\pi/2$　　　$n = 1, 2, \cdots$
$\cosh\gamma' = 0$，于是传输函数取大值。利用前面的基本公式（2.20），并略去损耗，可推导出此均匀开管的共振峰频率 $F_n$：

$$F_n = (2n-1)c/4l \qquad n = 1, 2, \cdots \tag{2.22}$$

式中，$c$ 是声速，例如，一根长 17.5 cm 的均匀开管，按式计算出来的头五个共振峰频率为 500、1 500、2 500、3 500、4 500 Hz，这些就是理想化的央元音 /ə/ 的共振峰数据。

## 2.5　噪　声

广义地说，凡是人们讨厌的声音皆可称为噪声，但在声学上，则把那些杂乱无章、时断时续、忽大忽小的声音称为噪声。噪声并不总是令人生厌的，在动听的交响乐曲中，打击乐器（如鼓、钹等）发出的声音就在噪声之列，只不过有节奏而已。同样，在我们的语音中，更少不了噪声。因此，我们要简单讨论一下噪声的产生及性质。

### 2.5.1　湍流噪声/摩擦噪声

水或空气之类的流体，会从压强高的地方流向压强低的地方。当这种流动是平稳而有序的流动时，称为层流；当这种流动无规律时，则称为湍流。在湍流中，流体粒子杂乱无章的运动会产生噪声波。产生湍流的机制十分复杂，下面就几个简单情况说明一下。

在一根圆形管道中，湍流的发生与流体密度 $\rho$、黏滞系数 $\mu$、粒子速度 $u$ 和管直径 $D$ 有关，将这些量按下式运算：

$$Re = \rho u D/\mu \tag{2.23}$$

此处 $Re$ 叫作雷诺数。研究表明，当 $Re$ 大于 2 100 时，层流就变成湍流。

如图 2.21（A）所示，如果在管道中有截面积为 $A$ 的狭窄口，对层流来说，流体的流动是连续的，管道中各处体积速度 $U$ 均一样，而狭窄处的粒子速度 $u = U/A$。如图 2.21（B）所示，随着 $A$ 的减小，$u$ 增大，以至雷诺数超过 2 100（此数值称为临界值）时，湍流发生，产生噪声波。这种因流体从狭窄处快速挤过而产生的湍流噪声又叫摩擦噪声。当然，摩擦噪声的产生不仅与粒子速度有关，还与狭窄口的形状和大小有关。只要保证雷诺数始终大于临界值，那么湍流就会一直维持下去，摩擦噪声也会一直持续下去。图 2.21（C）、（D）中还表示出了摩擦噪声杂乱无章的波形及其频谱图（关于频谱下节将有说明）。语音中的擦音如 /s/、/x/ 等，其产生原理与此相似。

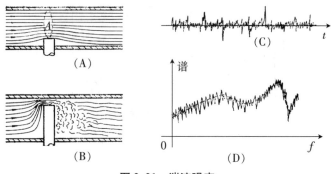

图 2.21 湍流噪声

### 2.5.2 瞬态噪声

如图 2.22（A），一条管道中的某处最初被完全封闭，而封闭处左侧压强很大，另一侧压强较小。在某一瞬间，闭塞处突然开启，于是流体迅速通过原闭塞处的狭缝，此时流速很大，雷诺数超过临界值，发生湍流，有噪声产生，如图 2.22（B）所示；随着闭塞口的迅速加大，流速很快减小，雷诺数相应减小，小于临界值后，湍流变成层流，噪声相继消失，如图 2.22（C）所示。这种在短暂时间内产生的噪声就是瞬态噪声。这种噪声的波形及频谱如图 2.22（D）、（E）所示。语音中的塞音如 /t/、/p/、/k/ 等就是这样产生的。

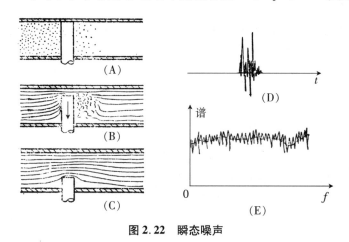

图 2.22 瞬态噪声

## 2.6 声音的频谱

### 2.6.1 复合音与频谱

在自然界中，正弦波式的纯音是很少见的，大多数声音（如琴声、话音和噪声）都是复合音，即一个声音中包含着若干种频率成分的分音。换言之，若干个分音可以组成一个复合音。例如，有三个频率分别为 100、200、300 Hz 和初相位分别为 0、$\pi/2$、$-\pi$ 弧度的纯音，如图 2.23（A）。它们的表达式为：

$$p_1(t) = P_0\sin(2\pi \cdot 100t + 0)$$
$$p_2(t) = 4P_0\sin(2\pi \cdot 200t + \pi/2)$$
$$p_3(t) = 2P_0\sin(2\pi \cdot 300t - \pi)$$

在声场中的某一观察点,其总声压就是这三个分音在该点的声压之和,即有

$$p(t) = p_1(t) + p_2(t) + p_3(t)$$

例如,在 $t = 2.5$ ms 时,三个分音的声压分别是 $P_0$、$-4P_0$ 和 $2P_0$,总声压为 $(1-4+2)P_0 = -P_0$。以此类推,依次求得每一时刻的总声压,于是可画出图 2.23(B)所示的该复合音的波形图。可以看到,比起三个分音的波形,复合波的波形就复杂得多了,但这个波形还是周期性的,以 10 ms 为一个周期,这种复合音听起来是很和谐的。如果我们取频率 $f$ 为横轴,分别取振幅和相位为纵轴,把这三个分音按频率大小顺序画成图 2.23(C)和(D)所示的图形,这样的图就是频谱图,与振幅相关的叫振幅谱,与相位相关的叫相位谱。在这一例子中,第二和第三分音的频率分别为第一分音频率的两倍和三倍。在此,我们把第一分音叫作基音,把第二、第三分音分别叫作第二、第三谐音。

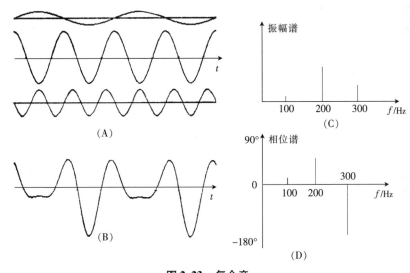

图 2.23 复合音

一个声音的音色主要取决于频谱分布。组成复合音的分音的频率分布不同,复合音的波形和音色自然不同。即使频率成分相同,复合音的波形也因各分音振幅或相位的不同而不同。图 2.24(A)、(B)、(C)是三个频率分别为 300、450 和 600 Hz 的纯音,可以看出,振幅谱相同,相位谱各异时的复合音的波形(只画了一个多周期)是不太相同的,但听起来音色是较相近的。但是,在图 2.25 的三个复合波中,三个分音的相位谱相同,振幅谱各异,它们的复合音不但波形不同,而且音色也不大相同。可见,音色的不同主要取决于振幅谱的不同。今后,如不特别指明的话,我们说的频谱即指振幅谱。

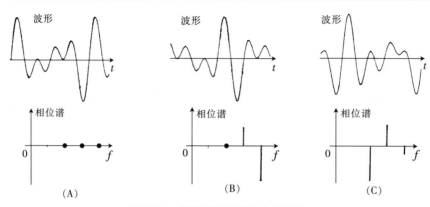

图 2.24　相位谱不同的复合音波形

必须说明的是，图 2.24 和图 2.25 中 6 个复合音的波形都是以 6.66…ms 为周期的。对人的听感来说，这 6 个复合音都好似有一个 150 Hz（≈1/6.67 ms）的"基音"，即这 6 个复合音的基频为 150 Hz，而 3 个分音分别是第二、第三和第四谐音。从声学上来说，一个周期性的复合音的基频 $F_0$ 等于组成它的所有分音频率的最大公约数，对这种复合音的音高感觉是以此基频为基础的（详见第四章）。例如，4 个分音频率分别为 408、680、1 088 和 1 496 Hz，这 4 个数的公约数有 2、4、8、17…68、136，因此，复合音的基频为 136 Hz。注意，基频不一定是最低分音的频率，也不一定是相邻两分音的频率差。

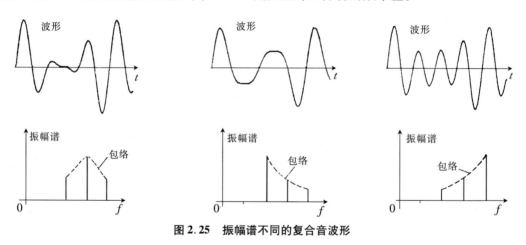

图 2.25　振幅谱不同的复合音波形

在上述例子中，复合音的波形是周期性的，它们的分音在谱图上的分布是分立式的，呈线条状，称为离散谱或线状谱。像前节所讲的摩擦噪声和瞬态噪声，它们是由许许多多分音复合而成的，分音数量太多，乃至无限，而分音间的频率间隔又无限小，密密麻麻以至在频率轴上分不开，这就是连续谱。凡是非周期性的波形，其频谱一定是连续谱，如图 2.21（D）和图 2.22（E）所示。

无论周期性复合音的离散谱，还是非周期性复合音的连续谱，都可以用一条所谓谱包络的曲线来表示该复合音频谱的大体趋势（如各频谱图中的虚线所示）。此外，在振幅谱图中，纵轴常常以分贝（dB）为标度，称为谱级。至于如何得到某一复合音的频谱，这是频谱分析的课题，本书附录中有专门介绍。

## 2.6.2 频谱的形成

如上所述,频谱不同,音色亦不同,由此推知,不同音色的语音肯定有不同的频谱。那么,从声学角度来说,不同的频谱是如何形成的呢?

对一个有某种声源的声学传输系统来说,声音是声源激励系统的结果。譬如一把小提琴,弓在弦上摩擦运动,引起琴弦振动,这是提琴的声源,弦的振动通过琴马传至壳体,激励琴体内气室振动。因此,最终的频谱是声源的频谱与声学系统传输频率特性的综合结果,如图 2.26 所示。

**图 2.26 频谱形成的示意框图**

以元音的产生为例,这里的声源就是声带振动产生的声门波,其波形是一种近似的周期波,如图 2.27(A)。它由许多分音构成,其频谱是线状谱,谱包络是一条渐降的曲线,如图 2.27(D)。假如声传输系统是发/ə/的声道,通过电类比的方法得到了如图 2.27(B)所示的传输频率特性。这样一来,声源中的各个分音经声道传输时就受到了不同的"待遇",有的被加强(共鸣),有的被抑制,于是嘴唇处的输出波形[图 2.27(C)]和频谱[图 2.27(E)]就不一样了。可以看出,输出的谱包络就是下降的声带谱包络线和峰谷起伏的声道传输曲线的叠加结果。发不同元音时,声门波的形状和谱包络线的下降趋势是基本不变的,显著变化的是随声道构形而变的传输特性。因此,输出的波形及频谱也相应改变,由此产生音色各异的元音。

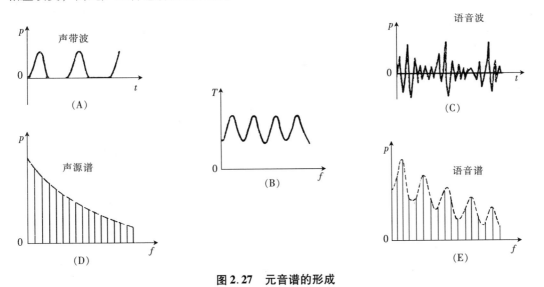

**图 2.27 元音谱的形成**

从图 2.27(E)中可以看到,元音谱包络峰(即共振峰)的频率往往不跟极大分音的频率重合。分音频率大小是由声带振动的周期性决定的,是由基频 $F_0$ 决定的,而共振峰频率 $F_1$、$F_2$…是由声道构形决定的,两者基本上可以看作是相互独立的。当然,从语音频谱分析的角度来看,元音的谱包络和共振峰频率等参数还是依靠这一条条的谱线求得的。至于如何从谱分布求得共振峰参数的问题,有关章节将进一步介绍。

再以清辅音为例,图 2.28（A）和（D）分别是 2.5.1 中介绍过的摩擦噪声的波形和频谱,这种谱包络为平行直线的噪声,通常称为白噪声。它的频谱成分从低到高均匀分布,与由红、橙、黄、绿、青、蓝、紫等各种色彩均匀组成的白光类似。假如声传输系统是发出/ʃ/音的声道,其传输频率特性曲线上有极点和零点,如图 2.28（B）。因为声源谱包络线基本上是一条平直线,所以输出谱包络就近似于传输特性,如图 2.28（E）。图 2.28（C）所示的输出波形虽与原来不一样,但是不易看出什么信息。

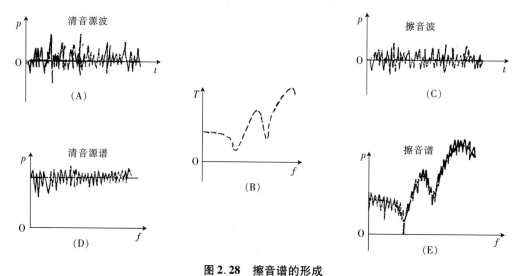

图 2.28　擦音谱的形成

**参考文献**

（美）邓斯,P. B.,平森,E. N.（1983）《言语链——说和听的科学》,曹剑芬、任宏谟译,北京：中国社会科学出版社。

李允武等（1981）《声音》,北京：科学出版社。

马大猷等（1983）《声学手册》,北京：科学出版社,第一、二、四、五章。

Rossing, T. D. (1982) *The Science of Sound*, Addison Wesley Pub.

# 第三章　语音产生的生理基础

生理语音学是研究言语产生的神经肌肉、生物机械和空气动力的过程及其特性参量的科学。言语的产生是一个复杂的生理过程：语言中枢下达命令，这些命令表现为神经脉冲信号，指挥发音器官的肌肉产生运动，因此就出现了气流气压的变化、声门的动作和声腔共鸣系统的调节，最终输出可懂的语言。所以言语的产生是一个复杂的信息转换系统：化学→电→机械→空气动力→声能。生理语音学的任务就在于正确地提取每一个对转换过程有用的信息，并阐明这些信息与语音的关系。

语音产生的生理过程主要涉及三个系统：声门下系统、喉系统和声门上系统。图 3.1 是这三个系统的略图。本章将简单介绍这三个系统的生理构造、发声功能及与语音产生有关的某些特性，以使大家对此有一个初步的认识。

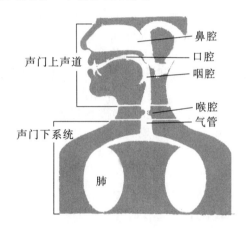

图 3.1　语音产生的三个生理系统示意图

## 3.1　声门下系统

声门下系统，俗称呼吸器官，由气管、支气管、肺、胸廓及呼气肌群、吸气肌群和膈肌组成。它为人类发声提供动力，是发声的动力器官。

### 3.1.1　呼吸机理

吸气时，在吸气肌群（主要有膈肌、肋间外肌等）作用下，胸廓开大，肺泡充气；呼气时，在呼气肌群（主要有肋间内肌、后锯肌、胸横肌及腹肌）作用下，胸廓压缩，肺泡排气。肺的吸气和呼气功能可以用图 3.2 来说明。胸廓像一个能充气的气筒，筒内的气囊就是肺，活塞代表膈肌。在推杆的作用下，活塞（膈肌）下移，使气筒腔体（胸廓）扩大，引起气囊（肺）充气；推杆上升，气筒的作用与上相反，完成排气任务。对此可以从力学的观点做出说明，根据玻意耳定律，在温度保持不变的条件下，压力 $P$（这里指的是胸廓内压力）与体积 $V$（这里指的是胸廓体积）成反比：

$$P \cdot V = C \tag{3.1}$$
或 $P \propto 1/V$

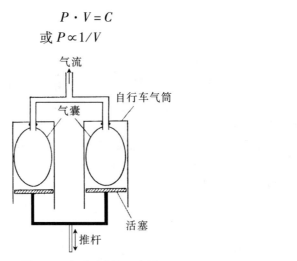

**图 3.2　肺呼吸功能示意图**

$C$ 是常数。当推杆拉出时，腔体（$V$）增大，体内的压力（$P$）就下降。由于气囊通过气管与外界相联，所以气囊中的压力等于外界的压力。于是形成了气囊内外的压力差，迫使气囊膨胀，空气由气管流入气囊，完成吸气过程；当推杆推入时，腔体（$V$）缩小，于是腔体内的压力（$P$）升高，仍符合 $P \cdot V = C$ 的关系式。在这种特殊条件下，腔体内压力大于囊（肺）中的压力，迫使囊中空气排出，完成呼气过程。在充气（吸气）、排气（呼气）过程中，气囊的弹性壁（肺膜）也是参与作用的，即当气囊扩大时，弹性壁就存贮了一定的能量，这种能量大到一定程度时，即使没有其他任何外力，也能迫使气囊内的部分空气排向体外。

### 3.1.2　肺活量

图 3.3 是肺活量示意图。在安静呼吸的状态下，每次吸入的和呼出的气流量称为潮汐量。成年男性的平均潮汐量为 500 ml。在深呼吸运动时，男性平均的最大呼气量和最大吸气量均为 1 500 ml。一次深呼吸气量的总和约 3 500 ml，称为肺活量。在呼出 1 500 ml 的最大气量后，肺中还保留一部分空气，称为余气。成年男性的余气量约为 1 500 ml。女性的肺活量略小于男性，训练有素的歌唱演员大于普通人。

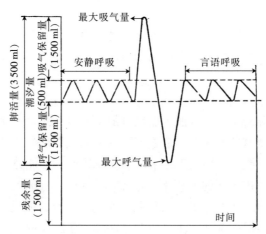

**图 3.3　肺活量示意图**（引自 Dew & Jensen, 1977）

### 3.1.3 发声呼吸

人们在说话或歌唱时的呼吸方式与安静时有所不同。首先,从呼吸相位上看,安静吸气与呼气的相位相同,而在说话或歌唱时,由于发声阶段都处于呼气相上(吸气音除外),因此呼气相长于吸气相;其次,与此相关的是呼吸节律的变化,安静呼吸为16~20次/分,言语时为8~10次/分;第三,呼吸气肌群参与的程度不同,以保证在言语或歌唱时有适当气压和气流量。表3.1详细列出了当呼吸种类不同时呼吸各参量的变化情况。

表3.1 言语、歌唱与安静呼吸的差别(引自冯葆富等,1981)

| 标志 | 呼吸种类 | | |
|---|---|---|---|
| | 安静呼吸 | 言语呼吸 | 歌唱呼吸 |
| 呼吸目的 | 吸氧,排二氧化碳,进行气体交换 | 谈话 | 歌唱 |
| 呼吸控制 | 非意识地随便完成 | 受人意识控制 | 受人意识控制 |
| 呼吸比值 | 1:1.2 | 1:5~1:8 | 1:8~1:12 |
| 呼吸次数 | 每分钟16~20次 | 每分钟8~10次 | 每分钟次数视歌曲而定 |
| 呼吸量 | 500~600 ml | 1 000~1 500 ml | 1 500~2 400 ml |
| 呼吸径路 | 主要经鼻 | 主要经口 | 主要经口 |
| 肌肉动作 | 吸气时胸部吸气肌群用力,膈略微下移;呼气时胸部吸气肌群放松,腹部肌微用力帮助膈复位 | 吸气肌群之中提高肋骨、胸骨、固定锁骨以及板直胸椎的各肌收缩,膈下降较明显;呼气时胸部吸气肌群放松,呼气肌群收缩,腹部各肌一齐用力,膈上升 | 吸气时,比言语呼吸又多几条肌肉参加作用;呼气时,收缩中的吸气肌群继续收缩用力,胸腹呼气肌联合做有控制性的收缩 |

## 3.2 喉

喉是一个空气阀,它有两种基本功能:呼吸时,声门大开;发声时,声门做有节律的开闭动作,使肺中呼出的平直气流调节成为脉动气流。这种携带了声能的脉动气流成为言语和歌唱发声的基本声源。要想深入了解喉在产生言语方面的机制,必须对它的结构和功能进行全面分析。

### 3.2.1 喉的构造

喉由多块软骨做支架,并由关节、肌肉和韧带维持其位置(见图3.4)。喉位于第三至第五颈椎水平之间,上接咽腔,下连气管,声带处于其中。

(1)喉的软骨

喉的软骨以甲状软骨、环状软骨和杓状软骨为主,此外还有会厌软骨和小角状软骨等。图3.4是喉的正面视图(A)、背面视图(B)和侧视图(C)。从上往下看,最上端的是舌骨,其次是甲状软骨。甲状软骨体积最大,围绕喉的前面和侧面,构成喉的保护层。舌骨与甲状软骨之间由舌甲膜和韧带联结,膜内树叶状结构为会厌软骨,附着于甲状软骨内侧前面。吞食时，会厌软骨盖住喉管，防止异物侵入；发音时，打开喉管，但打开的程度是不同的。发 [i]、[y] 等前高元音时，开的程度大，因此可以用内窥镜看到声带；发 [o]、[a] 等后、低元音时，开的程度小，即使用内窥镜也看不到声带。环状软骨在甲状软骨的下面，好似甲状软骨的底座，它前低后高，形似戒指，构成喉的后缘。杓状软骨是一对体积很小的椎形软骨，位于喉的后部、环状软骨板之上。它前端突出，因此叫声带突，声带的后端附着于此。

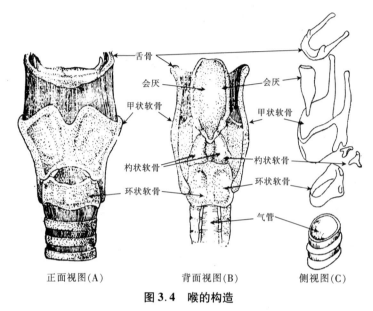

图 3.4　喉的构造

（2）喉关节

喉关节是喉软骨的直接联结部门。可动关节有环甲关节和环杓关节。发声时，在喉肌的作用下，它们像门枢一样，使喉软骨转动。环甲关节是甲状软骨下角和环状软骨后外侧面形成的关节，它的转动能使甲状软骨与环状软骨弓接近，从而拉长拉紧声带，引起声调的变化（见图 3.5）。另一个是环杓关节，是环状软骨板上缘和杓状软骨底部形成的关节。它有两种运动形式：杓状软骨在垂直轴上的转动，使声带突向内向外移动，从而关闭或打开声门；杓状软骨在环状软骨上缘做左右滑动，促使声门（包括软骨声门）打开或关闭。

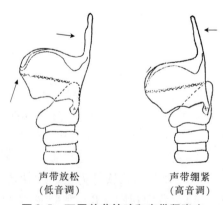

图 3.5　环甲关节转动和声带紧张度

(3) 喉肌

喉部各软骨与关节乃至整个喉头是不能自主运动的，发声时它们依赖于喉肌的牵引才得以改变位置。喉肌分内肌与外肌。

a. 喉外肌主喉位的上升、下降和固定，内肌牵引两个关节的转动，从而改变声门形状并改变声带紧张度。喉外肌（见图3.6）中的颏舌骨肌、二腹肌、下颌舌骨肌和茎突舌骨肌收缩，促使喉位上升；胸骨舌骨肌、胸骨甲状肌、甲状舌骨肌和肩胛舌骨肌收缩，促使喉位下降。从这两组肌肉的组成可以看出，舌头的位置将在一定程度上影响喉位的升降。喉位上升，意味着共鸣腔的长度缩短；喉位下降，共鸣腔的长度就延长。声腔的长短不仅影响语音声学特性的变化，而且对歌唱来说也是至关重要的，这方面的问题有人已做过介绍（冯葆富等，1981）。

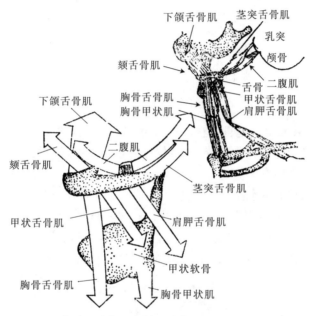

**图 3.6 喉外肌功能示意图**（引自 Dew & Jensen, 1977）

b. 喉内肌（见图3.7）：

环甲肌（CT）前起环状软骨弓，向上插入甲状软骨体和下角，它能使环状软骨弓上提，从而促使环状软骨板和附着在后面的杓状软骨一起倾斜，于是声带拉长，紧张度增加，声调升高。

杓间肌（IA）是连接两块杓状软骨体的横纤维和斜纤维，能使杓状软骨靠拢，声门关闭。

环杓后肌（PCA）能使杓状软骨朝外转动，从而外展声带，使声带延长、变薄和紧张。

环杓侧肌（LCA）收缩时能使杓状软骨向内转动，从而使声带内收，声门关闭。

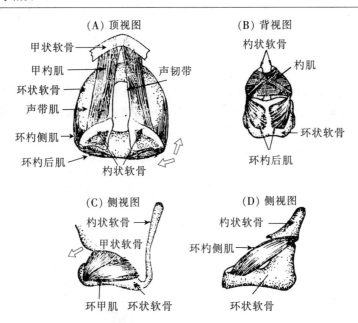

图 3.7 喉内肌解剖（引自 Dew & Jensen, 1977）

甲杓肌（thyroarytenoid）起自甲状软骨前角，止于杓状软骨的外侧面和肌突，下部肌束位于声襞内、声韧带外侧，称声带肌（VOC）。它的收缩或放松不仅直接关系到声调的高低，而且与发声的声区有关。

图 3.8 是喉内肌功能示意图。图左边一行显示出喉肌收缩时软骨和声带边缘的位置；中间一行显示了个别肌肉作用下声门的形状；右边一行显示的是声带边缘中部的截面形状，虚线表示静止形态。最后还要指出一点，发声时，各喉肌的作用是相互协同的，某一肌肉的作用如何，往往与其他喉肌的活动状态及是否协同收缩有关。

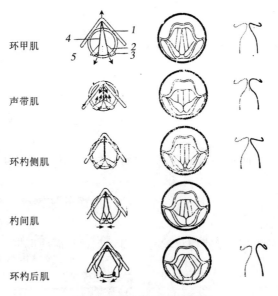

图 3.8 喉内肌功能示意图

1. 甲状软骨；2. 环状软骨；3. 杓状软骨；4. 声带；5. 环杓后肌
（箭头指示喉内肌、软骨受力的方向）（引自 Hirano, 1981）

喉肌受控于喉神经，喉上神经支配环甲肌，喉下神经（喉返神经）支配其他喉内肌。

（4）声带

声带前起自甲状软骨角，向后延伸至杓状软骨的声带突。正常人的声带由于血液供应不丰富而呈白色条状。它由三个部分组成：表层（由上皮层和黏膜固有层中的浅层组成）、过渡层（由固有层中的中间层和深层组成）和体层（即声带肌）。实验证明，每一层的负荷力是不同的，表层最强，体层最弱，因此，在发声时各层的动作特性是不一样的。

左右两条声带围成的空间是声门（声门裂）。当声带外展时（呼吸状态），声门变宽呈三角形；声带内收时（发音状态），则呈裂隙状。

声带上方有一水平皱襞为假声带，真、假声带之间有一个纺锤形隐窝为喉室。喉室的容积随不同的元音和不同的声调而变化。表 3.2 和表 3.3 分别为成年女性和成年男性的喉室数据。这些数据是根据 1984 年我们自己的声带 X 光断层照相取得的。这些数据表明，在相同元音条件下，基频越高，喉室的容积也就越大。对男发音人来说，相同基频条件下，高元音的喉室比低元音的大得多。在这一点上，女发音人的数据不如男发音人明显，但趋势是一致的。

表 3.2　女发音人（MA）喉室数据

| 元音 | | a | a | a | a | a | a | a | i | u | h |
|---|---|---|---|---|---|---|---|---|---|---|---|
| 基频/Hz | | 199 | 264 | 321 | 360 | 433 | 538 | 628 | 375 | 375 | |
| 音阶 | | g | $c'$ | $e'$ | $f'^{\#}$ | $a'$ | $c^2$ | $a^{2\#}$ | $f^{1\#}$ | $f^{1\#}$ | |
| 喉室 | 高/mm | 1.0 | 2.5 | 2.5 | 2.0 | 2.5 | 3.0 | 3.5 | 2.0 | 2.5 | 2.5 |
| | 宽/mm | 1.5 | 2.5 | 3.0 | 3.0 | 3.5 | 3.8 | 4.0 | 3.0 | 4.5 | 3.0 |
| 备注 | | | | | | 假声 | 假声 | 假声 | | | |

表 3.3　男发音人（YA）喉室数据

| 元音 | | a | a | a | a | i | u | h |
|---|---|---|---|---|---|---|---|---|
| 基频/Hz | | 135 | 200 | 268 | 330 | 175 | 175 | |
| 音阶 | | $c^{\#}$ | $g^{\#}$ | $c'$ | $e'$ | f | f | |
| 喉室 | 高/mm | 3.5 | 3.5 | 4.0 | 5.5 | 5.0 | 5.5 | 7.5 |
| | 宽/mm | 3.0 | 3.0 | 3.0 | 4.3 | 6.5 | 7.5 | 6.0 |
| 备注 | | | | | 假声 | | | |

### 3.2.2　声带振动学说

声带怎样才能引起振动？声带振动频率的控制又是怎样？声带振动的机理（学说）回答了这些问题，因此它既有理论意义，又有实际价值，一直为嗓音生理学家、声乐教师和语音研究工作者所重视。

（1）肌弹性空气动力学说

这一学说最早是在 1741 年 Ferrein 根据狗的离体喉实验得出的。后来 Muller 在 1837 年用人的尸体离体喉仔细地进行实验而被肯定下来。Van den Berg 等（1957）利用人的离体喉和模拟装置对声带振动做了进一步实验并加以量化，使这一学说的解释有了新的突破。

这一学说主张声门的打开是被声门下的压力（$p_s$）冲开的，而声门的关闭则取决于下面三个因素：①空气流出声门后，使$p_s$降低；②于是在声门的出口处产生负压，这就是伯努利效应（$p_b$）；③声带本身的弹性恢复力（$p_t$），$p_t$的大小取决于声带肌、环甲肌等肌肉的张力。根据这一学说，当$p_s > |p_b| + p_t$时，声门就打开；而当$p_s < |p_b| + p_t$时，声门就关闭。声门如此做循环往复的开启、关闭动作，其振动频率取决于$p_s$和$p_t$。这一学说解释了不少发声机理上的生理现象和问题，但仍有一些实际的发声现象解释不了。

（2）神经时值学说

这一学说是由法国嗓音生理学家 Husson 提出来的，他在 1950—1957 年间进行了一系列实验并发表了很多文章。这一理论是基于神经与肌肉生理的相互关系而不是振动体的物理特性。他的结论是：发音时声带振动取决于喉肌的节律性收缩。肌肉收缩频率决定了声带振动频率。而肌肉的收缩频率则受制于神经脉冲的传导频率。Husson 的学说具有自己的严整性，并在机体功能调节及阐明发声机理上有一定的意义，然而他的实验结果并没有得到后来学者的证实，因此，这一学说现在几乎销声匿迹了。但是不能由此得出结论：在发声时，喉肌在控制声带的振动频率上是无所作为的。事实上，喉肌的作用是不容忽视的，这一点将在§3.2.4 中加以详述。

（3）黏膜弹性空气动力学说

这一学说是广户在 1966 年提出来的。他的主张与肌弹性空气动力学说基本相同，但他认为声门振动不仅仅是左右两片声韧带的简单横向动作，而是声门开闭时上下声唇之间有相位差，即声门开或闭首先都由下唇开始，然后波及上唇，见图 3.9（A）。声门这种运动方式是由于组成声带的各层的质量不同所致。当体层（声带肌）收缩时，声带的表层（黏膜覆盖层）是松弛的，因此它具有滑动性，在气流作用下，会像旗帜一样飘动。

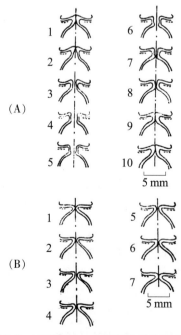

图 3.9  声带振动一个周期内的开闭动作

（A）为发真声的上、下声唇的开闭状态；（B）为发假声时的状态

（引自 Hirano, 1977）

黏膜弹性空气动力学说是卓越的，它揭示了声带振动的本质。因为对声带振动的肌弹性空气动力学说可以用质量-弹簧-阻力构成的单质量模型来加以模拟，但使用 Van den Berg 的经验公式对这一模型进行计算时会发现，在未满足自激振动数值的条件下，这个机械系统也可能振动。这就说明只具有一个自由度的单质量模型不能成为声带振动的正确模型。根据具有相位差的黏膜弹性空气动力学说，石坂谦三、Flanagan（1978）提出了双质量模型。图 3.10 为声带的双质量模型及其等效电路。图上两个并联的振子分别代表声带的上下声唇，其中 $m_{1,2}$ 代表声带的质量，$k_{1,2}$ 为声带的劲度，而 $k_c$ 是 $k_1$ 和 $k_2$ 之比，即 $k_c = k_1/k_2$。假若把 $\omega_1$ 和 $\omega_2$ 分别作为第一振子和第二振子的共振角频率，那么当 $\omega_1^2 \approx (k_1 + k_c + \phi)/m_1$ 和 $\omega_2^2 \approx (k_1 + k_c)/m_2$ 大致相等时，这个系统就会产生振动。这里 $\phi$ 是声门内气流的粒子速度。在这一振动中，$m_1$（下声唇）比 $m_2$（上声唇）在相位上超前 90°。这一模型成功地说明了图 3.9（A）中的声带振动图形。附带说明一点，当 $k_c$ 的绝对值很大时，可以把这一系统看成单一质量模型（单振子），因此它不分上下声唇，其振动图形如图 3.9（B）。

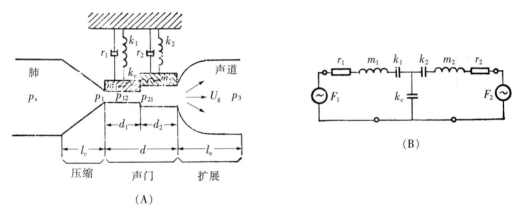

**图 3.10　声带振动的双质量模型（A）及其等效电路（B）**

（引自石坂谦三、Flanagan，1978）

在这一模型中，声带的振动频率受控于声带本身的质量 $m$ 和劲度 $k$，而 $m$ 和 $k$ 要受到环甲肌、声带肌等的调节（见 §3.2.1）；同时，振动频率与声门下压力 $p_s$ 有关。根据计算，声带振动的最小 $p_s$ 是 $2 \sim 3\,\text{cmH}_2\text{O}$（196.12 ~ 294.18 Pa），当 $p_s$ 超过 $5\,\text{cmH}_2\text{O}$（490.3 Pa）时，每增加 $1\,\text{cmH}_2\text{O}$（98.06 Pa）压力，振动频率增加约 3.5 Hz。

声带的双质量模型所产生的动作特性和振动形式与实际的声带振动相符，因此可以认为这个模型所依据的黏膜弹性空气动力学说是符合声带的生理学特性的，可以说这是一个正确的理论。

### 3.2.3　声门波形的测量参数

（1）声门宽度如图 3.11（A）所示。声门宽度是指声带边缘之间的距离。

（2）声门面积如图 3.11（B）所示。由声带边缘所围成的面积称为声门面积 $A_g$。声门面积的变化在时间域上的展开称为"声门面积波形" $A_g(t)$。在正常的振动中，声门面积波形类似于声门宽度波形。声门面积波形 $A_g$ 又与通过声门的体积流速度 $U_g(t)$ 近似，但两者不完全相同，这是因为下声唇面积波形 $A_{g1}$ 与上声唇面积波形 $A_{g2}$ 存在 90° 的相位差，根据波形叠加理论（见第二章），产生新的面积波形 $A_g$；$U_g$ 受声道负载的影响，而 $A_g$ 不受声道的影响。

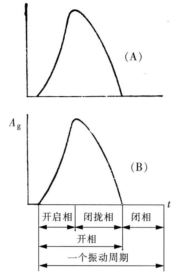

**图 3.11　声门宽度（A）和声门面积参量（B）**

（3）声门开闭相位。图 3.11（B）中所呈现的是一个完整周期的声门面积波形。上升段称为开启相位，下降段称为关闭相位，由于这两个相位都使声门呈敞开的状态，因而合起来称为开相位。紧接着开相位的是声门完全闭合时段，此时段称为声门的闭合相位，这个相位要延续到下一个振动开始时才结束。一个完整的声门振动周期所延续的时间用 $T$ 来表示。$T$ 的单位是秒，它决定了声带的振动频率（基频）$F(\text{Hz}) = 1/T$。

（4）开商（OQ）、速度商（SQ）和速度指数（SI）。开商的定义是：

$$\text{OQ} = \frac{\tau（\text{开相位})}{\tau（\text{整周期})} \tag{3.2}$$

其中 $\tau$ 是指相位延续时间，以秒为单位。式（3.2）表明，开相位时值越长，OQ 值就越大；当声门不存在闭合相位时，OQ 就等于 1。

速度商的定义是：

$$\text{SQ} = \frac{\tau（\text{开启相位})}{\tau（\text{关闭相位})} = \frac{\text{关闭相位平均速度}}{\text{开启相位平均速度}} \tag{3.3}$$

速度指数的定义是：

$$\text{SI} = \frac{\tau（\text{开启相位}) - \tau（\text{关闭相位})}{\tau（\text{开启相位}) + \tau（\text{关闭相位})} = \frac{\text{SQ} - 1}{\text{SQ} + 1} \tag{3.4}$$

### 3.2.4　喉肌电特性

与人体其他肌肉一样，喉肌兴奋时会产生动作电位，这是由于静息状态下的细胞膜对阴阳离子的通透性不同的缘故。当阴阳离子在膜内外形成对峙时，就产生细胞的极化现象（静息电位）。当细胞兴奋时，该部位细胞膜的通透性提高，离子通过的选择性消失，因而极化也随之消失，产生偏离静息电位的现象，这就是肌肉的动作电位。电位势能的大小称为"肌电强度"(EMG),肌肉的紧张度越高,肌电强度就越大,因此通常用肌电强度来代表肌肉紧张度。测量肌肉动作电位的设备称为"肌电仪"。

§3.2.1 中已谈到喉内肌的作用在于放松、拉紧声带(从而降低、提高基频)和关闭、打开声门(从而影响发声类型的改变,见§3.2.5),所以对喉内肌肌电的研究,不仅有助于探究声带振动的机理(Husson 的神经时值学说正是基于喉肌电实验得出的结论),而且也可以探明各喉内肌在发声中的作用。

(1)喉肌紧张度(VCT)与基频($F_0$)。声带的紧张是喉肌紧张的结果,所以,声带紧张度也就是喉肌紧张度。Gay 等(1971)系统地研究了声带肌(VOC)、环甲肌(CT)、环杓侧肌(LCA)、横杓肌(ICA)和环杓后肌(PCA)随 $F_0$ 变化的动作特性,图 3.12 是研究结果的图示。由图可见,随着 $F_0$ 的提高,各喉肌肌电也有程度不等的增强,这说明基频与肌肉紧张度有内在的联系。从图 3.12 上还可以看到,在各喉肌中,声带肌、环甲肌对 $F_0$ 的影响最为明显,这一点是特别值得我们注意的。但从严格意义上讲,基频与声带肌、环甲肌肌电强度之间不存在线性关系。

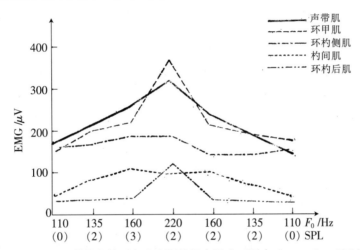

图 3.12 不同基频条件下各喉内肌的肌电强度(引自 Gay et al., 1971)

环杓侧肌、环杓后肌只有在基频比较高时才会有较强的电活动。前面已强调,调节 $F_0$ 主要依赖于声带肌、环甲肌的作用。环杓侧肌、环杓后肌的作用是次要的,其表现还常常因人而异。

(2)喉肌紧张度(VCT)与发音强度(SPL)。喉内肌肌电强度随发音强度的变化而变化,见图 3.13。首先,我们发现,发音强度与喉内肌紧张度之间有直接关系,特别是声带肌和环甲肌表现最为明显,环杓后肌次之。这种变化与基频改变时的情形相似;其次,当发声强度提高时,$F_0$ 也相应地有所提高。于是问题就产生了:肌电强度的变化与 $F_0$ 和 SPL 处于一种什么样的关系?

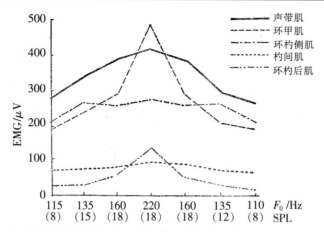

**图 3.13** 不同发声条件下各喉内肌的肌电强度（引自 Gay et al., 1971）

一般说来，作用于 $F_0$ 和 SPL 的有两个因素：生理上的声带紧张度和声门下压力 $p_s$。而这两种因素又以很复杂的方式与 $F_0$、SPL 发生关系。$F_0$ 的变化可能起因于 VCT 或 $p_s$，也可能两者兼而有之；而 SPL 的变化直接受制于 $p_s$ 已得到公认（Ladefoged, 1967）。制约 $F_0$ 的两个因素中（VCT 和 $p_s$），哪一个作用更大呢？在这个问题上，各家众说纷纭，意见不一。对这个问题的正确回答既有理论意义（声带振动学说），又有现实价值（对声调、语调形成的描述及其在计算机上的模拟），所以是一个必须继续深入探讨的问题。Monsen 等在 1978 年使用双质量模型（石坂谦三、Flanagan，1978）提出了一个量化声压、基频、声带紧张度、声门下压力及其相互关系的图表，这是一个很有意思的尝试。但必须注意，模型可以将各因素孤立地来加以实验和讨论，而在活体条件下，各因素是互相影响的，所以问题远比模型条件下复杂得多（参看第九章对这一问题的进一步论述）。

（3）声带紧张度与真假声。假声是一种不同于真声的声带振动方式。发假声时，声带边缘变薄，只有边缘部分参与振动，因之，在一个振动周期内，不会呈现上下声唇之间的相位差，见图 3.9（B）。在发低的假声时，声带全长振动，声门不完全关闭；发高的假声时，只有前 1/3 声带振动，后 2/3 完全关闭。

肌电实验证明，在发真声时，CT 和 VOC 几乎有相等的紧张度，但发假声时，VOC 明显放松，而 CT 紧张度也比同等基频的真声要低。我们自己的实验结果证实了这一点，见图 3.14。从图 3.14 可以看到，男假声的 $F_0$ 比真声高，但 CT 的紧张度却低于真声；女真声和假声在相同的 $F_0$ 位置上，假声的 CT 紧张度低于真声。发假声时，VOC 和 CT 跳跃式地放松是声带"自我保护"机制作用的结果。因为当 VOC 放松时，CT 只需要花少量的力就能将声带的边缘拉薄，以符合发出假声的声带质量条件。

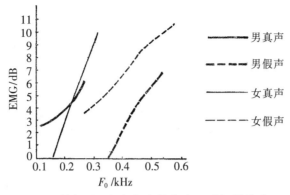

**3.14 基频（$F_0$）与肌电强度（EMG）的关系**

### 3.2.5 发声类型

发声类型是就声带振动时声门裂开的状态而言的，不同的裂开状态就是不同的发声类型。显然，声门状态的不同不仅会造成气流波形的不同，也会使嗓音的声学特性和听辨效果有所不同。

研究声门状态最直接的方法是高速摄影、喉头频闪镜、电子声门仪和数字反滤波技术。这些仪器与方法均能描绘出声门开合情况，而最直接、最可靠的方法要数高速摄影和喉头频闪镜。图 3.15 就是发音时喉头频闪镜与电子声门仪同时记录的结果。当声门开得大时（第①、⑨、⑩、⑪和⑫帧），拾得的电流值最小（电阻值最大）；当声门闭合时，电流值增加（电阻减小）。反滤波技术也能得到与电子声门仪相似的声门开闭变化曲线。

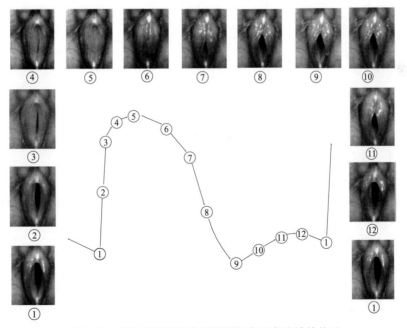

**图 3.15 声门开闭频闪高速摄影与声门电流计的关系**

在语音学上，一般区分为四种不同的发声类型（Ladefoged，1973），分别为：清音、正常嗓音、气嗓音和紧喉嗓音。

（1）清音。声门大开、声带不振动，两杓状软骨相距最大（100%），声门裂开形状如

图3.16（A），如 ha（哈）中的辅音 h。

（2）正常嗓音。正常嗓音简称嗓音，在一般的元音发音中，声门全长振动，杓状软骨相对靠拢（75%），不泄漏气流。如图3.16（C）所示。

（3）气嗓音。声门下部1/3长度上开度较大，其余2/3参与振动，因此它的发声状态是（A）、（B）两类的混合型，见图3.16（B）。声门下部裂开是由于杓状软骨相距较远（90%）之故，因此会有气流的泄漏。从声门波形上看就不存在闭合相位（或闭合相位较短），于是开商（OQ）就等于1（见§3.2.3定义）。这类嗓音出现在海地语（Hidi）和其他印度-雅里安语（Indo-Aryan）中，中国西南一些少数民族语言（如景颇语、彝语）中的松元音也是此类嗓音（见第五章）。

（4）紧喉嗓音，又叫喉化音。发音时，杓状软骨靠得较近（67%），因此使声门后部紧紧靠拢以致不能振动，只有声门的前部能够振动，见图3.16（D）。在紧喉嗓音状态下，声带绷得不像正常嗓音那样紧。振动频率比较低，甚至可以听清一个个声门脉冲的声音。这类嗓音多出现在印度-乍得语（Indo-Chadic）中。

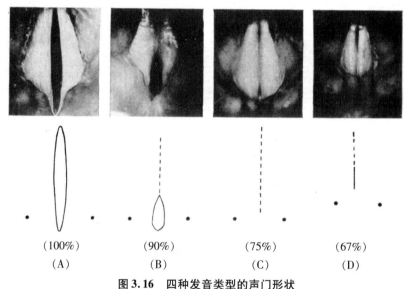

**图3.16　四种发音类型的声门形状**

（A）清音；（B）气嗓音；（C）嗓音；（D）紧喉嗓音

（引自 Ladefoged，1973）

以上四种类型还有一些变体，因此它们在语言中会出现较复杂的情况，有待我们进一步去研究和发现。

## 3.3　共鸣腔

共鸣腔又称喉上器官，或称调音器官。它由口腔、鼻腔和咽腔组成（见图3.17）。喉部产生的嗓音流（声门波）或气流，通过这些共鸣腔的调节，可以产生出不同的音素。

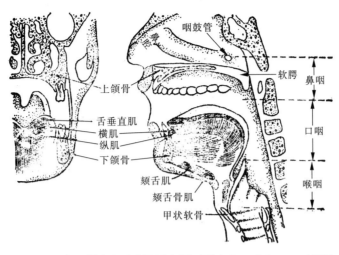

**图 3.17　喉上器官及舌内肌示意图**（引自 Dew & Jensen, 1977）

### 3.3.1　口腔

口腔前面以唇为界，侧面以颊部为界，向后伸延至舌腭肌所形成的腭弓，其顶部由硬腭及软腭组成，底部包括舌的前 2/3 加上从舌延向下颌骨的黏膜，口底下面有下颌舌骨肌支撑，后部与咽腔相通。

（1）腭。腭标志着口腔的上限，因此又称为上腭（如图 3.18），上腭可分为硬腭与软腭。硬腭由上颌骨腭突及腭骨水平板形成，并有黏膜覆盖。上齿的后方、硬腭的前端（弯曲部分）称为齿龈，由一厚层与黏膜相连并有鳞状上皮覆盖的纤维组织组成。这个部位对发音来说是很重要的，舌尖音往往在这个部位（或其邻近位置）形成。硬腭依前后可区分为硬腭前部和后部。软腭与硬腭的后缘相接，可细分为软腭和悬雍垂（即小舌）两部分。软腭可自由活动，或提升软腭关闭鼻咽通道，发出非鼻辅音和口元音；或下降软腭打开鼻咽通道，发出鼻辅音和鼻化元音。软腭的这些活动依赖于以下几对肌肉：舌腭肌、咽腭肌可使软腭外侧的面积缩小，打开鼻咽通道；悬雍垂肌的作用在于改变悬雍垂的形状；腭帆提肌和紧缩肌能提起软腭，使之与后咽壁相接，从而关闭鼻咽通道。

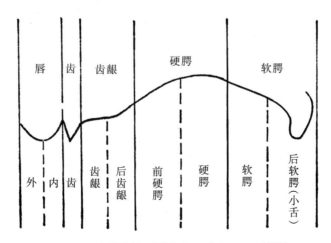

**图 3.18　上腭分区**（引自 Dew & Jensen, 1977）

由于舌腭肌连接舌与软腭，而这块肌肉既能提升舌体也能降低软腭，这就解释了为什么发开（低）元音时往往伴有一定开度的鼻咽通道，发闭（高）元音时，鼻咽通道往往被阻塞。

（2）舌。舌是最活跃、最积极的发音器官，它的前缘和侧缘是游离的，因此能使舌的前缘形成舌尖，两侧能上卷。图 3.19 是舌的分区图，前端部是舌尖，舌尖与上下门齿构成阻塞或收紧能发出舌齿间音，如 [t̪、θ、ð……]；舌尖与上齿背或齿龈构成阻塞或收紧，可以发出各类舌尖音，如 [t、d、ts、dz、n、r、ɾ、ɬ、s、z；ʈ、ɖ、tʂ、dʐ、ɳ、ɽ、ʂ、ʐ……]。舌尖后面是舌叶，这部分与上腭构成阻塞或收紧可以发出舌叶音。如 [tʃ、dʒ、ʃ、ʒ]。舌面又称舌背和舌脊，可分为舌面前、舌面后两部分。利用舌面前部隆起与上腭构成阻塞或收紧，就能产生舌面前音，如 [ȶ、ȡ、tɕ、dʑ、ȵ、ɕ、ʑ……]；舌面后部隆起与上腭构成阻塞或收紧，就能发出舌面后音（又可称为舌根音），如 [k、g、ŋ、x、ɣ……]。舌面前部与后部的中间，称为舌面中部，能产生舌面中音，如 [c、ɟ、ɲ、ʎ、ç、j……]。舌的后 1/3 对发音也是有作用的，它的前部隆起与悬雍垂靠近，发出小舌音 [q、ɢ、ɴ、ʀ、χ、ʁ……]；它的后部后缩，可以阻塞或收紧咽腔，发出喉音 [h、ʔ]。此外，舌头在口腔中前后、高低运动，改变口腔的形状，可以发出前元音、央元音、后元音/高元音、中元音、低元音等。

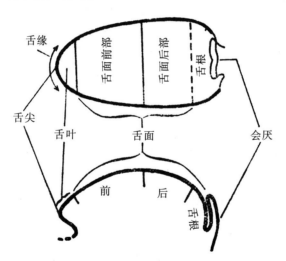

**图 3.19　舌的分区**（引自 Dew & Jensen, 1977）

舌头之所以能形成不同的形状并灵活自如地运动，是由于舌肌的动作所致。舌肌分舌内肌和舌外肌两组，舌内肌支配舌头的形状，舌外肌负责舌头前后、高低的运动。图 3.17 是舌内肌的解剖图，它由上纵行肌、下纵行肌、垂直肌和横肌组成。舌尖的形成和上翘、舌各部分的隆起以及舌边的上卷都是由这组肌肉收缩造成的。

图 3.20 是舌外肌的解剖示意图。舌外肌是成对的，它负责舌的运动，具体如下：
茎突舌肌：主舌后缩及抬起；
舌骨舌肌：主舌下降；
颏舌肌：主舌体前移；
腭舌肌：牵引舌体上升。

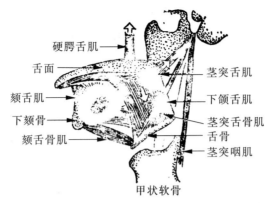

**图 3.20　舌外肌示意图**（引自 Dew & Jensen，1977）

除了舌以外，构成口腔底部的还有下颌骨。实验证明，下颌骨在垂直轴上的位置及其角度对元音发音来说是很重要的。一般说来，在自然发音中，舌位高低与下颌骨向下运动的距离是同步的。在非自然发音（即"补偿发音"）中，可以在保持下颌骨不动的情况下，如上下齿间咬一块一定厚度的木块，发出高低、前后不同的元音，在这种发音中，要依靠舌头的不正常（或不自然）运动。此时，舌位高低与下颌骨的运动是不一致的，也是不协调的。下颌骨在发音中的作用以及下颌骨在垂直轴上的位置与声学特性之间的关系，将在第五章中做进一步论述。

（3）唇。唇位于口腔的最前端，分上唇和下唇，两唇共同围成口裂，口裂两端称口角。唇是言语器官中唯一可以从外部观察到的部分，因此在发音过程中，唇形的变化被聋哑人用来作为识别对方讲话的依据。这种"听懂"言语的方式称为"唇读"。唇形的变化及其在语音中产生中的作用也成为语音学家的一大研究课题（见§5.2.3）。

唇由口轮匝肌组成。轮匝肌又称为唇内肌（见图3.21），它的作用在于关闭双唇，发出双唇音［p、b、m］等；唇外肌中上唇肌和颧肌管提升上唇；下唇肌和三角肌管降低下唇；而笑肌和颊肌管绷紧双唇。

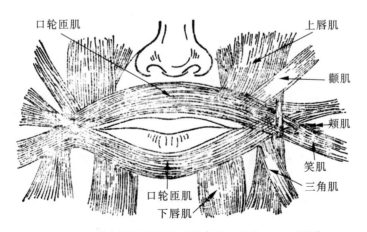

**图 3.21　唇内肌和唇外肌**（引自 Dew & Jensen，1977）

下唇与上齿接近能产生唇齿音［f、v］。在元音发音中，圆唇的结果能发出圆唇元音，如前圆唇元音［y、ø、œ、Œ］、后圆唇元音［u、o、ɔ、ɒ］和央圆唇元音［ʉ、ɵ］等。此外，舌尖元音加上圆唇的作用，能发出［ɥ、ʮ］两个圆唇舌尖元音。

(4) 齿。在发音器官中，齿的作用也是不可忽视的，特别是前面的切牙更为重要。成年人全牙有 32 个，对称地固定于上、下颌骨的牙槽上，每个象限内（上、下牙各自分左右两个象限）包含 2 个切牙、1 个尖牙、2 个前磨牙和 3 个磨牙。

图 6.7（见第六章）是上腭图，在分析腭位照片时，往往把牙缝作为经纬线的基准点，使上腭区分成很多小区。发不同的辅音或元音时，舌头接触上腭（包括上牙）的面积可以通过这些小区来加以定量地说明，面积愈大，舌位愈高。

### 3.3.2 咽腔

咽腔为一管状结构，上起自颅底，向下延伸至第六颈椎（环状软骨水平）并与食管相连，其后壁和侧壁是完整的。前壁有鼻腔、口腔和喉腔的开口，一般分为鼻咽腔、口咽腔和喉咽腔（见图 3.17）。

鼻咽腔位于咽腔的最上端。上面已提到，鼻咽腔通道的开通和关闭受控于软腭。口咽腔上接鼻咽腔，下端位于第三颈椎。口咽腔的大小主要取决于舌头的位置。发前高元音时，舌根前移，腔体扩大；发后低元音时，舌根后缩，腔体缩小。口咽腔的容积在三个咽腔中最大，这部分的腔壁也最富弹性。喉咽腔上通口咽腔，下连食管，前壁上部是舌根和会厌，下部通喉前庭部。

咽腔的肌肉可分成两组：

咽缩肌组：支配咽管的扩大与缩小。包括咽上缩肌、咽中缩肌和咽下缩肌。此三肌排列形式似屋瓦。

咽提肌组：支配咽管的拉长与缩短。包括茎突咽肌、咽腭肌、胸骨舌骨肌、胸骨甲状肌、甲状舌骨肌、肩胛舌骨肌、二腹肌、茎突舌骨肌、颏舌骨肌等（参见§3.2.1）。

### 3.3.3 鼻腔

鼻腔是最上部的空气通道。鼻腔由鼻中隔分成左右两个通路。由于鼻中隔的位置并不一定在正中，因此，对一些人来说，两个通路可能是不对称的，这种非对称性使鼻音的共鸣特性变得较为复杂。鼻腔前端有两个前鼻孔与外界相通，后方有两个鼻后孔与鼻咽腔相连。鼻腔覆盖着较厚的黏膜层，并有丰富的血管构成鼻甲海绵体丛。在病变以及心理因素的影响下，海绵体丛会因充血而膨胀，从而改变鼻腔的体积，影响通道的畅通，引起鼻共鸣特性的变化。

与鼻腔相通的一些小容积的骨质腔体有：额窦、筛窦、上颌窦和蝶窦，统称鼻窦。这些腔体内面披以黏膜，其中充有气体。

## 3.4　语音产生的空气动力学说

气息是语音产生的"原动力"，没有气息也就没有语音。研究语音产生时压力、气流变化的学问，称为语音空气动力学。

### 3.4.1　声道内空气动力学特性

Catford（1977）对声道内的压力、流速及气流类型做了专门论述，现介绍如下。
(1) 声道内压力。压力被定义为加在每单位面积上的力，在海平面和 0℃ 时，76 cmHg

（水银）的压力被定为标准大气压力，它等于 1 033 cmH₂O（101 300 Pa）。在语音学中，我们测到的口内压力是 10 cmH₂O（980.6 Pa），这是指超压（$P_0$），即扣除了标准大气压力的力。言语时口内压力变化约为 3～15 cmH₂O（294.18～1 470.9 Pa）。

公式（3.1）已给出了压力与体积的关系：$p \cdot V = C$。现在可以利用这个公式来研究声道体积变化与压力改变的关系。设 $V_1$ 为初始声道体积（单位 cm³）；$V_2$ 为发某一音素时所形成的新体积；$p_1$ 为初始压力，即标准大气压力（1 030 cmH₂O）；$p_2$ 是发某音时的声道内压力。根据式（3.1）可以派生出以下 4 个相关公式：

$$p_2 = \frac{V_1 \times p_1}{V_2} \tag{3.5a}$$

$$p_1 = \frac{V_2 \times p_2}{V_1} \tag{3.5b}$$

$$V_1 = \frac{V_2 \times p_2}{p_1} \tag{3.5c}$$

$$V_2 = \frac{p_1 \times V_1}{p_2} \tag{3.5d}$$

**例题 1** 原始体积 $V_1 = 3\,030$ cm²（包括肺、气管、喉和喉上气管），发塞音［p］或［t］时，由于肺的压缩，体积降到 3 000 cm³（$V_2$），求 $p_2$ 和 $p_0$：

$$p_2 = \frac{V_1 \times p_1}{V_2} = \frac{3\,030 \times 1\,030}{3\,000} = 1\,040.3 \text{（cmH}_2\text{O}） = 102\,011.8 \text{（Pa）}$$

$$p_0 = p_2 - p_1 = 1\,040.3 - 1\,030 = 10.3 \text{（cmH}_2\text{O}） = 1\,010 \text{（Pa）}$$

**例题 2** 发［pʰ］时，咽和口中的空气被喉头向上运动所压缩，这时，口内测到的 $p_0$ 为 15 cmH₂O（1 470.9 Pa）。设发音前声门上体积（$V_1$）为 140 cm³，求喉的向上运动使声门上腔体缩小了多少。

$$V_2 = \frac{p_1 \times V_1}{p_2} = \frac{1\,030 \times 140}{1\,030 + 15} = 138 \text{（cm}^3\text{）}$$

$$V_1 - V_2 = 140 - 138 = 2 \text{（cm}^3\text{）}$$

这就是说，喉头向上运动，使声门上腔体缩小了 2 cm³。

（2）气流速度。语音学中的气流速度既指粒子速度 $u$，也指体积速度 $U$，这一点在第二章中已做过介绍。现在讨论压力 $p$ 与粒子速度 $u$ 的关系：

$$\left.\begin{array}{l} u = 412\sqrt{p} \\ p = \left(\dfrac{u}{412}\right)^2 \end{array}\right\} \tag{3.6}$$

$u$ 的单位是厘米/秒（cm/s），$p$ 的单位在此式中为毫米水柱（mmH₂O）（1 mmH₂O = 9.806 Pa）。假定在声道中，此时测到的压力（$p_0$）为 160 mmH₂O（1 568.96 Pa），那么根据式（3.6）就可以计算出 $u$ 为

$$u = 412\sqrt{160} = 5\,211.43 \text{（cm/s）}$$

按 §2.1 的定义，气流的体积速度 $U$ 是单位时间内粒子速度 $u$ 与截面积 $A$ 之乘积，用每秒

毫升来计量（ml/s 等价于 cm³/s），三者的关系为：

$$U = u \times A \tag{3.7a}$$
$$u = U/A \tag{3.7b}$$
$$A = U/u \tag{3.7c}$$

现有一擦音 [s]，已知 $U = 200\,\mathrm{cm^3/s}$，通过一 $A = 0.1\,\mathrm{cm^2}$ 截面，不难知道 $u$ 为 $2\,000\,\mathrm{cm/s}$。

利用公式（3.6）和（3.7c），可以计算发辅音时声道收紧点的截面积。假定发 [s] 音时 $U = 220\,\mathrm{cm^3/s}$，口内压力 $p_0 = 7\,\mathrm{cmH_2O}$ (686.42 Pa)。首先用式（3.6）计算出粒子速度：

$$u = 412\sqrt{70} = 3\,444\ (\mathrm{cm/s})$$

接着用式（3.7c）来计算 [s] 的收紧点截面积：

$$A = \frac{220}{3\,444} = 0.064\ (\mathrm{cm^2})$$

（3）气流类型。通过声道的气流，运动方向和速度不是突变的，而是沿着声道确定的路径平稳地流动。在流动中它们是分层的，最贴近管壁的气流层由于受到摩擦阻力，流速最小，越靠近声道中心，阻力越小，因而流速越大。这种分层流动的气流称为层流。

另一类气流在流动中是不规则的，流线已不再沿着声道确定的路径，而是以突发性的速度变化混合地、交叉地叠加在主流方向上，这种气流类型称为湍流。

现在，有一层流流经声道的窄缝而逐渐被加速，最终气流达到某一确定的速度，这个速度称为"临界速度"。一超过这个速度，气流就开始"扰动"起来，成为湍流，此时会产生"咝咝"的摩擦噪声；假若一开始就是一个湍流而被逐渐减速（如流经逐渐加宽的声道），一达到临界速度，气流扰动将终止，湍流就变成层流。这两种临界速度中第二种比第一种高，在流体力学中，第二种流速被定义为"临界速度"。

气流的临界速度用某一特定的雷诺数作为标准，而雷诺数本身是无量纲的，它与通道的直径 $d$、空气本身的速度 $u$ 及空气的运动黏滞度 $\mu$ 有关：

$$R_e = \frac{d \times u}{\mu} \tag{3.8a}$$
$$d = \frac{R_e \times \mu}{u} \tag{3.8b}$$
$$u = \frac{R_e \times \mu}{d} \tag{3.8c}$$

其中 $\mu = 0.1457$，计算中可简化为 0.15。设某擦音的通道直径 $d = 0.35\,\mathrm{cm}$，粒子速度 $u = 1\,500\,\mathrm{cm/s}$，其雷诺数为：

$$R_e = \frac{d \times u}{\mu} = \frac{0.35 \times 1\,500}{0.15} = 3\,500$$

在语音学中，$R_e \leqslant 1\,700 \pm 200$ 为层流，$R_e > 1\,700 \pm 200$ 则为湍流。辅音的摩擦噪声为湍流。由式（3.8）可知，产生湍流（摩擦噪声）的条件主要取决于声道的直径 $d$（也就是声道截面积 $A$）和空气粒子速度 $u$，更确切一点说，取决于体积速度。因此我们在定义湍流产生的条件时更倾向于使用"临界体积速度"这个术语。图 6.9（见第六章）是体积速度与口腔通道截面积 $A$ 之间的关系。为维持一定的临界体积速度，随着通道面积的增大，体积速度也必须相应地增大。

此外，雷诺数与语音的声强度（SPL）有关，雷诺数越大，声强度也越大，粗略地说，SPL 与 $R_e$ 的平方成正比（$R_e > 1700 \pm 200 \propto \sqrt{\text{SPL}}$）。

### 3.4.2 喉空气动力学特性

与发声有关的空气动力学各因素中最被人们重视的是声门下压力 $p_s$。Isshiki（1961）、Ladefoged（1967）、Warren（1976）和 Hirano（1981）分别对声门下压力与音高、音强的关系做了详细的研究，大致可归纳为以下关系：

（1）声门下压力（$p_s$）与声压级（SPL）的关系。图 3.22 是不同元音条件下 $p_s$ 与 SPL 的关系。图上 SPL 的标度是线性的，单位是分贝（dB），$p_s$ 的标度是对数的。图 3.22 告诉我们，声门下压力与声压级的关系为 $\text{SPL} \propto p_s^{0.6}$。两条直线的差距约 5 dB，指明了在相同的声门下压力条件下，低元音要比高元音强 5 dB。这种差别是由声腔的大小不同引起的，与声门条件无关。

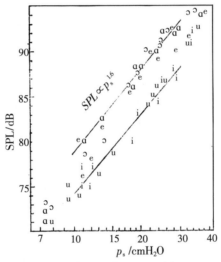

图 3.22　声门下压力与声压级的关系（引自 Ladefoged, 1967）

（2）声门下压力与音高的关系。这里所指的音高就是声带每秒钟振动的次数，也就是基频（$F_0$）。图 3.23 给出了 $p_s$ 与 $F_0$ 的关系，当声门下压力每增加 6~7 cmH$_2$O（588.36~686.42 Pa）时，$F_0$ 约增加半个倍频程。

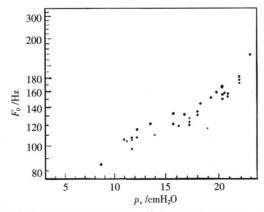

图 3.23　声门下压力与基频（$F_0$）的关系（引自 Ladefoged, 1967）

$p_s$ 与 $F_0$ 的关系对研究声带振动的机理是非常重要的。§3.2.2 中声带振动的空气动力学说非常重视这种关系，认为声带的起振和振动的频率主要取决于声门下压力。但有的报告（Isshiki，1961）指出，$p_s$ 的突然增加可能引起音高的降低，相同的压力可以产生不同的音高。因此认为音高变化的因素是非常复杂的，有待进一步研究和证明。

（3）声门下压力 $p_s$、声门体积速度 $U_g$、声门阻 $R_g$ 与声门面积 $A_g$ 的关系。$p_s$、$U_g$、$R_g$ 三者关系与电学中的欧姆定律相似，Warren（1976）详细研究了 $A_g$ 对 $p_s$ 和 $R_g$ 的影响。他指出，$A_g$ 越大，声门上下压力差（$\Delta p$）和 $R_g$ 越小（详见图 3.24、图 3.25）。这一点是不难理解的。当声门开度较大时，声门上下端通道畅通，$\Delta p$ 当然不可能大。同样，大的 $A_g$ 畅通的通道，气流遇到的阻力也是小的。相反，当声门关闭时，$A_g$ 很小，声门下端的压力 $p_s$ 自然增高。$R_g$ 与 $A_g$ 的关系可由下式表示：

$$R_g = \frac{8\mu l}{\pi r^4} \tag{3.9}$$

其中 $\mu$ 为黏滞系数，$l$ 为声门气道的长度，$r$ 为声门半径，$\pi r^4$ 就是声门的面积 $A_g$。此式说明了 $R_g$ 与 $A_g$ 成反比，当声门完全关闭时（$A_g=0$），则 $R_g$ 为无穷大。

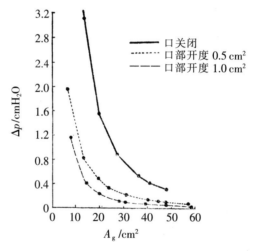

图 3.24　声门上下压差 $\Delta p$ 与声门面积的关系（引自 Warren，1979）

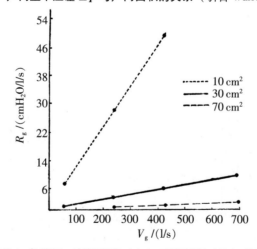

图 3.25　在不同气流量（$V_g$）条件下，声门面积（$A_g$）对声门阻（$R_g$）的影响（引自 Warren，1976）

## 参考文献

鲍怀翘、杨力立（1984）发音时喉内肌肌电研究，《全国第一届艺术嗓音医学学术讨论会论文汇编》，北京。

冯葆富、齐忠政、刘运墀（1981）《歌唱医学基础》，上海：上海科技出版社。

石坂谦三、Flanagan, J. (1978) 声带音源的自励振动モウル，日本音响学会志，34（3）.

Catford, J. C. (1977) *Fundamental Problems in Phonetics*, Edinburgh University Press.

Dew, D. & Jensen, P. J. (1977) *Phonetic Processing*, Bell & Howell Company.

Gay, T., Hirano, H., Strome, M. & Sawashima, M. (1971) An electromyographic study of intrinsic laryngeal muscles during phonation, Haskins Lab., *Status Report on Speeh Research*, SR-25/26.

Hirano, M. (1977) Structure and vibratory behavior of the vocal folds, in M. Sawashima & F. S. Cooper (eds.), *Dynamic Aspect of Speech Production*, University of Tokyo Press.

Hirano, M. (1981) *Clinical Examination of Voice*, Springer-Verlag Wien, New York.

Isshiki, N. (1961) Voice and subglottis pressure, *Studia Phonologica*, 1, 86-94.

Ladefoged, P. (1967) *Three Areas of Experimental Phonetics*, London Oxford University Press.

Ladefoged, P. (1973) The feature of larynx, *Journal of Phonetics*, 1, 73-84.

Van den Berg, J. W. et al. (1957) On the air resistance and Beroulli effect of human larynx, *J. A. S. A.*, 29 (5), 627.

Warren, D. W. (1976) Aerodynamics of speech production, in N. J. Lass (ed.), *Contemporary Issues in Experimental Phonetics*, New York: Academic Press.

# 第四章 语音知觉的心理基础

语音问题的研究现在都要跟语音知觉过程联系起来进行。语音知觉问题正成为语音学中的一门专门学问。

本章着重介绍涉及知觉的两方面知识：第一方面是关于听觉器官的解剖学和生理学；第二方面跟研究语音知觉有关，介绍人们受纯音和白噪声等声音刺激时所体验到的（主观）感觉。当然，本章所介绍的只限于本书要涉及的一些基础知识。本章还对通向大脑的神经做了简单说明。

## 4.1 人的听觉系统

我们接收声音的听觉系统包括外耳、中耳和内耳，以及一组通往大脑、并构成大脑听觉中心的神经纤维网络。

### 4.1.1 耳的结构和机能

如图 4.1 所示，人耳可以简单地分为外耳、中耳和内耳三部分。

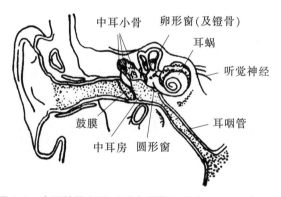

**图 4.1　人耳的纵剖面**（引自邓斯、平森，1983：图 36）

（1）外耳由最外面的耳廓、耳道和鼓膜所组成。耳廓的不对称形状使它具有一定程度的声音定向功能，尤其是能区分来自前后的声音。图 4.2 是右耳对频率分别为 200、500、2 500 与 5 000 Hz 的纯音做单耳听闻时的方向性灵敏度。此时入射角的作用在低频时比较小（$f = 200$ Hz 时为圆形曲线）。频率越高，其灵敏度对于方向的依赖程度越大，在入射角为 70° 时达到最大值。

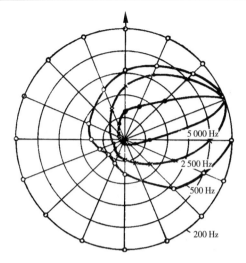

**图 4.2　右耳对一些频率纯音做单耳听闻的方向性灵敏度**
（引自肖丁尼斯基，1985：图 2-5）

由于头部衍射作用的结果，造成声音（包括噪声）频谱的改变，靠近声源的那只耳朵几乎能接收到构成这个声音的各种频率成分，而到达较远那个耳朵的，则是被"畸变"了的声音，特别是中频和高频"部分"，或多或少地受到了衰减。

图 4.3 表示右耳的声级 $L_R$ 与左耳的声级 $L_L$ 的声级差跟纯音频率之间的关系。如果左耳靠近声源，则有 $\Delta L = L_R - L_L$。声音的声强级在 40~70 dB 之间。入射角有 30°、60° 或 90° 三种。从图中可以看出，在频率低于 300 Hz 时，不论入射角 α 多大（30°、60° 或 90°），两耳的声级实际上是相同的。但是，当频率增加到 300 Hz 以上时，三个入射角的声级差都以振荡曲线的形式加大，直到某一频率为止；达到最大值之后，频率进一步增加，则会导致声级差的减少。当入射角 α=30° 时，最大的声级差在 5 000~6 000 Hz 范围内，其数值为 -15 dB 左右。当入射角 α=60° 时，声级差的最大值落在 9 000~10 000 Hz 范围内，其数值为 -25 dB。当声音以直角入射时，声级差在三者中为最大（-30 dB），发生在 10 000 Hz 处。

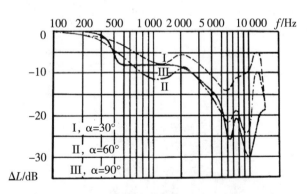

**图 4.3　两耳声级差 $\Delta L$ 跟不同纯音频率及不同纯音入射角之间的关系**
（引自肖丁尼斯基，1985：图 2-4）

在距离声源较远的那只耳朵处，声强级的这个最大差值肯定在 5 000 Hz 以上的频率范围。这个频率范围内包含有许多声音辐射体的特征成分，而这些特征成分往往与声音的"色彩"即音色有关。根据音色的这种改变，人们也能判断声音到来的方向。

从图 4.2 和图 4.3 的曲线可以解释人耳的极性。也就是说，它们表明人耳对不同频率和来自不同方向的声音所具有的不同的感受能力。这对室内声学是极其重要的。

在耳廓中间有一个入口，通向一个 S 形的管道，称为耳道。成年人的耳道平均长度大约为 27 mm，耳道的管壁是软骨质的。从最后的弯曲段再往里去，就变成骨质的。耳道的末端与鼓膜（TM）做气密连接。

图 4.4 的曲线说明耳道的灵敏度是频率的函数。图中虚线是把耳道看作刚性管子时的无阻尼共振曲线，在共振频率 $f_r = 3\,340$ Hz 处，其声压得到无限放大；实线为实际耳道的阻尼共振曲线，这时鼓膜处的最大声压大约是耳道入口处声压的三倍，即耳朵的这种灵敏度增加了两倍，可是，曲线所占的频率范围却相当宽，大约从 2 000 到 5 000 Hz，这正是人类语音所涉及的极为重要的频带范围。

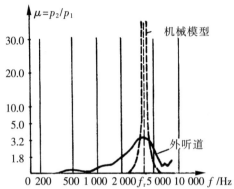

**图 4.4　实际耳道和与其相同尺寸的刚性管子的不同共振曲线**
（引自肖丁尼斯基，1985：图 2 - 8）

耳道除了把语音频带范围内的声音加以放大以外，还对鼓膜起保护作用。耳道的这种作用使得鼓膜能正常工作，发挥其效用。鼓膜是精巧而灵敏的"接收声音"的膜片，在耳道传来的声音的作用下，它可以自由振动，对声音的传导具有重要作用。

（2）中耳包括三块听小骨（锤骨、砧骨和镫骨），它们形成鼓膜和内耳之间的机械链。中耳房实际上是头颅骨中的一个腔，如图 4.5 所示。听小骨通过附着在腔壁上的几根韧带悬挂在这个腔内。锤骨的柄固定地附着于鼓膜并覆盖着二分之一以上的鼓面。鼓膜的机械振动通过锤骨传到砧骨，而砧骨又与镫骨相连，镫骨的踏板覆盖着内耳入口处的卵形窗。中耳还能通向咽腔的耳咽管。

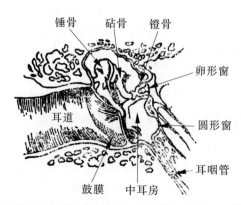

**图 4.5　中耳及听小骨的横剖面**（引自邓斯、平森，1983：图 37）

中耳的结构使它具有三重作用。第一是起阻抗匹配作用，这是它的主要作用。声波在耳道中的传播是在空气中进行的，通过中耳进入内耳后，它是在充满内耳的外淋巴液中传播的。空气和外淋巴液是两种不同的介质，由于这两种介质密度的不同和声波在这两种介质中传播速度的不同，它们对声音有不同的阻抗，后者比前者大很多。要使声音有效地从一种介质传入另一种介质，避免能量上的损耗，就必须在两者之间加上"变压器"，使两者达到阻抗匹配的目的。中耳正好也能扮演这个角色。这是由于鼓膜和镫骨踏板的面积比以及听小骨的杠杆作用，使声波在声道中传播时的较小压力变换成在外淋巴液中传播所需要的较大压力，从而使这两种介质中的声强相同。

中耳的第二个作用是保护内耳免受特强声音的伤害。当然，这种保护作用是有限度的，突如其来的强烈声音仍会使内耳受到严重伤害。

在中耳与咽腔之间由耳咽管相沟通，它有效地连通中耳和外界空气。由于耳咽管的存在，在一般情况下，鼓膜两边的压力是平衡的，这就保证了鼓膜在受声波作用时做正常振动。这可以说是中耳的第三个作用。

（3）内耳是颅骨腔内一个小而复杂的体系，包括耳蜗和前庭管。前庭管在听觉机制中不起什么作用，但也充满着淋巴液，直接与耳蜗相连。耳蜗形状像卷缩的 $2\frac{3}{4}$ 转的蜗牛壳，因此而得名。

为了看清耳蜗的各个部分，我们设想它像图4.6（A）中那样展平。耳蜗沿着它的全长由一个叫作耳蜗隔膜的膜状组织把它划分为两个不同的区域，隔膜内部又构成第三区域。

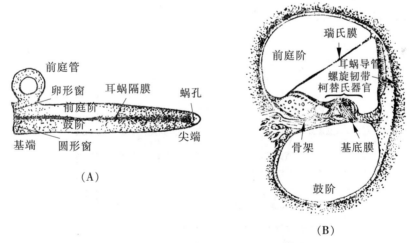

图4.6 展平的耳蜗纵剖面（A）及耳蜗横剖面（B）
（引自邓斯、平森，1983：图41）

耳蜗隔膜的卵形窗一侧是前庭阶，而另一侧是鼓阶。这两个区域都充满着外淋巴液。在耳蜗顶端，耳蜗隔膜上有一开口，外淋巴液通过它在前庭阶和鼓阶之间自由流动，这个开口叫作蜗孔。在耳蜗的基端，鼓阶的底部是圆形窗，圆形窗是由膜覆盖着的开口，往外通到中耳。

镫骨踏板的运动通过卵形窗刺激着耳蜗组织。当卵形窗向内运动时，液体朝着耳蜗的顶端移动，如果这个动作是缓慢的，液体就通过蜗孔沿着另一侧流回耳蜗的基端，在那里，圆形窗向外鼓出以适应这种流动。声音的振动速度对于液体流动来说太快了，于是在液体中造成了压力变化，使整个隔膜都随着振动起来。

图 4.6（B）的耳蜗横剖面更清楚地显示了隔膜的组织。那个中空的耳蜗导管充满着高黏度的、几乎是胶状的液体，叫作内淋巴液。瑞氏膜成为前庭阶和导管之间的分界，基底膜把导管和鼓阶隔开。基底膜在耳蜗基端实际上是最窄的（大约 0.04 mm 宽），而在它的尖端是最宽的（大约 0.5 mm）。在这两种极端情况之间，沿着整个耳蜗，基底膜的宽度逐渐加大。

内耳对声波的分析是由基底膜的机械作用完成的。早期的假说设想基底膜像琴弦一样，它的各部位宽窄不同，使它能对不同的频率进行调谐。基底膜的较窄部分跟较高频率进行调谐，靠蜗孔的较宽部分跟低频率进行调谐。基底膜的不同部位对应于不同频率的所谓部位理论，原则上被多数学者所接受。但实际情况并不像这种理论所说的那样简单。Békésy 在显微镜下观察刚死后不久的人耳在声音作用下基底膜的振动情况，提出了行波理论。基底膜的振动不是局部的调谐，而是在整个基底膜上产生了行波，图 4.7 表示在刺激频率 $f = 200\ \text{Hz}$ 时，两个相继的瞬间行波波形，一个用实线表示，另一个用虚线表示，而点线为其包络。由于基底膜从耳蜗基端到蜗孔的宽度和劲度等机械特性的不同（例如，在接近卵形窗处，它是完全绷紧而且是轻而薄的；在接近蜗孔处，它是最松弛而且是肥厚的），行波的最大幅值随声音频率的不同而落在基底膜的不同部位上。高频引起的最大位移在基底膜接近卵形窗处，低频引起的最大位移在基底膜靠近蜗孔部位处，如图 4.8 所示。所以，耳蜗的作用跟频率分析器的作用一样。

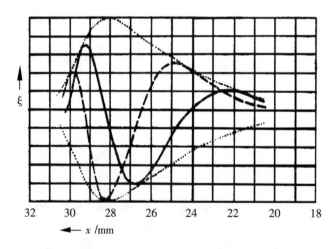

图 4.7　基底膜上的行波及其包络（引自肖丁尼斯基，1985：图 2-21）

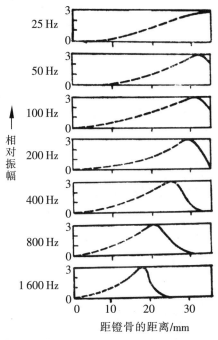

**图 4.8　基底膜对于不同频率的响应曲线**（引自肖丁尼斯基，1985：图 2-19）

内耳的机能除了基底膜的频率分析外，还要将基底膜振动模式所包含的频率、幅值和时间的信息转换成神经系统的神经信息。这种转换机构是位于耳蜗导管内侧基底膜上的无数个细胞集合体，叫作柯替氏器官。它与耳蜗构造之间的关系可参看图 4.6（B）。图 4.9 是它的结构简图。柯替氏器官中的感觉接受器是毛细胞。每个毛细胞的一端附着在基底膜上，而另一端的非常纤细的毛发和耳蜗覆膜相连接。毛细胞成行地分布在呈三角形的柯替氏拱形两侧。内毛细胞位于柯替氏拱的一侧，即距耳蜗螺旋的中心轴最近的一侧。外毛细胞附着在拱的另一侧。沿着整个基底膜，从卵形窗到蜗孔之间，有四排毛细胞——一排内毛细胞和三排外毛细胞，内毛细胞大约有 3 500 个，外毛细胞大约有 20 000 个。柯替氏器官的换能作用发生在毛细胞和覆膜之间因振动而产生的剪切运动。声波在充满前庭阶和鼓阶的液体中传播时，在基底膜上产生压力变化。这种压力变化虽然很微弱，但它作用在毛细胞上以后，又一次被放大，使灵敏度得到提高。毛细胞受力而弯曲，这种弯曲使有关神经细胞兴奋起来，将机械能转换成神经能。

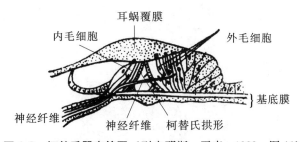

**图 4.9　柯替氏器官简图**（引自邓斯、平森，1983：图 44）

## 4.1.2　听觉和神经

为了叙述上的方便，一般把神经系统分为周围神经系统和中枢神经系统两个部分。中枢神经系统由脑和脊髓组成。周围神经系统则由身体各部分与中枢神经系统相连接的大量神经纤维束组成。周围神经系统的听觉神经把上述神经能——电化学脉冲传递到中枢神经系统的听觉区域。

（1）神经元

联系耳朵和大脑的是由神经元（也叫神经细胞）组成的细胞链。神经元有一鼓起来的部分，就是细胞体，它包含着细胞核。每个细胞体上都有细长的轴突，或者叫作神经纤维。轴突可以伸得很远，沿轴突伸出一些旁枝，轴突的末端是更细的网络分叉，叫作树状分枝末端。一个神经细胞的活动引起相继的另一个神经细胞的活动，都是通过叫作突触的联结体来完成的。图4.10是一个典型的神经元的示意图。突触除了完成神经系统各个神经元之间的联系作用之外，它还出现在神经元与感受细胞之间以及神经元与反应细胞之间。感受细胞，比如内耳柯替氏器官的毛细胞，能接受来自周围环境的感觉信息，并帮助将此信息编译成电化学脉冲，这样就可以在神经系统中进行传递与处理。反应细胞，比如肌肉纤维等，对沿神经纤维传来的电脉冲做出反应，对于肌肉来说，这种反应是肌肉纤维的收缩作用。

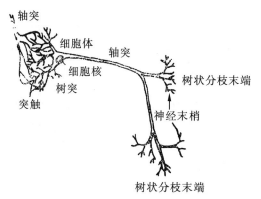

**图 4.10　一个典型的神经元**（引自邓斯、平森，1983：图49）

（2）听觉神经通道

从图4.11可以看到，在与柯替氏器官平行的螺旋体（螺旋神经节）上，有听感受器神经元的细胞体。从这些细胞体伸展出来的轴突，通过耳蜗轴并在那里形成整齐的纤维束，叫作听觉神经纤维。

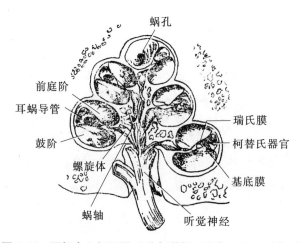

**图 4.11　耳蜗中心剖面图**（引自邓斯、平森，1983：图54）

听觉神经纤维的延伸部分从螺旋体的细胞体伸到柯替氏器官中,并在那里以其末端与感觉毛细胞通过突触联结。虽然大部分神经纤维是感觉神经纤维,向中枢神经系统传递信息,但另有一部分神经纤维显然是从大脑向柯替氏器官传递信息,这种结构形成了复杂的反馈回路,大脑就是通过它来控制周围听觉器官的。

没有一条神经纤维能够贯穿柯替氏器官与大脑皮质听觉区域之间的全程,整个通路总是由突触把一根又一根的神经纤维联结贯通起来的。图 4.12 显示了听觉刺激到达大脑皮质的重要通路。螺旋体中的起始轴突通过第一个突触与蜗神经核里中枢神经系统的神经纤维相联结。

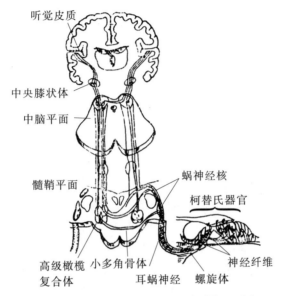

**图 4.12　联结大脑和耳的听觉通道示意图**(引自邓斯、平森,1983:图 55)

轴突从蜗神经核出来,通过一个叫作小多角骨体的神经束,再一直伸到另一群细胞体,在那里由突触进行联结。这一细胞群因形状像橄榄,所以叫作高级橄榄复合体。从这儿起,有一条神经纤维向上的通路,如图 4.12 所示的那样。应该指出,还有一条向下的神经通路存在,脑中产生的脉冲通过它返回到耳部。

在脑中的丘脑层面上,有中央膝状体,这一细胞群是到达大脑最高层面之前的最后一站。神经纤维从听觉通道的较低层面到达这里,再从这里出发,直接前往大脑感觉皮层的听觉区域。

## 4.2　听觉的感受性

人的听觉的一个特点是它能感觉到动态范围极宽的声音。就声强而言,人耳一方面能经得起几十帕声压的作用,而在另一极端,对于某些频率,它能感觉小到十万分之几帕的声压。这么微小的声压在频率接近于 1 000 Hz 时,使鼓膜产生数量级为 $10^{-9}$ cm 的位移。就频率来说,人耳一般能听见的纯音最低为 20 Hz 左右,最高为 20 000 Hz。就时间来说,人耳对声音时长的解析能力也是很惊人的。

听觉的感受性除了表现为对声音上述三个参量的绝对感受性外,还表现为对它们差异的分辨能力,即差别感受性。

### 4.2.1 绝对感受性

(1) 听阈

声音要达到一定的声强级才能被听见,这种最小可听闻声强级,叫作听觉的绝对阈限,即听阈。它是听觉绝对感受性的一种表征量。

图 4.13 (A) 是听阈曲线。从中可以得出下面几个结论:①在 800~1 500 Hz 这段频率范围内,听阈没有什么明显变化。②低于 800 Hz 时,听阈随着频率的减少而提高。例如,400 Hz 的声音强度是 1 000 Hz 的 10 倍时才能被听见;90 Hz 的声音强度是 1 000 Hz 的 10 000 倍时才能被听见;40 Hz 的声音强度是 1 000 Hz 的 1 000 000 倍时才能被听见。③在 3 000~4 000 Hz 之间达到最大的灵敏度,在这个频率范围内,声音强度为 1 000 Hz 的 1/10 时就能听见。④超过 6 000 Hz 时,灵敏度再次下降,大约在 17 000 Hz 时,声音强度为 1 000 Hz 的 100 倍才能被听见。

通常所说的"国际标准听阈声强"是指 1 000 Hz 的听阈声强,它为

$$I_0 = I_{\min} = 10^{-12} \ (W/m^2) \ (=2 \times 10^{-5} \ Pa) \tag{4.1}$$

(2) 痛阈

声音强度在听阈之上逐渐加大,当加大到一定程度时,先有一些不舒适———一种发痒的感觉,然后逐渐发展成为一种真正疼痛的感觉。人们把不同频率的纯音在产生"疼痛感觉"时的声强叫作痛阈。图 4.13 (B) 是痛阈曲线,由图看到,除了在 3 000~4 000 Hz 之间有明显谷值外,开始感觉到疼痛的声强几乎与频率无关,1 000 Hz 时的痛阈声强为

$$I_{\max} = 1 \ (W/m^2) \ (=20 \ Pa) \tag{4.2}$$

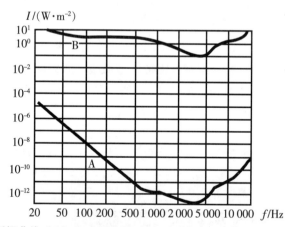

图 4.13 听阈曲线 (A) 和痛阈曲线 (B) (引自肖丁尼斯基,1985:图 2-40)

(3) 听觉区域

图 4.14 给出了由听阈和痛阈两条曲线所包围的"听觉区域",所有可以听到的声音,其频率和强度都必定处在这个范围之内。由人耳的物理机构所决定的这个"平面",包括了写有"管弦乐"和"对话"标志的两个区域。

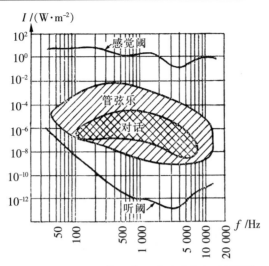

**图 4.14　听阈和痛阈两条曲线所包围的听觉区域**（引自肖丁尼斯基，1985：图 2-41）

（4）时间效应

前述听阈都是用时长超过 1 秒的纯音进行测定的。当纯音时长小于 1 秒时，听觉感受性将起变化。大量的实验结果表明：①当纯音时长在 200~300 ms 以下做 10 倍改变时，将引起强度做 10 dB 的改变。也就是说，将阈限时的纯音时长由 200 ms 缩短到 20 ms，将使听觉感受性降低，原先那个强度的声音听不见了；这时必须把强度增加 10 dB，才能重新听见那个纯音。同样，把阈限声强降低 100 dB，那个纯音也听不见了，这时把时长增加为原来的 10 倍，如从 20 ms 增加到 200 ms，才可以重新听见那个纯音。②纯音时长超过 1/3 秒，对人耳来说可以看作是无限长的，也就是说，大约在 300 ms 以上，把时长增加或减小，对阈限不起作用。图 4.15 说明的是时间的这种效应。

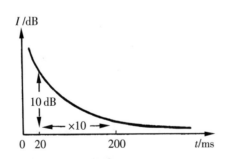

**图 4.15　听觉阈限的时间效应**（引自方至，1986：图 7-14）

### 4.2.2　差别感受性

差别感受性要讨论的是人耳对声音强度、频率及时长的分辨能力问题，用恰能分辨的差别（JND）或差阈（DL）来表征。差阈可以是绝对值，也可以是相对值。例如，一个声音的强度为 $I$ dB，增加 $\Delta I$ dB 时才被觉察出声音强度有了变化，$\Delta I$ 就是强度 $I$ 的绝对差阈，$\Delta I/I$ 就是相对差阈。

在声学著作和实验心理学著作中，一般都是分别讨论纯音和白噪声的差阈问题，因为人的听觉机构对它们的反应是不同的。由于语言是复合声，其中的一部分是噪声，因此这里只介绍白噪声在强度、频率和时长等方面的差阈表现，作为我们研究语音差阈问题的参考。

（1）强度的辨别

图 4.16 中的曲线是用宽频带的准白噪声做实验得到的结果。这个实验用调制方式使准白噪声强度做周期波动。图中曲线表示调制因子 $m$ 与声级 $L$ 之间的关系，所用的调制频率是 4 Hz，实线为正弦波调制，虚线为方波调制。在这个图中，恰能分辨的强度变化的调制因子 $m$，在 $L = 10 \sim 30$ dB 之间急剧下降，在 30 dB 以上，则成为一条水平直线。我们日常生活中经常遇到的声音强度为 30～100 dB，因而调制因子差不多是恒定值，约等于 4%，它的波动范围几乎是 ±4% 和 8%。

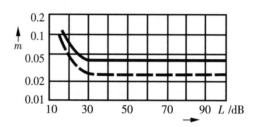

**图 4.16　恰可分辨的调制因子 $m$ 与准白噪声声级之间的关系**

（引自肖丁尼斯基，1985：图 2-58）

在 30～130 dB 之间，假定恰可分辨的声强差为 10%，据此可计算得到约有 242 个可分辨的声强等级。也就是说，在 30 dB 以上的噪声，其强度发生了约 0.4 dB 的改变，人耳才能觉察出来。

图 4.17 表示用信号比较法和用拍频感受法测得的强度相对差阈 $\Delta I/I$ 与信号时长关系（梁之安、杨琼华，1965）。图中曲线 1 表示用信号比较法对 5 位受试者，在阈上 10、30 和 50 dB 三种白噪声强度测得的 $\Delta I/I$ 的平均值；曲线 2 表示用拍频感受法对 4 位受试者，在阈上 30 dB 测得的 $\Delta I/I$ 的平均值。

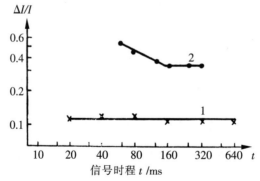

**图 4.17　用信号比较法及用拍频感受法测得的强度相对差阈与信号时长关系的比较**

（引自梁之安、杨琼华，1965：图 2）

用信号比较法测得的 $\Delta I/I$ 不受时长 $t$ 的影响，而用拍频感受法测得的结果却有所不同：当时长 $t$ 短于临界时间 $T$ 时，$\Delta I/I$ 与 $t$ 的平方根成反比；当 $t$ 长于 $T$ 时，$\Delta I/I$ 趋于恒定；$T$ 约为 150 ms。这个实验的作者认为，一般说来，信号时长对 $\Delta I/I$ 的影响是不大的，用拍频感受法测得的结果只能算是一个例外。

（2）频率的辨别

下面介绍用窄带噪声研究正常人对它的音高频率的辨别能力的实验结果（梁之安等，

1985）。

窄带噪声是白噪声通过窄带滤波器后形成的。窄带噪声的音高随通带的中心频率 $f$ 而变，音高的清晰程度则和通带的宽度 $B$ 有关。当带宽 $B$ 较窄时，窄带噪声的音调较为清晰。$B$ 为 10 Hz 时就和纯音接近，随着 $B$ 的增大，音高的清晰度逐渐下降。但即使 $B$ 达到 1 000 Hz，音高仍明确可辨。

用调频法改变窄带噪声的中心频率，可使其音高做周期性的变化。所谓调频感受阈，是指受试者刚刚听见某种窄带噪声有这种音高变化时的调频深度的统计值，它等于基准中心频率与调频时的中心频率之差 $\Delta f$。

① 调频感受阈与通带宽度的关系。图 4.18 给出了声音强度在阈上 60 dB，调频时长为 172 ms 时的 $\Delta f$ 与 $B$ 的关系。图中斜线 1、2、3、4、5、6 和 7 分别为 $f = 1\,000$、4 000、8 000、2 000、500、250 和 200 Hz 时 $\Delta f$ 与 $B$ 之间的关系曲线。各斜线并不完全平行，但走向较一致：$\Delta f$ 都有随 $B$ 的增大而加大的趋势。

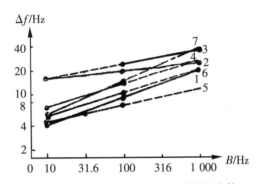

**图 4.18 $\Delta f$ 与噪声通带带宽 $B$ 的关系**（引自梁之安等，1985：图 1）

② 调频感受阈与通带中心频率的关系。当 $B$ 固定为 100 Hz 时，$\Delta f$ 与 $f$ 的曲线如图 4.19 中曲线 1 所示。和纯音的 $\Delta f - f$ 关系曲线（图 4.19 中的曲线 4）相比，曲线 1 较明显的不同是 500 Hz 以上 $\Delta f$ 随 $f$ 而增大的速率较为缓慢。而当 $f$ 从 500 Hz 往下降时，$\Delta f$ 却渐渐增大，整个曲线似乎是以 500 或 1 000 Hz 处为轴，按顺时针方向扭转了一个角度。按照听觉和声学的特点和测量的习惯，作者认为要在不同的 $f$ 之间进行比较时，取等值的 $B$ 远不如取等 $B/f$ 比值来得合理。图中曲线 2 和 3 代表带宽固定为 $0.1f$ 和 $0.05f$ 时的修正结果。可以看出，这时的 $\Delta f$ 与 $f$ 关系接近于曲线 4，在 500 Hz 以下，$\Delta f$ 变化不大；在 500 Hz 以上，$\Delta f$ 随 $f$ 而增大。

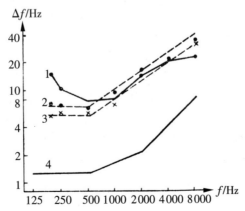

**图 4.19 $\Delta f$ 与噪声中心频率的关系**（引自梁之安等，1985：图 2）

③ 调频感受阈与声音强度的关系。取 $f$ 为 1 000 Hz，$B$ 为 100 Hz，调制时程 172 ms 测量声音强度为阈上 20、40、60、80 dB 时的 $\Delta f$。3 个人 6 只耳朵的平均结果依次为 8.8、10.5、8.6、11.5 Hz，起伏不算大，表示在所选的范围内声音强度对 $\Delta f$ 的影响是有限的。

④ 调频感受阈与调制音时长的关系。取 $f$ 为 1 000 Hz，$B$ 为 100 Hz，声音强度为阈上 60 dB，分别测定调制时程为 16、60、156、172、270 ms 时的 $\Delta f$。5 个人 10 只耳朵的平均结果见图 4.20。

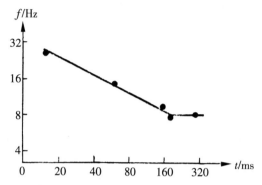

**图 4.20　$\Delta f$ 与调制音时长的关系**（引自梁之安等，1985：图 3）

窄带噪声调频感受阈与调制时程关系的测定结果，较符合纯音频率辨别阈及纯音某些其他属性辨别阈与信号时长关系的总规律，即当时长（信号时长或调制时长）小于某一临界时长 $T$ 时，$\Delta f$ 与 $t$ 的平方根成反比，当 $t$ 大于 $T$ 时 $\Delta f$ 变化不大。在这组实验中，$T$ 约为 172 ms。

总起来说，窄带噪声的 $\Delta f$ 比纯音的大，它们之间相差多少与 $f$ 和 $B$ 都有关系。$f$ 为 1 000 Hz、$B$ 为 100 Hz 时，窄带噪声的 $\Delta f$ 约为 10 Hz，比纯音的大 5 倍左右。一般地说，$B$ 愈宽，$\Delta f$ 也愈大，当 $B$ 很小时，其 $\Delta f$ 与纯音的音调辨别相近。

（3）时间的辨别

有关时间辨别的第一个问题是人耳能分辨两个信号的最短时长是多少，它能说明听觉的时间敏锐度。通过短声、特殊数字信号声和短促纯音所做的实验，发现人耳对时间的分辨可短到 2 ms，且与声音的频率和强度无关。不过，实验结果要受实验方法的影响。例如，给听者紧紧相连的两个（高、低）信号，若让他说出听到的是一个信号还是两个相随信号，他能觉察的差别可以短到 2 ms；但是，若让他说出哪一个信号先出现，则需 20 ms。时间辨别的另一个问题，和 $\Delta l$、$\Delta f$ 一样，是确定时间的差别阈限。实验结果见图 4.21。它说明 $\Delta T$ 随声音时长的缩短而变小。所用的声音信号是 0.16～960 ms 不同时长的不同带宽的噪声。给听者两个信号，标准信号的时长为 $T$，比较信号的时长为 $T+\Delta T$，两信号的先后是随机排列的，让听者说出哪一个是长一点的信号，取正确辨别率达 75% 的最小时差为差别阈值。这个实验证明，$\Delta T$ 从 960 ms 信号时的 50 ms 缩短到 0.5 ms 信号时的 0.5 ms。若取 $\Delta T/T$，也不是一个常数，而是按如下规律随时长变化：0.5～1 ms 时为1，10 ms 时大约为 0.3，50～500 ms 时接近 0.1。它们不受带宽和强度的影响。

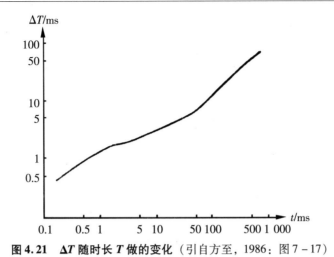

**图 4.21　$\Delta T$ 随时长 $T$ 做的变化**（引自方至，1986：图 7－17）

总的说来，人耳对噪声强度、频率和时长的辨别能力，不仅与噪声本身的大小有关，而且还随其他参数的大小而变化。当然，我们不能把噪声的恰能分辨的数值直接应用于语音知觉，这不仅因为语音信号的性质跟噪声不同，还因为语音具有语言学的功能。

## 4.3　掩蔽效应

语音学之所以要研究掩蔽现象，可以用一个例子来说明。一个频率为 3 500 Hz 的纯音，如果它的振幅比另一个频率为 2 500 Hz 的纯音低 40 dB，这个 3 500 Hz 的纯音就不会被听见，因为它被 2 500 Hz 的纯音掩蔽了。Ladefoged（1980）据此指出，在考虑语音的知觉时，研究掩蔽现象这项工作是非常重要的。他说，对复合声的掩蔽现象做进一步研究，将大大有助于我们对音色、响度和音高的理解和估计。

语音学上所遇到的掩蔽现象主要有同时性掩蔽和非同时性掩蔽。这里谈的是同时性掩蔽现象，至于非同时性掩蔽问题，将在有关章节中再做介绍。

下面介绍纯音对纯音的掩蔽效应和噪声对纯音的掩蔽效应。显然，掩蔽效应使一个声音 $A$ 的阈值由于另一个声音 $B$ 的出现而提高。我们称 $B$ 为掩蔽声，$A$ 为被掩蔽声。

### 4.3.1　纯音对纯音的掩蔽

图 4.22 给出了一些纯音被另一频率纯音掩蔽时的定量关系。横坐标表示频率大约在 50～4 000 Hz 之间的被掩蔽声。纵坐标代表听阈的变化，$L = 0 \sim 100$ dB。$L = 0$ dB 的直线对应于所有纯音在没有掩蔽作用时的听阈。在这个例子里，掩蔽声的频率 $f = 400$ Hz。在进行第一组实验时，掩蔽声声级保持在被掩蔽声的阈值之上 20 dB。以后每换一组，声级增加 20 dB，即分别增加到 40、60、80 dB，最后为 100 dB。这个实验大致按下述方式进行。

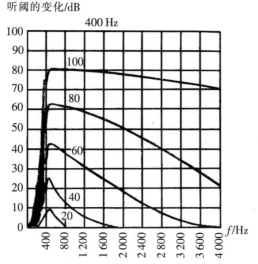

**图 4.22** 受 400 Hz 不同声级的掩蔽声作用时，不同频率被掩蔽声所做的听阈变化（dB）
（引自肖丁尼斯基，1985：图 2 – 47）

受试者先听一个 $f=300$ Hz 的正弦纯音，其阈值 $L=0$ dB。然后，给这个"信息"加上 $f=400$ Hz、声级为 20 dB 的掩蔽声。在第一组的各个实验中，这个掩蔽声保持不变。此时，受试者同时收听到两种不同的正弦纯音，一个是 300 Hz 的被掩蔽声，一个是 400 Hz 的掩蔽声。当掩蔽声出现时，被掩蔽声就听不见了。要想使它再次听见，就得把它的阈值声级从 $L_0=0$ dB 提高到 $L_1=5$ dB。如果当 $L_0=0$ dB 时，声压为 $p_0$，而当 $L_1=5$ dB 时，声压为 $p_1$，由此可以得出"阈的改变"为

$$\Delta L = 20\lg \frac{p_1}{p_0} \ (\text{dB}) \tag{4.3}$$

这表示以分贝为单位所发生的掩蔽程度，也叫掩蔽量。改变被掩蔽声频率继续做这一组实验，就得到图 4.22 中标有 20 的那条曲线。让掩蔽声（$f=400$ Hz）的声级分别为 40、60、80 和 100 dB，重复以上实验就分别得到图中标有 40、60、80 和 100 的曲线。所有曲线在掩蔽声频率附近都有一个急剧的下降段，这是由于在这个地方两个频率产生拍频现象的缘故。当被掩蔽声频率比掩蔽声频率（400 Hz）稍高一点时，掩蔽量达到极大，也就是说，大约在 500 Hz，掩蔽的程度最大。过了这一点，掩蔽量随着被掩蔽声频率的增大而平稳地下降。被掩蔽声频率高于 800 Hz 时，400 Hz、20 dB 的掩蔽声对它就不会产生掩蔽作用。但是，把掩蔽声声级增加到 40 dB、60 dB 以至更高时，掩蔽效应就加重；声级越大，掩蔽效应就越严重。反过来，我们看看比掩蔽声频率低的那些被掩蔽声的情况，在这个范围内，随着掩蔽声级的增加，有效掩蔽范围只有一点点变化。因此，阈值的改变（即掩蔽量）与被掩蔽声频率之间的关系，在掩蔽声声级很高时，具有明显的不对称性。

图 4.23 表示掩蔽声频率 $f$ 为 1 200 Hz 时的掩蔽情况。在这种情况下，当被掩蔽声与掩蔽声的频率接近时，仍然出现如图 4.22 那样急剧的下降段；但是，除此之外，在 2 400 Hz 和 3 600 Hz 处，也就是在掩蔽声频率的二倍和三倍处还出现了较小的次要下降段。特别是在掩蔽声的声级比较高（80 dB 或 100 dB）时，这种现象尤为明显。

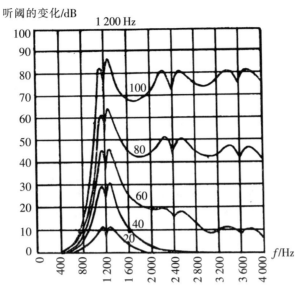

**图 4.23　1 200 Hz 掩蔽声所产生的掩蔽情况**（引自肖丁尼斯基，1985：图 2 - 48）

从这些实验可以得出如下几个结论：①最大的掩蔽作用出现在掩蔽声频率附近。②掩蔽量随掩蔽声声级的增加而加大。③掩蔽曲线的形状决定于掩蔽声的强度和频率。以 1 200 Hz 的掩蔽声为例，在 20～40 dB 较低声级时，曲线可以说是对称的，当声级再提高时，曲线变得愈来愈不对称，最大掩蔽愈向高频发展。当出现多个峰值时，它们大体落在掩蔽声的倍频附近。④低频的纯音能有效地掩蔽高频的纯音，而高频纯音对低频纯音的掩蔽作用较小；在频率很近时，有拍频现象，掩蔽作用略减小。

### 4.3.2　噪声对纯音的掩蔽

（1）临界带宽

Fletcher 在 1938 年报导了他研究白噪声掩蔽效应的结果。所谓白噪声，就是一种在整个频率范围内声功率密度相等的声信号。借助于滤波器，可以把宽频带的白噪声按要求分成不同频带宽度的噪声。他们所做的一个实验，是选择一个中心频率 $f_m$ = 500 Hz、带宽 $\Delta f$ 为 750 Hz 的白噪声。被掩蔽的正弦式纯音的频率 $f$ 也为 500 Hz，如图 4.24 所示。首先，让受试者调节这一带宽噪声的声级，一直调到他刚好听不见 500 Hz 的纯音（被掩蔽声）为止。达到这个目的以后，逐渐从 $f_m$ 的两侧对称地减小掩蔽噪声的带宽，即从125～875 Hz 开始，先减到 350～650 Hz，再减到 440～560 Hz，等等。在减到某一带宽 $\Delta f$ 之前，这个被掩蔽的 500 Hz 纯音一直是听不见的。这时，只要再减小这个 $\Delta f$，哪怕是再减小一点点，就会突然又听到这个被掩蔽的纯音。如果再进一步减少掩蔽噪声的宽度，尽管其他实验条件保持不变，被掩蔽的纯音也会越来越响。我们把刚刚又可以听见被掩蔽纯音时的噪声带宽，称为这个被掩蔽纯音的临界带宽 $\Delta f_{cr}$。也就是说，噪声频带中存在一个临界带宽，只有它才对掩蔽起实际作用，当噪声频带达到这一临界宽度之后，继续增加带宽就不再引起掩蔽量的提高。

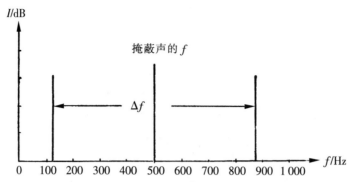

图 4.24 调节一个带宽 Δf = 750 Hz 的白噪声，用来掩蔽 f = 500 Hz 的正弦纯音，噪声中心频率也等于 500 Hz（引自肖丁尼斯基，1985：图 2 – 49）

他们经过一系列不同的实验，得出的结果是：被掩蔽声的频率越高，临界带宽 $\Delta f_{cr}$ 也越宽。图 4.25 是这一系列实验所得到的结果。

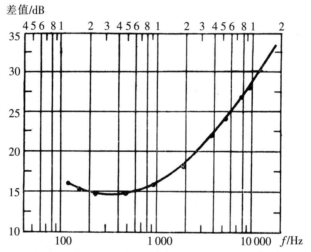

图 4.25 掩蔽噪声的临界带宽（测量单位为 dB）与被掩蔽声频率（Hz）之间的关系曲线（引自肖丁尼斯基，1985：图 2 – 50）

当频率在 250～650 Hz 之间时，临界带宽几乎保持恒定，其数值大约为 15 dB（=32 Hz）。低于 200 Hz 时，临界带宽有所增加，在被掩蔽声频率 f = 100 Hz 时，大约达 18 dB（=63 Hz）。当被掩蔽声频率高于 600 Hz 时，临界带宽随着被掩蔽声频率的增高而增加：从频率 f = 800 Hz 时的 16 dB（=44 Hz）增加到 f = 8 000 Hz 时的 27 dB（=200 Hz）。临界带宽也可以定义为：一个给定的正弦式纯音在基底膜上能够产生反应的那一部分。如果宽带噪声在基底膜上的某一区域所引起的刺激刚好与正在接收的声音的刺激相同，那么，这个声音就要被噪声所掩蔽。

临界带宽的 dB 数与其 Hz 值之间的关系可按下式进行计算：

$$\Delta f_{cr}\ (\text{dB}) = 10 \lg \frac{\Delta f_{cr}\ (\text{Hz})}{1\ (\text{Hz})} \tag{4.4}$$

（2）声强的密度级

在进行临界带宽的研究过程中，Zwicker 等在 1967 年得出了另一种结果。为了掩蔽单个纯音，他们也采用了白噪声。这种噪声除了可以用它的带宽表示外，还可以用声强的密度级表征：

$$L_{\mathrm{WR}} = (20\mathrm{Lg}\frac{\tilde{p}}{2\times10^{-5}\mathrm{N}\cdot\mathrm{m}^{-2}} - 10\mathrm{Lg}\frac{(f_{\mathrm{H}}-f_{\mathrm{L}})}{1\mathrm{Hz}})\ \mathrm{dB} \qquad (4.5)$$

式中 $\tilde{p}$ 为（测得的）声压有效值；$f_{\mathrm{H}}$ 为噪声频带的上限，$f_{\mathrm{L}}$ 为噪声频带的下限。

图 4.26 给出了由于组成宽带准白噪声的不同频率的正弦式纯音同时发射时，对不同频率的正弦式纯音（在横坐标上）所引起的听阈变化情况。纵坐标是以 dB 为单位的声级，它表示在有掩蔽的情况下，为了刚好能听见某一正弦式纯音，这个纯音必须具有的声级。下面那一条曲线表示无掩蔽作用时的听阈。上面各条曲线表示在"等 LW"掩蔽作用下，不同频率纯音恰可听见时必须具有的声级 $L_{\mathrm{T}}$。这个"等 LW"被称为"潜听阈"（listening-in threshold）（也可称为掩蔽阈），它的走向之间的间距彼此是几乎相等的。举个例子来说，在潜听阈 $L_{\mathrm{WR}} = 10$ dB 时，单个纯音频率 $f = 500$ Hz，它的声级 $L_{\mathrm{T}}$ 必须大约为 30 dB；单个纯音频率 $f = 10\,000$ Hz，它的 $L_{\mathrm{T}}$ 必须大约为 40 dB，这两个单个纯音才能分别在受掩蔽情况下刚好能被听见。这些曲线同时还说明了以下几点：①潜听阈几乎全是直线，与无掩蔽时的听阈曲线有着重大差别；②在 500 Hz 以下，潜听阈几乎成水平线，高于这个频率，它就线性地增加；③在 500 Hz 以上，频率每增加 10 倍（例如从 1 000 Hz 增加到 10 000 Hz），$L_{\mathrm{T}}$ 增加 10 dB。

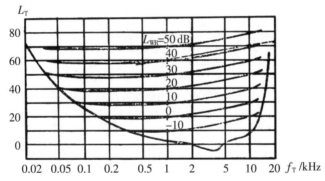

图 4.26 被白噪声掩蔽的正弦式纯音的潜听阈（引自肖丁尼斯基，1985：图 2-51）

（3）频率群

Zwicker 等认为，可以把基底膜分隔成许多很小的部分，掩蔽效应就在这些部分内发生。当频率小于 500 Hz 时，潜听阈的走向都是水平的，可以设想，它们各自要求的声级增量是彼此相等的，声能密度的通量也是相等的，因此基底膜这些部分的频带宽度是相等的；当 $f$ 大于 500 Hz 时，由于潜听阈曲线是线性增加的，掩蔽声的声能按下列方式增长：

$$\Delta L_{\mathrm{D}} = 10\mathrm{Lg}\frac{\Delta f}{1\ \mathrm{Hz}}\ (\mathrm{dB}) \qquad (4.6)$$

因此，可以猜想基底膜分割段宽度的增大几乎与被掩蔽声的频率是成正比的。频带宽度比原来增大 10 倍，声能也得增加 10 倍。

从图 4.26 可以看出，当频率小于 500 Hz 时，单频纯音的声级比掩蔽噪声的密度级高 17 dB。在这种情况下可以推断，正弦式纯音的声级一旦等于掩蔽噪声的声级，而掩蔽噪声的频带宽度又等于这个纯音所属的基底膜部分的"临界"频带宽度时，这个纯音就立刻变成可以听见的了。例如，掩蔽噪声的 $L_{WR} = 0$ dB，那么，200 Hz 的实验纯音应比阈声级 0 dB 大 17 dB。用 1 Hz 带宽表示的密度级比原先提高了 17 dB，这意味着噪声带宽为 50 Hz，因为 $L = 10\lg 50 = 17$ dB，由此得出，在频率低于 500 Hz 时，基底膜各部分的频带宽度几乎都等于 50 Hz。

Zwicker 等学者据此提出了所谓"频率群"（frequency groups）的概念。根据定义，频率群是指基底膜的某一部分，属于这一部分的声音，如果同时发声，就可以互相掩蔽。因此，在临界带宽与频率群之间存在着密切联系。按照这些学者的看法，在 20～16 000 Hz 的一般听觉范围内，共有 24 个频率群，并且按先后顺序从 1 编到 24。为了纪念巴克豪森（Barkhausen），频率群的单位被定为"巴克"（Bark）。图 4.27 给出了频率群的宽度 $\Delta f_g$ 与中心频率 $f_m$（100～16 000 Hz）之间的关系曲线。当频率在 500 Hz 以下，频率群宽度 $\Delta f_g$ 大致为恒定，约等于 100 Hz，比临界带宽大。

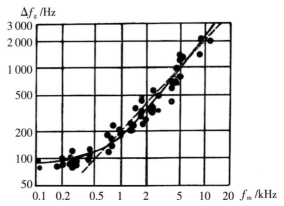

图 4.27　频率群宽度 $\Delta f_g$ 与中心频率 $f_m$ 之间的关系曲线
（引自肖丁尼斯基，1985：图 2-52）

当频率高于 500 Hz 时，频率群宽度就开始增加，它与中心频率 $f_m$ 大致成正比。频率达到 16 000 Hz 时，频率群宽度超过 3 000 Hz，为 3 500 Hz。

从前面所述可以看出，"频率群"概念的建立和"巴克"单位的引入，是人们在进一步研究噪声对纯音的掩蔽效应中得到的。现在，人们讨论元音共振峰在听觉上的作用及语音响度等问题时，已广泛应用"频率群"概念和"巴克"单位了。

## 4.4　响　度

音色、音高、响度和时长是语音的四要素。这四个要素为我们提供了区别所有语音的最方便的方法。也就是说，我们可以把它们看作能够区别不同语音的四种途径。每当人们听到两个语音的时候，他总是从这四方面进行比较，从而说出这两个语音之间的差别。这一节着重讨论响度问题。

### 4.4.1　响度级（方）和等响度曲线

声音的强度超过听阈以后，随着强度值的逐渐增加，主观上对这个声音就产生由弱到强的不同程度的响度感觉。响度和声强之间虽然有这种生理物理关系，但两者不是一回事。响度是声音的主观心理量，而强度是声音的客观物理量。

为了在数量上估计任一频率纯音的响度，可以把这个纯音跟 1 000 Hz 的某个声级纯音在响度上做比较。这两个声音在听觉上被认为是相同的响度时，就把 1 000 Hz 纯音的这个声级规定为该频率纯音的响度级。响度级的单位是"方"（Phon）。不同频率的纯音跟 1 000 Hz 这个声级纯音等响时的声级是不同的，这些不同声级作为频率函数所形成的曲线，称为等响度曲线。改变 1 000 Hz 纯音的声级可以得到一组等响度曲线。

图 4.28 给出了 13 条曲线。最下面标有 0 的那条曲线为听阈曲线，而数值为 120 方的最上面那条曲线为痛阈曲线。中间 11 条曲线各自表示不同的响度级。根据国际协议规定，$I_0 = 10^{-12}$（W/m²）（$= 10^{-18}$ W/cm²）$= (2 \times 10^{-5}$ Pa）的声强相当于 1 000 Hz 标准频率时的零感觉强度。注意：只有在 1 000 Hz 时才是这样的。响度级 10 方相当于 1 000 Hz 的声强 $I = 10^{-11}$（W/m²）。根据上述这种定义，响度级再增加 10 个单位，声强 $I$（W/m²）又得再增加 10 倍，当然，这都只是对于 1 000 Hz 标准频率才是正确的。

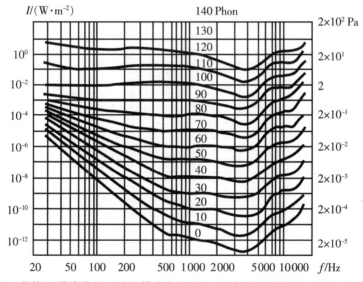

**图 4.28　弗莱彻-蒙森曲线（或称等响度曲线）**（引自肖丁尼斯基，1985：图 2 – 42）

不管一个纯音的频率比 1 000 Hz 大，还是比 1 000 Hz 小，尽管在感觉响度上是一样的，但客观强度 $I$ 会有 10 的几次方的变化。例如，为了使与 $I = 10^{-11}$（W/m²）时的 1 000 Hz 纯音有同样的响度（响度级 10 方），一个 400 Hz 的纯音必须具有 $I = 10^{-10}$（W/m²），一个 80 Hz 的纯音必须具有 $I$ 约为 $10^{-7}$（W/m²）。

等响度曲线反映了响度听觉的以下几个特点：①响度受声强制约。声级提高，响度级一般也要提高。②响度不仅跟声强有关，而且还跟频率有关。纯音的声级尽管一样，但由于其频率不同，它们的响度级不会一样。③不同频率的纯音有不同的响度增长率。从图 4.28 可以看出，响度级不大时，等响度曲线的形状跟听阈曲线很相似。响度级增大时，等响度曲线变得平直一些。响度级都从听阈提高到 100 方，对 1 000 Hz 纯音来说，声强需要增加 100 dB；而对 100 Hz 纯音来说，声强只需增加约 60 dB。低频纯音的响度增长率比中频纯音来得快。这种现象对录音放音技术有着实际意义。

### 4.4.2 响度的数量标度

响度级的方标度是心理学家所谓的渐强标度的一个例子。这种标度使我们能够按照次序来排列各种纯音的响度感觉。例如，响度级为 60 方的纯音总是比 40 方的纯音响，这两个纯音又比 10 方的纯音更响一些。但是，渐强标度并没有告诉我们，60 方的纯音比 10 方的纯音响多少倍。

除了主观的渐强标度以外，心理学家还设计了另外一种主观标度，用来表示被测事物之间的数量关系，这就是所谓的数量标度。在测量响度方面，广泛采用的数量标度是用"宋"（Sone）作为它的响度单位。受试者觉得，一个响度为 2 宋的声音比响度为 1 宋的声音响两倍；同样，响度为 1 宋的声音又比响度为 1/2 宋的声音响两倍。科学家规定，1 宋等于频率为 1 000 Hz 而声压级为 40 dB 的纯音的响度。

图 4.29 代表纯音的响度（宋）与它的响度级（方）之间的关系，称为转移函数。从图中可以看出，它们之间是成非线性关系的。

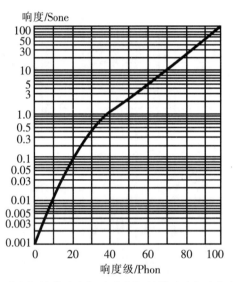

图 4.29　以"宋"计的响度与以"方"计的响度级之间的关系曲线
（引自白瑞纳克，1956：图 13-11）

### 4.4.3 复合声的响度

若纯音的声压级较小，它只在基底膜上一定区域内激发少量的神经末梢。频率改变时，激发点沿基底膜移动。纯音的声压级增大时，在原地点的激发也随之增强，而且还扩展到基底膜上较广的区域。

如果声音包含一个以上的频率成分，它在基底膜上所激发的区域也就不止一处；若这些区域不互相叠接，则复合声响度就等于各个纯音单独作用时所产生的响度之和。若刺激区域互相叠接，问题就变得比较复杂，不能用简单相加的方式来处理。图 4.30 表示具有 10 个等响纯音的复合声的响度级，各纯音之间的频率间隔有如下四种：○ = 340 Hz，△ = 230 Hz，× = 112 Hz，● = 50 Hz。每组纯音的最低频率都是 1 000 Hz。图中最上面那条虚线表示单个频率成分之间有着足够大的间隔。它们在基底膜上不会产生明显的叠接作用，因此它们所产生的总的响度级最大。从图中可以看到，当各频率成分之间的间隔逐步增加时,它们的响度曲线才趋向于这个极大值。

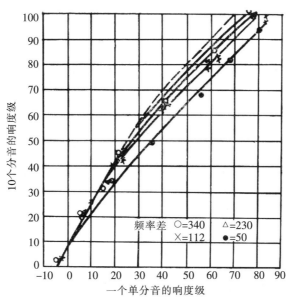

**图 4.30　10 个分音的总响度级(方)受分音之间频率差大小的影响**
(引自理查孙,1961:图 115)

对于包含 $N$ 个纯音的复合声,白瑞纳克等人在 1951 年建议按下列 5 个步骤来计算它的响度级(白瑞纳克,1956):①把 $N$ 个纯音按表 4.1 分成 10 组,然后确定每组的计权方均根声压级。所谓"计权"声压级,是将某个频带内的纯音按等响度曲线转化为这个频带中心频率的等响声压级。例如,100 Hz 和 200 Hz 两个纯音的声压级分别为 60 dB 和 50 dB。根据图 4.28,我们可以看出,100 Hz 的 60 dB 纯音与 150 Hz 的 55 dB 纯音为同一响度级;200 Hz 的 50 dB 纯音与 150 Hz 的 55 dB 纯音为同一响度级。这两个 55 dB 的声压级按能量相加,得到相当于声压级为 58 dB 的一个纯音。②根据图 4.28,从每组的声压级求出 10 个组

**表 4.1　300 美的等宽频带**(引自白瑞纳克,1956:表 13.2)

| 频带号数 | 音高限度/美 | 音高中心/美 | 频率限度/Hz | 音高中心的频率/Hz |
| --- | --- | --- | --- | --- |
| 1 | 0 ~ 300 | 150 | 20 ~ 200 | 94 |
| 2 | 300 ~ 600 | 450 | 200 ~ 500 | 340 |
| 3 | 600 ~ 900 | 750 | 500 ~ 860 | 670 |
| 4 | 900 ~ 1 200 | 1 050 | 860 ~ 1 330 | 1080 |
| 5 | 1 200 ~ 1 500 | 1 350 | 1 330 ~ 1 900 | 1 600 |
| 6 | 1 500 ~ 1 800 | 1 650 | 1 900 ~ 2 570 | 2 230 |
| 7 | 1 800 ~ 2 100 | 1 950 | 2 570 ~ 3 450 | 2 960 |
| 8 | 2 100 ~ 2 400 | 2 250 | 3 450 ~ 4 660 | 4 000 |
| 9 | 2 400 ~ 2 700 | 2 550 | 4 660 ~ 6 300 | 5 400 |
| 10 | 2 700 ~ 3 000 | 2 850 | 6 300 ~ 9 000 | 7 500 |

每组的响度级（以方为单位）。③用图 4.29 的转移函数，把以上每一组以方为单位的响度级换成以宋为单位的响度。④把 10 组以宋为单位的响度相加，其和就是总的响度。⑤再通过图 4.29，把以宋为单位的响度换成以方为单位的响度级。

例如，假定在自由声场中，有下列 4 个纯音：100 Hz、声压级为 47 dB 的纯音；180 Hz、声压级为 35 dB 的纯音；600 Hz、声压级为 40 dB 的纯音；3 000 Hz、声压级为 30 dB 的纯音。首先求出 100 Hz 和 180 Hz 的计权声压级为 44 dB。以上 4 个纯音，分属 3 个频带，从图 4.28 可以看出它们的响度级分别为 20 方、38 方和 33 方。根据图 4.29 可以确定它们的响度分别为 0.1 宋、0.95 宋和 0.55 宋。这三个数的总和为 1.60 宋，其响度级为 45 方。

这里引用白瑞纳克等人提出的估算复合声响度级的方法，是因为这个方法不用复杂的数学运算，而且能浅显地说明复合声响度级与掩蔽效应等的关系。

Schroeder 等（1979）在计算语言信号里的噪声响度时，认为外周听觉分析器由 24 个带通滤波器组成。这 24 个带通滤波器的中心频率和带宽就是以 Zwiker 等人提出的"频率群"概念为基础划分的。

### 4.4.4　响度与时长

前面讨论听阈时，介绍了时间效应。这一效应也适合于响度，即阈上短声的时长如果增加，它的响度也可能随之加大。实验的方法和确定等响度曲线相似，即调整不同时长的短声，使它们和一个标准声等响。图 4.31 的标准声是声级分别为 20、50 和 80 dB 的 1 000 Hz 的纯音，它们的时长为 500 ms。纵坐标是测试声与三个标准声等响时的声压级。

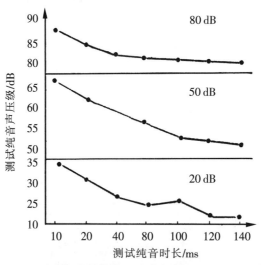

**图 4.31　响度与时长的关系**（引自方至，1986：图 7-28）

这三条等响曲线表示，随着测试声时长的增加，所需的等响声压级减少：在 80 ms 之前变化最大，在 80 ms 之后变化渐趋缓慢。

## 4.5　音　高

和响度一样，音高也是一种听觉的主观心理量。当声音频率由小到大变化时，听觉便产生一种与此相应的由低到高的不同音高的变化。显然，声音频率直接跟音高有关。但两者也不能混同。而且，正如声音强度不是声音响度的唯一制约因素一样，声音频率也不是音高的唯一制约因素，声音强度也对音高感觉起作用。

### 4.5.1 纯音音高及其频率

人们利用受试者能相当准确地说出某一纯音音高是高一倍，还是低半倍，从而研究主观感觉的音高与客观测量的频率之间的关系。图4.32表示以"美"（Mel）为单位的音高与以 Hz 为单位的纯音的频率之间的关系。响度级 40 方、1 000 Hz 纯音的音高被定义为 1 000 美。一个频率的声音若听起来是 40 方、1 000 Hz 纯音音高的两倍，它的音高就是 2 000 美。500 美的音高是 1 000 美音高的一半。低于 500 Hz 时，以美为单位的音高和以 Hz 为单位的频率之间近似成线性关系；但是，高于 500 Hz 时，美的增长速度逐渐小于 Hz 的增长速度；当频率达到一般听觉的最高值 16 000 Hz 时，音高却只有 3 400 美左右。

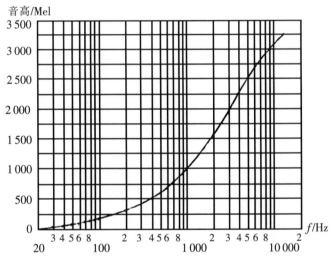

**图 4.32　以美为单位的音高与以 Hz 为单位的频率之间的关系曲线**
（引自肖丁尼斯基，1985：图 2-62）

近来，Zwiker 等人又对纯音的主观听觉与频率之间的关系进行了研究。他们把一般可听声中的纯音分成若干个倍频程，但是他们选取从 131 Hz 开始的倍频程作为"零倍频程"。与此相对应的音高为 131 美。凡是低于"零倍频程"的音高，如从 63 Hz 和 31.5 Hz 开始的那些倍频程，记为"-1 倍频程"和"-2 倍频程"；比它高的那些倍频程，则记为"+1 倍频程"（262 Hz）、"+2 倍频程"（524 Hz），等等。

他们把听感中的这种音调记作 $Z$，也以美表示。图 4.33 表示音调 $Z$ 与最合适的纯音频率之间的关系。在 500 Hz 以下，曲线是完全成线性的，$Z$ 值（美）与 $f$ 值（Hz）相等。高于 500 Hz 的那些音频，美值比频率值小，与图 4.32 的相似，但在这种情况下，16 000 Hz 对应的音调 $Z$ 值大约只等于 2 400 美。

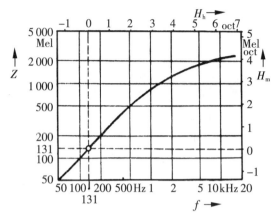

**图 4.33 主观感觉的音高 Z 与纯音频率之间的关系曲线**
（引自肖丁尼斯基，1985：图 2 - 63）

在图 4.33 中，把物理上的倍频程（谐音的倍频程 $H_h$，上面那个坐标）与主观音高（旋律中的八度 $H_m$，右边那个坐标）进行对比可以看出，低于 500 Hz 的两者之间为直线，而高于 300 Hz 的两者之间不是直线（曲线），这是由于从零倍频程（131 Hz）开始到 16 000 Hz 时，在主观音高（旋律八度）中只有大约 4 个倍频程，而在这个范围内，物理倍频程（谐音倍频程）却有 7 个。这是很显然的，因为把一个低八度的"五度音阶"与高八度的同一音阶进行比较，从听觉上（主观音高）说，第一种情况的音程要比第二种情况的大得多。因此，应当区分"谐音"（可定量测定）与旋律（主观感觉）音程之间的不同。

音高的听感是采用"八度效应"进行研究的，而频率群则是采用频带噪声的掩蔽效应进行研究的，两者采用的是完全不同的方法。尽管如此，图 4.34 表明，音高 Z（美）与频率群之间仍然有着密切关系。在图 4.34 中，从左边的纵坐标来看，这是音高 Z 与频率之间的关系曲线；从右边的纵坐标来看，这是频率群［单位：巴克（Bark）］与频率之间的关系曲线（在后一种情况下，频率为 $f_H$，这是已知频率群的上限频率）。两条曲线完全重合，从曲线上那些圆点可以发现，当频带宽度为 $\Delta f$ 的频率群的频率 $f$ 增加时，音高 Z 也有所提高。每个圆点表示提高 100 美。

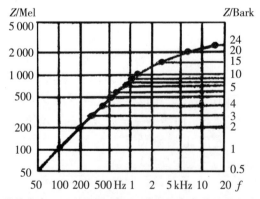

**图 4.34 主观感觉的音高 Z（左边纵坐标）和以巴克为单位的频率群（右边纵坐标）与纯音频率之间的关系曲线**（引自肖丁尼斯基，1985：图 2 - 64）

## 4.5.2 纯音音高及其声强

音高的变化也和声强有关,不完全取决于频率。可以让一个听者调整一个纯音的声强,使它的音高达到和一个频率稍有不同的标准声的音高一样。图 4.35 是一名听者的结果。纯音声强的增加,使 3 000 Hz 以上频率的声音音高上升,使 1 000 Hz 以下频率的声音音高下降;而 1 000 ~ 3 000 Hz 之间的音高则保持不变。对于这种关系是否有代表性,尽管目前仍有争议,但它说明音高的变化的确与声强有关。

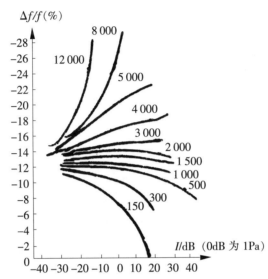

**图 4.35　音高与强度的关系**（引自方至,1986:图 7 - 30）

## 4.5.3 复合声的音高

虽然音高的概念是用纯音对听觉所产生的感觉来规定的,但一个稳态复合声,甚至一个瞬时声对人耳也有一定的音高感觉。前面说过,对于有一定带宽的白噪声来说,它的音高大约等于频带中心频率的音高。

如果复合声中包含一系列谐音,其频率差又为一个不太小的恒定值,这种复合声的音高等于最小谐音——基频的音高。一般地说,这种复合声音高主要决定于这个复合声波形周期的倒数。

**参考文献**

白瑞纳克,L. L.（1956）《声学》,章启馥等译,北京:科学出版社。
（美）邓斯,P. B.,平森,E. N.（1983）《言语链——说和听的科学》,曹剑芬、任宏谟译,北京:中国社会科学出版社。
方至（1986）听觉,载于林仲贤等主编《实验心理学》,北京:科学出版社。
理查孙,E. G.（主编）（1961）《声学技术概要》（上册）,章启馥等译,北京:科学出版社。
梁之安、陈琳、朱鸣、陈光地（1985）窄带噪声的调频感受阈,《声学学报》第 10 卷第 5 期。
梁之安、杨琼华（1965）声音的响度辨别与信号时程的关系,《声学学报》第 2 卷第 3 期。
肖丁尼斯基,L. H.（1985）《声音、人、建筑》,林达悯、李崇理译,北京:中国建筑工业出版社。
杨琼华、林华英、梁之安（1981）正常人的调频感受阈,《生理学报》第 33 卷第 1 期。

Ladefoged, P.（1980）《声学语音学纲要》，吴伯泽译，《方言》第 3-5 期。

Schroeder, M. R., Atal, B. S. & Hall, J. L.（1979）Objective mesure of certain speech signal degradations based on masking properties of human auditory perception, in B. Lindblom & S. Öhman（eds.）, *Frontiers of Speech Communication Research*, Academic Press, 217-232.

# 第五章 元 音

元音是一种准周期信号,在音节中,由于它在长度和强度上占有较大优势,因此一直是语音学家和言语工程专家研究的重点。本章将着重介绍元音的产生理论、生理属性和声学特征,希望能对元音的客观特征有一个较为完整的描述。此外还将对元音的感知特征——人的听觉系统对语音客观特征的主观反应——做一介绍。

## 5.1 元音的舌位模型

从生理观点看,气流从一开一闭的声门通过,成为浊音流,经过咽腔、口腔、鼻腔的共鸣(而非阻塞和节制)就产生了元音。在声腔的调音作用中,最活跃、最积极的是舌头,因此早期人们对元音的研究,也是首先将注意力集中在舌头上。

### 5.1.1 Bell-Sweet 模型

1867 年,A. M. Bell 出版了名著《可见语言》(*Visible Speech*),提出了划分元音的一整套标准,这就是舌头位置的高度维和前后维。在高度维上分为高、中、低,前后维上分为前、混、后。这样就形成了九个"基本"舌位(见图 5.1)。此外,Bell 还增加了另外两个描写元音音质的因子:唇开展(也称为圆唇/展唇)和咽宽度。1877 年,Sweet 出版了《语音学手册》(*Handbook of Phonetics*),修改和推广了 Bell 的模型,使之能区分 72 个元音。这就是语言学史上有名的 Bell-Sweet 理论。

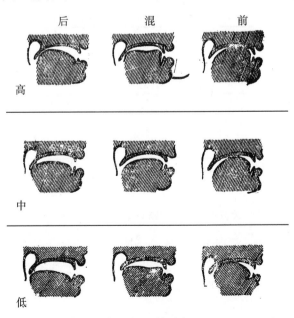

图 5.1 **Bell 舌位模型图**(转引自 Ladefoged,1967)

这个理论只讲舌头位置而不讲听觉感受,他们认为人们有能力根据对调音器官肌肉的感受来辨别各个元音,后来人们把这一理论称为"本体感受论"。很明显,Bell-Sweet 在描写和划分元音的类别方面主要依赖他们对舌位的感觉,因此,这一理论完全是建立在调音器官动觉感受基础上的,与听觉感知无关。Bell-Sweet 模型是一种三维(舌位的高/低、前/后和唇的圆/展)模型,对后来的元音研究有极大的影响。

在元音的 X 光照片上测量舌位有两种方法:一种是测量舌头隆起最高点的位置,另一种是测量上腭与舌背所形成的最狭窄点。这两种方法的最大差别在于前高元音的前后位置有所不同,前者使 [i]、[y] 偏央,后者使 [i]、[y] 居前。我们认为后一种测量方法比较接近元音的产生理论,这将在下一节加以论述。

### 5.1.2 收紧点模型

声道收紧点模型早期是由 Stevens & House (1955) 提出来的,他们认为:"通过 X 光研究发现,当发元音时,声道空间主要受控于舌头收紧点的位置和收紧的程度。"由这点出发,他们用三个参数来描写声道的形状及其面积变化,这三个参数是:收紧点位置 $d$,指由声门到声道最狭窄处的距离(cm);收紧的程度 $r$,指该处声道面积的半径(cm);$A/l$,是出口处的面积和长度的比值,这一比值也可用来说明唇形的圆展度。图5.2为 Stevens & House 三参数收紧点模型的图示,图中的左端为声门,右端为出口处,A、B、C、D 分别相当于四个不同的元音。Stevens & House 利用这个模型计算了元音共振峰的变化。

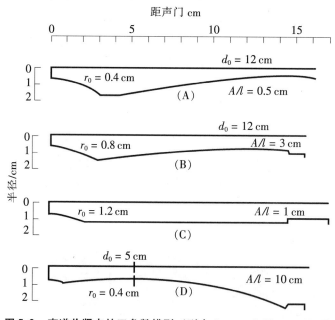

**图 5.2　声道收紧点的三参数模型**(引自 Stevens & House,1955)

Wood(1979)根据这一模型将元音区分为四大类:

(I) 硬腭元音 [i-e] 和 [y-ø];

(II) 软腭元音 [u-ʊ] 和 [ɨ];

(III) 上咽元音 [o-ɔ] 和 [ɤ];

(IV) 下咽元音 [a-ɑ-æ]。

再根据一些附加条件,如收紧程度、开口度和圆唇度等,可将所有元音区分开来。

### 5.1.3 声道面积函数逼近

声道面积函数 $A(x)$ 是指声道由声门至唇轴线上各点的面积 $A$,因此可以认为是声道长度和形状最完整的描述。此外,声道面积函数还可用来计算元音共振峰频率和带宽;在语音合成中,声道面积函数也可作为合成的参数。

图 5.3(A)是元音[i]的声道矢状面,①②…⑦是沿声道长度轴线上的测量点 ($x$),图(B)是 7 个测量点上的面积 $A$。假定我们沿轴线逐点测得其面积,最后就得到一幅该声道的面积函数 $A(x)$,如图 5.3(C)所示,图上纵轴代表面积 $A$,单位是平方厘米($cm^2$);横轴是声道长度($x$),单位是厘米(cm)。声道轴线上的测量点数原则上是越多越能逼近真实的形状,但在实际应用中要根据计算所需要达到的精度来确定。如要计算头 5 个共振峰的数值,至少需要 10 个点的面积函数。图 5.3(D)是该声道的阶跃式面积函数。

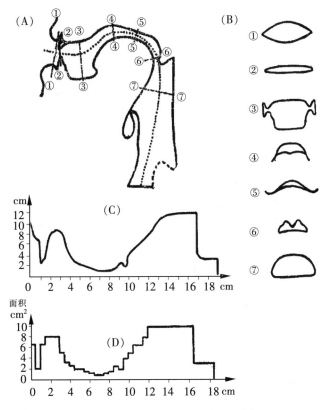

**图 5.3** [i]的声道矢状面及其面积函数(引自 Fant,1960)

由图 5.3 可知,推导面积函数首先要确定测量点,测出该点的横截距离 $d$,这一步很容易在普通的元音 X 光照片上取得。由 $d$ 到 $A$ 的计算,一般都采用指数函数的形式,$A = ax^b$,其中 $x$ 就是 $d$。由于声道的不同部分有不同的面积形式,因此这个指数函数中的系数 $a$ 和幂 $b$ 也是不一样的。

在我们的实验中,采用图 5.4 中第 2 号发音人的 X 光照片。面积变换中的 $a$、$b$ 数值见表 5.1。根据这些数值计算得到的面积函数见表 5.2。第一测量点是双唇张开的面积,是按椭圆形公式 $A = \pi ab$ 求值的,$a$ 为唇高度 $b$ 的一半,$b$ 为两个唇角直线距离的一半。第 18 个测量点是声门,其间等分声道为 17 段。

表 5.1　面积变换的 $a$、$b$ 数值

| 系数 | 口腔 | 上咽腔 | 下咽腔 |
| --- | --- | --- | --- |
| $a$ | 2.50 | 3.20 | 3.62 |
| $b$ | 1.20 | 1.26 | 1.30 |

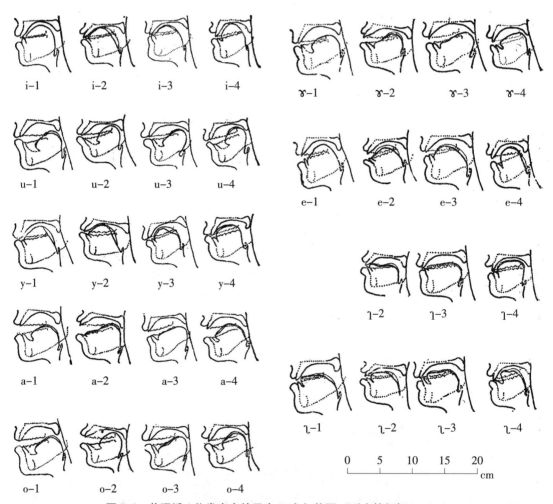

图 5.4　普通话 4 位发音人的元音 X 光矢状图(引自鲍怀翘,1984)

**表 5.2　普通话元音声道面积函数**

单位：cm²

| 面积 | 元音 | | | | | | | | |
|---|---|---|---|---|---|---|---|---|---|
| | i | u | y | a | o | ɤ | e | ɿ | ʅ |
| 1 | 1.88 | 0.19 | 0.25 | 3.79 | 1.42 | 2.31 | 2.35 | 1.34 | 0.33 |
| 2 | 0.30 | 0.35 | 0.30 | 4.70 | 3.10 | 1.82 | 2.45 | 0.30 | 0.40 |
| 3 | 0.41 | 3.15 | 0.62 | 6.35 | 5.55 | 3.95 | 1.78 | 0.18 | 0.62 |
| 4 | 0.18 | 6.18 | 0.23 | 5.02 | 5.02 | 2.96 | 1.14 | 0.78 | 0.28 |
| 5 | 0.32 | 4.48 | 0.41 | 6.36 | 3.78 | 3.78 | 1.21 | 2.90 | 1.65 |
| 6 | 0.36 | 3.80 | 0.45 | 5.47 | 3.80 | 3.52 | 2.08 | 3.96 | 1.32 |
| 7 | 0.72 | 2.31 | 1.16 | 3.62 | 1.40 | 1.55 | 3.62 | 3.62 | 1.40 |
| 8 | 2.06 | 1.20 | 3.16 | 2.19 | 1.20 | 1.10 | 4.18 | 2.61 | 2.06 |
| 9 | 5.02 | 0.57 | 5.58 | 1.65 | 0.89 | 1.32 | 4.72 | 3.16 | 3.72 |
| 10 | 5.90 | 0.56 | 5.90 | 1.11 | 0.89 | 1.92 | 4.37 | 2.89 | 4.70 |
| 11 | 6.11 | 0.55 | 6.40 | 1.58 | 1.34 | 4.24 | 3.03 | 3.79 | 4.96 |
| 12 | 5.88 | 1.72 | 6.10 | 1.24 | 1.48 | 4.90 | 3.62 | 4.50 | 4.00 |
| 13 | 5.40 | 1.83 | 5.78 | 1.58 | 2.24 | 3.79 | 3.52 | 3.23 | 3.03 |
| 14 | 3.57 | 2.52 | 3.98 | 1.92 | 2.52 | 4.37 | 2.89 | 3.34 | 3.34 |
| 15 | 2.42 | 1.65 | 2.21 | 2.42 | 2.12 | 2.42 | 2.12 | 2.42 | 2.42 |
| 16 | 1.62 | 1.20 | 1.84 | 1.62 | 1.42 | 1.62 | 1.42 | 1.62 | 1.84 |
| 17 | 1.70 | 1.40 | 1.20 | 1.20 | 1.20 | 1.20 | 1.20 | 1.20 | 1.40 |
| 18 | 1.60 | 2.00 | 1.80 | 2.00 | 1.80 | 2.00 | 1.60 | 1.40 | 1.60 |

## 5.2　普通话单元音的生理分析

### 5.2.1　舌位分析

普通话单元音调音器官的生理特性已得到了初步研究（鲍怀翘，1984）。图 5.4 和图 5.5 分别是 4 个发音人的普通话 9 个单元音的调音器官 X 光矢状面图和腭位图，其中 1、3 是成年男性，2、4 是成年女性。

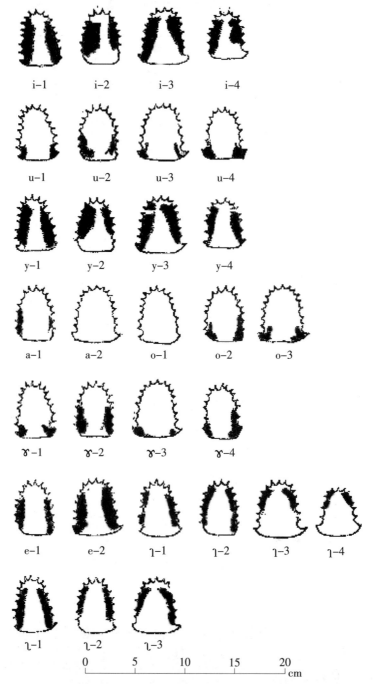

**图 5.5　普通话 4 位发音人元音腭位图**（引自鲍怀翘，1984）

在舌位分析中，舌高点的定义是"口腔中上腭与舌头隆起构成的最狭窄点"。这个定义既不同于"收紧点"，也不同于"舌头隆起最高点位置"。前者允许在咽腔中出现收紧点，后者会使前高元音/i/、/y/等舌位移向硬腭中部。

表 5.3 是普通话单元音的舌高点数据，表中第一横项的数字 1、2…是发音人的序号，第 5 号发音人（女）的材料公布在周殿福、吴宗济（1963）的《普通话发音图谱》中。每个人有两行数值：原始和规整。原始值是实测值，它是根据发音人的真实发音器官 X 光

照片测到的。表中的"前后"是指舌高点至门齿的距离,"高低"是指舌高点处上腭与舌背的距离。

表5.3　普通话单元音舌高点数据

单位：mm

| 元音 | 项目 | 1 | | 2 | | 3 | | 4 | | 5 | | 平均 | |
|---|---|---|---|---|---|---|---|---|---|---|---|---|---|
| | | 原始 | 规整 | 原始 | 规整 | 原始 | 规整 | 原始 | 规整 | 原始 | 规整 | 原始 | 规整 |
| i | 高低 | 5.0 | 3.5 | 1.5 | 2.5 | 6.0 | 4.5 | 3.0 | 3.4 | 4.0 | 4.5 | 3.90 | 3.7 |
| | 前后 | 14.0 | 11.0 | 13.0 | 14.5 | 20.0 | 19.0 | 25.0 | 26.7 | 15.0 | 17.0 | 17.40 | 17.6 |
| u | 高低 | 18.0 | 12.7 | 4.0 | 7.0 | 9.0 | 7.0 | 5.0 | 5.6 | 7.0 | 8.0 | 8.60 | 8.1 |
| | 前后 | 70.0 | 55.0 | 57.0 | 64.0 | 65.0 | 62.0 | 55.0 | 59.0 | 55.0 | 63.0 | 60.40 | 60.6 |
| y | 高低 | 6.5 | 4.6 | 3.0 | 5.0 | 8.0 | 6.0 | 5.0 | 5.6 | 5.0 | 5.7 | 5.50 | 5.4 |
| | 前后 | 17.0 | 13.0 | 14.0 | 16.0 | 20.0 | 19.0 | 25.0 | 26.0 | 15.0 | 17.0 | 18.20 | 18.2 |
| a | 高低 | 26.0 | 18.0 | 12.0 | 20.5 | 24.0 | 19.0 | 14.0 | 16.0 | 16.0 | 18.0 | 18.40 | 18.3 |
| | 前后 | 56.0 | 44.0 | 56.0 | 56.0 | 50.0 | 48.0 | 45.0 | 48.0 | 43.0 | 49.5 | 50.00 | 49.1 |
| o | 高低 | 18.0 | 13.0 | 5.0 | 8.5 | 12.0 | 9.5 | 11.0 | 12.4 | 9.0 | 10.0 | 11.00 | 10.7 |
| | 前后 | 68.0 | 53.0 | 54.0 | 61.0 | 65.0 | 62.0 | 50.0 | 53.5 | 51.0 | 58.0 | 57.60 | 57.5 |
| ɤ | 高低 | 12.0 | 8.5 | 55.0 | 8.5 | 13.0 | 10.0 | 9.0 | 10.0 | 8.0 | 9.0 | 9.40 | 9.2 |
| | 前后 | 64.0 | 50.0 | 51.0 | 59.0 | 64.0 | 61.0 | 52.0 | 56.0 | 50.0 | 57.0 | 56.20 | 56.6 |
| e | 高低 | 6.0 | 4.0 | 8.0 | 13.5 | 11.0 | 8.7 | 11.0 | 12.4 | 8.0 | 9.0 | 8.80 | 7.8 |
| | 前后 | 53.0 | 41.5 | 35.0 | 39.5 | 39.0 | 37.5 | 36.0 | 38.5 | 41.0 | 47.0 | 40.80 | 40.8 |
| ɿ | 高低 | | | 1.5 | 2.5 | 2.0 | 2.0 | 2.0 | 2.0 | 4.0 | 4.5 | 2.40 | 2.8 |
| | 前后 | | | 10.0 | 11.0 | 10.0 | 9.6 | 11.0 | 12.5 | 12.0 | 13.8 | 10.75 | 11.7 |
| ʅ | 高低 | 3.0 | 2.1 | 1.5 | 2.6 | 6.0 | 4.8 | 3.0 | 3.4 | 2.5 | 2.9 | 3.20 | 3.2 |
| | 前后 | 12.0 | 9.4 | 12.0 | 13.6 | 12.0 | 11.5 | 15.0 | 16.0 | 17.0 | 19.5 | 13.60 | 14.0 |

以舌高点"高低"为纵轴、"前后"为横轴就得到普通话单元音的生理舌位图（原型），见图5.6。在这个图上我们可以看出，各元音音位互相叠接、穿插，如/i/和/y/混在一起，/u/、/ɤ/和/o/的混淆更为严重。假若我们考虑到这些数据的性别差异和个人声腔差别，并对此进行规整处理，舌位图上音位之间的叠混现象就会改观。

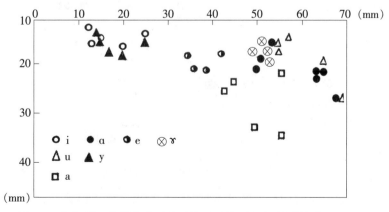

图5.6　普通话5位发音人元音舌位图（原型）（引自鲍怀翘，1984）

规整方法：首先求出每个发音人每项特征（舌高点的前后和高低）的比例因子（或称修正因子），然后用比例因子去修正原始数据：

$$\left.\begin{aligned} X'_{ijk} &= X_{ijk} \cdot R_{ij} \\ R_{ij} &= Y_j/\overline{X}_{ij} \\ Y_j &= \sum_{i=1}^{n} \overline{X}_{ij}/n \\ \overline{X}_{ij} &= \sum_{k=1}^{m} X_{ijk}/m \end{aligned}\right\} \quad (5.1)$$

式中 $i$ 为发音人个数，5 个发音人 $i = 1, 2, \cdots 5$；$j$ 代表特征项，$j = 1$ 为舌高点高低，$j = 2$ 为前后；$k$ 为元音，如 $k = 1$ 为/i/，$k = 2$ 为/u/……因此 $\overline{X}_{ijk}$ 就是第 $i$ 位发音人某个元音（$k$）的某项特征（$j$）的数值，$X'_{ijk}$ 是 $X_{ijk}$ 的规整值。$\overline{X}_{ij}$ 为某个发音人某项特征 9 个元音的平均值；$Y_j$ 是某项特征 5 位发音人的平均值。根据式（5.1）计算了 5 个发音人两项舌高点特征的平均值和它们各自的比例因子 $R_{ij}$，见表 5.4。表 5.3 规整栏中的数值就是经由比例因子修正后得到的。

表 5.4  舌高点数据的比例因子

| 项目 | 1 | | 2 | | 3 | | 4 | | 5 | | 总平均 | |
|---|---|---|---|---|---|---|---|---|---|---|---|---|
| | 高低 | 前后 | 高低 | 前后 | 高低 | 前后 | 高低 | 前后 | 高低 | 前后 | 高低 | 前后 |
| 舌高点 $X$ | 13.33 | 56.43 | 5.50 | 39.14 | 11.86 | 46.14 | 8.11 | 38.42 | 8.28 | 41.14 | 9.42 | 44.25 |
| 比例因子 $R$ | 0.70 | 0.78 | 1.71 | 1.13 | 0.80 | 0.96 | 1.16 | 1.15 | 1.14 | 1.07 | | |

$X'_{ijk}$ 的元音舌位图（图 5.7）显示出，经规整后各元音的位置相对集中了，/i/和/y/在前高的位置上，且/i/的舌位高于/y/；/e/处在居中地位；/a/处在三角形的顶尖上；/u/、/ɤ/和/o/虽然仍聚在一起，但仔细分析还是能分开的，/ɤ/前于/u/、/o/是合理的，而/u/也略高于/o/。

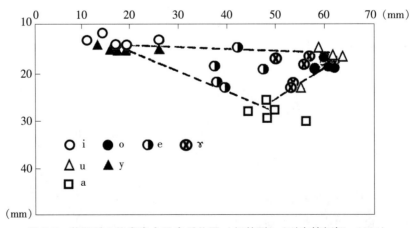

图 5.7  普通话 5 位发音人元音舌位图（规整型）（引自鲍怀翘，1984）

舌尖元音/ɿ/和/ʅ/是普通话语音的特点之一。由图 5.4 可以看出，舌尖元音的舌形特点是舌尖上举接近齿龈或硬腭前缘。舌面形状分两类：一类是舌面中部下凹、两头上翘，成为鞍形；另一类舌面基本上是平的。这种差别可能反映了 X 光照相时所选择的时间差异，在 X 光照相实验中，让发音人发/tsɿ/和/tʂʅ/，延长元音发音，操作人员凭听感来控制电钮，选择的时刻靠前，得到的是马鞍型；选择的时刻靠后，得到的是平面型。我们认为，由马鞍型过渡到平面型反映了舌尖元音真实的舌位。

以图 5.4 中的马鞍型而论，/ʅ/的舌尖位置比/ɿ/偏前，而从舌面后部（或舌根）的位置看，/ʅ/比/ɿ/靠前，因此/ʅ/的咽腔比/ɿ/宽。舌尖元音的这种舌位特点可称为双高点（或双焦点）。即使是在平面舌形中，由于上腭呈圆弧状，因而在齿龈和软腭部位形成了两个"狭窄点"，所以"双高点"的说法对平面型舌尖元音也是适合的。舌尖元音的这种特殊舌形将在声学特征（共振峰频率）上得到相应的表示。

元音舌位图的另一种画法是"重叠法"。所谓重叠法就是将各元音的 X 光照片以硬腭为基准重叠在一起，勾画出它们的舌轮廓线，每条轮廓线上的舌高点就会显示出一幅元音舌位图，如图 5.8。

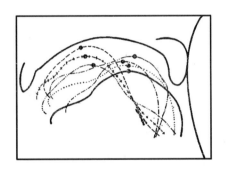

**图 5.8　由重叠法得到的元音舌位图**（引自周殿福、吴宗济，1963）

上面的舌高点数据和元音舌位图说明：一定的元音有其典型的、平均的舌位，这种舌位大体与听觉位置一致。我们对实测舌位的要求不能太苛刻，只要它们排列的方向和次第正确就可以认为舌高点模型（及其测量方法）是合理的。个人之间的差别应该是允许的，正像音位存在变体一样，舌高点也存在着"个人"的变体。

### 5.2.2　下颌开度

上、下门齿间的距离被定义为下颌开度。发音时，下颌是运动的，开度是变化的，那么下颌开度与元音舌位的高度有什么关系呢？很多学者对此做了专门的研究。Lindblom & Sundberg（1971）通过瑞典语发音的测量证明颌骨的开度与元音直接有关，通常认为"闭"元音的[i、y、ɯ、ɨ、u]是以小的颌骨开度为特征的，而作为"开"元音的[ɑ、a、æ]有较大的颌骨开度。在模型的研究中，保持别的调音器官参量不变的条件，仅仅改变颌骨开度，可以造成元音开口度变化的效果。所以说，颌骨运动与元音发音是直接有关的。

我们感兴趣的是普通话元音的下颌开度跟舌高点高度的关系。在元音 X 光图上，我们在测量舌位数据的同时，也测量了下颌开度，测量到的数据汇总在图 5.9 中。图中 1、2…5 代表 5 位发音人；曲线的位置越高代表下颌开度越小，反之则越大。我们可以看到，通常认为的高元音（闭元音）下颌开度小，而低元音/a/具有最大的下颌开度。从平均值上看，与舌高点高度的平均值几乎是完全吻合的。由此我们认为，在正常（自然）发音条件下，下颌开度能够反映出元音音色的变化并能表征元音舌位的高位。

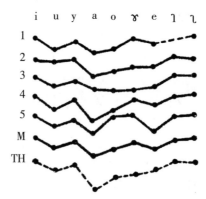

**图 5.9　普通话 5 位发音人的下颌开度**

（1、2⋯5 代表发音人，M 为 5 位发音人的平均值，TH 为平均舌高点的高度）（引自鲍怀翘，1984）

### 5.2.3　唇形比较

（1）唇突度

唇突度指门齿至双唇外侧线的距离。5 位发音人的唇突度表明（见图 5.10），它们没有明显的规律。从平均值看，各元音之间差别甚微，因此唇突度对区分元音圆展的意义是不大的。

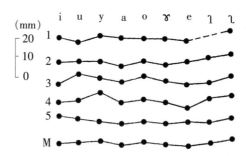

**图 5.10　普通话 5 位发音人的唇突度比较**（1、2⋯5 代表发音人，M 代表平均唇突度）

（2）唇开度

唇开度是指双唇垂直维上的距离，距离大说明上下唇的开度大，距离小就是开度小。图 5.11 是普通话 5 位发音人的唇开度比较。从图上可以看出，高元音的圆展对立很明显：圆唇元音开度小，展唇元音开度大。从平均值上看，也是展唇元音大于圆唇元音。

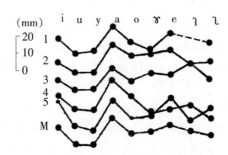

**图 5.11　普通话 5 位发音人的唇开度数据**

（1、2⋯5 代表发音人，M 代表 5 位发音人的平均值）（引自鲍怀翘，1984）

(3) 唇形面积

唇形面积是指发元音时上下唇张开的面积 $A_。$。表5.5的数据是根据第5位发音人的元音唇形面积计算得到的。表中的长轴指两唇角之间的水平距离，短轴是双唇的开度，面积是按椭圆形公式计算的。这些数据表明，舌高度相同的元音，展唇元音的面积大于圆唇元音，如/i/＞/u/、/y/，/ɤ/＞/o/。

表5.5 唇形面积

长度：mm；面积：mm²

| 元音 | i | u | y | a | o | ɤ | e | ɿ | ʅ |
|---|---|---|---|---|---|---|---|---|---|
| 长轴 | 22.00 | 7.00 | 5.00 | 23.00 | 16.00 | 22.00 | 20.00 | 19.00 | 17.00 |
| 短轴 | 7.00 | 1.00 | 0.80 | 12.00 | 8.50 | 9.00 | 9.00 | 7.00 | 8.00 |
| 面积 | 121.00 | 5.50 | 3.14 | 217.00 | 107.00 | 141.00 | 141.00 | 104.00 | 107.00 |

以上各唇形数据还表明，单凭唇开度和唇形面积本身是不能有效地判别圆唇与非圆唇的，如/i/、/ɤ/与/o/的面积相同，但前者是展唇，后者是圆唇。所以只有在其他特征相同或相近的条件下，才能依据这两个唇形参量来确定元音的圆展。

对元音唇形的研究国外学者做了很多工作。Fromkin 早在 1964 年就指出：建立在实际生理参数测量基础上的元音唇形描写应该包括双唇张开的高度、宽度和下唇的突度。Linker（1982）利用因子分析程序（PARAFAC）分析了英语、汉语（广州话）、法语、瑞典语和芬兰语的唇形，他指出：唇的水平开度就是唇展度；突度/垂直开度之比就是唇圆度。他的研究证明，利用因子分析法，不仅能有效地区分某种语言内部元音间的差别，而且不同语言之间的元音圆展度也能做比较。

假若在平面的元音舌位图基础上再增加一个唇的圆展轴，那就更能有效地区分元音音位，Ladefoged 做了这方面的尝试（见图 5.20），但是考虑到"圆唇度"这一标准不易把握，因此实际上谁也没有认真对待过。

## 5.3 元音产生的声学理论

元音的产生过程可分为三个部分：声源 e(t)、声道的传递特性 h(t) 和辐射阻抗 r(t)，最终成为元音 s(t)：

$$\left.\begin{array}{l} s(t) = e(t) * h(t) * r(t) \\ S(f) = E(f) \cdot H(f) \cdot R(f) \end{array}\right\} \quad (5.2)$$

式 (5.2) 中，上式表示时间域的运算，下式表示频率域的运算，因此 S(f) 是元音时域信号 s(t) 的频谱，两式等号右边各项都一一相当。图 5.12 是元音产生的图解，底部一行（从左到右）分别为 E(f)、H(f)、R(f) 和 S(f)。本节要详细讨论这些成分的特性及其对元音音质的影响。

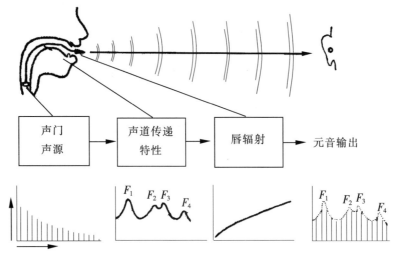

图5.12 元音产生过程的频域表示

### 5.3.1 声源频谱

对元音声学特性的完整描述,不能不涉及声门声源的频率特性,因为它极大地影响着元音的色彩。至于声带,在第三章中已介绍了它的生理特点、振动形式及振动机理。现在讨论它的频率特性。

声带振动时,由声门喷射出一个个气流脉冲,见图5.13(A)。它的重复频率及其波形对声源谱是非常重要的,前者决定了声源谱各分量的间距(即基频),后者决定了各谐波分量的振幅模式。

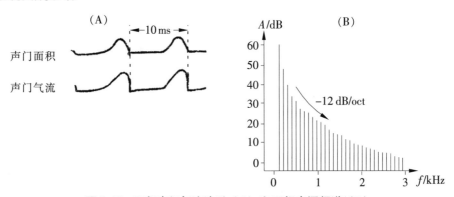

图5.13 理想声门气流波形(A)和理想声源频谱(B)

(1)理想声门气流波形及其频谱

图5.13(A)是一幅理想声源波形,图5.13(B)则是其频谱。基频为100 Hz(周期$T_0 = 10$ ms),即第一条谱线为100 Hz,各分量的间距也就是100 Hz。各分量(谐波)的振幅从低频到高频,依次递减。这种下降的振幅所形成的包络线是一条斜线,其倾斜度叫"斜率"。它是以每倍频程加(+)或减(−)多少分贝来度量的,若这条线是下降的,那就用−分贝/倍频程(−dB/oct)来表示。图5.13中的理想声源谱是以−12 dB/oct为其特征的,即每增加一个倍频程,振幅减少12 dB。这种理想声源谱往往成为声源-滤波器理论讨论的基础。

(2)由声门波形参数计算声源谱

一般说来,声门波的形状唯一地决定了声源谱的特性(斜率)。Sundberg & Gauffin

(1979) 提出了由少量的波形参数计算声源谱的简便公式。图 5.14 是声门波形（A）和它的声谱（B），声门波形参数 $S_c$ 是关闭相的时长，它决定了关闭相的斜率，时长越短斜率越大，时长越长斜率越小；$T_c$ 是闭合相长度，一般说来，它与 $S_c$ 密切相关。$T_c$ 越长则 $S_c$ 越短，$T_0$ 是周期时间。由这些参量可计算出该声门波的谱斜率 $M_v\Delta$：

$$M_v\Delta \approx 4.5 - 17\log\,(S_c T_0 / T_c) \tag{5.3}$$

式（5.3）表明，$T_c$ 值越大或 $S_c$ 越短，那么声源谱斜率 $M_v\Delta$ 就越小，这意味着声源谱包络线的斜度很小，因此高频分量将有较大的能量，整个谱的宽度也会增大。反之，$T_c$ 很短，甚至根本不存在，那么 $S_c$ 将会很长，此时的声源谱斜率将会很大，高频能量很快衰减，使频谱宽度缩窄。一般地说，嗓音宏亮、悦耳，它的声源谱斜率一定比较小；声带发生病变，声带在振动时闭合不全，此时 $T_c$ 段很短而 $S_c$ 段很长，于是声源谱斜率很大，高频分量衰减很快，听起来就会有干瘪和沙哑之感。式（5.3）还可以预测，当基频提高时，由于 $T_0$ 的缩短，因而声源谱斜率 $M_v\Delta$ 也会变小，相应地使高频分量得到增强。与此相关的是发声力度提高时，$p_s$ 也会增大，必然地引起基频的提高（即周期 $T_0$ 缩短），因此也会使斜率变小。

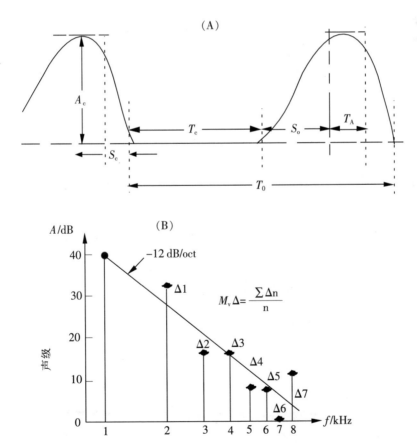

**图 5.14  声门波形（A）和它的频谱（B）**（引自 Sundberg & Gauffin, 1979）

一个真实的声门波形和它的频谱当然不会像图 5.13 那样。真实的声源谱各谐波分量的振幅是参差不齐的，如图 5.14（B）所示，图中的谱斜率虽然是 $-12$ dB，但它是由平均各谐波振幅与这一条斜线的差值 $\Delta$ 得到的。

声源频谱特性（及其相应的声门波形）对元音合成是至关重要的，处理不好就不像人的声音。另外，它对歌唱发声、嗓音病理的研究也是很重要的，它能告诉我们嗓音质量的好坏，因此除了语声工作者外，声源特性的研究也为声乐界和医学界所重视。

（3）不同发声类型的声学特性

§3.2.5 对发声类型已做了详细说明，归结起来就是声带振动时声门状态不同将造成声源谱的变化。Kirk 等（1984）研究了三类嗓音的声学特性，归纳为两点：

① 谱特性。同一元音的三种发声类型谱特性主要表现在基频幅值 $L_{F0}$ 与第一共振峰幅值 $L_{F1}$ 的关系上，5 位发音人的平均差值列于表 5.6。

表 5.6　三类嗓音的谱特性

单位：dB

| 发声类型 | $L_{F1}/L_{F0}$ | 标准差（SD） |
|---|---|---|
| 紧喉嗓音 | 17.0 | 3.7 |
| 正常嗓音 | 6.6 | 4.4 |
| 气嗓音 | -5.2 | 3.8 |

② 波形颤抖。所谓颤抖就是指脉冲间在周期上的不规则性。图 5.15 是 Jalapa Mazatec 语 [æ] 元音的三种发声类型波形。在正常嗓音中，颤抖现象也是存在的，但两周期间的比值不会超过 10%，然而在紧喉嗓音中，颤抖可以高到 2~3 倍（见第 4、5 位发音人的波形）。气嗓音的波形由于叠加的气流较多及 $S_e$ 段过长，致使元音波形的周期性不明显。

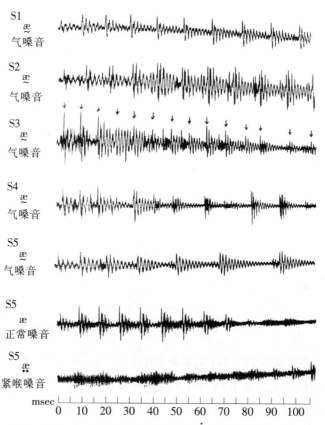

图 5.15　Jalapa Mazatec 元音 [æ] 三种发声类型波形（引自 Kirk et al., 1984）

## 5.3.2 声道传递特性

声道的传递特性就是声道共鸣。声源（图5.12）激励声道，受到声道共鸣的调制，因而声源谱中有的谐波分量得到加强，有的被减弱，形成一系列共鸣频率。从另一角度去看，声道对声源谱的各分量做有选择的传递，因而声道的共鸣被称为声道的传递特性。在研究声道的共鸣时，往往以一端开而另一端闭的声管为基础。这是因为假定声道的共鸣作用发生在声门关闭阶段（也说是声门波形的闭合相位上），声道对声带的振动不产生影响。这种一端开而另一端闭的管子［它的传递函数只有"极"（共鸣）而没有"零"（反共鸣）］完全可以用来说明元音的产生。

现在来考察声管的共鸣情况。§2.4.3中已介绍了一端开一端闭的均匀声管的共鸣频率计算方法：

$$Fn = (2n-1) c/4l$$

一根长为17.5 cm的均匀声管，可以比作[ə]的声道，这声道的 $F_1$ 为它自身的1/4波长，$F_2$ 为3/4波长，$F_3$ 为5/4波长，$F_4$ 为7/4波长……见图5.16所示。在声速等于35 000 cm/s时，

$$F_1 = c/4l = 35\,000/4 \times 17.5 = 500\,\text{Hz}$$
$$F_2 = (2 \times 2 - 1) c/4l = 3 \times 500 = 1\,500\,\text{Hz}$$

其他高次共鸣频率都可依次类推。式（2.22）告诉我们，这种理想均匀声管的唯一变量是声管长度，17.5 cm声管代表男性调音器官的平均长度，假定我们用长度 $l = 8.75$ cm 来模拟儿童的声管，那么共鸣频率将变成：$F_1 = 1\,000$ Hz，$F_2 = 3\,000$ Hz，$F_3 = 5\,000$ Hz。设成年女性的声管长度 $l = 14.75$ cm，那么 $F_1 = 593$ Hz，$F_2 = 1\,779$ Hz，$F_3 = 2\,965$ Hz……

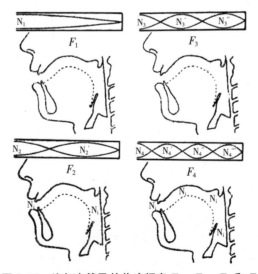

图5.16 均匀声管及其共鸣频率 $F_1$、$F_2$、$F_3$ 和 $F_4$

元音发音时，实际的声管截面积是不均匀的，即使在长度相等的情况下，它们的共鸣也是不同的。图5.17（B）给出了元音[ə]、[i]、[a]和[u]的声管模型，图5.17（A）则是它们各自前三个共鸣频率。图上部三条虚线指出的频率值为500、1 500和2 500 Hz，代

表了[ə]元音的前三个共鸣频率。图上明显地显示出声管的收紧点位置和收紧程度的不同引起共鸣频率改变的情形，这种变化是有内在规律的，这将在§5.4.3中予以评述。

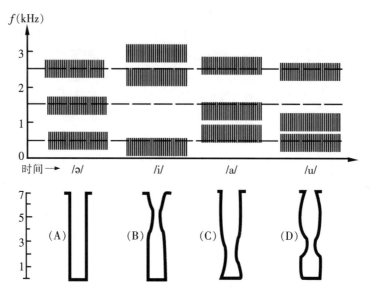

图5.17 元音[ə]、[i]、[a]和[u]的声道模型（B）及其各自的声谱（A）

### 5.3.3 普通话元音声道共鸣频率计算

由声道的面积函数$A(x)$计算元音共鸣频率，Fant在1960年，Liljencrants和Fant在1975年提出了两种方法：传递函数法和阻抗相移法，本书采用阻抗相移法计算普通话声道的共鸣频率。

第二章图2.17给出了复杂声管的传输线类比，而图2.16是其中一节声管的截面及其电类比。利用计算这种传输线共鸣（谐振）频率的方式可以计算声道的共鸣频率。阻抗相移法的公式是：

$$Z_{iq} = Z_q j\tan\{\omega l_i/C + \cdots + \arctan k_2\tan[\omega l_2/C + \arctan k_1(\omega l_1/C + \arctan b_0/Z_0)]\} \quad (5.4)$$

式中$Z_{iq}$是声门端输入阻抗，当相角$\varphi = \omega l/C = 2\pi/\lambda$由$(2n-1)\pi/2$变到$n\pi$时，声门端输入阻抗也随之改变：

$$Z_{iq} \approx \begin{cases} \infty. & \omega l/C = (2n-1)\pi/2 \\ 0. & \omega l/C = n\pi \end{cases} \quad (5.5)$$
$$n = 1, 2, 3, \cdots$$

式(5.5)表明，随着声源频率$\omega$由低到高的改变，会出现一系列极大值和零值，这些极大值就是共鸣频率的位置；式(5.4)告诉我们，声道对共鸣频率的影响，主要取决于段长$l_n$和两相邻截面积比$k_n$，$k_n$对元音共鸣的影响特别有意义，因此要想得到正确的计算值，首先必须有正确的元音声道截面函数$A(x)$。

表5.7是根据普通话单元音声道面积函数（表5.2）和式(5.4)计算得到的共鸣频率$F_{ic}$，计算值$F_{ic}$与实测共振峰$F_{1m}$、$F_{2m}$之比见表5.8，$F_{1m}/F_{1c}$和$F_{2m}/F_{2c}$的平均比值分别为1.52和1.05。显然，$F_{1c}$的误差太大了点，其原因在于我们是将声道作为一刚性系统来

对待的,事实上在发音时,声道壁是会产生振动的,因此它的模拟电路中应引入"壁阻抗"元件,也就是在图 2.17 中每一节,由 $R_w$、$L_w$ 和 $C_w$ 组成的壁阻抗元件与 $b_n$ 并联。根据 Fant 等(1976)的研究,壁阻抗主要影响低频共鸣,他们提出了一个修正公式:

$$F_{1c}' = (F_{1c}^2 + F_w^2)^{1/2} \tag{5.6}$$

其中 $F_{1c}'$ 为经过修正的第一共鸣频率,$F_w$ 为壁阻抗的权重频率。在第十届国际语音学会上,Lonchamp 等(1983)的报告中也注意到了 $F_{1m}$ 与 $F_{1c}$ 之间的误差,而且把它归因于壁振动,他们进一步提出了计算壁振动权重频率 $F_w$ 的公式:

$$F_w = 0.42 F_{1c} + 187 \tag{5.7}$$

**表 5.7 普通话单元音共鸣频率计算值**

单位:Hz

| 元音 | $F_{ic}$ | | | | |
|---|---|---|---|---|---|
| | $F_1$ | $F_2$ | $F_3$ | $F_4$ | $F_5$ |
| i | 219 | 2 222 | 3 311 | 3 907 | 4 740 |
| u | 304 | 827 | 2 614 | 3 756 | 4 710 |
| y | 203 | 2 070 | 2 648 | 3 449 | 4 893 |
| a | 621 | 1 263 | 2 596 | 3 428 | 4 204 |
| o | 534 | 1 212 | 2 604 | 3 551 | 4 551 |
| ɤ | 487 | 1 542 | 2 505 | 3 945 | 4 593 |
| e | 467 | 1 806 | 2 895 | 3 423 | 4 687 |
| ɿ | 275 | 1 616 | 2 797 | 4 216 | 4 684 |
| ʅ | 297 | 1 869 | 2 709 | 3 907 | 4 472 |

**表 5.8 声道共鸣频率计算值与实测值比较**

| 元音 | $F_{1m}$/Hz | $F_{2m}$/Hz | $\dfrac{F_{1m}}{F_{1c}}$ | $\dfrac{F_{2m}}{F_{2c}}$ | $\dfrac{F_{1m}}{F_{1c}'}$ |
|---|---|---|---|---|---|
| i | 328 | 3 000 | 1.49 | 1.35 | 0.93 |
| u | 428 | 606 | 1.40 | 0.75 | 0.95 |
| y | 338 | 2 900 | 1.66 | 1.40 | 1.00 |
| a | 928 | 1 300 | 1.65 | 1.03 | 1.21 |
| o | 795 | 805 | 1.48 | 0.66 | 1.17 |
| ɤ | 686 | 1 130 | 1.40 | 0.73 | 1.10 |
| e | 673 | 2 575 | 1.44 | 1.42 | 1.11 |
| ɿ | 490 | 1 768 | 1.60 | 1.09 | 1.20 |
| ʅ | 465 | 2 010 | 1.56 | 1.07 | 1.08 |
| $\bar{x}$ | | | 1.52 | 1.05 | 1.08 |
| SD | | | 0.09 | 0.28 | 0.08 |

将式(5.7)代入式(5.6),得到修正后的第一共鸣计算值 $F_1$。现在可以比较一下实测值 $F_{1m}$ 与 $F_{1c}'$,结果一并列入表 5.8 中。检查这一行数值,$F_{1m}$ 与 $F_{1c}'$ 的均值比为 1.08,这意味着两者已非常接近,并且标准偏差(SD)只有 0.08(8%)。因此我们认为修正公式(5.6)和(5.7)是正确的。

$F_{2m}/F_{2c}$ 虽然接近相等(比值为 1.05),但 SD 却很大(28%),这是不能允许的。我们进一步通过加大前腔、后腔面积的实验发现，适当增大咽腔的两个系数 $a$、$b$，$F_{2m}/F_{2c}$ 的差值是可以减小的。

更精确的声道共鸣频率的计算，还必须考虑声门下系统、声道对声源的反作用、声门开度及唇端等边界条件。

## 5.4 元音声学分析

### 5.4.1 元音共振峰的定义及计算方法

共振峰这个词的本义是指声腔的共鸣频率，因此广义而论，它既适用于元音也适用于辅音，但通常是指以声带振动为声源、有严整谐波结构的元音和响辅音。

在元音（和响辅音）产生中，以 $-12\,\text{dB/oct}$ 为特征的声源谱（见图 5.12）经过声腔的调制，改变了原来的谐波振幅关系，它们不再随频率的升高而依次递减，而是有的加强了，有的减弱了，形成有起有伏的新的包络曲线，曲线的峰巅位置被定义为共振峰，因此，共振峰与上面提到的声道共鸣频率是指同一个东西。就元音来说，头三个共振峰对元音音色有质的规定性，其中头两个共振峰 $F_1$ 和 $F_2$ 对舌位、唇形的改变特别敏感，因而在语音学上常常把 $F_1$、$F_2$ 的数值作为描写元音音色的依据。

现在介绍共振峰频率测量方法。以频率为横轴（$x$ 轴）、振幅为纵轴（$y$ 轴）的二维声谱图上，典型的共振峰由三条谱线（即三个谐波）组成，见图 5.18。按"权重中心"的定义，共振峰的位置应偏离到次强谐波一边，如中心线（AF）所示。中心线两边两个三角形的夹角是完全相等的，按吴宗济（1964）的推导，计算共振峰 $F$ 的公式为：

$$\left. \begin{array}{l} F = f \pm \Delta f \\ \Delta f = f_0 d_1 / 2 d_2 \end{array} \right\} \quad (5.8)$$

其中 $f$ 为最强谐波频率，$\Delta f$ 为最强谐波与共振峰的距离（OE），图上 EI 等于 $d_1$、JG 等于 $d_2$，$f_0$ 为基频。

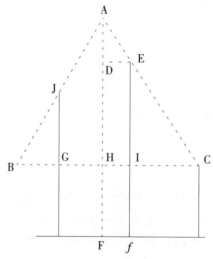

**图 5.18 共振峰测量示意图**

（AF 为待测共振峰频率位置；J、E 和 C 为三条已知谱线）（引自吴宗济，1964）

由式（5.8）可知，当 JG 与 EI 相等时，DE（或 HI）就等于 $1/2f_0$。由于 F 小于 $f$，所以 $F = f - \Delta f$；当最强谐波两侧谐波的幅值相等时，F 与 $f$ 重合；当 JG 的方向换到右边时，$F = f + \Delta f$。

在三维语图上，共振峰表现为色泽较深的"共振峰横条"，它们在频率轴上由低到高依次排列，最低一条为 $F_1$，其他依次为 $F_2$、$F_3$……

共振峰横条一般比较宽（在 300 Hz 带宽滤波器条件下），横条的中线就是共振峰的频率值。当两个共振峰频率间距小于 150 Hz 时，它们就会落在同一横条上，一般采用中线频率加减 75 Hz 来区分 $F_1$、$F_2$。如中线频率为 1 000 Hz，那么 $F_1 = 925$，$F_2 = 1 075$。吴宗济（1986）提出计算合峰型共振峰频率的方法是：横杠下缘的频率（$f_L$）加上 150 Hz 即为 $F_1$；横杠上缘频率（$f_H$）减去 150 Hz 就是 $F_2$，见图 5.19。

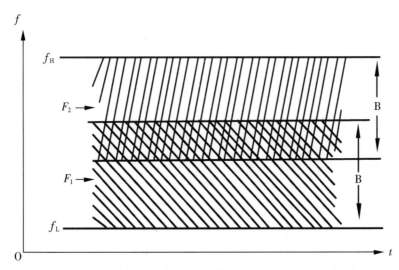

**图 5.19　语图中 $F_1$ 与 $F_2$ 两峰叠接时的测算方法示意图**（引自吴宗济，1986）

元音共振峰在频率轴上排列的形式称为"共振峰模式"，元音音色不同，其模式也不一样。图版 5.1 是普通话单元音的共振峰模式图，在这张图上，粗黑条为共振峰。一般说来，后圆唇元音的 $F_1$、$F_2$ 靠得较近，$F_2$ 与 $F_3$ 距离较大；前展唇元音的 $F_1$、$F_2$ 分开的距离较大，而 $F_2$、$F_3$ 之间却彼此靠拢。在所有的元音中，要数/y/元音的 $F_2$、$F_3$ 靠得最紧。上面提到的两个共振峰很接近的元音，它们的共振峰就会发生合并现象。在测量元音共振峰时，我们必须要牢记这些模式，否则会将/a/的 $F_1$、$F_2$ 峰误认为是 $F_1$，把 $F_3$ 当作 $F_2$，由此将会引出错误的判断。

共振峰的第二个参数是带宽（$B_n$），它是以共振峰巅值以下 3 dB 处的宽度来定义的，因此又叫半功率带宽。从语音产生理论上说，$B_n$ 的大小取决于声道内声波传递的损耗，如热损耗、唇端的辐射损耗、声门与气管结合的损耗，此外还有黏性损耗和腔壁振动引起的损耗等。一般说来，共振峰带宽与元音音质无关而与共振峰的次第有关，$B_1$ 最窄，$B_2$ 次之……根据 Dunn（1961），美国英语元音共振峰平均带宽为：$B_1 = 49.7$ Hz，$B_2 = 64$ Hz，$B_3 = 115.2$ Hz。在语音描写中，除了鼻化元音低共鸣以较宽的带宽作为特征外，一般是无意义的。共振峰带宽的最大用处是作为元音合成时的一个参量，特别是串联共鸣型语音合成，共振峰的带宽与振幅互相制约，带宽一旦被确定，振幅也就自动被选定了。

共振峰的第三个参数是振幅，共振峰振幅 $L_n$ 代表共振峰的能量，它对音色有一定的影响。

Fant（1956）提出由共振峰频率和带宽预测声谱包络 $L(f)$ 和共振峰振幅 $L_n$ 的算法：

$$L(f) = 20\log \frac{F^2 + (\frac{B}{2})^2}{\sqrt{(f-F)^2 + (\frac{B}{2})^2} \cdot \sqrt{(f+F)^2 + (\frac{B}{2})^2}} \tag{5.9}$$

式中 $F$、$B$ 分别为共振峰的频率和带宽。当 $f = F$ 时，则

$$L(f) = L(F) = 20\log \frac{F^2}{\frac{B}{2} \cdot 2F} = \frac{F}{B} \tag{5.10}$$

由式（5.10）可以看出，$L$ 和 $B$ 存在一种反比关系，即带宽越宽，振幅就越小。

### 5.4.2 声学元音图

（1）目的和标准

利用元音舌高点的位置可以绘制成元音舌位图，那么能否利用共振峰频率绘制声学元音图（或称为元音共振峰图）呢？回答是肯定的。但是在具体讨论绘制方法以前，首先必须明确绘制声学元音图的目的和标准。Fischer-Jørgensen（1958）认为，这样的元音图应成为能安排某一特定语言音位及其变体的声学空间。元音是一个复杂的声学结构，有各种特征参量可供利用。各种方法都尝试过了，选择这个或那个标准必须来自外部。在一个声学元音图上，音位及其变体的彼此叠接在某些语言中本来就是存在的，这些音位之间的交叉在实际交谈中，受到前后语音环境的制约是不会引起歧义的；但是在相同环境中，不同音位的变体彼此重叠说明这个声学空间是不合适的。我们的目标是要选择不仅对一种语言，而且对世界上所有语言都适用的声学空间。此外，还要考虑在声学元音图上，音位及其变体之间的距离大致要和听觉距离相一致。

提到听辨标准，问题就更复杂一些了。在深入研究了元音的声学特征之后，我们发现有的语言中，音位之间的差别不在共振峰频率值的大小，如彝语、景颇语和佤语的元音紧/松对立或瑞典语的长/短元音的对立等等。因此要求在一张平面的元音图上（只有两个轴：$x$ 轴和 $y$ 轴）使所有的元音声学特征都得到反映是不可能的。有人建议构筑三维声学元音图，即除了 $x(F_1)$、$y(F_2)$ 两个轴线外，再增加一个 $z(F_3)$ 轴，使之成为一个立体图，像 Ladefoged 主张元音舌位图增加圆唇轴，使舌位图成为一个立体的舌位空间一样（图5.20）。但是不管是生理（舌位）的还是声学（共振峰）的三维空间元音图，谁都没有认真对待过。所以我们选择声学元音图的标准只能首先考虑元音的主要声学特征，这些特征在区别世界上所有语言的元音系统方面起主要作用；其次，我们要恰当地选择标度以利于与听辨距离相一致。

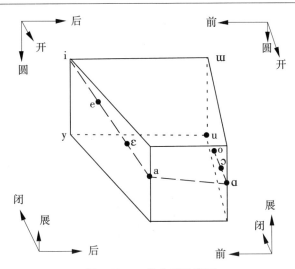

**图 5.20　三维生理元音图**

（长度维——开度，宽度维——前后，高度维——圆展）（引自 Ladefoged，1967）

（2）Joos 型声学元音图

Joos（1948）提出了以 $F_1$ 为一维、$F_2$ 为另一维的声学元音图，每一维的标度都是对数的。这种声学元音图称为 Joos 型声学元音图，见图 5.21。它有一种变体，即两维中一维的标度是对数，另一维的标度是线性。

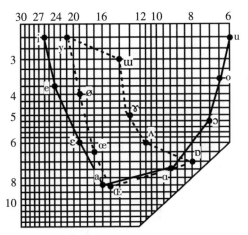

**图 5.21　Joos 型声学元音图**（引自 Catford，1981）

Joos 将 $F_1$、$F_2$ 分别与舌位的高低、前后关联起来，这样显示了两种元音图之间的对比关系。Joos 的这一主张在当时的语音学家中来说是首创，因为从此以后他们就开始利用声学数据去描写元音之间的差别了。

（3）Ladefoged 型声学元音图

Ladefoged（1976）主张以 $F_1$ 为纵座标，线性标度；$F_2 - F_1$ 为横座标，对数标度，如图 5.22，图上的元音及其频率值都与图 5.21 相同。两个图比较来看，没有明显差别，由于图 5.22 的 $F_1$ 采用线性标度，高元音、半高元音之间的距离短了。低元音间的距离加大了。从横向上看，$F_2 - F_1$ 的这一标准促使后元音随着开口度的增加而向后倾斜，这样使整个元音图接近于平行四边形，像 Carmody 的舌位图一样。但是展唇后元音的排列没有改观,这是与传统的元音图不一致的地方。为什么这些展唇后元音远离圆唇后元音而跑到中元音的位置上去了呢?也就是说,它们的 $F_2$ 为什么那么高?这们问题有待从产生机理及元音的合成实验上进行深入研究。

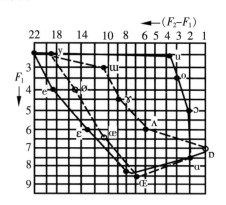

**图 5.22　Ladefoged 型声学元音图**（引自 Catford，1981）

（4）Fant 型声学元音图

为了使声学元音图上各元音的距离更接近听觉距离,Fant（1958a、1958b）主张把频率值转换为美值,然后以美为线性标度,将 $M_1$（$F_1$）、$M_2$（$F_2$）作为 $x$、$y$ 两个轴绘制成声学元音图。这种元音图就是以美为标度的声学元音图,也称为 Fant 型声学元音图。

由频率（$f$）转换美（$M$）的公式是:

$$M = \frac{1000\log(1 + f/1000)}{\log 2} \tag{5.11}$$

由式（5.11）可预测,当 $f = 1000$ 时,$M = 1000$,1000 Hz 以上频率将被压缩。这有点像对数,但压缩的幅度要大于对数。1000 Hz 以下,频率将被扩展。关于美的定义,具体参见 §4.5.1。

Fant 型声学元音图的另一特点是 $F_2$ 需要经过权重,这一点是根据元音合成-听辨实验总结出来的。$F_2$ 的权重公式为:

$$F_2' = F_2 + \frac{1}{2}\left(\frac{F_2 - F_1}{F_3 - F_1}\right)(F_3 - F_2) \tag{5.12}$$

用于元音双共振峰匹配实验的 $F_2'$ 权重公式后来又经过多次修改（Bladon & Fant,1978）。实验证明,这种权重公式依赖于具体的语音系统,也就是说,适用于瑞典语元音的权重公式不一定适合于汉语普通话。

第四章已提到巴克（Bark）的问题,与美值一样,它也可以用来作为声学元音图的标度。巴克是一种听觉等效值,现在通用的公式是由 Schroeder 等（1979）提出来的:

$$\text{Bark} = 7\ln\{(f/650) + [(f/650)^2 + 1]^{1/2}\} \tag{5.13}$$

上式中 $f$ 为共振峰频率。在此基础上 Summerfield 等人建议使用 $F_1 - F_0$（巴克）为 $x$ 轴、$F_3 - F_2$（巴克）为 $y$ 轴和 $F_2 - F_1$（巴克）为 $z$ 轴的三维立体元音图,他们称这种声学元音图为"元音听觉空间三维模型"。

### 5.4.3 声腔与共振峰的关系

这个问题既有理论意义又有现实价值。声腔与共振峰之间的关系,或者说是把声腔看作是一种什么样的模型,是线性的(声腔与声源是分离的)还是非线性的,这是言语产生的声学理论要研究和回答的问题。从现实价值上看,首先,虽然声谱能忠实反映语音的特点,而且比 X 光更容易操作、更省时,但对语言学家来说,声谱的效用,更确切地说是共振峰的效用,很大程度上要取决于能否与声腔联系起来,特别是能否用调音器官(俗称发音器官)的术语来解释。其次,能否将调音器官(又称发音器官)的动作特性(信息)进行编码,使之应用于言语交际,如传输、合成和识别等。这些实际的应用项目,也有赖于对声腔和共振峰之间关系全面而深入的了解。第三,对于所有的说唱艺术来说,掌握了这方面的知识,有助于根据各自唱腔的特点,指导自己的练声。下面从不同的角度来对声腔与共振峰关系做一些介绍。

(1) 舌位模型和共振峰

Joos 早在 1948 年就提出了舌位的高度与第一共振峰相关联,舌位前后与第二共振峰直接有关。Delattre (1951) 对舌位和共振峰进行了详细比较,他注意到舌位高低与 $F_1$ 之间的一些不一致关系,因此他建议用口腔通道的"开度"(上、下门齿之间的距离)来代替"舌位高度"这一术语。对舌位前后与 $F_2$ 的关系,他认为用舌头整个后缩(而不单单是舌高点本身的后缩)与 $F_2$ 关联比较合适。Delattre 的结论是:$F_1$ 频率升高同开口度直接相关,频率越高,开口度越大;$F_2$ 降低同舌头的后缩直接相关,频率越低,舌头越靠后;$F_2$ 与圆唇有关,唇越圆,$F_2$ 也越低;$F_3$ 的升高与软腭下降有关,软腭降得越低,腭咽部的面积越大,$F_3$ 也越低;$F_3$ 的降低同 -r 化音色有关,舌尖上翘越高,-r 化音色越重,$F_3$ 就越低。

(2) 元音连续发音的研究

为了比较元音发音中舌位与共振峰的关系,我们设计并进行了"元音连续发音"的实验,所谓连续发音就是让发音人连续地、一口气地发元音 [i→e→ɛ→æ→a→ɑ→ɔ→o→u→y],同时拍摄调音器官矢状面 X 光电影片并录音。图 5.23 是连续发音的语图,$F_1$、$F_2$ 和 $F_3$ 随着音色的变化而连续地变化着,图的起始段为 [i] 音,终端段为 [y]。1 000 ms 之前是由 [i] 到 [ɑ] 的滑动,可以清楚看到 $F_1$、$F_2$ 由分到合的变化;1 000~2 000 ms 基本是一个 [ɑ] 音段,$F_1$、$F_2$ 合并在 1 000 Hz 左右的位置上;2 000~2 600 ms 段,两个合二而一的峰逐渐下滑,表明 $F_1$、$F_2$ 的数值降低,指出是 [o]、[u] 段;2 600~2 750 ms 段是 [u] 向 [y] 的滑动段,随着舌位的前移,$F_1$、$F_2$ 分开,$F_2$ 迅速升高。

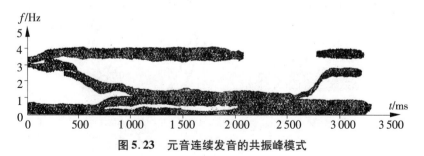

**图 5.23** 元音连续发音的共振峰模式

在 X 光胶片上逐帧测量舌高点的高低和前后(高低的定义同 §5.2.1 的描述)。舌高点的前后在这里是指舌高点所在的位置向前伸延至双唇外切线的距离。舌高点前后这一新定义是将双唇的作用考虑在内了,以便能与 $F_2$ 做直接比较。

元音连续发音的 $F_1$、$F_2$、$F_3$(实线)和舌位高度(TOGPH)、舌位前后(LIPPH)(虚线)实测数值绘制在图 5.24 上,横座标是时间轴,每帧等于 50 ms。借助于这个图我们可以直接比较 $F_1$ 与 TOGPH、$F_2$ 与 LIPPH 之间的异同。(A)、(B)两图代表两位发音人的材料。从 $F_1$ 和舌高位上看,两位发音人符合得相当好,即舌位的降低与 $F_1$ 的升高成正比;再看 $F_2$ 与舌位前后的关系,在(A)图里,这两条曲线走向完全相反,舌位越靠前,$F_2$ 的频率值就越高,两者成反比关系。但在(B)图里,两条曲线的方向虽然也是相反的,但某些时间段上,这两者并不成比例,如 $F_2$ 最大值在 1 600 ms 处,但舌位最前的位置不在 1 600 ms 而在 2 000 ms 处。那么是什么原因使舌位尚在前移时 $F_2$ 就开始下降了呢?我们认真检查了 X 光片,发现 1 500~2 000 ms 段双唇开度不同,即 2 000 ms 处比 1 500 ms 处上下唇的开度减少了 6 mm 左右,这可能是迫使 $F_2$ 下降的原因。

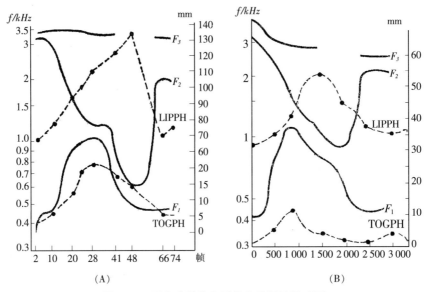

**图 5.24　元音连续发音舌位和共振峰滑动图**

图 5.25 为连续发音的声学元音图,图内所示阿拉伯数字表明从第 $x$ 帧上取得的数据。由于发音人 MJ 是一位女性,因此按式(5.1)进行了规整,规整后的位置与男发音人 YCH 相当一致。

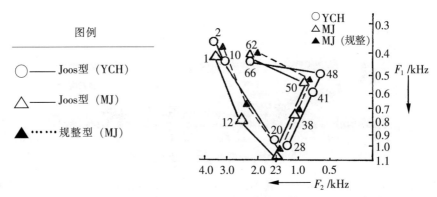

**图 5.25　元音连续发音的声学元音图**(图内各点的数字是照片的序号)

图 5.26 是根据图 5.24 中两位发音人的两项舌位数据绘制的舌位图,由于发音人 MJ（女性）的 X 光照片放大倍数较小,因此舌位数值都较小,图形居于左上角。为了比较起见,我们也利用式（5.1）进行了规整,得到了规整的舌位图。在图 5.26 上,比较 YCH 和规整的 MJ 可以看出,YCH 的前后活动范围大于 MJ,而 MJ 的上下活动距离大于 YCH。

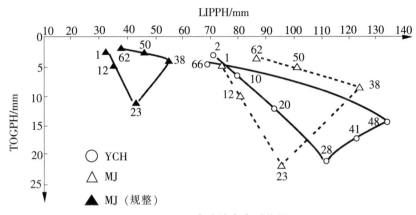

图 5.26　元音连续发音舌位图

由以上的数据和图形分析可以得出一些结论性的看法：第一,$F_1$ 与舌位高度成正比。由于舌位高度与下颌的开度基本上是成正比的,因此 $F_1$ 也与下颌开度成正比；第二,$F_2$ 基本上与舌位前后成反比；第三,唇形面积会影响 $F_2$ 的数值,面积缩小,$F_2$ 就降低。表 5.5 中已证明圆唇元音的面积远小于非圆唇元音,所以 $F_2$ 的降低也与圆唇有关。现在可以把舌位（包括唇形）与共振峰的关系简化如下：

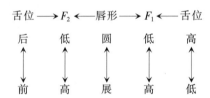

（3）利用§5.3.3 中的声道传输线理论及其计算公式,我们研究了声道各部分的面积变化对于前 5 个共振峰的影响。首先,我们以收紧点为基准将声腔区分为前腔和后腔,然后人为地在保持某一腔面积的条件下改变另一腔的面积,计算出声道的共鸣频率。这种办法克服了在人的真实调音器官条件下改变某一腔时必将影响另一腔面积的限制,现将实验结果介绍如下：

a. 前腔的影响。图 5.27（A）是前腔面积函数变化的图示,横轴代表声道由唇到声门的长度 $X$,纵轴是每段的截面积 $A$。$X_1$ 为双唇,$X_2$ 为下下齿间距,$X_{18}$ 为声门。（A）图上的每条面积函数曲线代表在保持后腔不变条件下前腔面积变化的情形,其中曲线 C 为基准面积函数,a、b、d 代表不同的前腔面积,其中 a 最小,d 最大。e 是在 d 的基础上增大唇段面积,f 是唇段、上下门齿段的面积进一步增大。

图 5.27（B）是对应于图（A）的共振峰位置移动图,图中横轴代表各条面积函数曲线,纵轴代表它们的共振峰,$F_1$ 到 $F_5$ 由低到高依次排列（下同）。从这些共振峰的变化中我们可以明显地看到,随着前腔面积的增大,$F_1$ 受到强烈的影响,由 a 到 f,$F_1$ 的差值约 450 Hz,其中唇面积的增大也有助于提升 $F_1$；$F_2$ 的变化与前腔面积的增大成反比,面积越

大，$F_2$ 越低，但唇形面积的增加对 $F_2$ 的影响不明显；对 $F_3$ 只有在前腔面积十分窄小的情况下，$F_3$ 才会升高；$F_4$、$F_5$ 比较固定，并不受前腔面积变化的影响。

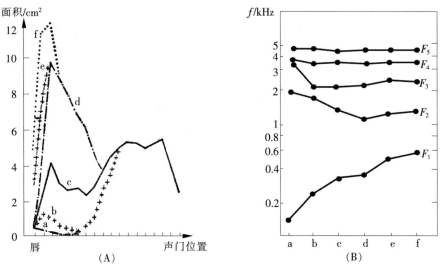

图 5.27　前腔面积变化（A）对共振峰的影响（B）

b. 后腔的影响。图 5.28 给出了后腔面积改变对共振峰的影响。图（A）中的基准面积函数曲线用 b 来标识，其他 a、c、d 各曲线表示前腔不变条件下后腔大小的变化。图（B）显示了与面积曲线相对应的共振峰频率。图 5.28（B）表明，随着后腔面积的缩小，$F_1$ 上升而 $F_2$ 下降，频差 200 Hz。$F_3$ 有升高的趋势，$F_4$ 稍有下降，$F_5$ 略有上升。

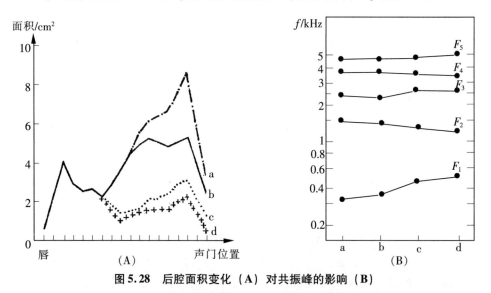

图 5.28　后腔面积变化（A）对共振峰的影响（B）

在实际发音中，前、后腔面积变化往往是互补的，即前腔的扩大是后腔缩小的结果，反之则扩大。因此它们的声学效果也是类似的：

前腔扩大=后腔缩小 ──┬── $F_1$ 升高
　　　　　　　　　　└── $F_2$ 降低

c. 唇形面积的影响。图 5.29 为唇形面积变化曲线及其相应的共振峰频率变化图示。

唇形面积 a = 0.15 cm², b = 0.6 cm²（基准面积函数）、c = 6.3 cm²、d = 9.3 cm²。考虑到在实际发音中唇、齿面积变化的平滑性，因此也适当改变了齿间距离。

图 5.29（B）显示，$F_1$、$F_2$、$F_3$ 随唇形面积的增大而升高，其中 $F_2$ 受到的影响尤为明显，频差近 500 Hz。这一结果有力地证实了我们在连续元音变化实验（§5.4.3）中的推测是正确的。

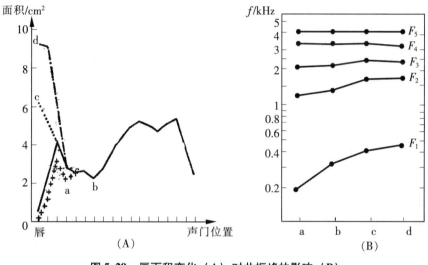

图 5.29　唇面积变化（A）对共振峰的影响（B）

d. 收紧点前后位置的影响。图 5.30 分别为舌收紧点位置变化及其相应的共振峰频率值。从图（A）中我们可以看出，收紧点位置变化实际反映了前后腔面积的变化，a 曲线的收紧点最靠后，所以后腔的面积最小；反之，a 曲线的收紧点最靠前，所以前腔只有很小的面积。图（B）反映了这种变化，前腔面积由 a 到 d 虽有增加，但其量值是不大的，因此 $F_1$ 的增加也不显著，$F_2$ 的降低也不过 250 Hz，这种情况类似于舌位前后移动所产生的结果。

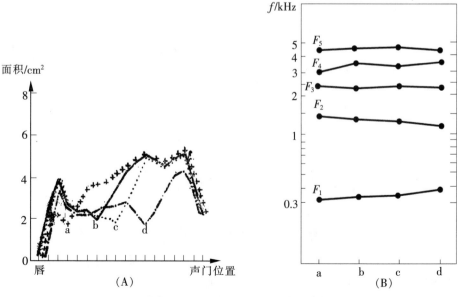

图 5.30　舌高点位置变化（A）对共振峰的影响（B）

e. 声道长度的影响。表 5.9 列出了声道长度对各共振峰频率的影响，图 5.31 是它的图示。基准声道长度每段为 0.941 cm，在图 5.31 的横轴上标为 "1"，其他各点数值是它的比值 $R$。各共振峰数值表明，长度对频率有强烈的影响。声道越短，频率越高；声道越长，频率越低。这些共振峰变化曲线可以用幂函数来拟合，分别为：

$$\left.\begin{array}{l} F_1 = 332 R^{-0.93} \\ F_2 = 1385 R^{-0.96} \\ F_3 = 2295 R^{-0.98} \end{array}\right\} \quad (5.14)$$

表 5.9　声道长度对共振峰频率的影响

| $R$ | $F_1$ | $F_2$ | $F_3$ | $F_4$ | $F_5$ |
|---|---|---|---|---|---|
| 0.25 | 1135 | | | | |
| 0.50 | 265 | 2680 | 4551 | | |
| 0.75 | 441 | 1840 | 3050 | 4179 | |
| 1.00 | 340 | 1384 | 2299 | 3578 | 4603 |
| 1.50 | 230 | 944 | 1538 | 2369 | 3044 |
| 2.00 | 175 | 713 | 1156 | 1779 | 2284 |

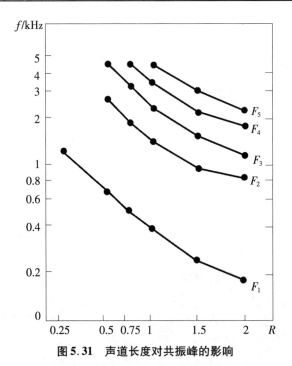

图 5.31　声道长度对共振峰的影响

表 5.9 的空缺数据并不是声道缩短使这些共振峰消失，而是由于我们利用式（5.4）来计算共振峰频率时，扫描角频率 ω 的高限仅为 5000 Hz，当高次共振峰频率因声道缩短而超过此限时，当然就计算不出来了。但是我们可以调用式（5.14）来加以推测。如声道

长度比 $R = 0.25$ 时，$F_2$、$F_3$ 分别是：

$$F_2 = 1385 \times 0.25^{-0.96} = 5241$$
$$F_3 = 2295 \times 0.25^{-0.98} = 8929$$

声道长度的影响在式（5.4）中已提到过，在实际发音中，也能强烈地感受到它的影响。表5.10中普通话男、女、童的共振峰频率，女人为男人的1.25倍，儿童为男人的1.35倍，这反映了男、女、童在声道长度上的差别。

**表5.10　普通话单元音共振峰频率数据表**
（引自鲍怀翘，1984）

单位：Hz

| 特征 | 发音人 | | 元音 | | | | | | | | |
|---|---|---|---|---|---|---|---|---|---|---|---|
| | | | i | u | y | a | o | ɤ | e | ɿ | ʅ |
| $F_1$ | 男 | 原始 | 283 | 351 | 293 | 984 | 554 | 552 | 491 | 371 | 372 |
| | | 规整 | 345 | 414 | 357 | 1200 | 676 | 673 | 599 | 450 | 453 |
| | 女 | 原始 | 311 | 411 | 312 | 1247 | 726 | 726 | 613 | 416 | 375 |
| | | 规整 | 307 | 405 | 307 | 1230 | 716 | 716 | 605 | 411 | 370 |
| | 童 | 原始 | 392 | 564 | 397 | 1192 | 849 | 876 | 747 | 441 | 410 |
| | | 规整 | 334 | 481 | 338 | 1016 | 724 | 747 | 637 | 375 | 349 |
| $F_2$ | 男 | 原始 | 2350 | 454 | 2110 | 1157 | 711 | 1044 | 2110 | 1360 | 1797 |
| | | 规整 | 2773 | 536 | 2489 | 1365 | 839 | 1231 | 2490 | 1604 | 2120 |
| | 女 | 原始 | 3396 | 639 | 2691 | 1364 | 917 | 1154 | 2523 | 1585 | 2129 |
| | | 规整 | 3148 | 592 | 2494 | 1264 | 850 | 1069 | 2339 | 1474 | 1980 |
| | 童 | 原始 | 3236 | 807 | 2725 | 1292 | 1013 | 1037 | 2555 | 1734 | 2443 |
| | | 规整 | 3003 | 749 | 2528 | 1199 | 940 | 962 | 2371 | 1613 | 2272 |

以上我们用不同的方法讨论了舌位和声道的形状与共振峰频率之间的关系，方法虽不一样，但结果都是相同的：舌位高低主要与 $F_1$ 相关；舌位前后可用 $F_2$ 的值来推算；圆唇使所有的共振峰频率降低。在运用这种关系时不要绝对化，即不能将舌位图上元音之间的距离机械地（成比例地）跟声学元音图上的距离做比较。只要两种图上的元音排列（高低、前后）次第是对称的，那么以上关系就可以成立，就有实际使用的价值。

### 5.4.4　汉语普通话及其他语言单元音的声学特性

（1）普通话单元音20人（男8、女8、童4）的 $F_1$、$F_2$ 平均数据见表5.10，相应的声学元音图见图5.32（A）。这个图显示出男、女、童的音位之间存在叠接现象，/i/和/y/在前后、上下维上互相穿插；后元音/u/、/o/和/a/之间的叠混现象更为严重，但男、女、童各自的图形是相同的，自成系统而不混淆。男声共振峰值偏低，因而在图上居高而后的位置；童声的频率偏高，居低而前的位置；女声处于两者之间。

为了使男、女、童的元音彼此不叠接以利于互相比较，必须对他们的原始数据进行规

整,规整公式同式(5.1),现重写如下:

$$\left.\begin{array}{l}X'_{ijk} = X_{ijk} \cdot R_{ij} \\ R_{ij} = Y_i/\overline{X}_{ij} \\ Y_j = \sum_{i=1}^{n}\overline{X}_{ij}/n \\ \overline{X}_{ij} = \sum_{k=1}^{m}X_{ijk}/m\end{array}\right\} \quad (5.1)$$

式中 $i$ 为发音人(男、女、童);$j$ 代表特征项,$j=1$ 为 $F_1$,$j=2$ 为 $F_2$;$k$ 为元音,在本节中有 9 个元音,于是 $k=1,2,\cdots m$,$m=9$。

现在进入公式的计算。首先由原始共振峰数据求某个人某项特征($F_1$ 或 $F_2$)9 个元音的平均值 $\overline{X}_{ij}$,于是我们会得到六个 $\overline{X}$(3人×2项);第二步按特征项($F_1$ 或 $F_2$)算出平均值。$Y_j$ 是男、女、童的平均,于是得到 $Y_{F1}$ 和 $Y_{F2}$;第三步是算出某个人(男、女、童)某项特征的比例因子(修正因子)$R_{ij}$;最后是各人的原始数据乘上各人的比例因子,就到了规整的共振峰数据,这些数据也一并列入表 5.10 中。

根据规整数据绘制的声学元音图见图 5.32(B)。比较(A)、(B)两图可以看出规整图的优点:各元音相对集中了,彼此不发生叠混现象,即使 /i/—/y/、/ɤ/—/o/ 紧靠在一起,但不互相穿插,而且前后有别;各元音前后、上下位置适当,而且又保持了原始图上男、女、童本身图形的特点,因此我们认为规整算法是有效的。

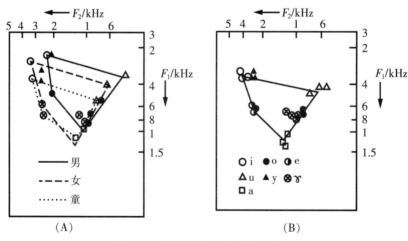

图 5.32 普通话单元音声学元音图
图(A)为原型;图(B)为规整型

在语图(图版 5.1)上来认读元音共振峰频率,应掌握如下几点:①/u/、/o/ 和 /a/ 的主要特征是 $F_1$、$F_2$ 很接近,因此往往发生合并现象(特别当 $F_0 \geqslant 250$ Hz 的时候),即在一条较宽的共振峰带中隐含着两个共振峰。不同的是,/u/ 处于语图的最低端(400~600 Hz),/a/ 处在较高位置(1000 Hz 左右),而 /o/ 居中。②/i/ 和 /y/ 在语图上也很近似,它们的 $F_1$ 是所有元音中最低的,而 $F_2$ 的位置又是最高的。不同点是 /y/ 的 $F_2$ 低于 /i/,其次是 /i/ 的 $F_2-F_3$ 间隔大于 /y/,$F_3-F_4$ 间隔小于 /y/。③/ɿ/ 和 /ʅ/ 同是舌尖元音,在语图上头 4 个共振峰分得很清楚,因此在测量上是不会有困难的。它们的 $F_1$ 基本相同(400 Hz 左右),或 /ɿ/ 的 $F_1$ 略低于 /ʅ/;但 /ʅ/ 的 $F_2$ 比 /ɿ/ 要高 300~400 Hz 左右。/ɿ/ 和

/ʏ/$F_2$的这种差别反映了舌面后部收紧点位置的不同，/ʏ/的收紧点位置比/ɣ/前，与声学元音图上/ʏ/比/ɣ/靠前相呼应。此外，从$F_3$上看，/ʏ/高于/ɣ/。

（2）国际音标

国际音标是作为语音标音的基准来使用的，因此有必要对国际音标的声学特性（共振峰频率）做一简单介绍。对标准元音的发音，其设计人 Jones（1956）是这样说的："人们不能从书写符号上去学习标准元音，他们必须从已掌握了这些元音发音的老师的口授中去学习它们。"根据这一学派的意见，标准元音必须由 Jones 本人或他认可的学生（或学生的学生）发音才是正确的。Ladefoged（1967）提供了 Jones 和其他 11 位语音学家标准元音发音的共振峰数据，表 5.11 列出了 Jones 本人三次发音的基频和头三个共振峰数据。这些数据表明，前元音头三个共振峰是彼此分离的，而后元音的$F_1$、$F_2$常常是合并的（或差距甚小）。这些数值可供我们参考，但不能作为标准，因为发音人的声腔长短等具有个人差异，因而共振峰频率值也会有较大的不同。

表 5.11 标准元音的基频和头三个共振峰值（引自 Ladefoged，1967）

| 元音 | i | | | e | | | ɛ | | | a | | |
|---|---|---|---|---|---|---|---|---|---|---|---|---|
| $F_0$ | $F_1$ | $F_2$ | $F_3$ | $F_1$ | $F_2$ | $F_3$ | $F_1$ | $F_2$ | $F_3$ | $F_1$ | $F_2$ | $F_3$ |
| 230 | 290 | 1715 | 2135 | 455 | 1605 | 1820 | 590 | 1480 | 2090 | 935 | 1375 | 1690 |
| 230 | 355 | 1765 | 2160 | 425 | 1670 | 1880 | 705 | 1605 | 2135 | 885 | 1430 | 1680 |
| 260 | 290 | 1760 | 2145 | 415 | 1645 | 1865 | 730 | 1510 | 2135 | 945 | 1455 | 1670 |

| 元音 | ɑ | | | ɔ | | | o | | | u | | |
|---|---|---|---|---|---|---|---|---|---|---|---|---|
| $F_0$ | $F_1$ | $F_2$ | $F_3$ | $F_1$ | $F_2$ | $F_3$ | $F_1$ | $F_2$ | $F_3$ | $F_1$ | $F_2$ | $F_3$ |
| 230 | | 855 | 1875 | | 650 | 1575 | | 440 | 2135 | | 265 | 2145 |
| 230 | | 915 | 1670 | | 715 | 1600 | 485 | 910 | 2030 | | 350 | |
| 260 | | 790 | 1775 | | 725 | 1750 | 430 | 745 | 2115 | 290 | 735 | 2160 |

（3）英语元音

英语元音已经研究得很多了，早期比较完整而又广为引用的首推 Peterson & Barney（1952）的英语元音共振峰数据（表 5.12）。10 个单元音是从 10 个单音节词中分离出来的：heed [i]、hid [ɪ]、head [ɛ]、had [æ]、hod [ɑ]、hawed [ɔ]、hud [ʌ]、hood [ʊ]、Who'd [u] 和 heard [ɝ]。76 位发音人（男 32 名、女 28 名、童 16 名）每人念两次。表 5.12 中 M、W 和 Ch 分别代表男、女、童的平均值。

世界上的其他许多语言，诸如德语、法语、俄语、瑞典语、丹麦语、荷兰语、芬兰语、葡萄牙语、西班牙语、日语、朝鲜语……的元音都得到了较充分的研究，它们的共振峰数据在此不一一列举了。

## 5.5 复合元音的声学分析

复合元音是指一个音节核中有两个或三个目标元音。"当念复合元音的时候，口腔或舌头不是不变的，而是从一个元音滑到另一个元音的地位上去，两个（或三个）元音成分的分量（发音器官的紧张度、响度，有时还跟高低、长短等有关系）往往不相等，只有一个成分特别显著。"（罗常培、王均，1957）本节将从声学的角度对复合元音进行剖析。

表 5.12 美国英语 66 人元音共振峰频率和振幅平均数值

（引自 Petesson & Barney，1952）

| 音标 | 基频 $F_0$ | | | 共振峰 | | | | | | | | | 共振峰振幅/dB | | |
|---|---|---|---|---|---|---|---|---|---|---|---|---|---|---|---|
| | | | | $F_1$ | | | $F_2$ | | | $F_3$ | | | | | |
| | M | W | Ch | M | W | Ch | M | W | Ch | M | W | Ch | $L_1$ | $L_2$ | $L_3$ |
| i | 136 | 235 | 272 | 270 | 310 | 370 | 2 290 | 2 790 | 3 200 | 3 010 | 3 310 | 3 730 | −4 | −24 | −28 |
| I | 135 | 232 | 26 | 390 | 430 | 530 | 1 990 | 2 480 | 2 730 | 2 550 | 3 070 | 3 600 | −3 | −23 | −27 |
| ɛ | 130 | 223 | 260 | 530 | 610 | 690 | 1 840 | 2 330 | 2 610 | 2 480 | 2 990 | 3 570 | −2 | −17 | −24 |
| æ | 127 | 210 | 251 | 660 | 860 | 1 010 | 1 720 | 2 050 | 2 320 | 2 410 | 2 850 | 3 320 | −1 | −12 | −22 |
| ɑ | 124 | 212 | 256 | 730 | 850 | 1 030 | 1 090 | 1 220 | 1 370 | 2 440 | 2 810 | 3 170 | −1 | −5 | −28 |
| ɔ | 129 | 216 | 263 | 570 | 590 | 680 | 840 | 920 | 1 060 | 2 410 | 2 710 | 3 180 | 0 | −7 | −34 |
| ʊ | 137 | 232 | 276 | 440 | 470 | 560 | 1 020 | 1 160 | 1 410 | 2 240 | 2 680 | 3 310 | −1 | −12 | −34 |
| u | 141 | 231 | 274 | 300 | 370 | 430 | 870 | 950 | 1 170 | 2 240 | 2 670 | 3 260 | −3 | −19 | −43 |
| ʌ | 130 | 221 | 261 | 640 | 760 | 850 | 1 190 | 1 400 | 1 590 | 2 390 | 2 780 | 3 360 | −1 | −10 | −27 |
| ɝ | 133 | 218 | 261 | 490 | 500 | 560 | 1 350 | 1 640 | 1 820 | 1 690 | 1 960 | 2 160 | −5 | −15 | −20 |

### 5.5.1 复合元音的性质

复合元音从性质上可分为真性和假性两大类，真性复合元音是指两个目标元音在语图上各自有较长的稳定段，两个目标值之间的过渡段却显得较短。与此相呼应的是在音强曲线上常常出现两个峰值，因此曲线呈马鞍形，或虽只有一个峰值，但在峰值之后有一段相当强的延续。佤语和藏语阿里方言中的二合元音是真性的，它们的语图见图版 5.2。

假性二合元音有两个目标位置，按它们在长度、强度上的差别又可分为前响二合元音和后响二合元音。以普通话为例，前响二合元音/ai/、/ei/、/ao/、/ou/的最佳时长比值为 6∶4；后响二合音/ia/、/ie/、/ua/、/uo/和/ye/的比值为 4∶6（曹剑芬、杨顺安，1984）。在强度曲线上，峰值位置落在最响亮的那个元音位置上。从元音共振峰模式上看，它们处在滑动上，一般很少有稳定段，只有后响二合元音的后一元音有可能存在稳定部分（见图 5.33）。

真性、假性二合元音在一定条件下可以转化，也可以出现一些变体。图版 5.2 中藏语阿里方言的/ia/在平调中呈现典型的真性，在升调中，/i-/的稳定段短了些而过渡段却长了点；普通话中，假性二合元音在某些条件下也可能转为真性，如图版5.3/ia/的上声"嗲"和"俩"，/i/、/a/两目标元音都有较长的稳定段，在振幅曲线上，也有两个峰值。

### 5.5.2 二合元音与三合元音

从音节核中元音的个数上可区分为二合元音和三合元音。普通话三合元音有4个：/iao/、/iou/、/uai/和/uei/。三合元音只有假性而无真性，即三个元音中只有居中者最响亮，两头的比较弱。从长度上看，三个元音的最佳长度比为4∶4∶2（曹剑芬、杨顺安，1984）。

图5.33为普通话复合元音共振峰模式（A）及其声学元音图（B）。在声学元音图上，

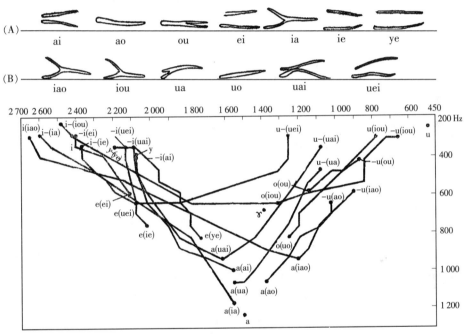

**图5.33** 普通话复合元音共振峰模式（A）和声学元音图（B）（引自曹剑芬、杨顺安，1984）

可用一条近似直线将二合元音的两个端点联结起来。三合元音有两个端点和一个折点，通过三点可以构成一条折线，折点就是三合元音中最响亮的目标位置，也就是主要元音。

### 5.5.3 介音问题

普通话的三合元音中，第一元音被称为"介音"，一般认为这是个半元音，如/iao/、/iou/中的/i-/和/uai/、/uei/中的/u-/。介音（半元音）的特点是时程短、音量弱，其声学表现主要是$F_2$的变化速率快。所谓变化速率是指$F_2$频率变化的差值与延续时间之比，用$\Delta f$来表征。如半元音的时长为50 ms，频率差值为600 Hz，那么$\Delta f = 600/50 = 12\ Hz$。$F_2$由高变低称为"正速率"，由低变高称为"负速率"。据任宏谟（Ren，1986），普通话/iao/中/i-/的$F_2$变化速率$\Delta f = 10.9\ Hz$，/iou/中的/i-/为11.66 Hz，/uai/中/u-/为 -7.62 Hz，而对/uei/韵，他相应地分析了/ei/、/uei/和/tuei/三个音节，得到/ei/中/e-/的$\Delta f = -3.39\ Hz$，/uei/中/u-/的$\Delta f = -13.13\ Hz$，而/tuei/中/-u-/的$\Delta f = 5.74\ Hz$

（注意其极性相反），因此可以认为/tuei/中的/-u-/已没有半元音的特征了。

在零声母音节中，半元音一般念得更紧，在收紧点位置上往往带点摩擦，这就使得半元音的声源除了声带振动外又加上一个摩擦声源，由此引入了"反共鸣"（见§2.4.1）。$F_2$、$F_3$会升得很高，甚至$F_2$、$F_3$合并。

## 5.6 元音的紧/松问题

在 Bell 和 Sweet 的元音分类模型中，除了舌位高低、前后和唇的圆展之外，对某些语言来说，还有紧松问题。近代音系学理论虽然接受了紧/松这个术语，但对它的语音学特征一直是众说纷纭的。现在归纳起来，分述如下：

### 5.6.1 紧/松元音对立的语音特征

以下的许多特征都是元音紧/松对立中出现的，但对某一具体语言来说，不是所有的特征都存在。对甲语言来说可能 X 项特征为主，而对乙语言来说可能 Y 项特征为主。因此我们首先要了解有哪些特征与紧松问题有关；其次，对某一具体语言来说，要弄清哪些特征属于本语言的紧松问题，并找出主要特征。

（1）调音器官特征

调音器官各特征在紧/松中有以下表现：

| 特征 | 紧 | 松 |
|---|---|---|
| 咽腔容积 | 大 | 小 |
| 舌根位置 | 前 | 后 |
| 舌位高度 | 高 | 低 |
| 收紧点宽度 | 窄 | 宽 |

Alfonton & Bear（1982）对英语的元音紧松问题进行了实验研究，他们从 CVC 音节的 X 光胶片上测量了紧/松元音的舌位，得到了图 5.34（注：原图有些元音的舌位有动程，引用时只取其较低的位置）。从这张舌位图上可以看出，松元音的舌位一般比紧元音低一点；在前后位置上，前松元音偏后，后松元音偏前，即松元音的舌位偏央。

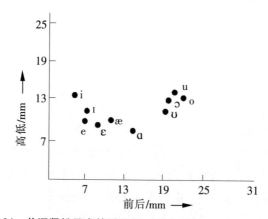

图 5.34 英语紧松元音的舌位图（引自 Alfonton & Bear, 1982）

(2) 颏舌肌强度

颏舌肌是一种舌外肌。它的功能在于牵动舌头前移（见 §3.3）。Alfonton & Bear (1982) 测量了 10 个英语元音的颏舌肌强度，见图 5.35。属于松元音的 [ɪ]、[ɛ]、[ɔ]、[ʊ] 的颏舌肌强度比相应的紧元音 [i]、[e]、[o]、[u] 都小。

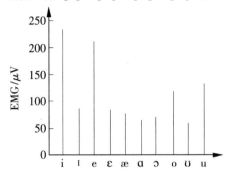

**图 5.35　英语紧松元音的颏舌肌肌电强度**（引自 Alfonton & Bear, 1982）

(3) 声学特性

从 10 个英语的声学元音图上显示出（图 5.36），松元音的位置较低并偏央，这种倾向与舌位是一致的。当然不一致也是存在的，如声学元音图上 [e] 和 [o] 分别高于 [ɪ] 和 [ʊ]，而在舌位图上却相反。

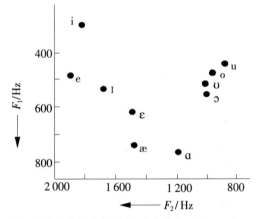

**图 5.36　英语紧松元音的声学元音图**（引自 Alfonton & Bear, 1982）

松元音从发声类型上说属气嗓音，因此它具有气嗓音的一些声学特点，§5.3.1 对此已做过介绍。

## 5.6.2　中国几种少数民族语言元音紧/松的语言特征

我国境内少数民族语言，如景颇语、佤语、哈尼语和彝语等都有元音紧/松对立现象，语言学家早就注意到了这个问题，并进行了音系学方面的研究。Maddieson & Ladefoged (1985) 对此进行了十分有意义的实验。他们从气流速率与气压的比值上、$F_0$ 的振幅与 $F_1$ 振幅之比（或 $F_0$ 与第二谐波振幅之比）、VOT 的时值、$F_0$ 起始音调及第一共振峰的高度等不同方面对这四种少数民族语言的元音紧松问题做了具体分析，其结果见表 5.13。

表 5.13　四种语言元音紧/松特征

| 特征 | 哈尼语 | 彝语 | 景颇语 | 佤语 |
| --- | --- | --- | --- | --- |
| 气流/气压 | 松：较大 | 松：较大（一些） | 松：较大 | 松：较大 |
| $L_{F0}/L_{F1}$ | 松：较大 | 松：较大 | 松：较大 | 松：较大 |
| $F_1$ 高度 | 松：较低 | 无差别 | 无差别 | 无差别 |
| 元音长度 | 松：较长 | 松：较长（下降音调） | 无差别 | 松：稍长 |
| $F_0$ 调值 | 松：稍低 | 松：稍低 | 无差别 | 松：稍高 |
| $F_0$ 起始音调 | 松：有时上升 | 无一致性差别 | 松：上升（高音调中） | 无差别 |
| VOT | 无差别 | 松：较短（一些） | 松：较长 | 松：较长 |
| 辅性特征 | 紧：韵尾喉化或喉塞 | 松：浊塞音缺少前浊音段 |  | 松：鼻音较长 |

VOT 是嗓音起始时间的缩写（Voice Onset Time），它指声带振动开始于辅音除阻之前或之后的时间，这一特征不仅能表征辅音是否浊化，而且还能指示出辅音不同的发音方法。景颇语中，松元音之前的塞音音节中，VOT 平均是 35 ms，而紧元音之前的塞音音节中，VOT 只有 15 ms。

$F_0$ 调值与 $F_0$ 起始音调的概念是不一样的。前者指贯穿元音始终的调值高度，而后者仅指元音起始点上 $F_0$ 的高度，也叫元音起始基频高度。

对紧/松元音来说，气流速率/气压之比是一个很重要的特征，当比值高时（即气流量大），就可以认为声带较松弛，或者两片声带靠得不紧，有气流的泄漏；当声带紧张度提高时，或声带闭合较全，比值就较低。

$L_{F0}/L_{F1}$ 也反映了声门闭合的状态。这一特征对判别上面四种语言的元音紧/松都是有效的。

以上的特征表明，我国这四种少数民族语言的元音紧松对立主要属于发声类型中的气嗓音，只有哈尼语的松元音可能存在舌位较低的问题，这有待进一步实验的证实。

## 5.7　鼻化元音

鼻化元音是带有鼻音音色的元音，它是发口元音的同时下降软腭，打开鼻咽通道，引入鼻腔共鸣所产生的一种元音。

§2.4.1 中已提到带有分支的声管，不仅有极点，而且还有零点（反共振），极点使它邻近的声谱分量得到加强，零点则使附近的声谱分量削弱。发鼻化元音时与口腔相耦合的鼻腔就是这样一种"分支声管"，因此我们在分析鼻化元音声谱时必须考虑到这种影响。图 5.37 是元音 [ɑ] 鼻化前后的声谱,图(A)表示在口元音里,$F_1$、$F_2$、$F_3$ 的能量依次递减;当鼻化时,[ã] 的包络线就发生了变化,最明显的是在 $F_1$ 下方出现第一零点,因而在 $F_1$ 的下面(左边)出现一个谷值;在 2 000~3 000 Hz 之间出现第二、第三零点,因而有一个很深的谷值区。从共振峰上看,$F_1$ 被减弱略向上移,250 Hz 附近出现一个新峰,这就是鼻音共振峰。又由于鼻腔表面积比较大,腔壁的吸收是相当大的,因此鼻元音比起口元音来有较大的阻尼,使低共鸣的带宽加大。高元音 [i]、[u] 等由于 $F_1$ 比较低,因此鼻音共振峰 $F_N$ 的能量加到 $F_1$ 上,使 $F_1$ 附近的能量增强,成为一个很粗大的谐波群。

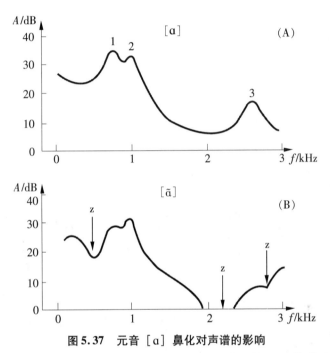

**图 5.37 元音 [ɑ] 鼻化对声谱的影响**

图(A)是口元音,1、2、3 为共振峰的序号;图(B)包络上的"z"指明了"零"的位置

Bognar & Fujisaki(1980)利用语音合成方法对法语元音 [ɛ] 进行了实验。他们指出,鼻口耦合的结果增加了两对"极—零",第一对在 $F_1$ 以下,极值频率为 250 Hz,零值频率为 295 Hz,这对"极—零"的影响是增加了第 2 谐波的能量,使之成为一个新生的共振峰,在声谱分析中称这个共振峰为"鼻音共振峰"($F_N$);第二对"极—零"处于 $F_2$、$F_3$ 之间,极的位置是 2 240 Hz,零的位置是 2 340 Hz,因此这对"极—零"修改了 $F_2$、$F_3$ 范围内的能量。听辨实验的结果证明,鼻化元音的感知强烈地依赖于"极—零"对分离的程度,口鼻耦合越大,"极—零"对分开的距离越大,鼻音成分也越重。对法语区的人来说,元音共振峰的向上移动也有助于鼻音色的感知。

综上所述,鼻化元音的声谱特性可归纳如下:①合成实验证明,鼻化元音有多对"极—零",第一对"极—零"在 $F_1$ 以下,第二、三对在 $F_2$、$F_3$ 之间。随着鼻化色彩的加重,"极—零"对的间距增大,从而修改了附近的声谱分量。②在开元音里,在 250 Hz 附近出现鼻音共振峰;在高元音里,$F_1$ 附近能量增强,$F_1$ 的带宽加大。③开元音的 $F_1$ 被减弱,$F_1$ 以下由于反共鸣的作用出现很深的"谷"。

## 5.8 卷舌元音

卷舌元音是指发元音的时候伴有卷舌动作,这个卷舌动作既可能是与元音发音同时产生的,也可能出现在元音之后,前者称为"化合"型,后者称为"拼合"型(李思敬,1986)。

世界上很多语言都有卷舌元音。在我国,汉语普通话(北京话)和很多少数民族语言都有元音卷舌化问题。在北京话里,卷舌元音既指"儿、尔、二"这种自成音节的,也指儿化韵。

### 5.8.1 卷舌元音的生理分析

(1) 英语/-r/音研究

英语/-r/被认为是元音,起音节核的作用,如 burr(光圈)、bird(鸟)、earth(地球)、curb(勒马绳)。Delattre & Freeman(1968)用 X 光电影研究了 curb 的发音动作,从众多发音人的实验材料中筛选出五种不同的舌型,见图 5.38。他们将图中的 A、B、C 和 D 定为隆起型,E 定为上翘型;从声腔通道上看,可以分为两腔型(A、B)和三腔型(C、D、E),三腔型的发音被感知为较重的-r 音色。

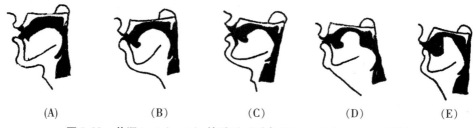

图 5.38 英语/-r/(curb)的舌形(引自 Delattre & Freeman, 1968)

(2) 普通话卷舌元音(儿化元音/-r/)研究

李思敬(1986)认为北京话(新派北京话=普通话)卷舌元音/ər/是一个复元音,后一个目标元音近似舌尖后元音/ɻ/,并把儿化音区分为 7 种变体:/aɻ/、/əɻ/(以上两种为拼合型)和/uɻ/、/ãɻ/、/ɔ̃ɻ/、/ɔɻ/、/aɻ/(以上五种为化合型),将鼻化的/ɔ̃ɻ/和/ãɻ/分别归入/əɻ/和/aɻ/,最终为五种变体。作者最后的结论是:"从五个变体音位的内部构成看,也就是把它作为一个'细胞'再分析开来看,它的构成也在于作为复合元音的'儿[əɻ]'音的韵尾/ɻ/与元音/a/、/ə/、/u/分别构成'拼合'与'化合'的关系,这是儿化韵形成的语音基础。作为语流音变的儿化音的全部核心'奥秘'就在这里。"(李思敬,1986:137)

为了观察卷舌元音的真实发音动作,我们将北京话的全部儿化韵发音做了 X 光录像(鲍怀翘、杨力立,1985)。发音人为男性,播音员。将拍到的 X 光片进行放大,就得到每个儿化韵音节的一组照片。

a. 儿化韵调音器官的动作特性

我们从 36 个儿化韵中选择/-ir/（鸡儿）、/-ur/（珠儿）和/-ar/（把儿）作为分析的依据，因为这三个元音在北京话元音系统中处于"三角形"的顶端位置，又是儿化韵归类的代表音位变体（见本节声学分析的论述）。

图 5.39 是"鸡儿""珠儿"和"把儿"三个儿化音节的声腔线条图，每一个音节的发音由四条舌形线来表征它的动作特性。图上实线舌形线代表辅音的成阻状态；虚线是除阻后的第一条舌形线，代表舌尖开始上翘，在有的发音（如"把儿"）中，除阻后舌尖已经上翘了；点、线代表舌尖上翘最高位置，从这一时刻起，上翘的舌尖就要开始向前平伸，代表除阻状态（断线），最终恢复到无声静止状态。

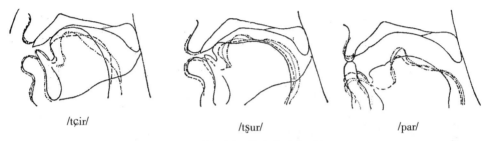

/tɕir/　　　　/tʂur/　　　　/par/

**图 5.39　普通话儿化音节动态舌位图**

——（实线）辅音成阻；- - -（断线）除阻状态；
……（虚线）舌尖开始上翘；—·—（点线）最高上翘舌形

由这三个儿化音节的舌线移动可以看出：第一，随着儿化的加深，舌尖上翘得越来越高，舌根压得就越来越低，因而舌尖和舌根分别与上腭、后咽壁构成两个收紧点，/-ar/和/-ur/的舌形就代表了这种特点。由于声腔中有两个收紧点，因而形成了前、中、后三个腔体；/-ir/的舌根-后咽壁收紧点不明显，因此只有前、后两个声腔；第二，开元音（如/-ar/）儿化时，元音一开始就上翘，这就是"化合"型发音的特点；闭元音（/-ir/和/-ur/）儿化时，舌尖上翘的动作是随后形成的，这可能就是"拼合"型发音的特点。这里还应强调，以上的发音特点只能认为是儿化韵发音中一部分人的代表，而北京话的儿化韵由于年龄、地区、职业等不同，可以有不同的发音特点。我们拍摄了另一位发音人（女）的儿化韵，几乎全部是"化合"型的。因此我们认为目前"拼合"型和"化合"型是并存的，并不因音而异，而是因人而异的。

b. 卷舌最高位置分析

我们根据拍摄到的 36 个儿化韵音节 X 光照片，把卷舌的最高舌形位置分为五种，一并绘在图 5.40 中。与图 5.39 比较，/-ar/采用的是同一张图（"把儿"）；/-ier/的舌形与/-ir/相似，/-ier/的咽腔略窄于/-ir/，可以认为是同一类型；/-our/与/-ur/相比，/-our/的舌尖较锐，舌面前下凹较深，但舌形及两个收紧点高度是近似的，因而也可以认为是同类的；/-ɤr/（"歌儿"）与/-our/比较起来，舌面前部下凹较浅，舌根下降而舌面中部隆起，整个舌高度略低于/-our/，似可列为同类；/-əŋr/（"凳儿"）与/-ir/、/-ier/相比，舌面中部微隆起，软腭下垂，形成鼻咽通道，带有鼻化成分，但舌尖、舌根、咽腔都相似，因而它们的共鸣腔形状、大小是近似的。综上所述，从舌尖上翘最高位置的声腔形状看，大致可以说只有/-ir/、/-ur/和/-ar/三种类型。

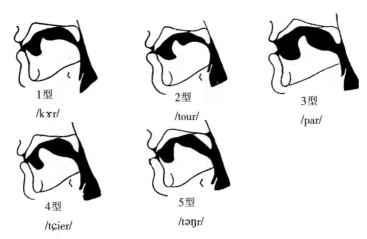

图 5.40　普通话儿化韵音节舌尖上翘的几种典型舌形

李思敬（1986）把儿化韵尾描写为舌尖后元音/-ʅ/不无道理，因为/ʅ/的特点是舌尖和舌面后部分别与上腭构成两个收紧点（见图版 5.4），因而大体也可把声腔区分为前、中、后三个腔。但/ʅ/的舌形与儿化韵中卷舌最高位置也有些不同，后者舌根较低，除/-ur/（"珠"）外，其他各音舌尖上翘较高，位置却靠后。/-r/音舌尖上翘的另一特点是舌边卷起，上翘越高，卷起得也就越高。因此，从舌形上看还不能肯定儿化韵尾就是/ʅ/。

### 5.8.2　卷舌元音的声学分析

王理嘉、贺宁基（1985）引用 Kopp & Green（1947）的研究指出，卷舌元音最重要的声谱特点是 $F_3$ 频率大幅度下降，贴近 $F_2$。$F_3$、$F_2$ 贴得越近，听感上的卷舌色彩也就越重。王、贺对普通话（北京话）的儿化韵做了语图分析，测量了儿化韵尾 80 ms 范围内的 $F_1$、$F_2$ 上下限频率，绘制了声学元音图，见图 5.41。据此他们把北京话儿化韵分成四类：/ar（ãr）/类——/ar、air、anr、ianr、iar、uar、uair、uanr、yanr/；/ər（ə̃r）/类——/ɿr、ʅr、eir、ənr、ir、inr、ueir、uənr、yr、ynr/；/ur/类——/ɤr、ur、or、uor、aor、iaor、our、iour/；/er/类——/ier、yer/（/er/原作者标为/ɛr/）。

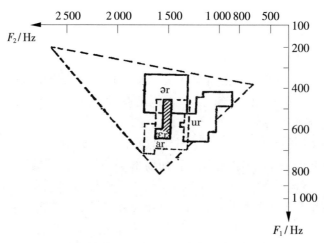

图 5.41　儿化韵尾收拢区域图（引自王理嘉、贺宁基，1985）

上述四类儿化韵尾收拢区对应于/-r/的舌尖上翘最高位置。当然这两者也有区别；因为前者是 80 ms 范围内的 $F_1$、$F_2$ 变化图形，后者只反映了上翘最高位置瞬间的舌形。假若测量儿化韵结尾点上 $F_1$、$F_2$ 的话，我们可以将/-er/归入/-ər/，这样，图 5.41 实际只区分为/-ər/（即/-ir/）、/-ur/和/-ar/三类，与舌尖上翘最高位置的三种类型一致。

### 5.8.3 卷舌元音生理特征与声学特征之间的关系

舌尖上翘使 $F_3$ 降低，上翘所形成的收紧点越窄则 $F_3$ 降得越低，$F_3$ 与 $F_2$ 也就越接近。这里应该指出，声学特性与舌形之间本无关系，相关的在于上腭与舌所构成的收紧点及收紧的程度。要使 $F_3$ 明显降低，在儿化韵发音中，既可以使用舌尖上翘，也可以使用舌叶或舌面向上隆起与上腭构成收紧点，如图 5.38 所示各种舌形，得到的声学效果和听觉效果是相同的。因此我们在考察卷舌元音的发音时不必拘泥于舌尖是否上翘，是否有与/ʅ/音相同的舌形。

发卷舌元音时，若舌头的形状使声腔区分出前、中、后三腔，则 $F_2$ 与 $F_3$ 相对靠近；若只有两个腔，则 $F_2$ 与 $F_3$ 相对距离较大。

圆唇卷舌元音的各共振峰比不圆唇卷舌元音的低，这就是说，"圆唇"有降低所有共振峰的作用（参见§5.4.3）

## 5.9 元音感知

在语音感知研究中，要回答语音的声学特征与听觉印象之间的关系，也就是要说明人类的听觉器官（包括听觉中枢）是怎样对语音的声刺激进行编码的。至今，这些问题还远没有解决，而这些问题的研究成果对"语音识别"和研制真正能使全聋病人听懂语音的"人工耳"将是至关重要的。

与辅音的"范畴感知"不同，元音属"连续感知"，这是因为元音的辨认功能不像辅音那样清楚，特别是那些处于音色分界点上的元音，它们的听辨受到上下文的影响，如一个处于 [i-ɪ] 分界上的音，假若后边有一个很清晰的 [ɪ] 音，那么这个音一定会被听成 [i]；当前边的音是一个很清晰的 [i]，那么后一个音将被认为是 [ɪ]。

下面简要介绍元音各声学特征（主要是共振峰）对感知的作用。

### 5.9.1 元音共振峰的绝对频率和相对频率

长期以来，一般都认为决定元音音质的东西是共振峰的绝对频率位置，而不是共振峰间的相对关系。这种观点对特定发音人来说是成立的，甚至对同类人来说也是对的。图 5.32 显示出，不同性别、年龄的人有相同或相近的共振峰频率模式，这一事实说明，除了元音共振峰的绝对频率之外，由于性别、年龄等因素引入的共振峰之间的相对关系对元音的感知也是有作用的。Joos 早在 1948 年就指出，英语元音共振峰频率女性比男性高 17%，儿童更高。前面介绍过的普通话 20 人元音共振峰数据，女性为男性的 1.25 倍，儿童为男性的 1.35 倍。这些数字告诉我们，只要共振峰之间的关系（而不是绝对值）保持不变，按比例地提高（或降低）一定的程度，元音音质是不会有大的变化的。Chiba & Kajiyama (1958) 利用唱机转速的变化，证明在以下的录/放比范围内元音仍是自然的：

男（26岁）　　　　　　　　1.5～0.8
女（20岁）　　　　　　　　1.33～0.8
男童（9岁）　　　　　　　　1.0～0.7
女童（8岁）　　　　　　　　1.17～0.6

元音共振峰之间的这种相对关系被称为元音感知的相对频率。联系§5.4.3，不难证明这种相对关系源于男、女、童之间声腔长度的差别。

元音有许多共振峰，哪些共振峰起决定性作用？它们的频率值是多少？元音感知的绝对频率回答了这些问题。Bladon & Fant（1978）在计算机上通过元音共振峰的匹配实验证明了两个共振峰就能合成一个元音，一个是 $F_1$，另一个是经过校正的 $F_2$（用 $F_2'$ 来表示）。表5.14列出了8个元音的共振峰数值，"实测共振峰"是利用线性预测提取的共振峰；"$F_2$匹配"是指元音合成时，输入两个共振峰频率，一个是原始的 $F_1$，另一个是由听辨实验确定下来的不同于原始数值的 $F_2$（$F_2'$），这两个共振峰合成的元音被认为是最接近原始的元音。检查表5.14的数值可以看出，前元音［i、e、ɛ、a］的 $F_2'$ 都高于 $F_2$，而且舌位愈高，$F_2'$ 的修正量也愈大，如［i］的 $F_2'$ 比 $F_3$ 还要高出25 Hz；后元音［ɑ、ɔ、o、u］的 $F_2'$ 非常接近 $F_2$，甚至用 $F_2$ 数值也可以。

**表5.14　元音匹配实验用共振峰值**（引自 Bladon & Fant，1978）

| 元音 | 实测共振峰值/Hz | | | | $F_2'$匹配/Hz |
|---|---|---|---|---|---|
| | $F_1$ | $F_2$ | $F_3$ | $F_4$ | |
| i | 300 | 2 300 | 3 070 | 3 590 | 3 095 |
| e | 470 | 2 180 | 2 720 | 3 790 | 2 361 |
| ɛ | 680 | 1 890 | 2 580 | 3 940 | 2 076 |
| a | 770 | 1 400 | 2 460 | 3 710 | 1 452 |
| ɑ | 660 | 1 170 | 2 770 | 3 640 | 1 103 |
| ɔ | 570 | 840 | 2 640 | 3 310 | 806 |
| o | 370 | 730 | 2 670 | 3 240 | 700 |
| u | 290 | 700 | 2 550 | 3 280 | 669 |

综上所述可以认为，表征元音有两个共振峰就够了，一个是 $F_1$，另一个是 $F_2'$；男、女、童在保持各自的 $F_1$、$F_2'$ 之间关系的条件下，共振峰的数值在一定范围内可以按比例地向上和向下浮动，不会影响元音的辨认，这种关系就是元音的绝对频率和相对频率。

### 5.9.2　复合元音的感知问题

对复合元音的感知来说，声谱中的哪些特征是重要的呢？是共振峰变化的端点（目标）位置还是变化速度（斜率）呢？

Gay（1968）在语音合成器上，用随时间变化而变化的共振峰来进行听辨实验，结果认为：三个美国英语复合元音［ɔi］、［ai］和［au］主要是以其各自不同的共振峰变化速率来表征的。但是他忽视了自己实验中一个很重要的事实，即［ɔi］和［ai］两个复合元

音的 $F_1$ 起始目标频率相差只有 2 巴克。由此可以认为，Gay 的实验结果证明了他所维护的观点是可以与其他观点兼容的。其他观点是：对感知系统来说，主要有意义的是复合元音的端点频谱。

Bond 调整了 Gay 的实验，他的合成复合元音用端点稳态段来补偿变化速度。他发现当稳态段的时长一超过 20 ms，过渡段的变化速率就成为一个可以忽略的因素了。

关于端点频率位置和共振峰的变化速率在听辨复合元音上的作用问题，Bladon（1985）做了切音听辨实验。三个复合元音［ie］、［iɛ］和［ia］分别切成 50、75、100、125 和 150 ms 五段，并把它们打乱，让四位受过语音训练的人用 IPA 严式音标记音，得到的结果显示在图 5.42。这个图表明，端点频率位置在判断复合元音中起到相当重要的作用。但是，我们也应该看到，在相同时间点上，随着端点频率位置的改变，必然要引起共振峰变化速度的不同，所以这张图所反映出的结果，仍然没有判明两者在复合元音听辨中谁主谁次的差别。Bladon 进一步用只有平稳端点频率值（能被听成单元音）而切掉其间的过渡段来进行听辨实验，结果能 100% 地判断为五个不同的复合元音。相反的一个实验是切掉端点位置，只留下过渡段，那样对五个复合元音的正确判断率平均只有 46%。

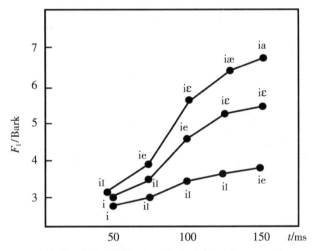

图 5.42　复合元音切分实验（引自 Bladon, 1985）

复合元音感知中另一个问题是"最小时间辨别阈值"（$T_{min}$），即在多大的时间长度上共振峰的变化才能听辨为复合元音。对这个问题的回答不同研究者都是肯定的，但具体的阈值时间有些不同。Joos（1948）提出是 60 ms，Bladon（1985）主张 90～130 ms，Pols 根据荷兰语的实验资料确定为 100 ms（转引自 Bladon, 1985）。

贺宁基（1985）以 6 个北京话二合元音为材料，通过切音实验，测量了二合元音感知的时间阈值 $T_{min}$ 和共振峰变化速率，结果见表 5.15。这些数值说明：①感知的时间阈值对所有的复合元音并不是一刀切的，开口度变化比较大的（如/ia/、/ua/）$T_{min}$ 最短，开口度变化比较小的（如/ei/、/ou/）$T_{min}$ 最长。②共振峰变化速度与复合元音开口度变化成正比，开口度变化大速率也就大，反之则相反。③时间阈值 $T_{min}$ 与共振峰变化速率之间存在着补偿关系，即较小的共振峰变化速率需要较长的感知时间；共振峰变化速率大，则 $T_{min}$ 的时值就短。当共振峰变化速率大到一定程度时，如/ia/、/ua/，二合元音的判断基本上就不受音段长度的影响了。比较起来，两个参数中对二合元音感知起主要作用的是共振峰变化速率。

表 5.15 北京话复合元音两参数数值表（引自贺宁基，1985）

| 元音 | $T_{min}$/ms | 共振峰变化速率/(Hz/ms) | |
|---|---|---|---|
| ai | 56 | $F_1$ | 4.1 |
|  |  | $F_2$ | 5.4 |
| ei | 74 | $F_1$ | 2.0 |
|  |  | $F_2$ | 5.1 |
| ia | ≤40 | $F_1$ | 6.1 |
|  |  | $F_2$ | 12.8 |
| au | 68 | $F_1$ $F_2$（合峰） | 5.9 |
| ou | 84 | $F_1$ $F_2$（合峰） | 2.6 |
| ua | ≤40 | $F_1$ $F_2$（合峰） | 8.3 |

再则，在复合元音音色感知中，贺文认为起始端点共振峰频率对首位元音起决定作用，而共振峰变化速率（不是终端共振峰频率）决定了末位元音。

在元音感知实验中还有一个不可忽视的因素是语言背景。听音人听辨母语中不能区分的单元音或复合元音时，感知实验得到的结果将是另一种样子。

**参考文献**

鲍怀翘（1984）普通话单元音的生理解释，《中国语文》第 2 期。

鲍怀翘、杨力立（1985）《普通话发音器官动作特性》（X 光录像带），北京：北京语言学院出版社。

曹剑芬、杨顺安（1984）北京话复合元音的实验研究，《中国语文》第 6 期。

贺宁基（1985）北京话二合元音感知中的时间因素，载于林焘、王理嘉等著《北京语音实验录》，北京：北京大学出版社。

李思敬（1986）《汉语"儿"（[ɚ]）音史研究》，北京：商务印书馆。

罗常培、王均（1957）《普通语音学纲要》，北京：科学出版社。

王理嘉、贺宁基（1985）北京话儿化韵的听辨实验和声学分析，载于林焘、王理嘉等著《北京语音实验录》，北京：北京大学出版社。

吴宗济（1964）普通话元音和辅音频谱分析及其共振峰的测算，《声学学报》第 1 卷第 1 期。

吴宗济（主编）（1986）《汉语普通话单音节语图册》，北京：中国社会科学出版社。

周殿福、吴宗济（1963）《普通话发音图谱》，北京：商务印书馆。

Alfonton, P. J. & Bear, T. (1982) Dynamic of vowel articulation, *Language and Speech*, 25, 151-174.

Bladon, A. (1985) Diphthongs: A case study of dynamic auditory processing, *Speech Communication*, 4, 145-154.

Bladon, A. R. W. & Fant, G. (1978) A low formant model and the cardinal vowels, *STL-QPSR*, 1.

Bognar, E. & Fujisaki, H. (1980) Analysis, synthesis and perception of the French nasal vowel [ɛ], 日本音响学会音声研究会资料，S84-42.

Catford, J. G. (1981) Observation on the resent history of vowel classification, in R. E. Asher & E. J. A. Henderson (eds.), *Towards a History of Phonetics*, Edinburgh, 19-34.

Chiba, T. & Kajiyama, M. (1958) The vowel: Its nature and structure, *The Phonetic*, Society of Japan,

Tokyo.

Delattre, P. (1951) The physiological interpretation of sound spectrogram, *Publication of the Modern Language Association of America*, 66 (5).

Delattre, P. & Freeman, D. C. (1968) A dialect study of American r's by x-ray motion picture, *Linguistics*, 44, 29-63.

Dunn, H. K. (1961) Methods of measuring vowel formant bandwidth, *J. A. S. A.*, 33, 1737.

Fant, G. (1956) On the predictability of formant levels and spectrum envelops from formant freqencies, *For Roman Jakobson*, The Hague, 109-120.

Fant, G. (1958a) Speech analysis and synthesis, *Proc. of the 8th International Congress of Linguistics*, Oslo, 282-362.

Fant, G. (1958b) Acoustic analysis and synthesis of speech with applications to Swedish, reprinted from *Ericsson Technics*, No. 1.

Fant, G. (1960) *Acoustic Theory of Speech Production*, Hague.

Fant, G. (1983) Feature analysis of Swedish vowel—a revisit, *STL-QPSR*, 2-3.

Fant, G. (1985) The vocal tract in your pocket calculator, *STL-QPSR*, 2-3.

Fant, G. & Ananthapadmanabha, T. V. (1982) Truncation and superposition, *STL-QPSR*, 2-3.

Fant, G., Nord, I. & Branderud, P. (1976) A note on the vocal tract wall impedance, *STL-QPSR*, 4.

Fisher-Jørgensen, E. (1958) What can new techniques of acoustic phonetics contribute to linguistics, *Proc. of the 8th International Congress of Linguists*, Oslo, 435-478.

Fromkin, V. (1964) Lip position in American English vowels, *Language and Speech*, 7, 215-225.

Gay, T. (1968) Effect of speaking rate on diphthong formant frequency movement, *J. A. S. A.*, 44, No. 6.

Harshman, R., Ladefoged, P. & Goldstein, L. (1977) Factor analysis of tongue shapes, *J. A. S. A.*, 62, 693-703.

Heing, J. M. & Stevens, K. N. (1964) On the derivation of area functions and acoustic spectra from cineradiographic film of speech, *J. A. S. A.*, 36. 1031 (a).

Jonansson, C. et al. (1983) From sagittal distance to area, *STL-QPSR*, 4.

Jones, D. (1956) *An Outline of English Phonetics* (8th edition), Cambridge, Heffr & Sons.

Joos, M. (1948) Acoustic phonetics, *Language*, 24 (suppl. 2).

Kirk, P. L., Ladefoged, P. & Ladefoged, J. (1984) Using a spectrograph for measures of phonation types in a matural language, *UCLA Working Paper in Phonetics*, 59, 102-113.

Ladefoged, P. (1967) *Three Areas of Experimental Phonetics*, Oxford University Press, London.

Ladefoged, P. (1976) The phonetic specification of the language of the world, *UCLA Working Paper in Phonetics*, 31, 3-21.

Ladefoged, P. (1979) Articulatory parameters, *Proc. of the 9th International Congress of Phonetic Sciences*, 41.

Ladefoged, P. & Antonanzas-Barroso, N. (1985) Computer measures of breathy voice quality, *UCLA Working Paper in Phonetics*, 61, 79-86.

Ladefoged, P. & Harshman, R. (1979) Formant frequencies and movements of the tongue, in R. Lindblom & R. Ohman (eds.), *Frontiers of Speech Communication Research*, 25-34.

Lehiste, J. & Peterson, E. E. (1961) Transition glide and diphthong, *J. A. S. A.*, 33, 268-277.

Liljencrants, J. & Fant, G. (1975) Computer program for VT-resonance frequency calculations, *STL-QPSR*, 4.

Lindau, M. (1978) Vowel features, *Language*, 54, 541-563.

Lindblom, B. E. F. & Sundberg, J. E. F. (1971) Acoustical consequences of lip, tongue, jaw and larynx movement, *J. A. S. A.*, 50, 1166.

Linker, W. (1982) Articulatory and acoustic correlates of labial activity in vowels: A crosslinguistic study, *UCLA*

*Working Paper in Phonetics*, 56.

Lonchamp, F., Zerling, J. P. & Lefevre, J. P. (1983) Estimating vocal tract area function: A progress report, *Proc. of the 10th International Congress of Phonetic Sciences*, 277.

Maddieson, I. & Ladefoged, P. (1985) 'Tense' and 'lax' in four minority languages of China, *UCLA Working Paper in Phonetics*, 60, 59-83.

McAllister, R. (1980) Some phonetic correlates of the tense-lax feature in Swedish, *Journal of Phonetics*, 8, 39-51.

Peterson, G. E. & Barney, H. L. (1952) Control methods used in a study of the vowels, *J. A. S. A.*, 24, 175-184.

Pickett, J. M. (1980) *The Sound of Speech Communication*, University Park Press, Baltimore.

Rabiner, L. R. & Schafer, R. W. (1978) *Digital Processing of Speech Signals*, Prentice-Hall, New Jersey.

Ren, H. (1986) On the acoustic structure of diphthongal syllables, *UCLA Working Papers in Phonetics*, 65.

Russell, G. O. (1929) The mechanism of speech, *J. A. S. A.*, 1, 83-109.

Schroeder, M. R., Atal, B. S. & Hall, J. L. (1979) Objective mesure of certain speech signal degradations based on masking properties of human auditory perception, in B. Lindblom & S. Öhman (eds.), *Frontiers of Speech Communication Research*, Academic Press, 217-232.

Stevens, K. N. & House, A. S. (1955) Development of a quantitative description of vowel articulation, *J. A. S. A.*, 27, 484-495.

Sundberg, J. (1969) Articulatory difference between sung and spoken vowels in singers, *STL-QPSR* 1, 34-45.

Sundberg, J. & Gauffin, J. (1979) Waveform and spectrum of the glottal voice source, in B. Lindblom & R. Ohman (eds.), *Frontier of Speech Communication Research*, Academic Press, 301-320.

Wood, S. (1975) Tense and lax vowels-degree of constriction or pharyngeal volume, *Working Paper in Phonetics of Lund University*, 11, 109-134.

Wood, S. (1979) A radiographic analysis of constrictive location for vowels, *Journal of Phonetics*, 7, 25-43.

Wood, S. (1982) X-ray and model studies of vowel articulation, *Working Paper in Phonetics of Lund University*, 23.

# 第六章 辅 音

## 6.1 辅音的特点

辅音在语音学中一般的定义是：有阻碍的音就是辅音。在正常说话中，一切不带音（声带不颤动）的噪音（如普通话的/p/、/t/、/s/等）；带乐音成分的噪音（如普通话的/z/）；一切在口腔中先有阻碍而跟上乐音的音（如普通话的/m/、/n/、/l/等）都是辅音。第一类又称清辅音，第二、三类又称浊辅音。传统语音学一向是按"发音方法"和"发音部位"两个标准来分类的。如果按音系学的"区别特征"来分类，又把清辅音定为"辅音性"，把浊辅音定为"元音性"。

辅音既然由于口腔中有了阻碍才有声音，那这个阻碍绝不是停留不动的，它必然要放开或松开才能成音，一般叫作"除阻"。这和元音是不同的。因此，辅音的特点是一定要有动程，也就是随时间而变的音。任何稳定的、孤立的分析都不能说清辅音的全貌。简言之，辅音有两大特点：一是有阻碍，二是有动程。

由此可见，一切辅音都很难用一个简单的描写来概括。因为辅音的发音部位几乎遍布口腔中的全部机制（如口腔中的前、后各个部位）；它的发音方法又几乎使尽了人能发出声音来的一切"解数"（如声门气流的运用、力度的大小、时间的长短、噪音和乐音的有无或交替等等）。这样，实验研究的手段就要复杂得多。它不但要用生理、物理方法来给这些音做定性、定量的分析，有时还得采用其他方法，如肌电实验、气压、气流测验以及组织听辨审音等。总之，辅音是动态的音，因此不能不用动态分析的方法来研究。

辅音的形成，如果笼统地说，就是有阻碍。但这个阻碍在不同辅音之间有些什么不同？由于有了阻碍而能发音，这是什么缘故？这都需要做科学的研究分析。所以进一步说，单把辅音的形成说成有阻碍还是不够的，因为按传统语音学的分类，有阻碍的有爆发音（塞音）和摩擦音（擦音），但这两种阻碍的程度就有不同。前者是用两部分的器官如双唇、舌腭等部分闭拢，把气流通道完全闭塞（成阻）然后突然释放（除阻）的，这应该称作"阻塞"。后者是口腔中两部分的器官接近（没有堵塞），并保持一定的间隙（持阻）使气流通过的，这才应该称作"阻碍"。弄清阻塞与阻碍的生理状况，才能解释它们的声学特点。

图6.1是把人的发音机制分为三部分的示意。最上部是鼻腔，下前部是口腔，后部是咽腔与喉头。发音器官造成阻塞或阻碍的正视状况如图6.2所示。图中最上面的状况是阻塞，其余各图都是阻碍。可以看出，阻塞是不留任何缝隙的；而阻碍则有的是部分阻塞，留有一些缝隙，有的则是完全没有阻塞，只有缝隙。这样就构成了形形色色的塞音、擦音和边音等。阻塞又有若干不同，阻塞点的侧视状况如图6.3所示，左边闭塞较紧，舌与腭构成的接触面较大，造成塞音；右边是舌、腭轻轻接触一下，造成闪音。图6.4是不同辅音的侧视状况示意，各图表示各种阻塞或阻碍在各种不同辅音中的关系。图左由上到下为：完全闭塞一次即成塞音，闭塞几次为颤音，阻碍靠拢到一定程度成擦音，阻碍不严即

成通音，更宽即成响音。右图上为闪音，下为半元音。

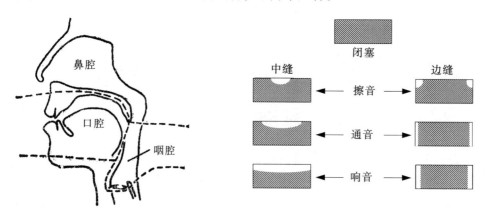

图 6.1　发音器官的三个分区　　图 6.2　辅音阻塞与阻碍的几个类型（正视）（引自 Catford，1977）

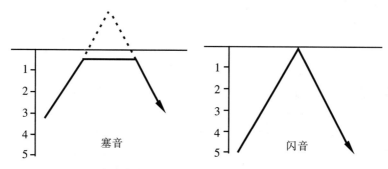

图 6.3　辅音阻塞点示意（引自 Catford，1977）

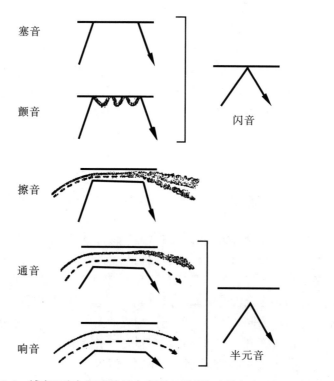

图 6.4　辅音阻塞与阻碍的几个类型（侧视）（引自 Catford，1977）

发辅音时，如果照上面所说的情况，摆好发音器官的位置，造成阻塞或阻碍，再释放或松开，那么动作是完成了，但这一般是听不到声音的。这就和元音不同。元音是只要摆好舌位，声带颤动，就能发出来。发清辅音则是摆好发音位置，肺中气流冲出；发浊辅音时则是声带颤动，还要配合器官的动作，才能发音。而且这样还不够，因为发塞音与擦音不同。擦音，如发一个/s/，可以把气流延长而听到 s—s—s—s 的噪音；塞音，如发一个/p/，一爆发即止，是听不到有区别性的音色的。因此一般练习拼音的人，就得把/p/念成/pə/，把/t/念成/tə/等等。于是，这就产生了听觉上的区别，所以塞音在爆发之后还得带上一个"尾巴"，如不带上它，辅音是不大好发的，这个"尾巴"说明了辅音的过渡音作用，这将在下节讲述过渡音时再谈。

## 6.2 辅音生理分析

辅音的生理分析，早期只注意清浊和送气问题，例如发辅音时声带不颤动就是清音，颤动就是浊音，用旧时的浪纹计可以大致看出这种区别。送气不送气也可在浪纹计上看出来，强的就是送气，不强则否。后来有了 X 光透视和照相，发音器官的位置才可以从侧面观察。同时以腭位记录（包括假腭或腭位照相）来配合，可以对发音部位进行较细致的分析。至于发音方法也间接地可以推断，如腭位记录的接触点有缝隙时知道是擦音，X 光照相中软腭下垂时知道有鼻音等等。X 光的舌位照相还可测出收紧点的面积，以此来计算这个音阻塞或阻碍的程度。不过，过去的 X 光照相和腭位记录只能研究辅音的静态，对动态就无能为力。但是研究发音的全过程对辅音来说又是非常重要的，因此近来又把 X 光电影照相及动态腭位记录方法应用到了这方面来。

现代语音学把辅音的形成分为"调音作用"及"发声作用"。调音作用就是一般所说的发音作用，这是指有了声源（无论是噪声还是乐音）之后，经过声腔受到某部分的调节（共鸣或制约）而成音的。因此声道中由声源点到唇边（或鼻端）的各部分都起着调音作用。发声作用则专指声门部分产生声音的情况。这两者都同辅音音色有着密切的关系。后来又有人认为还有一种作用也很重要，就是"起动作用"。这是指声源是由什么能量来起动的（如旧式火车是用蒸汽来起动的），它包括肺部气流的活动或声门的动作等。

### 6.2.1 起动作用

起动作用是发音能量的起动点，如胸、肺和声门的动作以及气流起动的状况，包括声门下压力和气流的流量、喉头的升降、声门开闭和声带颤动的时间等。有时还包括发音前有关部分肌肉的紧张程度、压力流量及肌电活动。这些都是由专门设计的仪器来测量分析的。

### 6.2.2 调音作用

调音作用或发音作用是指起动的气流通过声门（无论是开着的还是颤动着的），在声腔（口腔或鼻腔）中的某部分受到阻碍以后，继续前进，被经过的声道（即使是很短的一段）所调节而形成各种各样的辅音的作用。调节的作用有多种，最普遍的是：①气流通过突然放开的阻塞点而成为一种短脉冲的噪声（塞音），再经过一定长度的声腔，辐射出口外而成声；②气流通过微微松开的阻碍点而成为一种噪声（擦音），经过一段声腔而辐射成声；③气流通过一定形状的声腔，受其共鸣作用的调节而成音（响音、半元音）。

调音作用的第一种以塞音为代表。它的形成是气流突然释放的结果。在发音器官的某部分（如双唇）闭塞时，肺中气流由开着的声门输送到口腔而被阻，形成高于口外大气压力的压力，造成所谓声门上压力，一经释放（除阻）而逸出，造成口外空气的瞬时压力差，从而形成噼啪或滴答之声（好像玩具气球吹得过涨而爆破一样）。这样形成的音色可以有几种不同，有的阻塞处是一个点，有的是一个面，它造成的破裂声就不一样。再加上不同阻塞点距口外的距离也有长有短，就产生了不同面积的调节作用，声音也不相同。例如，试听一个/p/和一个/t/，它们的阻塞点不同，音亦各异。各种语言中的这类阻塞点，最常见的不外乎三类：双唇/p/、舌尖/t/和舌根/k/。还有些其他大同小异的阻塞点，比这三者的发音部位或前或后，但往往都是这三个基本塞音的变体，在有的语言中也分属不同音位。

调音作用的第二种以擦音为代表。它的形成是气流通过一定狭窄的缝隙，由于缝隙的宽窄不同，在出口处形成一种"平流"或"湍流"，又经过一段声腔的调节而成声。气流由狭缝所制，不能畅通，成为不规则的流线迹，到一定程度就产生听得见的噪音流。它一般用雷诺公式计算，单位为"雷诺数"。雷诺数与声管（相当于阻碍缝隙）直径和气流速度成正比，与管中黏度（气流通过一种表面时有一定的黏滞度）成反比。公式如下：

$$雷诺数\ Re = \frac{直径\ d \times 流速\ \bar{u}}{黏度\ \mu}$$

这个公式用在语音方面，在一定黏度之下，则可见雷诺数与阻碍缝隙的大小和气流速度（压力加流量）的大小成正比，雷诺数在一定数值上就构成湍流的声音。如造成平流或湍流的雷诺数是个常数，则缝隙变小，流速就得加大。但小到零（成了阻塞），流速也就等于零了。因此造成擦音的缝隙必须有一定小的直径，才能成声。我们自己可做个实验来体会。例如，打算发一/s/音，用舌尖逐渐往上腭靠拢，气流不停输送，等靠拢到一定程度时，就听到了擦音，再靠紧或再放松都不成声。改变阻碍的面积，声音会有所改变。图6.5是几个擦音/θ/、/s/、/ʃ/的狭缝情况和湍流示意图（这个图不一定符合物理实际，但比较形象，易于理解）。

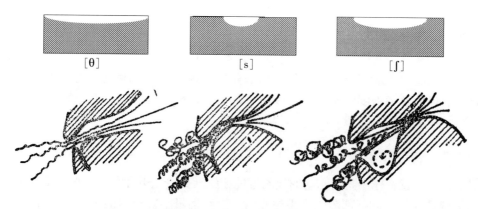

**图6.5　擦音的平流与湍流示意**（引自 Catford, 1977）

调音作用的第三种以响音为代表。辅音中的响音包括鼻音和流音（边音、半元音），它的形成和元音基本相同，也是以声带颤动为声源，受声腔共鸣作用的调节，没有阻碍而产生有不同共振峰的乐音。不过这类辅音之有别于元音，还在于有开始时的一个动程。例如，/m/、/n/、/l/开始时都有极短的一段阻塞或阻碍段，因此在区别特征上已构成了"元音性"，但并不等于元音。这一类还有两种——通音和半元音，也都是具有共振峰特征的。

调音作用在辅音研究中是最重要的一环，它几乎包括了一切发音器官的部位和动作，所以在传统语音学上统称为发音作用。

### 6.2.3 发声作用

发声作用是指上述两种作用之外，声门动作状况对语音音色所起的作用。发声作用似乎很容易同前两种作用混淆，但它们的性质是不同的。如果拿三种与喉头有关的辅音为例，同样是喉部和声门的动作，但三种却各属于不同的作用。例如，一个挤喉音/t'/，它声门关闭、喉头上升的动作属于"起动作用"，因为这个动作只是造成发声的能量而不是声源。一个喉塞音/ʔ/，声门也关闭，但是属于"调音作用"，因为声门关闭这一动作本身并不能产生声源，而只是对其他声源给予某种调节。喉塞音/ʔ/如在韵母的末尾，则是发元音时突然关闭声门，使这个音有中断的感觉（吴语的入声字就是这样）。如果喉塞音/ʔ/在韵母的开始，则是声门先闭，然后突然放开，紧接元音，使这个音有突发的感觉。这都是由于喉的闭塞动作的调节造成的（普通话中有许多零声母是这样发的）。一切声带音（浊音）如/u/、/z/或声门音（清音）则属于"发声作用"。语音中的气声、耳语和吱吱嘎嘎音都属于发声作用。在有些语言中，发声作用的不同也成为区别音位的特征。

### 6.2.4 辅音生理实验举例

生理实验可以弄清辅音的调音部位（通俗一些说，就是发音部位）。上面已经说过，X光照相说明了从侧面看的舌位；腭位照相说明了舌部与上腭各部分接触的关系和程度，也就是阻塞或阻碍的关系和程度。现在用图解来说明两者的关系。

图6.6是腭位与舌位相对应的部位图。图（A）是口腔中正面仰视的腭位，是按上齿的分布来分区的图解。图（B）是口腔中正面平视的腭位，是根据牙科材料脱模而描出的上腭拱形图。图（C）是侧面的X光照相所得的腭位。这种和工程画差不多的三面图用虚线将各对应的区域连接起来，可以对舌位做比较准确的测量。图6.7是根据上齿部位来给上腭发音部位分区的名称示意图。例如，两对门齿部分为齿音区，侧门齿与第一前臼齿之间为龈音区，第一前臼齿与第二臼齿之间为硬腭音区，智齿部分为软腭音区。在分区上各家略有出入，不过基本上是按照上腭的部位来分的。

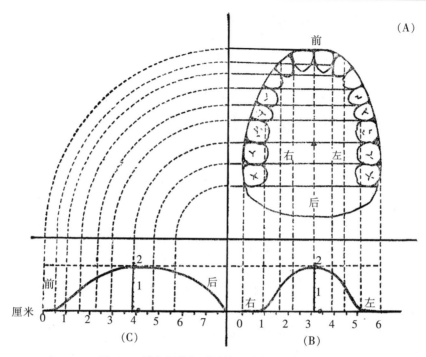

图 6.6 辅音腭位与舌位的调音部位对应示意

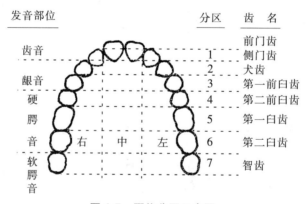

图 6.7 腭位分区示意图

要分析塞音的清浊和送气的特性，在生理实验上可以用高速电影照相来拍摄声门开闭的程序和程度。用肌电装置更可以测出这类音有关肌肉的紧张程度，来观察辅音的松/紧区别。图 6.8 是清送气塞音/$p^h$/、清不送气塞音/p/及浊送气塞音/$b^h$/三个音的实验结果。图中一条垂直虚线是除阻点。全图分上、中、下三部分。上图是后环杓肌的肌电产生与消失的过程。可看到清送气塞音/$p^h$/在将要除阻时，肌电压已达最高峰。除阻后立即下降。清不送气塞音/p/早在除阻前肌电就已达高峰，除阻时降到最低。浊送气塞音/$b^h$/的肌电升降次序与/$p^h$/相同，只是强度小些。中图是口腔的双唇闭塞和开放的程序，这可用目测或特制的测唇计来记录。三个音在除阻前先闭塞，不送气音的持阻段较其他的塞音长一些。可是/$p^h$/在除阻后还有一段阻碍，这正是送气音的特点。下图是根据高速电影照相，将声门开闭的程序和开放宽度拍摄下来所测量换算的图。这个图很能说明问题。/$p^h$/是在除阻时声门才开，且开得最大，延长到一定时间才收拢（才接上元音）。/p/是在除阻前声门早就开着，但开得不大，到除阻时，声门即闭了（这就紧接元音）。/$p^h$/是除阻前声门几乎不开,除阻后还打开到一定时间才关闭。

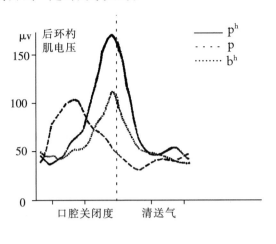

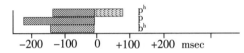

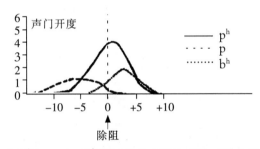

**图 6.8** 塞音 /pʰ/、/p/、/bʰ/ 肌电与声门动作实验(引自 Hirose,1977)

要弄清擦音和响音与发音器官的关系,可以测量阻碍的面积和气流速度,再根据雷诺公式来计算,已如上述。有的实验语音学家得出的结果是:清擦音的雷诺数最大而浊响音的雷诺数最小。下面一些数据可作为参考:

|  | 清擦音 | 浊擦音 | 清响音 | | 浊响音 |
| --- | --- | --- | --- | --- | --- |
| 雷诺数 | 8410 | 5935 | (喉)5459 | (口)4976 | (口)1103 |

图 6.9 是平流、湍流与几类辅音的关系。横坐标是气流容积速度(cm³/s),纵坐标是声道面积(mm²)。图中分上中下三区,上区是响音,中区是通音,下区是擦音。以雷诺数 1700 为一临界线,线左为平流,线右为湍流。现在以一个擦音 /s/ 为例,它的开缝面积较小,而流速较大,应该位于湍流区。而一个 /f/ 音的面积较大,流速不大,属于平流区。如为一个响音,则声道面积相当大,因无阻碍,故流速也大,产生不出湍流,因此为平流性质。这个图简单地说明了这三者的关系。

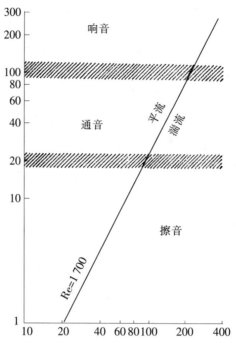

图 6.9 响音、通音、擦音与平流、湍流的关系（引自 Catford，1977）

## 6.3 辅音声学分析

辅音的声学分析主要是把它的声学特性如音色、音高、音强、音长四种要素的参量，用仪器来测量、记录，并凭研究者的语言学、语音学知识，连同耳听的观察验证，做出判断和比较。声学分析同生理分析二者是相辅相成的。生理分析从声腔内部的器官和肌肉等活动现象显示出辅音的发音部位和发音方法；声学分析则是从声腔外部由空气中传导的声波来提取参量，做片段的和整体的测量，并加以综合研究。如果说生理分析的对象是语音发出之前的现象，主要揭示了调音的部位，那么声学分析的对象则是语音发出时一系列过程的现象。从辅音声波的不同性质（如周期性波为嗓音性质的浊辅音，无规非周期性波为噪音性质的清辅音等）反映出辅音的发音方法。同时，从辅音频谱的能量分布区域（强频集中区）也可反映它的调音部位。这些都可在语图上显示出来。

### 6.3.1 辅音语图模式

辅音的声学特征在语图上表现的模式看起来似乎非常复杂。元音仅用横杠表示出共振峰的频率变化就够了，而辅音则横的、竖的、整齐的、杂乱的条纹样样都有，似乎很难辨认。但事实上，一切辅音在语图上都只是由横杠、竖条（"冲直条"）和乱纹三种最基本纹样的单独出现或共同出现所组成的。这三种模式反映了一切辅音的声学特征，横杠表示辅音的（声带颤动）嗓音段（如 m、n、z 等音），冲直条表示短暂的爆发音段（如 p、t、k 等音），而乱纹则表示延续的噪音段（如 f、s、x 等音）。塞擦音是冲直条之后接上乱纹，浊擦音则是乱纹中夹杂着横杠，图 6.10 是辅音语图的几种基本模式，反映了各辅音的不同调音作用。

第六章　辅　音　　139

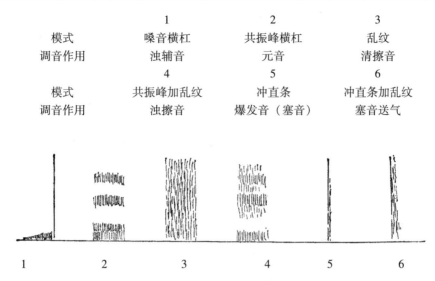

图 6.10　辅音语图的基本模式
1. 基频横杠；2. 共振峰横杠；3. 嗓音乱纹；
4. 乱纹加横杠；5. 冲直条；6. 冲直条加乱纹

图 6.10 中的这些模式都是由三种基本纹样单独或混合出现所组成的。它们应用于实际语言中时有更多的变化。图 6.11 是辅音的各种模式。从图中可以得出一个基本概念：凡是清音都是一种脉冲或乱纹，凡是浊音都有横杠。这个图当然不能包括各种语言中所存在的全部辅音，不过已能代表多数了。各种模式所表现的主要是发音方法，至于调音的部位，还得靠另外一些信息来表达。这将在下文辅音分论中叙述。

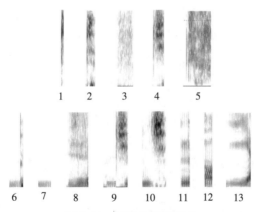

图 6.11　辅音的语图模式
1. 不送气清塞音；2. 送气清塞音；3. 清擦音；4. 不送气清塞擦音；
5. 送气清塞擦音；6. 不送气浊塞音；7. 送气浊塞音；8. 浊擦音；
9. 不送气浊塞擦音；10. 送气浊塞擦音；11. 鼻音；12. 边音；13. 半元音

### 6.3.2　辅音的听辨信息

前文说过，辅音往往不能离开元音而单独发出来（也有少数例外，那多半是状声字），它总是随前后所接元音一起作为听辨的信息的。辅音如是延续性的音（久音），有一定的长度，就容易被听清；如果是突发或中断的音（暂音），其长度很短，就不容易辨认。但是，在实际语言中，这些暂音（主要是塞音）还是能被分辨的。例如，一个清塞音/p/，不会被听作浊塞音/b/；双唇音/p/，不会被听成舌尖音/t/。它们虽然很短暂，但不会被听错，这是为什么？声学分析告诉我们，前一类是发音清与浊的区别，它们在声学特征上的区别，除了声带的颤动与否和强频集中区的不同之外，还有一些过渡"音征"，这种音征是辅音与元音之间的一小段过渡。就是这一点音的征兆，成为识别辅音不可缺少的另一种重要信息。这种音征有两类：一是辅音后接元音的"嗓音起始时间"（VOT）；另一类是辅音的"过渡音征"（T）。VOT决定这个辅音的清浊、送气，以及不同语种中对应音位间的微小区别、个人发音习惯的特点等。T的走向反映出辅音的调音部位（主要的）和发音方法（次要的）。在识别语图时，如果不熟悉这些VOT和T的变化，而只注意那三种基本模式，就很难认准是什么辅音。

### 6.3.3 嗓音起始时间（VOT）

嗓音起始时间（VOT），顾名思义，是指辅音与元音连接时发音器官交替活动，即塞音、塞擦音除阻开始与声带颤动开始的时间过程。以一个辅元结构为例，如果这个辅音舌位与元音舌位很接近，除阻后紧接元音，那VOT就与除阻时间非常紧接，就是零值；如果两者舌位较远，除阻后元音不能立即跟上，也就是声带还来不及颤动，而有一点静止段，在语图上显示为在冲直条之后、共振峰之前有一个空白（间隙）段，VOT就是正值；如果这个辅音是个浊塞音，在除阻之前声带已先颤动，元音开始就不必另起炉灶，而把声带的颤动继续下来，因此辅元之间就没有空白段，VOT就是负值。这些现象可由图6.12来说明，各图以除阻线为零点。左图为浊塞音，VOT为小于0的负值；中图为清塞音，VOT等于0（有时略大于零，有极短的空白段）；右图为送气的清塞音，除阻后还有一段气流输出再接上元音，故VOT有较长的、大于0的正值。这个VOT并不等送气气流终止后才开始，而常常伸入到嗓音里，在语图上表现为共振峰横杠与乱纹的混合。VOT对识别短暂辅音的发音方法起主要作用。

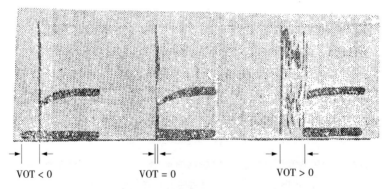

图6.12 嗓音起始时间（VOT）示意

### 6.3.4 过渡音征（T）

过渡音征（T）对辅音的调音部位，特别是暂音的部位在听辨上有决定性作用。上文说过，辅音的听辨，主要靠它在时变程序上的声学特征信息起作用。人的知觉神经的辨别能力跟信号的长度有关。信号太短，清晰度就减低，甚至不能辨别出是什么音。这可以一个久音（如/s/音）为例，用切音方法从开头来切，将其逐渐切短到一定程度，可依次听成擦音→塞擦音→塞音（如/s/→/ts/→/t/），切得越短变化越大，如短到 5 ms 以下，听起来就只像打击木石之声而不像个语音了。普通话暂音（如不送气清塞音）的除阻段，一般只有 5 ms 左右，单凭这短短的信息来辨别音色是不够的。许多分析与合成实验证明，这种音的除阻段接到元音之间，还有一段类似元音的声带音过渡段，它对塞音的听辨起着征兆作用。这就是说，音征是暂音信息的一个主要组成部分，因为即使把爆破这一段切去，而只留下这一段音征，仍可不致听错这个音。

过渡音段具有和元音共振峰相似的谱型，事实上，它就是一个音节中主要元音的前奏。由于开始时能量较弱，它有时还和除阻段的尾部重叠出现，故其共振峰型是先模糊而后趋清楚的。过渡音段反映了发音器官从辅音部位转移到元音部位的运动过程（反之也是这样），是有规律可寻的。音征一般以同元音的 $F_2$ 和 $F_3$ 相接的两个共振峰流程为主要信息，称为 $T_2$、$T_3$。（$F_1$ 的走向也和辅音部位有关，不过不是主要的）。不同元音的 $F_2$、$F_3$ 有其特定频率，而辅音又有其特定的部位（在语图上显示出一个或一个以上的强频集中区），因此这段过渡音征的频率并不总是平稳的，而是有升降的变动的。以辅元结合的音节为例，辅音的过渡音征走向元音的 $F_2$，频率渐升的称为"升渡"或"正渡"（+），渐降的称为"降渡"或"负渡"（-），频率不变的称为"平渡"或"零渡"（0）。在元辅结合的音节中也是这样。

图 6.13 是几个塞音和鼻音的过渡音征模式。图中都是同一元音/a/，有两共振峰横杠，下为 $F_1$，上为 $F_2$。纵列是辅音发音部位相同，横行是发音方法相同。由左到右的第一列是双唇音，第二列是舌尖音，第三列是舌根音。从 $F_1$ 来看，凡是口音的 $F_1$，前端的过渡音征走向都是"升"的，而鼻音都是"平"的。从 $F_2$ 来看，凡是双唇音，$F_2$ 的前渡音征都是"升"的，舌尖音和舌根音都是"降"的，而舌根音降得更大些。这个图把各种过渡音征画得规范化了，早期是作为一种语音合成（图型还音合成）的输入信号来设计的。实际语音中大致是如此，但也有个别例外（参看§6.3.8 表 6.1）。

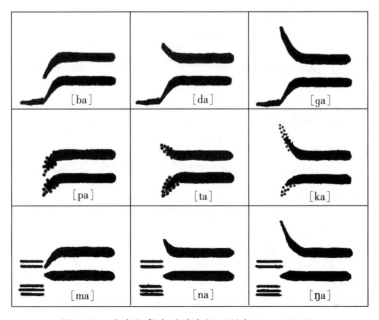

**图 6.13　塞音和鼻音过渡音征**（引自 Fant，1970）

### 6.3.5 强频集中区与音轨

过渡音征的走向为什么有升有降？上文指出，它是把辅音和元音的发音部位连接起来时所造成的。如果两者没有什么差别，音征走向就趋向"平"；如有差别，就有"升"有"降"。因此如果用辅元组合来看，辅音不变而元音变了，但走向仍要指向一点。如图 6.14，这是同一辅音/d/在三个不同元音前的结果。/d/的理想集中频率（在合成中）为 1 800 Hz，这个集中点一般称为"音轨"。不同元音的 $F_2$ 频率各有高低不同，但其音征走势则都要集中指向同一音轨，这个音轨的频率基本上就是指向辅音的强频集中区的。因此，从音轨的位置大致可以推断辅音的调音部位。辅音/d/的强频集中区频率比/i/的 $F_2$ 低，但比/a/、/o/的高，于是在/di/音中 $F_2$ 的 $T_2$ 就是升，而在/da/和/do/中，$T_2$ 都是降的，这说明元音变了而辅音音轨仍集中于一点。但如果辅音变了，音轨就有不同。一般每类辅音都有它特定的音轨，如图 6.15 是/d/和/g/在不同元音前的音征走势和音轨。图中可见，/d/的音轨是 1 800 Hz，而/g/的则为 3 000 Hz。但/g/在一些 $F_2$ 较低的后元音如/gɔ/、/go/、/gu/前，$F_2$ 的走势跟不上那样高，音轨就中途而止。这使得/g/在语图上常出现两个强频集中区。

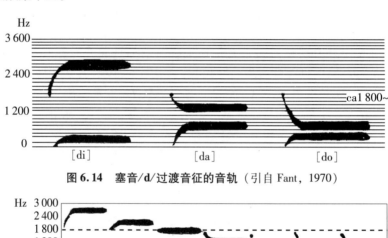

图 6.14 塞音/d/过渡音征的音轨（引自 Fant，1970）

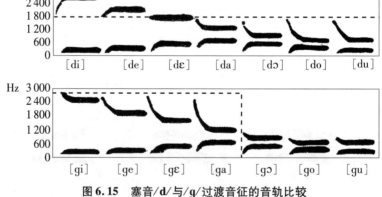

图 6.15 塞音/d/与/g/过渡音征的音轨比较

### 6.3.6 辅音的频率、强度和时长

以上都是关于辅音音色特征的，一般称为音段的特征。但是语音中还有几种声学信息也很重要，这就是辅音的频率、时长和音强，这些特征对辅音的区别不如音色那样重要，但是对个别的辅音也是有一定关系的，这将在下文提到。

音高的物理量是频率，浊辅音由于声带颤动而产生周期性频率，它们既有基频，也有共振峰，如鼻音/m/、/n/、/ŋ/，边音/l/。浊塞音及浊塞擦音则在除阻前即有基频，如全浊的/b/、/d/、/g/和/dz/、/dʐ/。浊擦音则在声带颤动开始时，口腔中仍有阻碍，同时产生噪音，因此它既有强频集中区，也有基频，如/z/、/ʒ/、/ʐ/。关于辅音音高的分析方法大致和分析元音的相同。

音强在辅音的声学特征上有它的特点。一般是清辅音比浊辅音强一些，在语图上是用振幅显示的装置来测量的。一般测量有两种标准，一是以振幅包络的最高值为准，一是以随时间而变的振幅包络面积为准。例如，一个辅音虽强而时间极短，另一个辅音虽较弱而时间较长，那么叫起来后者比前者要响一些。比较精确的还应测量口腔中的气压。气压强度与发音强度两者虽成正比，但不是一对一的关系。现在以普通话清辅音的塞音、塞擦音和擦音为例，大致看看各音的强度比，这是根据振幅包络的最大值测出的，如图6.16和图6.17。图中的A是男音，B是女音，A有两名发音人。从图中可看出，一般趋势是送气音比不送气的强，但不是绝对的；擦音则强弱不均。

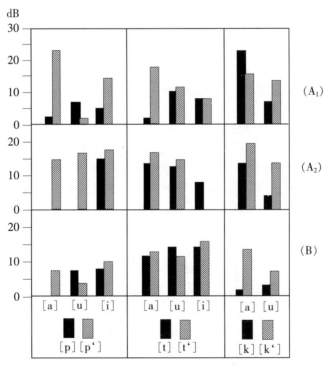

图6.16　普通话塞音的音强比较

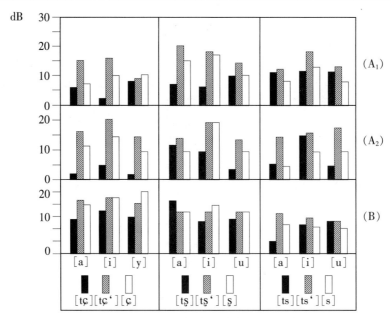

图 6.17 普通话塞擦音和擦音的音强比较

音长在辅音中常常担负着区别特征的作用,有些音不能延长,如不送气的塞音和塞擦音,称为暂音;有些音可以延长,如擦音和送气的某些音等,称为久音。测量标准一般是从除阻点量到嗓音起始时间。这在清辅音中是容易测量的,但在浊辅音特别是浊擦音中就不容易量准了。因为浊辅音常常既包括基频段又包括乱纹或间隙段;特别是浊擦音,嗓音起始点每每和辅音除阻后的乱纹是混合的,混合的这一段就是这个元音前的音征,测量时也该包括在内。图 6.18 和图 6.19 是普通话清辅音的塞音、塞擦音和擦音的音长比较。图中 A 为男,B 为女。从各图可以看出,送气音的长度一定比不送气的长得多,而擦音则一般比送气音长。但亦有例外,这是擦音的长度在读音中不太稳定的缘故。

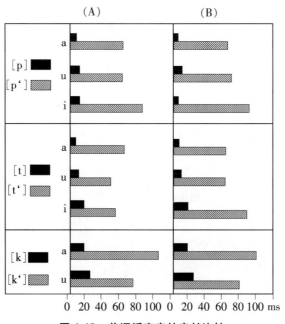

图 6.18 普通话塞音的音长比较

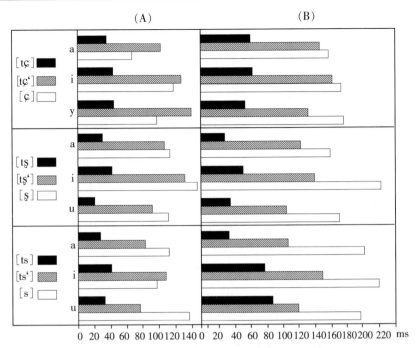

图 6.19 普通话塞擦音、擦音的音长比较

它们在长度方面的比例是（＞是"长于"）：擦音＞送气塞擦音＞送气塞音＞不送气塞擦音＞不送气塞音。过去有人做过不少切音实验来证明，例如把一个擦音的音节/sa/的开头切去若干（早期用抹去磁带上的音的方法），听起来是送气塞擦音；再切去后面的一些，听来像送气塞音；再切去一些，就成了不送气塞音。不过应注意的是，要把元音接上去。现代有了计算机的合成装置，这种实验就更容易而且更准确了。

### 6.3.7 辅音的清浊问题

辅音的清浊问题在辅音声学分析中一向是个引人入胜的课题。在传统语音学中一般是这样说的：发音时声带颤动就是浊音，不颤动就是清音。因此清浊之分就是声带不颤动与颤动之分。在语图上表示为：声带颤动必有基频和共振峰等浊音横杠，不颤动则否。可是目前无论中外语言中的语音，凡在历史上有所谓"全浊"音（最典型的是浊塞音/b/、/d/、/g/）的，当它处于声母位置且前面没有连读的韵母时，就已多变成"清化"了。因此这些音做出的语图就显示不出浊音横杠来，也即声带不颤动。按照传统的定义，就不能叫作浊音了。可是无论在音韵学上还是在音系比较上，这种古浊今清的音还是与古今都清的音有区别的（这里所谓"古"是相对的，没有时代的界限）。而且最明显的例证是在连读时，如果它前面有其他音节，则前者读成浊而后者仍读为清。我们或者可以把前者这种在连读中的复原浊音称为"返祖现象"。这在汉语有浊音的方言（如吴语）或英语中都是如此。

在汉语的吴语中，有这样一个普遍现象：凡是从来读清的辅音，后面韵母的声调都是"阴调"；凡是古浊今清的音，后面的声调都是"阳调"（所谓"阴调、阳调"是中国音韵学上的名称，一般来说，声调起点高的是阴调，低的是阳调）。这里所说的问题完全是音系上的问题。不过如果想用实验来证明或反驳传统语音学的定义，就得弄清这种历史音变与现代读音的关系，以及单读与连读的区别。关于清浊问题，还有种种变化规律，这里不能详述，可参看有关清浊的文献（曹剑芬，1987）。

浊辅音在听辨中的声学特征上与清辅音的区别，最容易辨识的信息应该是"嗓音起始时间"了。如前图 6.12 所示，VOT 是负值的为浊音，VOT = 0 的是清音。它们在生理上的声门开度自然也有区别，发浊音时声门先闭而后声带颤动；发清音时，声门是开着的。

听辨浊辅音的信息还有一项就是它的基频是高还是低。实验证明，基频的降低每每伴随着 VOT 的负值或极短的正值。也就是说，一个辅音尽管它是不带音的，如果 VOT = 0，或是虽有一些正值但基频很低，则听起来仍有浊感（Abramson $et\ al.$，1973）。

### 6.3.8　辅音的送气问题

关于辅音的送气问题，在传统语音学中一般是这样描写的：送气音的气流比较强，不送气音的比较弱；除阻之后有气流吐出，谓之送气音，无气流则谓之不送气音。也有人看到气流有长短之分，说不送气的气流弱而短，送气音则强而长。也有人考虑到声门状态，说送气音在除阻后声门是开着的，不送气则除阻后声门是关闭的。这些都只说到一点，但因无实验，也没有科学根据。

西方学者早期由于许多印欧语中送气与不送气在音位上没有什么区别，因此研究的成果也很少。近年来因为世界语言的调查资料积累多了，许多语言中又把送气、不送气作为区别意义的不同音位，因此文献也逐渐多起来，而且最近在汉语的语音合成上，送气的参数正确与否影响了合成音的质量。所以在研究汉语的送气问题上，也有人注意了（吴宗济，1987；Hirose，1977；Iwata & Hirose，1976）。

不送气音与送气音的区别用一句话是不能概括的。一般的语音音节中，两者的区别有：气流、气压、VOT（包括辅音长度和嗓音起始时间等种种条件的区别），此外，还有声源的区别，即这段送气的效果是由哪个部位产生的？它的声学参数是什么？送气的气流比较快而持久；气压（声门上的气压）则较强，但这不是主要的；VOT 是正值而且比较长，这些都是各送气辅音共同具有的特点。至于声源，过去常有人认为塞音和塞擦音除阻后，有一股噪音流冲击，这个音在感觉上一般发自咽腔或声门，统称为喉擦音。因此国际音标的送气符号，除/'/，也常常写作/h/，如/p$^h$/、/t$^h$/、/k$^h$/。实验证明，在语图上看塞音的送气音，除阻后确有一段乱纹和元音相接，其过渡和/x/擦音的过渡相似，因此一般都标为/h/（这是很宽的标音，事实上可以比这个/h/部位前些）。从生理状况来说也可以找到解释。塞音在除阻后，如果还要继续输送噪音，只有另外再有一次成阻了。因此时舌体已远离上腭（如是双唇音则下唇张开，远离上唇），这个阻碍就得另起炉灶，那就要动用舌根部分的器官了。送气的塞擦音一般也是如此，故也可写成/ts$^h$/、/tʂ$^h$/。

不过，如果一个送气辅音后面接的元音与辅音同部位，在除阻后，舌体并不下移，仍接近持阻的位置。发送气音时，只是阻塞稍松开一些，仍有阻碍，构成噪声，那么这个音源就不是舌根擦音而是舌前擦音了。这类音例如/tɕ'i/、/ts'ɿ/、/tʂ'ʅ/等。对这样的音，送气符号用/'/就比/h/合理些。

表 6.1 是普通话不送气与送气清塞音和清塞擦音的发音过程，从中可以看到，在成阻前，没有阻塞或阻碍，声门是开着的；成阻时，器官阻塞而声门仍开着；到除阻时，器官的阻碍放开情况就大有不同了。如果不送气，塞音是立即放开；塞擦音则是阻碍松开一些

而不放开,以便产生一段摩擦,然后放开。如果送气,塞音在放开时就接上声带颤动;塞擦音则又有两种不同的程序:一种是后接元音为开元音,则放开后接上一段喉擦音作为送气;另一种是后接元音为闭元音,则辅音阻碍只松开一些而使送气音延长一些,使原来的同部位擦音再延长一些。

表6.1 普通话送气/不送气辅音发音过程表

| 发音方法 | | 器官动态 | 发音阶段 | | | | 送气 | 嗓音 |
| --- | --- | --- | --- | --- | --- | --- | --- | --- |
| | | | 成阻前 | 成阻 | 除阻 | | | |
| | | | | | 破裂 | 摩擦 | | |
| 不送气 | 塞音 | 阻碍 | 开 | 闭 | 放开 | (有无声段) | - | - |
| | | 声门 | 开 | 开 | 闭 | —— | → | 开始 |
| | 塞擦 | 阻碍 | 开 | 闭 | 松开 | 有同部位擦音 | - | - |
| | | 声门 | 开 | 开 | 开 | 闭 | → | 开始 |
| 送气 | 塞音 | 阻碍 | 开 | 闭 | 放开 | 有喉擦音 | - | - |
| | | 声门 | 开 | 开 | 开 | 收小 | → | 开始 |
| | 塞擦 | 阻碍 | 开 | 闭 | 松开 | 有同部位擦音接喉擦① 或同部位擦音延长② | - | - |
| | | 声门 | 开 | 开 | 开 | 收小 | → | 开始 |

注:① 如后接元音为开元音。
② 如后接元音为闭元音且此元音与辅音部位相近。

## 6.4 辅音声学特征与生理特征的关系

辅音的声学特征基本上反映了生理的发音部位与方法。上文说过,发音方法可以由语图的三种基本纹样来表示,而发音部位则可由噪音频谱中的强频集中区以及嗓音的共振峰频率分布来决定。这些声学特征数据可以和相应的生理条件来对照。按理说,什么样的生理条件就产生什么样的声学特征;反之,什么样的声学特征就反映什么样的生理条件。不过,语音的声学参量和生理现象并不是一对一的。相同的舌位不一定能发出同样的音,而听起来相同的音有时会出自不同的舌位。

辅音的声学特征在语图上的表现有时不能反映发音生理动作的全部细节,有的是属于仪器分析的局限性,有的则属于人们对语图的认识问题。因为有些语音纹样在语图上显示得很复杂,特别是在自然语言中,特征模式会有许多变体。其中有的规律我们已经弄清楚了,而有的却还认识不足,往往对有些重要信息以为是多余的而忽略了。不过无论如何,大多数的音还是能辨别的。现代的语音学家对此已做了不少工作,现在选择一家比较简明扼要而又全面的特征分类(Fant,1973)介绍如下:

### 6.4.1 辅音的发音方法

(1)声源特征(发声作用)
① 嗓音:声带颤动。
② 噪音:通过狭缝的湍流,成为无规噪声。

③ 瞬音：声腔中因闭塞而形成的压力突然释放，气流冲击而形成的极短的声音。

（2）共鸣特征（调音作用）

④ 塞音：口腔中或咽腔中的闭塞。在宽带语图上清音有冲直条，而浊音有横杠。在非鼻音的浊塞音中，基频很低，$F_1$比较突出。

⑤ 擦音：浊擦音的频谱显示出全部共振峰模式；频率达$F_4$但能量较弱。$F_1$的频率比元音一类的音低。擦音由声门上的噪声源产生，在语图上识别为高频噪声区。它的频谱能量集中区由收紧点的前腔所形成。

⑥ 边音：有类似元音的声源。但由于在舌尖后面的声腔受分流影响而成零点，使$F_2$、$F_3$或$F_4$的能量减弱，还每每有增加的高频出现。边音的$F_2$与所接元音之间有过渡。经常有较低频率的$F_1$。

⑦ 鼻音：这也是一种浊塞音，频谱中$F_2$常减弱或消失。在 250 Hz 处有一主要共振峰。有时出现几个高而弱（特别是在 2 200 Hz 处）的共振峰。鼻音的高共振峰一般比边音的弱，它的带宽大于元音的。半鼻音则为有一种鼻音特性加于元音之上使其变形。典型的鼻化特征为第一个鼻共振特征出现在元音类型的$F_1$之下而把$F_1$弱化并抬高了。

⑧ 类元音：频谱中共振峰清晰，无论声带颤动的还是不颤动的类元音，$F_1$和$F_2$都比较明显，如果$F_1$、$F_2$不是太低的话，$F_3$也能出现。类元音有以噪音为源的，如/h/，$F_1$相当弱。

⑨ 过渡音：在频谱中，在浊塞音或鼻音之后的元音开端处，谱型迅速变动至少有一个共振峰比较明显。

⑩ 滑音：这类辅音为/r/、/j/、/l/、/w/，频谱的变动虽慢，但比二合元音的要快些。

以上特征都属于发音方法的分类。下面按调音部位分类，分述各部位与声学特征的关联。

### 6.4.2 辅音的发音部位

⑪ 舌位偏前：$F_2 - F_1$值大。

　　前腭区：$F_2$高，$F_3$特高。

　　中腭区：$F_2$特高，与$F_3$接近。

⑫ 舌位后缩：$F_2 - F_1$值小，$F_1$较高。

⑬ 口开度（包括舌和唇）狭窄：$F_1$较低。

⑭ 双唇相对地合拢而前伸（唇开度面积小）：

$F_1 + F_2 + F_3$的频率在舌位相同时，低于较大唇开度的频率。唇的合拢越小导致$F_1$、$F_2$、$F_3$各值均变低。但个别舌位影响三者的总值。舌位移向上腭前部，影响$F_3$较显著。

⑮ 翘舌化：龈音：$F_4$降低而接近$F_3$。

　　　　　　腭音：$F_3$降低而接近$F_2$。

⑯ 双唇或唇齿闭塞：$F_2$在 500 ~ 1 500 Hz 之间，视后接元音的不同舌位而定。舌位的腭化使$F_2$提高。擦音/f/的噪音频谱相对地低而弱。

⑰ 齿间音：$F_2$为 1 400 ~ 1 800 Hz，/θ/的摩擦噪音比/s/的弱得多，而谱形较连贯。强频集中区高于唇齿擦音/f/。

⑱ 齿音或前龈音：$F_2$在 400 ~ 1 800 Hz 之间，$F_3$高，摩擦噪音强。/s/音的能量主要

集中于 4 000 Hz 以上。龈音的频率下限比齿龈音的低。

⑲ 硬腭翘舌音：$F_3$ 低，/ʂ/ 的擦音强，集中于 $F_3$ 和 $F_4$。

硬腭和低舌尖的音：$F_2$ 和 $F_3$ 均高。强擦音集中于 $F_3$ 和 $F_4$。如舌通道较宽，$F_2$ 也有能量。[ç] 的噪音下限高于翘舌音。

⑳ 软腭音和咽音：$F_2$ 中等或较低，擦音大部分由 $F_2$ 承担。除 $F_1$ 外，其余共振峰模式清晰可辨。

㉑ 喉声源：全部共振峰模式均清晰。（喉声源是指一切响音，包括元音和浊辅音。）

## 6.5 普通话辅音的声学参量和调音部位

一般说来，普通话的辅音声学特征与通常有普遍性的辅音特征很相似。大多数辅音的特征在第八章叙述音节时有描写，可以参考。为了系统地进行介绍，现在列表并分别说明普通话各辅音的声学参量［见表6.2（插在150页之后）和表6.3］，可以和前面介绍的辅音声学特征互相参照。

普通话辅音的声学参量表由男女各一名发音人（A、B）来发音，为了察看辅音与元音的相互影响关系，各辅音所选例字均把每个辅音与几个不同元音相结合，这些元音基本上照顾到了三个极端舌位/a/、/i/、/u/的特点。辅音的参量分为除阻音段、VOT、过渡音段等栏。各栏中的项目在清浊辅音上有所不同。清辅音的除阻段包括长度、强度和频率分布数据。浊辅音则以共振峰项目代替了频率分布，没有VOT。

普通话的调音部位是用X光照相和腭位照相描绘出来的图，现列于各组辅音之下，以资对照。图 6.20 和图 6.21 中 A 为男发音人，B 为女发音人。中间有少数的音缺图，是当时实验漏拍。此外，我们还有一套辅音的二维频谱图（图6.22），是前些年用频谱仪配备示波照相来做的，并列于下。这个图的发音人与表6.2 和表6.3 的不是同一人，因此数据略有出入。

### 6.5.1 不送气清塞音

/p/ 的除阻段很短，一般不到 10 ms，强度也弱，中心频率比公认的合成参量高，在低频 2 000 Hz 处有一能量集中区，有时还有一个 7 000 Hz 左右的能量集中区。除阻后，过渡段的音征接后元音时，走势为降；接前元音、央元音时，走势为升。

/t/ 的除阻段也很短，强度也弱。但中心频率比较集中，约在 2 000 Hz 上下。除阻后，后接元音为后元音或央元音时，音征走势为降；为前元音时，走势为升。

/k/ 的除阻段比前两者长得多。中心频率常有两处集中区，随后接前、后元音的不同而有很大的变化。后/u/元音时最低，其余较高，在其他许多语种的实验中也都存在这类现象。由于/k/的舌位有一种"可塑性"，所以当它后接不同元音时，频率集中区可以偏前或偏后，偏松或偏紧，从而造成中心频率的多样化。在普通话中，这组辅音有时还会出现"闪音"现象，即语图上的冲直条出现两次，但不能听辨为"闪音"。音征长度和走势均不太有规律，因人而异。

普通话中不送气的塞音都是清的，但在连读时，后音节的清塞音受前音节元音的影响而有时读得浊了。这是前面元音声带颤动的继续，不是真的变成浊辅音。真正的浊塞音是在除阻前声带就先颤动。在语图上冲直条前有一条低横杠。图版 6.1（上）是普通话的不送气清塞音，/p/、/t/、/k/ 除阻前没有浊音现象。

表 6.3 普通话浊辅音声学参量表

| 发音方法 | 辅音 | 例字 | 除阻音段 | | | | | | | | | | 过渡音段 | | | |
|---|---|---|---|---|---|---|---|---|---|---|---|---|---|---|---|---|
| | | | 长度/ms | | 强度/dB | | 共振峰/Hz | | | | | | 音征长度/ms | | 音征走势 | |
| | | | A | B | A | B | F1 A | F1 B | F2 A | F2 B | F3 A | F3 B | A | B | A | B |
| 浊擦音 | ʐ | 然 ʐan | 60 | 52 | −5.0 | −5.0 | 550 | 400 | 1800 | 2200 | 2650 | 3400 | 52 | 82 | 降 | 降 |
| | | 人 ʐu | 67 | 71 | 5.0 | −3.0 | 500 | 400 | 1700 | 1800 | 2700 | 2300 | 194 | 127 | 降 | 降 |
| | | 日 ʐʅ | 24 | 89 | −3.0 | −5.0 | 550 | 450 | 1800 | 2200 | 2800 | 2600 | 0 | 0 | 平 | 平 |
| | | 热 ʐɤ | 82 | 112 | 3.0 | −2.0 | 550 | 500 | 1700 | 2200 | 2700 | 3100 | 93 | 164 | 降 | 降 |
| 鼻音（声母） | m | 妈 ma | 63 | 67 | 0.0 | 0.0 | 300 | 400 | 1200 | 1600 | 2350 | 2500 | 40 | 40 | 升 | 升 |
| | | 模 mu | 82 | 45 | 2.5 | 2.5 | 400 | 350 | 900 | 1500 | 2400 | 2500 | 0 | 0 | 平 | 平 |
| | | 眯 mi | 63 | 52 | 1.0 | 1.0 | 400 | 350 | 900 | 1500 | 2450 | 2600 | 29 | 44 | 升 | 升 |
| n | | 那 na | 34 | 67 | −1.0 | 7.0 | 400 | 300 | 1500 | 1600 | 2400 | 2400 | 59 | 37 | 降 | 降 |
| | | 奴 nu | 59 | 44 | −2.0 | 0.0 | 400 | 300 | 1500 | 1700 | 2450 | 2600 | 74 | 74 | 降 | 降 |
| | | 泥 ni | 67 | 44 | 2.0 | 2.0 | 400 | 300 | 1500 | 1400 | 2450 | 2500 | 33 | 44 | 升 | 升 |
| | | 女 ny | 59 | 74 | 0.0 | −1.0 | 400 | 350 | — | 1300 | 2600 | 2600 | 0 | 40 | 平 | 降 |
| 鼻音（韵尾） | -n | 烟 jɛn | 74 | 116 | −2.0 | 6.0 | 380 | 350 | 1000 | 1800 | 1800 | 2400 | | | | |
| | | 弯 wan | 127 | 120 | 7.5 | 0.0 | 400 | 400 | 1000 | 1400 | 1600 | 2000 | | | | |
| -ŋ | | 冤 jyɛn | 59 | 156 | 3.0 | 9.0 | 300 | 350 | 1000 | 1100 | 1700 | 1800 | | | | |
| | | 央 jaŋ | 145 | 127 | 5.0 | 8.0 | 400 | 300 | 1000 | 1500 | 1900 | 2400 | | | | |
| | | 汪 waŋ | 190 | 112 | 0.0 | 8.0 | 300 | 300 | 1000 | 1150 | 2200 | 1800 | | | | |
| 边音 | l | 拉 la | 74 | 97 | 4.0 | −2.0 | 350 | 350 | 1500 | 1600 | 2400 | 2900 | 52 | 52 | 升 | 升 |
| | | 炉 lu | 59 | 70 | 0.0 | 10.0 | 400 | 400 | 1200 | 1700 | 2400 | 2600 | 29 | 33 | 降 | 降 |
| | | 梨 li | 74 | 74 | 2.0 | −2.0 | 400 | 350 | 1700 | 1900 | 2500 | 3000 | 74 | 44 | 升 | 升 |
| | | 吕 ly | 82 | 52 | −3.0 | −3.0 | 360 | 300 | 1800 | 2000 | 2600 | 2800 | 37 | 56 | 升 | 升 |
| 半元音 | j | 衣 ji | | | | | 300 | 300 | 2200 | 2800 | 3500 | 3400 | 0 | 0 | 平 | 平 |
| | w | 乌 wu | | | | | 300 | 250 | 600 | 550 | — | — | 0 | 0 | 平 | 平 |
| | j(ɥ) | 迂 jy | | | | | 350 | 350 | 2400 | 2600 | 3600 | 3100 | 67 | 119 | 降 | 降 |

表 6.2 普通话清辅音声学参量表

| 发音方法 | 辅音 | 例字 | | 阻音段 长度/ms | | 强度/dB | | 中心频率 | | 频率分布/Hz 下限频率 | | | | 爆音起始时间/ms | | 过度音段 长度/ms | | 音征走势 | |
|---|---|---|---|---|---|---|---|---|---|---|---|---|---|---|---|---|---|---|---|
| | | | | A | B | A | B | A | B | A | B | | | A | B | A | B | A | B |
| 不送气清塞音 | /p/ | 巴 pa | | 6 | 4 | −3 | 7.0 | 2000<br>6000 | 1700 | 1000<br>5200 | 1400 | | | 8 | 7 | 33 | 48 | 升 | 升 |
| | /t/ | 嘟 tu | | 10 | 6 | −3 | −2.0 | 2000<br>6800 | 2000 | 1000<br>5200 | 1050 | | | 14 | 10 | 44 | 22 | 降 | 降 |
| | /k/ | 低 ti | | 5 | 7 | −5 | 3.0 | 7000 | 2000 | 1450 | | | | 10 | 8 | 37 | 22 | 降 | 降 |
| | | 咕 ku | | 6 | 6 | −5 | −5.0 | 6800 | 1800 | 1000 | 1300 | | | 7 | 2 | 52 | 59 | 降 | 降 |
| | | 嗝 kɤ | | 14 | 22 | −5 | −5.0 | 7000<br>6800 | 1900 | 1800 | 1400 | | | 7 | 7 | 29 | 40 | 升 | 升 |
| | | 嘎 ka | | 32 | 14 | −5 | −5.0 | 6500 | 2400 | 1200 | 1700 | | | 15 | 14 | 52 | 18 | 降 | 降 |
| 送气清塞音 | /p'/ | 卧 p'a | | 32 | 22 | −5 | −3.0 | 1300<br>7500 | 600 | 900 | 300 | | | 14 | 14 | 59 | 37 | 平 | 平 |
| | /t'/ | 批 p'i | | 86 | 100 | 5 | −5.0 | 1800<br>6900 | 1450 | 900 | 1100 | | | 17 | 82 | 0 | 52 | 降 | 降 |
| | | 扑 p'u | | 131 | 82 | −3 | −5.0 | 3400<br>7000 | 3600 | 1600<br>6400 | 116 | 1050 | | 85 | 100 | 0 | 37 | 平 | 平 |
| | /k'/ | 天 t'i | | 201 | 108 | 10 | 2.0 | 2000<br>3000 | 3400 | 1700<br>5700 | | | | 149 | 127 | 14 | 37 | 降 | 降 |
| | | 他 t'a | | 104 | 108 | 13 | −4.0 | 2000<br>7000 | 1600<br>4900 | 1000 | 1100 | | | 127 | 93 | 26 | 22 | 降 | 降 |
| | | 吐 t'u | | 112 | 138 | 3 | −5.0 | 2000<br>7000 | 3400 | 4000<br>5500 | 1100 | | | 104 | 134 | 37 | 52 | 降 | 降 |
| | | 咖 k'a | | 149 | 127 | −2 | −2.0 | 3000<br>7000 | 1900 | 2100 | 1100 | | | 89 | 100 | 29 | 37 | 升 | 升 |
| | | 枯 k'u | | 94 | 123 | 7 | 4.0 | 3000<br>7000 | 6400 | 5000 | 1050 | | | 119 | 104 | 37 | 37 | 降 | 降 |
| | | 科 k'ɤ | | 127 | 141 | −3 | −3.0 | 2000<br>7000 | 1400 | 3800 | 300 | | | 104 | 119 | 22 | 52 | 平 | 平 |
| 清擦音 | /f/ | 发 fa | | 134 | 119 | 12 | 2.0 | 7000 | 6500 | 1800 | 2000 | | | 127 | 134 | 37 | 48 | 升 | 升 |
| | /x/ | 希 ɕi | | 198 | 131 | −1 | −4.0 | 6500<br>6800 | 5500 | 2100 | 2000 | | | 134 | 112 | 29 | 0 | 降 | 降 |
| | /s/ | 书 ʂu | | 171 | 67 | 5 | 2.0 | 7000 | 6500 | 1800 | | | | | | 45 | 0 | 平 | 平 |
| | /ɕ/ | 沙 ʂa | | 179 | 153 | 10 | 20.0 | 3000<br>7000 | 7300 | 5400 | 5500 | | | | 74 | 82 | 74 | 平 | 平 |
| | /ʂ/ | 私 sɿ | | 283 | 201 | 18 | 11.0 | 7000 | 6000 | 6000 | 1800 | | | | | 67 | 0 | 平 | 平 |
| | | 苏 su | | 220 | 164 | 5 | 2.5 | 5000<br>7000 | 6000 | 4800 | 5000 | | | | | 67 | 60 | 降 | 降 |
| | | 虾 ɕia | | 141 | 171 | 11 | 5.0 | 6800<br>7000 | 6500 | 3800 | | | | | | 37 | 0 | 平 | 平 |
| | | 夫 fu | | 179 | 186 | 10 | −5.0 | 7000 | 7000 | 5000 | 5500 | | | | | 44 | 0 | 平 | 平 |
| | | 诗 ʂʅ | | 216 | 231 | 15 | 5.0 | 7000 | 7000 | 5000 | 1300 | | | | | 44 | 52 | 平 | 平 |
| | | 哈 xa | | 160 | 56 | 8 | −3.0 | 7000 | 6000 | 4000 | 2000 | | | | | 44 | 48 | 降 | 降 |
| | | 呼 xu | | 141 | 86 | −5 | −5.0 | 3500<br>7000 | 7000 | 5000 | 5000 | | | | | 22 | 29 | 降 | 降 |
| | | 哩 ɕy | | 246 | 201 | 8 | 0.0 | 6800<br>7000 | 7000 | 5000 | 4000 | | | | | 67 | 41 | 平 | 平 |
| | | 呵 xɤ | | 149 | 175 | 5 | −2.0 | 7000 | 6500 | 3000 | 5000 | | | | | 0 | 0 | 平 | 平 |
| 不送气清塞擦音 | /tɕ/ | 加 tɕia | | 116 | 59 | −2 | 8.0 | 3500<br>7000 | 6300 | 4500 | 5200 | | | | 141 | 0 | 104 | 降 | 降 |
| | /tʂ/ | 居 tɕy | | 44 | 59 | 8 | −1.0 | 6200<br>7000 | 4300 | 5500 | 4300 | | | | 52 | 0 | 70 | 平 | 平 |
| | /ts/ | 基 tɕi | | 134 | 101 | −25 | 8.0 | 2000<br>7000 | 6300 | 2500 | 3000 | | | | 52 | 0 | 0 | 降 | 降 |
| | | 渣 tʂa | | 59 | 74 | −1 | 10.0 | 6800<br>7000 | 5200 | 2000 | 1000 | | | | 67 | 0 | 82 | 平 | 平 |
| | | 猪 tʂu | | 224 | 171 | 10 | −1.0 | 2000<br>7000 | 7300 | 4000 | 5500 | | | | 37 | 0 | 0 | 平 | 平 |
| | | 资 tsɿ | | 101 | 101 | 8 | −3.0 | 2500<br>6500 | 1750 | 1000<br>5000 | 1200 | | | | 22 | 29 | 0 | 平 | 平 |
| | | 租 tsu | | 175 | 149 | 8 | −4.0 | 7000 | 4600 | 3500 | 4000 | | | | 52 | 0 | 14 | 平 | 平 |
| 送气清塞擦音 | /tɕ'/ | 雌 ts'ɿ | | 261 | 239 | 18 | 0.0 | 7000 | 6200 | 5000 | 5000 | | | | 0 | 0 | 0 | 平 | 平 |
| | /tʂ'/ | 擦 ts'a | | 112 | 164 | −2 | 5.0 | 2000<br>6000 | 2400 | 500 | 800 | | | | 0 | 21 | 0 | 降 | 降 |
| | /ts'/ | 粗 ts'u | | 141 | 134 | 7 | 9.0 | 3000<br>6500 | 3300 | 1000<br>4500 | 1200 | | | | 22 | 29 | 0 | 降 | 降 |
| | | 初 tʂ'u | | 141 | 157 | 12 | 7.5 | 2500<br>6500 | 2200 | 1000<br>4500 | 1000 | | | | 44 | 45 | 0 | 降 | 降 |
| | | 吃 tʂ'ʅ | | 246 | 175 | 16 | 7.0 | 3000<br>7000 | 3200 | 2500<br>4500 | 1100 | 5000 | | | 0 | 131 | 89 | 平 | 平 |
| | | 掐 tɕ'ia | | 149 | 160 | 15 | 1.0 | 2500<br>6500 | 5700 | 3000<br>5000 | 2000 | 2300 | | | 0 | 0 | 0 | 升 | 升 |
| | | 区 tɕ'y | | 168 | 201 | 16 | 2.0 | 3000<br>7000 | 3700<br>5200 | 2500 | 3000 | | | | 0 | 0 | 0 | 平 | 平 |
| | | 欺 tɕ'i | | 291 | 190 | 16 | 10.0 | 6500 | 6000 | 3000 | 3200 | | | | 0 | 0 | 0 | 平 | 平 |

现在用另外两种塞音来对照。图版 6.1（中）是浊塞音/b/、/d/、/g/。除阻前有一小段低横杠。（这是为了比较而发的全浊塞音，在现代多数吴语方言中已经不存在，均已浊音清化了。）图版 6.1（下）是缩气音（implosive）/ɓ/、/ɗ/、/ɠ/，这也是浊音，声门关闭，喉头立刻下降，使口腔中的空气成为负压，迫使肺部空气冲开声门使声带颤动，然后立即破裂（除阻）（在海南岛方言中有这种音）。所以有人也称之为内破裂音。从图版 6.1 三张语图可见，同样部位的不送气塞音，由于发声作用不同，在除阻前后附加了其他动作，如声带颤动或声门上下，就变成了另一种塞音。语图（中）与语图（上）的差别是除阻前有浊横杠，语图（下）与（中）的差别是（下）的浊横杠比浊塞音/b/的短，也就是 VOT 的负值小于浊塞音的负值。

不送气塞音还有其他一些类型，如挤喉音（ejective）/p'/、/t'/、/k'/，发音时声门收紧进出辅音；嗒嘴音（click）/ʘ/、/ǀ/、/ǃ/，发音时声门关闭，器官的阻塞迅速离开形成破裂音，但喉头不下降。这些音在有些语言中存在（参见 IPA）。

### 6.5.2 送气清塞音

/p'/和前述的/p/比较，除了长度比不送气的长得多之外，中心频率基本上与/p/相似，其发音过程不同于/p/的特点是，它送气完毕后才接上声带音，所以 VOT 值较大。音征走势隐含于送气段中，而且由于有了送气而成为久音，就有足够的信息来识别这个辅音，因此音征的作用就减小了。

/t'/的除阻以及中心频率等参量，除去除阻的长度较长及 VOT 较大之外，其他的参量都和/t/的大致相同。

/k'/的中心频率与/k/相近。音征的走势基本上都是降的，说明除阻的中心频率都比较高。VOT 值较/k/大。

塞音送气与不送气的区别在普通话中是一个重要的区别音位的特征。在一般的语音描写中，大都认为两者的差别是送气的比不送气的强，但事实并非如此简单。由于这一组对立在西方各语言中多数没有区别音位的作用，所以对送气的研究报告较少。我们的实验证明它的因素是复杂的。为了叙述方便，特放在塞擦音后一并讨论。

图 6.20 是一组普通话清塞音的 X 光照相，图中 A 为男音，B 为女音。/p/音因与舌位关系不大，故未列入。

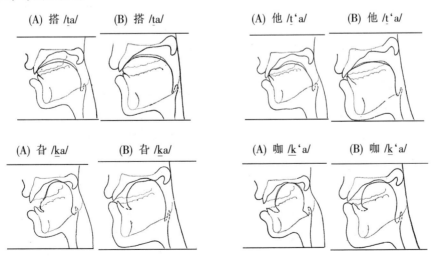

**图 6.20 普通话几个清塞音的 X 光照相**

图 6.21 是一组普通话清塞音的腭位照相。从各图可看出舌尖音 /t/ 和舌根音 /k/ 在上腭的接触面积。此图同图 6.20 对照来看,在 X 光图中,舌根 /k/ 抬起的部位似乎比腭位图中舌根 /k/ 的要小些,这是因为 X 光是按中切线来看舌位高度的。但上腭是拱形的,应该是中间高而两边低的(参看图 6.6),故在腭位照相上舌腭接触的面积就大些。

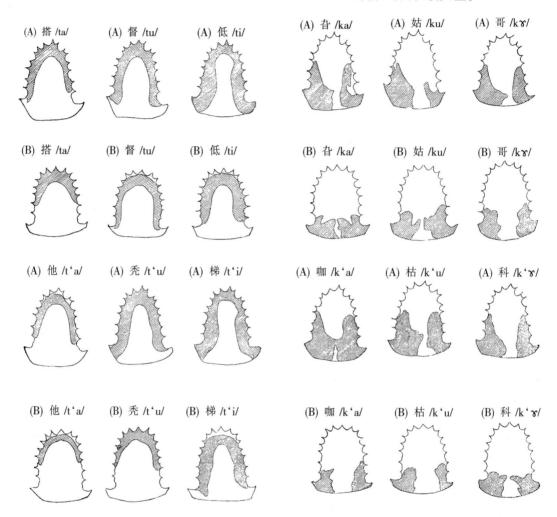

**图 6.21　普通话清塞音的腭位照相**

图 6.22 是普通话一组清塞音的二维频谱,图中纵坐标是强度,单位 dB;横坐标是频率,单位 Hz。这些塞音都是按三个极边元音来搭配的。从图中可以看出各音的峰型(强频集中区)不是那么明显,只有 /ti/ 的两个峰比较突出,它两峰的频率在 400 Hz、2 000 Hz 左右,基本上同 /i/ 的 $F_1$、$F_2$ 相对应,可以说这个 /t/ 是受了后面元音 /i/ 的影响。

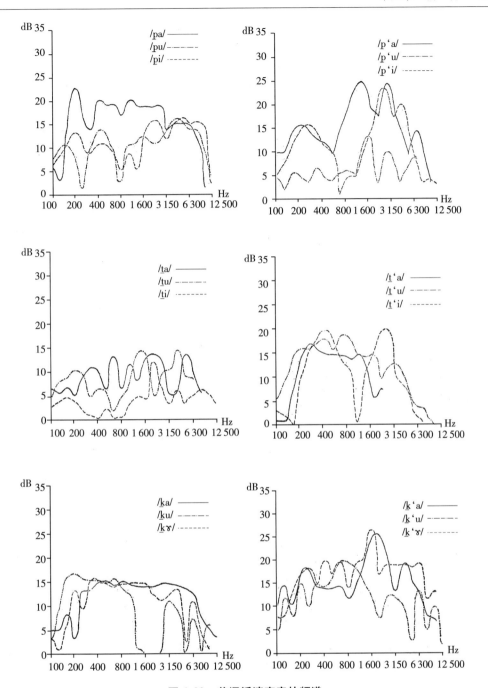

图 6.22　普通话清塞音的频谱

## 6.5.3　清擦音

/f/的能量很分散，它在语图上常分布于整个频率范围内（80～12 000 Hz）。音征走势：后接/a/元音时为升，后接/u/元音时为降。实测的/f/中心频率和频率下限都是比较高的，一般在 5 000 Hz 以上。

/s/、/ʂ/、/ɕ/三个擦音的长度都差不多，其中心频率都比较高，频率下限都非常清晰而稳定，这些都是这类舌尖到舌面前擦音共同的声学特征。这三组擦音的主要区别在于它们的下限频率有明显的不同。/s/的下限最高，/ɕ/次之，而/ʂ/的下限最低。这些下限的不同就反映了舌位前后的不同，大致说来，舌位愈前，下限愈高（这些模式对于辨别擦音的"尖、团"很有用处）。由于这三组擦音延续较长，又常同后接的元音或介音部位相近，因此音征走势每每是"平"的。辅元的界限不明确，音征长度的测量就比较困难，这类擦音的除阻段较长，足够提供识别的信息，因此事实上也就不必依靠音征来起作用。

/x/是一种个性不强的擦音，它的声源来自舌根与软腭的窄缝阻碍，由于后接元音的部位有前有后，这个阻碍也随之移动，但移动到硬腭前部时舌根不承担阻碍，而由舌面来代替，因此普通话中/x/不能同/i/拼而成为/ɕ/，故普通话没有/xi/音节而只有/ɕi/音节。/x/过渡段的音征走势都是平的，这充分说明这类辅音的发音部位和后接元音（或介音）在很大程度上是协调一致的（协同发音）。因此，结果是元音不受辅音的顺同化影响，辅音却随元音而定型，成为一种缺乏个性的舌后擦音。还有，由于这个辅音能量很弱，长度很短，在连读中的次字时常听不出摩擦成分而变成零声母。

图版6.3中的（C）是三个有擦音声母的音节/sɤ/、/ɕi/、/ʂʅ/的语图。从噪音乱纹上可以清楚地看出几个特点：时间较长；强频区集中在高频；噪音频谱的下限由/s/到/ɕ/到/ʂ/，一个比一个低。这一特点我们认为是关键性的区别信息。如上所述，舌位愈前，下限愈高，从生理上也容易做出解释：舌位前则声腔长，频率就低。虽然舌位移动的差别很小，但频率区域的高低已有显著的变动（这个道理在其他音中也是如此，不过擦音表现得最明显）。

我们现在再把其他语音学家所发表过的擦音数据来同我们的做一比较，见表6.4（各数字的单位是Hz）：

表6.4　擦音频率下限比较

| 著者 | /f/ | /s/ | /ʂ/ | /ɕ/ | /ʃ/ | /x/ |
|---|---|---|---|---|---|---|
| 1. Fant | 1 000 | 3 000 |  | 2 500 | 1 800 | $= F_2$ |
| 2. Fry | 6 000 | 4 000 |  |  | 1 800 | 1 800 |
| 3. Joos | 2 200 | 3 600 |  | 2 900 |  |  |
| 4. Pickett | 5 000 | 4 000 |  |  | 3 000 |  |
| 5. Shriberg |  | 2 500 | 2 000 |  | 1 000 | 300 |
| 6. Stevens | 1 500 | 3 500 |  | 2 800 | 1 600 | 400 |
| 7. 本章著者 | 800 | 3 100 | 1 600 | 1 800 |  | $= F_2$ 或 $F_3$ |

表6.4可说明几个问题：①/f/的下限各家很不一致。这个音在语图上的频谱分布一向是不规则的，其原因是唇齿间平流的宽窄以及齿缝疏密不同等条件的出入造成了多种多样的频率分布情况。②/s/、/ʂ/、/ɕ/、/ʃ/四个音，有的语言（如英语）只有/s/、/ʃ/而无/ʂ/、/ɕ/，有的（如汉语普通话）有/s/、/ʂ/、/ɕ/而无/ʃ/，只有/s/在各语言中是有普遍性的。数据说明，/s/的下限频率在各家的数据是很接近的。各数据自相对比，也说明了/s/的下限最高而/ɕ/、/ʃ/依次递减。由此也可证明英语的/ʃ/比/ɕ/低。由于/ʃ/一般有圆唇化，声腔加长了，故频率也低了。③/x/本身没有稳定的下限，它依后接元音而变，已如上述。所以各家的结果不一致，但"1. Fant"和"7. 本章著者"是相同的，就是其

下限依后接元音的 $F_2$ 而定（有时是 $F_3$）。④还有一个值得注意的现象。"7. 本章著者"的/ʂ/等于"6. Stevens"的/ʃ/，而"7. 本章著者"的/ɕ/又等于"1. Fant"和"2.Fry"的/ʃ/，说明这三个音的部位差别是很小的。而且往往在一种语言中听来是/ʃ/的擦音，在另一语言中会听成/ɕ/，这是辅音感知中的混淆听辨问题。所以听辨中的音值不是绝对的，而是相对的。

不同部位的擦音，声学特征迥然不同，可在表 6.2 中得到数据。现在引一家的材料（Pickett，1980）来参考，如表 6.5 所示：

表 6.5 不同部位擦音的声学特征

| 发音部位 | 唇音 | 齿音 | 龈音 | 腭音 | 咽音 |
|---|---|---|---|---|---|
| 音标 | /f/、/v/ | /θ/、/ð/ | /s/、/z/ | /ʃ/、/ʒ/ | /h/ |
| 频谱能量 | 分散 | 分散 | 强 | 弱 | 强 |
| 强频集中区 | 5 000~7 000 | 5 000 以上 | 4 000 以上 | 3 000 以上 | 1 000 以上与后接元音同 |
| 过渡音征 | $F_2$ 升 | $F_2$ 降 | 无 | 无 | 无 |

从表 6.5 可以理解：强频集中区按唇、舌部位的后移是依次递降的；/h/与后接元音同，也就是与元音的 $F_2$ 相近；过渡音征的"无"实际上即走势为"平"。

### 6.5.4 浊擦音

普通话的/ʐ/是兼备清浊两种特征的擦音。在语图上，乱纹中带有具备共振峰特点的横杠（图 6.11 的 8 式），其共振峰的参量基本上和元音/ʅ/的相同。不过由于在普通话一般语音中，这个辅音的摩擦程度常常不够明显，特别是在连读中属于后音节时更是这样，因此有人认为它不是擦音。但是，在单读时，这个音的开始还是有摩擦成分的，语图的显示也证明，尽管这个擦音不明显，似乎是以元音开始，但同"零声母"一类的元音相比还是大有区别。在语流过程中，"零声母"一类的音节一开始就具备元音的音色和强度，而这个/ʐ/辅音则同一般擦音的规律一样，是由弱到强逐渐成声的。如果在录音磁带上把开头的这一特点切去，那听起来就不是这个音节，而且有不自然的听感。/ʐ/的中心频率和/ʂ/的相同，音征走势也一样，在后接元音为同部位的/ʅ/时为"平"，而接其他元音时都是"降"。

图 6.23 是普通话一组擦音的 X 光照相，图 6.24 是普通话一组擦音的腭位照相。两者对比来看，上面表 6.4 和表 6.5 中所列的频率依次递减的现象就得到了印证。试看/s/、/ɕ/、/ʂ/各音，从 X 光照相来看，舌缝逐渐后退；而从腭位图来看，接触点也是逐渐后移的，这就证实了阻碍点前面的声腔是逐渐加长的。浊擦音/ʐ/的舌位，在图中可看到是同/ʂ/完全一样的。因此可以对有人认为北京话里"日"母的音不是浊擦，和"知""痴""师"不能配套的说法做一个有力的反驳。而且这个/ʐ/的中缝在腭位图上是那样明显，足以证明它是擦音。

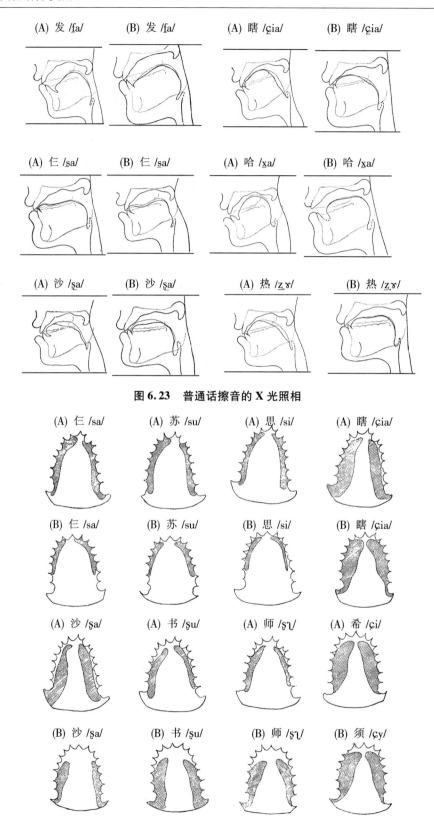

图 6.23 普通话擦音的 X 光照相

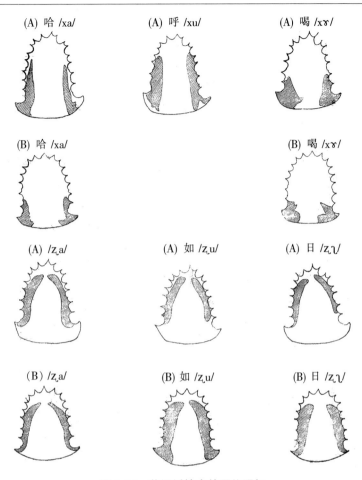

**图 6.24　普通话擦音的腭位照相**

图 6.25 是一组普通话擦音的二维频谱。由于擦音是延音，分析频谱时取样容易稳定，因此它的强频集中区也是明显的。可以看到，本图的 /ẓ/ 在低频区 400Hz 处有一极强的峰，这是浊音的现象，基频与 $F_1$ 合并的现象出现了。

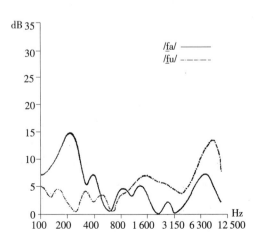
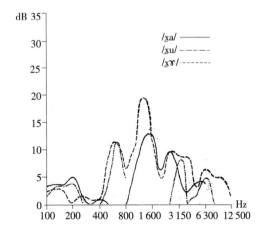

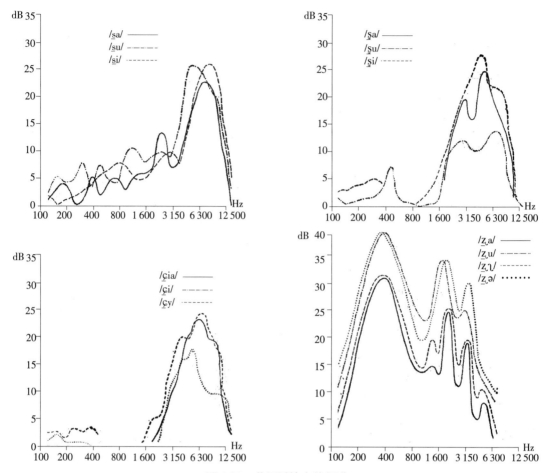

图 6.25 普通话擦音的频谱

### 6.5.5 清塞擦音

普通话清塞擦音分不送气清塞擦音/ts/、/tʂ/、/tɕ/和送气清塞擦音/ts'/、/tʂ'/、/tɕ'/两组。这两组清塞擦音,不论是否送气,都和它们相应的同部位擦音参量相似。虽然送气音的除阻段较长一些,但仍比擦音的短。中心频率常常会出现两处,其能量的下限频率和擦音的基本相同。总起来看,普通话的各组清辅音,在长度方面,大致形成如下的比例(数字表示 ms):

不送气塞音 < 不送气塞擦音 < 送气塞音 < 送气塞擦音 < 擦音
　　10　　　　　80　　　　　　100　　　　　180　　　　200

普通话中,声母、韵母相同,但由于送气与不送气之别而成为两个音位的,有塞音和塞擦音。从图 6.16 至图 6.19 中已可看到塞音与塞擦音在送气上的区别:在强度上,一般送气比不送气的强些,不过强得不太多,有时还有相反现象(当然这是个别现象);但在长度上,送气远比不送气的长,无一例外(参看表 6.2)。所以,过去一般语音学著作中谈到送气多只谈强度,这是不够的。而且在听感上,强度也不是送气的主要信息。送气与不送气的长度不同,在图 6.11 的语图模式中也可以看出,每一对同部位的辅音,都是送气的长而不送气的短。

塞音的发音方法是：不送气的音在爆破以后立即接上元音；送气的则是爆破后还有一小段擦音，再接上元音。送气擦音的声源已如上述，是来自声门上的声道中某一部分阻碍所产生的湍流。发/p'/时，舌位的静止状态可以自由地靠后，预先摆到后接元音的附近位置来发擦音。发/t'/和/k'/时，舌位就要从辅音位置滑到元音的位置，不过送出擦音时，舌位已同元音的位置协调，因此过渡音征的走势都是"平"（参看表6.2中/x/音的参数）。

有人认为这个送气音和耳语的噪声相当，因为耳语的声源一般是来自喉擦音的，它的频率集中区与元音共振峰位置（虽然耳语并无基频，但共鸣腔还是依所需音色而出现与元音极为相近的共振峰）是协调的。在普通话中，送气噪声的部位不完全等于耳语的部位，而是比较偏前的。

塞擦音的送气就比塞音的复杂一些了。从发音方法来看，从生理上和声学上都已证实，塞擦音是先塞而后擦的，在发音部位上擦音一开始就是渐进的，也就是舌位与上腭的距离逐渐逼近，等到面积缩小到足以构成产生湍流的条件后才能成声。在这一动程中，噪声是逐渐形成的。从图版6.3的（C）来看，在宽带语图的乱纹上可以看到是由少渐多，由疏渐密，其频率下限也是不太整齐的。从振幅显示上可以看到音强曲线的起点是成斜坡形的，也就是由弱渐强；而塞擦音则乱纹开始比较整齐，音强曲线开始的坡度比较陡，甚至有的是突然上升的，参看图版6.3（A）、（B）。拿图版6.2中的/tsa/与/ts'a/来比较，/ts/的频率下限在/a/元音的$F_3$与$F_4$之间，而/ts'/的下限则与/a/的$F_3$吻合，而且乱纹的前后纹样不太一致，它开始时也与/ts/的相同，但在后半段就与元音共振峰$F_3$、$F_4$相合了。这种相合状态是/x/的特征。我们试发一个正常的/s/音，再有意识地发一个送气的/s'/音（普通话里没有这个送气/s'/，但有些少数民族语言如苗语、藏语中存在）来做对比。在同一图上可以看到，送气/s'/的乱纹后半段也同/ts'/的一样，有一段/x/擦音迹象。所以一般说来，塞擦音的送气段也是擦音/x/。

但是，问题来了。试看图版6.3（B）。这是"疵"/ts'ɿ/、"欺"/tɕ'i/、"痴"/tʂ'ɿ/三个音，乱纹的后半部并没有异状，前后比较一致，/x/的迹象也不明显。这就与图版6.2的不同了。其原因是：从发音部位上看，这三个音的辅音和元音各自都是同部位的音。以"疵"为例，舌尖放在/ts/的位置上，后接元音/ɿ/，只要把/ts/的/s/部分延长一些（当然起动机关要继续供气），就有了送气的听感，而无须再让咽部或舌根另外产生擦音了（如果这样，就舍近求远了。人类的发音器官是不会这样浪费肌肉动作的）。因此对塞擦音的送气声学特征，就有了条件的不同。规律为：

凡送气塞擦音，如果后接元音的舌位低于它的辅音（如/ts'a/、/tʂ'ə/），送气段的噪音由辅音阻碍点后部的阻碍（如/x/）来产生。如果元音舌位等于（如/ts'ɿ/、/tɕ'i/）或高于它的辅音（如/ts'i/，即方言中的所谓"尖音"），则送气段噪音由其辅音的同部位阻碍来产生。

由此可见，辅音和后接元音，如是同部位，送气只有一种特征；如是不同部位，则送气可以有两种特征。

另外，塞擦音的除阻和塞音的除阻，在发音方法上有无不同，也值得研究。有的文献说，塞擦音有两次成阻。理由是塞擦的第一次成阻是"塞"，而第二次成阻是"擦"。这个道理是对的，不过还可以更严密一点来下定义。上文说过，辅音的阻碍有两种：一是阻塞，二是阻碍。塞则全闭，碍则有缝。那么，塞擦音的过程就有两个阶段：第一阶段的成阻是阻塞，其除阻不是全除而是半除（即松开一些）。第二阶段的成阻是阻碍，到了除阻才是全除。现在把塞音和塞擦音的不送气与送气，在发音过程中的生理与声学特征上的区别用示意图进行说明（见图 6.26、图 6.27）。从图中可以看到，在发音程序上，/pa/和/tsa/的声门在除阻时即关闭，声带颤动而成元音；/p'a/和/ts'a/的声门在除阻后还开放一段时间，再接元音。在发音器官动作上（图中 D 行），塞音除阻只有一个阶段，即闭塞→放开；而塞擦音则有两个阶段，即闭塞→松开→放开。

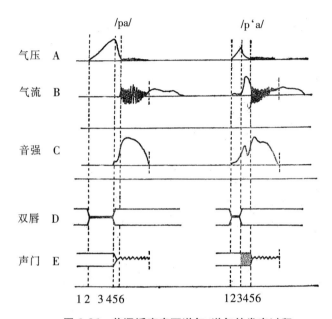

**图 6.26 普通话塞音不送气/送气的发音过程**
1.成阻前；2.成阻（阻塞）；3.持阻；4.除阻；5.间隙或送气；6.元音起始

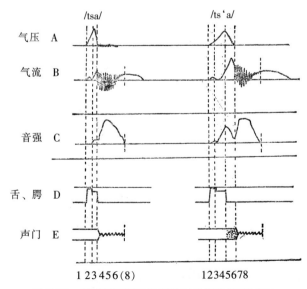

**图 6.27 普通话塞擦音不送气/送气的发音过程**
1.成阻前；2.成阻（阻塞）；3.持阻；4.松开；5.阻碍；6.除阻；7.送气；8.元音起始

图 6.28 是普通话塞擦音的 X 光照相，图 6.29 是普通话塞擦音的腭位照相，这一组的调音部位基本上和相应的擦音相同，只是在 X 光图中，舌尖的狭缝封闭，而直接接触了齿龈或龈腭。同时在腭位图上，中缝也封闭了。还可以看到一些特点：舌尖前音的舌尖是向上翘的，而舌尖后音（就是一般所称的"翘舌音"）的舌尖反而平秃，只是位置稍稍后移，而且咽腔加宽。这实际上是舌体前伸而舌尖后缩，于是舌肌在中部隆起，和舌尖前音的舌体中凹不同。因为舌体是一种软组织，此伏彼起，所以前翘则中凹，中凸则前后两端都内缩。这就是/ts/组与/tʂ/组在舌形上的区别。

图 6.30 是普通话塞擦音的二维频谱，这一组频谱基本上和擦音相对应的频谱相似。强峰的频率也相近。以一组/ts/、/tɕ/、/tʂ/为例，它们的峰值分别为：6 300 Hz、5 600 Hz、4 000 Hz，这说明它们强频峰的频率等次和前文所说的下限频率等次是相符的。

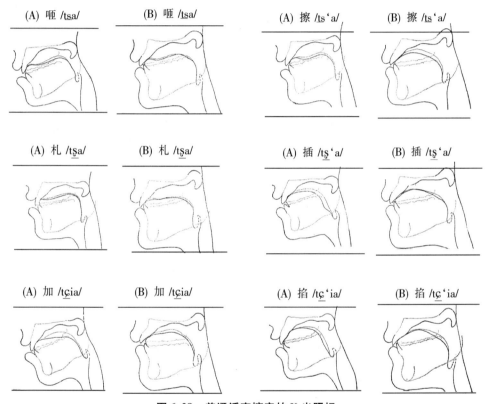

图 6.28　普通话塞擦音的 X 光照相

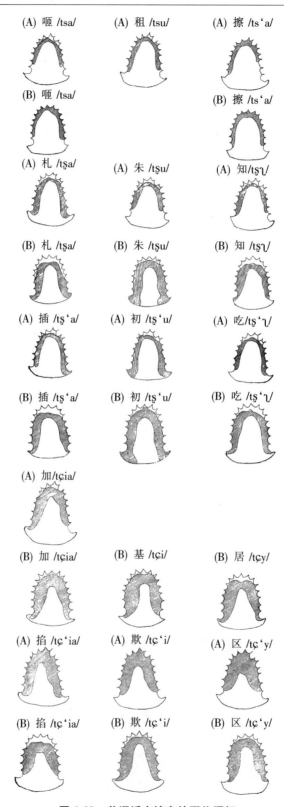

图 6.29 普通话塞擦音的腭位照相

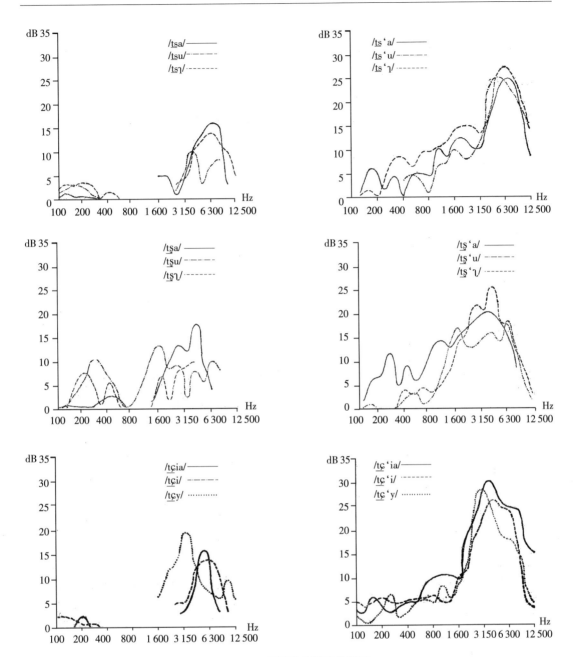

图 6.30 普通话塞擦音的频谱

## 6.5.6 鼻音

普通话有鼻音/m/、/n/和鼻韵尾/-n/、/-ŋ/。在普通话中，纯鼻音/m/的第一共振峰 $F_1$ 比/n/的 $F_1$ 略为高些，而 $F_2$、$F_3$ 则近似。它们的长度在宽带语图上因有"断层"现象，比较容易测量。由于它们是响音，也就具备一定的强度，但比元音要弱。鼻音的 $F_2$ 在 900～1 500 Hz 之间，其中/n/的 $F_2$ 比/m/的稍高。

普通话中有两组韵尾鼻音，这是一种不太纯粹的鼻音，在自然语言中，它与元音之间的界限常常缺少"断层"现象，界限不够明显，在语图上测量其长度要靠目估。表 6.3 中

A、B 的鼻音长度很不相同。强度一般比较弱。/-n/ 和 /-ŋ/ 的共振峰值看不出彼此有什么出入。如前接主要元音为 /a/ 时，音征走势为"平"；前接元音为 /i/、/e/ 时，走势为"降"；前接元音为后高元音 /u/ 时，走势为"升"。在语流中，这两组韵尾常常是元音的延长而略带鼻音色彩。

图版 6.4 是两个元音之间的鼻音。来看一下鼻音与元音的关系。可以看出，这个 /m/、/n/、/ŋ/ 在元音之前时有断层，但在元音之后时也同样有断层，这就和上文所述不同了。可见一个音节中有了鼻音作为韵尾时，每每只把这个韵母读得鼻音化（半鼻音），而不是有一个完整的鼻音，所以看不出有断层。但如发一个无意义的元-鼻组合（如 /ama/），则鼻音就比较完整，并显出断层。因此，一个完整的鼻音在两元音之间的关系是均衡的。这个现象反映到生理上，就是从元音到鼻音，软腭立刻下垂，而从鼻音到元音时，软腭又立刻上升。软腭升降的动作界限是明显的。而普通话的鼻音韵尾就与此不同，它和前面元音的界限是很不清楚的，这说明普通话在自然语言中的鼻音韵尾和韵母差不多是一个整体，它不是元音加上完整的鼻音，而是元音后部的鼻音化。

图 6.31 是普通话一组鼻辅音的 X 光照相，图 6.32 是鼻音的腭位照相。从舌位上可以看出它和同部位塞音的关系，例如，/m/ 和 /p/、/n/ 和 /t/、/ŋ/ 和 /k/（/ŋ/ 在普通话中不单读，这里是用来对比），表面看来发音部位相同，但实际是否如此？我们把两者画在同一图上，以便比较，如图 6.33。各图中的鼻音是软腭下垂，塞音是软腭上升，这种差异是必然的。再分析一下，/m/ 与 /p/ 都是双唇音，可是舌面形状大不相同，/m/ 前伸而 /p/ 后拱。/n/ 和 /t/ 同为舌尖前音，但 /n/ 显得更前些。/ŋ/ 和 /k/ 似乎同为舌后音，但 /ŋ/ 舌面平坦，闭塞由软腭主动；而 /k/ 舌面上拱，与软腭中部接触，闭塞的位置要比 /ŋ/ 的靠前得多。

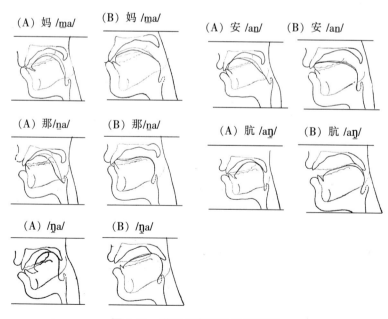

图 6.31　普通话鼻音的 X 光照相

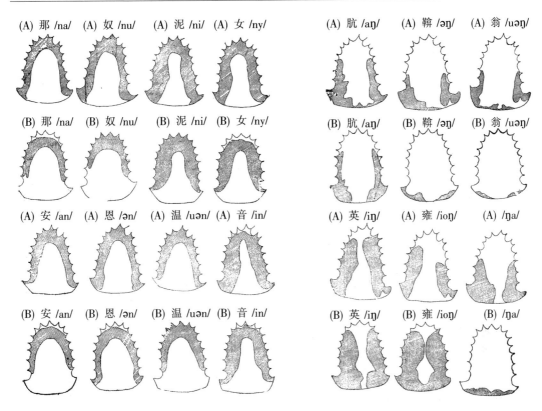

**图 6.32 普通话鼻音的腭位照相**

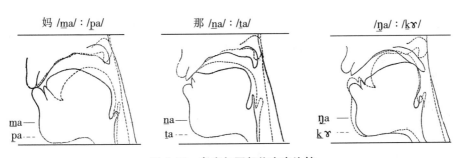

**图 6.33 鼻音与同部位塞音比较**

鼻韵尾在音节中的特性是作为元音的后续，图 6.31 中几个鼻韵尾的音如 /an/、/aŋ/ 等，看起来还是比较完整的。图 6.34 是一幅前后鼻音的对比舌位图，两者差别还不算大，但在实际语言中就不是如此了。

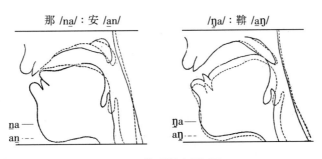

**图 6.34 前后鼻音尾对比**

图 6.35 是普通话鼻音频谱,无论鼻音是声母还是韵尾,在低频部分都有较强的共振峰。

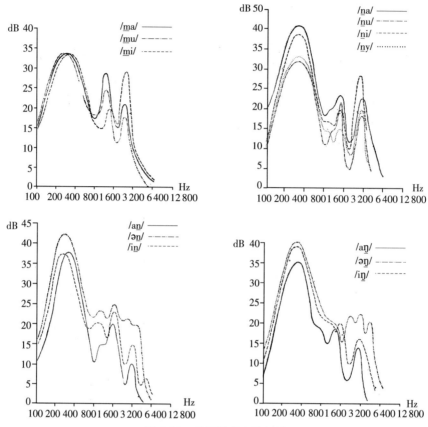

图 6.35　普通话鼻音的频谱

为了易于辨识/m/、/n/、/ŋ/三个鼻音的频谱异同,我们把/ma/、/na/、/ŋa/的鼻音画为一图,如图 6.36。前两音是普通话的音,后一音是特为比较而发的。从图中可见,三个鼻音的第一共振峰是相同的,但/m/弱些;到第二共振峰,则/m/强而其余两者较弱。$F_2$频率以/ŋ/的最低,/n/的最高,/m/居中。$F_3$则/n/、/ŋ/较强,/m/较弱,频率也低些。这个结果和图版 6.4 的有些不同。看来鼻音的音色是因人而异的。

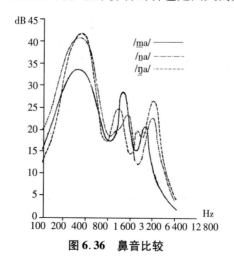

图 6.36　鼻音比较

### 6.5.7 边音和半元音

边音/l/的长度与鼻音声母的长度比较相近，强度也较一般浊辅音为弱。这个辅音在语图上是较难辨认的音。由于它既不是典型的破裂音，又有别于一般的浊擦音，所以它的语图模式不太稳定，有时显示出一点擦音乱纹，有时则只出现一个基频横杠。它的共振峰一般和鼻音/n/的共振峰相似，说明它们的调音部位是大致相同的。它与元音的交界处虽没有鼻音那样的"断层"，但分界还是很明显的，这样，音征的长度也就比较容易量出。这个音没有鼻音那样稳定，其发音方法常因后接元音的不同而有各种变体。其"除阻"部分（即舌尖阻塞全部释放时）或较干脆，或较拖沓。它的发音部位视所接元音的不同也有少许变动。因此其音征走势就不如鼻音那样有规律。在各例字中，除/lu/的音征走势为"降"外，一般都是"升"。

图版6.5的左图是/l/在两个/a/元音之间的语图，可看出它的共振峰基本上和前后元音的共振峰是取得一致的。从表6.3的/l/音数据可以看出，/l/是随后接元音而异的，它和高元音拼时，共振峰（主要是$F_2$）就高些，和低元音拼就低些，但过渡音征还是存在的。

图版6.5的右图是/r/（英语的r音、普通话的儿化音与此也相似）在两个/a/元音之间的语图。这个/r/在英语中是所谓r音化的音（rhotacized），舌尖位置有如/l/，但有些向上卷，类似/ʐ/的舌位，但无摩擦。从此图可以看到，元音的$F_3$是趋就辅音的，也就是这个/r/的过渡音征的升降是很明显的，特别是元音的$F_2$动程很大。拿这个音和/l/来做比较，说明发/l/音时如把舌上卷，就会出现这样的情况。

图6.37是普通话边音的X光照相，图6.38是腭位照相。从X光图看来，边音/l/由A、B两人发的就不相同。A的舌尖薄而上翘，但舌中线下凹是两人的共同点。从腭位图上可见，舌位与/n/大致相似，但在最后几个上齿处就不接触，可能由此留出边缝来形成/l/音。但是在元音/i/前，接触的面就特别广阔。这可能是受/i/的舌位影响的结果，元音比辅音的舌位紧，因此腭位印下的痕迹是/i/音的，而不是/l/的。所以在这几张腭位图里，应以/a/元音的为准。图6.39是边音与不同元音组合的边音部分的频谱。从图谱上看，不同环境的/l/，共振峰频率大有差异，可以说明这个音是多变而不稳定的。

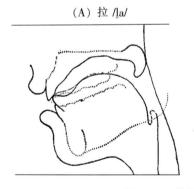 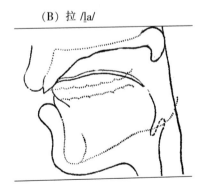

(A) 拉 /la/　　　　(B) 拉 /la/

**图6.37　普通话边音的X光照相**

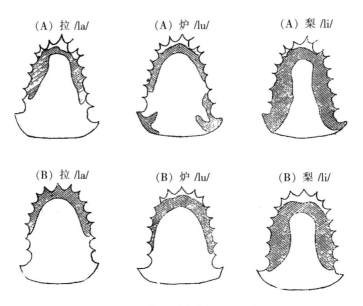

图 6.38　普通话边音的腭位照相

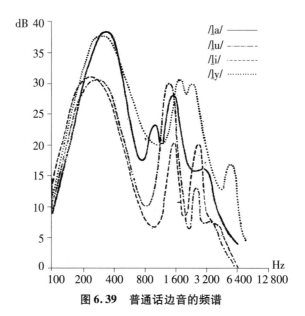

图 6.39　普通话边音的频谱

半元音 /j/、/w/ 一般比同部位元音（或介音）的舌位稍微紧一些，从而使其产生摩擦，成为浊擦音类型。换言之，说它是所接元音之前沿，亦无不可。由于它是元音的前沿，其发音部位与后接元音是准同部位，因而其音征走势一般为"平"。普通话的半元音有三个：yi、wu、yu。齐齿音一开始时就是 /j/。撮口音一开始时，实际还不是 /y/，而是 /j/，然后立即滑到 /y/ 的位置。因此在音节中，这个 /j/ 是有过渡的，可以说它是有动程的复合辅音。

从表 6.3 /j/、/w/ 的数据中可以看出，/ji/ 的 $F_2$、$F_3$ 频率都相当高，而 $F_1$ 低，说明这个音比元音 [i] 要紧得多。/w/ 的 $F_1$、$F_2$ 都低，也说明它的舌位要比 [u] 的紧。

**参考文献**

曹剑芬（1987）论清浊与带音不带音的关系，《中国语文》第 2 期。

吴宗济（1987）普通话中不送气/送气音的区别研究，《中国语言学报》第 3 期。

吴宗济（主编）(1986)《普通话单音节语图册》，北京：中国社会科学出版社。

Abramson, A. *et al.* (1973) Voice-timing perception in Spanish word initials stops, *Phonetica*, 1.

Catford, J. C. (1977) *Fundamental Problems in Phonetics*, Edinbergh University Press.

Fant, G. (1970) Analysis and synthesis of speech processes, in B. Malmberg (ed.), *Manual of Phonetics*, North Holland Pub. Co., 256-257.

Fant, G. (1973) *Speech Sounds and Features*, MIT Press, 26-29.

Hirose, H. (1977) Laryngeal adjustment in consonant production, *Phonetica*, 34.

Iwata, R. & Hirose, H. (1976) Fiberoptiic acoustic studies of Mandarin stops and affricates, *Ann. Bu. RILP*, 10.

Pickett, J. M. (1980) *The Sounds of Speech Communication*, University Park Press, Baltimore, 156.

# 第七章 声 调

"声调不是中国语言所独有的,并且也不是亚洲、东南亚语言所独有的,非洲也有,美洲有一部分红印度语言也有,中美洲、南美洲有的红印度语言,也用声调来分别。在欧洲各国的语言里,用声调的比较少,不过也有。比方在北欧的立陶宛、瑞典、挪威,都有利用声调的不同来辨别字的。但是在这些国家里头,声调在音位分辨上头,它的负担很轻;而声调在一般东方语言里头,负担很重。"(赵元任,1980)

汉语属于音节声调语言,音节单说时有一定的声调,不能任意改变;如果声调改变了,这个音节的意义就改变了,由它组成的词义也就完全不同了。普通话的 mai ma 两个音节,如果念成 mǎi má,指的"买麻";如果念成 mài má,指的是"卖麻",前者是付钱去买麻,后者是拿麻去卖钱,买进与卖出的意义刚好相反。可是它们不是音素有差别,而只是声调不同罢了。普通话(以及汉语方言)的声调跟元音、辅音同样具有区别字义的作用,向来为语言学家及有关言语工程学者所重视,因此对它的研究较深入,成果较多。

本章先介绍普通话声调及变调的声学特性,然后讨论声调知觉、基频 $F_0$ 产生以及音段对基频的影响等问题,从而了解研究声调的一些主要方法和几种语言声调的研究成果。

## 7.1 普通话声调的声学分析

过去,浪纹计是语言学家分析声调的主要工具。在我国很早就有语言学家应用浪纹计确定声调的基频 $F_0$,找到了声调的 $F_0$ 模式,得出了关于汉语声调的有价值结论(刘复,1924)。关于浪纹计的构造和使用,有文章做过介绍(周殿福,1954)。后来有人用较新式的仪器对普通话声调做了实验(Romportal, 1953; Shen et al., 1961),Chuang 等(1971)对普通话声调做了声学分析和辨认测验。Howie(1974)认为,普通话声调的定义域,即音节里携带声调部分,不是在音节的带音段上,而是在主要元音和韵尾上。Kratochvil 在 1981 年和 1984 年报告了他对普通话连续语音中的音节 $F_0$ 和 $A_0$(振幅)做的细致的声学描写,指出四声的 $A_0$ 曲线与其 $F_0$ 曲线之间有一定的相似性。Kratochvil 在 1985 年提出,普通话音节里携带声调部分的时长与其 $F_0$ 曲线形状之间存在着相关性,即阴平时长加长,使其 $F_0$ 曲线的起点和终点都提高,如图 7.1(A)所示;上声时长加长,使其 $F_0$ 曲线的起点和终点都降低,如图 7.1(C)所示;阳平时长加长,使其 $F_0$ 曲线的起点降低,而终点提高,如图 7.1(B)所示;去声时长加长,使其 $F_0$ 曲线的起点提高,而终点却降低,如图 7.1(D)所示(引自 Sagart, 1986)。

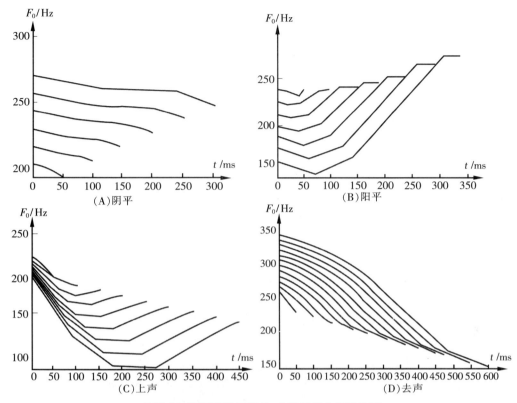

**图 7.1  声调时长与其 $F_0$ 曲线形状之间的关系**

（引自 Sagart，1986：图 1）

下面介绍我们对普通话四声 $F_0$ 以及时长和强度的实验结果。

测量 $F_0$ 和时长，这次主要用音高显示器测量 $F_0$，还用阴极示波器拍摄音节波形，按照测量浪纹计所画波浪的办法，从语波确定 $F_0$ 和音节各成分时长。测量强度用声级记录器。发音人 $A_1$（男）和 $B_1$（女）各念 38 组四声，包括普通话所有声母和韵母，共 147 个音节。图 7.2 给出了 $A_1$ 和 $B_1$ 念的 6 组四声的 $F_0$ 曲线（下部）和语波（上部）。我们用同样的方法又对 20 人念的"妈麻马骂""通同统痛"和"烧杓少（多～）绍"3 组四声做了实验。这 20 人中男女各 10 人，老年人、中年人和青年人都有，他们都生长在北京。图 7.3 给出了 C 跟 D（男）以及 E 跟 F（女）4 位发音人念的 3 组四声 $F_0$ 曲线（下部）和语波（上部）。这 20 人的实验结果与 $A_1$ 和 $B_1$ 的基本一致，这儿只讨论 $A_1$ 和 $B_1$ 的实验结果。

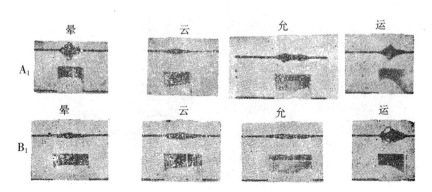

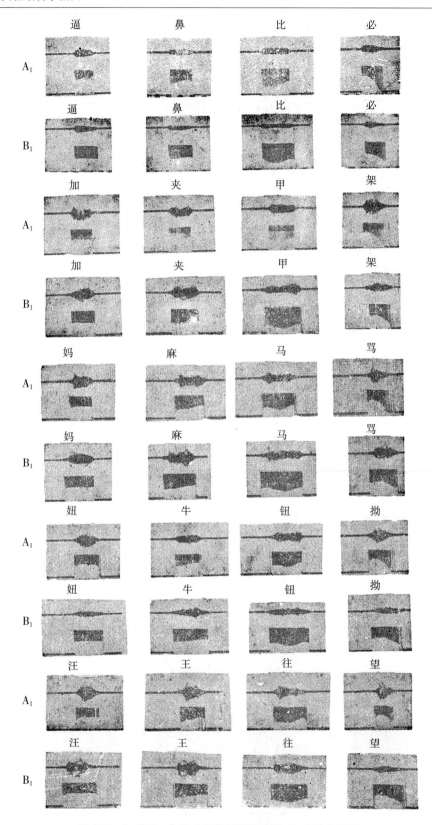

图 7.2　$A_1$ 和 $B_1$ 念的 6 组普通话四声的 $F_0$ 曲线和语波

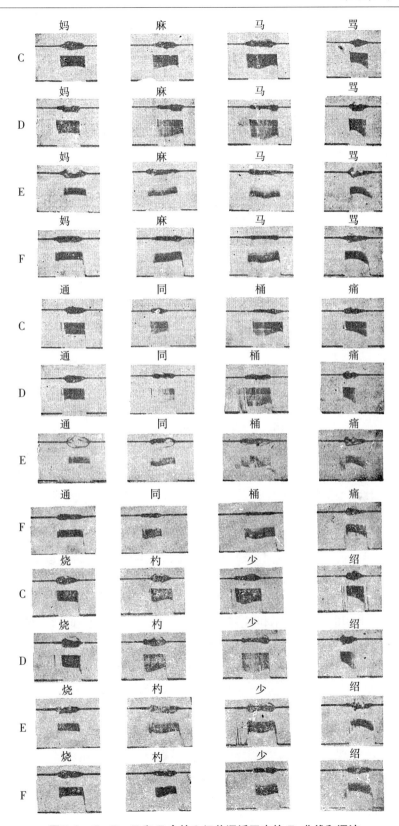

图 7.3 C、D、E 和 F 念的 3 组普通话四声的 $F_0$ 曲线和语波

### 7.1.1　$F_0$ 曲线

就浊声母和零声母音节而言，$F_0$ 曲线是跟音节同时开始的，而清声母音节的 $F_0$ 曲线则从韵母开始。因为清声母为噪音，在 $F_0$ 显示图中，它表现为紊乱的线条，而不显出 $F_0$。普通话音节 $F_0$ 曲线都是随音节结束而终止的。语音学家用五度制声调符号表示普通话四声的 $F_0$ 变化，其相对调值通常认为是：阴平高平（55），阳平中升（35），上声低降升（214），去声高降（51）（罗常培、王均，1957）。在我们实验得到的音节 $F_0$ 曲线上，除有大体相当于上述的升降情况外，有些在开始时还出现上升的弯头，在快终了时还出现下降的收尾。我们把音节 $F_0$ 曲线上相当于用五度制声调符号表示的那部分叫"调型段"，把起始的上升部分叫"弯头段"，把末尾的下降部分叫"降尾段"，其位置如图 7.4 所示。我们认为，把音节 $F_0$ 曲线划分为弯头段、调型段和降尾段是必要的，因为声调的音高信息只跟调型段的 $F_0$ 模式有关（林茂灿，1965）。

**图 7.4　音节基频曲线及其各段**
1. 弯头段；2. 调型段；3. 降尾段

（1）弯头段的发生可能由声带运动的惯性和读音时强调等因素引起。弯头段 $F_0$ 升度及其持续时间都比调型段的小（$A_1$ 平均上升 2.5 个半音，长约 60 ms；$B_1$ 上升 2 个半音，长 60 ms）。在听辨音节时，人们不容易感觉到它的存在。

（2）降尾段的发生也可能是由声带运动的惯性作用等因素引起的。降尾段 $F_0$，$A_1$ 平均下降 3.5 个半音，占 50 ms；$B_1$ 下降 1.5 半音，占 40 ms。与调型段 $F_0$ 变化范围和所占时长比较，它们都小得多，人们听音节时也不容易感觉到它的存在。

（3）调型段。图 7.5（A）和（B）给出了 $A_1$ 和 $B_1$ 念的 38 组四声的平均 $F_0$ 曲线。阴平音节 $F_0$ 曲线从平均值上说，$A_1$ 和 $B_1$ 各下降 1 个半音。阳平 $F_0$ 曲线有两种形式，大部分呈上升型，但 $A_1$ 有 6 个，$B_1$ 有 14 个呈降升型，平均下降 1 个半音。$A_1$ 和 $B_1$ 念的上声 $F_0$ 都呈低降升型。$A_1$ 和 $B_1$ 的去声都是下降型，$B_1$ 下降 11 个半音，$A_1$ 下降 23 个半音，比他自己的上声转折点还低 10 个半音。

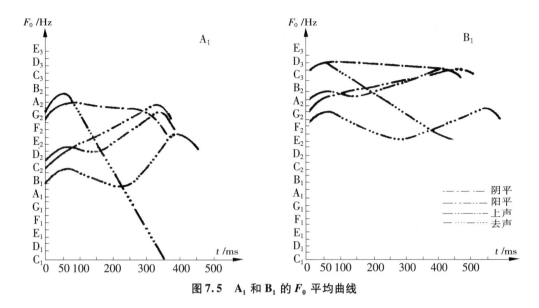

图 7.5 $A_1$ 和 $B_1$ 的 $F_0$ 平均曲线

## 7.1.2 时长

（1）声母时长。时长相对长短的意思是：如 $B_1$ 念的"妈""麻""马""骂"里的 /m/ 时长分别为：90 ms、75 ms、111 ms 和 68 ms；把音长相对地分为最长、次长、次短和最短四个等级，/m/ 在上声"马"中最长，在阴平"妈"中次长，在阳平"麻"中次短，在去声"骂"中最短。把 38 组的声母时长都这样进行相对的区分，得到声母相对长短在四声中的出现率。从声母相对长短在四声中的出现率可以看到，声母不是总在哪个调里最长，哪个调里次长，哪个调里次短，哪个调里最短，但是声母在上声里为最长的出现率比较多，去声里为最短的出现率也比较多。

（2）韵母时长。从韵母相对长短在四声中的出现率可以看到：$B_1$ 的上声韵母都是最长，$A_1$ 的上声韵母只有 86% 为最长；$B_1$ 的大多数去声韵母为最短，而 $A_1$ 最短却多数发生在阴平上。

（3）带音段时长。带音段指音节里声带振动那一部分。音节带音段相对长短在四声中的出现率跟韵母的很相似：$B_1$ 的上声都是念得最长，$A_1$ 的上声念得最长的占 89%；$A_1$ 的阴平多数为最短，$B_1$ 的去声多数为最短。

从以上所做的相对时长分析来看，$A_1$ 和 $B_1$ 念的音节声母、韵母和带音段相对时长并不是哪个调一定念得最长，哪个调一定念得次长，哪个调一定念得次短，哪个调一定念得最短，即时长在声调中并无一定的相对关系。但是，在大多数情况下，上声念得比其他调都要长一些。

## 7.1.3 音节强度

音节开始时，其强度逐渐增加，到音节结束前，它就渐渐减小，音节强度是一条随时间变化的曲线。这里做音强实验有两个目的：一是为了探讨音强曲线的形状在四声中有什么不同；二是为了比较四声对音节强度大小有什么影响。音节强度曲线上通常都有一个最强点，我们就是对音节强度曲线上的最大值进行比较而研究音强问题的。

（1）音强曲线形状的比较。根据音节强度曲线上强度最大点位置和强度变化总趋势，把实验所得的音强曲线形状归纳成下面五种类型，如图7.6所示，横轴代表音节时长，纵轴代表强度。

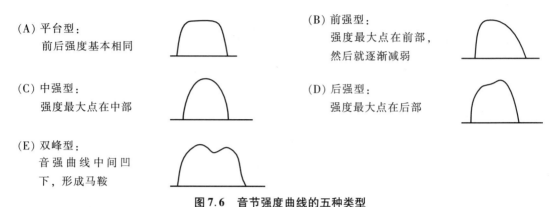

图7.6　音节强度曲线的五种类型

阴平音强曲线 $A_1$ 和 $B_1$ 都有平台、前强、中强和后强四种形状，但前强的出现率最多（$A_1$ 为59.4%，$B_1$ 为54.0%），其次为中强型（$A_1$ 为16.2%，$B_1$ 为29.7%）；$A_1$ 和 $B_1$ 阳平音强曲线的出现情况跟阴平的相似，也是前强型和中强型占大多数；$A_1$ 念的上声音强曲线全部都是双峰型，$B_1$ 只有约60%为双峰型；$A_1$ 念的去声音强曲线只有前强型和中强型两种，$B_1$ 只有81%为前强型和中强型。

总的说来，$A_1$ 和 $B_1$ 念的上声音强曲线并不都是双峰型，去声音强曲线并不都是前强型和中强型；阴平和阳平的音强曲线也只是多数为前强型和中强型。

（2）音强大小比较。为了比较元音舌位高低跟其强度的关系，我们把北京话元音分成：[i]、[u]、[y]、[e]、[ɛ]、[o]、[ɤ]、[ə]、[ɿ]、[ʅ] 和 [a]，还有 [er]。表7.1 给出了本实验得到的 $A_1$ 和 $B_1$ 念的音节各主要元音平均最大强度跟声调的关系。从表中可以看到，对相同声调而言，随着主要元音开口度的增加，其强度大多数也随之加大。要指出的是，本实验事先没有严格要求发音人在念各个音节时始终保持完全相同的发音状态（如用力等），因此这个结果只能初步说明高低元音之间有着固有的强度差异。从表7.1 和表7.2 还可以看到，从平均值上说，上声强度只是多数为最弱（与其他声调比较而言），但也有一些为最强的。

元音强度不仅跟发音时用力大小有关，而且跟元音固有强度等其他因素有关。什么叫元音固有强度，以及还有什么因素对元音强度会产生影响，在§9.1.4将做进一步说明。由于元音强度受几种因素制约，因此音强曲线在四声中难以形成特定的形状。

表7.1　韵母里主要元音强度与四声的关系

单位：dB

| 主要元音 | 声调 | | | | | | | |
|---|---|---|---|---|---|---|---|---|
| | 阴平 | | 阳平 | | 上声 | | 去声 | |
| | $A_1$ | $B_1$ | $A_1$ | $B_1$ | $A_1$ | $B_1$ | $A_1$ | $B_1$ |
| [i] | 26.3 | 17.6 | 26.3 | 16.3 | 23.6 | 15.0 | 25.7 | 17.7 |
| [u] | 26.7 | 17.0 | 25.5 | 16.0 | 25.7 | 18.3 | 27.7 | 18.6 |

续表

| 主要元音 | 声调 ||||||||
|---|---|---|---|---|---|---|---|---|
| | 阴平 || 阳平 || 上声 || 去声 ||
| | $A_1$ | $B_1$ | $A_1$ | $B_1$ | $A_1$ | $B_1$ | $A_1$ | $B_1$ |
| [y] | 25.5 | 17.5 | 26.0 | 16.0 | 25.0 | 15.0 | 26.0 | 16.0 |
| [e] | 30.0 | 19.0 | 30.0 | 22.5 | 32.0 | 21.0 | 32.5 | 27.0 |
| [ɛ] | 32.3 | 23.0 | 32.7 | 25.0 | 30.3 | 23.3 | 32.6 | 25.0 |
| [o] | 31.2 | 23.0 | 32.6 | 24.8 | 30.5 | 23.2 | 33.0 | 22.3 |
| [ɤ] | 33.0 | 20.0 | 30.0 | 25.0 | 31.0 | 22.0 | 33.0 | 25.0 |
| [ə] | 30.3 | 21.6 | 29.3 | 24.0 | 29.6 | 22.0 | 31.3 | 23.3 |
| [ɿ] | 22.0 | 8.0 | | | 24.0 | 14.0 | 24.0 | 16.0 |
| [ʅ] | 25.0 | 16.0 | 27.0 | 19.0 | 23.0 | 17.0 | 27.0 | 17.0 |
| [a] | 32.2 | 26.0 | 33.6 | 27.0 | 31.1 | 24.3 | 34.2 | 26.6 |
| [er] | | | 33.0 | 25.0 | 32.0 | 24.0 | 35.0 | 28.0 |

表 7.2  音节相对强度在四声中的出现率

单位:%

| 发音人 | 声调 |||||||||||||||
|---|---|---|---|---|---|---|---|---|---|---|---|---|---|---|---|
| | 阴平 |||| 阳平 |||| 上声 |||| 去声 ||||
| | 最强 | 次强 | 次弱 | 最弱 | 最强 | 次强 | 次弱 | 最弱 | 最强 | 次强 | 次弱 | 最弱 | 最强 | 次强 | 次弱 | 最弱 |
| $A_1$ | 35 | 35 | 3 | 27 | 31 | 40 | 9 | 20 | 14 | 11 | 5 | 70 | 76 | 16 | 3 | 5 |
| $B_1$ | 35 | 30 | 11 | 24 | 46 | 28 | 6 | 20 | 5 | 22 | 11 | 62 | 42 | 39 | 8 | 11 |

### 7.1.4  四声的声学表现

根据前面对 $F_0$、时长和音强的分析结果,现在探讨普通话四声的声学表现(林茂灿等,1987)。

阳平音节 $F_0$ 曲线除了有上升型之外,还有降升型的。$A_1$ 和 $B_1$ 念的阳平音节就有这种现象,另外 20 位发音人分别念的阳平音节也有这种现象。阳平降升型 $F_0$ 曲线位置总比上声的高,因此把阳平的降升型叫中降升,上声的叫低降升。阳平里降升型的下降程度和其所经历的时长,一般来说比上声的小而且短。

$A_1$ 去声下降 23 个半音,比他的上声转折点低 10 个半音。我们请语音学家分别听辨 $A_1$ 的上声音节和去声音节,他们听不出上声转折点比去声末尾高 10 个半音,似乎两者相等。利用切音机分别把去声末尾和上声的转折点部分提取出来,很明显地听到,去声末尾音高比上声转折点音高低很多,可是人们对整个音节却没有感觉出 $A_1$ 的去声有那么大的变化范围。这可能是动态的弱复合声音高辨别阈问题。

我们让 $A_1$ 念的去声末尾 $F_0$ 等于他的上声转折点 $F_0$,得到 $A_1$ 和 $B_1$ 的阴平调值都是

55，去声都为 51，而阳平分别有 25、325 和 35、425，上声为 214 和 212。因此普通话同一调类的音节，不管声韵结构如何，其调型段 $F_0$ 变化都有大体相同的变化模式；在不同调类之间，这种模式也大体互有区别。

从语音分析上说，声调的不同，有声音高低的不同，也有长短的不同。比方上声就比较长一点（赵元任，1980）。不仅 $A_1$ 和 $B_1$ 念的 38 组四声，大多数上声比其他三个调都要长一些，而且 20 位发音人的情况也大致如此。

单念的上声音节强度曲线大多呈双峰型，但不总是呈双峰型，其最大强度大多为最小，但不总是为最小。

从以上分析可以看到，普通话四个声调在 $F_0$ 方面都有不同的变化模式，但在时长和强度方面，虽然多数上声有其特点，但并不总是那样。时长和强度在声调中到底有多少作用，在 §7.4.1 关于声调的听觉辨认依据中将加以探讨。

## 7.2  普通话变调的声学分析

关于普通话连读变调问题，在有关著作中已有论述（赵元任，1923；罗常培、王均，1957；董少文，1955）。近来有文章利用语图仪、计算机及其他仪器探讨两个上声连读及其他变调问题（Shen et al., 1961；Shen, 1964；Wang et al., 1967；Chuang et al., 1971）。以下介绍林茂灿等（1980）两音节词和三音节词变调的实验结果。

### 7.2.1  两音节词变调

（1）普通话有四个声调，两音节词有 16 种声调组合。每种组合选 9 到 10 组，共 156 个两音节词。这些两音节词后音节均不能读轻声。由一位在北京生长的男发音人发音。这些两音节词分别写在 156 张卡片上。实验人随意抽出一张卡片，问"这个两音节词，您怎么说？"发音人按卡片上所写的说出来。发音人尽量用相同的气力说话，使所读的两音节词大体处于相同的发音状态。这样做的目的，是使实验结果尽可能表现出两音节词的性质。这次的实验结果记为 $A_2$。

图 7.7 和图 7.9 分别给出了 $A_2$ 念的后音节为清声母和后音节为非清声母（包括零声母和浊声母）的两音节词前后音节的平均 $F_0$ 曲线。

图 7.7 的前音节和后音节有一个圆点、两个圆点、三个圆点和四个圆点的 $F_0$ 曲线，分别表示它们是阴平、阳平、上声和去声，前音节 $F_0$ 曲线又有一条短线、两条短线、三条短线和四条短线之分，分别表示它们后接的声调是阴平、阳平、上声和去声。

图 7.8 是图 7.7（A）、（B）、（C）、（D）的前后音节 $F_0$ 的平均值。图中一个圆点、两个圆点、三个圆点和四个圆点的 $F_0$ 曲线，也分别表示它们是阴平、阳平、上声和去声。这儿的前音节 $F_0$ 曲线没有不同数目的短线之分。图 7.9 中 $F_0$ 曲线所表示的内容跟图 7.8 的相同。

第七章 声 调　179

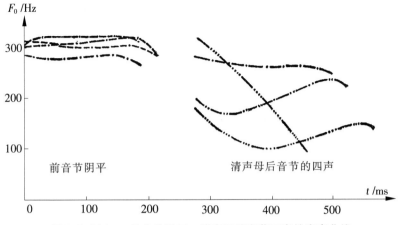

图 7.7（A）　前音节阴平，清声母后音节四声的音高曲线

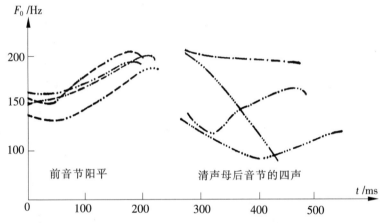

图 7.7（B）　前音节阳平，清声母后音节四声的音高曲线

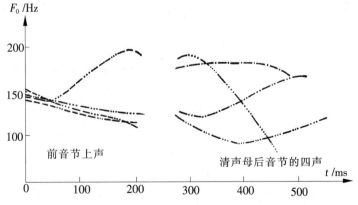

图 7.7（C）　前音节上声，清声母后音节四声的音高曲线

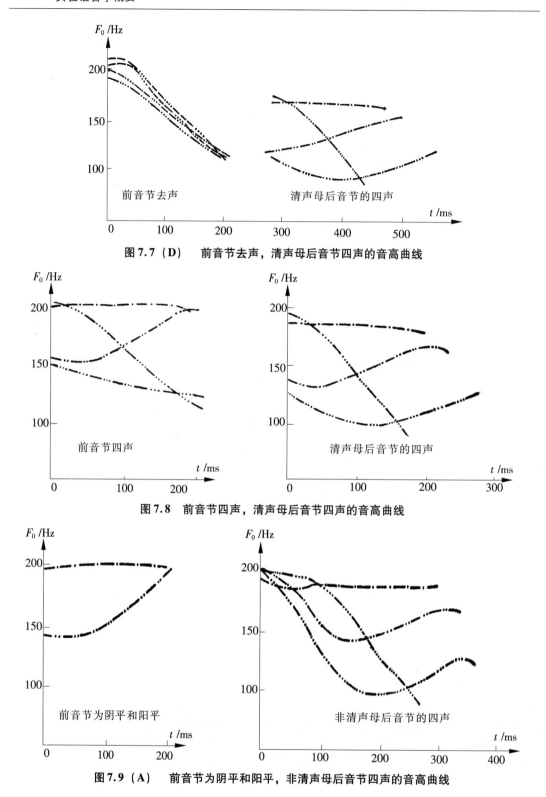

图 7.7（D） 前音节去声，清声母后音节四声的音高曲线

图 7.8 前音节四声，清声母后音节四声的音高曲线

图 7.9（A） 前音节为阴平和阳平，非清声母后音节四声的音高曲线

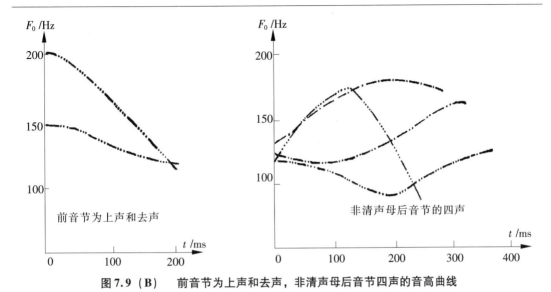

图 7.9（B） 前音节为上声和去声，非清声母后音节四声的音高曲线

两音节词的音节 $F_0$ 曲线，也像前面介绍过的单音节的 $F_0$ 曲线那样，除了有调型段外，有时开头还出现上升的弯头段，末端出现下降的弯头段。下面如无特别说明，所讨论的都是调型段的 $F_0$ 表现。

从图 7.7（A）可以看出，不管后音节是什么声调，前音节阴平 $F_0$ 曲线呈高平，前音节阴平 $F_0$ 比后音节阴平的高。

从图 7.7（B）可以看出，不管后音节是什么声调，$A_2$ 念的前音节阳平 $F_0$ 曲线大多数呈中降升型，其 $F_0$ 比后音节阳平的高。

从图 7.7（C）可以看出，后音节是阴平、阳平或去声时，前音节上声 $F_0$ 曲线呈下降型，其 $F_0$ 比后音节上声低降升的 $F_0$ 高；后音节是上声时，前音节上声 $F_0$ 曲线变成跟阳平音节的一样，其 $F_0$ 也比后音节阳平的高。

从图 7.7（D）可以看出，前音节去声 $F_0$ 曲线都呈高降型，下降的起点和终点分别比后音节去声起点和终点的高。

从图 7.8 可以看出，两音节词后音节为清声母时，后音节 $F_0$ 曲线形状跟图 7.5 单音节的大体相似，而且后音节 $F_0$ 所占范围和所经历的时长比前音节的都大。

非清声母后音节的 $F_0$ 曲线跟其音节同时开始，所以它与前音节 $F_0$ 曲线是连在一起的，即这种两音节词 $F_0$ 曲线中间不断开。图 7.9 是为了讨论上的方便，把前后音节的 $F_0$ 曲线分开画。当前音节为阴平或阳平时，后音节即使是阳平或上声，这位发音人念的后音节 $F_0$ 曲线也从高处开始，以与前音节阴平或阳平的末端相衔接，这从图 7.9（A）可以看出。当前音节为上声或去声时，这位发音人念的后音节即使是阴平或阳平，其 $F_0$ 曲线也从低处开始，以与前音节的半上或去声的末端相衔接，这从图 7.9（B）可以看出。对非清声母后音节的两音节词，在前后音节交界处 $F_0$ 曲线的这种表现，需通过知觉实验以了解它的性质和作用。

（2）两个上声音节相连，前音节上声是否变成阳平的争论，参看§7.3.2。

（3）去声连读变调。林焘（1985）指出，有不少人把两个去声连读时的第一个去声读成阳平，也就是从全降调\51 变读成高升调∕35。这些人都是世居北京的地道北京人，而且这种现象遍及城区和近郊，显然不能以例外现象来解释。林焘从语图仪做的窄带语图观察这种两音节词前音节的谐波走向，以此确定调型的升降。观察结果表明，凡是听成升调的音节，窄带语图的谐波都表现为上升的调型，证明升调的听辨结果是可靠的。林焘指出，升调的读法很可能是去声连读变调的早期形式。由于某种原因形成了这种降调和升调并存的共时变异现象。林焘在这篇文章中还谈到，把去声连读变调读成降调，是文化程度比较高的一种语音标志。因而可以这样认为，固然在现时的北京话中，两个去声连读时前音节有读成升调的，但读成降调的是主要现象。

### 7.2.2 三音节词变调

普通话三音节词有 64 种四声组合。吴宗济（1985）按不同语法结构（双单格、单双格和并列格）研究其变调规律。这里通过图 7.10 对这篇文章总结的三音节词变调规律做个说明。

（1）首音节变调规律

除了三音节词三个音节都是上声［这种情况的变调规律将在（4）中讨论］的以外，首音节变调规律对双单格和单双格都大致相同，并按前面说过的两音节词规律来变调。从图 7.10（A）至图 7.10（D）可以看到，首音节阴平的 $F_0$ 曲线大体呈高平，不过有的呈略降，有的呈略升，这跟中音节 $F_0$ 曲线本身的位置有些关系。从图 7.10（E）至图 7.10（H）可以看到，首音节阳平的 $F_0$ 曲线大部分呈高升，有的呈中降升，它们多数都有一定程度的降尾段。从图 7.10（I）至图 7.10（L）可以看到，如果中音节为阴平、阳平或去声，首音节上声 $F_0$ 曲线呈低降，不过这个低降型曲线位置比末音节上声 $F_0$ 曲线位置高出许多；如果中音节为上声而末音节为非上声，首音节上声 $F_0$ 变成高升（或中降升）。从图 7.10（M）至图 7.10（P）可以看到，这个发音人念的首音节去声 $F_0$ 曲线的位置比其后面两个音节 $F_0$ 曲线的位置高。

（2）中音节变调规律

三音节词里中音节声调由于受后音节，有时还受前音节的作用而有自己的变调规律，同时中音节 $F_0$ 曲线的起讫又得受前音节 $F_0$ 曲线末尾和后音节 $F_0$ 曲线开头部分所制约，这使得中音节 $F_0$ 曲线的变化范围从总体上说比前后音节的都要小一些，如果不是要强调中音节的话。

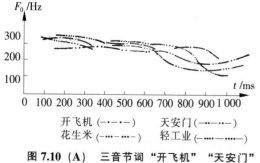

图 7.10（A） 三音节词"开飞机""天安门""花生米"和"轻工业"的音高曲线

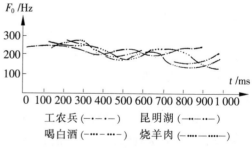

图 7.10（B） 三音节词"工农兵""昆明湖""喝白酒"和"烧羊肉"的音高曲线

第七章 声调    183

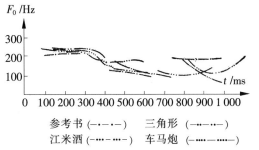

参考书 (—·—·—)　　三角形 (—··—··—)
江米酒 (—···—···—)　　车马炮 (—····—····—)

图 7.10（C）　三音节词"参考书""三角形"
"江米酒"和"车马炮"的音高曲线

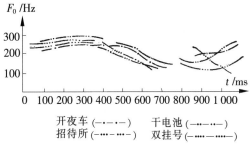

开夜车 (—·—·—)　　干电池 (—··—··—)
招待所 (—···—···—)　　双挂号 (—····—····—)

图 7.10（D）　三音节词"开夜车""干电池"
"招待所"和"双挂号"的音高曲线

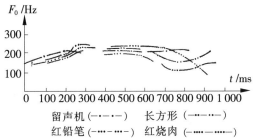

留声机 (—·—·—)　　长方形 (—··—··—)
红铅笔 (—···—···—)　　红烧肉 (—····—····—)

图 7.10（E）　三音节词"留声机""长方形"
"红铅笔"和"红烧肉"的音高曲线

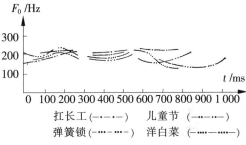

扛长工 (—·—·—)　　儿童节 (—··—··—)
弹簧锁 (—···—···—)　　洋白菜 (—····—····—)

图 7.10（F）　三音节词"扛长工""儿童节"
"弹簧锁"和"洋白菜"的音高曲线

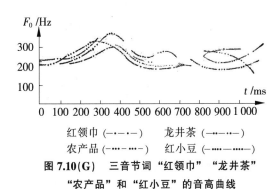

红领巾 (—·—·—)　　龙井茶 (—··—··—)
农产品 (—···—···—)　　红小豆 (—····—····—)

图 7.10（G）　三音节词"红领巾""龙井茶"
"农产品"和"红小豆"的音高曲线

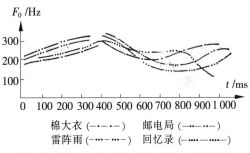

棉大衣 (—·—·—)　　邮电局 (—··—··—)
雷阵雨 (—···—···—)　　回忆录 (—····—····—)

图 7.10（H）　三音节词"棉大衣""邮电局"
"雷阵雨"和"回忆录"的音高曲线

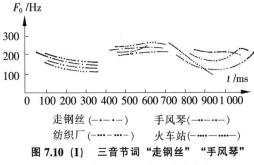

走钢丝 (—·—·—)　　手风琴 (—··—··—)
纺织厂 (—···—···—)　　火车站 (—····—····—)

图 7.10（I）　三音节词"走钢丝""手风琴"
"纺织厂"和"火车站"的音高曲线

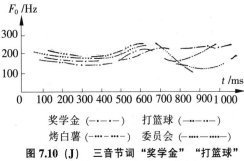

奖学金 (—·—·—)　　打篮球 (—··—··—)
烤白薯 (—···—···—)　　委员会 (—····—····—)

图 7.10（J）　三音节词"奖学金""打篮球"
"烤白薯"和"委员会"的音高曲线

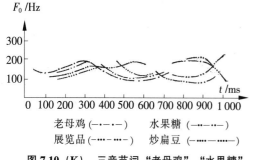

图 7.10（K） 三音节词"老母鸡""水果糖""展览品"和"炒扁豆"的音高曲线

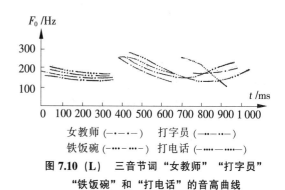

图 7.10（L） 三音节词"女教师""打字员""铁饭碗"和"打电话"的音高曲线

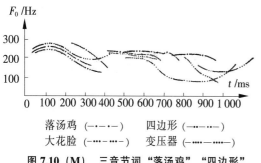

图 7.10（M） 三音节词"落汤鸡""四边形""大花脸"和"变压器"的音高曲线

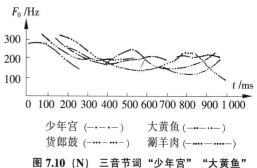

图 7.10（N） 三音节词"少年宫""大黄鱼""货郎鼓"和"涮羊肉"的音高曲线

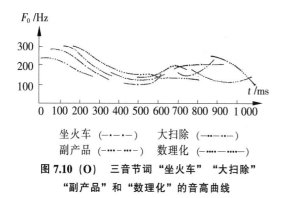

图 7.10（O） 三音节词"坐火车""大扫除""副产品"和"数理化"的音高曲线

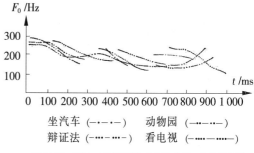

图 7.10（P） 三音节词"坐汽车""动物园""辩证法"和"看电视"的音高曲线

从图 7.10（B）和（F）可以看到，首音节为阴平或阳平时，中音节阳平 $F_0$ 曲线的调型段有的为高升，有的为高降升，它们多数的频率范围稍小点。从图 7.10（I）和（N）可以看到，首音节为上声或去声时，中音节阳平 $F_0$ 曲线的调型段也是有的高升，有的高降升。

当首音节和末音节都不是上声时，中音节上声变半上，其 $F_0$ 曲线呈低降，其开头部分与首音节 $F_0$ 末尾部分有相呼应趋势；当首音节不是上声，末音节为上声时，中音节上声变阳平，其 $F_0$ 曲线大多呈高降升；当首音节为上声，而末音节不是上声时，中音节上声变半上，这时首音节变阳平。中音节的去声，不管首末音节是什么声调，都变成半去。

（3）末音节一般都保持其原有的调型

当然末音节声母为非清辅音时，其 $F_0$ 曲线起点要与中音节 $F_0$ 曲线的终点相衔接。

（4）三个上声音节连读时的变调规律

过去关于三个上声音节连读时的变调规律都是以两个上声音节连读的变调规律为依据

的：上声三音节词首音节与次音节连读时，首音节上声变成阳平；中音节与末音节连读时，中音节上声也变成阳平。因而，"上上上"变成"阳阳上"。这时又由于前音节读成阳平，使得中音节阳平变成阴平。所以，在过去的语言学著作里，多数人认为"上上上"变成"阳阴上"。不过，徐世荣（1978）在谈到"纸老虎"中"纸"的变调时，已指出"纸"只能读"半上"。这几年对这个问题发表了一些文章（胡炳忠，1977、1985；卢甲文，1979；子月，1984），看来上声三音节词不仅可变成"阳、阳、上"或"阳、阴、上"，还可变成"'半上'、阳、上"。

## 7.3 声调的知觉

### 7.3.1 声调的听觉辨认依据

声调的听觉辨认依据是什么这个问题，不仅语音学家对它感兴趣，而且声学家、生理学家、心理学家对它也十分关心。对这个问题做了较多研究的有汉语普通话、泰语暹罗话、约鲁巴语、塞尔维亚-克罗地亚语，以及瑞典语和挪威语等。这里主要介绍普通话和暹罗话的一些研究成果。

（1）普通话四声的辨认问题

Chuang 等（1971）对此做了研究。他们请三位在台湾出生、会说普通话的成年人分别念 60 个单音节，这些单音节由 15 种不同声韵结构的四声组成。图 7.11 是他们得到的其中一位发音人念的 60 个单音节四声的平均 $F_0$ 曲线。

Chuang 等人另请四位中国人对这些音的声调做绝对辨认判断。这四位听音人对这些音节的声调都很容易地做出辨认判断，发生的少量辨认错误多数是在阳平和上声之间。从图 7.11 可以看出，这位发音人念的阳平和上声的起点 $F_0$ 很相近，它们的时长也差不多，$F_0$ 曲线形状也有相似之处，因此它们之间发生混淆是可能的。

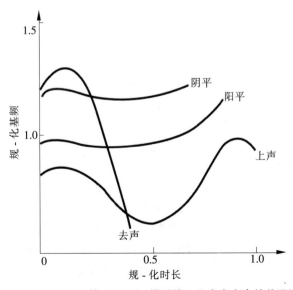

图 7.11 Chuang 等（1971）得到的一位发音人念的普通话
60 个单音节四声的平均 $F_0$ 曲线

Kiriloff（1969）对12位以汉语为第二语言的人做了测验，发现他们辨认阳平和上声发生的错误比辨认阴平和去声的多得多。

Klatt（1973）介绍了 V. Zue 于1976年做的一个实验，他让三位北京人对合成的四个声调做辨认。当四个声调的频率范围缩小到2Hz时，阴平和去声几乎仍可100%地加以辨认，可是阳平和上声常常发生混淆。在辨别实验中，大多数误差也是发生在阳平和上声之间。

Chuang 等（1971）的研究结果还发现，阳平和上声之间的混淆是不对称的，把上声误认为阳平的错误率几乎是把阳平误认为上声的错误率的两倍。

从以上实验可以看出，总的说来，普通话声调很容易被听音人辨认。那么，声调的听觉辨认依据是什么呢？

Howie（1972）对一些条件下的普通话声调做了知觉实验。其中一个实验是在单念的阴平音节/pao˥/上，分别加上四声的 $F_0$ 曲线，合成四个单音节词：/pao˥/"包"、/pao˧˥/"雹"、/pao˨˩˦/"保"、/pao˥˩/"报"。音节带音段时长为：阴平237ms、阳平271ms、上声277ms、去声251ms。12位说普通话的听音人辨认这种合成音的四声，准确率为95%。

Howie 又合成了一组单音节词：/jiŋ˥/"鹰"、/jiŋ˧˥/"营"、/jiŋ˨˩˦/"影"、/jiŋ˥˩/"硬"。他把其 $F_0$ 曲线加以压缩，然后用128Hz水平线替换它们。四个音节的基频都是128Hz时，六位听音人辨认四声的效果很不好。

Howie 据此认为，普通话里的 $F_0$ 曲线不仅是辨认普通话四声的充分征兆，而且在辨认普通话四声中的作用是第一位的。

Howie 的实验是在声码器上做的，他没有研究时长在四声中有什么作用，对振幅在四声中的作用也没有做深入探讨。为了进一步了解这些参数在声调知觉中的作用，下面介绍通过共振峰合成器做的实验结果（林茂灿等，1987）。

我们利用共振峰合成系统，根据五种条件合成/ʂʅ/、/tʻuo/和/ai/三种声音（杨顺安，1986）。这些言语声无规则地录在录音机上，使听音人无法猜测听到的音是由哪个条件合成的。听辨时，每种言语声重复三次，各言语声之间相隔三秒，便于听音人做判断表示。14位听音人都生长于北京，大学文化程度，听力正常。

条件一的各种参数（基频、振幅和时长）相当于§7.1中所讨论的普通话四声通常的声学表现。图版7.1是按条件一合成的/ai/语图。14位听音人对这个条件下三种言语声的四声平均正确辨认率为98.8%，听音人认为这些言语声音质自然的占70.7%。

条件二跟条件一所不同的是仅仅把振幅曲线做了改变。例如，把 $F_0$ 低降升的振幅从双峰型改为中强型，而基频和时长保持不变。图版7.2是根据条件二合成的/ai/语图。14位听音人对这个条件下言语声的四声平均正确辨认率为97.6%，听音人认为这些言语声音质自然的占67.1%。

条件三的 $F_0$ 用五度制声调符号表示都是中平的，其相对时长跟条件一的一样，但振幅有中强、后强、双峰和前强四种类型。图版7.3是根据条件三合成的/ai/语图。14位听音人把约90%的这种言语声辨认为阴平，剩下的约10%是听音人没做任何判断的，可是没有一个人把这些言语声中的任何一个判断为其他声调。这说明只要 $F_0$ 是一条水平线，后强型振幅曲线和相应时长不会给人以阳平调的感觉；双峰型振幅曲线和相对的最长时长也不会给人以上声调的感觉；前强型振幅曲线和相对的最短时长也不会给人以去声调的感觉。由此可见，仅靠振幅和时长人们是无法区别四声的。

合成条件四和五的 $F_0$ 模式和振幅曲线形状跟条件一的相同，但两者的时长跟条件一的不同。条件四所要合成的四种言语声的时长都等于条件一里的去声时长，条件五的四种言语声的时长都等于条件一里的上声时长。对于条件四的言语声，听音人正确辨认为阴平、阳平和去声的平均为97.6%，而正确辨认为上声的只有90%，比条件一的上声辨认率下降了约7%。听音人认为，这时上声音质自然的比条件一的下降了22%。对于条件五的言语声，听音人正确辨认为阴平、上声和去声的平均为98.4%，而正确辨认为阳平的有88.8%，比条件一的阳平辨认率下降了12%；听音人认为这时去声音质自然的比条件一的下降了19%。这两个条件的实验结果表明，时长对上声和去声自然度的影响要比对上声和阳平辨认率的影响来得大。

条件二言语声的四声正确辨认率比条件一的下降了1.2%，这说明振幅对四声辨认率的影响可能只有1.2%。条件四和条件五的四声辨认率分别都比条件一的下降了3%，这说明时长对四声辨认率的影响可能只有3%。条件一的言语声四声辨认率为98.8%，由此推测，$F_0$模式对四声辨认率的作用大约为95%。这个结论跟Howie的实验结果较为一致。

这个实验结果表明，仅靠$F_0$模式，能以95%的可能性合成出四声；但仅靠振幅和/或时长是不可能合成出四声的。不过，时长对上声和去声自然度的影响，要比对上声和阳平辨认率的影响来得大。

条件一的所有言语声只有一个低降升的被一人听为阴平；条件四的只有两个低降升的被一人听为阳平。本实验的合成言语声在四声辨认方面基本上没有发生什么混淆。

(2) 暹罗话五个声调的辨认问题

暹罗话 [khɑɑ]（一种草）、[khaà]（良姜）、[khaâ]（杀）、[khaá]（做买卖）和 [khǎa]（腿）之所以有不同的意义，就是由于它们有不同的声调。图7.12表示在停顿之前的音节平均基频曲线。

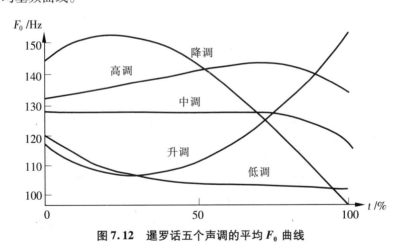

图7.12 暹罗话五个声调的平均$F_0$曲线

Abramson（1962）让一位男发音人念了四组声调不同的单音节词，用于做绝对辨认判断。11位听音人中的大多数无错误地对五个声调做了辨认。Abramson（1975）又做了这种实验，这时男女发音人各5名，念同一组五个声调的单音节词，25位听音人做辨认判断，其辨认率几乎达到100%，只有少数听错了。在听错的音中，大多数是中调和低调之间的混淆，而且这些错误中的一半是由一位发音人引起的。中调和低调的特点是它们的$F_0$随时间变动小，不像降调、高调和升调的变动大，因而容易混淆。不过对单个发音人念的单音节词，大多数听音人对中调和低调并不混淆。这个事实表明，单个发音人念的五个声

调有其相互区别的 $F_0$ 模式。

为了检验说暹罗话的人是否单靠基频就能辨认声调，Abramson（1962）把［naa］（田野）、［naà］（绰号）、［nâa］（脸部）、［naá］（叔叔）和［nǎa］（厚度）等单念的单音节的 $F_0$ 曲线，通过声码器改成如图 7.12 所示的相应声调的平均 $F_0$ 曲线。10 位听音人很容易地以几乎 100% 的准确率对这些声音的声调做了辨认。Abramson（1975）重复了这种知觉实验，这次他是在合成单音节词［kha:］上，加上前面提到的五个声调的平均 $F_0$ 曲线。38 位听音人以 93% 的辨认率辨认各个声调，这表明基频变化对泰语声调来说携带了足够的信息。他把各个声调可能具有的相对振幅再分别加上去，这时 4 位听音人辨认声调的辨认率为 96%。这个实验进一步证明，基频总的来说是泰语声调的充分征兆，但在加上振幅信息以后，辨认效果得到了提高。

Abramson（1972）对暹罗话耳语的声调做了知觉实验。他的研究结果表明，对没有上下文环境的孤立词来说，耳语声调不能被很好地加以辨认。他合成了一组单音节词，基频都是 130Hz，但保留各个声调在振幅等方面的特征。对这些言语声样品，听音人根本区分不出声调。

### 7.3.2　词里的声调知觉

声调知觉问题目前多数侧重于研究音节单念时声调的知觉征兆，不过，对词里声调变化知觉问题的研究正引起人们愈来愈大的兴趣。

（1）普通话上上相连前音节上声的变调问题，在 Hockett（1947）和 Martin（1957）之间有过争论。这个问题事实上在王士元和李功谱（Wang & Li, 1967）的文章中已经得到解决。他们不是依靠语图，而是采用听辨实验的方法。他们首先找到 130 对这种变调的两音节词，例如：

A 组：买马　有井　粉厂　起码……
B 组：埋马　油井　坟场　骑马……

A 组是上声加上声，B 组是阳平加上声。在录音表格上，A 组和 B 组的各个两音节词都出现两次，因而总共有 520 个两音节词。这些两音节词的出现次序是无规则的，也就是说，A 组和 B 组的材料是打乱混杂在一起的。

他们请了两位（一男一女）在北京出生和长大的人担任发音人。发音人照着录音表格读音，读完一个两音节词之后停三秒，再读下一个两音节词。两音节词与两音节词之间的这个停顿，是给听音人对刚刚听过的两音节词做判断用的。

说普通话的 16 位听音人中，有 14 位判断正确的百分数在 49.2% 和 54.2% 之间，没有一个人能答对 55% 以上；参加过发音的两位听音人得分数分别为 56.9% 和 67.3%。也就是说，实际上是无法区分 A 组和 B 组的。回答只能对一半左右，说明听音人在那儿猜。既然是猜，就说明这里没有音位上的区别。所以，王士元（1983）认为：“在上声前面由上声变出来的声调就是阳平，不是什么第五个声调。”

王士元（1983）还从另一个角度来说明这个问题。他说，如果有人认为英语［p］和［b］是一个音位，也就是认为［pin］和［bin］的声音是一样的，可以用上面的实验方法证明他是错的。录下许多对［pin］和［bin］之类的词，按照上面的方法请人听录音回答，肯定每个人都能答对。如果上声变出来的声调确实和阳平不是同一个音位，像英语的

[p]和[b]一样，那么，每个人都能答对90%以上。

既然声学实验结果和听辨实验结果都说明，上上相连前音节上声变成了阳平那样的调子，那么我们应当毫不犹豫地承认它。王士元（1983）认为，普通话"四声在很多情况下都有区别功能，但有时也有中立化现象。比如在上声前，阳平和上声的区别功能就被中立化了。在上声之前，只有三个不同的声调，不可能有四个，因为上声之前的上声要变成阳平的"。我们认为，承认上上相连前音节上声变阳平，对语音教学和有关言语处理工程都会带来方便和好处。

（2）两音节词里音节参数做相对变化，对声调信息的传递有很大影响，这是林焘、王士元（1985）的实验结果。

这篇文章对两音节词里声调的考察限于基频和时长的变化两方面。他们只选择普通话的一些阴平调音节作为考察对象，把要考察的阴平调音节只放在另一音节之前构成两音节词，前面的阴平音节用S—A表示，后面的音节用S—B表示。S—B是S—A的语言环境，在设计时，他们有意识地几次改变S—B的基频，使S—A和S—B之间的音域关系发生变化，让北京人听辨S—A原来的阴平调类是否因此有所改变；如果改变，是否还要受到S—A本身时长的影响。设计的听辨材料分两种：一种是用计算机合成的；另一种是自然语音的重新组合。表7.3里的材料说明了这个实验结果。

表7.3 林焘、王士元的实验结果

| 举例 | S—A | S—B | 掰的 | 白的 | 摆的 |
| --- | --- | --- | --- | --- | --- |
| 例1 | 掰<br>115～115 Hz<br>210 ms | 的$_1$<br>110～70 Hz（−5）<br>140 ms | 10 | 0 | 0 |
| 例2 | 掰<br>115～115 Hz<br>210 ms | 的$_2$<br>120～80 Hz（5）<br>140 ms | 8 | 2 | 0 |
| 例3 | 掰<br>115～115 Hz<br>210 ms | 的$_3$<br>130～90 Hz（15）<br>140 ms | 2 | 8 | — |
| 例4 | 掰<br>115～115 Hz<br>210 ms | 的$_4$<br>140～100 Hz（25）<br>140 ms | 0 | 10 | 0 |
| 例5 | 掰<br>148～144 Hz<br>300 ms | 的$_5$<br>200～150 Hz（56）<br>183 ms | 0 | 1 | 9 |

例1至例4是用计算机合成的，例5是用自然语音重新组合的。表中右边数字是10位听音人的听测结果，这10位听音人都是从小在北京生活长大的，不会说其他方言。S—B基频值后面括号内的数字是S—B基频起点和S—A基频终点之间的基频差，用D来表示。从表7.3的听测结果可以明显地看出，在判断S—A的调类时，有两个因素在起作用，一是D值，二是S—A本身的时长。

这说明听音人对两音节词中前音节调类的判断，往往受后音节基频和它本身音长的影响。高平调的阴平音节如果处在基频比较高的音节之前，往往被听成上升的阳平调；如果它本身的音长也比较长，就有可能被听成接近于低平的上声调。作者指出，这个实验的性质跟 Ladefoged & Broadbent（1957）对元音所做的实验基本相同。这两种实验都证明，听觉在知觉一个言语刺激时，是存在着差异性的，这种差异性是由听错觉产生的。

### 7.3.3 语音音高的辨别差阈

Flanagan & Saslow（1958）对语音音高的辨别差阈做了非常出色的研究。他把四个简单的串联共振电路加以级联，组成元音合成器，产生 [i]、[æ]、[a] 和 [u] 四个单元音；在声压级为 60、70、80 dB 和基频为 80、120 Hz 等条件下，对 6 位听力正常的成年男人做了基频辨别差阈的测定。这个实验结果是，在基频恒定时，最小可觉差（JND）为 0.3 Hz 到 0.5 Hz 这个数量级，它比相同声压级和频率时的纯音 JND 小一点。这个实验结果说明，带音谐波结构为听觉系统确定音高提供了另一种信息。

Klatt（1973）指出，把 0.3~0.5 Hz 这个 JND 数值用于言语声知觉是不合适的。因为这个数值不是在动态的言语声条件下测定的。Klatt 在通用数字计算机上按共振峰合成方案合成 250 ms [ε] 和 [ya]，他用的 $F_0$ 曲线有四种，如图 7.13 所示。

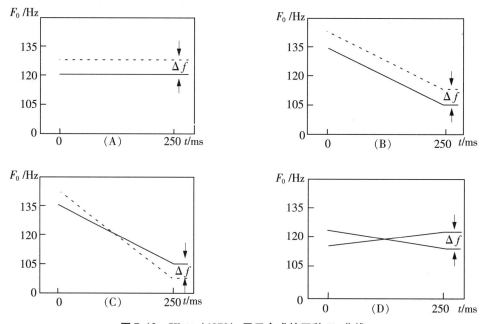

图 7.13　Klatt（1973）用于合成的四种 $F_0$ 曲线

他做了八个实验。第一个实验用 [ε] 音，$F_0$ 曲线用图 7.13（A）那样的。在 $F_0$ = 120 Hz 时，由三位受试者测到的 JND 约为 0.3 Hz。这个数值跟 Flanagan & Saslow（1958）对合成元音在 $F_0$ 恒定时得到的结果是一致的。

第二个实验仍用 [ε] 音，但 $F_0$ 曲线用图 7.13（B）那样呈线性斜坡的。这时的 JND 约为 2.0 Hz，比 $F_0$ 恒定时的 JND 大。

第三个和第四个实验用 [ya] 音，$F_0$ 曲线分别用前两个实验的，得到的 JND 分别为 0.5 Hz 和 2.5 Hz。这两个实验表明，动态的共振峰对音高辨别阈没有多大影响。

第五个和第六个实验是把第一个和第二个实验里的 $F_0$ 成分用滤波器滤去，测得的 JND 分别为 0.18 Hz 和 1.8 Hz。这两个实验结果表明，把基频成分的能量减小以后，对 $F_0$ 的辨别特性有改进。

第七个实验用[ɛ]音，$F_0$曲线用图7.13（C）那样的。测试音的$F_0$平均值都一样，只是起始和末尾的$F_0$加以改变。这时的JND为32 Hz/s，相当于起始基频差$\Delta f = 4$ Hz。

第八个实验仍用[ɛ]音，不过$F_0$曲线斜率小，如图7.13（D）那样，这时的JND为12 Hz/s，相当于起始基频差$\Delta f = 1.5$ Hz。

Klatt指出，从这些实验结果还弄不清楚受试者是根据频率变化率还是根据两个声音的频差做判断。

t'Hart在1974年也对合成语音基频曲线的可辨别性问题做了实验，其目的在于确定语音基频变动幅度多大才跟言语传输的信息有关（引自Gandour，1978）。他用的听音材料是由人说的荷兰语四个音节的短语组成的，把$F_0$曲线处理成逐渐下降的，但重读第三音节的$F_0$曲线有上升的，也有下降的，上升和下降的斜度也不同。让说荷兰语的听音人听辨倾斜方向相同的两个音，要他说出两个音的音高偏移是一个比另一个大还是相等。实验结果表明，受试者对上升的$F_0$曲线在变动1.5个半音时就能觉察出来，而在下降的$F_0$曲线里，却是3.0个半音时才能觉察出来。这就是说，音高上升幅度的改变比起相同的下降幅度来说，要容易被辨别出来。这个实验报告没有说明所感觉的$F_0$变动是在多大的时长里发生的，这是其缺点，因为音高辨别阈跟时长有关，这从§4.2.1的时间效应和§4.2.2的差别感受性可以看出来。

### 7.3.4 声调的范畴知觉

为了讨论这个问题，先要说明什么是范畴知觉以及什么是连续知觉。

塞辅音的知觉具有范畴性，这是Liberman等（1957）的实验结果。这个结果被Pisoni（1973）重复得到。这方面实验通常采用两种知觉测验方法。一种是辨认测验，它要求受试者说出每个单独出现的刺激声的音位名称；另一种是区分测验，受试者在这种测验中听ABX三个刺激声，他一定要说出X是A还是B，而A和B总是不同的。对一组刺激声系列，这两种测验分别得刺激声的辨认函数和区分函数。

范畴知觉有两个特点：一是在区分函数上有一些能非常精确区分的高峰和一些其区分百分数只比机遇稍好的低槽；二是区分函数上的高峰和低槽跟辨认函数之间有很大的一致性，即高峰是由从不同的音位范畴取出来的刺激声对子所引起的，而低槽是由从同一音位范畴之内取出的刺激声对子所引起的。当然，这种刺激声对子的声学参数的差值是在通常的听觉辨别阈限之上的。

Fry等（1962）的研究结果表明，稳定单元音属于连续知觉。这是因为其辨认函数和区分函数不具有范畴知觉的两个特点。Pisoni（1973）也得到了稳定单元音是属于连续知觉的实验结果。

Studdert-Kennedy（1976）介绍的Stevens在1968年做的一项研究结果值得我们注意。Stevens对辅元辅结构（CVC）音节中的元音和相应的稳定单元音分别做了辨认测验和区分测验。他发现CVC音节中的元音，范畴知觉的程度较高。

声调属于范畴知觉还是属于连续知觉？这个问题的研究结果很不一致，下面介绍汉语普通话声调和泰语暹罗话声调的知觉测验结果。

王士元等人于1975年以北京话声调的阴平和阳平为材料做了这方面实验（王士元，1983）。他们用语音合成的办法做出11个音节，用的是元音[i]，从阳平开始，每个音节的$F_0$斜度逐渐减小，越来越平，一直到阴平调55为止。每个音节的持续时间是500 ms，开头

1/5 的 100 ms 是平的。第一个音节的 $F_0$ 一开始是 105 Hz，经过 100 ms 后才往上升，到 500 ms 时就升到 135 Hz，也就是说，在 400 ms 时间内上升了 30 Hz。第二音节的 $F_0$ 比第一音节高 3 Hz，两者的区别是 $\Delta F = 3$ Hz。从第三节开始，依次加上 $\Delta F$，就是 108 Hz、111 Hz、114 Hz，一直加到第十一音节 135 Hz，如图 7.14。他们所设计的实验，在辨认阶段，每个音节之间相隔 4.5 秒，受试者用于回答和休息。在区分阶段，用的是 ABX 方法，A 和 B 之间相隔 0.4 秒，B 和 X 之间相隔 0.6 秒，休息一下回答，加在一起一共差不多 4 秒。

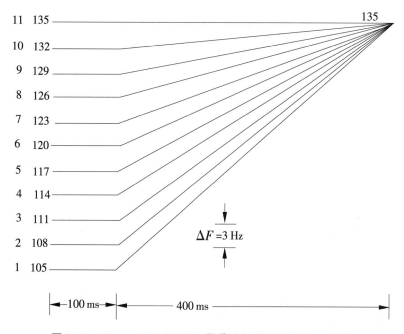

图 7.14　Wang & Li（1967）做范畴知觉实验用的 $F_0$ 曲线

几位中国人做的知觉实验结果见图 7.15，带圆圈的线"○-○"代表辨认函数，带"+"的线"+－+"代表两个步长的区分函数。这个实验表明，普通话四声在阴平和阳平之间存在着音位界线，它在第七音节左右，因为辨认函数在第七音节左右比较陡峭，区分函数在第七音节左右出现高峰。

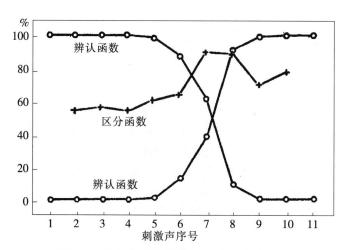

图 7.15　几位中国受试者的范畴感知的实验结果

V. Zue 于 1976 年报道了他对阳平和上声做的范畴知觉实验结果（引自 Gandour, 1978: 61）。他合成了九个/pao/音节，时长为 400 ms：第一音节 0~400 ms，$F_0$ 从 100 Hz 线性上升到 160 Hz，第二音节 0~50 ms 为 $F_0$ = 100 Hz 的水平线，50~400 ms 之间 $F_0$ 从 100 Hz 线性上升到 160 Hz；第三音节的开头部分再增加 50 ms，因而 0~100 ms 为 $F_0$ = 100 Hz 的水平线，100~400 ms $F_0$ 从 100 Hz 线性上升到 160 Hz；依此类推，到第九个音节，0~400 ms 的为 $F_0$ = 100 Hz 的水平线，在 400 ms 处 $F_0$ 垂直上升到 160 Hz。三位中国人参加这个实验，他们都以第五音节为其范畴边界，在区分函数中也是在这个边界处有一个高峰。

Abramson（1978）介绍了他于 1961 年和 1977 年做的暹罗话声调的范畴知觉实验结果。他 1961 年的实验是在 [naa] 音节上分别加上五个不同的 $F_0$ 曲线，这五个 $F_0$ 曲线覆盖着暹罗话中调和高调的范围（见图 7.12）。这个实验假定中调和高调的声学特征的区别主要在于 $F_0$ 曲线的形状而不是 $F_0$ 曲线的位置高度。这五条 $F_0$ 曲线在末端都有下降，第一条 $F_0$ 曲线是水平线，到了末端才下降；第二条 $F_0$ 曲线只是在末端下降点提高 5 Hz；第三条、第四条到第五条都分别提高 5 Hz，因而第二条到第五条 $F_0$ 曲线都是线性上升型，末端都下降。五位说暹罗话的人参加用 ABX 方法做的区分测验，他们的正确区分百分数总的说来都很高，在音位边界处得不到令人信服的区分高峰。

为了进一步弄清这个问题，他在 1977 年又做了实验。这次他在 [kha:] 上分别加上 16 条 $F_0$ 的直线，其范围从 92 Hz 到 152 Hz，彼此相隔 4 Hz，合成 16 个音，让 33 位说暹罗话的人参加辨认测验，说出暹罗话五个声调中的一个。

他做区分测验是用成对相似的四段强迫法 [4-interval forced-choice test of pair similarity (4IAX)]，每次给受试者听一组两对刺激，其中一对里的两个刺激声是相同的，即 AA，而另一对里的两个刺激声是不同的，即 AX，AX 有一个步长的和两个步长的两种。每对里的两个刺激声相隔 250 ms，对与对之间相隔 1 秒。每组刺激声之间相隔 3 秒，受试者用于判断回答。参加区分测验的 33 位受试者都参加过辨认测验。受试者的任务是说出每组里哪一对是由不同刺激 AX 组成的。图 7.16 给出了辨认百分数至少不低于 80% 的 15 位受试者辨认为低调、中调和高调的辨认函数（事实上，对上述 16 个音节辨认为降调和升调的不常见）。从图 7.16 可以看出，三个声调的辨认函数在交界处有很多的重叠。图 7.17 给出了这 15 位受试者对上述 16 个音节用 4IAX 法得到的一个步长和两个步长的区分函数。图中在 108 Hz 和 133 Hz 处的垂直线代表图 7.16 三个声调彼此之间的边界。一个步长的和两个步长的区分百分数都比机遇的大，而且区分函数在边界处也没有区分高峰。这个实验进一步说明泰语暹罗话声调是非范畴知觉，即连续知觉。

Abramson 谈到了 A. Siegel 和 W. Siegel 在 1977 年发表的实验结果。他们的研究结论是，音乐家对音乐音程的知觉是有范畴性的。

前面介绍的对汉语普通话声调的知觉是范畴性的，而对泰语暹罗话声调的知觉是非范畴性的，这两项实验结果很不一致。

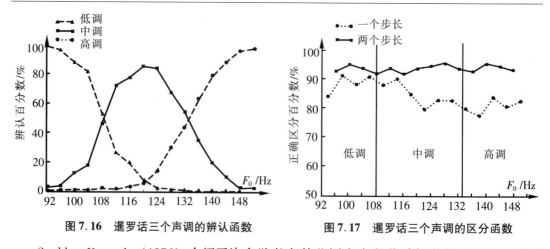

图 7.16 暹罗话三个声调的辨认函数　　图 7.17 暹罗话三个声调的区分函数

Studdert-Kennedy（1976）介绍了许多学者在某些语音音段范畴知觉的基础上，采用选择性适应方法，估计在通向大脑的神经中有特征觉察器的存在。王士元（1983）也谈到，用范畴分界的办法，把［b］和［p］的界线找出来，然后让受试者戴上耳机，在1秒内高速度连续放送几个［p］，加强对他听觉的刺激，然后拿掉耳机，再做范畴分界的实验。这时可以发现，［b］和［p］之间原有的音位界线往［b］的方向移动了。［p］的刺激越强，界线就移动得越多。这是因为每一个区别性特征在大脑里都有专管它的神经。［b］和［p］区别性特征的不同就在于 VOT 的不同。在［p］强刺激的情况下，听［p］的那一部分神经过于疲劳，就不那么敏感了，所以，这时它和［b］之间的音位界线就移动了。王士元接着说，有人认为这是区别性特征在生物学上的证明。音位学已经有好几十年的历史，但是它和物理学、心理学等联系起来，只不过是近几年的事。如果我们不但能给每一个区别性特征找到社会上的证明，而且还能够找到人体生理上、心理上的证明，那就是一个非常巨大的贡献。

由于研究语音知觉有这种作用，所以关于声调语言里的声调范畴知觉问题更需要做进一步研究。近年来关于汉语声调范畴知觉的实验结果，见本书《续编》第五章"言语知觉"有关部分。

### 7.3.5　声调能力的大脑侧向问题

动物的神经系统一般都是两半对称的，但是人类的大脑，包括其结构和功能，却出现了两半球不对称的现象。大脑左半球的一些区域通常被人们称为语言中枢，这是因为对使用右手的人和大部分使用左手的人来说，左半球都是专司语言功能的。下面先介绍语言能力与大脑左半球有关的一些证据，然后对声调语言里的声调是否也由左半球来管的问题做个说明。

对大脑两半球的作用，科学家们做过很多研究。早期的研究主要是靠对失语症病人做临床观察。后来人们又找出一些新的方法，从正常人身上获得证据，说明语言能力确实与左半球有关，这称为语言能力的侧向。在这些实验方法中，比较著名的一种叫做两歧听力实验。这种实验的出发点是大脑的每一半球是靠身体的另一边耳朵接收信息的，不过两半球之间还具有某种联系，让一方知道另一方在干什么。因此，如果语言"位于"左半球，右耳就应该比左耳更善于处理语言信息。这个实验方法是在同一时间内让左右两个耳朵分别听不同的信号，要受试者说出两个耳朵听到的分别是什么。一系列实验证明，右耳对具有语言学性质的信号能做出更正确的反应，这叫作"右耳优势"。如果要求受试者注意信息的感情色彩，这时左耳能做出更正确的反应，这就叫作"左耳优势"。

但是，情况并不那么简单。对辅元结构和辅元辅结构的音节来说，其开头和末尾的辅音不同时，用两歧听力实验表明，这些音节具有明显的右耳优势。但是，对稳定单元音来说，右耳就不见得比左耳强多少；对辅元辅结构的音节来说，中间的元音不同时，右耳也没有什么优势。元音加上噪声，或把元音时长缩短，它对右耳的优势就增加了（Studdert-Kennedy，1976）。

对那些经过音乐训练的人来说，在听音乐时，右耳胜于左耳；对那些毫无音乐训练的人来说，则是左耳胜于右耳（桂诗春，1985）。这些实验进一步说明，大脑左半球不但专司语言，而且还专司理解和分析。讲到这里，人们自然会提出声调是不是也由大脑左半球来管这个问题。

普通话声调没有明显的右耳优势，这是人们对16位受试者做测验得到的看法（Zhang & Fang，1983），而Smith和Shand于1974年报道了他们对广东话的实验结果，很多受试者在噪声背景下，对广东话声调是右耳占优势（引自Gandour，1978）。

Van Lancher、Fromkin于1973年和Van Lancher于1975年报道了对泰语暹罗话的实验结果，认为暹罗话声调更容易被右耳听见（引自Gandour，1978）。

Wood等（1971）利用脑电仪（EEG）研究了与语言有关的神经生理过程。他们合成了［ba］和［da］两个音节，组成两种类型刺激声序列，其中一种序列是由低调［ba］和低调［da］组成，另一序列则由低调［ba］和高调［ba］组成。在这两个序列中，四个音节的时长和强度是相同的。在低调［ba］和低调［da］组成的序列中，$F_0$曲线都是下降的，$F_0$起点都是104 Hz。在低调［ba］和高调［ba］组成的序列中，$F_0$曲线也是下降的，低调的$F_0$起点为104 Hz，跟前面序列中的一样，而高调的$F_0$起点为140 Hz。图版7.4是这两类刺激声序列中三种语音的语图。

显然，对说英语的本地人来说，低调［ba］和低调［da］有不同的语言学意义，而低调［ba］和高调［ba］则没有不同的语言学意义。因此，他们把由低调［ba］和低调［da］组成的序列叫作"有语言学意义"的序列，用于辨认两种不同部位的塞辅音，而把由低调［ba］和高调［ba］组成的序列叫作"无语言学意义"的序列，辨认的只是不同的基频。很显然，在两类刺激声序列中都有低调［ba］。在实验用的序列中，哪一个刺激声在前，哪一个刺激声在后是无规则的。

10位使用右手的受试者参加这个实验。受试者听到每个序列的声音，对其中刺激声做辨认以后，立即按如下方式做出表示：听到的是低调［ba］，用右手食指按某一个电键；听到其他刺激声，一律按另一个电键。

与此同时，在受试者大脑左半球的颞部（$T_3$）、顶部（$C_3$）和右半球的颞部（$T_4$）、顶部（$C_4$）埋有电极，由脑电仪记录受试者上述活动在这四个位置引起的电位变化。图7.18是10位受试者对低调［ba］在执行塞辅音辨认和基频辨认过程中引起的1920个反应的平均电位变化。图中实线是执行基频辨认过程的平均电位变化，而虚线是属于执行塞辅音辨认过程的平均电位变化。曲线的前部属于预反应期间，后部属于动觉反应期间。动觉反应期间表示受试者用右手手指按下电键这个动作所引起的电位变化，而预反应期间则最适合分析受试者在辨认过程中所引起的电位变化。在$T_3$、$C_3$和$T_4$、$C_4$曲线的下面各有一列"脉冲串"，表示Wood等人用Wicoxon检验法，对执行塞辅音辨认的电位变化跟执行基频辨认的电位变化两者之间的差异做统计分析的结果。从基线向上的偏离（指各个"脉冲")表示在统计置信水平 $p$ 小于 0.01 条件下，两种辨认之间的电位差异是显著的。因此，在预反应期间，执行两种辨认在右半球 $T_4$ 和 $C_4$ 所引起的电位没有什么不同，因为在右半球 $T_4$ 和 $C_4$ 的预反应期间没有出现什么"脉冲"；而在左半球 $T_3$ 和 $C_3$ 所引起的电位却有显著的差别，因为在预反应期出现了所谓"脉冲"。

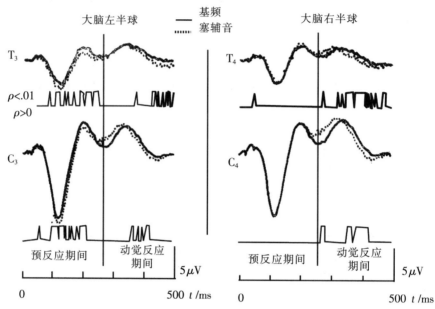

图 7.18　10 位受试者对低调 [ba] 在执行塞辅音辨认和执行基频辨认时在大脑两个半球引起的平均电位变化，以及 Wood 等人对这些变化之间的差异做的统计分析的结果

(引自 Wood et al., 1971: 图 1)

这个实验结果表明，受试者对同一声学信号做语言学的和非语言学的两种不同辨认时，确实引起了不同的神经反应，而这种神经活动的差异是在大脑左半球表现出来的。

用脑电仪做的这种实验进一步证明大脑左半球是专司语言功能的。

对汉语这样的声调语言来说，音节里的不同 $F_0$ 模式具有不同的语言学意义。那么，声调在大脑里会有什么样的神经生理过程，值得展开研究。

## 7.4　声调的产生

从 §7.3.1 的论述中我们知道，对汉语普通话和泰语暹罗话来说，基频 $F_0$ 是人们辨认其声调的充分而又必要的征兆。讨论声调是怎样产生的，主要是研究语音基频 $F_0$ 是怎样产生的。众所周知，声带每秒钟振动次数等于基频 $F_0$。这里从声调产生的角度讨论声带振动问题。

语音的声带振动率跟声带本身的紧张度和作用于声带的声门下压力都有关系。声带紧张度受喉内肌和喉外肌的活动所制约，目前主要用肌电仪测量有关肌肉的肌电 (EMG)，从而了解有关肌肉的活动情况。至于声门下压力 ($p_s$)，还有间接和直接两种测量方法。

### 7.4.1 普通话四声中的环甲肌和胸骨舌骨肌活动的 EMG 研究

Sagart（1986）做了研究 EMG 的报道。发音人 CYC 和 FJQ 是中国人，说流利的普通话。发音人 CYC 念"妈、麻、马、骂""屋、吴、五、务""哀、挨、矮、爱""督、独、赌、度"和"秃、图、土、兔"5 组四声，这些字放在引导句"我念__字"中念；FJQ 念"督、独、赌、度""逼、鼻、比、闭""哥、格、葛、个"和"发、罚、法、珐"4 组四声，这些字放在引导句"这个__字"中念。用两根细小的铂白金丝钩状电极（thin hooked platinum wire electrode）穿过皮肤分别插到发音人的 CT（环甲肌）和 SH（胸骨舌骨肌）上。发音人在录音室里发音，EMG 信号和声音信号同时录在多通道录音机上。Sagart 用 CYC 的 CT 信号和 FJQ 的 SH 信号研究有关问题。

Sagart 用对数倒频谱法提取 $F_0$，用海明窗对 EMG 信号进行积分。图7.19是这个实验得到的一个样品。

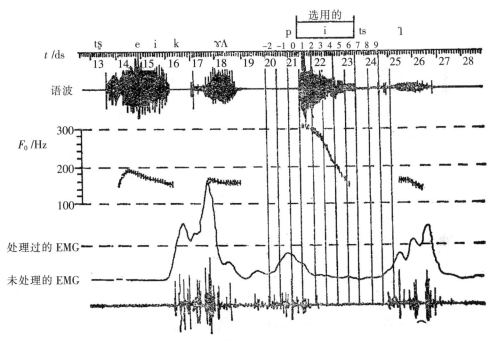

图 7.19 发音人 FJQ 念"这个闭字"这句话的语音波、
$F_0$ 及未处理的和积分过的 EMG 信号

Sagart 把所研究的音节分成12个等间隔的点，用 −2 到 9 的 12 个数字标出，其中数字 1 和 6 相当于这个音节携带声调部分（他根据 Howie 的看法，认为音节携带声调部分发生在主要元音和韵尾上）的起点到终点，如图 7.19 中"闭"字所表示的。图 7.20 和图 7.21 给出 $F_0$ 跟 CT 的 EMG 平均值和 $F_0$ 跟 SH 的 EMG 平均值，图中两条粗垂直线位置就是数字 1 和 6 的位置，即为携带声调部分的起点和终点位置。

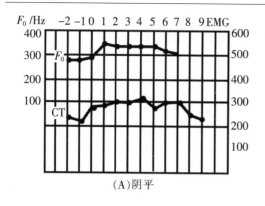
(A)阴平

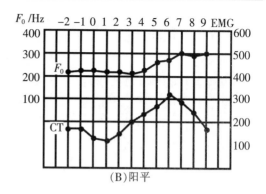
(B)阳平

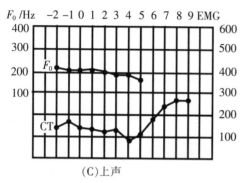
(C)上声

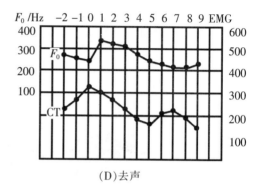
(D)去声

图 7.20　四声的 $F_0$ 与 CT 活动（CYC 念的 5 组四声的平均值）

（1）Sagart 首先估计 CT 活动的潜伏时间。因为肌肉活动跟 $F_0$ 响应之间总有某些时间差值。对 CT 来说，这个时间值是从其 EMG 曲线上的明显点与 $F_0$ 曲线上相应点的时间滞后做出估计的。Sagart 从引导句里"我"音节 CT 的积分 EMG 曲线的最低点与 $F_0$ 曲线的相应最低点之间，以及"念"音节 CT 的积分 EMG 曲线的尖峰点与 $F_0$ 曲线的相应尖峰点之间，求出 CT 的潜伏时间平均为 87 ms。Sagart 指出，这个潜伏时间跟 Collier 在 1975 年得到的 94 ms 大抵相当，而比 Atkimson 在 1973 年得到的 40 ms 大得多。87 ms 相当于图 7.20 中相邻两点距离的两倍。所以，图中点 −1 到 +1 所发生的 CT 活动模式跟这个音节携带声调部分的起点 $F_0$ 变化有关，图中点 4 以后的 CT 活动模式跟这个音节的 $F_0$ 变化无关。必须指出的是，图 7.20 中点 5 和 6 之间 CT 活动是增强的，点 6 和 8 之间 CT 活动水平相对地说比较高；Sagart 认为这跟下一个音节为去声的 $F_0$ 产生有关。

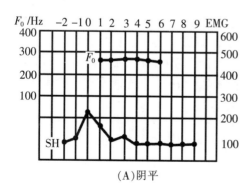
(A)阴平

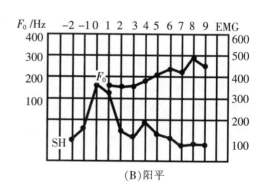
(B)阳平

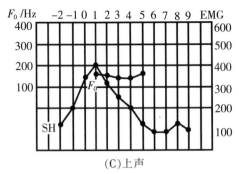
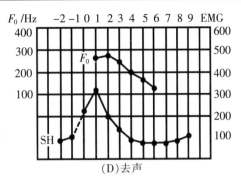

(C)上声　　　　　　　　　　　　(D)去声

图 7.21　四声的 $F_0$ 与 SH 活动（FJQ 念的 4 组四声的平均值）

Sagart 认为，他的实验结果表明，在所有 $F_0$ 上升（阳平的第二部分、阴平和去声开始点之前的 $F_0$ 上升）之前都有 CT 活动的增强，对声调 $F_0$ 高值的部分（整个阴平）来说，CT 活动也是很强的。以 $F_0$ 下降为特征的那部分声调（阳平的第一部分、低降的上声和高降的去声），其前面的 CT 活动是减弱的。Sagart 指出，这种 $F_0$ 上升和下降与 CT 活动之间的关系，在他所研究的音节里都是这样。

（2）关于 SH 活动，Sagart 看到它不仅跟 $F_0$ 的某种变化有关，而且跟言语产生的其他方面也有关。为了确定 SH 在 $F_0$ 变化中有多大作用，必须先对它在音段调音（即发音）中的卷入程度有所了解。图 7.22 是［tu］、［pi］、［kɤ］和［fa］四个音节的 SH 的平均 EMG 曲线：每个字都念 4 个声调，每个声调念两遍，所以分别是 8 个音的平均值。如果 SH 仅仅跟 $F_0$ 的某种变化有关，而在音段调音中不起作用，图 7.22 中四条 SH 的 EMG 曲线就应该一样。可是实际情况并非如此，图 7.22（B）的［pi］跟其他三个音节的 SH 平均 EMG 曲线就不一样：［tu］和［fa］的 SH 尖峰值最大，见图 7.22（A）和（D）；［kɤ］的尖峰值次之，但其范围宽见图 7.22（C）；而［pi］的最小，见图 7.22（B）。Sagart 指出，SH 的平均 EMG 曲线的这种表现跟 Ohala 和 Hirose 在 1970 年所发现的是一致的。Ohala 和 Hirose 认为在舌头后缩（如念［tu］）和舌头或下颌下降（如念［kɤ］和［fa］）时，SH 要参与活动。

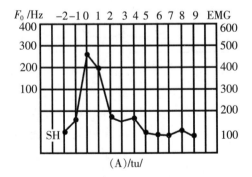
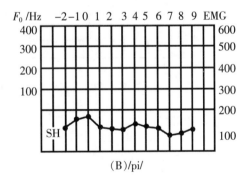

(A)/tu/　　　　　　　　　　　　(B)/pi/

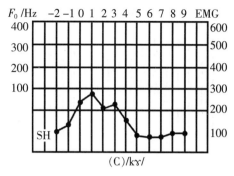
(C)/kɤ/

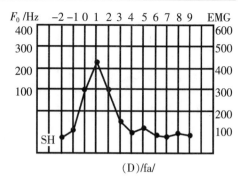
(D)/fa/

图 7.22　[tu]、[pi]、[kɤ] 和 [fa] 的 SH 平均 EMG 曲线

由于 SH 在 [pi] 音节的音段调音方面介入的程度最小，所以由 [pi] 音节四声得到的图 7.23 的 $F_0$ 跟 SH 关系曲线比起图 7.22 更能反映出 SH 活动对有关 $F_0$ 的影响。

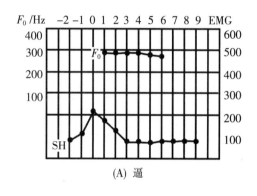
(A) 逼

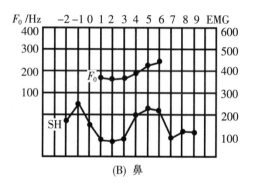
(B) 鼻

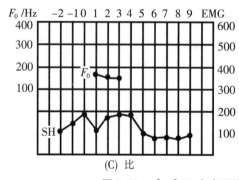
(C) 比

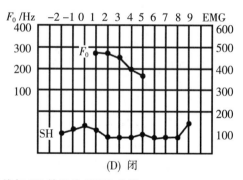
(D) 闭

图 7.23　[pi] 四个声调的 $F_0$ 曲线与 SH 的平均 EMG 曲线

从图 7.23 可以看到，在声母 [p] 除阻之前，四个声调的 SH、EMG 曲线都有尖峰发生，当然这个尖峰也是由于下颌下降引起的。虽然这时下颌下降程度跟声调关系可能不大，但这个图显示的 SH 峰值却跟声调有关：SH 峰值在"鼻"的声母中最大，这可能跟"鼻" $F_0$ 开始部分的小转折有关。"比"的点 1 到 5 和"鼻"的点 3 到 7 还有个峰，它们可能跟"比"的 $F_0$ 下降和"鼻" $F_0$ 变化速度减慢有关。要注意的是，去声的 $F_0$ 下降并不要求 SH 的介入，这是因为 $F_0$ 从高值下降，可能是由 CT 做简单的放松，即由声带弹力使声带紧张度自动减小而造成的。

图 7.23 中的尖峰会明显地引起相应的 $F_0$ 下降和 $F_0$ 变化速度减慢，但由于这方面材料还很不足，所以 Sagart 没有给出 SH 的潜伏时间。

Sagart 对 CT 和 SH 活动如何引起普通话携带声调部分的 $F_0$ 变化做了如下几点归纳：①阴平。在其辅音声母成阻时，CT 活动就增强了，使得声带紧张度达到阴平起点所要求的程度，尔后的声带紧张度一直大体保持不变，从而产生阴平调高平的 $F_0$ 曲线。SH 是否参与阴平调的 $F_0$ 活动尚无根据。②阳平。第一部分的 $F_0$ 下降由 CT 活动从低水平逐渐减弱而产生，可能还有 SH 参与；第二部分的 $F_0$ 上升是由 CT 活动增强而 SH 不活动产生；第三部分的 $F_0$ 上升速度变慢了，它由 SH 的活动尖峰产生。③上声。CH 活动由低水平减弱到很低，而且有 SH 的强有力活动，促使 $F_0$ 在低音域中下降。④去声。在其声母辅音成阻时，强有力的 CT 峰值使 $F_0$ 达到其起点所要求的数值，这时 SH 处在低水平活动状态；然后 CT 活动很快减弱，而 SH 几乎不动，从而使 $F_0$ 曲线成下降型。

概括起来说，Sagart 的实验结果表明，$F_0$ 上升和下降是通过 CT 肌肉的收缩和放松来实现的，而 SH 在音段调音和 $F_0$ 减小两方面都参与作用。

Sagart 还把他的结果跟 Erickson 在 1976 年对泰语暹罗话做的生理实验结果进行比较。Erickson 用 EMG 研究了 CT 和 VOC（声带肌）及 SH、ST（胸骨甲状肌）和 TH（甲状舌骨肌）的活动模式。Sargart 指出，说普通话的人通过 CT 和 SH 形成四声的方式跟说暹罗话的人运用这两块肌肉生成有关声调的方式十分相似。Sagart 还强调指出，他的实验只对两块肌肉的活动做了研究，还没有研究 $p_s$ 在四声中的作用等问题。

### 7.4.2 吴语镇海话单字调中的 VCT 和 $p_s$ 的表现

Rose（1984）用间接法对这个问题做了研究。Monsen 等（1978）提出间接确定 VCT（声带紧张度）和 $p_s$（声门下压力）对 $F_0$ 和 $I_g$（声门体积速度波的强度有效值）作用的方法。他们利用声带振动双质量模型，研究了在 $p_s$ 恒定时，改变 VCT 引起的 $F_0$ 和 $I_g$ 变化；以及在 VCT 恒定时，改变 $p_s$ 引起的 $F_0$ 和 $I_g$ 变化，得到了 VCT 和 $p_s$ 对 $F_0$ 和 $I_g$ 产生作用的一组曲线。图 7.24 表示按照男人声带数据进行合成得到的 VCT 和 $p_s$ 跟 $F_0$ 和 $I_g$ 之间的关系曲线。图中横坐标表示 $F_0$（Hz）；纵坐标表示声门体积速度波的强度有效值 $I_g$（dB），它是从按照男人声带数据合成的声门波各个周期得到的。三角形表示唯有 $p_s$ 改变时那些周期的数据。4、6、8、10、12 和 15(cmH$_2$O)(1cmH$_2$O = 98.06 Pa) 都在正常说话的 $p_s$ 范围之内。圆圈表示唯有 VCT 改变的数据，在这个模型中，VCT 由因素 $Q$ 控制，$Q$ 值取 0.5、0.75、1.0、1.25 和 1.5，$Q = 1.0$ 是说话时具有代表性的声带紧张度的近似性。在这个模型中，当 $p_s$ 落在正常范围之内，如果 $Q$ 值小于 0.5 或大于 1.5，声带振动就不是正常的。

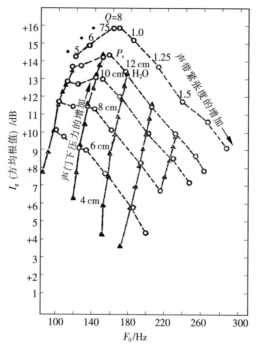

图 7.24 Monsen 等（1978）得到的 VCT 和 $p_s$ 跟 $F_0$ 和 $I_g$ 之间的关系曲线

Rose 仔细地测定镇海话一些音节的 $F_0$ 和 $A_0$，$A_0$ 是口外声压。他认为他实验用的音节是单元音韵母，$A_0$ 跟声门波振幅有很好的近似关系。他通过图 7.24，用 $F_0$ 和 $A_0$ 确定相应的 VCT 和 $p_s$。图 7.25 是他得到的一个样品。他的研究结果表明，VCT 和 $p_s$ 在镇海话字调 $F_0$ 的产生中都可能起作用。他认为不同声调的 $F_0$ 产生机理可以不同，在一些声调中 VCT 起主要作用，在另一些声调中其情况就未必是这样，因为像图 7.25 表示的声调 $F_0$ 变化，就主要由 $p_s$ 改变引起。因此，Rose 认为关于在声调语言中 $F_0$ 产生也主要受 VCT 控制的主张并不是全面的。

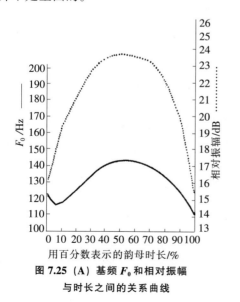

图 7.25（A）基频 $F_0$ 和相对振幅与时长之间的关系曲线

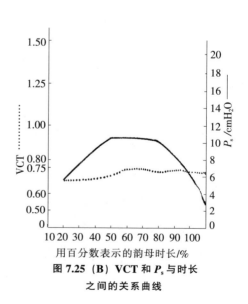

图 7.25（B）VCT 和 $P_s$ 与时长之间的关系曲线

### 7.4.3 VCT 和 $p_s$ 在普通话两音节词语音 $F_0$ 产生中的作用

有人对此做了实验（林茂灿、颜景助、孙国华，1987），这个实验由发音人一男（S）一女（M）（两人都在北京出生长大）念§9.2.1 轻声声学分析实验用的 16 对两音节词，每对两音节词前音节完全同音，后音节只有重读和轻读之别，如"东西—东·西""大意—大·意"等。用 16CT/S2 型硅酮橡皮导管（标定直径 2.8 mm）从发音人鼻孔经咽腔到食道。导管的一端装有接点式换能器，它用于接受声门下压力 $p_s$。记录 $p_s$ 的同时，用录音机录下发音人念这 16 对两音节词的声音。从窄带语图测量 $F_0$。从测量到的 $p_s$ 和 $F_0$，通过图 7.24 曲线确定相应的 VCT 值。

图 7.26 是 S 念的"跟前"和"跟·前"的 $F_0(t)$、VCT$(t)$ 和 $p_s(t)$。两音节词的后音节是零声母和浊声母，或者虽是清声母，但受前音节韵母影响而浊化时，$F_0$ 曲线从前音节到后音节连续不断；如果后音节是清声母，且不受前音节韵母影响时，$F_0$ 曲线在两音节之间中断。$p_s$ 曲线总是连续的，在两音节词里不会中断。从理论上说，VCT 曲线在两音节词里也应是连续的，因为在语音信号产生之前，其生理活动早已开始了；语音信号结束了，生理活动并不立即停止。这里的 VCT 曲线在 $F_0$ 曲线中断时也发生中断，因为这里的 VCT 值是由 $F_0$ 和 $p_s$ 推算得到的。利用公式

$$\gamma(x/y) = \frac{\sum_{i=1}^{n} x_i y_i - n \bar{x}\bar{y}}{(\sum_{i=1}^{n} x_i^2 - n \bar{x}^2)(\sum_{i=1}^{n} y_i^2 - n \bar{y}^2)}$$

计算 VCT 曲线对 $F_0$ 曲线和 $p_s$ 曲线对 $F_0$ 曲线的相关系数 $\gamma(F_0/\text{VCT})$ 和 $\gamma(F_0/p_s)$，式中 $x$ 代表 $F_0$，$y$ 代表 VCT 或 $p_s$。对每个音节的 $F_0(t)$、$p_s(t)$ 和 VCT$(t)$ 做九等分，得到 10 个样点，所以，对音节来说，$n=10$。显然，对两音节词来说，$n=20$。对每个音节两条曲线，求 10 个样点的相关系数，所以其自由度为 8。自由度为 8，信度取 0.01 即 1% 时，相关系数临界值为 0.77。当 $\gamma(F_0/\text{VCT})$ 或 $\gamma(F_0/p_s)$ 比 0.77 大时，$F_0$ 的变化跟 VCT 或 $p_s$ 的改变有关；当 $\gamma(F_0/\text{VCT})$ 或 $\gamma(F_0/p_s)$ 比 0.77 小时，$F_0$ 的变化跟 VCT 或 $p_s$ 的改变无关或关系不大。对每个两音节词两条曲线，求 20 个样点的相关系数，所以自由度为 18。自由度为 18，信度取 0.01 即 1% 时，相关系数临界值为 0.56。对每个两音节词来说，当 $\gamma(F_0/\text{VCT})$ 或 $\gamma(F_0/p_s)$ 比 0.56 大时，$F_0$ 的变化跟 VCT 或 $p_s$ 的改变有关；当 $\gamma(F_0/\text{VCT})$ 或 $\gamma(F_0/p_s)$ 比 0.56 小时，$F_0$ 的变化跟 VCT 或 $p_s$ 的改变无关或关系不大。

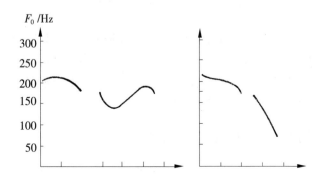

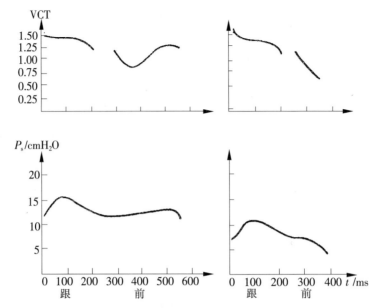

**图 7.26 S 念的"跟前"和"跟·前"的 $F_0$、VCT 和 $p_s$ 与时长之间的关系曲线**

这个实验初步结果为:①从音节上看,低降升和低降的上声及高降升的后音节阳平,$F_0$ 变化都主要由 VCT 引起,跟 $p_s$ 无关或关系小;对绝大多数 $F_0$ 曲线呈下降型的轻声和大部分后音节去声来说,$p_s$ 跟 VCT 对 $F_0$ 几乎起同等重要的作用;其他音节 $F_0$ 变化,既可只由 VCT 引起,又可由 VCT 和 $p_s$ 共同引起,个别音节也可能只跟 $p_s$ 有关。②从词上看,大约只有 20% 两音节词的 $F_0$ 变化主要由 VCT 引起,跟 $p_s$ 无关或关系小;$F_0$ 变化跟 VCT 和 $p_s$ 都有关系的却占 80%,其中 $p_s$ 跟 VCT 几乎起同等重要作用的占 40%,其余占 60%,$p_s$ 也起一定乃至较重要作用。

这个实验结果也表明,在声调语言的 $F_0$ 产生过程中,VCT 并不总起主要作用;在不少情况下,$p_s$ 跟 VCT 对 $F_0$ 几乎起同等重要的作用。

当然,两条曲线之间的相关系数超过其临界值时,只说明它们之间的相似性大,并不意味着它们之间有因果关系。但由于我们在已知 $F_0$ 变化跟 VCT 有关,跟 $p_s$ 也有关的前提下,用相关分析法能够为这方面提供一种定量的度量方法。

这个实验的 VCT 固然是间接推算出来的,但 $p_s$ 是直接测量得到的,因此关于 $p_s$ 在一些音节和两音节词 $F_0$ 曲线中产生作用的结论可能是正确的。

## 7.5 音段与基频

Hombert(1978)较详细地介绍并讨论了音段对基频 $F_0$ 的影响问题。Hombert 指出,人们研究这个问题的目的主要在于寻找一些语音历史演变的根据,如声调是怎么形成的。由于篇幅所限,这里只介绍塞音清浊对其后面元音 $F_0$ 的影响、喉塞音对其前面元音 $F_0$ 的影响,以及元音音质对 $F_0$ 的影响等三个问题。

### 7.5.1 塞音清浊对其后面元音 $F_0$ 的影响

从表 7.4 中可以看出来,清塞音后面的元音 $F_0$ 比浊塞音后面的大。但表 7.4 所给的

是 $F_0$ 平均值或峰值,从这个表看不出塞音对其后面元音所产生的 $F_0$ 扰动到底经历了多长时间。Hombert 为了获得这方面的数据,做了如下实验研究。

表 7.4  元音基频 $F_0$ 与前面塞音清浊的关系(引自 Hombert,1978:表 1)

单位:Hz

| 材料来源 | 塞音 | | | | | |
|---|---|---|---|---|---|---|
| | p | t | k | b | d | ŋ |
| House & Fairbanks(1953) | 127.9 | 127.1 | 127.2 | 120.9 | 120.6 | 122.8 |
| Lehiste & Peterson(1961) | 175 | 176 | 176 | 165 | 163 | 163 |
| Mohr(1968) | 130.7 | 129.8 | 131.1 | 125.1 | 124.8 | 125.0 |

担任这个实验的发音人有 5 位,他们的母语为美国英语,他们都没有犯过言语障碍病,也没有听力毛病的历史。实验用的词是 6 个辅元结合的无意义词,其中辅音为 [p, t, k, b, d, ŋ](另有 3 位发音人还用[w, m]),元音为 [i]。同一个词要出现 10 次。所有词的出现是无规则的。每个词都放在 "Say __ again" 中念。发音人在录音室发音,由录音机录音。每个音都精确测定包括元音起始点和离它 20、40、60、80、100 ms 的 6 个 $F_0$ 值。图 7.27 是 5 位发音人的平均 $F_0$ 曲线,而图 7.28 分别给出了另外 3 位发音人的平均 $F_0$ 曲线。

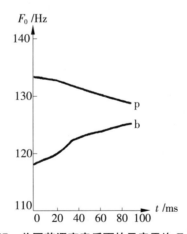

**图 7.27  美国英语塞音后面的元音平均 $F_0$ 曲线**

([p] 和 [b] 代表 5 位发音人念 2 个发音部位的清浊塞音的平均结果)

(引自 Hombert,1978:图 1)

从图 7.27 可以看到,这两类辅音后面的 $F_0$ 在元音起始点有最大差别,即使离开元音起始点 100 ms 仍有不少差别。这两种曲线在 $F_0$ 变化方向和变化幅度两方面都不同。

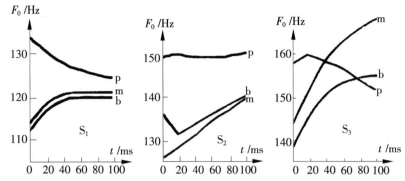

图 7.28  3 位发音人 $S_1$、$S_2$ 和 $S_3$ 念的英语清塞音、浊塞音和响音 [m]
后面的 $F_0$ 曲线（引自 Hombert，1978：图 2）

从图 7.28 可以看出，3 位发音人念的清塞音、浊塞音和响音 [m] 后面的 $F_0$ 曲线，在其变化方向和变化幅度两方面或其中一方面也都不同。

解释以上现象有两种理论：一种理论认为这种 $F_0$ 扰动是由于空气动力学方面的原因引起的，另一种理论则认为是由于声带水平方向或垂直方向的紧张度引起的。

上面说的清浊塞音对其后面元音的 $F_0$ 有不同影响，是在英语中看到的。那么在声调语言中，浊塞音是否对低调元音的起始频率还有影响？清塞音是否对高调元音的起始频率还有影响？

为了回答这个问题，Hombert 用约鲁巴语做了实验。约鲁巴语有三个声调：高调、中调和低调。他的这个实验结果见图 7.29。图中每个点都是 70 个数据的平均值，细线表示 [k] 和 [ŋ] 对三个声调的不同影响，而粗线则是它们的平均结果。从图 7.29 可以得到如下三点结论：①由浊辅音对后面高调及清辅音对后面低调引起的 $F_0$ 扰动，比这两种辅音对中调的作用大。②浊辅音对后面高调的影响，比清辅音对后面低调的影响大。③辅音对其后面元音 $F_0$ 产生影响所经历的时长，在约鲁巴语中比在英语中的短。关于这一点，把图 7.29 跟图 7.28 做比较便可知道。

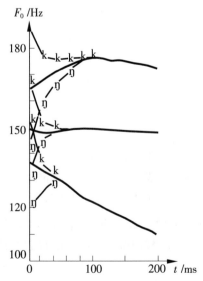

图 7.29  软腭清浊塞音对约鲁巴语三个声调的不同影响

（其中粗线是两位发音人两种塞音的平均值）（引自 Hombert，1978：图 3）

Hombert 指出，他的结果跟 Gandour 在 1974 年研究泰语这方面问题得到的结果是一致的。这或许表明在声调语言中，辅音对其后面元音 $F_0$ 的这种固有影响，有使之达到最小的倾向，使得不同声调在知觉上有最大的差别。

那么，对这种 $F_0$ 曲线来说，开头的 $F_0$ 扰动部分在知觉上多大程度受后面稳定的 $F_0$ 部分所影响？为了回答这个问题，Hombert 开展了下面的研究。

实验用的刺激声是合成的 [i] 元音，其 $F_0$ 模式如图 7.30 所示，开头为斜线，然后为 120 Hz 的水平线。斜线的起始频率为 110 Hz 或 130 Hz，即 $\Delta f = \pm 10$ Hz；斜线时长为 40、60、100、150 和 250 ms。也就是说，有 5 种刺激声的开头 $F_0$ 是下降的，有 5 种刺激声的开头 $F_0$ 是上升的。每个刺激声的总时长都是 250 ms。共有 10 个这种刺激声。每次呈现一个刺激声，在这种刺激声之后先有 500 ms 的停顿，然后是第二个元音 [i]，它的时长也是 250 ms，其 $F_0$ 是稳定不变的。10 位说美国英语、具有正常听力的本地人参加了这个实验。第二元音的 $F_0$ 大小由受试者通过旋钮调节。受试者的任务是让第二个元音的音高跟第一个元音开头部分的音高相同。当然，10 个刺激声的出现是无规则的。

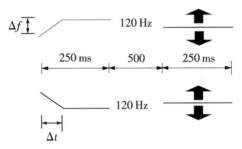

**图 7.30** 实验用刺激声 $F_0$ 模式的示意图（引自 Hombert，1978：图 4）

这个实验结果见图 7.31，它表示受试者对刺激做出的反应。从图 7.31 可以看到，这种反应是 $F_0$ 开头斜线时长的函数。图中圆圈 "○" 代表受试者对 $F_0$ 开头是下降时（从 130 到 120 Hz）的反应；交叉 "×" 代表受试者对 $F_0$ 开头是上升时（从 110 到 120 Hz）的反应。Hombert 指出，在 $F_0$ 开头斜线的时长为 60 ms 时，受试者对 $F_0$ 开头下降和上升两种变化听起来就有大的差别。

从图 7.31 可以看到：①下降模式（元音 $F_0$ 起始频率高于 120 Hz）比上升模式（元音 $F_0$ 起始频率低于 120 Hz）能更准确地被听出来；②$F_0$ 开头斜线越长，匹配的精确度越高，但是斜线时长和匹配精确度之间是非线性关系。

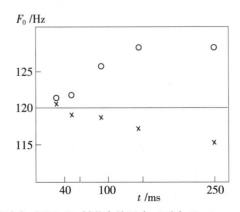

**图 7.31** 受试者对图 7.30 刺激声的反应（引自 Hombert，1978：图 5）

Hombert 指出，这些结果可以用前掩蔽来解释。前掩蔽和后掩蔽都属于非同时掩蔽。掩蔽声作用在前，被掩蔽声作用在后的，叫作前掩蔽；掩蔽声作用在后，被掩蔽声作用在前的，叫作后掩蔽。对元音 $F_0$ 起始频率比 120 Hz 低的上升模式来说，前面的低频率总要对后面的高频率产生掩蔽，所以上升部分的频率不会被精确地听出来。但是对下降模式来说，由于没有前掩蔽作用，下降部分就能较精确地被听出来。

### 7.5.2 元音后面的喉塞音问题

为了研究这个问题，Hombert 先做了声学分析。参加实验的发音人是没有言语障碍和听力毛病的 4 位阿拉伯人（$S_1$、$S_2$、$S_3$ 和 $S_4$）。测验词是 6 个 $C_1VC_2$ 结合的无意义词。这些词分别放在 "ulu $C_1V_1C_2$ liyyɑ"（对我说：$C_1VC_2$）的句子中念，其中 $C_1$ 是 [m]，V 是 [i, a, u]，$C_2$ 是 [h, ʔ]。每个测验词都出现 10 次，共 60 个测验词。所有测验是无规则出现的。发音人念上述句子，每句念两遍。$F_0$ 用精确方法测量。元音结束处取为参考点，往前每隔 10 ms 取一点，一直到离参考点 100 ms。图 7.32 是这 4 位发音人的实验结果：正斜率的曲线属于 [ʔ] 之前的，负斜率的曲线属于 [h] 之前的。对每位发音人来说，这两条曲线都交叉于一点，有的早有的晚，$S_1$ 交叉得最早，交叉点离元音结束时约 70 ms。对 [ʔ] 之前的元音 $F_0$ 曲线来说，元音结束时的 $F_0$ 最小要比交叉点的 $F_0$ 高 9 Hz；对 [h] 之前的元音 $F_0$ 曲线来说，元音结束时的 $F_0$ 最少要比交叉点的 $F_0$ 低 25 Hz。

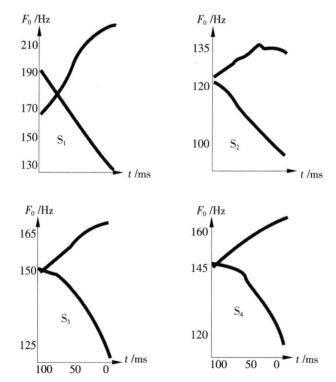

**图 7.32** 4 位阿拉伯语发音人念的 [ʔ] 和 [h] 前面元音的 $F_0$ 平均曲线
（引自 Hombert, 1978：图 7）

Hombert 为了确定这种 $F_0$ 变化在多大程度上能被听出来，又做了下面一个实验。他合成了不同 $F_0$ 模式的 [i] 元音 30 个。如图 7.33 所示，元音的起始频率固定为 120 Hz，元

音结束时的 $F_0$ 与起始的 $F_0$ 之间的频率差 $\Delta f$ 是可变的，取如下几个数值：-50、-20、-10、+10、+20、+70。$F_0$ 上升和下降部分的时长 $\Delta f$ 有 40、60、100、150 和 200 ms 等 5 种。这些 [i] 元音的总时长都是 250 ms。由于 3 个 $\Delta f$ 乘以 5 个 $\Delta t$，所以 $F_0$ 上升和下降的模式各有 15 个。在这种 $F_0$ 模式的 [i] 元音之后，先有 500 ms 的停顿，然后是 $F_0$ 稳定不变的、但其值可由听音人调节的另一个 250 ms 的 [i] 元音。

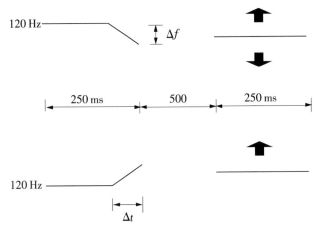

**图 7.33　实验用刺激声 $F_0$ 模式示意图**（引自 Hombert, 1978: 图 8）

10 位具有正常听力的、说美国英语的本地人参加这个实验。听音人的任务是调节第二个元音的稳定 $F_0$，使它与第一个元音的尾部 $F_0$ 在音高上相同。当然，以上 30 种刺激声是无规则出现的。

Hombert 对这个知觉实验得到的数据做了统计分析。结果表明，当 $\Delta F_0 = +10\,\text{Hz}$，$\Delta F_0 = -10\,\text{Hz}$ 时，模仿受后面 [ʔ] 作用合成的 $F_0$ 曲线跟模仿受后面 [h] 作用合成的 $F_0$ 曲线就有明显的差别；对其他的更大的 $\Delta f$ 和 $\Delta t$ 来说，这两种 $F_0$ 曲线被听出来有明显的差别。

总起来说，声学分析和知觉实验的结果说明：① [h] 和 [ʔ] 对其前面元音产生明显的 $F_0$ 扰动；② 这种 $F_0$ 微扰能被听觉系统感觉出来。

在声调语言中，元音后面喉塞音的丢失造成升调和降调。Hombert 指出，他的这两个实验结果为这个现象的发生提供了客观根据。

### 7.5.3　元音音质对其 $F_0$ 的影响

表 7.5 给出了几位学者测量得到的美国英语的固有 $F_0$。从表中可以看出，高元音（$F_1$ 小）比低元音（$F_1$ 大）有较大的 $F_0$。当然，高低元音基频的这种固有差异，是指在发声条件相同时产生的差异。另外一些学者对丹麦语、法语、朝鲜语和塞尔维亚-克罗地亚语进行研究后发现，这些语言的元音 $F_0$ 跟其高度也有这种相关性。在汉语普通话的四个声调中，也发现固有 $F_0$ 的存在（Shi & Zhang, 1987）。

**表 7.5　元音固有基频**（引自 Hombert，1978：表 3）

单位：Hz

| 著者 | 实验对象人数 | i | a | u |
|---|---|---|---|---|
| Black（1949） | 16 人 | 145.7 | 132.7 | 153.0 |
| House & Fairbanks（1953） | 10 人 | 127.9 | 118.0 | 129.8 |
| Lehiste & Peterson（1961） | 5 人 | 129.0 | 120.0 | 134.0 |
| Peterson & Barney（1952） | 33 人 | 136.0 | 124.0 | 141.0 |

为了估计这种固有基频能被感觉到的程度，Hombert 做了下面的实验。他合成了 [i]、[u] 和 [a] 三个元音，它们的 $F_0$ 各有 115、120 和 125 Hz 3 种。每个元音的时长都是 250 ms，刺激声由两个元音 $V_1$ 和 $V_2$ 组成，$V_1$ 和 $V_2$ 总是不同的。$V_1$ 和 $V_2$ 之间相隔 500 ms。$V_2$ 的 $F_0$ 有小于 $V_1$ 的 $F_0$ 5 Hz、大于 $V_1$ 的 $F_0$ 5 Hz、以及两者相等 3 种。每个由 $V_1$ 和 $V_2$ 组成的刺激声都出现 6 次。这个实验用的刺激声共 324 个。

参加听辨实验的是 10 位说美国英语的本地人（5 男和 5 女）。听音人的任务是确定 $V_1$ 音高比 $V_2$ 的低，还是比 $V_2$ 的高。由于这 10 位听音人先经过了纯音音高的比较测验，得分都在 95% 以上，所以他们都能胜任这个实验任务。对得到的数据，Hombert 只分析 $V_1$ 和 $V_2$ 在 $F_0$ 相同时的情况，其结果如表 7.6 所示。表 7.6 告诉我们，在 $F_0$ 相等的条件下，低元音 [a] 有更大可能被认为比高元音 [i] 和 [u] 的音高高。

**表 7.6　在 $F_0$ 相同条件下，比较两个音质不同的元音的音高：**
**10 位听音人判断该元音音高较高的次数**（引自 Hombert，1978：表 5）

| i∶a 比较<br>（i-a and a-i 对子） | u∶a 比较<br>（u-a and a-u 对子） | u∶i 比较<br>（u-i and i-u 对子） |
|---|---|---|
| a 为 257<br>i 为 103 | a 为 261<br>u 为 99 | i 为 185<br>u 为 175 |

高低元音之间被听出来的音高差别比它们基频差引起的音高差别要小；表 7.6 的数据证明了这种效应确实是存在的。但是，这种效应的原因还不知道，不过有下面两种可能性可供探讨：①它是一种低层次的现象，可由元音频谱特性加以解释；②它是一种高层次的现象，涉及跟元音高度有关的 $F_0$ 的某种规一化。

关于它是否为一种低层次现象，可利用已有材料来阐明。以下研究告诉我们，音强要影响音高。Stevens 在 1935 年指出，150 Hz 的单个纯音，当强度增加 50 dB 后，其音高比原先的要下降 11%；Cohen 在 1961 年指出，这种情况的音高是要下降的，但只下降 2%～4%。要把这些数据应用于元音，还要知道跟元音音高知觉最有关联的频率范围。Ritsma 在 1967 年指出，基频在 100～400 Hz 范围内，由其第三、第四和第五个谐波组成的频率区对音高的知觉起最主要作用。由于 Hombert 在这个实验中用的元音 $F_0$ 是 115、120 和 125 Hz 三种，所以，对这个元音音高知觉起最主要作用的频率区在 345（3×115）和 600（5×125）Hz 之间。从图 7.34 看到，在 345～600 Hz 之间，[a] 音振幅比 [i] 和 [u] 的大。前面说过，$F_0$ 不变时，音强增加，会使音高下降。所以，在 $F_0$ 相同条件下，[a] 比 [i] 和 [u] 的音高低。这个结论跟表 7.6 的结果相反，所以，上述效应不是发生在低层次的现象，它不能用元音频谱特性来说明。

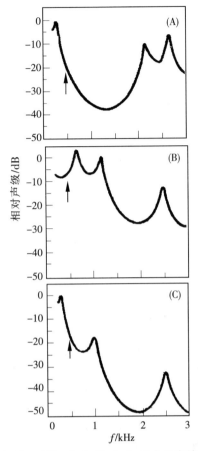

**图 7.34** [i]、[a] 和 [u] 三个元音的频谱

（箭头所指的地方是对元音音高知觉起主要作用的区域）（引自 Hombert, 1978：图 9）

由于上述效应不能由元音频谱特性来解释，所以，它只可能发生在较高的听神经的层次上。至于在听神经层次上，如何使低元音的音高提高，使高元音的音高下降，Hombert 没有做进一步的说明。

## 参考文献

董少文（1955）《语音常识》，北京：文化教育出版社。

桂诗春（1985）《心理语言学》，上海：上海外语教育出版社。

胡炳忠（1977）"三声"变调及其教学，《语言教学与研究》试刊第1集。

胡炳忠（1985）三声三字组的变调规律，《语言教学与研究》第1期。

林茂灿（1965）音高显示器与普通话声调音高特性，《声学学报》第2卷第1期。

林茂灿（1988）普通话声调的声学特性和知觉征兆，《中国语文》第3期。

林茂灿、林联合、夏光荣、曹雨生（1980）普通话二字词变调的实验研究，《中国语文》第1期。

林茂灿、颜景助、孙国华（1987）声带紧张度（VCT）和声门下压力（$p_s$）在北京话两字组语音基频（$F_0$）产生中的作用，《中国语言学报》第3期。

林焘（1985）北京话去声连读变调新探，《中国语文》第2期。

林焘、王士元（1985）声调感知问题，《中国语言学报》第2期。

刘复（1924）《四声实验录》，上海：群益书社。

卢甲文（1979）关于三个上声连读变调问题的商榷，《语言教学与研究》第 2 期。

罗常培、王均（1957）《普通语音学纲要》，北京：科学出版社。

王士元（1983）语音的基频、共振峰和元音的关系，听觉，关于声调语言，《语言学论丛》第 11 辑。

吴宗济（1985）普通话三字组变调规律，《中国语言学报》第 2 期。

徐世荣（1978）谈谈普通话变调中的两个小问题，《语言教学与研究》第 3 集。

杨顺安（1986）浊音源动态特性对合成音质的影响，《中国语文》第 3 期。

赵元任（1923）《国语留声片课本》，北京：商务印书馆。

赵元任（1980）《语言问题》，北京：商务印书馆。

周殿福（1954）介绍几种简单的语音学仪器，《中国语文》11 月号。

子月（1984）也谈上声连读变调，《语言教学与研究》第 4 期。

Abramson, A. S. (1962) The vowels and tones of Standard Thai: Acoustical measurements and experiments, *International Journal of American Linguistics*, 28 (2) (Part II).

Abramson, A. S. (1972) Tonal experiments with whispered Thai, in A. Valdman (ed.), *Papers in Linguistics and Phonetics to the Memory of Pierre Delattre*, The Hague Mouton, 31-44.

Abramson, A. S. (1975) The tones of Central Thai lome perceptual experiments, in J. G. Harris & J. Chamberlain (eds.), *Studies in Thai Linguistics*, Bangkok: Central Institute of English Language, 1-16.

Abramson, A. S. (1978) The noncategorical perception of tone categories in Thai, in B. Lindblom & S. Oham (eds.), *Frontiers of Speech Communication Research*, Academic Press, 127-134.

Chuang, C. K., Hiki, S., Sone, T. & Nimura, T. (1971) The acoustical features and perceptual cues of the four tones of standard coll quail Chinese, *Proc. of the 7th International Congress of Acoustics* (Vol. 3), Budapest Akademial Kiado, 297-300.

Flanagan, J. & Saslow, M. (1958) Pitch discrimination of synthetic vowels, *J. A. S. A.*, 30, 43-442.

Fry, D. B., Abramson, A. S., Eimas, P. D. & Liberman, A. M. (1962) The identification and discrimination of synthetic vowels, *Language and Speech*, 5, 179-189.

Gandour, J. T. (1978) The peroeption of tone, in V. A. Fromkin (ed.), *Tone, A Linguistic Survey*, Academic Press, 41-76.

Hockett, C. A. (1947) Peiping phonology, *Journal of the America Oriental Society*, 67, 253-267.

Hombert, J. (1978) Consonant types, vowel quality, and tone, in V. A. Fromkin (ed.), *Tone, A Linguistic Survey*, Academic Press, 77-111.

Howie, J. M. (1972) Some experiments on the perception of Mandarin tones, in A. Rigault & R. Charbonneau (eds.), *Proc. of the 7th International Congress of Phonetic Sciences*, The Hague Mouton, 900-904.

Howie, J. M. (1974) On the Domain of Tones in Mandarin *Phonetica*, 30, 129-148.

Kiriloff, C. (1969) On the Auditory Perception of Tones in Mandarin *Phonetica*, 20, 63-67.

Klatt, D. (1973) Dicrimination of fundamental frequency contours in synthetic speech: Implications for models of pitch perception, *J. A. S. A.*, 53, 8-16.

Ladefoged, P. & Broadbent, D. E. (1957) Information conveyed by vowels, *J. A. S. A.*, 29, 98-104.

Liberman, A. M., Harris, K. S., Hoffman, H. S. & Griffith, B. C. (1957) The discrimination of speech sounds within and across phoneme boundaries, *Journal of Experimental Psychology*, 54 (5), 358-363.

Martin, S. E. (1957) Problems of hierarchy and indeterminary in Mandarin phonology, 中研院历史语言研究所集刊, 29, 209-229.

Monsen, R. B., Engebretson, A. M. & Vemula, N. R. (1978) Indirect assessement of contribution of subglottal air pressure and vocal-cord tension to changes of fundamental frequency in English, *J. A. S. A.*, 64 (1), 65-80.

Pisoni, D. B. (1973) Auditory and phonetic memory in the discrimination of consonants and vowels, *Perception and Psychophysics*, 13, 253-260.

Romportal, M. (1953) Züm problem der Töne in Kuo-Yu, *Archiv Oriantálni*, Vol. 21.

Rose, P. (1984) The role of subglottal pressure and vocal-cord tension in a Chinese dialect, *Contemporary China Papers* (ed. by Bevevly Hong), 18, Australian National University.

Sagart, L. (1986) Tone production in modern Standard Chinese: An electromyographic investigation, *Cahiers de Linguistique Asie Orientale*, 15 (2), 205-221.

Shen, Y. (1964) Some experiments on Chinese tone sandhi, *Proc. of the 5th International Congress of Phonetic Sciences*, Münster. 525-527.

Shen, Y., Chao, C. Y. & Peterson, G. (1961) Some spectrographic light on Mandarin tone-2 and tone-3, *The Study of Sound* (ed. by the Phonetic Society of Japan), 9, 265-314.

Shi, B. & Zhang, J. (1987) Vowel intrinsic pitch in Standard Chinese, *Proc. of the 11th International Congres of Phonetic Sciences*, Tallinn Estonia, U. S. S. R.

Studdert-Kennedy, M. (1976) The perception of speech, in N. J. Lass (ed.), *Contemporary Issue in Experimental Phonetics*, New York: Academic Press, 243-293.

Wang, William S-Y. & Li, K-P. (1967) Tone 3 in Pekinese, *Journal of Speech and Hearing Research*, 10, 629-636.

Wood, C. C., Goff, W. R. & Day, R. S. (1971) Auditory evoked potentials during speech perception, *Science*, 173, 1248-1251.

Zhang, J-T. & Fang, Z. (1983) Some research on the perception of Chinese speech sounds, Issues in cognition, *Proceedings of a Joint Conference in Psychology*, National Academy of Sciences American Psychological Association, Washington, DC.

# 第八章 音节和音联

在人类的有声语言里，元音、辅音这样的音段音素并不是单独存在的，而是存在于连续的语流之中。在连续的话语里，音段音素总是结合成更大的语音单元，首先是音节，然后是词（或节奏单元）、节奏群、句子等等。本章要讨论的内容，就是在汉语普通话里，较小的语音单元如何结合成较大的语音单元，以及各个语音单元之间如何连接和分界。

## 8.1 关于音节的定义

音节是音段音素结合在一起构成的最小的语音结构单元。音节是语言学中经常引起争论的问题之一，而争论的焦点往往集中在音节的定义上。许多学者都曾试图给音节下一个简单、明确的定义。有的把音节定义为用一次胸搏发出来的语音单位（如 Stetson, 1928）；有的把音节定义为由一个响度峰和几个响度较低的音素组成的语音单位（如 Jespersen, 1913）；有的主张按照各语音发音时调音器官开度的大小来划分音节（如 Saussure, 1922）；有的则认为，在说话时每一次声带紧张度或肌肉紧张度的增而复减，就造成一个音节（如 Grammont, 1933）。

但是，这种尝试迄今为止都没有成功，因为即使某一种定义说明了一个或几个语言里与音节有关的现象，可是一碰到另外一些语言就又说不通了。实际上，世界上众多的语言中与音节有关的现象是如此错综复杂，人们几乎无法找到一条具有高度归纳性的简单定义来概括它们的全部。

不过，这绝不是说，音节是一种虚构的语音单位。事实上，音节的存在，无论是从音系学上来看，还是从语音学上来看，都是有一定根据的。从音系学上说，有关世界上各种语言的音位配列学资料表明，不同类的音位（如辅音、元音；阻塞音、响音等）在语流中的排列顺序是有一定的倾向性的。例如，统计资料表明，辅元结构的存在要比其他结构（如元辅结构）的存在更为普遍（Bell & Hooper, 1978）。也就是说，存在着某种或某些关于音位配列的一般规律，这样的规律可以成为音节这样的单元存在的证据。从语音学上说，在一个特定的语言中，音位在音节中的位置可以决定它们的具体实现方式。也就是说，同一个音位可以由于它在音节中的位置（前、中、后等）不同而表现为不同的变体。因而可以通过认定特定的音位变体来确定音节的边界所在（Fujimura & Lovins, 1978；许毅，1986）。另外，言语节奏、言语习得以及言语病理学的研究也为音节的存在提供了一定的证据（Bell & Hooper, 1978）。

下面要讨论的内容，从某种意义上也可以说是为音节存在提供的进一步的证据。我们将以汉语普通话为对象，从音节的内部结构和音节之间的分合关系两个方面讨论音节在这一特定语言中的具体表现。

## 8.2 普通话音节的一般结构

在汉语里，除了极个别的例外情形（如"甭"），每个方块汉字都是一个音节。不过并不是有多少汉字就有多少音节，因为有许多字是同音的。根据《现代汉语词典》，在汉语普通话里，共有1300多个不同的音节，其中可以单念的音节有1268个。

普通话的音节一般由三个部分构成：声母、韵母和声调。《汉语拼音方案》规定了21个声母、38个韵母以及4种声调。另外，当一个音节里没有辅音声母时，一般都叫作有"零"声母。实际上，零声母也是音节的一种起始方式，也有其特定的声学表现。因此，我们要讨论的声母是22个。汉语普通话里所有单念的重读音节（不包括儿化韵）都是由这22个声母、38个韵母和4种声调构成的。如果不计声调，那么由声母和韵母组成的不同音节约有400个。

如果对由声母和韵母组成的音节再做分解，就可以分为：声母、介音、主要元音、韵尾，如图8.1所示。并不是每个音节都有这四个部分，有的会缺一部分或几部分。一般说来，除了声母（包括零声母）和主要元音是必不可少的外，其他部分都有可能在某些音节中没有。

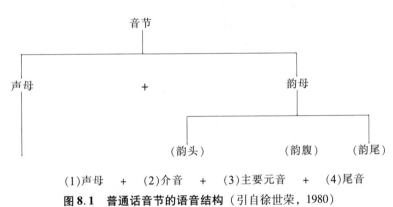

图8.1 普通话音节的语音结构（引自徐世荣，1980）

## 8.3 普通话音节的声学语音学结构框架

以上讲的只是普通话音节的大致结构。在今天的语音学中，我们并不满足于这种粗略的分析，而是要进一步深入到音节的声学语音学结构之中。汉语音系学里所说的声母、韵母以至音位，都是抽象的单位，并没有什么一成不变的声学表现跟它们一一对应。不过我们在频谱图上或者波形图上确实能够看到具有明显不同特性的"特征段"，在声学语音学里把它们叫作"音段"，参见图版8.1（A）。

音段与语音学单位有一定的对应关系，但并不是一一对应的关系。根据普通话音节的特点，我们提出一种普通话音节的声学语音学结构框架，见图8.2。这个结构框架适合于普通话的所有音节，也就是说，普通话里的任何一个音节都可以装入这个框架。

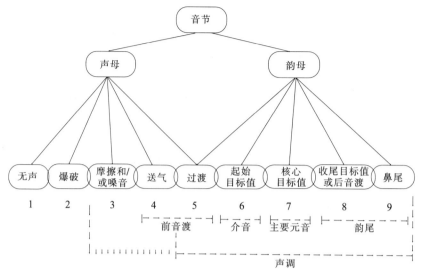

**图 8.2　普通话音节的声学语音学结构框架**

在这个音节结构框架里，任何一个音节里可能发现的所有分段都按可能出现的顺序排列，并注上序号。有的分段同时代表不止一种音段，这是因为在同一时序位置上，不同的音节会有不同的音段。

在结构框架里，1～4 段属于声母，6～9 段属于韵母，而第 5 段则既属于声母，又属于韵母。

下面先分别讨论结构框架里各分段的基本特征。

### 8.3.1　第 1 段——无声段

这一段只是塞音和塞擦音才有。从发音上来看，它是塞音和塞擦音的成阻和持阻阶段，此时声道在某个部位上被完全堵塞，以至肺部的空气无法逸出。从频谱图上来看，它是一段空白，看不出任何频谱纹样。（此处我们不讨论浊塞音和浊塞擦音，因为单念的普通话音节里只有清塞音和清塞擦音。）此段虽无声能，但它的存在对塞音、塞擦音的产生和感知都是至关重要的，可以说，"此时无声胜有声"。参见图版 8.1（A）。

### 8.3.2　第 2 段——爆破段

这一段也是塞音和塞擦音所特有的。从发音上看，此时声道中的阻塞处突然打开，声道内的压力骤然释放。从频谱图上看，这一段是一个时长很短的脉冲，在图上表现为一条很窄的冲直条，其频率分布常常很宽，其确切时长会随发音部位的不同而改变。参见图版 8.1（A）。

### 8.3.3　第 3 段——摩擦和/或嗓音段

这一段对几乎所有的声母都有意义，但对不同的声母来说，此段的发音和声学特性会很不一样。首先看声源。声源有两种：一种是噪声源，它产生于气流急速通过声道某狭窄处时形成的湍流；另一种是嗓音声源，它产生于气流通过声门时带动声带所做的准周期性运动。在普通话里，清声母在此段用的是噪声源；浊声母或者只用嗓音声源（边音、鼻音），或者同时使用两种声源（浊擦音）。

在清声母里，噪声源经过声道共鸣后成为具有特定音色的摩擦声，在频谱上表现为无规律的乱纹，但其纵向排列模式与元音共振峰模式有相似之处，只是摩擦声的频谱能量主要集中在高频范围。不同类的清声母，其摩擦段的时长相差很大，一般说来，擦音最长，塞擦音次之，塞音最短。

在浊声母里，声道在某个部位形成阻塞或阻碍，并常在声道的另一部位开通一条或几条旁路。因此，尽管浊声母和元音一样用的是嗓音声源，它们的频谱模式还是与元音有所不同。最主要的差别就是强度低于元音，见图版8.2（B）、（C）。另外在浊擦音里，同时有嗓音和噪声两种声源，如果噪声较强，频谱上就同时有类元音共振峰和类擦音摩擦乱纹。

### 8.3.4　第4段——送气段

这一段是送气塞音、送气塞擦音所特有的。送气塞音和送气塞擦音在爆破之后声带并不立即开始振动，而是在一段时间内继续让声门敞开，并让肺部气流快速流出，在声门以及声门之上的声道狭窄处摩擦产生湍流，形成送气段的声源。一般说来，送气段的主要声源位置是不稳定的。由于声门以上的声道收缩处不够狭窄，前后腔的耦合较好，因此这时声道的共鸣特性与同部位的元音相仿（由于声道与声门下的会厌部分的耦合作用，$F_1$会略有提升，参见 Fant，1959）。从频谱上看，送气段的共振峰模式与元音非常相像，只是$F_1$往往很弱，以至于看不出来，见图版8.3（B）。送气段的共振峰频率大部分都是动态的，实际上，送气段也是音渡的一部分，也可以把它叫作"清过渡段"，因为它常常和第5段——过渡段一起构成"音渡"。由于送气段的共振峰频率与过渡段的共振峰频率是一脉相承的，清、浊过渡的共振峰频率将放在过渡段里一起讨论。

### 8.3.5　第5段——过渡段

过渡段指的是处于声母和韵母之间、跟韵母共振峰平滑衔接的一段高度动态性的浊音音段，参见图版8.2（A）。从时间上来看，也可以把这一段划归韵母部分，因为此时声带已开始振动，其共振峰与元音共振峰平滑衔接。但是，音渡作为一个整体不仅包含过渡段，常常同时还包含送气段（在送气辅音中），而音渡对于许多辅音的感知起着决定性的作用，所以把过渡段划归声母也很合理。为了不在此段的归属问题上纠缠，我们可以认为它同时归属声母和韵母。

过渡段的频谱具有高度的动态性，这是由于辅音除阻后声道的形状迅速向韵母里第一个元音的目标形状过渡。共振峰过渡的起点取决于辅音的发音部位，同部位的辅音具有相似的过渡起点。

### 8.3.6　第6段——起始目标值

这一段大致相当于普通语音学中所说的介音。如果把过渡段划归声母，那么这一段就算是韵母的第一段，所以介音也叫"韵首"。不是所有韵母都有这一段，只有当韵母里含有两个或三个音位，其中第一个音位又是/i/、/u/或/y/时才有介音。因此，普通话里只有/i/、/u/、/y/三个介音。介音的共同特点之一是发音时开口度较小，在声学上表现为$F_1$很低，总能量较弱。见图版8.4（B）（D）。介音的共同特点之二是非稳态性，它跟第5段相似，具有某种过渡的性质。这种非稳态性主要表现在两个方面，一是无稳定阶段，从头至尾都是在朝向主要元音的目标值即核心目标值滑动；二是共振峰起点频率变化范围很大，其确切值往往取决于声母的性质。

### 8.3.7 第7段——核心目标值

这一段大致相当于普通语音学中所说的主要元音。这一段是每一个韵母里必不可少的，也是绝大多数音节的核心部分。普通话里的所有单元音都可以成为主要元音。每一个元音都有一个或几个典型的目标值，也就是典型的频谱模式。典型目标值并不总是能达到的，一般说来，构成韵母的元音音位越少，主要元音就越接近目标值。如果除了主要元音外还有介音和/或韵尾，介音和韵尾就会对主要元音产生影响，使之偏离典型目标值。偏离的程度除了跟元音音位的数量有关以外，还取决于主要元音与非主要元音的目标值之差，差越大，偏离越多。

主要元音的频谱模式并不总是稳态的，尤其是在复韵母中，在主要元音的位置上常常只能看到急速变化着的共振峰模式。

### 8.3.8 第8段——收尾目标值或后音渡

当韵母为三合元音时，这一段大致相当于普通语音学中所说的元音性韵尾。元音性韵尾的声学表现跟介音和主要元音相似，只是它们的目标值往往更不容易达到。当韵母为鼻韵母时，这一段就承担着由主要元音向鼻尾过渡的任务。后音渡的性质跟前音渡非常相似，只是它的时长要比前音渡加倍。

### 8.3.9 第9段——鼻尾段

鼻韵尾是普通话里唯一能出现在音节末尾的辅音。它们的声学特性与声母里的鼻辅音基本相同，不过鼻韵尾有时仅仅表现为对主要元音的鼻化，而不表现为鼻辅音。

## 8.4 普通话声母的语音结构

声母是普通话音节的起始方式。普通话里的声母可分为6大类：擦音、塞音、塞擦音、边音、鼻音、零声母。

从发音过程上看，声母一般都有成阻——持阻——除阻三个阶段。不同类的声母，这三个阶段所对应的物理量各不相同。

下面将分类讨论普通话里的声母。

### 8.4.1 擦音

普通话里有6个擦音：/f、x、s、ʂ、ɕ、ʐ/。擦音是由音节结构框架里的第3段——摩擦段和第5段——过渡段构成的。在频谱图上，清擦音最明显的特征是持续时间较长的噪声频谱。

在讨论擦音时，要弄清两个问题：擦音与其他辅音的区别；各擦音之间的差别。前一个问题我们将在讨论塞擦音时再说，现在主要讨论各个擦音之间的差别。

各个擦音之间的差别主要有两个方面，一是摩擦段本身的频谱模式，二是过渡段的共振峰走向。由于音渡问题将在讨论塞音时详细探讨，所以现在只讨论第一个方面——摩擦段的频谱模式。

在发擦音时，声道在某处收缩，同时气流在肺部的压力下急速流出，在通过收紧处的狭缝时形成湍流，结果产生了噪声源。该噪声源在经过声道（主要是收紧处之外的那部分声道，不过［h］除外）的共鸣之后便形成了人耳可听到的摩擦声。摩擦段的频谱模式反映了擦音产生时的声源位置和声道形状。不同的擦音有不同的摩擦频谱。下面我们分别讨论普通话里各个擦音的频谱模式。

/f/：这是"发"字里的声母，它是一个唇齿擦音。/f/的能量分布在较宽的频率范围内，很少有特别明显的共振峰，能量分布的下限频率较低。由于总能量太弱，在语图上常常看不出明显的频谱。见图版8.1（B）。

/s/：这是"思"字和"苏"字里的声母，它是一个舌尖齿龈擦音。普通话里的/s/有两种变体，一种是不圆唇的［s］，另一种是圆唇的［sʷ］。圆唇的［sʷ］出现在元音/u/之前。不圆唇的［s］，在频谱图上摩擦能量分布的下限频率很高，一般都在4 000 Hz以上，而主要的频谱能量都集中在5 000 Hz之上。见图版8.1（C）里的/sɿ/。

圆唇的［sʷ］与不圆唇的［s］在频谱模式上有明显不同。圆唇［sʷ］的下限和第一个强频区的频率都比不圆唇［s］有所降低，头一个强频区的最低频率可达3 500 Hz左右，参见图版8.1（C）里的/suei/。

/ʂ/：这是"师"字和"书"字里的声母，它是一个舌尖后硬腭擦音，也叫卷舌擦音。跟/s/一样，/ʂ/也有两种变体，即在元音/u/之前/ʂ/也会因为受到同化而圆唇。

典型的不圆唇［ʂ］在5 000 Hz以下一般有两个较明显的强频区，一个是在1 700 Hz左右，一个是在3 000 Hz以上，其中第一个强频区大约相当于后接音渡起点处的$F_2$频率。参看图版8.1（D）里的/ʂʅ/。

圆唇［ʂʷ］的头两个强频区的位置低于不圆唇的［ʂ］，同时有一个从高向低移动的过程，最低频率分别可达1 200 Hz和3 200 Hz左右，见图版8.1（D）里的/ʂuən/。

/ɕ/：这是"希"字里的声母，它是一个舌面前硬腭中擦音。普通话的/ɕ/也有变体，当后接元音是/y/时，/ɕ/受元音的同化也变成圆唇的［ɕʷ］；而当后接元音为/i/时，则表现为非圆唇的/ɕ/。

典型的非圆唇/ɕ/在5 000 Hz以下也有两个较明显的强频区，其位置一般相当于后接元音/i/（普通话里/ɕ/后只能跟/i/或/y/）的$F_3$和$F_5$，频率约为3 000 Hz和4 000 Hz左右，见图版8.1（E）里的/ɕi/。

圆唇的［ɕʷ］与圆唇的［sʷ］和［ʂʷ］一样，跟不圆唇的变体相比，强频区频率更低，并且在起始后进一步向低处下移，两个强频区的频率最低时可达2 500 Hz和3 200 Hz左右，见图版8.1（E）里的/ɕy/。

/x/：这是"哈""喝""黑""呼"等字里的声母，它是一个舌根软腭擦音。

/x/是普通话里变体最多的擦音。一般说来，有什么样的后接元音，就有什么样的/x/变体。普通话里的/x/有两种情形：一种是比较典型的［x］，即软腭擦音；另一种接近于［h］，即所谓的喉擦音。典型的软腭擦音的主要频谱特性是，在相当于后接元音的$F_2$处有一个强频区，另外，在相当于后接元音的$F_5$处有一个强频区，见图版8.1（F）。当后接元音为/u/时，第一个强频区往往能量很弱，甚至在频谱图上完全看不出来。当/x/接近于/h/时，则它的频谱特性和送气辅音里送气段的特性相似，只是不像送气段那样具有动态特性。另外，/x/的总能量一般较弱，仅高于/f/。

如果将普通话清擦音按总能量的大小从小到大排列，我们就得到这样的序列：/f/、/x/、/s/、/ʂ/、/ɕ/。如果将它们按最低强频区的频率从低到高排列，我们会得到这样的序列：/f/、/x/、/ʂ/、/ɕ/、/s/。

关于普通话里唯一的一个浊擦音/ʐ/，由于它跟半元音的情形有许多相似之处，我们就把它放到后边跟零声母一起讨论。

### 8.4.2 塞音

普通话里共有6个塞音，它们是/p、t、k、p'、t'、k'/，其中前三个是不送气塞音，后三个是送气塞音。它们都是清塞音。塞音是由音节结构框架里的第1段——无声段、第2段——爆破段、第3段——摩擦段、第4段——送气段和第5段——过渡段构成的。塞音与其他辅音的区别主要有以下几点：

（1）塞音与擦音的区别在于前者有一段无声的间隙，在此期间，声道中某处完全堵塞，以至无任何声能产生，频谱上则表现为一段空白区；在间隙之后还有爆破段，此时声道中的堵塞突然打开，压力陡然释放，产生一个或多个脉冲，经过声道的共鸣后在频谱上表现为频域较宽、时域很窄的冲直条。塞擦音也具有类似的特性。擦音则没有无声段和爆破段，因为发擦音时声道并没有完全堵塞，只是在收紧处产生阻碍，气流从收紧点的狭缝处挤压而出，形成持续的摩擦噪声，经过声道共鸣后在频谱上表现为连续的摩擦频谱，其能量是由弱渐强的。

（2）塞音与塞擦音的差别主要在于摩擦的时长，塞擦音在爆破之后，声道中的阻塞处并没有立刻就完全打开，而是在一定的时间内仍保持阻碍状态，于是在这段时间内便产生出类似于擦音的噪声频谱。塞擦音的摩擦段时长一般在30~70 ms。关于塞音，以往的研究也曾发现，有的塞音，尤其是送气塞音，在爆破之后常常会有一段摩擦，然后才是送气段。这种情形在英语、瑞典语等语言里都发现过（Fant, 1969）。在汉语普通话里，情况略有不同。无论是不送气塞音还是送气塞音，大都没有明显的摩擦段。但是，普通话的塞音在个别情况下也可观察到这种爆破之后的摩擦，例如/t'/，当它后边的韵母里有/i/介音或以/i/为主要元音时，也常常可以观察到较明显的摩擦迹象。但是塞音里的摩擦段时长总是短于塞擦音，一般不会超过30 ms。

塞音的第1段是无声段，在清塞音里这一段无任何声能，在频谱图上表现为一段空白区域。这一段里虽然没有声音，但是它却载带着"塞"这个特征的关键信息。当然，对于单念的音节来说，从频谱图上看不出塞音、塞擦音之前的空白区跟别的声母之前的空白区有任何不同，但是如果一个双音节词里的后一个音节以塞音或塞擦音为声母，那么这个无声段就是必不可少的了，而其他的声母则一定不会有这一段出现，见图版8.1（A）。

塞音的第2段是爆破段。在这一段里，声道中的堵塞部位突然打开，在无声段里集聚的压力迅速释放，产生一个极为短暂的脉冲，并引起声道的共鸣。爆破段的时长在不同的塞音里是不完全一样的，一般地说，它取决于爆破时声道共鸣的响应时间和爆破部位的柔韧性。总的说来，/k、k'/的爆破段最长，而且常常有双爆破或多爆破，在频谱图上表现为有两个或多个冲直条，最长可达30 ms；/t、t'/次之，一般在10 ms左右；/p、p'/最短，一般不超过10 ms。

爆破段在频谱图上表现为冲直条，它的频谱能量分布一般都较宽，其共振峰模式由于爆破瞬间声道形状的迅速改变而模糊，且多变异，不过它们的基本特性与发音部位相近的擦音相似。也就是说，塞音爆破段的共振峰模式与擦音摩擦段的共振峰模式大致有如下对应关系：/p、p'/——/f/；/t、t'/——/s/；/k、k'/——/x/。参见图版8.2（A）。

送气段是送气塞音和送气塞擦音里的特征段。送气塞音、塞擦音在爆破和短暂的摩擦之后，声道中的阻塞处完全打开，此时声门亦大开，于是肺部气流大量冲出，由于流速较快，因此在声门处以及声门以上与声道壁发生摩擦，产生出噪声，并经过声腔共鸣后形成所谓的"送气"。由于送气段产生时声腔中无特别狭窄处，与发元音时相似，所以送气段的共振峰模式与元音相似，但有两点与元音不同：一是送气段的声源是声道摩擦产生的噪声，所以它的共振峰在频谱图上表现为摩擦乱纹，而不是元音那种由间隔大致相等的短竖杠构成的共振峰；二是由于在送气段声门大开，因此声门之上的声道与声门之下的腔体有一定的耦合作用，这表现在送气段的共振峰比同部位的元音共振峰略有提升。送气段并不总是表现为"清元音"，有时它会跟摩擦音的某些特性非常相像，关于这一点，参见§8.4.3里的讨论。

不同塞音之间最重要的区别特征之一是它们的音渡。在不送气塞音里，音渡就是第5段——过渡段；在送气塞音里，音渡是由第4段——送气段和第5段——过渡段一起构成的。音渡的动态特性反映了从塞音除阻开始向后边的第一个元音目标值过渡时声道形状变化的动态特性。所以，发音部位不同的塞音，音渡也不相同。

在讨论音渡问题时，我们将不限于讨论塞音的音渡，还将同时讨论其他辅音的音渡。普通话的辅音发音部位可分为5类：① 唇，如/p、m、f/；② 齿龈，如/t、n、s/；③ 舌尖后，如/ʂ、tʂ/；④ 舌面前，如/tɕ、ɕ/；⑤ 软腭，如/k、x/。

音渡主要表现在头三个共振峰上，下面分别讨论这三个共振峰的音渡。

$F_1$音渡：由于辅音除阻后开口度总是从小到大，而元音的$F_1$频率又与开口度的大小密切相关，所以所有辅音的$F_1$音渡都是从低到高。从理论上计算，$F_1$最低的起点可达150Hz（Fant, 1969）。参见图版8.2（A）里的所有音节。

$F_2$音渡：由于$F_2$跟声道收紧点的前后有较高的相关性，所以不同部位的塞音$F_2$音渡很不一样：唇音最低，舌面音最高，另外三个发音部位的音渡起点频率按以下顺序从低向高排列：软腭音、舌尖后音（卷舌音）、齿龈音。并不是每一个辅音都有一组固定的音渡值，而是随后接元音的不同而有多种变体。在频谱图上能够明显看出的是音渡的方向。一般说来，唇音几乎在所有的元音之前时，$F_2$音渡都是从低到高的，只是在/u/之前时一般看不出$F_2$音渡的方向，参见图版8.2（A）里的/pa/、/pi/、/pu/。齿龈音除了在/i/之前以外，$F_2$音渡一般从高到低，齿龈音在/i/之前的$F_2$音渡一般是从低到高，但比唇音的$F_2$音渡起点要高，见图版8.2（A）里的/ta/、/ti/、/tu/。由于软腭音的确切发音部位和前腔的形状受后接元音的影响较大，因此它们的$F_2$音渡比较灵活。一般地说，后接元音的开口度越大，$F_1$就越高，软腭音的$F_2$音渡就越明显，而开口度较小的元音之前的软腭音无明显的$F_2$音渡。参见图版8.2（A）里的/ka/、/kei/、/ku/。舌尖后音的$F_2$音渡在它们能出现的所有音节里都是从高到低的，只是当它们与部位相同的元音/ʅ/（即"之"字里的元音）相拼时无明显的音渡，见图版8.3（B）里的/ʂʅ/。由于普通话里的舌面音只能出现在/i、y/之前，而这时元音和辅音的发音部位相同，因此舌面音一般无明显音渡。参见图版8.1（E）里的/ɕi/。

$F_3$音渡：有三类音有较明显的$F_3$音渡，这些$F_3$音渡都是从低到高的。一类是在元音/i/之前的唇音和边音/l/；一类是在开口度较大的元音之前的软腭音；最明显的是舌尖后音，即卷舌音。参见图版 8.3（A）的各个音节。

在送气塞音和送气塞擦音里，音渡是由送气段和过渡段两部分构成的。由于音渡的移动总是先快后慢，所以音渡的主要部分是在送气段里完成的，参见图版 8.3（A）里的 /tʂʻu/。在送气之后的过渡段里，音渡的方向常常不很明显。这样从频谱图上识别送气辅音的发音部位有时会有较大困难，因为送气段本身的共振峰常常很模糊，不容易从中判断音渡的起点。

### 8.4.3 塞擦音

普通话里的塞擦音有 6 个：/ts、tʂ、tɕ、tsʻ、tʂʻ、tɕʻ/，其中前 3 个是不送气塞擦音，后 3 个是送气塞擦音。塞擦音是由音节结构框架里的第 1 段至第 5 段构成的。

塞擦音兼有塞音和擦音的特性，但又与它们各有差别。塞擦音和塞音一样，有无声段和爆破段，有时还有送气段；跟擦音一样，塞擦音有较长的摩擦段，其频谱模式亦和同部位的擦音相似。塞擦音虽然有无声段，但是它们的无声段时长一般比塞音短（冯隆，1985）。塞擦音有时有跟塞音一样的爆破，从频谱图上也常常可以看到爆破段的冲直条。见图版 8.1（A）里的 /tɕʻian/。

塞擦音跟塞音以及擦音的主要差别之一就是摩擦段的时长：塞音的摩擦段时长最短，一般都不超过 30 ms；擦音的摩擦段时长最长，一般都在 70 ms 以上；塞擦音的摩擦段时长居中，一般在 30~60 ms。

在送气塞擦音里，摩擦段与送气段紧密相连，在频谱上常常很难将两者分开。此时的塞擦音与同部位的擦音颇为相似，不过仍然可以从两个方面把它们区分开来：第一，由于塞擦音的送气段是音渡的一部分，因此它的共振峰是随时间变化的；而擦音的共振峰一般是静态的（圆唇化擦音除外），比较图版 8.3（B）里的 /tʂʻao/ 和 /ʂao/。第二，在 /tsʻɿ/、/tʂʻʅ/、/tɕʻi/ 这样的音节里，由于元音和辅音几乎是同部位的，所以在送气段声道形状改变很小，同时由于在送气时声道收紧处缝隙仍然很小，结果送气气流造成的摩擦与前边摩擦段的摩擦在频谱上非常相似，以至完全无法分开。比较图版 8.3（B）里的 /tʂʻʅ/ 跟 /ʂʅ/。此时它们与同部位的擦音，即 /s、ʂ、ɕ/ 的差别大大缩小，因为对于单念的孤立音节来说，闭塞间隙无任何特殊标记，而爆破段本身的冲直条也不是总能看见的。不过，图版 8.3（B）里的 /tʂʻʅ/ 和 /ʂʅ/ 还是有两个明显的差别：一个就是上面提到的在摩擦时长上的差别，另一个则是振幅上的差别。在 /tʂʻʅ/ 里，闭塞后的突然释放造成了能量在很短的时间内迅速达到最高值，这与 /ʂʅ/ 里摩擦段能量的缓慢增加形成了鲜明的对照。因此，除摩擦段的时长之外，摩擦段振幅变化的动态特性是区别塞音和塞擦音的又一重要标志。

总之，摩擦段的时长和摩擦段振幅的上升时间是塞音、擦音同塞擦音之间的主要差别。对于感知来说，摩擦段的时长则是决定性的因素（Heuven，1979）。

### 8.4.4 边音

普通话里只有一个边音：/l/。/l/ 产生时，声带振动，同时舌尖抬向齿龈或硬腭，从正面堵住声道的通路，但是同时却让舌的一侧或两侧下降，留出边道，在声道中形成一个或两个旁路，其结果是在频谱上出现某些零点（如在 $F_3$ 处）（Fant，1959），使附近的共振峰减弱；同时总的能量降低，有时还会出现外加的共振峰。参见图版 8.2（B）。

边音/l/是由音节结构框架里的第 3 段——嗓音段和第 5 段——过渡段构成的。/l/嗓音段的频谱模式与元音的频谱模式相类似（外加的共振峰和零点都是不太稳定的特征，所以不够可靠），声源也相同，所以，单看/l/的嗓音段是不足以辨认它的。边音/l/的特性音征是它跟后接元音的特殊连接方式以及它的特殊音渡。

在边音/l/除阻的一瞬间，舌尖突然下降，声道敞开，开始向第一个元音目标值过渡。由于在除阻的一瞬间里声道的形状突然改变，造成了共振峰模式的突变。这种突变在频谱图上表现为一个共振峰"断层"，断层之后共振峰的位置有明显的位移，其中最明显的突变是 $F_1$ 的频率突然由低向高跳跃；同时各共振峰的能量猛然增强，并且在振幅显示上形成一个明显的台阶；见图版 8.2（B）。有的时候，在断层处还会看到有爆破冲直条。

在边音/l/产生时，舌尖虽然抬起，但是舌体的其余部分仍有较大的自由，所以在/l/除阻之前舌体的位置已开始向后接元音的目标值接近，结果造成/l/有多种变体。在普通话里，几乎/l/后边可以跟多少个元音音位，就有多少个有显著差别的/l/变体。边音各变体之间的差别主要在于 $F_2$、$F_3$ 频率的不同，见图版 8.2（B）里的/lai/、/lu/、/lin/。

边音跟其他辅音一样，也有音渡。边音音渡的起点是断层右边的共振峰起点，音渡的终点是后边第一个元音的目标值。边音/l/的音渡有两个显著的特点。第一个特点是音渡的时长较长，或者可以说是音渡的移动范围较大，但移动速率较慢，见图版 8.3（A）里的/li/。第二个特点是 $F_1$ 音渡的起点较高，见图版 8.3（A）里的/li/和图版 8.2（B）里的/lai/和/lu/。

### 8.4.5 鼻音

普通话里可以作为声母的鼻辅音有两个：/m/和/n/。鼻音的产生是由于声道的口腔部分在某处受到堵塞，同时软腭下降，打开鼻腔通路。由声带振动而产生的浊声源主要经过鼻腔的共鸣之后从鼻孔辐射出来。

鼻音和边音有某些相似之处。从产生过程上来看，它们和边音一样，声道中有旁路存在，只是鼻音里的主要通道是鼻腔，旁路是口腔。从频谱上看，鼻音也有类元音共振峰频谱，与元音相接时共振峰也有断层式过渡，振幅也有阶跃式变化，见图版 8.2（C）里的/man/和/nan/。

鼻音和边音的不同之处有以下几点：①鼻音的能量主要集中在低频区，尤其是它们 $F_1$ 较强；而边音的频谱能量分布趋势与元音相似。②鼻音各共振峰的带宽一般都很宽，这是由于鼻腔阻尼较大所致；而边音各共振峰的带宽与元音共振峰的带宽相近。③鼻音的能量分布在一定的范围内比较均匀，在低、中频区的共振峰数目常常和邻接元音的共振峰数目不同；而边音的共振峰数目则与邻接元音的共振峰数目大体相当。④鼻音对邻接的元音有鼻化作用。也就是说，当鼻音除阻以后，软腭并不是立即上升堵住鼻通道，而是相对缓慢地上升。当鼻腔与口腔之间的连接通道足够大时，两个腔体之间就会有耦合作用，结果使元音带上鼻化音色。鼻化元音的主要特点是：元音固有的共振峰（主要是 $F_1$）带宽加宽，能量减弱；在元音共振峰之间出现一些外加的共振峰。

关于鼻音段本身固有的共振峰模式，许多研究得出了一些彼此有较大差别的结果（Tarnóczy，1948；House，1957；Jassem，1961；Fujimura，1962；吴宗济，1964；Painter，1979），不过多数研究有一个共同的结论，就是鼻音有一个较强的 $F_1$。我们认为，鼻音较强的 $F_1$ 以及分布较均匀的低中频能量（一般不超过 4 000 Hz），还有对元音的鼻化作用，是它们与其他浊辅音的主要区别特征，而不同鼻音之间的主要区别特征则是它们与元音相连时的音渡。当然，不同的鼻音之间在共振峰模式上也常常能看出一些差别，但那并不是区别性特征。鼻音在 $F_1$ 之上的共振峰模式更多地反映的是个人特征，即人与人之间的差别，因为人的鼻腔形状基本上是固定的。而发鼻音时，作为旁路的口腔声道（即舌阻塞后面的口腔部分）的形状变化，对鼻腔共鸣的影响是较小的。

最后，鼻音的音渡跟同部位塞音的音渡是一样的，即/m/—/p/、/n/—/t/具有相似的音渡值。

### 8.4.6 零声母和浊擦音

零声母是特殊的音节起始方式。在普通话里，零声母指的是那些直接以元音开始的音节的声母。"零"声母本来的含义是与"有"声母相对的"无"声母。不过在单念的普通话单音节里，零声母往往也有特定的、具有某些辅音特性的起始方式。

普通话里的零声母可以分为两类，一类是开口呼的零声母，一类是非开口呼的零声母。非开口呼零声母指的是那些以/i、u、y/起首的音节里的声母，而开口呼零声母则出现在以其他元音起首的音节里。

非开口呼零声母有时叫作半元音，即[j、w、ɥ]。它们有两个特点：①由于半元音达到理想目标值时声道收紧处只留下很小的缝隙，收紧处后边的腔体的共振峰就被频率相同的零点削弱（Fant, 1959），其结果是总能量降低，尤其是高次共振峰减弱更明显。在频谱上表现为各共振峰，尤其是高次共振峰强度明显减弱，同时振幅显示上也可以看出从弱到强缓慢上升的趋势，见图版 8.4（B）、（D）。②半元音是非稳态音，除非与相邻元音部位相同，它们总是从一开始就处于向后边第一个元音目标值的滑动过程之中，在频谱图上表现为从弱到强连续滑动的共振峰。见图版 8.4（B）、（D）。

这里顺便讨论一下浊擦音/ʐ/。/ʐ/与半元音有一些相似之处，首先，它的主要声源是嗓音声源；其次，它的频谱模式也是被减弱了的类元音共振峰模式，并与后接元音的共振峰平滑衔接。/ʐ/与半元音的不同之处就在于它是擦音，这是从两个方面表现出来的：①在/ʐ/的产生过程中，在声道某部位高度收缩的同时，外呼气流的流速也相应加快，以至于在声道收缩处造成摩擦，在频谱图上表现为叠加在类元音共振峰之上的摩擦乱纹。不过这种摩擦乱纹并不是总能看见的，更为可靠的音征是第二方面。②擦音都有一段相对稳态的阶段，/ʐ/也不例外。它与全动态的半元音相反，一般总是有一段共振峰模式相对静止的阶段，然后再开始向后接元音的过渡，见图版 8.2（D）里的各个音节。

在前边讨论辅音音渡时曾经谈过，卷舌辅音以较低的 $F_3$ 音渡起点为特征。浊擦音/ʐ/则达到了这一特征的理想目标值：$F_3$ 低到与 $F_2$ 完全重合。实际上，这正是浊擦音/ʐ/的主要特性音征，见图版 8.2（D）。

开口呼零声母有不止一种情形，现在分别讨论。

第一种以喉塞开始。喉塞音也是塞音的一种，也有闭塞和爆破，只是它的成阻部位是在声道的最下端——声门。不过喉塞音一般没有明显的音渡，因为声门的闭塞并不妨碍声门以上的声道各部位事先就摆好元音的位置。以喉塞起始的音节有两个主要特征，一是音节起始时振幅的上升速率很快，在短时间内振幅便可以达到最高值，见图版 8.4（C）。这一特征是起始喉塞音的最基本特征。第二个特征是在音节起始处有爆破段，在频谱图上表现为一条或几条与元音共振峰位置相同的冲直条，见图版 8.4（C）里的/ou/。

第二种以软腭中通音［ɰ］起始。中通音与半元音有些相似，声道的收缩使共振峰的阻尼增大，但气流流速并不增加，所以没有明显的摩擦。以中通音［ɰ］起始的音节具有三个主要特征，一个是音节起始时振幅上升速率很慢，这一点与喉塞音恰好相反；另一个是音节起首处高次共振峰明显减弱；第三个是音节起始处 $F_1$ 很低，说明此时声道的收紧点很小。见图版8.4（B）中的［ɰɤ］。

第三种既无喉塞，也无中通音，即所谓直接以元音起始。这种起始方式在练习发音时是可以人为地实现的，不过在单念的普通话音节里，这种情形是比较少见的。

## 8.5 普通话韵母的语音结构

韵母是绝大多数普通话音节的核心部分。从普通话音节结构框架来看，第6段——起始目标值、第7段——核心目标值、第8段——收尾目标值以及第9段——鼻尾段都属于韵母。

普通话里的38个韵母可大致分为三类：

单韵母，如/a、iu/；

复韵母，如/ai、iou/；

鼻韵母，如/an、uaŋ/。

下面将分别讨论这三类韵母。

### 8.5.1 单韵母

一般说来，普通话的每一个音节里至少有一个元音，当一个音节里只有一个单元音时，在普通语音学中便把这个元音称为主要元音；在我们所用的音节结构框架里，这个主要元音对应于第7段——核心目标值。也就是说，在这样的音节里只有一个元音目标值。

普通话里共有8个单韵母，它们是：/a、i、u、y、ɿ、ʅ、ɤ、o/。其中前6个基本上是稳态元音，即单元音，见图版8.3（C）。最后两个/ɤ、o/虽然通常也被归在单韵母里，但是它们的频谱一般都表现出一定的动态特性。

单元音的基本特性可以从它们在任何一个时间点上的频率-幅度谱上表现出来，见图版8.3（D）。根据元音产生的声学理论，在元音的频谱中，可以根据各共振峰的频率和带宽求出各共振峰的强度以至整个频谱包络的形状（Fant，1956）。由于共振峰带宽变化的范围不大，因此对频谱包络影响最大的是各共振峰的频率值，也叫共振峰模式，即"F-Pattern"。

不同的元音具有不同的共振峰模式，不同的共振峰模式取决于不同元音产生时的不同声道形状。严格说来，声道形状与共振峰模式并不是直接相关的，也就是说，一个共振峰的频率并不是与声道某一部分的形状直接相关，而是声道中任何一部分的形状与所有的共振峰都相关，而任何一个共振峰都与声道的整体形状相关。不过，声道形状与共振峰模式之间的关系还是有一些规律可循的。一般地说，舌收紧点的位置越靠前，$F_2$ 的频率就越高。不过，$F_2$ 频率最高时是当整个舌叶都与硬腭靠近的时候，如发/i/时，而不是舌尖与齿龈最接近的时候，如发/ɿ/时（此时舌的后部也同时抬起）（周殿福、吴宗济，1963）。声道收紧点的位置越靠后，$F_2$ 就越低。不过，$F_2$ 频率最低时，是当声道收紧点位于咽腔上部，如发/u/时，而不是当声道收紧处位于喉腔，如发/a/时。$F_1$ 的频率值与口腔开口度的大小密切相关：开口度越小，$F_1$ 越低；开口度越大，$F_1$ 越高。$F_3$ 频率最高时与 $F_2$ 频率最高时声道形状相似，即舌叶靠近硬腭，只是 $F_3$ 最高时收紧点的位置要更靠前一些。$F_3$ 的频率在两种情形下有明显的降低：一种是圆唇时，如发/y/时；另一种是在发卷舌音，如/ɻ/时，以发卷舌音时为最甚。在这两种情形下，$F_3$ 都与 $F_2$ 很接近，在频谱图上有时二者完全重合。最后，圆唇能使所有的共振峰都降低，尤其是对 $F_3$、$F_2$ 的作用最明显（Fant, 1959）。

前边我们曾谈到，元音的频谱包络形状主要取决于共振峰模式，即各共振峰的频率，从另一个方面来说，了解共振峰模式与频谱包络的关系对于我们考察元音的频谱是很有帮助的。根据言语产生的声学理论，$F_1$ 频率的高低与频谱总能量的大小直接相关：$F_1$ 频率每升高一个音阶（一个八音度），$F_1$ 以上的频谱在各个频率处的能量都会提高 12 dB；相邻共振峰之间的距离与它们的能量密切相关，两个相邻的共振峰之间的距离如果缩短一半，那么它们各自的能量就会增加 6 dB（Fant, 1959）。根据这两个关系，在同等条件下，如果一个元音的总能量很强，那它的 $F_1$ 一定较高，也就是说，这个元音的开口度一定较大。这时，如果在它的频谱图上发现低频处（如 400 Hz 左右）有类似于共振峰的能量出现，那么我们便可以判定，这个低频区的能量集中不是一个共振峰，如图版 8.3（C）、（D）里的/a/。如果在频谱图上发现某一个频率区域的能量特别强，但是从图上却很难看出该区域有两个共振峰，这时我们仍然可以根据上面讲到的第二条关系判定，这个频率区域的能量集中是由两个相距很近的共振峰造成的。见图版 8.3（C）、（D）里的/ɻ/和/y/。

下面我们简要介绍一下普通话各个单元音的频谱特性。

/a/：普通话里作为单韵母的/a/一般用国际音标里的 [A] 来代表它的实际音值。它的 $F_1$ 是所有元音中最高的，一般男声 [A] 的 $F_1$ 都在 850 Hz 以上，这反映了发音时开口度很大。正如前边所说，$F_1$ 最高的 [A] 在元音中是音强最高的。[A] 的 $F_2$ 与 $F_1$ 比较接近，在男声中一般为 1 300 Hz 左右，在频谱图上，[A] 的 F 两个共振峰常常紧靠在一起，有时甚至很难分开。男声 [A] 的 $F_3$ 一般在 2 600 Hz 左右。

/i/：这个音有两个较强的频谱重心：一个是在低频区，即 $F_1$ 处，在 300 Hz 以下，说明它是一个开口度很小的元音；另一个是在高频区域，在那里，$F_3$（一般都在 3 000 Hz 以上）与 $F_4$（3 500 Hz 左右）组成一个能量较强的区域。/i/的 $F_2$（2 300 Hz 左右）由于距 $F_1$ 和 $F_3$ 都较远，因此能量一般较弱。

/u/：它的频谱特征是有一个很低的频谱重心，这是由于它的 $F_1$ 和 $F_2$ 都很低，前者通常为 3 500 Hz 左右，后者通常为 650 Hz 左右。由于/u/的主要能量都集中在低频区，所以它的 $F_3$ 以至更高的共振峰通常在频谱上显示不出来。

/y/：这个音在发音上与/i/很相近，唯一的不同之处是，它是一个圆唇音。圆唇的声学效应是使所有的共振峰，尤其是高次共振峰的频率降低。/y/的 $F_1$ 与/i/的 $F_1$ 相差不大，但它的 $F_2$ 比/i/的 $F_2$ 至少低 200 Hz，而 $F_3$ 则要低 500 Hz 以上。由于 $F_3$ 大大降低，并且与 $F_2$ 靠近，结果/y/在高频部分的重心落在了 $F_2$、$F_3$ 区域，使这个在发音上与/i/相近的音在听感上与/i/相去甚远。

/ɿ/：这是一个舌尖前元音，它只能在声母/ts、tsʻ、s/之后出现，是汉语中特有的元音。/ɿ/的 $F_1$ 稍高，通常在 400 Hz 左右；它的 $F_2$ 与 [A] 的 $F_2$ 相似；它的 $F_3$ 在 2 700 Hz 左右。由于/ɿ/的三个共振峰分布较均匀，所以在频谱上表现不出有明显的频谱重心。

/ʅ/：这是一个舌尖后元音，也叫卷舌元音，它只出现在声母/tʂ、tʂʻ、ʂ、z̢/之后。

/ɻ/的主要特点是它的$F_3$极低，通常低于2 000 Hz，而它的$F_2$一般在1 600 Hz左右，结果这两个共振峰靠得很近，构成一个较强的频谱重心。正是这一特征造成了卷舌元音/ɻ/的特有音色。

在普通语音学里，一般都把普通话里的/ɤ/和/o/（即"哥"和"波"里的元音）称为单元音（当然，这样划分从音位分类的角度来看是有一定的道理的）。不过，这两个元音的动态频谱表明，它们并不是稳态的元音，而都有一定的动程，见图版8.4（A）。/ɤ/的动态变化主要是$F_1$频率从低向高升，这反映了发音时开口度是由小向大变化的。/o/的动态变化则是$F_1$和$F_2$同时由低渐向高升，这反映了发音时开口度由小变大，同时圆唇度也逐渐变小。

### 8.5.2 复韵母

复韵母是由二合元音或三合元音构成的韵母。普通话的复韵母包括9个二合元音：/ai、ei、ao、ou、ia、ie、ua、uo、ye/和4个三合元音：/iao、iou、uai、uei/。另外还有一个/ər/（"二"字里的韵母），它实际上也是复韵母。

在二合元音中，/ia、ua、uo、ie、ye/是后响二合元音，因为它们的开口度都是从小到大的，因而响度也是从小到大。后响二合元音里的第一个音位通常叫介音，它们对应于音节结构框架里的第6段——起始目标值；后响元音里的第二个音位通常叫主要元音，它们对应于音节结构框架里的第7段——核心目标值。后响二合元音的特点是前后两个音位之间的相互影响较小，各自的实际音值都与目标值很接近，见图版8.4（C）。

二合元音中的/ai、ao、ei、ou/以及/ər/是前响二合元音。这类二合元音里的第一个音位通常叫主要元音，它们对应于音节结构框架里的第7段——核心目标值；这类二合元音的第二个音位通常叫元音性韵尾，它们对应于音节结构框架里的第8段——收尾目标值。前响二合元音的特点是前后两个音位之间的相互影响较大，各自的实际音值都与目标值有较大的差异，见图版8.4（C）。

三合元音里的第一个音位都是介音，第二个音位是主要元音，第三个音位是元音性韵尾，它们分别对应于音节结构框架里的第6、7、8段。在三合元音里，后两个音位之间的相互影响较大，而它们与第一个音位，即介音之间的相互影响较小，见图版8.4（D）。

从频谱图上看，普通话复韵母的共振峰模式表现出明显的动态性，即各共振峰的频率都处于连续不断的变化之中，从一个音位向另一个音位变动，而每一个音位都或多或少地偏离了各自的理想目标值。决定偏离程度的相关因素有：①介音与主要元音之间的相互影响较小；②相邻音位理想目标值之间的差越大，偏离越多。由于复韵母中各音位之间的相互影响，每个复韵母都形成了各自特定的共振峰动态模式，见图版8.4（C）、（D）。熟悉这些模式将有助于我们掌握普通话复韵母的基本特性。

### 8.5.3 鼻韵母

鼻韵母是以鼻辅音/n/或/ŋ/收尾的韵母，它们实际上是一类特殊的复韵母。普通话里共有16个鼻韵母，它们是：

| | | | |
|---|---|---|---|
| an | ian | uan | yan |
| ən | in | uən | yn |
| aŋ | iaŋ | uaŋ | |

əŋ　　　iŋ　　　ueŋ
oŋ　　　ioŋ

鼻韵母通常由两部分组成：元音部分和尾音部分。下面分别讨论这两个部分。

鼻韵母中的元音部分含有音节结构框架里的第 6 段——起始目标值、第 7 段——核心目标值和第 8 段——后音渡。起始目标值对应于那些含有两个元音音位的鼻韵母里的第一个音位，也就是介音；核心目标值对应于鼻韵母里鼻尾之前的那个音位，即主要元音；后音渡则是指鼻韵母里主要元音与鼻尾之间的过渡部分。

鼻韵母里的介音与普通复韵母里的介音具有相似的特性，但是有一点不同，这就是在鼻韵母里介音对主要元音有较大的影响，见图版 8.5（C）。

鼻韵母里的主要元音受到鼻尾的一定影响。例如，在齿龈鼻音/n/和软腭鼻音/ə/的不同影响下，/an/、/ən/里的主要元音和/aŋ/、/əŋ/里的主要元音的 $F_2$ 频率略有不同，前者偏高，后者偏低，见图版 8.5（B）。在有介音的鼻韵母中，主要元音则受到介音和鼻尾的双重影响，试比较图版 8.5（C）里音位/a/在/ian/、/iaŋ/和/uan/、/uaŋ/里的不同表现。

鼻尾不仅对主要元音本身的共振峰模式产生影响，它还使主要元音与它的连接处出现一个过渡段，也就是后音渡。后音渡是频谱图上鼻尾之前的一段呈现出明显动态特性的共振峰模式，见图版 8.5（B）、（C）。显然，向/n/的过渡和向/ŋ/的过渡是截然不同的，前者的 $F_1$ 和 $F_2$ 是趋向分开的（/in/、/yn/除外），后者的 $F_1$ 和 $F_2$ 则趋向于保持平行。显然，后音渡与同部位声母的前音渡是相似的，不同的只是后音渡的时长更长一些。

鼻韵母里的元音在鼻尾的影响下有明显的鼻化。在频谱图上，鼻化主要表现为：元音固有的共振峰带宽加宽，能量减弱；在原有的元音共振峰之外出现外加的共振峰。元音鼻化是普通话鼻韵母的必要特征，正如我们在后面将要谈到的，鼻韵母的鼻尾在许多情况下是会脱落的，这个时候，所谓"鼻音音色"就全部靠元音的鼻化来体现了。

鼻韵母里的鼻尾是在音节收尾处的鼻辅音/n/和/ŋ/，它们是普通话里唯一能出现在音节末尾的辅音。在我们的音节结构框架里，鼻尾是第 9 段，也就是最后一个可能出现的分段。鼻尾的主要特征有这样几个：①在单念的音节里，鼻韵尾常常表现为鼻辅音，这种鼻辅音的声学特性从本质上讲与声母中的鼻辅音是一样的。只是鼻尾里的/ŋ/是声母里没有的，而声母里的/m/不出现在单念音节的韵尾里。②鼻尾有时并不表现为鼻辅音，在频谱图上只能看到已被鼻化的元音。③鼻尾是否表现为鼻辅音以及鼻尾鼻辅音的时长取决于鼻尾本身的发音部位以及元音的发音部位和开口度的大小。一般说来，主要元音的发音部位越靠后，鼻尾的时长就越长；同时，主要元音的开口度越小，鼻尾的时长也越长。由于/ŋ/的发音部位在软腭，所以受到/ŋ/影响的主要元音的发音部位也会向后移，结果/ŋ/尾的时长常常要比/n/尾长。在这几种因素的影响之下，有时鼻尾的时长甚至会超过元音部分的时长，见图版 8.5（A）里的/tɕˈioŋ/和/tɕioŋ/。

鼻尾本身并不是普通话鼻韵母的必要特征，在某些情况下它们是会脱落的。在单念的普通话音节里，有两种与鼻尾脱落有关的因素，一个是鼻尾的时长，时长越短的鼻尾越容易脱落；另一个是音节的声调，一般地说，去声音节里的鼻尾容易脱落，见图版 8.5（A）里的/xuan/和/pˈian/。鼻尾脱落后，它对元音的鼻化依然存在，并且成为鼻音音色的唯一载体。

### 8.5.4 儿化韵

所谓儿化就是给一个音节的韵母加上一种卷舌（即"儿"）的音色。汉语普通话里的所有韵母，除了一个/ər/（卷舌是它的固有特征）以外，都可以儿化。从来源上说，儿化韵是一个音节的韵母跟另一个音节"儿"拼合而发展出来的，但是从普通话现在的发音上来看，"儿"跟原有韵母之间的结合关系，无论是从时间上看，还是从协同调音上看，都已超出了两音节之间的结合关系（参见§8.7.1和§8.7.2）。许多语言学家都把儿化作为音节内部的现象来研究，把儿化韵当作北京话韵母中的一个大类（如傅懋勣，1956；刘泽先，1957；王辅世，1963）。

"儿"这个音从发音上来看是所谓的"卷舌"元音，从声学上来看其主要特征是 $F_3$ 大大降低，向 $F_2$ 靠拢。普通话里最典型的卷舌元音当属 /ɻ/，它的 $F_3$ 跟 $F_2$ 几乎合二而一，见图版 8.3（C）。在儿化韵里，"儿"的成分对韵母里其他音位的影响十分显著。一般说来，越靠近韵尾的音位受到的影响越重。在本来有韵尾的韵母里，原有的韵尾几乎完全被卷舌韵尾取而代之。这样一来，许多韵尾不同，但韵头、韵腹相同或相似的韵母在儿化后便合并起来，结果，儿化韵的总数目便大大少于非儿化韵的总数目。

根据对北京话儿化韵所做的实验研究（王理嘉、贺宁基，1983），目前北京话里的儿化韵可分为 26 类，详见表 8.1。

表 8.1　北京话儿化韵分类表
（引自王理嘉、贺宁基，1983）

| 开口呼 | | | 齐齿呼 | | | 合口呼 | | | 撮口呼 | | |
|---|---|---|---|---|---|---|---|---|---|---|---|
| 例词 | 原韵母 | 儿化韵 | 例词 | 原韵母 | 儿化韵 | 例词 | 原韵母 | 儿化韵 | 例词 | 原韵母 | 儿化韵 |
| 丝儿<br>枝儿<br>碑儿<br>根儿 | ɿ<br>ʅ<br>ei<br>ən | ɚ | 鸡儿<br>今儿 | i<br>in | iɚ | 柜儿<br>棍儿 | uei<br>uən | uɚ | 鱼儿<br>裙儿 | y<br>yn | yɚ |
| 歌儿 | ɤ | ɤr |  |  |  |  |  |  |  |  |  |
|  |  |  | 街儿 | iɛ | iɛr |  |  |  | 月儿 | yɛ | yɛr |
| 婆儿 | o | or |  |  |  | 窝儿 | uo | uor |  |  |  |
| 把儿<br>牌儿<br>盘儿 | a<br>ai<br>an | ar | 芽儿<br>尖儿 | ia<br>ian | iar | 屋儿<br>花儿<br>拐儿<br>罐儿 | u<br>ua<br>uai<br>uan | ur<br>uar | 院儿 | yan | yar |
| 刀儿 | au | aur | 票儿 | iau | iaur |  |  |  |  |  |  |
| 钩儿 | ou | our | 球儿 | iou | iour |  |  |  |  |  |  |
| 缸儿 | aŋ | ãr | 亮儿 | iaŋ | iãr | 筐儿 | uaŋ | uãr |  |  |  |
| 灯儿 | əŋ | ə̃r | 影儿 | iŋ | ĩ ə̃r | 瓮儿 | uəŋ | uə̃r | 熊儿 | yŋ | yə̃ŋ |
|  |  |  | 空儿 | uŋ | ũr |  |  |  |  |  |  |

儿化韵尾的具体实现方式也受到原有韵母（主要是韵母里的主要元音）的影响。在这

种影响下，儿化韵尾明显地分为几大类。王、贺的研究发现了不同类儿化韵动程走向的分布规律，并总结出了一个儿化韵韵尾收拢区域图，见图8.3。根据图8.3，北京话的儿化韵可以分为四大类，各类儿化韵尾频率范围的统计值可见表8.2。

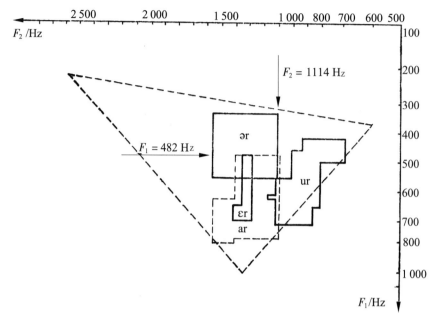

图 8.3　北京话儿化韵尾收拢区域图（引自王理嘉、贺宁基，1983）

表 8.2　北京话儿化韵韵尾频率范围

| 儿化韵韵尾 | $F_1$/Hz | $F_2$/Hz |
| --- | --- | --- |
| ar 类 | 480～820 | 1 114～1 535 |
| ər 类 | 340～555 | 1 114～1 454 |
| ur 类 | 340～706 | 680～1 125 |
| ɛr 类 | 482～700 | 1 270～1 425 |

## 8.6　声母与韵母的相互作用

每一个普通话音节都是一个声、韵母有机结合的统一体，其中声母和韵母的特性共同决定了这个音节的基本模式。换句话说，同一个声母或韵母，在跟不同的韵母或声母结合时，会发生不同的变化。下面从两个方面讨论普通话音节里声韵母的相互作用。

### 8.6.1　音征互载

人们在分析语音时，发现把连续的语流分解为一个一个离散的语音单元是很方便的。在分析汉语普通话的语音时，发现把每个音节都分为声母和韵母两个部分也是很方便的。不过这种分析最初的手段主要是主观感觉。后来，当人们用客观的方法——主要是生理和物理实验——来考察这些离散单元的实际实现方式时，发现离散的语音单元跟连续的生理量和物理量之间并不总是一一对应的关系（Fant，1986）。换句话说，一个语音单元，或者一个语音单元的特征，往往要通过几种生理和物理参量来表现，同样，一个生理和物理参量往往会跨越几个语音单元。与一个语音单元或一个语音特征相关的物理或生理参量，我们把它们叫作"音征"。

在普通话里，声母和韵母的音征并不总是在各自的音段之内，而是有可能跨越两者的边界。也就是说，声母中可能会带有韵母的信息，韵母中也可能会带有声母的信息。更有甚者，在某些情况下，声母或韵母的主要信息都是由对方载带的。比如前边讨论过的辅音音渡，如果把韵母从元音起始就开始算起的话，那么音渡就是韵母中载带的辅音音征。对于某些辅音来说，如不送气塞音，元音里的音渡正是它们之间相互区别的主要音征。

在本节里，我们要重点讨论的是相反的情形，即声母中载带的韵母信息。

韵母中的某些音征由声母载带的现象，最典型的莫过于介音的实现方式。介音指的是复韵母（包括含有两个元音音位的鼻韵母）中作为起始音位的/i、u、y/。在§8.3.6里，我们曾指出，普通话里的介音具有非稳态性，一方面它们没有稳态阶段，另一方面介音的起点音值变化范围很大，其确切值往往取决于声母的性质。这就是说，在不同声母的影响下，介音的实现方式很不相同。

介音最充分的实现方式发生在以零声母起首的音节里，这时介音一般都可以达到理想目标值，见图版8.4（C）、（D）。但是，在有其他声母的音节里，情形就不大一样了。第一种典型的情形是，介音之前的声母本身与介音的发音部位相同，或者受介音的同化而带上相似的特征，这个辅音便可以与介音段分担传递信息的任务。例如，在图版8.6（A）的/tɕia/和/ɕia/里，声母/tɕ/和/ɕ/与介音/i/的发音部位相同，此时介音/i/就不必（或者更确切地说，必须不）达到理想目标值。另一种典型的情形是，在有送气声母的音节里，送气段不仅承担了音渡的一部分任务，而且往往分担了介音的相当一部分任务，这时韵母里的介音往往离典型目标值更远，如图版8.6（A）里的/tɕ'ia/。

可以说，在上述两种情况下，介音的相当一部分信息是靠声母来传达的。

如果把普通话中各类声母按载带介音音征的多少来排列，我们可以得到以下顺序：

送气塞擦音——送气塞音——擦音——边音——不送气塞擦音——不送气塞音——鼻音——零声母

## 8.6.2 声韵母之间的时长补偿

声、韵母之间在时长上的相互影响主要表现在声母对韵母时长的影响上。根据冯隆（1985）的实验结果，单韵母与不同类的声母结合时有如表8.3所示的时长比例关系：

表8.3 普通话声母对韵母时长的影响

| 声母类型 | 浊音 | 不送气塞音 | 不送气塞擦音 | 擦音 | 送气塞音 | 送气塞擦音 |
| --- | --- | --- | --- | --- | --- | --- |
| 声母时长比 | 0.6 | 0.8 | 0.9 | 1.0 | 1.1 | 1.2 |
| 韵母时长比 | 1.1 | 1.1 | 1.0 | 1.0 | 0.9 | 0.8 |

从表8.3里可以看出，普通话声母的时长对韵母时长的影响是：声母越长，韵母就越短；声母越短，韵母就越长。也就是说，韵母的时长对声母的时长有一定的补偿。不过这种时长补偿并不是充分的，尤其是当声母缩短到一定程度时，韵母的增长便不明显了，结果这时整个音节的时长便短于平均音节时长。

## 8.7 音联——语音单元之间的连接和分界

我们在说话时，不是一个音节一个音节说的，而是许多音节连成一串一气呵成，产生出连续的语流。在考察连续语流的动态频谱时，我们会发现，各语音单元之间的结合是很紧密的，有时很难对它们进行"切分"。可是当我们听到连续的话语时，却能够很容易地将它们分解为一个一个的语音单元，如字、词、短语、句子等等。这就说明，在由离散语音单元结合在一起构成的连续语流中，存在着许多边界信号，这些边界信号帮助我们将连续的语流重新切分为离散的语音单元。

边界信号是分各种层次的，有句法的，有语义的，也有语音的。考察不同层次的边界信号，用的是不同的方法。音联的研究就是为了捕捉连续语流里的语音边界信号。

对汉语普通话的连续语流所做的音联研究（许毅，1986）已发现，汉语普通话的语流中至少存在着四个不同等级的音联：①闭音联，即音节内部各音位之间的音联；②音节音联，即音节之间的音联，也叫"一音联"；③节奏音联，即节奏单元（二字组、三字组，有时是单字）之间的音联，也叫"十音联"；④停顿音联，即语流中的短暂停顿，也叫"#音联"。

音联是语流中各语音单元之间的连接和分界。汉语普通话里存在着四个不同等级的音联意味着普通话里有四种不同层次的语音单元。这些语音单元是（按层次从低到高排列）：音位、音节、节奏单元、节奏群。层次较高的语音单元的边界往往与层次较低的语音单元的边界相重合，例如，在一个句子的开头，既有第一个音位边界，也有第一个音节边界，同时还有第一个节奏单元边界以及第一个停顿边界。在这种情况下，较高层次的音联是通过不同于较低层次的音联的边界信号表现出来的。因此，考察某种音联时，必须对其他音联的边界信号也有所了解。下面我们分别讨论普通话里的四类音联。

### 8.7.1 闭音联

闭音联是音节内部各音位之间的连接和分界。在音节的内部，音位之间的结合十分紧密，这不仅表现在相邻音位在时间上的接近，而且更重要的是表现在相邻音位之间的特殊影响上。语音学上把这种相互影响称为协同调音。§8.2到§8.6里已对普通话音节内部各音位之间的协同调音做了详细的讨论，在那里我们已看到，无论是声韵母之间，还是韵母内部的各音位之间，都有很明显的协同调音效应。这里尤其需要引起我们重新注意的是韵母中主要元音和韵尾的实现方式。作为主要元音的元音音位，尤其是非闭元音，如 /a/、/o/、/ɤ/、/e/，在普通话里有多种变体，其具体实现方式直接取决于韵母中介音和/或韵母的音值。同一个/a/，在单韵母里可以表现为[ʌ]，在/ai/和/an/里可以表现为[a]，在/au/和/aŋ/里可以表现为[ɑ]，而在/ian/里则可以表现为[ɛ]。特别是在鼻韵母里可以明显地看到，如图版8.5（B）、（C）所示，不仅主要元音与鼻尾之间有一个过渡段，即后音渡，而且主要元音本身部分的音值受到鼻尾发音部位的明显同化。在后边的讨论中我们会看到，过渡段是元音与其他音位相连时必不可少的，而元音本身的同化却是由更复杂的条件决定的。

类似的情形是，作为韵尾的元音音位，其本身的音值也要受到主要元音的影响。如在 /au/ 和 /ou/ 里，/u/ 的实现方式就不一样，前者是 [ɔ] 或 [o]，后者却是 [ɯ]。同样，

/i/在/ai/和/ei/里分别表现为［e］和［ɪ］。

以下我们将会看到，元音音位的实现方式正是判定有无音节边界的重要信息之一。

### 8.7.2 音节音联

音节音联是连续语流中节奏单元内部的音节之间的连接和分界。在连续的语流中，在以停顿为边界的语段内部，尤其是在节奏单元的内部，相邻的音节之间是紧密连接的。这种连接有以下两种表现。一是以元音音位收尾的音节在音节末尾处总是有向后接音节起始音的过渡，我们可以把这种过渡叫作"音节音渡"。前一音节收尾元音的发音部位与后一音节起首音位的发音部位相差越远，音节音渡就越明显，见图版8.6（B）里的"杂技"。二是如果后一音节以零声母起始，而且前一音节以元音收尾，那么两音节连接处的各个共振峰一般都平滑衔接，见图版8.6（B）里的"拔牙"。

尽管音节之间的连接相当紧密，但是在普通话里，可以帮助我们切分音节的边界信号是大量存在的。下面我们从几个方面进行讨论。

（1）普通话里有31个音位，其中包括22个辅音音位：/p、p'、m、f、t、t'、n、l、ts、ts'、s、tʂ、tʂ'、ʂ、z、tɕ、tɕ'、ɕ、k、k'、x、ŋ/和9个元音音位/a、i、u、y、ɿ、ʅ、ɤ、o、e/。普通话里的音节最多由4个音位构成，如/t'ian/，最少由一个音位构成，如/a/。假如普通话里的音节可以由这31个音位里任意1至4个音位的任意顺序构成，那么普通话音节的总数就会多达（不计声调）

$$A_{31}^4 + A_{31}^3 + A_{31}^2 + A_{31}^1 = 783\,091\,（个）$$

再乘上4种声调，便可达 $783\,091 \times 4 = 3\,132\,364$（个）。

但是实际上，普通话里只有1260多个音节，如果不计声调，就只有约400个音节。这是由于普通话音位在构成音节时的组合关系和排列顺序不是任意的，而是有许多限制。一种语言里音位序列的配列组合关系及其研究叫作音位配列学。在汉语的音位配列学研究中，一般都把音位分为声母和韵母两个部分，其顺序都是声母在前，韵母在后。普通话声、韵母的拼合关系主要有以下原则：① 除了/ŋ/以外，所有辅音都可以当声母，而且除了/n、ŋ/之外，辅音只能当声母；② 韵母里至少有一个元音，也就是主要元音，至多有三个音位，分别为介音、主要元音和韵尾；③ 只有/i、u、y/可以充当介音，只有/i、u/和/n、ŋ/可以充当韵尾，所有的元音音位都可以充当主要元音，其中/ɿ/和/ʅ/只能充当主要元音；④ 声母与韵母拼合时有许多限制，如/tɕ、tɕ'、ɕ/只能与/i、y/起头的韵母拼合，韵母/ɿ/和/ʅ/只能分别与/ts、ts'、s/和/tʂ、tʂ'、ʂ/拼合，等等；⑤ 音节之内不能有相邻的相同音位。

由于这些规则的存在，使得普通话音节的总数目限制在一定的范围内，而且这些音位配列规则还起着音节边界信号的作用。例如，音节序列中出现除/n/以外的辅音，就意味着一个音节的起始，而/ŋ/以及/ɿ、ʅ/的出现则意味着一个音节的收尾。这样，既可以出现在音节首又可以出现在音节尾的音位只剩下了/a、i、u、ɤ、o、e/以及/n/，共8个音位。如果它们当中任何两个分别出现在前一音节的末尾和后一音节的开头，便会造成音节切分的新问题，需要有别的边界信号方能解决。不过这种情形只有 $8 \times 7 = 56$ 种不同的排列组合，这比没有运用音位配列规则时的 $31 \times 31 = 961$ 种排列组合少多了。

（2）我们已知道，/n/是普通话里唯一一个既可以出现在音节首又可以出现在音节尾的辅音音位。以"发难"/fa-nan/和"翻案"/fan-an/为例，二者的音位序列是相同的，不同的只是两音节交界处/n/所处的位置。在"翻案"里，/n/是在前一个音节的末尾；在"发难"里，/n/却在后一个音节的开头。图版8.6（D）是这两个词的宽带动态频谱图和时间波形。从图版8.6（D）里可以看到，无论/n/在音节边界之前还是在音节边界之后，两音节之间都保持着周期性振动，这是由于鼻音和元音一样都是以声带振动为声源的。这两个词的不同之处主要表现为/n/的起首变体和收尾变体的不同：在"难"里，/n/是首辅音，即声母，这时它呈现为一个"纯"鼻音；而在"翻"里，/n/是尾辅音，即鼻韵尾，此时它呈现为一个"半鼻音"。纯鼻音的声学特征是：① 主要能量集中在低频区；② 共振峰阻尼高于元音，总能量低于元音；③ 共振峰频率随时间变化很小，与元音共振峰之间的过渡在动态频谱上表现为断层过渡；④ 对相邻的元音有一定的鼻化作用。半鼻音的基本特征是不能自己单独存在，只能通过对原有元音共振峰模式的影响表现自己的存在，这种影响主要是增加元音共振峰（主要是$F_1$）的带宽和在元音共振峰之间增加一些较弱的谐波群。这种影响就是所谓"有鼻化作用"，不过半鼻音的鼻化作用要比纯鼻音的鼻化作用大得多，因为半鼻音基本存在方式就是对元音的鼻化。由于半鼻音的这种特点，在频谱图上我们一般不容易测定它的确切时长，这也是它与纯鼻音的重要差别之一。

作为鼻韵尾的/n/在普通话里并不总是表现为半鼻音，它只是在特定的条件下才表现为半鼻音。一般说来，在普通话的连续语流中，如果某个节奏单元内部有一个音节里有鼻韵尾/n/，而它后面的音节又以零声母或擦音起首，那么这个/n/往往表现为半鼻音。这样，我们看到了普通话里又一条音节边界信号：连续语流中的半鼻音标志着一个音节的结束。请注意这里所说的半鼻音也包括了表现为半鼻音的/n/变体。不过由于/n/本来就只能出现在音节尾，所以这条音节边界信号对它来说远不如对/n/的意义那样大。正因为如此，/n/在零声母之前有时会表现为纯鼻音，见图版8.6（E）里的"平安"和"婴儿"（另参见林焘，1963）。

（3）由于/n/既可以出现在音节之首，也可以出现在音节之末，因此就会发生前一个音节的韵尾和后一个音节的声母同时都是/n/的情形，如图版8.6（F）里的"忍耐"。在图中的宽带频谱图上可以看到，"忍耐"里的两音节交界处有一个较长的纯鼻音，其长度约为"可耐"里鼻音长度的两倍。在窄带图上，"忍耐"的音高转折点正好处在那个长鼻音的中部，而"可耐"里的音高转折点却处在前音节韵尾与后音节鼻音声母的交界处。不过，并不是在所有的情况下都能看到这种明确的声调分界点，而且常常也看不到任何其他的分界标志。但实际上，加长了的鼻音本身就表明自己的长度已超过一个起首/n/所需的最大长度，说明在这个起首/n/之前一定还有一个收尾/n/。至于确切的分界点到底在哪里并不是十分要紧的。这就是又一种音节边界信号：连续语流中出现的超长鼻辅音标志着有一个音节分界点发生在这个长鼻音中间（不一定是正中）的某一点上。

（4）现在剩下尚未解决的音节分界问题都是与元音有关的。由于普通话里既能出现在音节首也能出现在音节尾的音位绝大多数是元音，因此可以说，普通话音节切分的主要难题是由元音造成的。

在前边讨论闭音联时我们曾经谈到，普通话音节内部各音位之间有明显的协同调音，也就是说，音节内部各相邻音位之间有较强的相互影响。同样，在普通话语流中，相邻音节之间也有协同调音，但是，音节间的协同调音不同于音节内部的协同调音。换句话说，音节内部的种种协同调音是不能跨越音节边界的。于是，音节切分又有了新的边界信号：相邻音位之间协同调音的方式取决于音节边界的位置。

例如，在"掰"/pai/和"八一"/pa-i/里，音位序列都是一样的，但是其中元音音位的实现方式却有所不同，见图版 8.7（A）。在"掰"里，/a/和/i/同属于一个音节，它们之间的协同调音不仅表现在两者之间的共振峰过渡上，而且还表现在它们本身对典型目标值（即单念时的音值）的偏离上，它们各自都在音值上向对方靠拢了，也就是说，互相同化了。在"八一"里，/a/和/i/分别属于两个音节，在它们之间也有一段过渡段，但是它们本身的音值却很接近各自的典型目标值，也可以说，它们没有相互同化。类似的例子还有同一图中的"捐—居安""先—西安"和"太暗—大雁"。

在某些情况下，说话人为了强调两音节之间的分界，会在开口呼零声母之前插入一个软腭中通音 [ɰ]。例如，在图版 8.6（C）的"差额"中便可以看到这种现象（关于中通音 [ɰ] 的声学特征，见§8.4.6 里关于开口呼零声母的讨论）。

以上所讨论的音节音联的边界信号可以概括为：① 由音位配列规则决定的只能充当声母或韵尾的音位，标志着一个音节的开始或结束；② 半鼻音标志着一个音节的结束；③ 超长鼻辅音标志着有音节分界发生在该长鼻音之中的某一点上；④ 相邻音位之间缺乏只能发生在音节内部的协同调音，标志着这两个音位之间有音节边界；⑤ 软腭中通音 [ɰ] 的出现标志着两个音节的分界。

此外，一些更高层次的语音单元的边界信号，无疑也可以首先用作音节的边界信号，如后边将要讨论到的喉塞、喉化以至停顿等等。

即使到现在，我们也不敢说已经解决了汉语普通话里所有的音节分界问题。因为在连续语流中语音的变化极为复杂，有时元音会脱落，有时辅音会脱落，有时整个音节都会脱落，有时相邻的音节甚至会相互融合。尤其是在语速加快的情况下，音变会更多更重。因此，要彻底解决音节切分问题必须进一步研究连续语流中更为极端的音变现象。另外，我们还必须清楚地看到，人们在进行言语交流时并不仅仅是靠语音方面的边界信号来切分音节的，语法、语义等方面也有不少能帮助我们切分音节的因素。对于言语交流中的人来说，音节的边界信号是有相当的多余度的。一种边界信号不在，还会有其他的边界信号，这样便保证了人们在交流时能够正确地切分音节。而作为研究言语交流的人，我们的任务便是通过分析研究将这些边界信号一个一个地找出来。

### 8.7.3 节奏音联

在连续的语流中，相邻音节之间的关系是有疏有密的，决定这种疏密关系的有多种因素，其中最重要的是节奏。每一种语言都有一定的节奏倾向，汉语也不例外。现有的文献表明，"双音化是现代汉语的主要节奏倾向"（周有光，1979），"在现代汉语的语句里，双音节是占优势的基本语音段落"（吕叔湘，1963）。这种"基本语音段落"，我们把它叫作"节奏基本单元"，简称"节奏单元"。

相邻音节之间的结合方式与节奏单元有着密切的关系。以往的研究（许毅，1986）已发现，两个相邻的音节，当属于同一节奏单元和分别属于不同节奏单元时，会有不同的结合方式。也就是说，相邻节奏单元之间的结合关系不同于节奏单元内部相邻音节之间的结合关系。

节奏音联就是节奏单元之间的连接和分界。在普通话里，节奏音联处的音节带有不同于普通音节分界（即上节所讨论的）处的边界信号。普通话节奏音联的边界信号主要分为两类：一类是通过音节起始音的特殊变体表现出来的，另一类是通过声调表现出来的。下面对它们分别加以讨论。在讨论中，把节奏音联之后的第一个音节称为"前音节"，把前音节之后的音节称为"后音节"。

起首音位在前音节里与在后音节里有很大差别。具体的差别在不同类的音位上有不同的表现。

（1）起首开元音的差别。图版8.7（C）是"控制西欧"和"窒息欧洲"的宽带频谱图和时间波形，从图中可以看到，"西欧"和"息+欧"之间的最大差别在于"欧"的起始方式不同：在"西欧"里，"西"与"欧"紧密相连，两音节交界处共振峰平滑过渡，振幅没有减弱；而在"息+欧"里，两音节交界处共振峰中断，而代之以长达70ms的喉化音，即在相当于$F_1$位置上的稀疏短竖纹，此时振幅也大幅度减弱。不过从"息"末尾处$F_1$朝上翘起向"欧"起首处的$F_1$过渡的情况来看，两音节之间并无停顿（参见下节）。在图版8.8（A）的"杯+挨"里，"挨"的起始音则表现为完全的喉塞。喉塞和喉化正是节奏音联在含有开口呼零声母的前音节里的边界信号。

（2）起首闭元音的差别。图版8.8（C）是"高温"和"高+温"的宽带频谱图和时间波形。我们看到，在"高温"和"高+温"里，两音节都是紧密相联的，共振峰平滑过渡，无明显分界点。但是更仔细地观察会发现，两个"温"的起始/u/是不太一样的：在前音节里它更到位，即更接近其典型目标值，主要表现是$F_1$更低；而在后音节里，/u/却不太到位。这种差别在图8.4里可以看得更清楚一些。图8.4是"高温"—"高+温"和"高压"—"糕+压"的动态声学元音图。图中每一个点的位置都是用$F_1$和$F_2$在某一时刻的频率分别作为纵坐标和横坐标来确定的，图中大三角的三个顶点分别代表同一发音人单念的/i/、/a/、/u/三个音。这种图能够形象地表现出元音音色的动态变化。从图8.4里可以看出，后音节的起首/i/、/u/都比较偏向央部，也就是说不很"到家"；而前音节的起首/i/、/u/都比较接近典型目标值，也就是比较"到家"。这种差别正是节奏音联在起首闭元音上的典型表现。另外，在一部分前音节里，起首闭元音除比较"到家"以外，还伴有喉塞、喉化或高次共振峰减弱等现象。

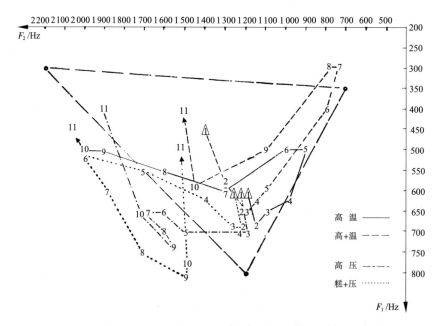

图8.4　"高温—高+温"和"高压—糕+压"的动态声学元音图

（纵坐标为$F_1$，横坐标为$F_2$，单位是Hz，线性标度。图中[i、A、u]三点的位置是根据同一发音人单念的"急、答、俗"三字的$F_1$和$F_2$确定的。图中相邻取样点之间相隔25 ms，"△"为元音起始处；"→"指向的是元音收尾处）

（3）起首塞音、塞擦音的差别。图版8.7（B）是"加工"—"家+工"和"裁判"—"才+判"的宽带频谱图及时间波形。从图版8.7（B）中可以看到，同一个塞音或塞擦音，在前音节里跟在后音节里很不一样，两者之间的差别主要有以下几点：

① 塞音、塞擦音在前音节里时长较长，在后音节里时长较短。这种时长差别在持阻时间和除阻时间上都有表现，已有的研究发现，两者的比例为1.6∶1。具体数据可参见表8.4。

表8.4 前后音节塞音、塞擦音时长及浊化率比较

单位：ms

| 位置 | 分段 | 音位 | | | | | | | | | | | |
|---|---|---|---|---|---|---|---|---|---|---|---|---|---|
| | | p | t | k | tɕ | ts | tʂ | pʻ | tʻ | kʻ | tɕʻ | tsʻ | tʂʻ | 平均 |
| 前音节 | 持阻 | 69.4 | 65.0 | 52.3 | 44.7 | 46.2 | 58.9 | 47.6 | 43.1 | 51.3 | 35.4 | 46.2 | 36.8 | 49.7 |
| | 除阻 | 9.7 | 9.5 | 12.0 | 46.5 | 41.7 | 31.2 | 60.7 | 73.4 | 67.4 | 100.1 | 78.0 | 86.7 | 51.4 |
| | 全长 | 79.1 | 74.5 | 64.3 | 91.2 | 87.9 | 90.1 | 108.3 | 116.5 | 118.7 | 135.5 | 124.2 | 123.5 | 101.1 |
| 后音节 | 持阻 | 44.7 | 40.0 | 28.3 | 13.3 | 8.2 | 21.7 | 26.2 | 22.8 | 29.7 | 24.0 | 21.9 | 17.8 | 24.9 |
| | 除阻 | 4.5 | 4.7 | 22.3 | 21.8 | 22.7 | 19.6 | 43.5 | 41.1 | 49.4 | 73.2 | 68.4 | 61.7 | 36.1 |
| | 全长 | 49.2 | 44.7 | 50.6 | 35.1 | 30.9 | 41.3 | 69.7 | 63.9 | 79.1 | 97.2 | 90.8 | 79.5 | 61.0 |
| 前后时长比例 | | 1.6∶1 | 1.7∶1 | 1.3∶1 | 2.6∶1 | 2.8∶1 | 2.2∶1 | 1.6∶1 | 1.8∶1 | 1.5∶1 | 1.4∶1 | 1.4∶1 | 1.6∶1 | 1.7∶1 |
| 浊化率/% | 前音节 | 0 | 3.3 | 4.2 | 0 | 0 | 0 | 0 | 0 | 0 | 0 | 0 | 0 | 0.6 |
| | 后音节 | 56.7 | 60.0 | 60.0 | 63.0 | 76.5 | 43.3 | 16.7 | 43.3 | 0 | 0 | 4.2 | 17.3 | 36.0 |

② 后音节里的塞音、塞擦音（特别是不送气的）常常发生浊化。例如，图版8.7（B）里所有后音节里的塞音、塞擦音都有程度不同的浊化。浊化在宽带频谱图上表现为持阻和/或除阻期间有浊音横杠，在窄带频谱图上表现为有连续不断的谐波，表明在此期间声带一直在持续振动。相反，在前音节里，塞音和塞擦音很少发生浊化（比较表8.4里前、后音节浊化率的不同）。

③ 后音节里的塞音、塞擦音时常失去爆破，或者完全不闭塞。前者在频谱图上表现为除阻后无冲直条，而且除阻前后的频谱模式与元音或鼻音十分相像，见图版8.8（C）里的"糕"；后者的频谱表现是除阻前后无突然变化，而是和浊擦音非常相似，见图版8.7（B）中的"才"。

综上所述，如果把前音节里的塞音、塞擦音作为典型变体的话，那么就可以说，它们到了后音节里会发生如下变化（按发生率的高低排列）：时长缩短；单纯浊化；浊化，失去爆破；浊化，不闭塞。

④ 起首擦音以及/m、n、l/的差别。起首清擦音以及/m、n、l/跟塞音、塞擦音相似，在前后音节里的差别主要表现在时长上：在前音节里长，在后音节里短（参见表8.5和表8.6）。

除了在时长上的差别之外，还有几点值得注意：a. 清擦音在后音节里有时会浊化（见表8.5），而在前音节里几乎从不浊化；b. 清擦音的音强在前音节里大都比在后音节里强；c. 当起首/m、n、l/前边是前一个音节的鼻尾时，它们就会跟那个鼻尾连接在一起，长度加倍。在这种情况下，/m、n、l/在前后音节里的时长差别就看不出来了（见表8.6）。

表 8.5 前后音节清擦音时长及浊化率比较

单位：ms

| 位置 | | 音位 | | | | | |
|---|---|---|---|---|---|---|---|
| | | f | s | ʂ | ç | x | 平均 |
| 前音节 | | 97.8 | 125.9 | 112.0 | 126.1 | 107.5 | 113.9 |
| 后音节 | | 62.5 | 82.6 | 67.7 | 80.3 | 68.0 | 72.2 |
| 前后比例 | | 1.6:1 | 1.5:1 | 1.7:1 | 1.6:1 | 1.6:1 | 1.6:1 |
| 浊化率 | 前音节 | 0 | 0 | 0 | 0 | 0 | 0 |
| | 后音节 | 20.8 | 0 | 26.7 | 16.7 | 34.1 | 19.7 |

表 8.6 前后音节/m、n、l/时长比较

单位：ms

| 前音节 | n | m | N＋n | N＋m | n、m | N＋n<br>N＋m | l | N＋l |
|---|---|---|---|---|---|---|---|---|
| | 64.3 | 77.9 | 61.7 | 82 | 71.1 | 71.9 | 57.9 | 68.2 |
| 后音节 | n | m | N－n | N－m | n、m | N－n<br>N－m | l | N－l |
| | 48.3 | 60.4 | 73.4 | 80.3 | 54.4 | 76.9 | 48.9 | 67.1 |
| 前后 | 1.3:1 | 1.3:1 | 1:1.2 | 1:1 | 1.3:1 | 1:1.1 | 1.2:1 | 1:1 |

注：表中"＋"代表"＋"音联，"－"代表"－"音联；"N"代表鼻韵尾。

浊擦音/ʐ/跟起首闭元音的情况很相像，也就是说，在前音节里比较"到家"，其频谱表现是 $F_1$ 和 $F_3$ 很低，$F_2$ 以及更高次共振峰减弱，见图版 8.8（B）里的"发软"——"发＋软"。跟闭元音不同的是，前音节里的/ʐ/有时有摩擦噪声。

以上讨论的边界信号，都是与各类声母有关的。在普通话里，音高也是节奏音联边界信号的重要载体。这类边界信号主要通过前、后音节在音高上的差别体现出来。

前后音节在音高上主要有两种差别：一是两音节均为阴平时，前音节的音高大都略高于或等于相邻后音节的音高，很少低于相邻后音节的音高；二是在阳平和去声时，不仅前音节的调中值（即基准音高）高于后音节，而且音高的调域（即音高变化范围）也大于后音节。

到此为止，我们已经从音色、音长、音强和音高等方面对节奏音联的边界信号做了分析，现在可以把分析的结果归纳为：①塞音、塞擦音在前音节里时长较长，音强较强，极少浊化；在后音节里时长较短，音强较弱，很容易浊化。②清擦音在前音节里时长较长，音强较强，极少浊化；在后音节里时长较短，音强较弱，有时浊化。③开口呼零声母在前音节里常常以喉塞或喉化起始，受前接音节的同化较少；在后音节里大都与前接音节的韵母平滑衔接，受前接音节的同化较多。④非开口呼零声母和浊擦音/ʐ/在前音节里时长较长，音色更接近典型目标值，音强较弱；在后音节里时长较短，音色上倾向于央化，音强减弱较少。⑤/m、n、l/在前音节里时长较长，在后音节里较短。不过当前接音节有鼻韵尾时，这种差别不明显。⑥阴平调时，前音节音高中值高于后音节；阳平和去声时前音节不仅音高中值高于后音节，而且调域也比后音节的宽。

以上前 5 条现象还可以进一步概括为：节奏音联之后的第一个声母表现出较强的"辅

音性"。这种"辅音性"在不同的起始音位里有不同的具体表现。对于辅音来说，它意味着辅音典型特征的充分实现，具体表现为闭塞时间长，爆破充分，送气和摩擦较长较强；对于起首闭元音来说，这意味着它们本身具有的元辅音双重特征中辅音性部分的充分实现，具体表现为声道收紧点截面较小，输出能量较弱，$F_1$ 频率较低；对于开元音来说，这意味着给它们外加上一定的辅音性，如喉塞、喉化等。

### 8.7.4 停顿音联

人们在说一段话时，中间总是会有一些间歇，这些间歇就叫作停顿。以往有过许多非实验性的研究都对汉语语流中的停顿做了分析（如齐声乔，1956；白珊，1961；Chao, 1968；周殿福，1980；张颂，1983）。这些研究重在讨论停顿的功能以及出现的位置，也就是停顿与语法、语义、语气等的关系。而我们在此重点要讨论的则是停顿的语音表现。

语流中的停顿有长有短，不过大体上可以分为两类，一类是句与句之间的停顿，一类是句子之中的停顿。前者一般都伴随着换气，而后者一般是不换气的。下面分别讨论这两种停顿。

（1）句中的停顿。在较长的句子之中往往会有一些短暂的自然停顿。这些停顿通常出现在节奏群之间。节奏群是由一个或多个节奏单元构成的，它一般对应于一定的句子成分，如主语、谓语、宾语、主句、从句等等。不过不同句子成分之间并不是必然有停顿。一般地说，比较长的句子成分之间容易出现停顿。

句中停顿的主要边界信号有四种：① 在非闭塞音之前出现较长时间的无声段。例如，在图版 8.8（D）里，"是"字之前有长达 150 ms 的无声段。我们知道，在前面讨论过的几种音联里，擦音之前是不会出现无声段的，而是总与前一音节的收尾紧密相连的。② 在闭塞音位（如塞音、塞擦音、鼻音）之前出现长于音位本身固有"间隙"的无声段。例如，在图版 8.8（E）里，"早"字之前的无声段长达 160 ms，这已大大超过了 /ts/ 在节奏音联处所含有的无声段的最大时长。有时候，停顿处的无声段并不是完全无声的，而是由持续的嗓音填充，如图版 8.8（G）里的"麻"字之前就有很长的一段较弱的持续嗓音。这是一段鼻辅音，是前面"乱"字里鼻韵尾的延续。不过我们从前边（§8.5.3）的讨论中知道，在像 /uan/ 这样的韵母里，鼻尾的固有时长是不会太长的，因此这里的持续鼻辅音只能是鼻尾在停顿间隙中的自然延续。③ 停顿之前最后一个音节的韵母拖长。这一特征在图版 8.8（D）、（E）、（F）、（G）里都可以看到。尤其值得注意的是，延长的韵母跟单念时的韵母有些不同。最明显的是图版 8.8（D）里的鼻韵母完全失去鼻尾。④ 停顿之前最后一个音节的韵母收尾处没有向停顿后第一个起首音位过渡的音渡。这个特征的意义在于，它表明说话人在前一个音节结束后的下一个目标值是停顿，所以用不着直接向后一个音节过渡。

句中的停顿虽然在声谱图上可以看到明显的间歇，但是无论说话人还是听话人都觉得它们是很短暂的。说话人在这种短暂的间歇之中一般是不换气的（艺术语言里的"偷气"是例外），即所谓的"字断而气不断"（白珊，1961），或者"声断气连、藕断丝连"（张颂，1983）。这是跟句末停顿不同的地方之一。

（2）句末的停顿。关于句子末尾的语音特征，已经有一些实验性研究（如吴宗济，1982；沈炯，1985）。这些研究的重点主要是考察句末的语调变化，因为句尾之后的停顿是不言而喻的。

关于句尾语调的研究表明，汉语普通话句尾的调型至少有两种，即降调和升调。降调出现在陈述句和带疑问助词的疑问句里；升调出现在不带疑问助词的疑问句里。这些研究还发现，句尾语调的降或升，并不是句末基频曲线的降或升，而是句末基频调域的降低或提高。也就是说，句尾语调的降和升影响的是句尾音节声调的中值，而不是尾调的调型。这是因为汉语里的声调是区别意义的，一旦调型改变了，就会变成另外一个音节了。

我们可以认为，特定的句尾语调调型是句末停顿的主要边界信号之一。

**参考文献**

白珊（1961）重读、语调、停顿和呼吸，《戏剧报》第 5 期。

冯隆（1985）北京话语流中声韵调的时长，载于林焘、王理嘉等著《北京语音实验录》，北京：北京大学出版社，第 131-195 页。

傅懋勣（1956）北京话的音位和拼音字母，《中国语文》5 月号。

林焘（1963）北京话的连读音变，《北京大学学报》（人文科学）第 6 期。

刘泽先（1957）北京话里究竟有多少音节？——一个初步的调查统计，《中国语文》2 月号、3 月号。

吕叔湘（1963）现代汉语单双音节问题初探，《中国语文》第 1 期。

齐声乔（1956）汉语的字调、停顿与语调的交互关系，《中国语文》10 月号。

沈炯（1985）北京话声调的音域和语调，载于林焘、王理嘉等著《北京语音实验录》，北京：北京大学出版社，第 73-130 页。

王辅世（1963）北京话韵母的几个问题，《中国语文》第 2 期。

王理嘉、贺宁基（1983）北京话儿化韵的听辨实验和声学分析，《语言学论丛》第十辑，北京：商务印书馆，第 38-60 页。

吴宗济（1964）普通话元音和辅音的频谱分析以及共振峰的测算，《声学学报》第 1 卷第 1 期。

吴宗济（1982）普通话语句中的声调变化，《中国语文》第 6 期。

徐世荣（1980）《普通话语音知识》，北京：文字改革出版社。

许毅（1986）普通话音联的声学语音学特性，《中国语文》第 5 期。

张颂（1983）《朗读学》，长沙：湖南教育出版社。

周殿福（1980）《艺术语言发声基础》，北京：中国社会科学出版社。

周殿福、吴宗济（1963）《普通话发音图谱》，北京：商务印书馆。

周有光（1979）《汉字改革概论》（第 3 版），北京：文字改革出版社。

Bell, A. & Hooper, J. B. (1978) *Syllables and Segments*, Morth-Holland Publishing Company.

Chao, Y. R. (1968) *A Grammar of Spoken Chinese*, University of California Press, Berkley, Los Angeles, London；赵元任著，吕叔湘译，《汉语口语语法》，北京：商务印书馆，1979。

Fant, G. (1956) On the predictability of formant levels and spectrum envelopes from form ant frequencies, in *For Roman Jakobson*, The Hague：Mouton, 109-120; also in I. Lehiste (ed.), *Readings in Acoustic Phonetics*, The MIT Press, 44-56, 1967.

Fant, G. (1959) The acoustics of speech, *The Proc. of the 3rd International Congress on Acoustics*, Stuttgart; reprinted in G. Fant, *Speech Sounds and Features*, The MIT Press, 1973.

Fant, G. (1969) Stops in CV-syllables, *STL-QPSR*, 4, 1-25.

Fant, G. (1986) 语音学和区别特征理论，许毅编译，《中国语文》第 3 期。

Fujimura, O. (1962) Analysis of nasal consonants, *J. A. S. A.*, 34, 1865-1875.

Fujimura, O. & Lovins, J. (1978) Syllables as concatenative phonetic units, in A. Bell & J. B. Hooper (eds.), *Syllables and Segments*, 107-120.

Grammont, M. (1933) *Traité de Phonétique*, Paris.

Heuven, V. J. (1979) The relative contribution of rise time, steady time and overall duration of noise burst to the affricate fricative distinction in English: A re-analysis of old data, *Speech Communication Papers: Presented at the* 97th *Meeting of J. A. S. A.*, 307-310.

House, A. S. (1957) Analog studies of nasal consonants, *Journal of Speech and Hearing Disorders*, 22, 190-204.

Jassem, W. (1961) The acoustics of consonants, *Proc. of the* 4th *International Congress of Phonetic Sciences*, 50-72.

Jespersen, O. (1913) *Lehrbuch der Phonetik*, Berlin.

Painter, C. (1979) *An Introduction to Instrumental Phonetics*, University Park Press.

Saussure. F. (1922) *Cours de Linguistique Generale*, Paris.

Stetson, R. H. (1928) *Motor Phonetics*, *A Study of Speech Movements in Action* (2nd edition), North-Holland, Amsterdam.

Tarnóczy, T. (1948) Resonance data concerning nasals, lateral and trills, *Word*, Vol. 4, 71-77.

# 第九章 词重音

汉语是声调语言，但也有轻重音，有词重音和句重音。本章主要探讨汉语普通话词重音中基频、时长以及强度等参数的作用问题，不过先从知觉、声学等方面简单介绍英语重音的研究方法和结果。普通话句重音见本书《续编》第三章第二节"功能语调"。

## 9.1 英语重音的实验研究

世界上许多语言的重音都有人做过实验研究。对重音的声学关联物研究得较为深入的要算欧美的许多语言，其中对英语重音用实验方法进行研究开展得较早，研究的范围较广，对它的认识也较深入。这里着重介绍英语重音的主要实验结果。

关于英语、德语和俄语等语言，过去人们以为念这些语言的重读音节比起念非重读音节要用较大的发音力量，特别要用较大的呼气力量，因此重读音节与非重读音节相比有较大的强度。以前也有人估计，重读音节比非重读音节要长些。Stetson 在 1928 年提出重读音节里可能有音高变化，但他又认为，这是呼气力量加大的二次效应（转引自 Ohala, 1977）。John Muyskens 1931 年用浪纹计对英语重音做实验研究后指出，像 per'mit 和 permit' 这样的名词-动词对子，是在重读音节上有较大音高相区别的（转引自 Bolinger, 1958）。20 世纪 50 年代以后，由于无线电技术的发展，语音学家使用各种先进仪器和方法探讨重音的各种性质，从而对重音有了更深刻的认识。

### 9.1.1 重音的知觉实验

对基频、强度、时长及共振峰等参数在重音中相对重要性的研究，通常用合成的言语声样品通过听辨判断来完成。

1. Fry 的研究

D. B. Fry 从 20 世纪 50 年代初期开始，利用哈斯金斯研究所的模式还音合成器在这方面做了开拓性的研究工作。

（1）强度和时长的作用。Fry（1955）首先研究了时长和强度在重音中的作用。他选用了 5 个名词-动词对子，如 ob'ject—object'、sub'ject—subject'、di'gest—digest'、con'tract—contract'和 per'mit—permit'等。把这些词放到句子中去；在句子中，每对名词和动词尽可能有相同的语言环境；12 位美国人读这些句子，用语图仪做出每个测验词的语图。由语图测量出音节的最大强度和音节里的元音时长。图9.1给出了 object 这个词名词和动词形式的时长和强度数据。左图画出所有发音人第一音节元音时长跟第二音节元音时长的相对关系；右图画出所有发音人第一音节强度跟第二音节强度的相对关系。不过，图中把所有发音人两个音节总强度都处理成相同的数值。"×"表示名词的时长和强度，"○"表示动词的时长和强度。对 object 来说，名词和动词的数据明显地分为两个区域。其他词也有类似的情况，但是有些词的这种边界不那么清楚，如图 9.2 所示 contract 那样。

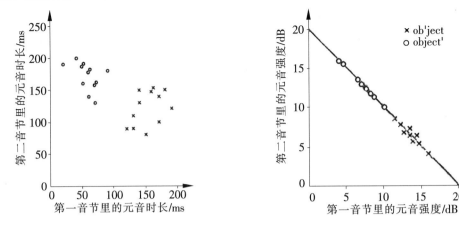

**图 9.1　object 里的元音时长和强度**（引自 Fry，1955）

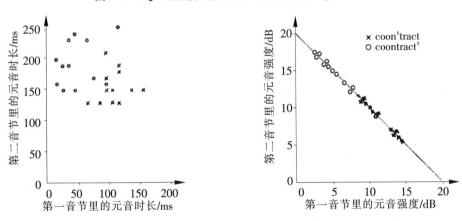

**图 9.2　contract 里的元音时长和强度**（引自 Fry，1955）

从图 9.1 和图 9.2 看到，名词形式和动词形式的强度和时长的数据有的分成边界明确的两个区域，有的边界不那么明确。由此我们可以想象，对那些落在边界上的词，听音人对其重音位置判断就有一定的不确定性。他的下一步实验就是要以这个声学分析数据为基础，探讨时长和强度作为重音判断征兆的相对重要性问题。

从第一音节对第二音节强度相对分布上看，5 个词的强度比值大体都在比值为 1 的两边对称地分布着，所以合成音的强度比值做如下安排：第一元音和第二元音为相等的；第一元音对第二元音为 +5 dB、+10 dB 和 −5 dB、−10 dB。时长的相对分布由于其边界位置随不同词而变化，合成时用的数据是不同的，不过也用 5 个数据，其中一个数据要接近重叠区。合成实验的时长数据参见原附录。

由模式还音合成器生成前述 5 个词的声音，第一元音跟第二元音的强度和时长比值分别用 5 个数据，每个词得到 25 个语音样品，共计 125 个样品。

模式还音合成器生成 Where is the accent in "object" 和 Where is the accent in "contract" 等句子。125 个句子无规则排列。听音人听到测试句后，在实验表格上按要求表示他听到的词是第一音节重还是第二音节重。100 人参加了这个实验。

图 9.3 表示随着时长比值增加和强度比值增加，判断为名词的情况。从图中可以看到，当强度保持一定时，时长比值加大，判断为名词（第一音节为重音）的大约增加 70%；而在时长保持一定，强度比值加大时，判断为名词的只增加 29%。图 9.4 分别画出

了 5 个词的听辨判断结果。图 9.4 和图 9.3 的曲线形状大体相似。早先人们一般认为强度跟英语重音关系最密切，可是 Fry 的这个实验结果表明，时长对重音的影响比强度大。

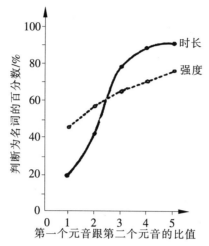

图 9.3　判断为名词的平均百分数与元音时长比值和强度比值的关系（引自 Fry, 1955）

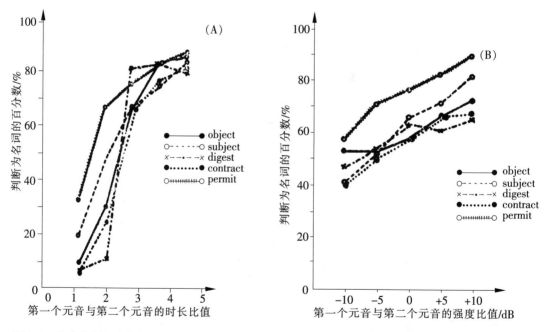

图 9.4　各个音判断为名词的百分数与元音时长比值（A）和强度比值（B）的关系（引自 Fry, 1955）

（2）基频的作用。Fry（1958）对基频变化在重音判断中的作用做了探讨。这次实验只合成一个词 subject，合成时两个音节中强度音节的强度是相等的。第一个音节的基频定为 97 Hz，第二音节基频有 102、107、112、117、127、137、157 和 187 Hz 等 8 种，两个音节基频的这种安排称为基频上升；另一个安排称为基频下降，这时第二音节为 97 Hz，第一音节有 102、107、112、117、127、137、157 和 187 Hz 等 8 种。时长比值用前面实验的 5 个值。每一个时长比值有 16 种音高变化。共合成 80 个 subject 言语样品。

41 人参加听辨判断测验，有说美国英语的，有说英国英语的。听音人听到一个言语声样品之后，在听辨表格上做出他认为是第一音节重还是第二音节重的表示。图 9.5 给出了在基频阶跃下降和基频阶跃上升两种条件下，用5个时长比值来判断名词百分数。$V_1$对$V_2$时长比值增加时对判断为名词的影响在这个图中又表现出来，曲线形状跟前面实验的相似。从这个图可以看到，比起基频上升，基频下降更有可能被判断为名词。

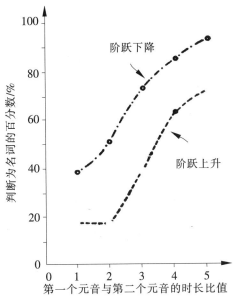

**图9.5** subject基频做不同阶跃变化，对判断为名词百分数的影响（引自Fry，1958）

前面说过，$V_1$对$V_2$的时长或强度增加时，判断为名词的百分数也随之增加，当然，时长对重音的影响要比强度对重音的影响来得大。我们可以提出这样一个问题：两个音节之间的基频差值加大时，判断为名词的百分数是否也会产生这种变化？

用$p$代表判断为名词的百分数，则判断为动词的百分数等于$(1-p)$。用$q$代表判断为动词的百分数，就有$q=(1-p)$。现在来讨论$\ln(p/q)$的性质，即讨论以$e$为底的$(p/q)$的对数的性质是什么样的。为了讨论上的方便，用Logit这个符号代表$\ln(p/q)$，即

$$\text{Logit} = \ln(p/q)$$

显然，如果判断为名词的百分数为50%，判断为动词的百分数也为50%，这时Logit = 0。理论上可以有$p=100\%$，则Logit = $+\infty$；和$p=0$，即$q=100\%$，则Logit = $-\infty$。可是，当$p=99.5\%$时，Logit值只有 + 5.293，即Logit = + 5.293；当$p=0.5\%$，即$q=99.5\%$时，Logit = - 5.293。

图9.6给出了两个音节基频差值做前述上升和下降的阶跃变化时求得的Logit值。图中每一点代表基频做一种阶跃变化时，对5种时长比值做重音判断求得的平均Logit值。从这个图看到，在做 - 5 Hz和 + 5 Hz阶跃变化之间，Logit值是不连续的；不管上升阶跃还是下降阶跃，阶跃幅度的加大对这种判断不产生明显的变化，因为Logit值大体处于同一水平线上。这说明基频阶跃变化时对重音判断有一种特别的方式：两个音节之间基频值一旦有了某种差别，听者就能感觉出来，听音人往往把基频值较大的音节判断为重音，但加大基频阶跃变化幅度对这种判断的影响很小，这就是重音判断中基频所产生的"全有或全无"（all or none）效应。这就是说，基频对重音判断的作用方式不同于时长或强度对重音判断的作用方式。

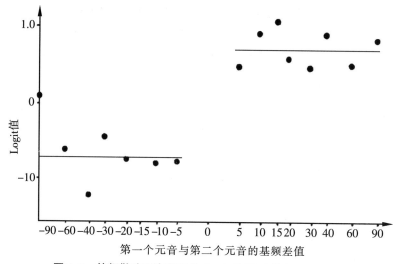

**图 9.6 基频做阶跃变化时的 Logit 响应**（引自 Fry, 1958）

前面研究的是两个音节各自基频值固定但它们之间有差别时对重音判断的影响，Fry (1958) 进一步研究了音节里变化着的基频对重音判断的影响。对于音节里的基频变化，他用了两种变化方式，一种从头到尾一直在变化，另一种只有后半段做这种变化，如图 9.7 所示。表 9.1 给出了 Fry 用的 16 种基频变化模式，并分别用 A 到 P 的 16 个英文字母表示。合成 subject 这个词的言语声时，两个音节强度相同；对一种基频变化模式，仍用 5 个时长比值。

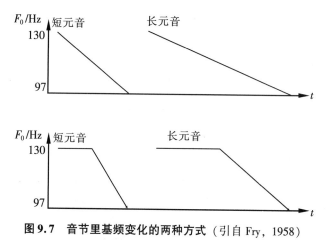

**图 9.7 音节里基频变化的两种方式**（引自 Fry, 1958）

由 76 位听音人对各种言语声样品做重音判断，判断为名词的百分数的范围和平均值分别在表 9.1 中给出。图 9.8 给出了 A 和 B 两种基频模式对重音判断的影响。对 A 模式来说，在时长比值最小时，还是多数（57%）判断为名词；但是对 B 模式来说，即使时长比值为最大，判断为名词的还是少数。

在一个音节是平调、另一音节不是平调的基频模式中，调子变化（不是平调）的音节有 60% 判断为重音；平调音节只有 33% 判断为重音。调子变化的音节有线性变化和曲线变化两种类型。基频线性变化的音节有 62% 判断为重音，基频曲线变化的音节有 72% 判断为重音。

## 表 9.1　对基频变化方式的 16 种组合判断为名词的结果
（引自 Fry，1958）

| 序号 | $F_0$模式 | 判断为名词的百分数范围 | 平均值 |
|---|---|---|---|
| A | ╲— | 57～95 | 80 |
| B | —╲ | 12～38 | 24 |
| C | ╱╲ | 38～83 | 59 |
| D | —╱ | 3～74 | 39 |
| E | ╱— | 50～95 | 74 |
| F | ╱— | 42～96 | 70 |
| G | ╲╲ | 8～66 | 32 |
| H | ╱╲ | 41～88 | 70 |
| I | ╲╱ | 12～82 | 53 |
| J | ╲— | 49～95 | 79 |
| K | ╲╱ | 38～87 | 63 |
| L | ╲╱ | 13～59 | 34 |
| M | —╱ | 3～49 | 24 |
| N | ╲╱ | 8～37 | 17 |
| O | —╱ | 16～74 | 51 |
| P | —╱ | 8～61 | 34 |

对基频的上升和下降做比较，有 61% 的上升调音节判断为重音，有 64% 的下降调音节判断为重音。

从这个实验结果看，基频对重音的作用要超过时长的作用。关于这一点，从图 9.8 可以看得很清楚。

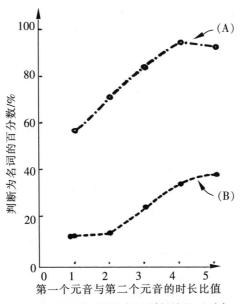

**图 9.8　对两种基频变化模式做的名词判断结果**（引自 Fry，1958）

（3）共振峰的作用。Fry（1965）研究了元音共振峰结构在重音判断中的作用。他合成了 object、contrast 和 digest 等名词-动词对子的声音；有计划地改变各个元音的 $F_1$ 和 $F_2$，但 $F_1$ 和 $F_2$ 的差值保持不变；词里基频固定为 120 Hz；两个音节的最大强度相等。对同一个合成的言语声，他改变元音时长比值，以与共振峰结构变化时的效果做比较。对重音来说，Fry 承认对时长比值和共振峰位置变化的效果很难做出比较，但是他认为这个实验表明，在这个实验条件下，时长的作用比共振峰结构的作用大得多，共振峰结构的作用甚至比强度的小。

2. 其他学者的研究

Bolinger（1958）用自然语音和合成语音做了一组实验，探讨重音的语音学和语言学性质。他的结论是，通常所说的话语重音的主要征兆是音高的显著性。他认为时长是随着音高一起变化的，他反对关于强度起关键作用的主张。

Morton & Jassem（1965）用参数式的言语合成器合成了无意义的音节序列/sisi/、/sɔsɔ/和/sasa/，有计划地改变两个音节的基频、时长和强度。说英语的本地听音人对重音做出的反应很一致。基频变化的作用比时长和强度的大。Morton & Jassem 也得到了 Fry 观察到的关于基频对重音判断有"全有或全无"的效应。

### 9.1.2 重音的声学分析

做这种声学分析时，首先要知道重音位置，然后从声学分析结果找出各声学参数与重音之间关系。

1. Lieberman 的研究

Lieberman（1960）对美国英语重音做了较全面的分析，试图找出重音的声学关联物。他用了 25 个名词-动词对子，如 con'flict—conflict'，re'bel—rebel'等。这些词在下面的句子环境中出现，如 That war was a great conflict—Don't conflict with his policy；Grandfather was a rebel—Rebel from your state of misery 等 50 个句子。16 位（男 10 人，女 6 人）说美国英语的人做发音人，分别念这 50 个句子，念出声音来的只是测验词，其他词一律不读出声音来。当然，这 50 个句子是无规则排列的。用录音机录下声音。

录音材料由两个人听，判断各个词的重音位置，每个词都判断两次，两个人有四个判断结果。如果四个判断结果不一致，声学分析实验时就不用这个词。因此，用于声学分析的词重音位置一定是听音人明显地听出来的。

表 9.2 给出了这个实验得到的重读词的数目和较大基频、较大振幅及较大时长的数目。表中第 I 列是发音人念的，又被听音人明显地听出重音模式的词数目。第 II、III 和 IX 列分别给出词内重读音节与非重读音节相比有较大基频、较大巅值振幅和较大时长的词数目。第 V 至 VII 列给出名词-动词对子里的一个词重读音节与另一个词非重读音节相比有较大基频、较大巅值振幅和较大时长的词数目。

词里重读音节与非重读音节相比有较大基频词的数目占 90%，有较大巅值振幅的占 87%，有较大时长的占 66%。名词-动词对子里一个词重读音节与另一个非重读音节相比有较大基频词的数目占 72%，有较大巅值振幅的占 90%，有较大时长的占 70%。

把同一词里重读音节振幅对时间求得的积分值与非重读音节这种振幅积分值做比较，有 92% 的词的重读音节振幅积分值较大。

名词-动词对子里一个词的重读音节振幅积分值与非重读音节振幅积分值之比值，除以另一个词非重读音节振幅积分值与重读音节振幅积分值之比值，所得的商大于 1 的名词-动词对子数目占 99.9%。

表 9.2　重读音节与基频、振幅巅值及时长之间的关系

（引自 Lieberman，1960）

| 发音人编号 | 有词重音的词的数目 I | 基频 II | 词内比较振幅 III | 时长 IV | 同一对词比较 | | |
|---|---|---|---|---|---|---|---|
| | | | | | 基频 V | 振幅 VI | 时长 VII |
| 1 | 50 | 48 | 43 | 35 | 43 | 45 | 40 |
| 2 | 50 | 50 | 45 | 32 | 48 | 45 | 38 |
| 3 | 43 | 40 | 39 | 31 | 39 | 39 | 35 |
| 4 | 44 | 42 | 34 | 30 | 29 | 30 | 29 |
| 5 | 46 | 40 | 38 | 30 | 37 | 42 | 30 |
| 6 | 43 | 38 | 39 | 27 | 23 | 40 | 27 |
| 7 | 50 | 40 | 41 | 39 | 34 | 45 | 40 |
| 8 | 48 | 39 | 40 | 30 | 31 | 42 | 39 |
| 9 | 41 | 36 | 38 | 25 | 23 | 39 | 29 |
| 10 | 46 | 43 | 43 | 37 | 36 | 44 | 38 |
| 11 | 44 | 35 | 37 | 32 | 32 | 36 | 40 |
| 12 | 42 | 38 | 33 | 30 | 30 | 40 | 30 |
| 13 | 41 | 36 | 41 | 25 | 25 | 40 | 23 |
| 14 | 38 | 34 | 34 | 26 | 25 | 37 | 22 |
| 15 | 39 | 36 | 35 | 25 | 24 | 35 | 24 |
| 16 | 41 | 36 | 34 | 32 | 24 | 32 | 33 |

重读音节比非重读音节振幅小而且基频也小的情况没有发生过。词里重读音节与非重读音节相比，不是振幅对时间的积分值较大就是时长较大，或者这种积分值和时长两者都大。

Lieberman 的研究结论是，较大基频和较大振幅是重读音节最合适的声学关联物。这一结论与 Fry 用合成办法得到的结论相一致。然而，Lieberman 关于振幅要比时长重要的结论与 Fry 的不同。

2. Lehiste 的研究

Lehiste（1970）指出，由于 Lieberman 没有考虑不同元音有不同固有强度这个因素，以及他忽略了非重读音节对于重读音节在元音音质上的变化（关于元音固有强度将在 §9.2 中讨论），所以，不能认为 Lieberman 所发现的各种音征相对重要性的结论是正确的。

Lehiste（1970）在评论用合成办法研究一些语言重音的结果时指出，总的说来，相对于强度，基频为重音的出现提供了更重要的征兆，时长的作用可能比强度大。Lehiste 关于重音声学关联物的这个看法，对英语重音被认为是合适的。

### 9.1.3　英语基频 $F_0$ 产生机制问题

1. Ohala 的研究

Ohala（1978）指出，虽然嗓音 $F_0$ 可能随声带紧张度的改变和声门处空气动力学条件的改变而变化，但以下几个问题的答案还不明确：① 早期的研究工作是关于唱歌和稳态

发声方面的,而言语中 $F_0$ 是做动态变化的,其机制是否跟唱歌和稳态发声的相同?② 这两种 $F_0$ 产生机制在言语声中是否适用?适用的话,它们(指声带紧张度和声门处空气动力学条件)各自的作用是什么?③ 只是使 $F_0$ 提高的肌肉放松,就能使 $F_0$ 下降吗?有无一种独立的(主动的)机制使 $F_0$ 下降?④喉高度的变化在 $F_0$ 变化中有什么作用?或者更一般地说,喉外肌在 $F_0$ 变化中有什么作用?

(1) Ohala (1978) 谈到,对各种语言(包括声调语言、音高重音语言和重音语言)说话时的肌肉活动用肌电技术(EMG)做的研究表明,不管是什么类型的 $F_0$ 变化,喉肌肉一定参与了作用。环甲肌(CT)对提高 $F_0$ 来说是主要力量,环杓侧肌(LCA)和声带肌(VOC)起辅助作用,这跟早期研究唱歌的结果是一致的。除此之外,在许多研究中还看到胸骨舌骨肌(SH)、胸骨甲状肌(ST)在 $F_0$ 下降时起主动的作用。图9.9、9.10 和 9.11 是三幅典型的 EMG 等参数的记录。从图 9.9 看到,第一句话里 $F_0$ 一点不提高,环甲肌不活动;其他两句中,在 $F_0$ 提高时,环甲肌有大的活动;第三句话是疑问句,它的末端 $F_0$ 是提高的,这时环甲肌的活动程度跟第二句重读 $F_0$ 提高时环甲肌的活动程度大体相同。

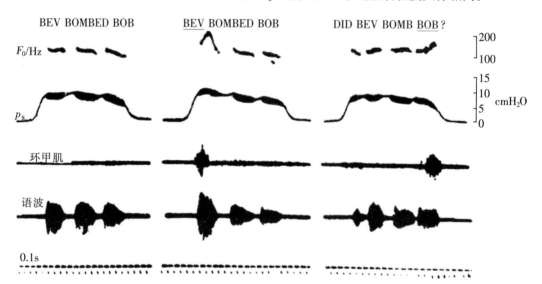

图 9.9 "Bev bombed Bob" "Bev bombed Bob" 和 "Did Bev bomb Bob?" 三句话的基频($F_0$)、声门下压力($p_s$)和环甲肌的 EMG 记录(引自 Ohala, 1978)

图 9.10 表示 $F_0$ 的变化和环甲肌及胸骨舌骨肌的活动,第一音节 $F_0$ 提高时,环甲肌在活动,然后 $F_0$ 下降,环甲肌不活动,而胸骨舌骨肌活动增加。由于胸骨舌骨肌附着在舌骨上面,诸如下颌打开和舌头后缩这些音段活动偶然会涉及胸骨舌骨肌。这使得一些研究者对胸骨肌在基频调节中的作用产生怀疑,认为这个材料中的胸骨舌骨肌的活动仅跟音段姿势有联系。Ohala 认为这个争论容易解决,因为可在没有任何音段姿势参加——如发嗡嗡声的情况下,使基频发生变化,同时对这块肌肉活动做测量。图 9.11 表示在 $F_0$ 突然下降过程和保持在低时,胸骨舌骨肌的 EMG 情况。§7.4.1 (2) 中已经讨论了胸骨舌骨肌在声调中的作用。

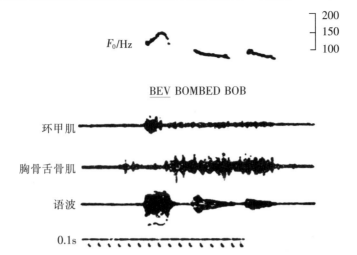

**图 9.10** "Bev bombed Bob" 这句话的基频（$F_0$）跟环甲肌和胸骨舌骨肌的 EMG 记录（引自 Ohala，1978）

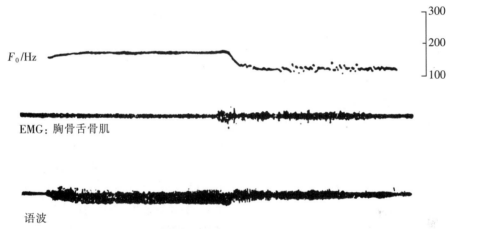

**图 9.11** 上下颌闭合时，基频 $F_0$ 随意地突然下降，胸骨舌骨肌的 EMG 记录（引自 Ohala，1978）

Ohala 强调指出，在 $F_0$ 下降过程中，胸骨舌骨肌和胸骨甲状肌一定参与了活动，但它不是引起 $F_0$ 下降的唯一的甚至不是主要的肌肉。他说，这是因为 Sawashima 等在 1973 年和 Erickson 等在 1976 年分别得到了这样的结果，即在言语的 $F_0$ 下降之后，这些肌肉才有明显的活动。他认为促使 $F_0$ 下降，可能是其他外肌活动的结果。

（2）关于 $p_s$ 在人说话的 $F_0$ 产生中有多大作用这个问题有争论，人们称它为"喉对肺的争论"。Lieberman（1967）认为，除了是非问句末端 $F_0$ 提高这种情况外，说话时 $F_0$ 变化主要受 $p_s$ 调节，即受肺部系统控制。他是在对三位发音人说的各种话语做了声学信号和 $p_s$ 测量后提出这个论点的。图 9.12 是他所得到材料的一个样品。他说，如在图 9.12 中那样，重读音节里 $F_0$ 的短暂上升（图中 A 处）和 $p_s$ 的短暂增加（A'）之间一般地说在时间上有紧密的一致性。图 9.9 中第一句话是陈述句，其末端 $F_0$ 下降跟 $p_s$ 下降也是同步进行的。Lieberman 没有对喉肌活动做测量，但他假定在一般情况下声带紧张度是保持不变的，而是非问句末端的情况是个例外。

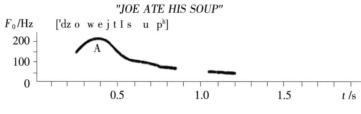
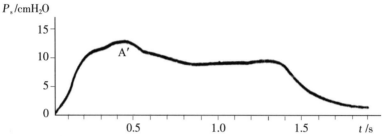

图 9.12 "Joe ate his soup" 这句话的 $F_0$ 和 $p_s$（引自 Lieberman，1967）

（3）Ohala 的结论。Ohala（1978）指出，在 Lieberman 的论文发表以后，虽然没有人对喉的活动做过直接测量，但是语音学家和言语科学家的主要观点跟 Lieberman 的主张是不一致的，他们认为在一切情况下（包括是非问句和非是非问句），语音 $F_0$ 都主要受喉肌控制，$p_s$ 对 $F_0$ 的影响很小，因而 $p_s$ 不是观察到大部分的 $F_0$ 变化的原因。

2. 其他学者的研究

Atkinson（1978）用 EMG 测量了一位发音人念 12 个英语短句时的胸骨舌骨肌（SH）、环杓侧肌（LCA）、声带肌（VOC）、环甲肌（CT）、胸骨甲状骨肌（ST）的活动程度，同时测量了声门下压力（$p_s$）和 $F_0$。他用 EMG 数据处理系统对各种肌肉活动数据做了处理，图 9.13 和图 9.14 是这方面的一个例子。他利用相关函数分析法计算了这些变量之间（如 $F_0$—SH，$F_0$—CT……ST—$p_s$）的相关系数。他通过相关系数（γ）探讨各生理参量与 $F_0$ 之间的关系。他的结论是，在叙述句和低 $F_0$ 值中，控制 $F_0$ 的主要因素是 $p_s$，而喉肌紧张度在高 $F_0$ 值和疑问中是主要因素；条肌，特别是这个发音人的 SH，在使喉头肌肉处于不同状态中起着重要作用。

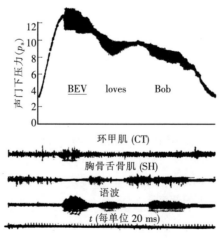

图 9.13 "BEV loves Bob" 这句话的声门下压力（$p_s$）跟环甲肌和胸骨舌骨肌的 EMG 记录（引自 Atkinson，1978）

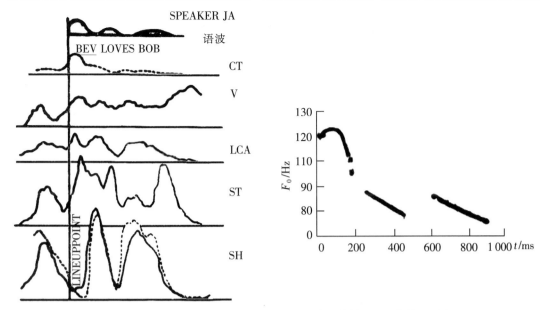

**图 9.14** "Bev loves Bob" 这句话的 $F_0$ 和经数据处理的 5 块肌肉的 EMG 曲线（引自 Atkinson，1978）

Monson 等（1978）把人的声门声源数据跟由声带振动双质量模型产生的声门波做比较，间接确定声带紧张度（VCT）和声门下压力（$p_s$）对 $F_0$ 的作用。这个研究得到以下几个结论：①疑问词中 $F_0$ 的提高主要是由 VCT 的加大。②陈述词中 $F_0$ 的下降主要是由于 $p_s$ 的减小。③多音节中，音节里的 $F_0$ 变化可能是由于 $p_s$ 的变化。④重读音节 $F_0$ 加大是由于 VCT 的增加，并伴有 $p_s$ 的增加。

3. 英语基频 $F_0$ 产生机制

从以上几位学者的研究结论可以看到，英语里的 $F_0$ 变化并不都是由喉肌即声带紧张度所控制。在一些情况下，声门下压力才是控制 $F_0$ 变化的主要因素。对 $F_0$ 的提高来说，环甲肌是主要力量，环杓侧肌和声带肌起辅助作用。但在单靠有关肌肉放松而 $F_0$ 下降还不够的地方，一定有某种外肌参与作用，才能使 $F_0$ 继续下降下去。

## 9.2 汉语普通话的词重音

赵元任（1968，见吕叔湘，1979）指出，从音位学的观点看，汉语最好分为三种重音：正常重音、对比重音和弱重音。弱重音就是轻声。

本节着重研究普通话轻声和正常重音的声学性质，指出普通话词重音类型，初步讨论元音强度（及响度）和时长在正常重音中的作用。对比重音的性质，在讨论正常重音性质时将会涉及。

《现代汉语词典》收词约 56 000 条，带轻声音节的条目（以下称为轻声词）（不算标注〈方〉的条目）2 561 条，占总条目的 4.6%（米青，1986）。其中有些轻声词有区分词义等作用，如"东西—东·西""兄弟—兄·弟"和"大意—大·意"等所表现的那样。我们把这种因轻重音位置不同而有区别词义作用的，叫作重音对子。在《现代汉语词典》中，这种重音对子有 199 个，其中意义差别悬殊的有 100 来个。以 200 对计算，占《现代汉语词典》总条目的 0.71%。而在 1972 年的《英语正音字典》（伦敦出版）43 378 个词中，因重音位置不同而区分词义的有 224 对，也只占全部词条（52 000 个）的 1.04%；1959 年的《俄语标准发音和重音词典》（莫斯科出版）中，因重音位置而区分词义的有 245 对，也只占全部词条（52 000 个）的 0.94%（厉为民，1981）。从这些数字可以看出，轻声在现代汉语中已经占有不可忽视的重要位置。另有统计说明，在现代汉语中，平均每 5 至 7 个音节就有一个轻声音节。当然，绝大多数轻声词的存在并不是为了区别词义（厉为民，1981）。

哪些词是轻声词，词里的音节在什么情况下可以或必须念轻声，请参看有关论著。这里只讨论轻声的性质问题。有人以为轻声是发音时用力特别小、音强特别弱所致。更多的学者觉得轻声短而弱，他们一方面觉得轻声念得短些，但另一方面又摆脱不掉声音强度在轻声中的作用。不过，不认为轻声与声音强度有很大关系的看法，也不是新近才有的。例如，有人说"轻声音节读得短，高低由前头那个音节的声调决定""轻声音节的元音比较含混"等等，这种看法，就没有提到音强问题（董少文，1955）。还有的认为轻声是"声调幅度差不多压缩到零，其持续时间也相对地缩短"，这种看法也不提轻声与音强有什么关系（赵元任，1968）。当然，轻声的特性是什么，通过采用正确的实验材料，借助仪器实验和听辨判断，可以进一步得到明确的答案。本节通过介绍关于轻声的声学分析和合成实验的两个研究，得到轻声声学关联物的一些结论。这两个研究的实验材料都用一些有区别意义的重音对子，正如人们研究英语等重音语言的重音性质时所做的那样。英语有词重音是公认的，可是人们在研究其轻重音声学性质时，仍运用一些重音对子做实验材料，而且在做声学分析之前，对发音人念的重音对子还要请人做听辨判断，选择那些被听音人一致确认的重音对子用于声学分析。这种材料的实验结果才能真正反映出轻重音的声学性质。当然，元音的固有强度问题更是研究轻重音所不能不考虑的。

### 9.2.1 普通话轻声的声学关联物

1. 普通话轻声的声学表现（林茂灿、颜景助，1980）

我们选用 29 对两音节词进行声学分析。每对两音节词前音节完全同音，后音节有重读和轻读之别。我们把后音节不是轻声的叫 A 类，后音节是轻声的叫 B 类。29 对两音节词由两位在北京生长的人发音，一男一女，男的记作 m，女的记作 f。这个实验还让发音人说了 7 对句子，从这些句子截取出"兄弟—兄·弟""大意—大·意""咕嘟—咕·嘟""咕噜—咕·噜""说法—说·法""滴答—滴·答""摆设—摆·设" 7 对两音节词（前面有圆点的音节念轻声），求其有关数据，与这些两音节词单说时的数据做比较。

用语图仪分析这些语音，从宽带和窄带语图及振幅曲线测量音节时长、共振峰、基频和幅度大小。

(1) 时长的作用。这里说的时长指音节时长，是声母和韵母时长的总和，以毫秒为单位。表 9.3 列出了这个实验单说的 A 类两音节词和 B 类两音节词所包含的音节时长平均值。从表 9.3 可以看出，两音节词的后音节读轻声时，其时长比重读时大大缩短，为重读时时长的一半左右：m 是 52%，f 是 50%。但是，B 类两音节词前音节的时长与 A 类两音节词前音节的相比较，有三种不同情况：①B 类两音节词前音节时长缩短；②B 类两音节词前音节时长和 A 类两音节词前音节时长几乎相等；③B 类两音节词前音节的时长不仅不缩短，反而加长了。

表9.3 音节平均时长

单位：ms

| 发音人 | A类词 | | B类词 | |
|---|---|---|---|---|
| | 前音节 | 后音节 | 前音节 | 后音节 |
| m | 293 | 302 | 256 | 159 |
| | 230 | | 230 | |
| | 210 | | 251 | |
| f | 320 | 354 | 264 | 179 |
| | 300 | | 300 | |
| | 229 | | 276 | |

以上说的是 A 和 B 两类两音节词单说时音节时长的变化。从句子里截取出来的那些成对两音节词，其音节时长变化（及下面要谈到的音节强度和能量变化）跟单说时大体相同。也就是说，从句子里截取出来的 B 类两音节词前音节时长与 A 类两音节词前音节时长比较，也出现了上面说的三种情况；在句子里，A 类两音节词后音节时长也毫无例外地比 B 类两音节词后音节长得多。

（2）振幅的作用。语图仪记录下来的音节振幅曲线如图 9.15。音节振幅曲线 $A(t)$ 是时间（$t$）的函数。音节振幅起始到末了所经历的时间 $t$，叫作音节时长，如图 9.15 所示。

音节振幅曲线 $A(t)$ 与时间坐标轴所包围的面积 $S$，是跟产生这个音节所需能量 $W$ 成正比的。这里说的一个音节能量比另一个音节能量大或小，大多少，小多少，就是指对这两个音节的 $S$ 大小做比较而言的。

每个音节的振幅曲线都有一个最大值 $A_m$，这个时刻的最大强度记作 $I_m$。这里还对 A 类两音节组和 B 类两音节组里音节强度 $I_m$ 做了比较，研究音节最大强度 $I_m$ 跟轻声的关系。

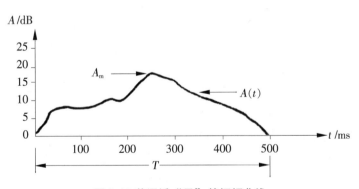

图 9.15 普通话"兄"的振幅曲线

音节的强度和能量跟音节结构有关，不同的辅音和不同的元音，它们的强度和能量是各不相同的。这里在讨论轻声音节的强度和能量时，不去计算有关音节强度和能量的平均值，只是对同一音节在重读和轻读时的强度和能量做相对的比较。表 9.4 是两音节词的前后音节在重读和轻读时相对强度和相对能量的平均值。

表 9.4（1） m 的音强和能量

| 项目 | A 类词 | | B 类词 | |
|---|---|---|---|---|
| | 前音节 | 后音节 | 前音节 | 后音节 |
| 相对强度 | 1 | 1 | 0.90 | 0.79 |
| | 1 | 1 | 1.00 | 1.00 |
| | 1 | 1 | 1.07 | 1.16 |
| 相对能量 | 1 | | | 0.93 |
| | 1 | 1 | 1.00 | 0.39 |
| | 1 | | 1.10 | |

表 9.4（2） f 的音强和能量

| 项目 | A 类词 | | B 类词 | |
|---|---|---|---|---|
| | 前音节 | 后音节 | 前音节 | 后音节 |
| 相对强度 | 1 | 1 | 0.88 | 0.76 |
| | 1 | 1 | 1.00 | 1.00 |
| | 1 | 1 | 1.18 | 1.07 |
| 相对能量 | 1 | | 0.76 | |
| | 1 | 1 | 1.00 | 0.42 |
| | 1 | | 1.17 | |

B 类两音节词前音节强度与相应的 A 类两音节词前音节强度做比较，有三种不同情况：减弱、既不减弱也不加强、增强。

B 类两音节词后音节的强度跟 A 类两音节词比较，也有三种不同情况：大部分音节强度减弱了；有一些既不加强也不减弱；有一些反而加强了。

B 类两音节词前音节能量与 A 类两音节词前音节能量比较，也有三种不同情况：有减弱的；有少数既不加强也不减弱；也有一些甚至增强了。但是，B 类两音节词后音节的能量毫无例外地都比 A 类两音节词后音节的能量减弱了，m 平均减弱了 61%，f 平均减弱了 58%。

（3）基频的作用。表 9.5 是 m 和 f 念轻声的调值及其与前面重读音节调值的关系。图 9.16 给出了 m 念的 B 类两音节词平均基频曲线。因为各类声母时长相差很大，为了画图的方便，把前音节末端画在 300 ms 处，轻声音节带音段 m 起点画在 400 ms 处。图中"—·—·—"表示阴平，"—··—··—"表示阳平，"—···—···—"表示上声，"—····—"表示去声。在阴、阳、上和去前面加圆点，表示原来那个声调的音节轻读了。从表 9.5 和图 9.16 可以看出，不论原来是什么声调的轻声音节，其前面音节是阴平时，这个轻声音节的音高大致从五度制标调法的 4 度降到 1 度，记作 41；其前面音节是阳平和去声时，轻声音节音高分别为 51 和 21，m 和 f 两人都如此。上声跟轻读的阴平、阳平和去声相连时，m 的上声音高有 31 和 322 两种（就是平常说的上声变"半上"），轻声音节音高大致为 44；f 的上声音高有 31 和 312 两种（半上），轻声音高为 33。上声跟轻读的上声音节相连时，有两种情况：一种跟"上声+非上声的轻声"一样（如"老·子"）；另一种前音节读 35 调（就是平常说的上声变阳平），后音节 m 读轻声 42，f 读轻声 30（如"起·火"）。总之，在两音节词里，轻声音节的音高取决于前面重读音节声调的性质。

表 9.5 轻声调值及其与前音节调值的关系

| 发音人 | B 类词 | | |
|---|---|---|---|
| | 前音节（重读） | | 后音节（轻读） |
| m | 阴平 55 | | 41 |
| | 阳平 35 | | 51 |
| | 上声 | 31 | 44 |
| | | 322 | |
| | | 35 | 42 |
| | 去声 51 | | 21 |
| f | 阴平 55 | | 41 |
| | 阳平 35 | | 51 |
| | 上声 | 31 | 33 |
| | | 312 | |
| | | 35 | 32 |
| | 去声 51 | | 21 |

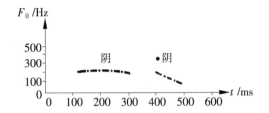
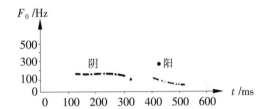
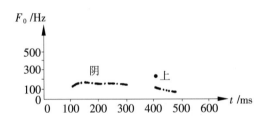
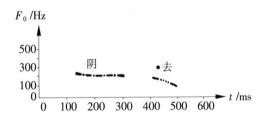
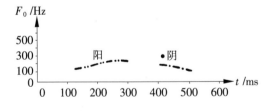
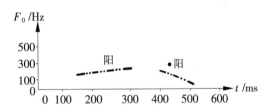
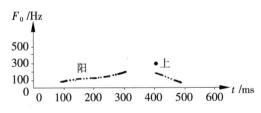
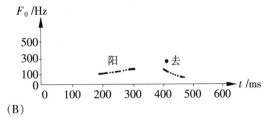

(B)

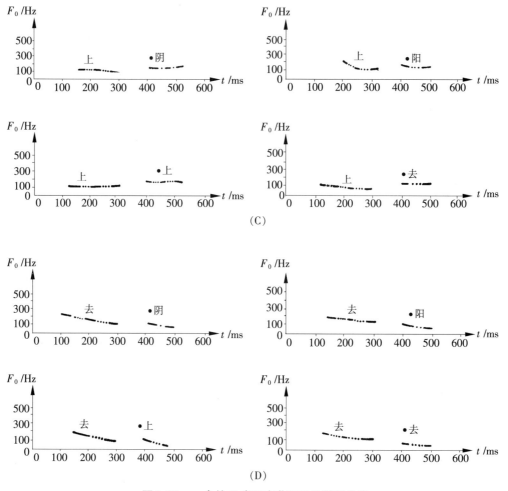

图 9.16　m 念的 B 类两音节词平均基频曲线

（4）共振峰频率变化。我们从"滴答—滴·答""说法—说·法""兄弟—兄·弟""大意—大·意""咕噜—咕·噜"和"咕嘟—咕·嘟"这 6 个两音节词取出 6 对后音节，分析这些元音前面两个共振峰频率的变化。"答、法、弟、意、噜、嘟"的元音分别写作 /a、i、u/。图 9.17 是这些单元音从重读到轻读的共振峰频率变化。从中可以看出，单元音韵母在轻读时其舌位都或多或少地向央元音［ə］移动。

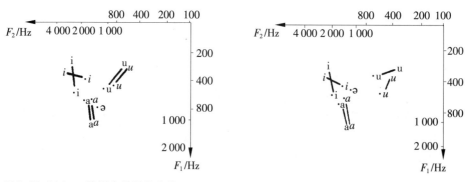

图 9.17（A）m 的轻声共振峰变化　　图 9.17（B）f 的轻声共振峰变化

（读整句时元音用 a、i、u 表示，读单词时用 a、i、u 表示，读轻声时音标前加"·"，重读时不加）

(5) 轻声的声学分析得到三点结论：①两音节词里，后音节读轻声时，音节时长比它在重读时大大缩短。读这个轻声音节所需能量显著减少，但强度并不一定都减小。②两音节词的后音节读轻声时，失去原有的声调，其音高随前面重读音节的声调而变化。③轻声音节元音尤其是主要元音的舌位或多或少向央元音［ə］方向移动。

2. 普通话轻声性质的合成实验（林焘，1983）

合成普通话的轻重音，变换其时长、基频和强度等参数，让本地人测听判断，是探讨轻重音本质的一种很有效的办法。实验合成了以下几对两音节词：

| 重重 | 重轻 | 重重 | 重轻 |
|---|---|---|---|
| 鸭头 | 丫·头 | 大衣 | 大·意 |
| 一亿 | 姨·姨 | 大姨 | |
| 马头 | 码·头 | 大义 | |
| 大爷 | 大·爷 | | |

左边四对词的第一音节声调不同，包括阴平（鸭、丫）、阳平（一变调、姨）、上声（马、码）、去声（大）；右边四个词的第二音节声调不同，分别是阴平（衣）、阳平（姨）、去声（义）和轻声（·意），由于没有 dàyǐ 这样一个词，所以没有列出上声。

这个实验分三步进行：①有计划地改变各合成词第二音节的声学参数，使得每个合成词的第二音节都有不同的强度、时长和基频；②对全部合成词做随机排列，由60位听音人做听辨测验；③对听辨结果做出统计，考察强度、时长和基频对轻声所起的作用。

参加听辨测验的有60人，大部分是北京大学汉语专业的本科生和研究生，都具备一定的语音学知识，其中一部分还参加过方言调查工作；其余的人（约20人）一般也都具有中等或中等以上文化水平。60人中，有30人是从小在北京长大的，能说很流利的北京话；另外30人来自各方言区，说北京话的流利程度不等，但都在北京生活了两三年或更多时间，都能比较准确地理解北京话。

听辨测验主要是在教室内进行的，用录音机播放随机排列的听辨材料，集体听辨。每条材料连续播放3次，间隔3秒，各条材料之间间隔5秒。听辨人听完3次以后，在5秒时间内确定所听材料是"重重"型（如"鸭头"）还是"重轻"型（如"丫·头"）或是两者都不是，各自依次用笔标记在印发的听辨表格上。

下面介绍其实验结果。根据实验要求，共合成出5种"重重"型（改变强度1种，改变时长4种）和10种"重轻"型（改变强度1种，改变时长和基频9种）共15种，作为听辨材料。

(1) 改变强度。"重重"型（450 ms，60 dB）第二音节减5 dB和"重轻"型（350 ms，60 dB）第二音节加5 dB。表9.6列出了7个"重重"型词和5个"重轻"型词在强度改变时的听辨平均值和百分比，跟强度没有改变时（60 dB）的听辨平均值和百分比做比较。表中每种情况的上一行是从小在北京生长的30人中做那种听辨判断的人数，下一行是总人数60人中做那种听辨判断的人数，括号内为相应的百分比。从表9.6可以看出，无论是"重重"型减5 dB还是"重轻"型加5 dB，听辨结果都没有根本变化，大多数"重重"型仍听成"重重"，"重轻"型仍听成"重轻"。

表9.6　音强改变与不改变的听辨结果

| 类型 | 音强/dB | "重重"型 | "重轻"型 | 不能分辨 |
|---|---|---|---|---|
| "重重"型 | 60 | 27（90%）<br>50（84%） | 1（3%）<br>4（6%） | 8（7%）<br>6（10%） |
| | 55 | 24（80%）<br>44（73%） | 3（10%）<br>9（15%） | 3（10%）<br>7（12%） |
| "重轻"型 | 60 | 6（20%）<br>12（20%） | 20（67%）<br>38（63%） | 4（13%）<br>10（17%） |
| | 65 | 7（23%）<br>16（27%） | 18（60%）<br>33（55%） | 5（17%）<br>11（18%） |

（2）改变时长。这里只谈"重重"型改变时长的听辨结果，实验作者把"重轻型"留到下面跟改变基频一起讨论。

"重重"型共改变4次时长，即450 ms、350 ms、320 ms、300 ms。表9.7列出了"重重"型词在改变第二音节时长时的听辨平均值和百分比。从这个表可以清楚地看出，随着时长逐步缩短，"重重"型听成"重重"的比率明显地逐步下降，听成"重轻"的比率明显地逐步上升，不能分辨的比率也逐步上升，但幅度较小。这种现象可以充分说明，时长在辨别轻音时是起了非常重要的作用的。

表9.7　"重重"型时长缩短时的听辨结果

| 时长/ms | "重重"型 | "重轻"型 | 不能分辨 |
|---|---|---|---|
| 450 | 27（90%）<br>50（83%） | 1（3%）<br>4（7%） | 2（7%）<br>6（10%） |
| 350 | 21（70%）<br>40（67%） | 4（13%）<br>11（18%） | 5（17%）<br>9（15%） |
| 320 | 15（50%）<br>28（47%） | 9（30%）<br>20（33%） | 6（20%）<br>12（20%） |
| 300 | 9（30%）<br>19（32%） | 13（43%）<br>27（45%） | 8（27%）<br>14（23%） |

"重重"型第二音节的声调对变化幅度（指当时长缩短时，"重重"听成"重轻"的）关系很大。7个"重重"型词中，第二音节是阳平的有4个，幅度变化最大；去声2个，变化较小；阴平1个，变化最小。三种声调的变化幅度在表9.8给出（只列60人听辨结果，都是平均值）。实验作者在文中指出，这个实验改变时长的办法是把第二音节的收尾切去一定长度，无论切去多少毫秒，第二音节开头都不会受到影响，其基频不会有变化，这可能就是不同声调变化幅度大小相差很远的原因。阳平开头在80 Hz，不高不低，变化幅度就大；去声和阴平开头在120 Hz，相当高，变化幅度小。如果从轻音的角度看这个现象，那就是轻音音高太高时听成"重轻"的百分比就低，不高不低时听成"重轻"的百分比就高（表9.8中没有上声的例子，如果以上解释正确，那么上声时长缩短时，听

辨的变化幅度也应该是比较大的）。这说明音高位置在轻音听辨中也是起相当大作用的。

表9.8　三种声调时长缩短时听辨幅度的变化

| 声调 | 时长/ms | "重重"型 | "重轻"型 | 不能分辨 |
|---|---|---|---|---|
| 阳平 | 450 | 48（80%） | 5（8%） | 7（12%） |
|  | 350 | 32（53%） | 15（25%） | 13（22%） |
|  | 320 | 18（30%） | 26（43%） | 16（27%） |
|  | 300 | 6（10%） | 37（62%） | 17（28%） |
| 去声 | 450 | 51（85%） | 4（7%） | 5（8%） |
|  | 350 | 47（79%） | 8（13%） | 5（8%） |
|  | 320 | 39（65%） | 13（22%） | 8（13%） |
|  | 300 | 36（60%） | 14（23%） | 10（17%） |
| 阴平 | 450 | 59（98%） | 0（0%） | 1（2%） |
|  | 350 | 58（96%） | 1（2%） | 1（2%） |
|  | 320 | 48（80%） | 6（10%） | 6（10%） |
|  | 300 | 43（72%） | 8（13%） | 9（15%） |

一般认为轻音在阴平、阳平和去声之后是降调，在上声后是微升调，这个实验在合成"重轻"型音节时也是这样处理的。"鸭头、大爷、大姨"的第二音节都是升调，时长变短后，听辨成"丫·头、大·爷、大·意"的比率都相当高。可见调型升降对听辨轻音的作用不大，这个问题作者在下面还要讨论。

（3）改变基频。"重重"型没有做单纯改变基频的听辨测验。"重轻"型第二音节改变基频后形成降、平、升三种调型，加上350 ms、320 ms、300 ms三种时长，共形成9种不同基频和时长。作者在文中列出了"重轻"型词的9种听测结果。这里只给出"丫·头"的实验结果（见表9.9）来略加说明。

从表9.9可以看出，"丫·头"中"·头"为降调时，随着时长缩短，听成"丫·头"的百分比逐步提高；"丫·头"的"·头"为平调时，不能分辨的占大多数，但随着时长缩短，不能分辨的比率逐步降低，升调音长350 ms时，大部分听成"鸭头"，把升调听成阳平"头"，说明基频仍起很大作用，但随着时长缩短，基频作用逐步缩小，听成"丫·头"的比率提高得很快。

（4）轻声的合成实验得出下面三个结论。①在普通话里，强度对分辨轻重音所起的作用很小，减弱"重重"型或增强"重轻"型第二音节的强度，都没有使听辨结果发生显著的变化。②时长在听辨普通话轻重时起到了非常重要的作用。在"重重"型中，第二音节时长越短，听成轻音的比率就越大，这一趋势非常明显，可以说没有例外。但是，比率大小同时还受轻声起点音高的制约，起点太高，比率就要下降。"重轻"型情况和"重重"型相似，但趋势没有那么显著，少数情况还出现了相反的趋势，即音长缩短后，听成"重轻"型的百分比反而略有降低。这是因为这个实验合成的平调和降调音高起点较高，音长越短，起点高度所起的作用就越明显，听成"重轻"型的百分比也就随之下降。③基频在听辨轻音中所起的作用远没有时长重要，它的作用主要在音节起点的高低。调型的升

表 9.9　"丫·头"中"·头"的三种调型的听辨结果

| 调型 | 时长/ms | 鸭头 | 丫·头 | 不能分辨 |
|---|---|---|---|---|
| 丫头（降调） | 350 | 2（7%）<br>3（5%） | 25（83%）<br>47（78%） | 3（10%）<br>10（17%） |
| | 320 | 1（3%）<br>4（7%） | 26（87%）<br>44（73%） | 3（10%）<br>12（20%） |
| | 300 | 0（0%）<br>1（2%） | 28（93%）<br>53（88%） | 2（7%）<br>6（10%） |
| 丫头（平调） | 350 | 2（7%）<br>8（13%） | 3（10%）<br>12（20%） | 25（83%）<br>40（67%） |
| | 320 | 4（13%）<br>12（20%） | 5（17%）<br>20（33%） | 21（70%）<br>28（47%） |
| | 300 | 4（13%）<br>15（25%） | 8（27%）<br>21（35%） | 18（60%）<br>24（40%） |
| 丫头（升调） | 350 | 26（87%）<br>43（72%） | 1（3%）<br>9（15%） | 3（10%）<br>8（13%） |
| | 320 | 15（50%）<br>20（33%） | 10（33%）<br>29（49%） | 5（17%）<br>11（18%） |
| | 300 | 2（7%）<br>4（7%） | 24（80%）<br>45（75%） | 4（13%）<br>11（18%） |

降也起一定作用，但比较小，要受时长的制约，时长越短，调型升降对听辨所起的作用就越小。如果普通话轻声时长确实只是前一音节的一半左右，则轻声调型的升降对听辨的影响应该是很小的。

3. 普通话轻声的性质

我们的普通话轻声的声学分析和林焘的合成实验一致表明，音节强度在普通话轻声中不起什么作用。

声学分析还看到：①两音节词里，后音节读轻声时，音节时长比它在重读时大大缩短。读这个轻声音节所需能量显著减少，但强度并不一定都减小。②两音节词的后音节读轻声时，失去原有的声调，其音高随前面重读音节的声调而变化。③轻声音节元音，尤其是主要元音的舌位或多或少向央元音［ə］方向移动。这个结论还需要用更多单念的这类两音节词加以检验；需要研究语流中这类两音节词在声学上（音高、时长、振幅、能量和共振峰等）有何异同。

林焘的合成实验结果认为，基频在听辨轻音中所起的作用远没有时长重要，基频的作用主要在音节起点的高低。但是，另一声学分析结果认为（曹剑芬，1986）："调型可能对轻声的听辨具有重要作用。"对听辨普通话轻声而言，到底是时长作用大还是音高作用大，看来仍需要用各种实验加以确定。

### 9.2.2　普通话正常重音的声学表现

赵元任（1968，见吕叔湘，1979）指出，所有音节，如果既没有弱重音（即轻声），又没有对比重音，那就有正常重音，我们认为，这就是赵元任对正常重音的定义。而在正常重音的词语里，其实际轻重程度不是完全相同的，其中最末一个音节最重。而对比重音，赵元任认为，它不同于正常重音，在于它的音高幅度更宽，持续时间更长，音强通常也增加。因此,正常重音指人们在回答"这个词你怎么念"时,自然(极平淡没有任何口气)说词语的重音效果。下面介绍正常重音性质。

1. 普通话词的正常重音研究

(1) 两音节词的正常重音研究(林茂灿、颜景助、孙国华,1984)

A. 实验材料和实验方法

普通话有阴平、阳平、上声和去声四个声调。两音节词共有 16 种声调组合。每种组合各选几个例子,合计 103 个。

为了考察音节强度在重音中的作用,所用的例子中前音节主要元音开口度比后音节大的,大约有 71 个。在各种排列中,还尽可能照顾到语法结构:主谓式、动宾式、补充式、偏正式和并列式。

发音人一男(m)一女(f)。103 个两音节词分别写在 103 张卡片上。实验人随意抽出一张卡片,问"这个两音节词,您怎么说?"发音人按卡片上所写的自然(极平淡没有任何口气)说出来。发音人尽量用同样的口气说话,使读所有两音节词时大体处于相同的发音状态。

发音人在录音室里发音,由录音机录音,再由录音机把电信号馈送给基频计和强度计,并用喷墨示波器记录下每个音节的基频曲线、强度曲线和波形。同时用语图仪(Sona-Graph,7029A)作出图谱。从这些图谱分别测量各音节基频、强度和时长。

B. 实验结果

a. 听辨实验结果

由 8 位从事方言和语音研究的同志对 m 和 f 说的两音节词做重音听辨判断。每个两音节词用录音机向听音人接连播放 3 次,间隔 15 秒钟。听音人在听辨表格上记下他觉得哪个音节较重,即较突出清晰。如果觉得某个词的前后音节无轻重差别,在听辨表格上就不做记号。图 9.18 是两音节词重音听辨结果概率直方图,横坐标代表听为后重的两音节词得分数,纵坐标为相应的两音节词出现概率。从图 9.18 可以看到,后重的两音节词占大多数。8 位听音人中,6 人及 6 人以上认为后重的两音节词,m 说的占 91.2%,f 说的占 88.3%。只有少数两音节词被听音人认为是前重。

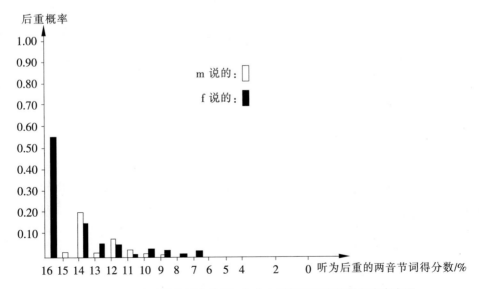

**图 9.18 m 和 f 说的两音节词,8 个人的重音听辨结果概率直方图**

我们还请9位大学语言学专业四年级同学自己发音听音。其中有7位是自说自听，一位只发音，一位只听音。他们说的也是 m 和 f 说的 103 个词。图 9.19 是 8 位同学听辨的重音概率直方图。从图 9.19 可以看到，8 位同学说的两音节词，8 位同学判断为后重的也是占大多数。图 9.19 的概率分布跟图 9.18 的很相似。

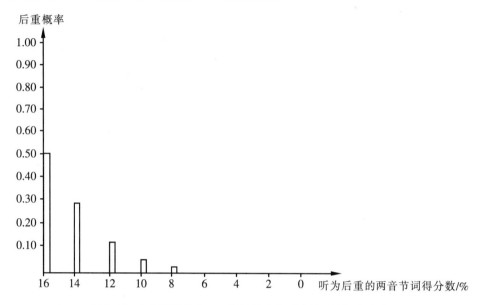

**图 9.19　8 位同学发音，8 位同学重音听辨结果的概率直方图**

现在对那些听为前重的两音节词略做说明。有时候，同一两音节词，多数听音人认为 m 说的是前重，但并不认为 f 说的也是前重。也有相反的情况，多数人认为 f 说的是前重，m 说的却是后重。把 8 位同学说和听的结果跟 m 和 f 的结果放在一起看，我们看到没有一个两音节词他们一致认为是前重的。

我们把"工事"和"攻势"、"报到"和"报道"、"公鸡"和"攻击"、"散步"和"散布"及"生气（动词）"和"生气（名词）"等组成句子，仍由 m 和 f 两位发音人用正常语气说这些句子。请 13 位（都参加过前面的听辨实验）听这些句子，对其中的 5 对两音节词做重音判断。9 位听音人认为句子里的"散布"为前重，"散步"为后重，而其他 4 对都是后重的。但是，对 103 个两音节词中的"散步"，多数听音人认为是后重的。

总之，大多数听音人认为 103 个两音节词中大多数为后重，没有一个两音节词一定要读前重。

b. 仪器实验结果

（a）时长

图 9.20（A）和图 9.20（B）分别表示 m 和 f 说的两音节词前音节全长和带音段时长对后音节全长和带音段时长的相对分布。纵坐标和横坐标分别代表前后音节时长。m 说的前后音节全长平均分别为 265 ms 和 301 ms，带音段时长平均为 207 ms 和 255 ms。f 说的前后音节全长平均分别为 317 ms 和 346 ms，带音段时长平均为 249 ms 和 283 ms。

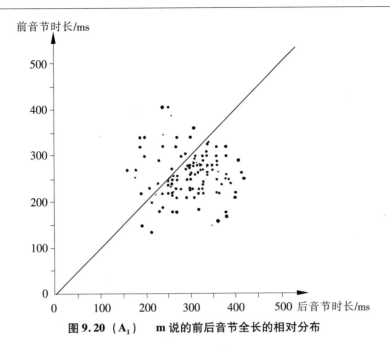

**图 9.20（A₁）** m 说的前后音节全长的相对分布

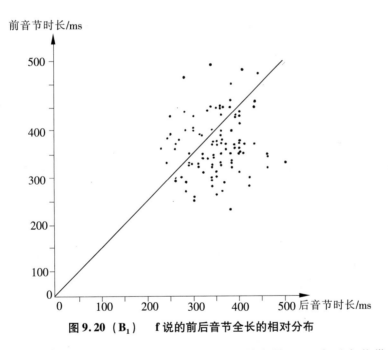

**图 9.20（B₁）** f 说的前后音节全长的相对分布

m 说的 103 个两音节词中，81 个后音节全长大于前音节，77 个后音节带音段时长大于前音节；前音节全长大于后音节的只有 19 个，前音节带音段时长大于后音节的只有 26 个；前后两音节全长相等的有 3 个。

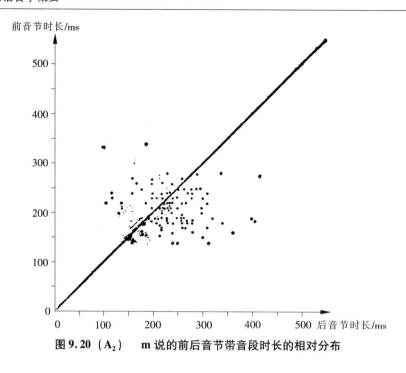

图 9.20（$A_2$）　m 说的前后音节带音段时长的相对分布

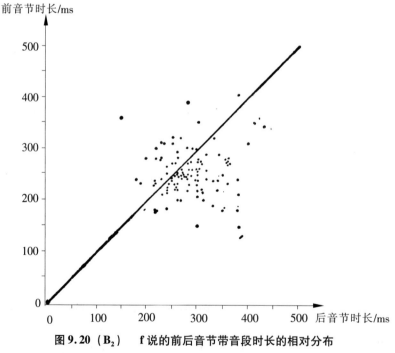

图 9.20（$B_2$）　f 说的前后音节带音段时长的相对分布

f 说的情况与 m 说的相似。f 说的有 71 个后音节全长大于前音节，77 个后音节带音段时长大于前音节；前音节全长和它的带音段时长大于后音节的分别只有 32 个和 26 个。

由此可见，音节全长及其带音段时长，大部分（69%～79%）都是后音节大于前音节。

按主谓、动宾、补充、偏正和并列等五种结构,分别画出前后音节的全长及带音段时长相对分布。从数据可以看到,五种结构多数都是后音节长于前音节,音节全长和带音段时长都是如此。两音节词语法结构的不同,并不对其音节时长的相对关系产生什么有规律的影响。

(b) 强度

音节强度或振幅是随时间变化的,用 $I(t)$ 或 $A(t)$ 表示。$I(t)$ 或 $A(t)$ 的最大值记作 $I_m$ 或 $A_m$,叫作音节的最大强度,或音节巅值强度。以横坐标表示后音节的 $I_m$,纵坐标表示前音节的 $I_m$,图 9.21(A)和(B)分别画出了 m 和 f 说的前后两音节 $I_m$ 的相对分布。m 有 81 个前音节 $I_m$ 大于后音节,只有 22 个后音节 $I_m$ 大于前音节。f 有 74 个前音节 $I_m$ 大于后音节,只有 29 个后音节 $I_m$ 大于前音节。m 说的前音节最大强度平均值比后音节大 7 dB。f 说的前音节最大强度平均值比后音节大 3 dB。大多数前音节强度比后音节的大,是因为在我们选用的 103 个两音节词中,大约有 71 个前音节主要元音开口度比后音节大。这说明在正常重音条件下,前后两个音节最大强度之间的差别主要是由音节中主要元音开口度的不同造成的。

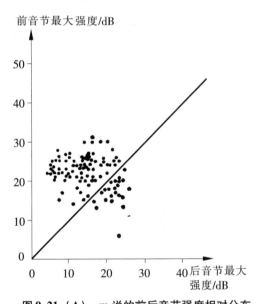 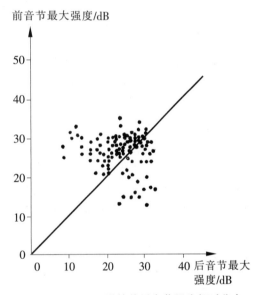

图 9.21(A)  m 说的前后音节强度相对分布　　　图 9.21(B)  f 说的前后音节强度相对分布

(c) 能量

音节振幅曲线 $A(t)$ 与时间轴所包围的面积 $S$,跟产生这个音节所消耗的能量 $W$ 成正比。这里讨论的一个音节能量比另一个音节能量大或小,大多少,小多少,是对这两个音节的 $S$(单位 $mm^2$)做比较而言的。图 9.22(A)和(B)为 m 和 f 说的前后两个音节能量的相对分布。从图 9.22 可以看到,前音节能量大于后音节的,m 有 73 个,f 有 58 个;后音节能量大于前音节的,m 有 30 个,f 有 45 个。多数前音节能量大于后音节。

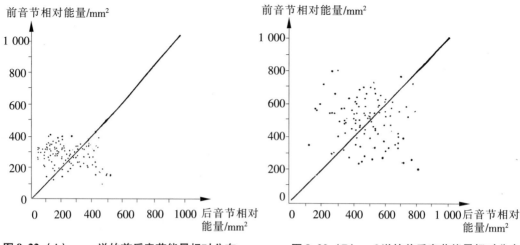

图 9.22（A） m 说的前后音节能量相对分布　　图 9.22（B） f 说的前后音节能量相对分布

（d）基频

表 9.10 列出了 m 和 f 说的两音节词前后音节的平均基频值及五度制声调符号。从表 9.10 看到，后音节音高曲线往往是阴平高平，阳平上升，上声低降升，去声高降，它们跟单说音节时的音高模式相似。把音高曲线上的表现与重音听辨情况联系起来看，在后音节音高曲线接近于单说音节时的模式，加上其时长比前音节大时，人们往往认为后音节比前音节突出清晰，即后音节重于前音节。不管前音节是什么声调，后音节上声的音高曲线往往为低降升，转折点频率很低，其时长也一定大于前音节，它往往被判断为重音。我们以前做的实验，后音节上声也有读低降的（林茂灿等，1980）。从听音人认为重音的往往是音长较长和音高曲线较完整出发，我们推断，后音节上声音高是低降的，其音长也比前音节短的时候，它就不会被判断为重音。后音节为阴平、阳平或去声时，前音节上声音高曲线往往呈下降型，用声调符号表示为√31、√32 或√42 等；前后两音节都是上声，前音节音高曲线呈上升型，这两种情况下的前音节上声不会被听为重音，这时后音节往往比前音节重。前后音节都是去声，后音节去声音高往往降得很低，用声调符号表示为 51，而前音节往往为 52，听音人往往认为后音节重于前音节。在这个实验数据中，阳平音高曲线只有上升型一种（我们在别的实验里，还看到高降升型的阳平音高曲线）。阴平音高及阳平终点音高较高（对其前音节或后音节是阴平、阳平或去声而言），加上其音长也较长时，这个阴平音节及阳平音节可能被判断为重音。

（e）结论和讨论

m 和 f 说的 103 个两音节词中，从音长上看，后音节全长大于前音节的分别为 81 和 71 个，后音节带音段时长大于前音节的均为 77 个；从最大强度 $I_m$ 上比较，各有 81 个和 74 个前音节比后音节的强，前音节能量比后音节大的也占多数。从听辨结果上看，大多数听音人认为 m 说的有 91.2%，f 说的有 88.3% 为后音节比前音节重。

把听辨实验和仪器实验两个结果联系起来看，普通话两音节词正常重音的声学特性，就音长、强度及能量来说，是那个音节有较大的时长，而不是有较大的强度及能量。

表 9.10　m 和 f 念两音节词各音节的平均音高及其声调五度值

| 两音节词 | 发音人 m | | | | 发音人 f | | | |
|---|---|---|---|---|---|---|---|---|
| | 前音节 | | 后音节 | | 前音节 | | 后音节 | |
| 阴阴 | 179 – 179① | 55② | 174 – 170 | 55 | 221 – 221 | 55 | 224 – 222 | 55 |
| 阴阳 | 194 – 195 | 55 | 122 – 165 | 35 | 225 – 226 | 55 | 170 – 219 | 35 |
| 阴上 | 188 – 189 | 55 | 128 – 83 – 115 | 312 | 224 – 225 | 55 | 168 – 92 – 147 | 312 |
| 阴去 | 188 – 187 | 55 | 192 – 87 | 51 | 228 – 229 | 55 | 252 – 131 | 51 |
| 阳阴 | 138 – 187 | 35 | 179 – 179 | 55 | 176 – 249 | 35 | 243 – 241 | 55 |
| 阳阳 | 134 – 192 | 35 | 118 – 158 | 24 | 174 – 240 | 35 | 171 – 224 | 35 |
| 阳上 | 135 – 199 | 35 | 125 – 90 – 124 | 313 | 169 – 243 | 35 | 127 – 92 – 139 | 212 |
| 阳去 | 114 – 179 | 25 | 190 – 90 | 51 | 171 – 240 | 35 | 262 – 126 | 51 |
| 上阴 | 141 – 112 | 42 | 158 – 163 | 44 | 178 – 147 | 32 | 224 – 225 | 55 |
| 上阳 | 144 – 109 | 42 | 112 – 167 | 25 | 178 – 147 | 32 | 155 – 228 | 25 |
| 上上 | 118 – 190 | 25 | 118 – 86 – 121 | 213 | 167 – 247 | 35 | 149 – 93 – 135 | 212 |
| 上去 | 131 – 99 | 31 | 181 – 87 | 51 | 187 – 149 | 42 | 242 – 134 | 51 |
| 去阴 | 189 – 109 | 52 | 157 – 157 | 44 | 231 – 149 | 52 | 220 – 226 | 55 |
| 去阳 | 196 – 110 | 52 | 100 – 154 | 14 | 231 – 155 | 52 | 158 – 212 | 35 |
| 去上 | 196 – 110 | 52 | 104 – 82 – 114 | 212 | 242 – 152 | 52 | 143 – 82 – 156 | 212 |
| 去去 | 210 – 113 | 52 | 179 – 90 | 51 | 250 – 165 | 53 | 234 – 130 | 51 |

注：①平均音高，即平均基频，以 Hz 为单位。
　　②声调五度值。

前面说过，大多数听音人认为 m 和 f 说的 103 个两音节词后音节比前音节重的分别有 94 组和 91 组。在这 94 组和 91 组中，后音节时长大于前音节的，各占 82% 和 80%。这个数据表明，重音与音节时长之间的相关程度大。这表明音节时长在重音听辨中具有很重要的作用，因为它们之间的相关系数达 0.80 以上。

在实验数据中可以看到，有些两音节词前后音节的全长或带音段时长是相等的或几乎相等的。我们从 m 和 f 的发音材料中各选 5 个这样的两音节词，请两位语音学家做重音判断。他们的感觉是，阴平和去声的起点及阳平的终点越高，上声的转折点越低（对其前面或后面的音节而言），判断为重音的可能性就越大。

因此，普通话两音节词正常重音的声学表现，是那个音节有较大的时长和较完整的音高模式，而不是有较大的强度。较完整的音高模式是说，它接近单说音节时的调型。从对前面说过的 5 对句子里有关两音节词的重音上看，音重读了往往使整个音节加长，不仅带音段部分加大了，而且在含有清声母时，清声母也或多或少随之加大，这种现象在摩擦音及塞擦音做声母时表现得很明显。

已有一些文章提到在声调语言的重音中声调完整性的作用。泰语句子重音是下面几个因素在起作用：音节时长的加大、声调拱度接近于理想形式和振幅加大（Abramson, 1979）。普通话"重音……影响主要元音变得长些，声调特别分明，或者是高些"（徐世荣，1980）。我们同意这样的看法：汉语重音与声调有着密切的联系（Yip，1982）。

这个实验语料中，普通话两音节词（不带轻声）大多数后音节比前音节重，听起来清晰、明显，但有少数前音节比后音节重，听起来突出一些。但是，这个实验没有发现一定要读前重的不带轻声两音节词。

（2）三音节词的正常重音研究（颜景助、林茂灿，1988）

三音节词的正常声学表现是，平均的 $F_0$ 音域位置（音阶）从首音节到末音节不断下降，音域下限下降尤为明显，末音节具有较完整的音高曲拱；这个实验语料中，多数三音节听起来"中轻重"，末音节音高清晰、明显，但也有稍多一点的首音节或中音节或末音节的音高抬高，听起来突出一些。

从§7.2.1的图7.8和图7.9可以看到，不带轻声两音节词 $F_0$ 曲线，其音节 $F_0$ 音域位置也是不断下降的，音域下限降低也明显，末音节时长也长。

普通话轻重音固然与声调及变调有关，但轻重音与声调及变调在声学上的表现可以说是截然不同的。

2. 普通话词的正常重音再研究（林茂灿，2012：47～74）

我们用《普通话水平测试实施纲要》（国家语言文字工作委员会普通话测试中心，2005）方明和于芳念的两音节词（3 358个）和三音节词（401个）进行声学分析，看到他和她读词语的声学表现是：后面音节音高曲拱的高点不会比其前面的高，而后面音节的低点都比前面的低；四声的平均音域从首音节到末音节逐步增大，末音节音域最大，末音节四声的平均音高-时长曲拱跟其单音节的近似，末音节音高曲拱较为完整；末音节时长不一定比其前面的长，但是，末音节为上声平均最长，去声最短。音高在正常重音中的作用是第一位的，时长是第二位的。他和她是极平淡没有任何口气地读词语的，其效果是正常重音，但他和她说这些词时，也有极少数词的某个音节被读重，这是读音上的偏差。

3. 普通话词正常重音的声学表现及其特征

从前面介绍的我们20世纪80年代末和近几年做的实验结果看，虽然用的语料不同，但其结果都表明，普通话不带轻声的词重音是正常重音。

正常重音指人们自然（极平淡没有任何口气）说词语（不含轻声音节）的重音效果，但人们说词语时，有时不留意、非刻意地把一些词的某个音节读重，使首音节或中音节或末音节的音高抬高，听起来觉得它突出一些，这是读音上的偏差（我们曾把它叫作对比重音，这种说法不妥，因为词语读音上偏离的声音跟正常重音没有音位上的对立）。我们过去两音节词和三音节词实验的发音人读音有少数和稍多一些的偏离，而方明和于芳是播音员，他们的读音只有极少数的偏离。我们认为，方明和于芳读的两音节词和三音节词（不含轻声音节）是正常重音。

正常重音的声学表现是：后面音节音高曲拱的高点不会比其前面的高，而后面音节的低点都比前面的低；四声的平均音域从首音节到末音节逐步增大，末音节音域最大，末音节四声的平均音高-时长曲拱跟其单音节的近似，末音节音高曲拱较为完整；末音节时长不一定比其前面的长，但是末音节为上声平均最长，去声最短。音高在正常重音中的作用是第一位的，从我们20世纪80年代的两个实验结果看，时长是第二位的，强度或能量的作用比时长小；关于强度的作用在§9.2.4中将进一步讨论。

正常重音的特征是：[−RAISEH][＋LOWERL]，缩写为：[−RH][＋LL]。

4. 自然语音与基频（$F_0$）下倾

Ohala（1987：31，见林茂灿，2012：47）提出"自然语音的$F_0$下倾现象"，并指出，"在许多声调语言中，这个现象导致几个声调连在一起使音高逐渐下降"。

吴宗济（1982；Wu，1982；见林茂灿，2012：123-124）提出了普通话两音节连读基本模型，我们认为这个模型的音高活动是正常重音的声学表现。

熊子瑜（2005；见林茂灿，2012：47）看到了两音节词音高的降阶效应，认为"降阶效应已被有些学者看作是导致语句音高下倾的一种重要因素"。

石基琳（Shih，2000；见林茂灿，2012：131）用普通话语料做实验看到，在平淡句子（plain sentences）中，存在着明显的$F_0$下倾效应（clear declaration effect）。

王萍、石林、石锋（2012）首次系统地区分出$F_0$下倾和降阶的作用层次，并对6位北京话母语者的陈述句语料进行全面考察，其中包括：①利用"下倾度"算法，得到句调域和词调域两个层次上音高下倾的量化表现；②利用"降阶度"算法，在词调域内部，将降阶和下倾的叠加效应有效分离，进而得到降阶作用的量化表现。

王韫佳、初敏、贺琳（2006）介绍了正常重音到宽焦点重音这两个重音概念的发展过程。词的正常重音跟句子的宽焦点重音都是自然读音效果，都存在$F_0$下倾效应；对具有$F_0$下倾效应的重音，我们在词语中叫作正常重音，在句子中称之为宽焦点重音。

### 9.2.3　普通话词重音类型（林茂灿，2012：123-127）

林焘、王理嘉（1992：175）指出："汉语不以多音节词为主，重音的作用不明显，没有必要再把重音分成等级；轻音现象则在许多方言里都存在。"对普通话轻重音，林焘、王理嘉（1992：179）进一步指出："普通话双音节词听起来往往是后音节比较重；三音节词一般是中间音节较轻，前后音节较重。除三音节中间音节明显变轻外，各音节之间的轻重差别并不明显，改变重音位置对词义和语法结构也没有影响。"王理嘉（1998：345）认为："'重中'型这个格式，非常不稳定，可变性很大。"他进一步说："根据这种情况，普通话重音系统中有'重中'这个格式的意见还难以被大多数人所接受。"我们也认为，在没有发现"重中"与"中重"能区别词义之前，不宜在没有轻声的两音节词中建立一个"重中"型。

据此，我们认为：普通话两音节词重音从音位上说，分重轻型和中重型两类，含轻声音节的为重轻型，不含轻声音节的为正常重音，即中重型。不含轻声音节的三音节词为"中轻重"。人们说词语时产生的读音上的偏差，使首音节或中音节或末音节的音高抬高，其声音跟正常重音没有音位上的对立。

### 9.2.4　元音强度、响度和时长

音节通常由元音和辅音结合而成。考虑强度对词重音有无作用，往往是对词里相邻音节的强度最大值进行比较，而这个强度最大值往往落在主要元音上。因此这里先介绍有关元音强度的一些问题。

声门下压力（$p_s$）使气流以一定体积速度通过声门。这个体积速度跟声门下压力成正比。这种气流由于声带振动的作用形成声门波；声门波受声道调制形成元音。这时，气流的动能转换成了声能。声能大小跟声压有效值有关。人的声道是形状多变的声管，其末端的辐射孔径也是可变的。因此，即使声门下压力保持不变，不同元音的声能输出也不可能

是相同的。也就是说，言语波振幅是由两个因素引起的。如果声道不变，即元音音质不变，而用于产生这个音的输入功率发生变化，如 $p_s$ 发生变化，这个元音的振幅也会发生变化；如果输入能量保持不变，只是声道形状和大小发生变化，即元音音质发生了变化，其输出的元音振幅也会发生变化，这种只与元音音质相联系的强度叫作元音的固有强度。

我们已经知道，元音频谱上前三个共振峰对元音音质即音色的作用最为重要，但对元音强度来说，前两个共振峰的作用是决定性的。表 9.11 给出了一些元音的基频 $F_0$，第一和第二共振峰 $F_1$ 和 $F_2$ 频率，以及这两个共振峰幅度 $L_1$ 和 $L_2$，这些数据是 5 位男发音人的平均值。发音人在消声室里发音，传声器离他嘴唇 12.5 cm；他从耳机听到一个固定频率的参考音，在这个参考音影响下，他以大体相同的气力和声带紧张度念各个元音。这些数据是对瑞典语元音分析得到的，该实验的作者经听辨判断后用国际音标给出了各音的音值（Fant, 1959）。

表 9.11 元音前两个共振峰数据（引自 Fant, 1959）

| 元音 | 基频和共振峰 | | | | | |
|---|---|---|---|---|---|---|
| | $F_0$ | $F_1$ | $L_1$ | $F_2$ | $L_2$ | $L = (L_1^2 + L_2^2)^{\frac{1}{2}}$ |
| [i] | 128 | 256 | 1.413 | 2066 | 0.071 | 1.415 |
| [y] | 128 | 257 | 1.679 | 1928 | 0.141 | 1.685 |
| [e] | 124 | 334 | 1.995 | 2050 | 0.251 | 2.010 |
| [ø] | 126 | 363 | 2.113 | 1690 | 0.355 | 2.143 |
| [ɛ] | 125 | 438 | 1.995 | 1795 | 0.355 | 2.026 |
| [ə] | 124 | 680 | 1.995 | 1070 | 1.122 | 2.289 |
| [ɑ] | 126 | 580 | 2.372 | 940 | 1.581 | 2.850 |
| [ɔ] | 123 | 487 | 1.995 | 825 | 1.122 | 2.289 |
| [o] | 132 | 402 | 1.995 | 708 | 0.794 | 2.147 |
| [u] | 127 | 307 | 1.679 | 730 | 0.398 | 1.725 |

注：$F_0$、$F_1$ 和 $F_2$ 的单位为 Hz；$L_1$ 和 $L_2$ 的单位为 ba。

从表 9.11 可以看出，在前元音 [i e ɛ a] 和后元音 [u o ɔ ɑ] 中，随着开口度的加大，元音强度也随之增加，因为强度跟声压有效值的平方成正比（参看 §3.2.5）；后元音强度也比同部位前元音的强度大，圆唇元音强度也比同部位展唇元音的大。不同元音存在这种固有强度上的差异，从表 9.12 可以清楚地看到这一点。

Lehiste (1970) 指出，元音固有强度的概念早已有之，Sievers 于 1893 年和 Rousseiot 于 1924 年就提出了这个问题。

Lehiste 接着谈到，与元音音质相联系的固有强度是对语音强度做解释时必须加以考虑的一个因素。另一个因素是基频与共振峰频率之间的相对关系。由于假定声源与声道之间是彼此独立的，使得人们有可能通过声源函数和声道滤波函数对言语波做数学描述。声门波起着激励声道共振系统的作用；共振系统的特性决定言语声的频谱特征。一般地说，声门波各个谐波频率跟声道共振频率即共振峰频率之间没有什么联系。假定声道形状和大小保持不变，而让基频在某个范围内做有规律的变化，就会发现这个元音振幅也会变化，即使声门下压力保持不变。当声门波某谐波频率跟共振峰频率特别是跟 $F_1$ 频率完全相同时，元音振幅达到最大值。House 在 1959 年用合成语音的办法，发现元音总强度在这方面有 5~6 dB 的涨落起伏，其大小取决于谐波频率与 $F_1$ 频率的接近程度。

Lehiste 指出，还有一个因素使得利用强度曲线来解释重音变得非常困难，这就是元音目标值强度与从邻近辅音来的过渡音强度之间的差值。一个音节核心的元音性部分的强度与其共振峰结构有关，而共振峰结构在这种元音中并不是从头到尾保持不变的，因为其前面和后面辅音决定其起始部分和末端部分的共振峰频率。

我们假定在所考虑元音的前两个共振峰之间不产生掩蔽作用，因此按 §4.4.3 所给的步骤，对这些元音的响度级做个估计，如表 9.12 所示。

表 9.12　元音响度（引自 Fant, 1959）

| 元音 | | [i] | [y] | [e] | [ø] | [ɛ] | [ə] | [ɑ] | [ɔ] | [o] | [u] |
|---|---|---|---|---|---|---|---|---|---|---|---|
| $F_1$ | 声级/dB（相对于 $2\times10^{-5}$ Pa） | 77.0 | 78.5 | 80.0 | 80.5 | 80.0 | 80.0 | 81.5 | 80.0 | 80.0 | 78.5 |
| | 响度级/方 | 71.0 | 73.0 | 76.0 | 78.0 | 78.0 | 79.0 | 81.0 | 78.0 | 77.0 | 74.0 |
| | 响度/宋 | 10.8 | 12.6 | 15.9 | 18.5 | 18.5 | 20.0 | 23.0 | 18.5 | 17.1 | 13.6 |
| $F_2$ | 声级/dB（相对于 $2\times10^{-5}$ Pa） | 51.0 | 57.0 | 62.0 | 65.0 | 65.0 | 75.0 | 78.0 | 75.0 | 72.0 | 66.0 |
| | 响度级/方 | 53.0 | 59.0 | 64.0 | 66.0 | 66.0 | 76.0 | 78.0 | 75.0 | 70.0 | 65.0 |
| | 响度/宋 | 2.7 | 4.3 | 6.3 | 7.3 | 7.3 | 15.9 | 18.5 | 14.0 | 10.0 | 6.8 |
| 总的响度级/方 | | 74.0 | 77.0 | 80.0 | 83.0 | 83.0 | 87.0 | 89.0 | 86.0 | 83.0 | 79.0 |

从表 9.12 可以看出，随着开口度的加大，元音响度也加大；而且后元音响度也比同部位前元音的大，圆唇元音响度也比同部位展唇元音的大。

元音响度不仅跟其共振峰幅度有关，而且跟共振峰频率有关，这从计算元音总响度级过程用了图 4.35 的等响度曲线可以看出。元音响度还跟元音时长有关。这里有个临界时长问题。元音时长大于或等于临界时长时，元音响度跟时长无关；元音时长小于临界时长时，元音响度随着时长的缩短而降低。Nishimura 等（1984）对辅元结构音节中元音时长对元音响度的影响做了研究。图 9.23 表示他们得到的一个实验结果。这个实验得到的临界时长是 250 ms。他们指出，不同作者由于实验条件和数据处理方法等的不同，得到的元音临界时长也很不相同，但大多数作者得到的元音临界时长在 100~300 ms 之间。

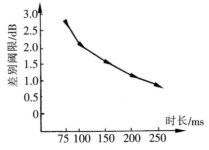

图 9.23　元音响度与其时长之间的关系（引自 Nishimura et al., 1984：图 1）

强度是客观物理量，而声音强度对人耳引起的强弱感觉是响度。显然，响度是主观心理量。

前面说过,元音强度不仅跟发音时的用力大小有关,而且还受其他几种因素所制约,因此使得直接用强度解释轻重音变得比较困难。

轻重音是语言学术语,而轻重音的知觉实验是从知觉角度寻找其声学关联物。由于在临界时长以下,元音度响跟其时长有一定关系,因此,时长在轻重音中有一定作用,从这个意义上说,看来是有道理的。

**参考文献**

曹剑芬(1986)普通话轻声音节特性分析,《应用声学》第5卷第4期。

董少文(1955)《语音常识》,北京:文化教育出版社。

国家语言文字工作委员会普通话测试中心编制(2005)《普通话水平测试实施纲要》,北京:商务印书馆。

厉为民(1981)试论轻声和重音,《中国语文》第1期。

林茂灿(2012)《汉语语调实验研究》,北京:中国社会科学出版社。

林茂灿、林联合、夏光荣、曹雨生(1980)普通话二音节词变调实验研究,《中国语文》第1期。

林茂灿、颜景助(1980)北京话轻声的声学性质,《方言》第3期。

林茂灿、颜景助、孙国华(1984)北京话两字组正常重音的初步实验,《方言》第1期。

林焘(1983)探讨北京轻音性质的初步实验,《语言学论丛》第10辑,北京:商务印书馆。

林焘、王理嘉(1992)《语音学教程》,北京:北京大学出版社。

米青(1986)普通话轻声教学刍议,《语言教学与研究》第2期。

王理嘉(1998)二十世纪的中国语音学和语音研究,载于刘坚主编《二十世纪的中国语言学》,北京:北京大学出版社。

王萍、石林、石锋(2012)普通话陈述句中的音高下倾和降阶,《中国语音学报》第三辑,北京:商务印书馆。

王韫佳、初敏、贺琳(2006)汉语焦点重音和语义重音分布的初步实验研究,《世界汉语教学》第2期。

吴宗济(1982)普通话语句中的声调变化,《中国语文》第6期。

熊子瑜(2005)单念条件下作用于普通话两音节组之上的音高降阶效应,载于中国社会科学院语言研究所语音室编《语音研究报告》。

徐世荣(1980)《普通话语音常识》,北京:文字改革出版社。

颜景助、林茂灿(1988)北京话三字组重音的声学表现,《方言》第3期。

赵元任(1968)《中国话的文法》,University of California Press。

赵元任(1979)《汉语口语语法》,吕叔湘译,北京:商务印书馆。

Abramson, A. S. (1979) Lexical tone and sentence prosody in Thai, *Proc. of the 9th International Congress of Phonetic Sciences*, Volume II, Copenhagen, 380-387.

Atkinson, J. E. (1978) Correlation analysis of the physiologicol factors controlling fundamental voice frequency, *J. A. S. A.*, 63 (1), 211-222.

Bolinger, D. L. (1958) A theory of pitch accent in English. *Word*, 14, 109-149.

Fant, G. (1959) Acoustic analysis and synthesis of speech with application to Swedish, reprinted from *Ericsson Technique*.

Fry, D. B. (1955) Duration and intensity as physical correlates of linguistics stress, *J. A. S. A.*, 27, 765-768.

Fry, D. B. (1958) Experiments in the perception of stress, *Language and Speech*, 1, 126-152.

Fry, D. B. (1965) The dependence of stress judgement on vowel formant structure, *Proc. of the 5th International Congress of Phonetic Sciences*, Munster (Basel・New York, S. Karger), 306-311.

House, A. S. (1959) A note on optimal vocal frequency, *Journal of Speech and Hearing Research*, 2, 55-60.

Lehiste, I. (1970) *Suprasegmentals*, M. I. T. Press, 106-153.

Lehiste, I. & Peterson, G. E. (1959) Vowel amplitude and phonemic stress in American English, *J. A. S. A.*, 31, 428-435.

Lieberman, P. (1960) Some acoustic correlates of word stress in American English, *J. A. S. A.*, 32, 451-454.

Lieberman, P. (1967) *Intonation, Perception and Language*, Cambridge, Mass, M. I. T. Press.

Monsen, R. B., Engebretson, A. M. & Vemula, N. R. (1978) Indirect assessment of the contribution of subglottal air pressure and vocal-fold tension to changes of fundamental frequency in English, *J. A. S. A.*, 64 (1), 65-80.

Morton, J. & Jassem, W. (1965) Acoustic correlates of stress, *Language and Speech*, 8, 159-191.

Nishimura, Y., Cristo, A. D. & Espesser, R. (1984) How does vowel duration affect loudness in a CV syllable, *Speech Communication*, 3, 39-47.

Ohala, J. J. (1977) The physiology of stress, in L. M. Hyman (ed.), *Studies in Stress and Accent*, published by the Department of Linguistics, University of Southern California, Los Angeles, California.

Ohala, J. J. (1978) Production of tone, in V. A. Fromkin (ed.), *Tone, A Linguistic Survey*, Academic Press, New York.

Rose, P. (1984) The role of subglottal pressure and vocal-cord tension in the production of tones in a Chinese dialect, in B. Hong (ed.), *Contemporary China Papers*, No. 18, Australian National University.

Shih, C. (2000) A declination model of Mandarin Chinese, in A. Botinis (ed.), *Intonation: Analysis, Modeling and Technology*, Kluwer Academic Publishers, 243-268.

Wu, Z. J. (1982) Rules of intonation in Standard Chinese, *Preprints of Papers for the Working Group on Intonation*, The 13th International Congress of Linguistics, 95-108, Tokyo.

Yip, M. (1982) Word and phrase stress in Mandarin,《第十届国际汉藏语言学会议论文摘要汇编》，北京.

# 第十章 区别特征

20世纪50年代初,由于现代音系学和实验语音学的发展,产生了一种新的分析语音的方法和理论,叫作"区别特征"(或作"区别性特征",简写为 DF)。它的基本精神就是认为一切语音之所以能表达意义,是由于各音之间有区别,而这些区别都可以用二分法或"偶分法则"来予以归类和分析。这个理论在当时就受到国际语言学界的重视,国内80年代也有了介绍(吴宗济,1980a;罗常培、王均,1981),它已成为现代音系学中的一项基础理论和研究分析语音的手段。

区别特征是一种比传统语音学分析方法更加周密的方法,它有一套严格的规则。这些规则有的以言语声学为基础,有的以发音生理学为基础。它的概念的形成要追溯到20世纪30年代的布拉格学派,其后由该派的学者加以定型,几十年来又经若干语言学者的修订补充,不断有所改进。到今天虽然还有不同的看法,但总的说来,它对语音的描述、分类和在若干学科(如言语工程学)中的应用,其成就是应予以肯定的。本章就是将这种理论的来源、内容,以及各家的立说和争论,及其在有关学科乃至汉语语音研究中的应用,做一简明的阐述。

## 10.1 区别特征学说的起源和发展

区别特征的原始概念,如果只就这种二分的概念来说,那在传统的语音学,特别是我国的音韵学中,早就有了雏形,不过把它正式宣布为语言学一项完整的理论基础,还得从布拉格学派说起。区别特征的原始概念起源于20世纪30年代捷克的"布拉格学派",代表人为捷克的 W. Trubetzkoy。他创立了音位对立的"偶分"(二元)概念,并把对立的性质分为若干类型。从一个音与别的音比较时是否属于这个系统中的唯一差别,就有"双边对立""多边对立"与"部分对立"之分。对于各个音之间的差别在逻辑上属于什么性质,就有"有无对立""逐级对立"和"均等对立"的不同(各名词详见下节)。他把语音分析提高到前所未有的精度。这个学派的另一创始人,也就是 Trubetzkoy 的继承者,美国籍的俄国语言学家 R. Jakobson 更把区别特征具体化,认为人们对语音的辨别是二者择一的性质,都是由于偶分的概念而得的,他把 Trubetzkoy 的各项对立都简化为二元对立,并把对立的性质分为"对立"与"对比"两类区别。"对立"的区别是这两个音(一般以音节为例)之间只有一个条件不同,而其余条件都相同。"对比"的区别是这两个音之间有两个以上的条件不同,而其余相同。这对于订立一个特定语言的音位系统大有帮助。Jokobson 和美国语言学家 M. Halle(Jakobson & Halle,1956)奠定了偶分法则,根据当时言语生理分析和声学分析的进展程度,在偶分概念的基础上把所有的语音区别特征列为12项"最小对立体",作为分析语音的标尺。他们为了给这个理论寻找声学依据,又和当时在美进修的瑞典通信工程师(同时是声学语音学家)G. Fant 共同著述(Jakobson,Fant & Halle,1952),为区别特征的二元理论补充了许多声学分析的实例。他们的著作在区别特征理论研究上已成为经典著作。

区别特征理论及其法则在20世纪60年代后不断有西方学者加以介绍、评论和补充。比较著名的有美国语言学家 N. Chomsky 和 Halle 的体系。这个体系略去了一些声学的特征，而改用一些生理发音部位的项目。由于语音的区别如纯粹用二元特征来说明还不够全面，因此有人提出了新的概念。这些都将在下面分节叙述。

本章所介绍的各家的说法，除注明出处者外，还参考了有关论著，每有征引，在此不一一注明。

## 10.2　各家的区别特征理论

### 10.2.1　Trubetzkoy 的区别性对立理论

N. S. Trubetzkoy 是布拉格语言学派的创始人之一。这个学派是在第一次世界大战之后的20年中发展起来的。

Trubetzkoy 试图对世界各语言中出现的区别性对立的语音特性进行全面的分类。他不仅想弄清/p/和/b/之间有什么差别，而且想弄清在特定音位系统内部的对立的本质是什么。因此，在他的《音系学原理》一书中，根据以下基础对区别性对立进行分类：①它们与整个对立系统之间的关系；②对立成分之间的关系；③它们的区别性作用的范围 (Trubetzkoy, 1939；引自 Hyman, 1975)。

(1) 双边对立、多边对立、部分对立和孤立对立

Trubetzkoy 首先把双边对立与多边对立区分开来。在双边对立中，对立双方共同带有的全部语音特征只是为这两方所共有。所以，在英语里，/p/和/b/处于区别性对立中，同时它们都有"双唇塞音"这个共同特性，这是一种双边对立，因为在英语里没有其他辅音是"双唇塞音"。/m/不属于这一类，因为它是鼻音，而/f/、/v/，以及/w/又都不是塞音。可是在泰语里不仅有/b/和/p/，而且还有/pʰ/。我们还可以说，/p/和/b/处于双边对立之中，只是要把它们的共同属性进一步描写为"不送气双唇塞音"。但是，/pʰ/和/b/却不是处于双边对立之中。它们都是"双唇塞音"，但/p/也是"双唇塞音"。由于有第三个音含有/pʰ/和/b/所共有的特性，这些音就是处于多边对立之中。

另一个例子是英语的/f/和/b/，这两个音的共性都是"唇音"。因为在英语里/p/和/v/也是唇音，所以这是一个多边对立的例子。但是在柏柏尔语中，/f/和/b/就处于双边对立之中，因为在这个语言里没有/p/和/v/，也没有其他的唇音了。所以由同样的语音特征区分开来的同样的音，在一种语言里是双边对立，在另一种语言里却可以是多边对立。

另一种差别是，对于整个系统来说，某种对立或者是部分对立，或者是孤立对立。"当一组对立的成员之间的关系与另一组或其他多组对立的成员之间的关系相等时，这组对立就是部分对立"，否则就是孤立对立。在英语里，/p/和/b/之间的对立是部分对立，因为二者之间的关系与/t/和/d/、/k/和/g/之间的关系相等。相反，/l/和/r/之间的对立却是孤立的，因为英语里没有其他的音处于跟这两个成员一样的关系之中。一个对立是部分的还是孤立的随不同语言而变。例如，/t/与/x/之间的关系（即齿龈塞音与软腭擦音，同是清音）在标准德语里是孤立的，因为没有/ɣ/与浊齿龈塞音/d/相对应。在一个有/t/、/d/、/x/、/ɣ/的语言里，/t/和/x/之间的关系就是部分的，因为/t/之于/x/就如同/d/之于/ɣ/。"这些不同类型的对立决定了作为一个区别性对立系统的音位库的内部秩序

或内部结构。"因此,"部分"就能成立,例如,p:b = t:d = k:g,它们被称为具有"音系的实体"。

(2) 有无对立、逐级对立和均等对立

在根据对立成员之间的关系对各种对立进行分类时,Trubetzkoy 提出了有无对立、逐级对立和均等对立的概念。

① 在有无对立中,其中一个成员带有另一个成员所没有的语音"标记"(即特殊的成分),也就是说,这是"有/无某一特征"(特殊成分)的问题。在英语的/b/:/p/对立中,/b/带嗓音,/p/不带嗓音。在/m/:/b/对立中,/m/有鼻音性,/b/没有。在泰语里,/pʰ/有送气,/p/没有,等等。带有标记的成员叫作"有标记的",不带标记的成员叫作"无标记的"。

② 在逐级对立中,对立的成分不同程度地含有某种属性。在约鲁巴语里有如下的元音系统:

在这里,/u/与/o/之间的对立是逐级对立,因为元音/ɔ/是同一属性(元音高度)的第三个等级。不能说/u/带有标记,因为后圆唇元音有三种值——高、中、低。而土耳其语有如下的元音系统:

i　y　　ɨ　u
e　ø　　a　o

这样,就可以将/u/与/o/之间的对立视为有无对立。这是因为在土耳其语里只有两种元音高度有音系学意义。因此可以说,/u/有"高"元音高度,而/o/无"高"元音高度。

③ 对立成分之间第三种可能的关系发生在各成分被看作"逻辑上等同",也就是说,不能认为一个成分带有另一个成分所没有的标记,也不能认为两者的差别在于含有同一语音特性的程度不同。英语里这样的例子是/p/与/t/或/t/与/k/之间的对立。在这里无法像对待元音高度一样,说/p/与/t/的区别是在从唇到软腭的连续体中"后变"的不同。在元音中,只涉及元音的高度,而辅音不同发音部位的实现,都是靠两个发音体的分割变化。唇辅音/p/用的是上下唇,而/t/用的是舌尖和上齿龈。这一类对立就称作"均等对立"。

在确定一种对立的性质时,总是必须考虑所研究语言的全部音位。我们已经看到,同样的对立在一种语言里可以是有无对立,在另一种语言里却是逐级对立。由于这个原因,Trubetzkoy 将"逻辑上的"有无对立、逐级对立、均等对立与"实际上的"有无对立、逐级对立和均等对立区分开来。上面讨论过的/u/:/o/对立是逻辑上的逐级对立(因为我们知道有的语言有/ɔ/),但是在像土耳其语这样的语言里,这种对立就可以视为实际上的逐级对立。当然,这组对立在有/ɔ/的约鲁巴语中是实际上的逐级对立。因此,在 Trubetzkoy 看来,有语音学上的普遍现象(音与音之间的一般关系),但是各个语言可以改变音位系统中对立的两种成分之间的逻辑(即语音学的)关系。

### 10.2.2 Jakobson 和 Halle 的区别特征系统

在§10.1 中已提到,Jakobson 等认为:人的语音处处可找出二元对立现象。说话人言语中任一最小有区别的信息，都给受话人以二者择一的选择，因此建立了"偶值特征"（二分法特征）的理论。他把语音的偶值特征分为两类：一是"对立"的区别，即只有一项条件不同，如 bit 和 dit 的区别，b 和 d 都是浊塞音，只有发音部位不同，即双唇与舌尖的区别。其中 b 和 d 是"最小对立体"。另一类是"对比"的区别，即具有两项以上的不同条件，如 bi 与 tu 的区别。b 与 t 既有发音方法上清浊的不同，又有发音部位上唇舌的不同。"区别特征"的最小对立属于前一类。

下面介绍 Jakobson 等的 12 个对立体。Jakobson 等的区别特征理论（Jakobson & Halle，1968）以语音的声学分析为主，发音生理为辅，把世界上一切语音的本质性特征分成 12 个对立体，归为 3 种类型的特性：响度特征（主要是音色上的特征）、长度特征和声调特征。它们可同韵律特征的声学特性各各相当，即音强、音量（音长）和音调。这些特征共包括了 12 个基本对立项（最小对立体），依次列下：

（1）响度特征

① 元音性/非元音性

声学的——具有（或不具有）一套清晰的共振峰结构。

生理的——主要的或单独的声门激动，在口腔中有自由通道。

② 辅音性/非辅音性

声学的——具有（或不具有）在第一共振峰上降低了频率的特征，降低结果使此音的全部音强减弱以及/或者只有在某一频率区的音强减弱。

生理的——在口腔通道中具有（或不具有）阻碍。

元音是元音性和非辅音性，辅音是辅音性和非元音性。流音（指/r/、/l/等音）是元音性也是辅音性（在声腔中同时具有自由通道及阻碍，而且具有两者的声学效果）。滑音（指半元音如/w/、/j/等音）是非元音性也是非辅音性；在一个特定的语言中的基本或唯一的滑音是可以有单项特征音位来同零音位对立的，如英语的 hall/all。

③ 鼻音性/口音性（鼻化/非鼻化）

声学的——具有（或不具有）稳定的鼻音共振峰特性伴随音强的减弱，并在某些口音共振峰增加了阻尼作用。

生理的——口共鸣器有由鼻腔来补充（或无鼻腔共鸣补充）的条件。

④ 集聚性/分散性

声学的——在可听声频的相对狭窄而居于中心的区域（按：指 1 000 Hz 左右）具有集中的能量（或集中能量不在中心区域），伴随着总能量及其时间上分布的增大（或减小）。

生理的——区别在于声腔形状和容积在收紧点前后的关系。集聚性的共鸣腔是喇叭状的（如宽元音和硬腭、软腭等辅音），分散性的共鸣腔类似 Helmholtz 的共鸣器（如窄元音和唇、齿、龈等辅音）。

在元音系统中，这种特征又常分为两种个别的特征：集聚性/非集聚性（能量集中于中央区的强或弱）和分散性/非分散性（能量集中于非中央区的强或弱）。

⑤ 突发性/延续性

声学的——在静止区（至少在声带颤动区，即基频区之上的频区）之前和/或之后有能量分布于较宽的频区，表现为一种爆发或为一种元音共振峰的急速过渡（它的对立面是在有声和静止之间无突发性的过渡）。

生理的——声源的突起或立停，由于口腔的迅速关闭和/或开启而使爆发音与擦音有别，或者通过一次或多次的接触而使突发的流音（如闪音或颤音/r/）与连续的流音（如边音/l/）有别。

⑥ 粗糙性/柔润性

声学的——具有（或不具有）较强的噪音伴随着较高频率的加强和较低频率的减弱的特性。

生理的——粗糙边缘的/光滑边缘的：在发音焦点上的辅助阻碍作用产生的边缘效应，使粗糙边缘音位的产生与其相对应的光滑边缘的不太复杂的阻碍有区别。

⑦ 急刹的/非急刹的

声学的——在一短时间内能量以较高速度释放出来（或在一较长时间内能量以较低速度释放），同时有较低的（或较高的）阻尼。

生理的——气流由于腹部呼出和吸入的扼制而局部减弱（或不减弱）。急刹的音位有三种不同的发音：挤喉音（喉音化）、缩气音或嗒嘴音等辅音。

⑧ 浊音性/清音性

声学的——具有（或不具有）周期性的低频激发源。

生理的——声带的周期性颤动（或无此颤动）。

（按：这在声学上是乐音/噪音的对立。）

(2) 长度特征

⑨ 紧音性/松音性

声学的——声音稳定部分的时长，同时在频谱上的清晰共鸣区较长（或较短）。

生理的——在维持一段发音状态、在使声腔从中性部位做较大的变动、在气压的提升上所需要形成的发音动作，进行得完整认真（或草草带过）。

紧音位和松音位的区别可以同音乐的连奏法和断奏法的区别相比拟（Jakobson, Fant & Halle, 1952）。

(3) 音调特征

⑩ 沉钝性/尖锐性

声学的——声谱中的低（或高）部分的能量占优势。

生理的——周围性对中央性：周围性音位（软腭音和双唇音）比相应的中央性音位（腭音和齿音）具有较为完整而不分割的共鸣腔。

⑪ 降音性/非降音性

声学的——降音性与非降音性的对立是由于一些较高频率分量的下移和/或减弱。

生理的——前者（狭缝）音位有别于后者（宽缝）音位是由于共鸣口腔前或后部口径的缩小，而伴有软腭化以延长口共鸣腔。

⑫ 升音性/非升音性

声学的——升音音位有别于非升音音位，部分由于其较高频率分量的上移和/或加强。

生理的——前者（加宽的缝隙）音位有别于后者（较窄的缝隙）音位，是由口共鸣腔扩大了后径而伴有硬腭化，使口腔收紧并分隔开来。

（按：以上两项所谓"降"或"升"，是借用音乐上降半音或升半音的名词，说明详见下节。）

(4) Jakobson 和 Halle 的体系最早发表于1956，后来又两次修订（1957、1968），他们所举的例字，对不熟悉声谱和发音部位等细节的初学者，是很难理解的。这里举几句为例。他说：如果说出一个词，例如/ditə/，听话人可以听成四个单位：/d/ + /i/ + /t/ + /ə/。每一单位都含有区别于其他的一定数目的对立体。这是一个姓，它的"声母"有别于其他类似的姓如/nitə/:/ditə/ = /mitə/:/bitə/ = 鼻音性对非鼻音性（按：在汉语中可以"倪"："狄"或"宓"："毕"为例）。又如/titə/:/ditə/ = /sitə/:/zitə/ = /pitə/:/bitə/ = /kitə/:/gitə/ = 紧音对松音。这一类中如/pitə/与/ditə/的对立也同时是沉钝性对尖锐性的对立等等。所以如果要进一步了解这个体系的全部内容，还得参考他们与 Fant 合作的著述（详见下节）。

### 10.2.3 Jakobson-Fant-Halle 的区别特征系统

Jakobson 和 Halle 在发表《音系学与语音学》之前，就曾和 Fant 发表过《言语分析导论》，副标题为《区别特征及其相互关系》（Jakobson, Fant & Halle, 1952）。其中主要是把 Jakobson 等的区别特征用声学解释并以世界各种语言的语音为例证，此后几经修订再版。这本著作因有实例可证，比前节所述的那些著作较易被人理解，几十年来成为语言学界和言语工程界的重要参考书之一。虽然其中也有些孤证可能引起争议，同时对二元特征的分析法，作为著者之一的 Fant 自己后来也不满意，并有评论（Fant，1971、1973），但总的说来，要研究区别特征，这还是一本必读的经典著作，现已由王力（1981）译出。

（1）Jakobson、Fant 等的区别特征理论基础的声学知识

Jakobson、Fant 和 Halle 合作的这本著作的一个主要特点就是，处处以声学现象为根据来解释和进行区别特征的分析。因此对言语声学中与此有关的知识就需要事先掌握，才能理解和应用这个方法。

在声谱图（语图）上，语音的频率对幅值的模式，表现为时间的函数。在这种"动态频率分析"中，言语声波的声源和声道中共鸣的关系可以写成

$$W = T \cdot S$$

其中 $W$ 表示语声波，$T$ 是网络的传递函数（共鸣函数），$S$ 表示声源。

言语声学基本上分为两类：周期源和噪声源。周期源（浊音源）在频谱中表现为特有的谐振结构，噪声源（清音源）则相反，它在时间上表现出能量的不规则分布。这两种声源可以同时在单个音位的产生中起作用。例如，浊擦音 [v] 或 [z] 既有噪声源，又有浊音源。还有，声源启闭的方式不同，也可以具有区别意义的功能。例如，英语 chip 里的 [tʃ] 和 ship 里的 [ʃ] 不同，前者是急起的塞擦音，后者是缓起的擦音。

对声道传输语声波的性能，应用电学的网络分析技术和概念做数学处理是很方便的。这里简述一下"极"与"零"的概念，因为在以下的特征分析中是要提到的。网络分析所处理的标准情况之一是，一条无损耗的传输线，没有并联的支路。声源输入在线的一端（这是比方说），而输出在另一端，成为声强频率谱。这种产生了共振作用（假使是完满的共振）的频率，叫作"极点"。有时候，无损耗传输线的某些条件没有得到满足，如声源不位于线的末端，这时输出就会偏离上述情况，在某些频率部分就没有能量输出。产生偏离的原因可看作是"反共振"，或称为"零点"。在语音中，零点和极点的各自单独出现或交互出现，就成为语音的声学特征。

声道中传递函数的极点，主要与声道的几何形状有关，与声源及其位置无关。根据 X 光声腔数据的测算，可以预测极点和零点。

（2）Jakobson、Fant 等的区别特征的分类和描写

他们的区别特征有 12 个对立体，这和前节的相同，但分类稍异，主要也有 3 类：基本的声源特征、次要的辅音性特征和共振特征。12 对特征对立面分属于各类之下，次序与前节的不同，内容解释则详细得多。他们把每项特征的描写分为：激励、产生、感知、出现等几个步骤。现在依类把各对立体的特征简述于下，其中的说明与前节相应的项目相同的就不重复了。

A. 基本的声源特征。这一类包含两个二元对立：元音性对非元音性，辅音性对非辅音性。

① 元音性对非元音性——凡具有元音性特征的音位，有周期性的、起始不是急剧的嗓音声源。一般情况是，男声的头三个元音共振峰在 3 200 Hz 以下，较低共振峰有较大的强度。由于人耳对大约 1~2 kHz 区域的响度较为敏感，因此，在感知上似乎觉得各共振峰的强度是均衡的。

② 辅音性对非辅音性——辅音性特征在声学上表现为影响整个频谱的零点的存在。元音是具有元音性特征而没有辅音性特征的音位，辅音则正相反。流音如边音 /l/ 和各种延续的 /r/，它们既有元音性特征，也有辅音性特征。因为它们和元音一样具有谐波结构的声源，但又和辅音一样，在频谱包络里表现出有明显作用的零点。如英语的 /h/ 和喉塞音 /ʔ/。/h/ 有一种非谐波的声源，因而是非元音性；喉塞音 /ʔ/ 的声源起始很急促，但在频谱里没有明显的零点，因而是非辅音性。

B. 次要的辅音性特征。这一类包括：暂音对久音（突发性对延续性）、急刹性对非急刹性以及浊音性对非浊音性。

③ 暂音对久音——暂音开始时急骤，久音开始是渐进的。暂音以塞音为代表，有急起的波前，前面有一段完全无声（如这个塞音前面还有一个元音尾的音节，则成阻前有静止段）。在这里，声谱表现为有一条冲直条。如是清塞音，则前面有一段无声段；如是浊塞音，则前面有一条浊音横杠。

④ 急刹性对非急刹性——急刹性的急骤衰减和非急刹性的缓慢衰减是对立的。在生理上产生急刹时，声门的闭塞或压缩制住了气流，在听感上是个急剧的收尾。

⑤ 粗糙性对柔润性——从声门产生不规则波形的称为粗糙性音，它在声谱里表现为信号区的随机分布。与此相反的是有较为规则的波形的音，称为柔润音。在擦音中，/θ/ 是柔音而 /s/ 是糙音。塞音是柔的，擦音是糙的，如 /p、b、t、d、k、g/ 都是柔音，而 /f、v、s、z、ʃ、ʒ/ 都是糙音。

⑥ 浊音性对清音性——又称为带音与不带音。浊音性是声带颤动的嗓音，如 /b、d、v、z/；清音性是声带不颤动的噪音，如 /p、t、f、s/。

C. 共振特征。这一类有四个类型：集聚性特征；音调性特征；紧张性特征；鼻化特征。前三类是由基本共鸣腔所产生的，后一类是由补充的共鸣腔——鼻腔所产生的。

⑦ 集聚性对分散性——集聚特征是一个位于中央的共振峰区域（指共振峰为 1 000 Hz 左右）占有相对优势；它的对立面是分散性特征，占优势的是一个或一个以上离中央共振峰有相当距离的共振峰。在元音方面，集聚特征表现在第一和第二共振峰相当靠拢的区域上。在辅音方面，集聚特征表现在位于中央的占优势的共振峰区域，与以非中央区域占优势的辅音相对立。从生理方面说，集聚与分散之间的主要区别表现在最狭阻碍点之前的共鸣腔容积和之后的共鸣腔容积之比例关系。前腔对后腔的比值较大的是集聚音，较小的

（常常是分数）是分散音。因此，发音部位在软腭或硬腭的辅音（舌根音和舌面音），比起发音部位在口腔前部的辅音来，集聚度就高些。在元音情况下，任何阻碍点的通道横截面越大，则集聚性越高，因此，开元音是最集聚的，闭元音是最分散的。

⑧ 沉钝性对尖锐性（含糊性对清越性）——这一对立与频谱中主要共振峰一边对另一边占优势的情况有关。当较低的一边占优势时，就是沉钝性；较高一边占优势时，就是尖锐性。辅音或元音的集聚性产生于较大而分隔不明显的口腔，分散性产生于较小而分隔显著的口腔。因此，唇辅音是沉钝的，借此与齿音对立；同样，舌根音也借此与舌面音对立；舌位较后的后元音借此与舌位较前的前元音对立。

⑨ 降音性对平音性。

⑩ 升音性对平音性。

（按：所谓降或升，是借用音乐术语中降半音或升半音的概念，来表示共振峰频率的下移，即整个偏低一些；或上移，即整个偏高一些，而不能误会为声调曲线的上升，如普通话的第二声；或下降，如普通话的第四声。它也不能和辅音中过渡音征走势的降或升混淆。在频谱上以辅元结构为例，过渡音征的降是自左向右有降低的嗓音共振峰曲线接上元音第二共振峰，升的是自左向右有升高的曲线接上元音第二共振峰。）

降音性的产生，主要由于嘴唇开度的缩小（圆唇化），同时也就伴随着双唇狭道的伸长；升音性由于舌的一部分翘向硬腭以缩小口腔（腭化），前者如元音的/u/、/o/，半元音的/w/，后者如辅音的/tɕ/，半元音的/j/。简单说来，如果不考虑其他特征因素，则所有（附加条件为）圆唇化的音都有降音性特征，所有腭化的音都有升音性特征。而没有这些附加条件的音都属平音性。

⑪ 紧张性对松弛性——紧音有较长的音长和较大的能量，松音则较短较小。在紧元音里，共振峰偏离中央位置的总和大于相应的松元音，可以推测，紧辅音的频谱与松辅音的相比，也有类似的偏离。在生理发音方面，紧元音的发音比起相应的松元音来，具有更明朗和更强的特点，肌肉也较为紧张。在听感上，紧音的可听度也较高。

⑫ 鼻音对口音——这在整个特征中是属于改换共鸣腔的结果，它既可出现于元音，也可出现于辅音，而且可以对一切口音增添这一辅助效果。鼻音在频谱上表现出共振峰的密度高于口音。鼻元音在第一、第二共振峰之间还出现一个外加的共振峰，而且头两个共振峰减弱。口音的产生是来自喉头的气流只通过口腔冲出，至于鼻音则相反，发音时软腭下降，以至气流分为两路，口腔共鸣作用得到鼻腔的补充。

（3）Jakobson、Fant 等区别特征系统的应用

总的说来，世界上没有一种语言具有这些特征的全部。在同一语言里和在同一音位里，这些特征或者相继出现，或者不能共存。

为了帮助这12对特征在语音分析上得到有效的应用，对于区别特征在一特定语言里的叠加情况，可以拟定一套分析记音的次序，以供实际应用时参考。

第一，先辨别基本声源特征①②，把语音的成分区分为元音、辅音、滑音、流音；流音不要求做进一步的分析。

第二，元音和辅音中共振的叠加，表现为下列次序：

集聚/分散特征⑦：包括所有的元音和辅音；

沉钝/尖锐特征⑧：关系到所有的元音以及集聚辅音（当尖锐元音的分析手段无能为力时）；

降/平特征⑨：只限于沉钝元音，而且元音的分析到此为止；
鼻/口音特征⑫：只对辅音起作用，而且鼻音的辨认即可做出结论；
紧/松特征⑪：关系到没有元音性特征和鼻音特征的一切音位（即口腔辅音和滑音）。
第三，次要辅音性特征③⑤只说明口腔辅音。

Jakobson-Fant-Halle 的系统提出，各语言里所有可能的音系对立都可以用下面这 13 个特征来说明：

| 元音性 | 浊 | 急刹 |
| 辅音性 | 鼻 | 钝 |
| 集聚 | 延续 | 平 |
| 分散 | 粗糙 | 锐 |
| 紧 | | |

这些特征体现了在三个领域里的创新：①特征是用来解决音系学上的对立区别的，而不是用来描述语音学上的音段的；②特征在本质上都是二元的；③特征主要是用声学术语来定义的。

### 10.2.4　Chomsky 和 Halle 的区别特征系统

在 Jakobson 等的区别特征论著发表之后，经过十五六年，美国的 Chomsky & Halle (1968) 拟定了另外一套区别特征系统，其特点是除了声学特征之外，还根据生理发音部位增加了若干对立体。它对二元特征也有一些修订，允许多元特征的存在。他们的这一系列法则在其所著《英语音型》一书中发表。此书问世之后，语言学界竞相引用或加以评论，提到此书时常简写为"SPE"，足见其普遍性。

（1）Chomsky 等分析发音部位的特征在声腔方面有下列 6 对：

① 前/非前——前是收紧点位于口腔中龈腭区域之前的音，非前则无此收紧点。

② 顶/非顶——顶是舌叶从自然位置抬高的音，非顶的舌叶则留在自然位置。

③ 分布性/非分布性——分布音的收紧点沿气流方向延伸的距离较远，非分布音则较近。以擦音为例，双唇擦音/ɸ、β/是分布音，以别于稍后的齿唇擦音/f、v/；同时齿间擦音/θ、ð/的舌尖部位在上齿背，是分布音，而龈擦音/s、z/的舌则稍后有一长段的槽缝，是非分布音。

④ 后/非后——后是由舌体从自然位置后缩构成；非后则不从自然位置后缩。对元音而言，前元音属非后，后元音为后。

⑤ 高/非高——高是舌体的自然位置抬高所发的音；非高则不抬高。

⑥ 低/非低——低是舌体从自然位置降低所发的音；非低则舌体不降低。

由于有了非高和非低的等级，至少从舌高度上可分为三级，这就打破了二元的概念。

Chomsky 的发音部位特征在声腔中的位置常常不容易确定其界限。图 10.1 是把这些特征产生在声腔中的位置划出界限来，至少可以帮助解释 Chomsky 特征在生理上的特性。

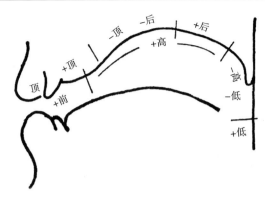

**图 10.1 Chomsky 的部位特征示意**（引自 Ladefoged, 1975: 图 11.3）

此外，Chomsky 还有区分唇形特征的一对：

⑦ 圆唇/非圆唇——圆唇由唇孔变狭所形成，非圆唇则否。

（2）Chomsky 等分析发音方法的特征有以下 6 对：

⑧ 紧张/非紧张——这一对特征说明发音时声门上的肌肉活动情形。紧音由稳定的、精细的和很明确的口腔型所产生；非紧音则发音较快而不明确。

⑨ 鼻音/非鼻音——鼻音由软腭下垂使气流进入鼻腔而产生；非鼻音则是软腭抬起而使气流只从口腔逸出的音。

⑩ 边音/非边音——边音是由于舌的中段的两侧（或只一侧）降低而使气流从臼齿附近流出；非边音则无这样的边缘通道。

⑪ 粗糙性/非粗糙性——粗糙性的音噪音性较强，非粗糙性则相反。

⑫ 延续性/非延续性——延续性发音时除阻后的声腔中的气流不被阻塞，非延续性则受阻碍（按：元音衔接较早，使气流受制约）。

⑬ 即除性/延除性——这一对专用于塞音与塞擦音的对立。前者为即刻除阻性，后者为延迟除阻性。例如，/t/是即除，而/ts/是延除（按：擦音不在此列，如此例中的相应擦音/s/在这一对中无位置）。

（3）Chomsky 对不属于发音（调音）器官而属于发声器官（声门）的发音方法的特征，有下列一对：

⑭ 浊音性/非浊音性——这一对立通常是声带颤动与不颤动的区别。但他认为有些塞音是本该列为浊音的（按：在音系上是浊音），但因气流量不足而不能使声带颤动，不过它和非浊音性的塞音发音时声门大开的性质不同。因此他把那种有声带颤动的趋势，而未曾真的颤动的塞音仍定为浊音性（按：这种区别的分析尚待研究）。

（4）除上述各特征之外，Chomsky 对语音的主要分类仍订立了 3 种特征：

⑮ 辅音性/非辅音性——在声道的中央纵切线（矢状线）区内有阻碍的音是辅音性，而非辅音性则没有这种阻碍。这种阻碍在声道中的狭窄程度大于半元音的阻碍。

⑯ 元音性/非元音性——元音由口腔产生，其基本的收紧程度不超过/i/和/u/等高元音的收紧程度，声带能自然产生嗓音。非元音性则无此特点。

⑰ 响音性/非响音性——响音性指在声腔中嗓音能够自然发出的音。非响音性则不能自然发出嗓音，主要是由于有了阻塞。他所谓的自然嗓音，是包括元音、半元音、鼻音和边音的。他认为有些浊辅音如浊塞、浊擦虽也有声带音，但那是有意调节出来的，因此它们属于非响音性。

（5）Chomsky 等的 17 对对立体，把 Jakobson 等的项目取消了一部分，又增加了从发音生理上所包括的发音部位和发音方法上的特征。应用于特定语言的分析时还可加以归纳简化。此外，他还定出一个特征：

⑱ 音节性/非音节性——他把所有的元音都列为音节性，而把所有除半元音以外的辅音都列为非音节性。现在把 Chomsky 的特征项目综合起来列出辅音特征的矩阵表如表 10.1 所示（各表引自 Hyman，1975）：

表 10.1（1）　Chomsky 的辅音区别特征矩阵（1）

| 项目 | p | b | Φ | β | m | pf | bv | f | v | θ | ð | t | d | ts | dz | s | z | n |
|---|---|---|---|---|---|---|---|---|---|---|---|---|---|---|---|---|---|---|
| 辅音 | + | + | + | + | + | + | + | + | + | + | + | + | + | + | + | + | + | + |
| 音节 | − | − | − | − | − | − | − | − | − | − | − | − | − | − | − | − | − | − |
| 响音 | − | − | − | − | + | − | − | − | − | − | − | − | − | − | − | − | − | + |
| 高 | − | − | − | − | − | − | − | − | − | − | − | − | − | − | − | − | − | − |
| 后 | − | − | − | − | − | − | − | − | − | − | − | − | − | − | − | − | − | − |
| 低 | − | − | − | − | − | − | − | − | − | − | − | − | − | − | − | − | − | − |
| 前 | + | + | + | + | + | + | + | + | + | + | + | + | + | + | + | + | + | + |
| 顶 | − | − | − | − | − | − | − | − | − | + | + | + | + | + | + | + | + | + |
| 浊音 | − | + | − | + | + | − | + | − | + | − | + | − | + | − | + | − | + | + |
| 延音 | − | − | + | + | − | − | − | + | + | + | + | − | − | − | − | + | + | − |
| 鼻音 | − | − | − | − | + | − | − | − | − | − | − | − | − | − | − | − | − | + |
| 粗糙 | − | − | − | − | − | + | + | + | + | − | − | − | − | + | + | − | − | − |
| 延除 |   |   |   |   |   | − | + | + |   |   |   |   |   | − | − | + | + | − |
| 圆唇 | − | − | − | − | − | − | − | − | − | − | − | − | − | − | − | − | − | − |
| 钝音 | + | + | + | + | + | + | + | + | + | − | − | − | − | − | − | − | − | − |
| 唇音 | + | + | + | + | + | + | + | + | + | − | − | − | − | − | − | − | − | − |
| 腭音 | − | − | − | − | − | − | − | − | − | − | − | − | − | − | − | − | − | − |

表 10.1（2）　Chomsky 的辅音区别特征（2）

| 项目 | l | r | č | ǰ | š | ž | c | ɟ | ç | j | ɲ | y | ɥ | k | g | x | ɣ | ŋ |
|---|---|---|---|---|---|---|---|---|---|---|---|---|---|---|---|---|---|---|
| 辅音 | + | + | + | + | + | + | + | + | + | − | − | + | + | + | + | + | + | + |
| 音节 | − | − | − | − | − | − | − | − | − | − | − | − | − | − | − | − | − | − |
| 响音 | + | + | − | − | − | − | − | − | − | + | + | + | − | − | − | − | − | + |
| 高 | − | − | + | + | + | + | + | + | + | + | + | − | − | + | + | + | + | + |
| 后 | − | − | − | − | − | − | − | − | − | − | − | − | − | + | + | + | + | + |
| 低 | − | − | − | − | − | − | − | − | − | − | − | − | − | − | − | − | − | − |
| 前 | + | + | − | − | − | − | − | − | − | − | − | − | − | − | − | − | − | − |
| 顶 | + | + | + | + | + | + | − | − | − | − | − | − | − | − | − | − | − | − |
| 浊音 | + | + | − | + | − | + | − | + | − | + | + | + | + | − | + | − | + | + |
| 延音 | + | + | − | − | + | + | − | − | + | + | − | + | + | − | − | + | + | − |
| 鼻音 | − | − | − | − | − | − | − | − | − | − | + | − | − | − | − | − | − | + |
| 粗糙 | − | − | + | + | + | + | − | − | − | − | − | − | − | − | − | − | − | − |
| 延除 |   |   | + | + |   |   |   |   |   | − |   | − | − |   |   |   |   | − |

续表

| 项目 | l | r | č | ǰ | š | ž | c | ɟ | ç | j | ɲ | y | ɥ | k | g | x | ɣ | ŋ |
|---|---|---|---|---|---|---|---|---|---|---|---|---|---|---|---|---|---|---|
| 圆唇 | − | − | − | − | − | − | − | − | − | − | − | − | + | − | − | − | − | − |
| 钝音 | − | − | − | − | − | − | − | − | − | − | − | − | − | + | + | + | + | + |
| 唇音 | − | − | − | − | − | − | − | − | − | − | − | − | + | − | − | − | − | − |
| 腭音 | − | − | + | + | + | + | + | + | + | + | + | + | + | − | − | − | − | − |
| 边音 | + | − |   |   |   |   |   |   |   |   |   |   |   |   |   |   |   |   |

表 10.1（3）　Chomsky 的辅音区别特征矩阵（3）

| 项目 | k͡p | g͡b | ŋ͡m | w | q | G | X | ʁ | ḥ | ʕ | ʔ | h | ɦ | tʷ | tʸ | tᵐ | t. | t' |
|---|---|---|---|---|---|---|---|---|---|---|---|---|---|---|---|---|---|---|
| 辅音 | + | + | + | − | + | + | + | + | + | + | + | + | + | + | + | + | + | + |
| 音节 | − | − | − | − | − | − | − | − | − | − | − | − | − | − | − | − | − | − |
| 响音 | − | − | − | + | − | − | − | − | − | − | − | − | − | − | − | − | − | − |
| 高 | + | + | + | + | − | − | − | − | − | − | − | − | − | + | − | − | − | − |
| 后 | + | + | + | + | + | + | + | + | + | − | − | + | + | − | − | + | + | + |
| 低 | − | − | − | − | − | − | − | − | + | + | + | + | + | − | − | − | + | + |
| 前 | + | + | + | − | − | − | − | − | − | − | − | − | − | − | − | − | − | − |
| 顶 | − | − | − | − | − | − | − | − | − | − | − | − | − | + | + | + | + | + |
| 浊音 | − | + | + | + | − | + | − | + | + | − | − | − | + | − | − | − | − | − |
| 延音 | − | − | − | + | − | − | + | + | − | − | − | − | − | − | − | − | − | − |
| 鼻音 | − | − | + | − | − | − | − | − | − | − | − | − | − | − | − | − | − | − |
| 粗糙 | − | − | − | − | + | + | − | − | − | − | − | − | − | − | − | − | − | − |
| 延除 | − | − | − | − | − | − | − | − | − | − | − | − | − | − | − | − | − | − |
| 圆唇 | − | − | − | + | − | − | − | − | − | − | − | − | − | + | − | − | − | − |
| 钝音 | + | + | + | + | + | + | + | + | + | + | − | − | − | + | − | − | − | − |
| 唇音 | + | + | + | + | − | − | − | − | − | − | − | − | − | − | − | − | − | − |
| 腭音 | − | − | − | − | − | − | − | − | − | − | − | − | − | + | − | − | − | − |

## 10.2.5　Ladefoged 的区别特征系统

　　美国的 Peter Ladefoged 是用语言学的观点来对待语音分析的学者，他强调音系的建立不能孤立地从语音方面考虑，而应照顾到音位在一个特定语言中的作用。而且他对二元对立的分析法也有意见，他在 1971 年发表的《语言学的语音学初探》一书中谈到多元区分与二元区分的关系时指出："任何多值特征都可以用若干个二元特征来做进一步的解释；而任何二元系统都可为其提供一套标记的法则，使它也似乎包括了多值特征。"（多值与二元的关系，详见§10.4.1。）他根据自己广泛调查各民族语言得来的材料，在前述各家的基础上，另行订立了一套主要区别特征。他把区别特征扩充为 20 项，其名称与前述特征相同的有：浊音、鼻音、响音、沉钝性以及高和后的两个部位和音节性；他增加的有：喉音性、软腭性、送气、发音部位、唇化、闭塞性、边音、颤音、闪音、幽音、圆唇化、咽宽性、卷舌性等（Ladefoged，1975）。

## 10.3 超音段的区别特征

语音学上所谓"超音段"是指除"音段"以外的语音现象。用声学术语来说，音段的分析主要是音色的分析，包括元音、辅音的发音方法、发音部位的描写等。这里面有最短音段的分析（也就是一个音素或音位的分析），也有较长音段的分析。因为有些辅音要考虑到延续或降、升、平等特征，是有一定的长度的。但是这些都是一个音的本征值，而不是它的相对变化。超音段的分析一般都要以音节为单位，因此是较长的一段音的分析。它包括一个音节的音高、音强和音长等特征。各项特征在语言学上就是声调、重音和快慢节奏等。由于这些现象都是附着于音段之上的，因此又称为次要特征。

原有的区别特征理论，只限于分析音段，一般都不包括超音段特征。但是由于有些超音段特征也在一定场合含有区别意义的功能（如英语的轻重音、汉语的声调等），因此应用区别特征理论来建立音系，既有可能，也属必要。过去讨论这方面的文献不多，Ladefoged 在他的著作中曾介绍过一些关于声调的特征，这些特征一般都不是二元对立而是多元的对比。

### 10.3.1 王士元的声调特征系统

美国华裔王士元在他的《声调音系特征》（Wang，1967）一文中，把汉语声调归纳为 13 种调型，用了 7 个特征（每个特征有"＋"和"－"两项对立，故实际是 7 对特征）来分类。他的这些调型是从声调语言材料中归纳出来的，而不是由实验量得的数据。他用赵元任的五度制调符来表达调位。表 10.2 是他的声调特征表。表中的［－拱度］包括第 1 到第 5 的五个平调型，由低到高分为五个单调，只用"高""央""中"三个特征来表达。［＋拱度］按调势分单向调与双向调。单向调包括第 6 到第 9 的四个调型，分［＋升］、［＋降］两个特征。双向调包括第 10 到第 13 的四个调型，由升或降来表达。另设［＋凸］一个特征，专门表达先升后降的调。

表 10.2 声调及其特征

| 特征 | 1 | 2 | 3 | 4 | 5 | 6 | 7 | 8 | 9 | 10 | 11 | 12 | 13 |
|---|---|---|---|---|---|---|---|---|---|---|---|---|---|
| 拱度 | - | - | - | - | - | + | + | + | + | + | + | + | + |
| 高 | + | - | + | - | - | + | + | + | + | + | + | + | - |
| 央 | - | - | + | + | - | - | - | - | - | - | - | - | - |
| 中 | - | - | - | - | + | - | - | - | - | - | - | - | - |
| 升 | - | - | - | - | - | + | + | - | - | + | + | - | - |
| 降 | - | - | - | - | - | - | - | + | + | - | - | + | + |
| 凸 | - | - | - | - | - | - | - | - | - | + | - | + | - |

注：虚线范围内的是各调最低限度的特征规格，范围以外的是冗余值。

## 10.3.2 自主音段音系学

区别特征理论过去主要应用于音段分析,已如上述。近年来西方语言学者越来越感到原来的音系分析很难包括全部语音特征,特别是超音段的声调方面,无论是声调语言还是非声调语言,都需要有一种表达方法来描写声调音位及其变化。这样就在20世纪70年代中期,美国语音学界继生成音系学、区别特征研究浪潮之后,又兴起了一种新的表达语音规律的学说,称为"自主音段音系学",以别于以前的"音段""超音段"等研究方法。其创始人是麻省理工学院(MIT)的John Goldsmith。他最初于1975年发表了一些关于自主音段的研究文章,之后又以博士论文的形式发表了《自主音段音系学》(Goldsmith, 1976、1979)。近十年来,不断有人加以阐述,并确定了它在分析声调方面的作用(Osburne, 1979)。这项方法不但在英语语调分析方面逐渐加以应用,对声调丰富的汉语,也已不断有人利用它来分析了(Zee & Maddieson, 1980;沈同, 1985)。

自主音段虽是新兴理论,属于20世纪80年代的"标准生成音系学"(SGP)的一项内容,但其研究对象主要仍是以区别特征(主要是声调的)为基础。这方面的学者认为,这个学说是解决语音的高层次的方法。自主音段的理论与一般的音段理论有些不同。音段理论是说,语音是由一连串的音段,即元音、辅音所组成的,每个音段有其固有的区别特征,用"是/非"或"有/无"来区别。至于声调、轻重和长短,传统语音学者认为都是次要的,是附属于音段之上的特征,因此称为"超音段特征"。这样,如果要描写一个语言的语音系统,而它的超音段特征的某些项目(如汉语的声调、英语中若干个辨义的重音节和长短元音之类)也承担一定的辨义功能时,这种分析方法就不够了,而需要另有一套与音段特征并行的处理办法。其中最主要的是声调的处理,自主音段的法则也就应运而生了。

(1)自主音段的理论认为,语音不只是由一串音段,而是由平行的若干"音层"所组成,每个音层也自成一连串的音段,且具有一定的特征。这些音层都是独立自主的,但各音层间是有联系的。这个自主音段的分析方法是,把音段的序列特征列为一层,而声调的序列特征列为另一层,两层之间用连线把(同时发生的)各特征连接起来,用以表示每一音段在序列中的超音段变化。自主音段主要是研究语音的声调系统,由此人们又创造了一个新名词"调系学"(调位系统学),来同音系学分庭抗礼,也就是要在原来的一般通用的音段序列之外,另立一套声调音段序列。下面举例说明:

设有一英语拼音为"pin"的词,其音段的区别特征按传统的音系表达式为:

$$\begin{Bmatrix} +辅音性 \\ -鼻音性 \\ +唇化 \\ -顶音化 \\ \cdot \\ \cdot \\ \cdot \end{Bmatrix} \begin{Bmatrix} +音节性 \\ -鼻音性 \\ -唇化 \\ +顶音化 \\ \cdot \\ \cdot \\ \cdot \end{Bmatrix} \begin{Bmatrix} +辅音性 \\ +鼻音性 \\ -唇化 \\ +顶音化 \\ \cdot \\ \cdot \\ \cdot \end{Bmatrix} \quad (10.1)$$

$$/p/ \qquad\qquad /i/ \qquad\qquad /n/$$

这种按音段来分割的办法只能表达 p-i-n 的各自孤立的程序,而忽略了声调(或语调)

的特征，因此发音器官动作在上列程序之外还要加上一项：

$$\text{喉（声带）……高音调……低音调} \tag{10.2}$$

于是，音系表达式在式（10.1）之上还要加上声调关系，如下式（10.3）。这个调系的表达原则导出自主音段表达式，它同音段系统的每一音段用直线或斜线连接。

音系表达式加调系表达式：

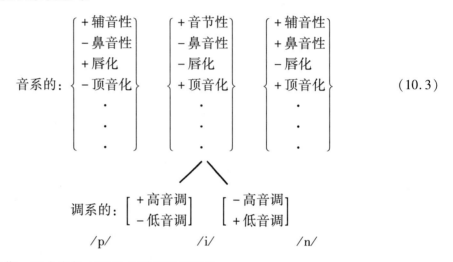

其发音器官的动作，写成类似交响乐总谱似的程序为：

$$\begin{array}{l}\text{双唇：……闭拢……开放…………}\\ \text{舌：……高而前…………接触硬腭}\\ \text{软腭：……上升…………下降………}\end{array} \tag{10.4}$$

（2）Goldsmith 为自主音段分析法订立了几条规则：
① 每一声调同有的音节连接；
② 每一音节同有的声调连接；
③ 连接的路线不能交叉。

（3）音调高低的特征，他只用 H（高）、L（低）来表达。但他也承认一个语言的调位除平调外，还有升调和降调，但"升"可以说是 L 与 H 的连接，而"降"是 H 与 L 的连接，因此不另立"升"与"降"的特征（此点后来为其他学者补充，已有人添加了"升""降"及"中"（M）等几种更严密的特征）。

（4）语音中的现象可以用自主音段表达的范围有：
① 声调的调型（拱度）；
② 声调的调值（调阶）；
③ 声调的浮动或稳定；
④ 声调的延伸或省略；
⑤ 声调与音段的关系；
⑥ 变调规律。

## 10.4 汉语普通话的区别特征系统

把区别特征理论应用于汉语分析，在国内外都已有人做了一些研究。我们前几年曾用区别特征的方法，对二元特征概念予以补充，初步拟出了汉语普通话的区别特征体系。兹介绍如下。

### 10.4.1 偶分概念与多分关系

区别特征的条件是什么？正如 Hyman（1975）所述：首先，它应该具有语音学的基础，照顾到生理、声学或听辨的关系（上述各家的对立特征主要是以生理和声学关系为基础的）；其次，应能充分表现出语音特性，并适用于主要的音位变体；再次，由于"特征"是被用来区分一种语言的对立音段（音位）的，这整套的法则应能适应此系统中一切必要的对立面。

描写语音不外乎对一种语音单独地描写与相对地比较，因此，区别特征方法在描写语音学上能成为有用的比较工具。若干年来，这种理论和方法已被许多语言学工作者应用于所研究的特定语言，用以分析音位、建立系统，成为该语言音系的主要构成部分。同时，在现代语言处理工程方面，由于其具有"是"或"非"、"有"或"无"的偶分对立面，与计算机的二进位制相当，也多被采用于计算机的语音识别和合成设计中。但是，人的语音的发音过程也同一切事物的运动规律一样，不是所有的语音都能简单地被分为两个极端对立面（例如：开/闭、前/后、高/低……）的。语音常常需要由两个以上的对比等级来表达（例如：元音舌位的高/中/低、前/央/后就需用三四个等级来表达）。还有，许多音与音之间的关系，不论是音节中的还是音节与音节之间的，在孤立时是一种性质，而在相互关联时，又属于另一种性质（例如：元音/ɪ/对/i/而言是低而松的，但对/ɛ/而言则是高而紧的）。这类问题常常引起语言学家的注意。较早的布拉格学派学者就指出，语音的区别除了有无特征、均等特征之外，还应有逐级特征。近来不断有人对这种问题发表评论，进而提出疑问：语音的"区别特征"究竟应该是偶分的二元特征，还是多分的多值特征（或作 N 元特征）（Fant, 1967; Ladefoged, 1971; Sommerstein, 1977; Galldour, 1975; 等等）？近来人们对区别特征二分法的局限性已有认识。

从事实看来，辅音的发音部位和元音的高度诚然不能只用一种简单的偶分关系来区分；辅音的发音方法单用偶分也是不够的，因为它是随时间而变动的。还有，这些二分对立面，即使看来是"是"和"非"的对立面，如"元音性/非元音性"，也很难绝对化（如有些浊擦音在语音上既有浊音横条，又有清音乱纹）。因此，这是不是可以说，有的音的特征适用偶分法，有的适用多分法呢？我们认为，偶分和多分在字面意义上是矛盾的，但实际上应该是分析方法的两个方面，两者是相互关联的。Ladefoged 对二分法提出一种意见，认为"多分特征可用许多偶分特征来解释，而任何偶分特征也似乎包含许多的多分特征"。他的这种见解已比以前的二元分析概念前进了一步，不过还可以更为明确地说明这种关系。

按照事物的对立就是一对矛盾的观念来看，语音的区别就比较容易解释了。"运动本身就是矛盾"，"矛盾存在于一切事物发展的过程中"。人的发音器官发音时随时间而运动，使语音不断变化而产生无数音位上的矛盾，有了这些矛盾（也就是有了偶分的特征），才能在听辨上具有区别意义的功能（在某种范围内）。这种运动是复杂的，语音的矛盾是渐变与突变的综合，也就是"量变"与"质变"的交替过程（心理语音学中的范畴感知也是这种现象）。一个音位中的音位变体是量变，而变化到某一临界点，被听成另一音位又是质变了。这种本质转变的程度是随着语言、语音环境之不同而大有伸缩的。它们既有相互依存又有相互制约（可以说是同化作用与异化作用）的关系。而且，一个发音过程在理论上能被分成多少个"最小对立体"，是没有限制的（多分的特征）。因此，运动中的事物总是有偶分的矛盾，而矛盾的数目又可以无限地多分。分析语音的方法，或者可以这样说，可以用微观的分析法来分出许多的二元特征，区别出各音素（在一特定的短暂时间的共时音素）的特性；但又可以用宏观的分析法，把这些矛盾归类、比较（主要是要服从听辨功能，这是由语言的社会因素来判断的），找出它的音位系统关系来。我们固然习惯于为了分析的方便，把语音的音流作为离散单位来看，但这些单位是设想的单位，是一系列音段过程中的一小段，而不是孤立的。这样，区别特征的分析手段就应是：

$$偶分 \times N = N 偶（N\text{-binary}）（吴宗济，1980b） \quad (10.5)$$

式中偶分为定量，而 N 则是随环境而异的变量。例如，前元音由高到低可分为 /i、e、ɛ、a/，其中 /i/:/e/、/e/:/ɛ/、/ɛ/:/a/ 各为偶分，这三对为 N，这样，N 就等于 3；如在某一语言中只有 /i、ɛ、a/ 三级，那就只有 /i/:/ɛ/、/ɛ/:/a/ 两对，N 就等于 2。

### 10.4.2　普通话的偶分特征和区别特征矩阵

现在通行的十几对偶分特征，一般被认为对大多数的语言是适用的。但世界语言多种多样，实际应用时，不能不有所取舍和补充，对汉语更是这样。例如，汉语普通话中"送气/不送气"这对特征是起着区别音位的作用的，而在英语中就不是这样。又如汉语的声调（字调），完全是区别意义的要素之一，它同其他非声调语言的语调不同。在他种语言是作为"韵律特征"，属于"次要的超音段特征"一类的，在汉语里则是"本质特征"的一种，应该给以和音素同等重要的地位。有人称声调系统为"调位"，但严格说来，它已经同辅音音位、元音音位构成了不可分割的整体。即使认为汉语的音位有三种形式，而它是三种"音位"之一，也无不可。

现代音系学理论把每个特定语言的语音分析成音位系统，达到了很严密的程度。从汉语语音分析来说，我国传统的"音韵学"，特别是"等韵学"，其分类的严密，在今日还有它的地位。而这些传统论著中处理语音的许多等级和类别，差不多也都是依据偶分的对立原则，起着"偶分特征"的作用。例如：对元音，就有"开/合""齐/撮""洪/细""弇/侈"；对辅音，就有"清/浊""戛/透""捺/轹"；对声调，就有"舒/促""平/仄"等等，这些都是很鲜明的偶对。

本节就是试图应用上述观点和方法，参考传统的分类特点，把普通话的辅音、元音和声调初步定出区别特征的对立项目，并对这些特征之间的相互关系，试拟出特征关系模型，并加以说明。

普通话的元音，单元音有 10 个：

$$a \ o \ ə \ e \ i \ u \ n \ y \ ɿ \ ʅ \ ɤ$$

辅音有 24 个：

$$p \ p^\text{‘} \ m \ f \ t \ t^\text{‘} \ n \ l \ k \ k^\text{‘} \ \text{-}ŋ \ x$$

ts ts' s tʂ tʂ' ʂ ʐ tɕ tɕ' ɕ j w

声调（单字调）有4个：

| ˥阴平 | ˦˥阳平 | ˨˩˦上声 | ˥˩去声 |
| 55 | 35 | 214 | 51 |

现将普通话元音、辅音和声调的区别特征列出矩阵如下表：

**表 10.3　普通话元音区别特征矩阵**

| 区别特征 | a | o | ə | e | i | u | y | ɿ | ʅ | ɚ |
|---|---|---|---|---|---|---|---|---|---|---|
| 元/非 | + | + | + | + | + | + | + | + | + | + |
| 辅/非 | − | − | − | − | − | − | − | − | − | − |
| 暂/久 | − | − | − | − | − | − | − | − | − | − |
| 集/散 | + | ± | ± | ± | − | − | − | ∓ | ∓ | ± |
| 钝/锐 | ± | + | ± | ∓ | − | + | + | ± | ∓ | ± |
| 降/平 | − | + | − | − | − | + | + | − | + | + |
| 鼻/口 | − | − | − | − | − | − | − | − | − | − |

**表 10.4　普通话辅音区别特征矩阵**

| 区别特征 | p | p' | m | f | t | t' | n | l | k | k' | -ŋ | x | ts | ts' | s | tʂ | tʂ' | ʂ | ʐ | tɕ | tɕ' | ɕ | j | w |
|---|---|---|---|---|---|---|---|---|---|---|---|---|---|---|---|---|---|---|---|---|---|---|---|---|
| 元/非 | − | − | + | − | − | − | + | + | − | − | + | − | − | − | − | − | − | − | − | − | − | − | + | + |
| 辅/非 | + | + | + | + | + | + | + | + | + | + | + | + | + | + | + | + | + | + | + | + | + | + | + | + |
| 暂/久 | + | + | − | − | + | + | − | − | + | + | − | − | + | + | − | + | + | − | − | + | + | − | − | − |
| 糙/柔 | − | − | − | + | − | − | − | − | − | − | − | + | + | + | + | + | + | + | + | + | + | + | − | − |
| 集/散 |   |   |   |   | + | + |   |   | + | + |   | + | − | − | − |   |   |   |   | + | + | + |   |   |
| 钝/锐 | + | + | + | + | − | − | + | − |   | + | + |   | − | − | − |   | + | − | − |   |   |   | − | + |
| 降/平 | − | − | + | − | − | − | − | + |   |   |   | − | − | − | − | + | + | + | + |   |   |   |   |   |
| 夏/透 | + | − |   |   | + |   |   | + |   |   |   | + |   |   |   | + |   | + | − |   |   |   |   |   |
| 鼻/口 |   |   | + |   |   |   | + |   |   |   | + |   |   |   |   |   |   |   |   |   |   |   |   |   |

**表 10.5　普通话声调区别特征矩阵**

| 区别特征 | 阴平˥ | 阳平˦˥ | 上声˨˩˦ | 去声˥˩ |
|---|---|---|---|---|
| 高/低 | + |   | − |   |
| 升/降 |   | + |   | − |

注：声调的特征现只用4个，上声一般用"曲"（或"降升"）的特征来和"平"对立，但是在全部调位中，上声是最低的，而阴平是最高的。高/低的对立不致混淆，这里就以"高与低"为对立面。升调与降调，有人用"中高"与"高低"来表示。但在全部调位系统中，只有一个升调，一个降调，而且在听辨中，其特征不在多高多低，而在其走势。因此走势是这两调的特征，故现用"升"与"降"来表示对立。

### 10.4.3 普通话区别特征的相互关系

上文说到，语音中的某一特定音位都同它的邻近音位有一定的依存或制约关系，而且它的特征常常要和邻近的音比较后才能确定。例如，元音［e］对［a］来说是"散"音，而对［i］来说又比较"聚"了。辅音［ʂ］对［t］来说是"糙"音，但对［s］或［ɕ］来说，它又比较"柔"了。这些音连读时，自然给听感上一种相对矛盾的区别。有时前后两音虽然同化了，听起来仍辨别得清，但有些音就需要异化，使其差别加大，才易于辨别。

一系列发音时由于一音走向另一音，其发音过程是由同一组或不同组的发音机制来完成的。它们一般先产生量变关系，然后质变。这样，在两个极端的对立特征之间的若干偶分单位（N偶单位）就有了一定的变动规律。不但元音是这样，有些辅音的部位和声调的调型"拱度"变化也是这样。

下面我们试把普通话元音和辅音的特征在其两极端之间的关系，分别做成模型图式（吴宗济，1980b）。这样大致可以看出它们的量变趋势和质变的极限。按照大量语言音系的例证，这些量变关系在不同语言（或方言）之间是大致相同的，但质变的限阈却各有不同，而这些限阈的平均标准如何，正是研究音位理论的靶。

（1）普通话元音的区别特征相互关系模型

普通话的元音舌位，按生理现象，离不开/i、u、a/三个外围元音的极限，因此可以构成一个三角形，现在分别按"高低、前后"，列出"开、齐、合、撮"的位置。三角形的中央是混元音/ə/的区域。为醒目起见，模型中只列出三对特征的关系："钝/锐""聚/散""降/平"。加上前面的"高低"等，差不多把元音主要特征的关系都表示出来了。例如，/i、u、a/三个极限，每两个之间都存在着一对以上的区别，都是量变的。而且两个最远极端的元音连读时，大都有向中央混元音/ə/区通过一下的趋势（例如/i-a→iəa/、/i-u→iəu/，反之亦然）。但/u-a/除外，/u-a/比较直接，可以不通过/ə/。图上各音的位置实际上不是等距的，它的形式也不同于"琼斯式"（D. Jones）的标准元音图或"裘斯式"（M. Joos）的声学元音图（参看本书第五章），只是作为解释相互关系的示意图。撮口音/y/按发音部位应该偏前，现为图形整齐化，暂列中央（见图10.2）。

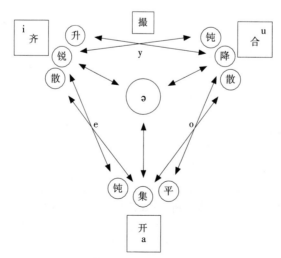

**图10.2 普通话元音特征相互关系模型**

关于元音/ɤ/、/ʅ/、/ɚ/模型，图中未列出，其位置是/ɤ/、/ʅ/近/i/，/ɚ/近/ə/。

由于/i/列元音同/u/列元音还有展唇、圆唇之分，有些作者把它画成立体性质的模型，使/u/列和/i/列不在同一个平面上（参看图 5.20）。在普通话中，除/y/一个音之外，前元音不存在圆唇音，而后元音不存在展唇音。因此我们可以把它们列在一个平面，并在图中前元音方面列出"展"的特征，后元音方面列出"圆"的特征，来解决这个问题。

（2）普通话辅音的区别特征关系模型

为简明起见，辅音模型（图 10.3）只用四对"偶分"特征来表示其关系，即："钝/锐""柔/糙""散/聚""延/断"。图中横列是发音部位的前后关系（这是有无对立），左前右后，由两对特征来表达。纵列是发音方法的程度关系（这是逐级对立），也由两对特征来表达。这些特征按箭头方向都是近极端处为"＋"特征，反之为"－"特征。纵列除"柔/糙、延/断"等区别外，还有音长的量变关系。根据我们早期的实验结果，在纵列中各音位的长度依次是上短下长的。以/t/列为例，就是：

长度：t < ts < t' < ts' < s

纵列中/tʂ/列在/ts/列之前，是按照我们实验的声学数据（周殿福、吴宗济，1963；吴宗济，1986）所定的。它们的前后顺序同它们的特征量变关系也是符合的（即/tʂ/比/ts/"散"而"钝"些）。

半元音/j/、/w/不是真正的辅音，在实际言语中也极不稳定，常常消失。现暂附列于邻近部位的辅音后。

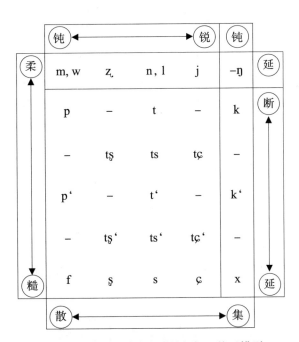

图 10.3 普通话辅音区别特征相互关系模型

### 10.4.4 普通话声调特征的音系学表达

（1）声调的区别关系不是有无对立、逐级对立，而是均等对立。它不能用图解来表达其相互关系，但可用音系规则来表达其特征的变化。普通话单字调四个调位的调型，一般都通用既简单又便于区别的五度值。表 10.5 中只用两对偶分特征来区别,即"升/降""高/低"来表示其区别特征。有人常把高、中、低作为调的特征,这在有些语言中是有作用的,如有两种以上的平调或两种以上的升或降调的语言。普通话中的调位没有这种现象,每个调位只有非高即低,或非升即降的关系,用这两对特征就够了。普通话上声在单读时是有曲折的,只要给出条件,单读时是曲折,连读时在词首是低平而短的,就不再会误会了。

(2) 普通话的两音节连读变调,如按四个单音节调在两音节连读时的组合,就有可能组成 16 种调型。但是当连读时,有些组合在前一音节有显著的变调,有些就不明显。普通话比较显著的变调规律有:①两去连读,前去变半去;②两上连读,前上变阳平;③上声与其他非上声连读,前上变半上。其变调规律可用音系学法则的表达式来表示:

$$\text{上声} \quad \overset{\vee}{214} \to \overset{/}{35} / —— \overset{\vee}{214} \# \tag{10.6}$$

$$\text{上声} \quad \overset{\vee}{214} \to \overset{\backslash}{21} / —— [-\overset{\vee}{214}] \# \tag{10.7}$$

$$\text{去声} \quad \overset{\backslash}{51} \to \overset{\backslash}{53} / —— \overset{\backslash}{51} \# \tag{10.8}$$

以上变调规律如果用特征的形式来表达就比较简单,如上面各式可写成:

$$\text{低} \to \text{升} / —— \text{低} \# \tag{10.9}$$

$$\text{低} \to \frac{\text{低}}{2} / —— [-\text{低}] \# \tag{10.10}$$

$$\text{降} \to \frac{\text{降}}{2} / —— \text{降} \# \tag{10.11}$$

上面各式,"/"是"在后面条件下","→"是"变为","#"是断开,即后面不紧接别的调。式(10.9)中"低"(上声)在另一"低"前的条件下,"低"变为"升"。式(10.10)中,"低"在"非低"(即除了上声以外的各调)之前变为半低(即半上)。式(10.11)中,"降"(去声)在另一"降"之前的条件下变为半去。

(3) 用此法也可对三音节变调规律进行表达,不过比较繁复些,因为三音节组合的变调每每要随语法的不同组合而有不同。在三个上声连读时,变调就不一样。如"好<u>领导</u>"和"<u>领导</u>好",前者是偏正的单双格,后者是主谓的双单格,前者的第一音节变半上,而后者第一音节变阳平。四音节以上的组合就更复杂了。现在略举三音节变调的几个例子(吴宗济,1984):

① 三音节中次音节为阳平时,就失去本调而有变化,赵元任曾定为,如第一音节为阴平或阳平,则次音节的阳平变为阴平。但我们认为末音节必须是阴平或去声。现可用表达式表示为:

$$\text{升} \to \text{高} / \begin{Bmatrix} \text{高} \\ \text{升} \end{Bmatrix} —— \begin{bmatrix} \text{高} \\ \text{降} \end{bmatrix} \# \tag{10.12}$$

原因是在首音节调尾和末音节调头都是高的条件下,次音节的阳平才变高平。

② 三音节都为上声时,就要看语法关系了。三音节连读时,总把能连成一个意群的两音节的两个音读得紧密些,而服从两音节变调规律。现在把三个上声的变调规律用特征表达如下:

$$\text{低 低 低} \rightarrow \begin{bmatrix} \text{升 渡 低} \\ \dfrac{\text{低}}{2} \text{升 低} \end{bmatrix} \Big/ \begin{bmatrix} \text{低 低 低} \\ \text{低 低 低} \end{bmatrix} \# \qquad (10.13)$$

上两式中,"渡"是一种过渡调型(或可仿"音渡"的名称,叫它"调渡"),它随前调的尾和后调的头的高低来定型,一般连成顺势。例如,前调尾高(阴平或阳平),后调首低(上声),这个过渡就成为降势;反之,前尾低(去声),后首高(阴平或去声),就成升势;前尾后首均高时,它就成高平势。"低 低"下有横杠表示连成一个两音节意群的组合。括弧的规律是:[ ] 是上一行和下一行各分开变化,{ } 是上下任一行都同样变化。

(4) 对于四音节以上的组合以及语句中的变调,这种音系音段的表达式就难以胜任,用前述的自主音段的表达式就比较便利了。

### 10.4.5 自主音段分析方法在表达普通话变调上的应用

汉语声调单音节调的描写比较简单,五度制的调符已为世界所应用。至于连读时的变调虽也可以按照赵元任的调符,将原调的调值标在竖线之左,变调调值标在其右,但有些重要特征就显示不出来了。而且这个变调属于什么性质,是语音还是语法规律的变调,抑或是语气环境影响的变调,就更不容易表达了。

几个音节连读时发生变调,一般都离不开几种条件。一是语音上的条件,例如,两去连读,前去变半去;上声和非上声连读,上声变半上。这里面可以用调流的顺势延续性来解释。二是语法上的条件,例如,三个上声在一起成为一个词或短语。如果前两个音节在意义上结合得紧,首音节就变阳平(如"领导好" ⼍⼍⼍);如果后两个音节结合得紧,首音节就变半上而次音节变阳平(如"领导好" ⼍⼍⼍)。三是语境上的条件,例如,这个词或短语在语句中(或虽未成句而带有情感地)用某一种口气来说出,或根据某一目的来说出,例如,"你别管他",如强调让你别管,而别人可以管,着重"你";如果强调你别管他而可以管别人时,就着重"他",变调不一样。这就应该属于语境的变调。表达这些现象也应该是区别特征的一项新任务。现在用自主音段分析法来表达,就比较能说明问题。

下面按语法变调和语境变调分述举例。

(1) 语法变调的自主音段分析

① 以普通话两上相连的一个词或短语为例,声调特征分为高中低三级,按其所连接的音段表达其变化。如"好马"的连读变调,式(10.14)中的高、中、低分别用 H、M、L 表示,辅音用 C,元音用 V,鼻辅音用 N(吴宗济,1982)。

$$\begin{array}{rcl}
\text{"好"} + \text{"马"} & \to & \text{"好马"} \\
[\text{xao}\ \lor] + [\text{ma}\ \lor] & \to & \#[\text{xaoma}\ \frown]\# \\
\text{音段层:CVV} + \text{NV} & \to & \text{CVVNV} \\
\text{声调层:MLM} + \text{MLM} & \to & \text{MHLM}
\end{array} \qquad (10.14)$$

在上式中,"→"是变成,"M"是中调,包括五度制的3或4值,"H"是高调5,"L"是低调1或2。连接线的实线是这个元音所占的调位,虚线是这个元音读出本调后又滑到另一个调，成为过渡调。如例句中，变调后的"好"的最后元音说成高调后又滑到低调与鼻辅音相连。

② 再以三个阳平音节的短语"和平门"的连读变调为例，用自然音段分析如下式：

$$
\begin{array}{cccccc}
 & \text{"和"} & \text{"平"} & \text{"门"} & \longrightarrow & \text{"和平门"} \\
 & [\text{xə}\uparrow]+ & [\text{p'iŋ}\uparrow]+ & [\text{mən}\uparrow]\rightarrow & \# & [\text{xəp'immən}\frown]\# \\
\text{音段层：} & \text{C V} & \text{C N V} & \text{N V N} & & \text{C V C V N V N} \\
\text{声调层：} & \text{M H} & \text{M H} & \text{M H} & & \text{M H M}
\end{array}
\quad (10.15)
$$

在上式中，可看出三个阳平音节（双单格）连读后，整个音节的调型简化，原来六个特征现在用五个特征就够了。第二音节"平"，由于受到前音节的调尾和后音节的调头影响，失去原有的升调调型而成为中间"搭桥"的过渡调，变为高降，用虚线表示（吴宗济，1984）。

以上的两音节、三音节变调，属于语音规律和语法规律的变调。"好马"的两上相连而变成阳、上，是语音的规律。"和平门"的连读变调，既有语法关系，也有语音关系，因为这是一个"双单格"的语法组合。前两个音节在意义上结合得较密切。如果是个"谈和平"的短语，"和平"自成一组，"和"字的变调就有些不同。因此，短语的变调一般是服从语法规律的。

(2) 语境变调的自主音段分析

一个语句由于语境（如说话时的环境、说话人的目的等）的不同，可以有不同的语调。实践证明，语句中的各个组合各有其语音上的或语法上的连读变调规律，但如因语境关系而需强调某一组的目标音节时，这个变调就有所不同而需另定规律。用自主音段分析来表达这些规律，有胜过其他方法的特点。现在试以一句全是上声的句子为例（因上声最为敏感，一经连读，其变调就显示出语法关系）。这个句子是：

我想请你给我买两把好雨伞。

录音时，前面加上引导短语来表示其中某一词或字是重点目标。这种引导语句给发音人定出了语境范围。如第一例是不要买次货，要买好的雨伞；第二例是要去买，不要去借；第三例是要给我买，别给别人买。这三例一是强调"好"，二是强调"买"，三是强调"我"。这样，三种语境变调与原来的说法变调就不同（吴宗济，1982）。用自主音段来表达就比较显明，各式如下：

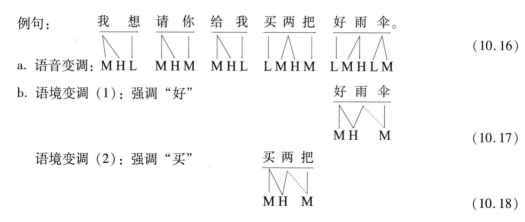

语境变调（3）：强调"我" 给 我
　　　　　　　　　　　　　　 M　H

(10.19)

上式例句中各短语下面的横线是在正常平叙语气说出时的意群组，遵循两音节或三音节的语法和语音规律变调。但在不同语境中强调某一组的意群核心音节（如"我"或"买""好"）时，这一组就改变了调型，构成语境变调。例如，"给我"连读按两音节变调规律，"给"变阳平（MH），而"我"为半上（L）。但在语境变调中，一经强调"我"时，"我"变阳平（MH）而"给"为半上的中等调型（M）。其余两例按三音节变调规律转为语境变调。各式的 M 中调，常常是过渡调，如再细分析，可再加虚线做连线，就更能表达语气。

在上声以外的其他声调组合中，语境中变化的程度不大，只出现调域上的变化，而调型基本上保持语法调型。

**参考文献**

罗常培、王均（1981）音位的"区别特征"和"生成音系学"，载于《普通语音学纲要》（新1版），附录（四），北京：商务印书馆。
沈同（1985）新派上海话声调的底层形式，《语言研究》总第9期。
王力（1981）语音分析初探（上）、（下）——区别特征及其相互关系，《国外语言学》第3期、第4期。
吴宗济（1980a）什么叫"区别特征"，《国外语言学》第1期。
吴宗济（1980b）试论普通话语音的"区别特征"及其相互关系，《中国语文》第5期。
吴宗济（1982）普通话语句中的声调变化，《中国语文》第6期。
吴宗济（1984）普通话三字组变调规律，《中国语言学报》第2期。
吴宗济（主编）（1986）《汉语普通话单音节语图册》，北京：中国社会科学出版社。
周殿福、吴宗济（1963）《普通话语音图谱》，北京：商务印书馆。
Anderson, E. J. A. (1982) Phonetics and phonology in the eighties prospects and problems, *Proc. of the* 13*th International Congress of Linguistics*, Tokyo, 209-219.
Chomsky, M. & Halle, M. (1968) *The Sound Pattern of English*, Harper & Row Pub., N. Y.
Fant, G. (1967) Sound, feature and perception, *STL-QPSR*, 2-3, 1-14.
Fant, G. (1971) Distinctive features and phonetic dimensions, in G. Fant, *Speech Sound and Features*, MIT Press, Cambridge, 171-191.
Fant, G. (1973) The nature of distinctive features, *To Roman Jakobson*, *Essays on the Ocasions of His* 70*th Birthday*, Mouton & Co., The Hague, 634-642.
Galldour, J. (1975) The features of the larynx, N-ary or binary? *Phonetica*, 241-258.
Goldsmith, J. (1976) *Autosegmental Phonology*, Garland Press.
Goldsmith, J. (1979) The aims of autosegmental phonology, *Current Approaches to Phonological Theory*, Indiana University Press.
Hyman, L. M. (1975) *Phonology*, *Theory and Analysis*, Holt Rinehart & Winston, N. Y., 24-58.
Jakobson, R., Fant, G. & Halle, M. (1952) Preliminaries to speech analysis: The distinctive features and their correlates, *Tech. Report*, MIT Acoustic Laboratory, No. 13；王力译，语音分析初探（上）、（下）——区别特征及其相互关系，《国外语言学》1981年第3期、第4期。
Jakobson, R. & Halle, M. (1956) Phonology and phonetics, *Fundamentals of Language*, Mouton & Co., S. Gravenhage, 1-51.

Jakobson, R. & Halle, M. (1968) Phonology in relation to phonetics, in B. Malmberg (ed.), *Manual of Phonetics*, North-Holland Pub. Co., Amsterdam, 411-449.

Ladefoged, P. (1971) *Preliminaries to Linguistic Phonetics*, University Chicago Press, 91-111.

Ladefoged, P. (1975) *A Course in Phonetics*, Harcourt Brace Jovanovich, Inc., 253-267.

Osburne, A. G. (1979) Segmental, suprasegmental, autosegmental: Contour tones, *Linguistic Analysis*, 5 (2), 183-193.

Schane, S. A. (1973) *Generative Phonology*, Prentice-Hall Inc., 33.

Sommerstein, H. (1977) *Modern Phonology*, Edward Arnold Pub., London, 74.

Wang, W. S-Y. (1967) Phonological features of tone, *International Tournal of American Linguistics*, 33 (2) 2, 93-105; 刘汉域、张文轩译, 声调的音系特征,《国外语言学》1987 年第 1 期。

Wu, Z. J. (1982) Rules of intonation in Standard Chinese, *Preprint of Working Group on Intonation*, Proc. of the 13th International Congress of Linguistics, Tokyo, 95-108.

Zee, E. & Maddieson, I. (1980) Tones and tone sandhi in Shanghai, phonetic evidence and phonological analysis, *Glossa*, 14 (1), 45-88.

# 附录一 常用的语音实验仪器装置和使用方法

本附录叙述常用的语音实验仪器装置和使用方法,按本书各章的性质分为生理和声学两大类,每类中举出常用的或个别并不常用但应该熟悉的仪器或装置。这些仪器或装置有的是成品,有的则是由研究单位自己研制的。在每项中也略述一些原理,但不拟叙述它的沿革,因此有些旧时代的仪器虽然至今还有人在应用,亦不再叙述,读者可以在通行的图书中查到。

## A1.1 研究语音生理特性的仪器装置和使用方法

研究语音生理特性的仪器,过去多借用医疗器械,如医用浪纹计、肺活量测试计等,后来逐渐有了语音研究部门自行设计或改进的仪器装置。本节所列都是较好的仪器装置,有的可以自制,如腭位照相装置,有的可以同医院合作。

### A1.1.1 口形照相

大部分的元音和一部分的辅音在发音时,在外部口形上,都表现出明显的特点。我们可以用口形照相的方法把这些特点拍摄下来,以便进一步研究发音的性质或发音部位。

制作口形照相,最好用能在观影屏上对光的照相机(如反光式照相机)。拍摄时镜头中线要对正口部的中线,过高过低或左右偏斜,都会使照出的口形失真。有些元音从口形侧面观察,可以更清楚地了解其特点,如发合口和撮口的音时,正面看来都是圆唇,但侧看唇部就有前伸程度不同的分别。因此有必要再制作一套侧面口形照相。为了取得同步,正面和侧面可以一次拍摄。

图 A1.1 是拍摄口形时操作位置鸟瞰图:A 是被摄者的顶部,B 是平面镜,一边固定在一根立柱 C 上,一边紧贴被摄者的面颊,和头部前方成一略小于 90°的角;D 是照相机,镜头中轴与面部垂直。从观影屏上可同时看到一正面口形和侧面口形的两个影像。调整平面镜角度,使口部侧面影像在观影屏上适成 90°,使侧面口形的两个口角在观影屏上重合,并与正面口形的口角成一直线;这样,便可一次拍摄正面和侧面的口形。被摄者后面背景和头部以下部分均用黑绒遮蔽,这样可以使口部摄影取得突出效果。

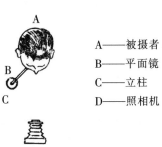

**图 A1.1 口形照相装置**

图 A1.2 是用这种方法拍摄的普通话几个元音的口形。由图可以看出发这些音时口部唇形正面的开、合、齐、撮和侧面的伸缩程度。这种口形图可以作为语音教学或语音研究方面的参考材料。

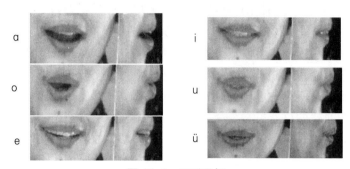

图 A1.2　口形照相

## A1.1.2　腭位照相

研究发音时舌与上腭接触的部位和面积,早先通行的办法是使用假腭。首先给发音人制作一个假腭,试验时把假腭的里面涂上带颜色的粉末后,再放进口中。发音时,舌头所接触的某一部位就会把粉末蹭掉,很清楚地现出舌头所碰到的上腭某一部位,然后把假腭从口中小心取出,用照相或绘图的办法记录下腭位。这种办法比较麻烦,而且假腭又有一定的厚度和硬度,使得舌腭接触的程度有些失真,发音也不太自然。采用腭位照相方法可克服上述一些缺点。下面我们仅以图 A1.3 所示的一套腭位照相装置为例,来介绍有关腭位照相的方法。

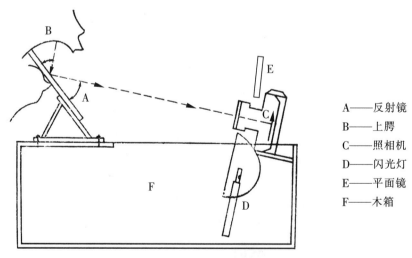

A——反射镜
B——上腭
C——照相机
D——闪光灯
E——平面镜
F——木箱

图 A1.3　腭位照相装置

图 A1.3 是一种腭位照相装置示意图。图中 A 是一面长形反射镜,固定在一个木箱 F 或架子上,镜面朝上,向外倾斜,与水平约成 50°角。长形反射镜要选用质量较好的镜子,裁成适合口腔的宽度,一端磨成与后腭穹度相合的弧度,全部边缘用砂纸打磨平滑,镜背和边缘涂上磁漆;B 是发音人上腭;C 是照相机;D 是电子闪光灯,和照相机快门保持同步动作；E 是可上下转动角度的平面镜，供发音人自己操作时校正位置。实验时，先用毛笔饱蘸浓墨，涂满舌面，遍及前后左右，注意除舌面外勿使牙齿或上腭任何部位沾上墨。然后发一个音，例如"搭"（dɑ）字的 d 是舌尖音，舌尖上的墨就沾染了上腭前部以及上齿的左右两侧。这时留心舌部离开上腭后不再接触其他部分，把口部张大，套入反射镜，使镜端伸入口中，抵达后腭尽头。位置对好，腭面上所染墨痕就由反射镜反射入照相机。按动相机快门便拍下这个发音的腭位图。一个发音拍完之后，发音人需将口腔内部洗漱干净，并用消毒棉将上腭擦净，才可再度涂墨，准备发下一个音。使用这种方法，一两分钟就能拍摄一个发音的腭位图。

在进行腭位照相时，上腭的平面应和光轴垂直，照出的照片才不致失真。但在实际操作时，要使上腭平面维持与光轴反射线的垂直较为困难。在一般实验中，头部常稍稍仰起，使口部张大，门齿抬高，以免遮住光线，但因此改变了上腭对光轴的角度，使照相上由齿到软腭的长度缩短，而门齿部分又变窄了。所以用这种照片来做面积测量，就不甚准确。补救的办法是，在放大照片时利用倾斜面投影法加以矫正。因此在做腭位照相前，最好先做一个牙科打样膏模子，以后可以根据此模来确定放大比例和矫正角度，并可了解上腭穹度经照相展平后所测发音接触面积的差异。做面积测算时，这个模子更为需要。

研究发音时舌腭接触的情况，用上述方法已经足够。如果需要进一步知道舌头接触部分的详细情况，还可以制作舌面图。做舌面图实验时，把墨涂满上腭而不涂在舌面。发音后舌头接触部分沾染了墨，将舌伸出，对镜自行描下它的沾染部分，就可得到舌面图。

### A1.1.3 动态腭位记录

上述腭位图制作方法，只限于发音终了舌腭接触的一个单纯动作所留痕迹，所以它只能对发音部位做静态研究。为适应研究工作的需要，人们已经设计了多种动态腭位记录装置。比如：

（1）有人制作的一种动态腭位记录装置，把若干个电极嵌在为发音人特制的塑料假腭片上，位置按齿龈、硬腭、软腭部分做适当分布，使上腭部分分为四区，每区的电极各和多线示波器的一个振子接通。发音时，舌部接触到某区，即可导电而记录下脉冲波；舌部不接触的区，不导电，在显示上没有脉冲波，而只是延续的零线。这种方法可显示上腭各区依次被舌部接触的程序和准确时间，能够用来测定辅音的动态部位及持阻时间（Kuzmin，1962）。

（2）图 A1.4 是近些年发展起来的一种动态腭位显示装置示意图（Kiritani et al.，1977）。该装置的假腭按照发音人的上腭模型用塑料做成，平均厚度为 0.5 mm。假腭上装着 64 个直径为 1 mm 的金质电极，每个电极上都焊接一根直径为 0.08 mm、长度约 1 m 的铜线作为连接导线。实验时，把假腭放进发音人的口中，各电极导线与多路接头相应输入端子连接。由电子计算机产生的 100 Hz 方波（正峰对负峰为 3V）经过数-模转换之后输送到与发音人耳垂接触的一个普通电极。电流（大约 50 μA）从这个普通电极通过人体流到舌面，然后通过舌腭接触点的金质电极和电极导线流到多路接头，在多路接头之后经过模-数转换进入电子计算机。电子计算机由特别软件控制，对腭信号以 10 ms 时间间隔取样分析。分析的结果形成连贯的舌腭接触模型，能以各种帧速率显示在示波器屏幕上，通过照相便可获得某一时刻舌腭接触模型的永久性记录，也能用与电子计算机连接的行印机印出连贯的舌腭接触模型。图 A1.5 下图是/t/音的舌腭接触包络，上图是与舌腭接触包络上大黑点相对应时间点的舌腭触点模型。

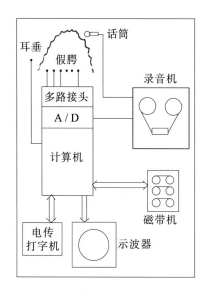

图 A1.4　动态腭位图示系统方框图

（引自 Kiritani et al., 1977）

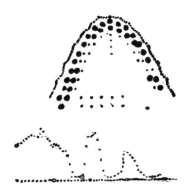

图 A1.5　/t/的舌腭触点和语言包络

（引自 Kiritani et al., 1977）

（3）上述研究腭位的方法有一个根本的缺点，那就是一定要有接触才能知道舌头的部位。有许多音，舌头没有接触什么地方，只是因为舌头形状的不同而引起了声波的不同。我们可以用别的方法把舌头的形状表现出来。"光腭图"就是其中一个方法。这也是做一个假腭，可是在假腭和舌头之间有成对的电极，每对电极中的一个发出一条很细的光，另一个则受光。光有固定的速度。舌头离得比较近，光的反射就快；离得比较远，反射就比较慢。由光的反射速度，就可以测量出舌头和腭的距离（王士元，1983）。

### A1.1.4　声带的观测

声带非常小，大约只有 10～14 mm 长，比小手指的指甲盖还要小。语音的主要嗓音声源就是来自这小小的声带。当两瓣声带张开时，来自肺部的气流通入声腔，闭拢时就截断肺气流。说话时声带迅速开闭，产生颤动，把稳定的气流切成一连串的喷流，从而发出一种类似蜂鸣的嗡嗡声。实验证明，声带的质量和颤动模式是构成音色特点的重要因素之一，而振动频率的变化是语音音高变化的根据。近些年来，声带的分析研究已同声腔的分析研究并驾齐驱，而且还产生了不同的学说（吴宗济等，1979）。下面介绍几种研究声带的方法。

（1）用医用的喉头镜或牙科镜，通过镜面观察声带的动作，再用调节适宜的频闪光源和电影摄影机便可观测和记录其开闭的慢动作。

（2）用牙科镜观察，用稳定的强光源照明，以高速电影摄影机拍摄（每秒 8000 格），放映时减慢速度（减慢 500 倍）便可以看到极为清楚的声带动作。还可以把影片逐格分析测量，得出精确数据（图 A1.6）。

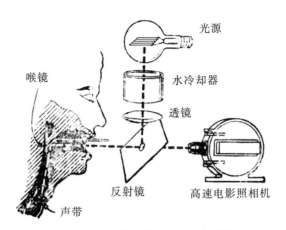

**图 A1.6　声带的高速电影照相装置**

（3）采用声带肌电分析的方法，从声门或喉头引出肌电来研究声带的活动，也是一种重要手段。通行的方法是，用细针形的电极插入肌肉内，将附近的运动肌纤维的收缩电流峰值引出来，从而分析这些运动肌的机械活动情况。肌电仪是一种测试肌肉机械活动的有用工具。

（4）根据电阻的变化来研究声带的活动。这是在喉头左右两边各设一个电极，以高频电流通过喉头。两极间的电阻值随声门面积的变动而改变。当声带紧闭时，电阻值最小，而当声带全开时，电阻值最大。因此声门面积的变动情况就可记录下来。

（5）使用光纤维镜观察。光纤维镜是一根很细的软导管，内包有极细玻璃丝约一万条，导管直径很小，可以从鼻孔伸进去，悬在声门的上方。导管能同时输送光源，给声门照明，通过它可以观察在正常发音情况下声带是怎样动作的。由于有了这种有效而方便的研究工具，人们现在对声带的动作有了进一步的认识（见图 A1.7 和图 A1.8）。

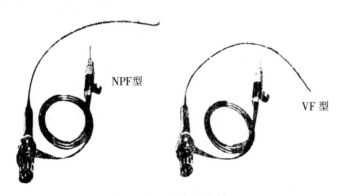

**图 A1.7　光纤维喉镜**
（引自 Painter，1979）

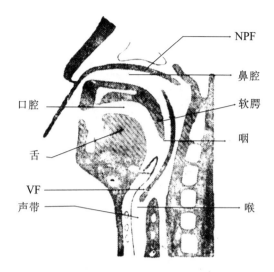

**图 A1.8  光纤维喉镜在声腔中的位置（NPF 和 VF 两种型号）（引自 Painter，1979）**

图 A1.9 是用高速电影摄影机通过光纤维镜拍摄的声带颤动一个周期的过程。声带由合到开再到合为一个周期，从图中可以测量一个周期内声带开合时间的比例，以及声门开度、声带长度等。

**图 A1.9  高速电影摄影机所拍摄声带颤动一个周期的状况**
（因原图模糊不清，本图引自孔江平，2008）

图 A1.10 是一幅反映声带开合动作的声门面积变化图（王士元，1983）。横坐标是时间，单位为 ms；纵坐标是左右两个声带间的面积，也就是张开的程度，单位为 $mm^2$。从横轴原点开始，声带很快地打开。从这幅图看，达到开度最大的时候需要 4 ms，这时两个声带之间的面积大约是 8 $mm^2$。到了最高峰以后声带就开始闭合。从开始张开到完全闭合大约共需 7 ms 的时间，声带闭紧以后约有 1 ms 的停顿，到了第 8 ms 又开始打开。声带这种开合变化是周期性的。这幅图每隔 8 ms 开合一次，也就是说，它的周期是 8 ms。根据周期和频率的关系，我们可以算出振动的频率是 125 Hz。

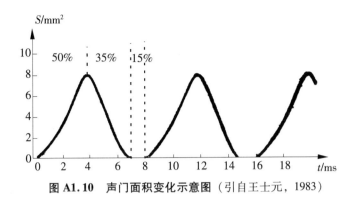

图 A1.10　声门面积变化示意图（引自王士元，1983）

### A1.1.5　气流、气压和声门下压力的测量

（1）气流测量装置。测量言语气流速度的气流计有两类，即加热流速计和热镍风速计。加热流速计包括一个流量计和一个差压换能器。说话时，气流通过阻碍物而致压力下降，其下降程度直接与气流的体积速度成线性比例。常用的阻碍物是一种金属网筛，把它加热以防产生电容，在网筛的前后各装一压力接收器，并分别接上一个灵敏的差压换能器，将气流的降压转换成电压，经放大而记录在磁带或记录仪器上。这种仪器对测量呼气与吸气的流速都比较可靠，并可得出线性数据。

热镍风速计有一根加热的金属镍丝和一套传感组件。说话时空气流经热镍丝而使其稍稍冷却，原来流经此镍丝的电流就改变了电阻，使电压发生变化，经放大后记录下来。这种仪器的优点是使用时不需要戴面罩，但线性较差，而且呼气、吸气分不出，效果比不上前者（吴宗济等，1979）。

（2）气压测量装置。近年来所用的气压换能器有可变电阻的、可变电容的和可变电感的三种。电阻气压计是应用电阻原理的一种应变仪，可记录由电阻所转换成的压力的变化。器内的金属壁腔受到气流压力而变形，改变了电阻，通过一套电桥得出电阻差值，记录下来。电容气压计有两片薄膜形电极，在精密调节的缝隙间带有电容。薄膜受压而改变了电容值，可以记录下来。薄膜的变动极小，频率响应好，不过它很容易受到温度变化的影响。

各种电感式的压力计体积都很小，容易直接附着在被测的位置上。换能的装置是一根小小的软铁芯，位于两线圈的中心，一端固定在金属薄膜上。气压传到薄膜推动铁芯，结果改变了磁通量，使线圈的电感发生变化，通过一套电桥而做出记录（Warren，1976）。

（3）其他测量装置。用上述原理还可以做成联合装置来测量鼻音气流与口音气流的差压。另有一类装置是一种类似电话隔音间的密闭箱，发音人坐在里面发音（有全闭和露头的不同类型），从口、鼻和箱壁各引出一条导线来测量发音器官的气流、气压和箱内大气压力之间的关系。由于箱中气压是恒定的，说话时肺内气压增加，会使箱内气压下降，两者的记录值必然相反。这种装置称为余压计，对测量声门下压力有一定的作用（Painter，1979）。

测量声门下压力和口压也有专门的装置（参见§7.4.3）。大体说来，是将 16CT/S2 型硅酮橡皮导管（标定直径 2.8 mm）从发音人鼻孔插入，经咽腔到食道。导管上有两个接点式换能器，一个接受声门下压力测试，另一个接受咽腔里空气压力扰动（即口压）测试，经由记录器同步记录，便获得发音过程中对应的声门下压力和口压数值。

### A1.1.6 X 光照相和 X 光电影

在语言研究上，可通过 X 光照相和 X 光电影来研究发音部位、发音动作和发音器官。X 光照相可以把各种不同元音的舌位清楚地显示出来，一般教学用的"元音舌位图"，如严格要求，应当按 X 光照相的真实部位来定位。X 光照相对研究辅音的发音部位也是很有帮助的，一些有争论的发音部位，如汉语普通话中有些舌根音（g、h）究竟是"深喉"还是"浅喉"；"卷舌音"（zh、ch、sh）究竟是"卷舌"还是根本不卷不翘；鼻辅音韵尾（-n、-ng）的鼻化程度（也就是小舌下降程度）如何等问题，X 光照相都可做出正确的答案。

X 光照相记录稳定的发音部位比较理想。而为了研究发音动程，就需要拍摄发音器官的 X 光电影。X 光电影能够记录发音器官的连续动作，对研究发音的一系列过程，如复合元音的过程或辅元之间的过渡关系，是非常有用的。

X 光照相和 X 光电影都是从声腔侧面拍摄的。所以 X 光照片显示声腔侧面的形状，可以和腭位图配合，来近似地测量口内声腔的容积，为研究语音特性或合成语音提供依据。

现在，X 光技术在语音研究方面的文献、资料很多。我国已有人把发音人的 X 光照片、外部口形照相、腭位照相，互相对照制成图谱（周殿福、吴宗济，1963），可作为语音教学的参考资料；最近又有人拍摄了普通话发音的 X 光动态录像，公开发行。

### A1.1.7 X 光微光束系统

为了观察发音动程，X 光电影技术看起来是最有用的方法。但这种方法相当费事，并且受 X 光辐射剂量问题的严格限制。为了克服这些困难，有人发明了用计算机控制的 X 光微光束技术。根据这种方法发展起来的 X 光微光束系统已能收集和分析大量的 X 光数据，并使用极微量的 X 光射线。采用这种方法需要在发音人口中某些选定的位置（如舌面位置）贴上小铅珠，如图 A1.11 所示。发音时这些小铅珠的位移由计算机控制偏转的 X 光微光束自动跟踪（Kiritani，1977）。

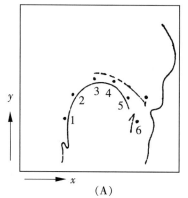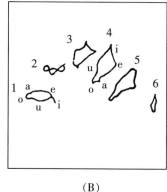

(A)                (B)

**图 A1.11 X 射线微光束系统的舌位动程显示方法**
（A）铅珠定位；（B）发 /i e a o u/ 时铅珠的轨道（引自 Kiritani，1977）

X 光微光束系统的原理如图 A1.12 所示。电子枪发射的电子束聚焦到生成 X 光的钨靶上。一对电磁偏转系统使电子束偏转，并在靶子表面选择一个特定点。从这个选点发射的

X光穿过一个固定的小孔，形成一条很细的X光束。电子束的偏转和因此形成的X光束的偏转受计算机控制，于是X光束射向目标的给定取样点。放置在目标后面的闪烁计数器用作X光检波器，其输出被读入计算机磁芯存储器。计算机处理的结果由显示器显示或记录器记录。

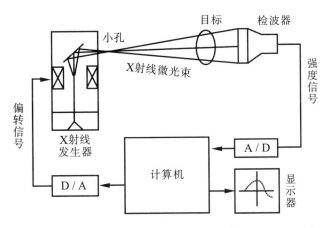

**图 A1.12　X射线微光束系统方框图**（引自 Kiritani，1977）

## A1.2　研究语音声学特性的方法和仪器

语音的四要素（音长、音强、音高和音色）是作为声学信号的声波刺激人的听觉系统所产生的主观感觉。通过前面章节的介绍，我们已清楚地知道，语音感觉上的四要素与声学上的时长、声强、基频、频谱之间，虽不能等量齐观，但两两之间有着较密切的关系。所以，要深入研究语音特性就必须探讨主观量与客观量之间的关系，就必须借用仪器来测定表征语音声学特性的物理量。

表征语音声学特性的物理量主要有：波形、声强、基频 $F_0$、共振峰频率、语音频谱包络、时长等，这些量始终贯穿在本书各章中，在此我们一并介绍测量它们的方法和仪器。

随着计算机技术的发展，上述物理量的测量同样可用计算机来完成，附录二将会介绍这方面的内容，本节只限于常规的方法和现成的仪器。

### A1.2.1　波形显示

我们所以能够听到声音，是声波传播到我们耳朵里造成的。声波是肉眼看不见的，但可以用仪器把它变成可见的波形，这里所谓波形就是声压随时间而变化的形状。在我国，最早用于语音研究的波形记录器是浪纹计，根据它记录的语音波形来研究音高和辅音性音质。现在，记录波形的仪器已大大发展，在语音研究和教学方面常常使用阴极射线示波器来即时显示和记录信号波形。

阴极射线示波器的主要构件是示波管，而示波管又主要由电子枪、偏转系统和荧光屏组成。电子枪的功能是发射电子束；偏转系统的功能是用被测信号和扫描信号控制电子束的偏转程度，使电子束能射到荧光屏上的适当位置；荧光屏上涂有荧光粉，电子束一打上去就产生一个光点，光点移动的轨迹就是被测信号的波形。由于荧光粉的余辉现象和视觉的暂留效应，我们能看到连续的波形。

图 A1.13 是示波器显示波形的示意图。图中（B）是被测信号，此处设为一个正弦波，将它加在垂直偏转板（或称 Y 轴偏转板）上；（C）是锯齿波，称为扫描信号，将它加在水平偏转板（或称 X 轴偏转板）上；（A）是荧光屏。电子束受被测信号和扫描信号的联合控制，于是在荧光屏上显示出一个正弦波。

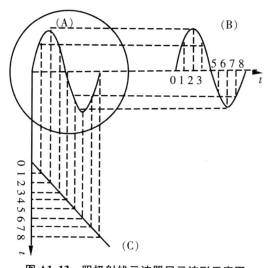

**图 A1.13　阴极射线示波器显示波形示意图**
（A）荧光屏；（B）被测信号；（C）扫描信号

阴极射线示波器操作简便。示波器必要的调整和控制钮都有明显标志，而且机内装有扫描信号发生器，一般不必外接扫描信号。

示波器能够实时显示语音信号的复杂波形，但所显示的波形往往一闪即逝，不便于分析研究。为了得到永久性记录，可把显示的波形直接用照相机拍摄下来。但为了获得所求语音信号的可靠波形，宜采用"示波照相"方法。用于示波照相的示波器备有照相装置，荧光屏常采用发绿光或天蓝色光的荧光粉，余辉时间短于 $100\ \mu s$。进行示波照相时，要断开 X 轴偏转板上的扫描信号；把被测信号接于 Y 轴偏转板上，用以控制电子束的上下移动。如果是双通道的示波器，可在另一个 Y 轴上接入一个计时信号（如 100 Hz 正弦信号），并首先试验调节两个 Y 轴幅度，使两者互不干扰。正式拍摄时，在 Y 轴输入被测信号的同时，开启照相装置，使胶片向前做匀速移动，于是荧光屏上光点的瞬时位置被依次不间断地拍摄下来，也就是把被测信号的波形拍摄下来。

## A1.2.2　声音强度的测量

声音的强度，在语音学中称音强，在工程中称声强。在第二章中已经讲过，声强是表征声波能量大小的物理量。一个语音声波的声强大小及其随时间的变化是造成主观上音强或响度感觉的基础，测定声强特性与研究语音的分段、轻重音等问题关系很大。

计量声音信号的强度时必须解决以下两个问题：其一，对复杂波形的声音信号，应该采用什么计量值来表示它们的声压或电压强度？其二，对于几乎是在时刻改变着强度的声音信号，计量仪表应该采用什么样的时间特性？下面分别简要说明这些问题并列举几种测量仪器。

(1) 声音强度的计量值

在声学测量和电声学测量中,为了在计量声音信号的强度时能充分反映出声音信号的波形特点,曾陆续出现过五种计量值来表示声音信号的声压(以及质点振速)和电压(以及电流)的大小,在将声压折算成声压级以及将电压折算成电平时也涉及这五种计量值(管善群,1982)。五种计量值的定义如下:

① 峰值。它是指信号在一个完全的周期内(周期信号)或一定长的时间内(非周期信号)的最大瞬时绝对值。以信号电压为例,峰值定义为:

$$U_p = |u(t)|_{\max} \left(-\frac{T}{2} \leqslant t \leqslant +\frac{T}{2}\right) \tag{A1.1}$$

式中:$U_p$——声音信号电压在 $-\frac{T}{2}$ 到 $+\frac{T}{2}$ 时间间隔内的峰值;

$u(t)$——信号电压的瞬时值;

$T$——计量时间间隔。

② 有效值(或称均方根值)。它是信号瞬时值平方平均值的平方根值,也就是说,它是用与声音信号相同功率的直流信号强度来代表的数值。以信号电压为例,有效值定义为:

$$U_{rms} = \sqrt{\frac{\int_{-\frac{T}{2}}^{+\frac{T}{2}} u^2(t)\,dt}{T}} \tag{A1.2}$$

式中:$U_{rms}$——声音信号电压在 $-\frac{T}{2}$ 到 $+\frac{T}{2}$ 时间间隔内的有效值;

$u(t)$、$T$——同前式。

③ 整流平均值(简称平均值)。它是指声音信号瞬时绝对值的平均值,也就是指将声音信号进行全波整流(取绝对值)后的直流分量数值(取平均值)。以声音信号电压为例,定义式如下:

$$U_{avg} = \frac{\int_{-\frac{T}{2}}^{+\frac{T}{2}} |u(t)|\,dt}{T} \tag{A1.3}$$

式中:$U_{avg}$——声音信号电压在 $-\frac{T}{2}$ 到 $+\frac{T}{2}$ 的时间间隔内的整流平均值;

$u(t)$、$T$——同前式。

④ 准峰值。它是用与声音信号相同峰值的稳态简谐信号的有效值表示的数值。以信号电压为例,定义式如下:

$$U_{q-p} = \frac{U_p}{\sqrt{2}} \tag{A1.4}$$

式中:$U_{q-p}$——声音信号电压的准峰值;

$U_p$——声音信号电压的峰值。

⑤ 准平均值。它是用与声音信号相同整流平均值的稳态简谐信号的有效值表示的数值。以信号电压为例，其定义式为：

$$U_{q-a} = \frac{\sqrt{2}\pi}{4} U_{avg} \tag{A1.5}$$

式中：$U_{q-a}$——声音信号电压的准平均值；

$U_{avg}$——声音信号电压的整流平均值。

由以上五个计量值的定义可知，同一个声音信号用不同的计量值来计量，会得出不同的数值。图 A1.14 表示了单一简谐信号 $u(t) = U_p \sin\omega t$ 的五个计量值之间的关系：简谐波的峰值为 $U_p$；整流平均值为 $\frac{2}{\pi}U_p$（比峰值低约 4 dB）；而有效值、准峰值、准平均值均为 $\frac{U_p}{\sqrt{2}}$（比峰值低 3 dB）。由此可见，简谐波五个计量值之间存在着特有的固定比例关系。但实际声音信号的波形是千变万化的，所以各计量值之间的关系就不再像简谐波那么简单了，而会因声音信号波形形状的不同而异。人们经过大量的测量统计发现，对大多数实际声音信号而言，五个计量值之间大致有如下的关系（参见图 A1.14）：

$$\frac{U_p}{U_{rms}} \approx (1 \sim 5)，或 20\lg\frac{U_p}{U_{rms}} \approx (0 \sim 14) \text{ dB} \tag{A1.6}$$

$$\frac{U_p}{U_{avg}} \approx (1 \sim 4.4)，或 20\lg\frac{U_p}{U_{avg}} \approx (0 \sim 13) \text{ dB} \tag{A1.7}$$

$$\frac{U_{q-p}}{U_{rms}} \approx (0.7 \sim 3.5)，或 20\lg\frac{U_{q-p}}{U_{rms}} \approx (-3 \sim +11) \text{ dB} \tag{A1.8}$$

$$\frac{U_{q-p}}{U_{q-a}} \approx (0.64 \sim 2.8)，或 20\lg\frac{U_{q-p}}{U_{q-a}} \approx (-4 \sim +9) \text{ dB} \tag{A1.9}$$

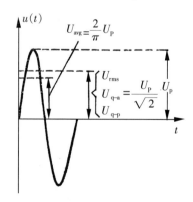

图 A1.14　简谐信号五个计量值之间的关系

五种计量值是从不同角度来描绘声音信号强度的，因此在实际测量工作中需要恰当选择，以便有针对性地去计量声音信号的强度。例如，当要了解声音信号引起的听觉强度感觉时，应使用有效值（折算成声压级）。当需要了解响度感觉时，还应插入对应的 A、B、C、D 等响度计权；不过为了简化测量装置，在工程中也常使用平均值或准平均值作为听觉强度感（即所谓"音量"）的代表，这是因为平均值检波器要比平方律检波器简单得多，而且在一般情况下信号的平均值与其有效值也比较接近（差约 1 dB）。

(2) 声音信号强度的计量时间特性

从上面五个计量值的定义还可以看出，不论哪一个计量值都有一个计量时间问题：比如对有效值、平均值和准平均值来说，它们都是带有平均概念的量，因此就有一个在多长的时间间隔内进行平均的问题，即它们的定义式中那个时间间隔 $T$ 应取多长的问题；对于峰值和准峰值，由于它们是描述信号包络的量，所以也有一个在多长的时间内选择代表值的问题，这称为计量的"时间计权"特性或时间特性。对于稳态信号来说，这个问题是十分明确的：只要计量时间足够长，以便对信号能充分地进行平均运算或充分地选择即可；对于时刻都在变化的声音信号来说，显然计量时间不能太长，否则跟不上信号的变化，不过这也要看具体计量的目的性。例如，当需要了解声音信号在听觉上引起的强度反应时，计量时间特性应大体上符合人的听觉积分特性；当需要精确计算声音信号的强度变化时，即进行所谓"实时"分析时，显然计量时间特性应该足够的"快"；但若需计量声音信号做功的情况或做某些统计分析时，计量时间特性又应该非常的"慢"。为了满足不同计量时间特性的需求，现代电声测量仪器有的备有几个不同的时间特性供选择。

(3) 测量仪器举例

① 声级计。这是一种丹麦 BK 厂的产品，它的检波器规定为平方律检波器，用以指示声音信号的声压有效值。它的指示时间特性（时间计权）如下：

F（快）档——上升与下降时间均为 125 ms，用以指示信号短时间内的平均有效值。

S（慢）档——上升与下降时间均为 1 s，用以指示信号长时间内的平均有效值。

I（脉冲）档——上升时间为 35 ms，下降时间为 1.5 s，用以指示信号短时间内的最大有效值。

② IM3602 型强度计（丹麦 F-J 公司产品），其主要技术规格如下：输入阻抗 10 KΩ；输入电压 15 mV 至 5 V（均方根值）；整流系统为 50 dB 范围线性全波整流器；积分时间 2.5、5、10、20（ms）任选；标度有对数、线性两种任选；输出阻抗为 50 Ω；输出电压在 500 Ω 负载电阻上最大为 0.2 V。该机与比较灵敏的示波器联用，能实时显示语音信号的强度曲线。

③ 语图仪振幅显示器。语图仪振幅显示器是语图仪的主要组成部分之一。它采用频谱分析方式获得振幅曲线，新式语图仪有 34 dB 显示范围。如果只考虑（带宽为 45 Hz）分析滤波器的响应时间，则振幅显示器的积分时间大约为 22 ms。

### A1.2.3 音高显示

人们对声音信号频率的感觉表现为音调的高低，称为音高。任何复合乐音都由基频和许多谐波组成。通常我们所说的语音带音部分的音高，实际上是说它的基频的高低，而不管它的谐波成分。

音高是语音的特性之一。研究语言的声调，一般都以分析音高为主。记录语音音高变化的方法，早年以耳听为主，将耳听结果画出符号，这种方法主观性很强，而且只能判断音的高低，得不出音高的确切数值。用仪器实验，通过测量基频来研究语音的音高，可弥补耳听的不足，而且能获得音高的确切数值。

测量基频的方法主要有两类：一类是频谱分析的方法；一类是波形分析的方法。关于频谱分析，A1.2.4 将专门介绍。这里，我们先介绍通过波形分析来测量基频的方法。

20 世纪 30 年代，人们使用浪纹计记录语音波形，从波形量算基频，进而研究语音音高。但这种量算工作是很繁杂的,不是进行大量声调分析的理想方法。现在,随着电子技术的发展和科学的进步,已经出现了直接提取基频并能显示出语音基频变化曲线的实验仪器装置。譬如丹麦F-J公司生产的FFM650型基频仪就是根据波形分析原理制成的,该机与比较灵敏的示波器连用,能够实时显示语音信号的基频变化曲线。音高显示器也是依据波形分析原理而设计的(林茂灿,1965)。下面我们就以音高显示器为例来介绍依据波形分析提取基频的原理。

大家知道,对于稳态简谐信号(如正弦波)而言,两两相邻正向(或负向)零交叉之间的时间间隔是相等的,在数值上等于简谐信号的周期;对于语音带音部分的基频而言,其频率往往是随时间变化的,所以其两两相邻最大值的正向(或负向)零交叉之间的时间间隔往往是不相等的,但在数值上却都等于各自对应的基频的时间周期。如果我们提取带音信号的这种零交叉信息,用它们来控制一个幅度生成电路,便可把带音信号的频率变化转换为幅度的变化。例如,在一个最大值正向零交叉的瞬间使一个电容器很快充电,接着就开始放电(放电的持续时间等于基频的周期),到下一个零交叉时再充电、放电,如此重复下去,直至信号消失为止。可以想见,这个电容器重复充放电的过程将形成锯齿波系列,用记录器把锯齿波系列记录下来,便得到基频变化的曲线,也就是可见的音高曲线。音高显示器就是基于这个原理设计的。

图A1.15是音高显示器工作原理示意图。图中,(A)是一小段语音的波形,由许多振幅高低不同的浪纹组成,其中振幅较强的称为波峰。两波峰之间的距离为相应的基频周期。图中所示$T_{01} > T_{02} > T_{03}$,表示基频的变化趋势是升高的。图A1.15(B)是(A)的信号经过检波处理后得到的尖峰波。尖峰波的起点就是相应基频信号的零交叉点。图A1.15(C)是在(B)的尖峰波推动下,单稳态触发电路形成的方波。两个方波之间的时间间隔等于相应基频的时间周期。图A1.15(D)是在(C)的方波控制下形成的锯齿波。锯齿波的周期等于相应基频的周期。基频小时锯齿波的顶点低,基频大时锯齿波的顶点高。因此,锯齿波顶点的轨迹反映了基频的变化趋势。把锯齿波顶点位置依次记录下来,就是可见的音高曲线。

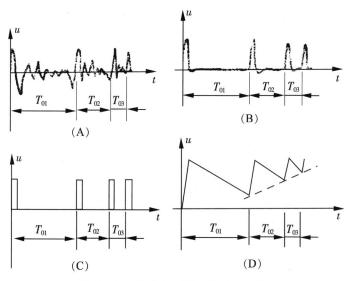

**图 A1.15　音高显示器工作原理示意图**

图 A1.16 是音高显示器主要部件方框图。图中所说"成形网络"用来强调基频成分，以利于检波电路正常工作。"检波电路"的功能，最终要输出类似图 A1.15（B）的尖峰波。"单稳态触发电路"的输出波形类似于图 A1.15（C）。"锯齿波电路"的输出波形类似于图 A1.15（D）。"示波器"是音高显示器的终端显示设备，从荧光屏上可观察被实验语音信号的基频变化。用示波照相方法便可把基频曲线记录下来。

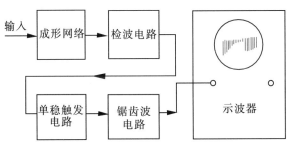

**图 A1.16　音高显示器主要部件方框图**

### A1.2.4　频谱分析

本书多处提到频谱问题，并在第二章中专门介绍了声音的频谱。这里，我们着重介绍获得频谱的方法——频谱分析的有关知识。

（1）频谱的概念

在理论上，我们所遇到的各种信号可分为两类：一类是规则信号，一类是不规则信号。若信号随时间按照某一确定的规律变化（周期的或非周期的），称为规则信号；若信号不随时间做有规律的变化，则称为不规则信号，也称为随机信号。一般地说，不论是规则信号还是不规则信号，都是由许多不同频率成分组成的。每个频率成分均有一定的振幅和相位。如果将它们的振幅或相位按其频率次序加以排列，就得到幅度频谱或相位频谱。在许多应用场合，知道幅度频谱就已经足够了。幅度频谱是常用的，所以一般说频谱，就是指幅度频谱；否则，就要做相应的说明。本书也是这样。

语音信号是一种规则信号，辅音信号一般是非周期的，而元音信号是周期或准周期的。为帮助大家加强对语音信号频谱的认识，下面我们简要讨论周期信号和非周期信号的频谱结构。

① 周期信号的频谱。周期信号是按照一定的时间间隔做不断重复变化的信号，它满足下面的表达式：

$$f(t) = f(t+nT) \tag{A1.10}$$

式中 $T$ 为周期，$n$ 为任意整数。最简单的周期信号是简谐振荡，它可以表示为：

$$f(t) = A\cos(2\pi ft + \psi) \tag{A1.11}$$

式中 $A$ 为简谐振荡的振幅，$f$ 为频率，$t$ 为时间，$\psi$ 为初相角。图 A1.17 是简谐振荡的时间波形图，图中 $T=1/f$ 是简谐振荡的周期。图 A1.18 是简谐振荡的频谱图，它是位于 $f$ 处的一条孤立谱线。

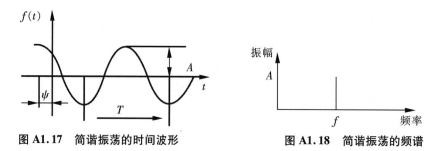

图 A1.17 简谐振荡的时间波形　　　　图 A1.18 简谐振荡的频谱

其他周期性信号都比简谐振荡复杂，它们的频谱都不止是一条孤立的谱线。一般来说，任何周期性信号，只要知道它的时间函数表达式，我们就能用傅里叶级数把它展开为无穷多个不同频率的简谐振荡之和来表示，即：

$$f(t) = \frac{a_0}{2} + \sum_{n=1}^{\infty} [a_n \cos(2\pi nF_0 t) + b_n \sin(2\pi nF_0 t)] \tag{A1.12}$$

式中，$F_0$ 是基频的频率，其周期 $T = 1/F_0$。

$$\frac{a_0}{2} = \frac{1}{T} \int_{-\frac{T}{2}}^{+\frac{T}{2}} f(t) \, dt$$

$$a_n = \frac{2}{T} \int_{-\frac{T}{2}}^{+\frac{T}{2}} f(t) \cos(2\pi nF_0 t) \, dt$$

$$b_n = \frac{2}{T} \int_{-\frac{T}{2}}^{+\frac{T}{2}} f(t) \sin(2\pi nF_0 t) \, dt$$

式（A1.12）是傅里叶级数的基本形式，它可以进一步变换为：

$$f(t) = \frac{A_0}{2} + \sum_{n=1}^{\infty} A_n \cos(2\pi nF_0 t - \psi_n) \tag{A1.13}$$

式中，$\frac{A_0}{2} = \frac{a_0}{2}$ 是谐波中的直流分量，

$A_n = \sqrt{a_n^2 + b_n^2}$ 是第 $n$ 次谐波的振幅，

$\psi_n = \text{tg}^{-1} \frac{b_n}{a_n}$ 是第 $n$ 次谐波的初相角，

以上是傅里叶级数的实数形式，下式是它的复数形式：

$$f(t) = \frac{1}{2} \sum_{-\infty}^{+\infty} \dot{A}_n e^{j2\pi nF_0 t} \tag{A1.14}$$

$$\dot{A}_n = \frac{2}{T} \int_{-\frac{T}{2}}^{+\frac{T}{2}} f(t) e^{-j2\pi nF_0 t} dt \tag{A1.15}$$

式中 $\dot{A}_n$ 是第 $n$ 次谐波的复数振幅，其模数（$A_n$）就是第 $n$ 次谐波的振幅，其幅角就是第 $n$

次谐波的初相角。所以，对于时间函数表达式已知的周期性信号，我们很容易通过式（A1.15）求出它的频谱。

下面我们以周期性方波的频谱结构为例，来说明周期性信号频谱的特点。图 A1.19 是周期性方波的时域图，图中 $T$ 为方波的周期，$A$ 为方波的幅度，$\tau$ 为方波的宽度。其时间函数表达式可写为：

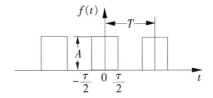

$$f(t) = \begin{cases} A & \text{当}(-\frac{\tau}{2}+nT) \leq t \leq (\frac{\tau}{2}+nT) \text{ 时} \\ & (\text{其中 } n=0, \pm 1, \pm 2, \pm 3, \cdots) \\ 0 & \text{其他时间} \end{cases} \qquad (A1.16)$$

图 A1.19　周期性方波的时域图

我们利用式（A1.15）求得其各次谐波的振幅为：

$$A_n = \left| \frac{2A\sin(n\pi F_0 \tau)}{n\pi} \right| \qquad (A1.17)$$

式中 $F_0 = 1/T$ 是基频。例如，当 $T = 2\tau$ 时，$F_0 = 1/2\tau$，代入式（A1.17）得各次谐波的振幅为：

$$A_n = \left| \frac{2A\sin\frac{n\pi}{2}}{n\pi} \right| \qquad (A1.18)$$

由式（A1.18）可以明显地看出，当 $T = 2\tau$ 时，偶次谐波为零。图 A1.20 是根据式（A1.18）画出的周期性方波的频谱结构示意图，图中只画到第六次谐波。

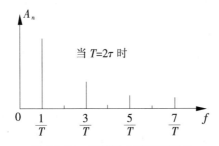

图 A1.20　周期性方波的频谱图

由图 A1.20 可见，周期性信号的频谱是离散的线状频谱。周期性信号由无穷多个简谐振荡组成，各谐波之间的频率有着简单的倍数关系。当然，有些谐波可以没有，即它们的幅度为零，但这并不破坏频谱的谐波性。

② 非周期信号的频谱。非周期信号可以认为是周期信号的周期趋于无穷大时的情况。在这种情况下，式（A1.14）可演变为：

$$f(t) = \int_{-\infty}^{+\infty} G(f) e^{j2\pi ft} df \qquad (A1.19)$$

式中

$$G(f) = \int_{-\infty}^{+\infty} f(t) e^{-j2\pi ft} dt \qquad (A1.20)$$

式（A1.20）从量的方面说明，非周期信号可以用傅里叶积分表示为无穷多个，其频差为无限小的谐波分量之和。$G(f)$ 所直接表示的并不是振幅，而是所谓频谱密度，也称频谱函数。可是通常忽略这一细节，而称 $G(f)$ 为非周期信号的复数频谱，它的模数便称为频谱。下面我们以一个矩形脉冲的频谱结构为例来说明非周期信号频谱的特点。

图 A1.21 是一个矩形脉冲的时域图，图中 $A$ 为矩形脉冲的幅度，$\tau$ 为矩形脉冲的宽度。其时间函数表达式可写为：

$$f(t) = \begin{cases} A & \text{当} -\frac{\tau}{2} \leq t \leq +\frac{\tau}{2} \text{时} \\ 0 & \text{其他时间} \end{cases} \qquad (A1.21)$$

我们利用式（A1.20）求得其频谱函数为：

$$G(f) = \left| \frac{A}{\pi f} \sin(\pi f \tau) \right| \qquad (A1.22)$$

图 A1.22 是根据式（A1.22）画出的矩形脉冲的频谱图。由图 A1.22 可见，非周期信号的频谱是连续频谱。

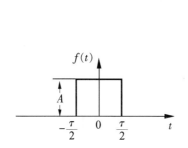
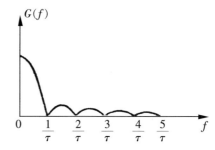

图 A1.21　矩形脉冲的时域图　　　图 A1.22　矩形脉冲的频谱图

但需要指出的是，有的非周期信号也具有线状频谱。例如，由频率为 $f$ 和 $\sqrt{2}f$ 两个正弦波相加组成的复杂振荡波，显然不是周期性的，但其频谱却是离散的，由两条谱线构成（哈尔凯维奇，1958）。

至此，我们已经结束了对非周期信号频谱特点的讨论。现在让我们再对式（A1.19）和式（A1.20）做一简要说明。式（A1.19）与式（A1.20）称为傅里叶变换，式（A1.20）称作正变换，式（A1.19）称作反变换。这一对傅里叶变换表明了频率观念和时间观念互相对应。可见，信号时间函数 $f(t)$ 和它的频谱函数 $G(f)$ 是同时表明这个信号特征的两个方面。

③ 即时频谱（哈尔凯维奇，1958）。式（A1.20）表示信号的频谱密度，由该式可知，为了求出频谱，必须在无限大的时间范围内进行积分。这一点在原则上是可能的，只要函数 $f(t)$ 在其整个无限伸展的时间轴上是已知的话。但是，假如函数 $f(t)$ 所反映的乃是我们观察的对象——某一实际的物理过程，并且在理论上不可能准确地预测这整个

过程的进程，那么我们只能根据自己观察的结果来了解 $f(t)$ 的一些情况，而这种观察永远是在有限的时间内持续进行的。因此，我们并不能如式（A1.20）所要求的那样在无限的时间范围内来完成积分，而只能做从观察开始时起至当下时刻为止的一段时间范围内的积分。经过这样改变之后的频谱定义成为：

$$G_t(f) = \int_0^t f(t)\ e^{-j2\pi ft} dt \tag{A1.23}$$

$G_t(f)$ 被取名为即时频谱。它不仅是频率的函数，而且又是时间的函数。下面，我们以一小段简谐波的频谱结构为例，来说明即时频谱的特点。

图 A1.23 是一小段简谐波的时间波形图。图中 $A$ 是简谐波的振幅，$\tau$ 是这段简谐波的持续时间。其时间函数可表示为：

$$f(t) = \begin{cases} A\cos(2\pi f_0 t) & \text{当 } -\dfrac{\tau}{2} \leqslant t \leqslant +\dfrac{\tau}{2} \text{ 时} \\ 0 & \text{其他时间} \end{cases} \tag{A1.24}$$

我们用式（A1.23）求得其频谱函数为：

$$G_t(f) = \frac{A\tau}{2} \times \frac{\sin[\pi(f_0-f)\tau]}{\pi(f_0-f)\tau} + \frac{A\tau}{2} \times \frac{\sin[\pi(f_0+f)\tau]}{\pi(f_0+f)\tau} \tag{A1.25}$$

图 A1.24 是根据式（A1.25）画出的一小段简谐波的频谱示意图，图中只做了简单的标示。

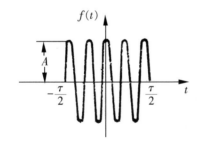
图 A1.23　一小段简谐波的时间波形图

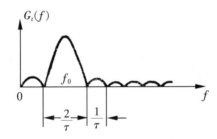
图 A1.24　一小段简谐波的频谱示意图

由图可见，一小段简谐波的即时频谱不是一条孤立的谱线，而是由主瓣和许多旁瓣组成的连续频谱。主瓣的频带宽度比旁瓣的频带宽度大一倍，它可以由下式表示：

$$\Delta f = \frac{2}{\tau} \tag{A1.26}$$

主瓣中心频率 $f_0$ 是简谐波的频率，其频谱密度最大。假定 $\tau$ 的数值为简谐波周期 $T_0$ 的整数倍，我们从式（A1.25）导出 $f_0$ 处的频谱密度，即频谱密度最大值的表达式为：

$$G_t(f_0) = \frac{A\tau}{2} \tag{A1.27}$$

由以上讨论可知，一小段简谐波的频谱性质与这一小段简谐波时长，即其持续时间 $\tau$ 有关。当持续时间非常短时，其频谱将是均匀的连续谱，显示不出什么"谐波性"，即"谐波性"很差；当持续时间稍长时，其频谱如图 A1.24 所示；当持续时间很长，乃至趋于无穷大时，其频谱将如图 A1.18 所示，为一单一的谱线。

(2) 分析滤波器的性能

以上介绍了频谱概念，那么，怎样具体确定一个信号的频谱呢？无疑，如果已经知道它的时间函数表达式，就能用傅里叶级数或傅里叶积分求出它的频谱。但我们的研究对象，如语音信号，实际是一个物理过程，事先并不知道它的时间函数表达式。为了尽快得到分析结果，我们可以不去探讨它的时间函数形式，而是把它作用在某种物理仪器（所谓频谱分析器）上，用实验方法实现傅里叶展开。大家知道，频谱分析器的主要部件是带通滤波器。一个带通滤波器实际上就相当于一个共振电路，其传输频响曲线如图 A1.25 所示。图中 $f_0$ 称为带通滤波器的中心频率，$f_1$ 为下限频率，$f_2$ 为上限频率，$f_1$ 和 $f_2$ 处的频响比曲线中的最高点（或平坦部分）低 3 dB，这两个频率之差：

$$B = f_2 - f_1 \tag{A1.28}$$

就是此带通滤波器的带宽，从 $f_1$ 到 $f_2$ 之间的频带称为此滤波器的通带。可以想象，一个由许多分音所组成的复合波通过它时，分音频率太低和太高的成分都通不过，只有处在通带内的分音才能通过。带通滤波器的输出就表征复合波在 $f_c$ 附近有无分音以及该分音振幅有多大。

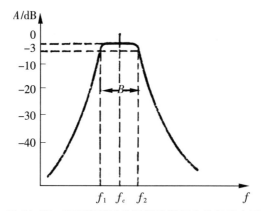

图 A1.25　声频测量用带通滤波器频率特性示意图

一个带通滤波器的性能主要由中心频率 $f_c$、带宽 $B$ 和响应时间（或时间窗孔）来表征。按照国际电工委员会（IEC）的规定，滤波器的中心频率和带宽之间应有下述关系（管善群，1982）：

$$B = f_2 - f_1 \text{（同前式）}$$
$$f_c = \sqrt{f_1 \cdot f_2} \tag{A1.29}$$

对于倍频程滤波器有：

$$\frac{f_2}{f_1} = 2^1 = 2 \tag{A1.30}$$

由式（A1.28）、式（A1.29）和式（A1.30）可知，倍频程滤波器的带宽与其中心频率之比：

$$\frac{B}{f_c} = \frac{f_2 - f_1}{\sqrt{f_1 \cdot f_2}} \approx 0.707 = 70.7\% \tag{A1.31}$$

对于 1/3 倍频程滤波器则有：

$$\frac{f_2}{f_1} = 2^{\frac{1}{3}} \approx 1.2599 \qquad (A1.32)$$

由式（A1.28）、式（A1.29）和式（A1.32）可知，1/3 倍频程滤波器的带宽与其中心频率之比：

$$\frac{B}{f_c} = \frac{f_2 - f_1}{\sqrt{f_1 \cdot f_2}} \approx 0.232 = 23.2\% \qquad (A1.33)$$

实际使用的频谱分析器，有的采用中心频率可变的滤波器，其中心频率的变化范围覆盖着确定的频段；有的采用外差式滤波器，其中心频率固定不变，而通过改变载频频率逐渐对信号进行频谱分析；有的采用成套滤波器，每个滤波器都有自己的中心频率和上、下限频率，它们共同覆盖确定的频段。表 A1.1 列出了中心频率在 31.5～16 000 Hz 范围内的倍频程滤波器系列的规范频率，在这个范围内包含 10 个滤波器（管善群，1982）。如表所示，每个滤波器的上限频率都约等于下限频率的 2 倍，邻接滤波器的中心频率、带宽、下限频率和上限频率也都约等于前一个滤波器相应参数的 2 倍，而带宽与中心频率之比都约等于 0.7。表 A1.2 列出了 1/3 倍频程滤波器系列的 17 个滤波器的规范频率。如表所示，每个滤波器的上限频率都约等于下限频率的 1.26 倍，相邻滤波器的中心频率、带宽、下限频率和上限频率也大都约等于前一个滤波器相应参数的 1.26 倍，而带宽与中心频率之比都约等于 0.23。这种滤波器系列由更多的滤波器组成，例如，中心频率在 25～16 000 Hz 范围，包含近 30 个滤波器（管善群，1982）。

表 A1.1　倍频程滤波器规范频率

| 标称中心频率/Hz | 三分贝带宽/Hz | 通带下限频率/Hz | 通带上限频率/Hz |
| --- | --- | --- | --- |
| 31.5 | 22.3 | 22.4 | 44.7 |
| 63.0 | 44.5 | 44.6 | 89.2 |
| 125.0 | 89.0 | 89.0 | 178.0 |
| 250.0 | 177.0 | 178.0 | 355.0 |
| 500.0 | 355.0 | 354.0 | 709.0 |
| 1 000.0 | 707.0 | 707.0 | 1 414.0 |
| 2 000.0 | 1 411.0 | 1 411.0 | 2 822.0 |
| 4 000.0 | 2 815.0 | 2 815.0 | 5 630.0 |
| 8 000.0 | 5 616.0 | 5 617.0 | 11 233.0 |
| 16 000.0 | 11 206.0 | 11 207.0 | 22 413.0 |

各种分析滤波器系列可归结为恒定带宽滤波器系列和恒定百分率带宽滤波器系列两类。所谓恒定带宽滤波器系列，是说每个分析通道的分析滤波器的带宽在数值上是相等

的；所谓恒定百分率带宽滤波器系列，是说每个分析通道的分析滤波器的带宽是相对恒定的，即带宽与中心频率之比完全相同，都等于某一个百分数。例如，百分之一带宽滤波器系列，就是每个滤波器的带宽与中心频率之比都等于百分之一。又如，以上介绍的倍频程滤波器系列和 1/3 倍频程滤波器系列，也都属于恒定百分率带宽滤波器系列，它们理论上的恒定百分率分别为 70.7% 和 23.2%。

表 A1.2  1/3 倍频程滤波器规范频率（部分）

| 标称中心频率/Hz | 三分贝带宽/Hz | 下限频率/Hz | 上限频率/Hz |
| --- | --- | --- | --- |
| 25.0 | 5.8 | 22.4 | 28.2 |
| 31.5 | 7.3 | 28.2 | 35.5 |
| 40.0 | 9.2 | 35.5 | 44.7 |
| 50.0 | 11.6 | 44.7 | 56.3 |
| 63.0 | 14.6 | 56.2 | 70.8 |
| 80.0 | 18.4 | 70.8 | 89.2 |
| 100.0 | 23.0 | 89.1 | 112.0 |
| 125.0 | 29.0 | 112.0 | 141.0 |
| 160.0 | 37.0 | 141.0 | 178.0 |
| 200.0 | 43.0 | 178.0 | 224.0 |
| 250.0 | 58.0 | 224.0 | 282.0 |
| 315.0 | 73.0 | 282.0 | 355.0 |
| 400.0 | 92.0 | 355.0 | 447.0 |
| 500.0 | 116.0 | 447.0 | 563.0 |
| 630.0 | 146.0 | 562.0 | 708.0 |
| 800.0 | 184.0 | 708.0 | 892.0 |
| 1 000.0 | 232.0 | 891.0 | 1 122.0 |

以上简略介绍了对分析滤波器的规范要求。在各种现成的仪器中，分析滤波器是给定的，有的还提供多种选择。那么，在实际频谱分析中，我们应该怎样选择仪器和分析滤波器呢？这首先要看被分析信号的性质，其次是分析的目的。譬如分析语音信号，应该选用音频范围的仪器，但在分析中采用不同的滤波器会产生不同的效果。下面，我们从理想滤波器的频域特性和时域特性的比较出发，来讨论怎样选择分析滤波器的问题。

图 A1.26 是一个理想带通滤波器的频域特性示意图。为了便于以下运算引用，图中也画出了负频率轴上的相应谱图。图中 $f_c$ 为滤波器的中心频率，$B$ 为带宽。其频谱函数可用下式表示：

$$G(f) = \begin{cases} 1 & \text{当} (f_c - B/2) \leq f \leq (f_c + B/2) \text{ 时} \\ 1 & \text{当} -(f_c + B/2) \leq f \leq +-(f_c - B/2) \text{ 时} \\ 0 & \text{在其他频率时} \end{cases} \quad (A1.34)$$

我们利用式（A1.19）导出其时间函数表达式为：

$$f(t) = A(t)\cos(2\pi f_c t) \tag{A1.35}$$

式中

$$A(t) = 2B \times \frac{sin(\pi Bt)}{\pi Bt} \tag{A1.36}$$

表示理想带通滤波器的时间响应特性。图 A1.27 是根据式（A1.35）画出的理想带通滤波器的时域特性示意图。图中虚线为包络线，它由式（A1.36）给出，它描述理想带通滤波器的时间响应特性。由图可见，理想带通滤波器的响应时间，即幅度由零上升到最大值所需的时间：

$$T_R = 1/B \tag{A1.37}$$

同样，幅度从最大值下降到零，也需要 $1/B$ 时间。由此可知，在幅度最大值两侧最近的两个零点之间的时间间隙

$$T_D = 2/B \tag{A1.38}$$

我们把这定义为理想带通滤波器的时间窗孔，它表征滤波器的分析时间。

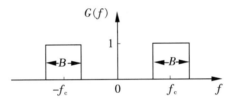

图 A1.26　理想带通滤波器的频域特性示意图

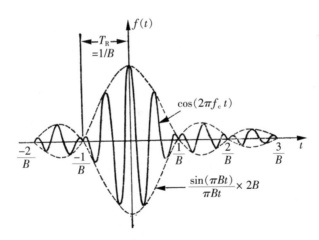

图 A1.27　理想带通滤波器的时域特性示意图

从以上讨论可知，带通滤波器的时间窗孔 $T_D$ 即分析时间，与带宽 $B$ 成反比。所以，对带宽较宽的滤波器来说，信号通过它所需分析时间较短，即时间分辨能力较高。但从即时频谱的角度看，分析时间短就意味着信号的持续时间短，因而其频谱的"谐波性"较差，即频率分辨能力差。而对于带宽较窄的滤波器来说，信号通过它所需的分析时间较长，即时间分辨能力较低，但从即时频谱的角度来看，分析时间长意味着信号的持续时间长，因而其频谱的"谐波性"较好，即频率分辨能力较好。

因此，在进行频谱分析时，选择带宽适宜的分析滤波器是很重要的。为进一步说明这个问题，我们根据式（A1.37）和式（A1.38）计算了四个带通滤波器的响应时间和时间窗孔数值，均列于表 A1.3。表中所列四个滤波器，在美国 Kay 公司 7800 型数字语图仪中都能见到。45 Hz 带宽滤波器，其理论时间窗孔为 44.4 ms，是语言带音信号周期的数倍，所以频率分辨能力较高，能够分辨语言带音部分的谐波频谱成分，它是语图仪常用频段中惯用的"窄带"滤波器。300 Hz 带宽滤波器，其理论时间窗孔为 6.6 ms，可与带音信号的时间周期相比，所以时间分辨能力较高，它是语图仪常用频段中惯用的"宽带"滤波器。10 Hz 带宽滤波器，是 7800 型数字语图仪分析滤波器的选件，其理论时间窗孔为 200 ms，相当于汉语某些较短音节的时长，所以它虽然有更高的频率分辨力，也不宜广泛用来分析汉语带音信号的谐波频谱结构，而宜于用来分析稳态和喉科疾患嗓音等信号的谐波频谱成分。500 Hz 带宽滤波器，也是 7800 型数字语图仪分析滤波器的选件，其理论时间窗孔为 4 ms，与 250 Hz 带音信号的时间周期相当，可作为基频高于 250 Hz 的童声、女声等语音信号的宽带分析滤波器。

表 A1.3 四个滤波器的参数

| $B$/Hz | $T_R$/ms | $T_D$/ms |
| --- | --- | --- |
| 10 | 100.0 | 200.0 |
| 45 | 22.2 | 44.4 |
| 300 | 3.3 | 6.6 |
| 500 | 2.0 | 4.0 |

（3）频谱仪的构造

用来进行频谱分析的仪器装置通称为频谱仪。一套完整的频谱分析装置，归纳起来，至少包括"信号记录器""频谱分析器"和"频谱显示器"（或"频谱记录器"）三个部分，如图 A1.28 所示。这三个部分可以是独立的仪器装置，而由研究人员根据使用需要自行选配组装。但在现成的频谱仪中，这三部分是配套成一体的，研究人员能够直接使用。

图 A1.28 频谱仪主要部件方框图

① 信号记录器。频谱仪在操作时，首先要把信号录存到机内信号记录器上，然后才能进行分析。在模拟电路设计中，信号记录器类似于录音机或者就是一台录音机，把感兴趣的信号首先录在一圈磁带或磁盘上，以便循环放音，输送给频谱分析器分析。信号记录器设有多种频率范围，在录音时可根据研究对象的性质适当选择。在数字电路设计中，信号记录器是数字存储器，首先把信号经过模数转换存入数字存储器，以备分析。

下面我们简要介绍 7800 型数字语图仪的信号记录器。图 A1.29 是 7800 型数字语图仪做三维分析时的主要机能方框图，图中 A/D、64K 存储器、D/A 等部分共同构成信号记录器：信号经过模数转换后存入 64 K 字（10 比特字长）存储器，然后再经过数模转换，输送给频谱分析器分析。该机信号记录器的有关数据示于表 A1.4。表中列出了六种频率范围所对应的取样速率、存储时间和放音速率。例如，在常用的 8 kHz 频率范围档操作，能够存储频率为 0~8 kHz 的信号。该档的取样速率为 25.6 kHz，即样品的时间周期为 1/25.6 ms，所以存满 64 K（1 K = 1 024）地址的时间长度为 2.56 s，也就是说，存储时间为 2.56 s；用〈PLAY〉键放音时，放音速率与取样速率相同，也为 25.6 kHz，此时可凭听觉检查"录音"质量，或从听觉上进行必要的研究；〈ANALYZE〉键是分析放音键，用该键放音时，分析放音速率是 307.2 kHz，可以推算，每次循环放音（即每取 64 K 数据）费时约 0.214 s。由表 A1.4 所列的数据可知，不论在哪个频率范围档操作，分析放音速率都比取样速率高若干倍，所以分析放音信号的频率数值都相应地比自然信号的频率数值提高若干倍：对于 16 kHz 频率范围档，分析放音速率是取样速率的 6 倍，所以分析放音信号的频率范围是 0~16×6 kHz；对于 8 kHz 频率范围档，分析放音速率是取样速率的 12 倍，所以分析放音信号的频率范围是 0~8×12 kHz……对于 0.5 kHz 频率范围档，分析放音速率是取样速率的 192 倍，所以分析放音信号的频率范围是 0~0.5×192 kHz。因此，不论在哪个频率范围档操作，分析放音信号的频率都是 0~96 kHz。

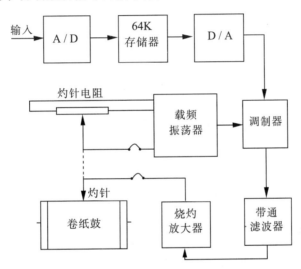

图 A1.29　7800 型数字语图仪做三维分析时的主要机能方框图

表 A1.4　7800 数字语图仪信号记录器的参数

| 频率范围/kHz | 取样速率/kHz | 存储时间/s | 放音速率/kHz | |
| --- | --- | --- | --- | --- |
| | | | 〈PLAY〉 | 〈ANALYZE〉 |
| 16.0 | 51.2 | 1.28 | 51.2 | 307.2 |
| 8.0 | 25.6 | 2.56 | 25.6 | 307.2 |
| 4.0 | 12.8 | 5.12 | 12.8 | 307.2 |
| 2.0 | 6.4 | 10.24 | 6.4 | 307.2 |
| 1.0 | 3.2 | 20.48 | 3.2 | 307.2 |
| 0.5 | 1.6 | 40.96 | 1.6 | 307.2 |

② 频谱分析器。频谱分析器是频谱仪的心脏。信号记录器所记录的信号，经过它以后，频谱成分被识别和提取。模拟频谱分析器有四种型式可供选择（Randall, 1977）。

a. 分立的步进滤波分析器。图 A1.30 表示一个分立步进滤波分析器的简单方框图。信号经过输入放大器放大之后，并行地送入一排固定滤波器，这些滤波器按中心频率大小顺序排列，共同覆盖感兴趣的频率范围。在一排滤波器之后有一个检波器，它按顺序依次与各个滤波器的输出端相连,依次测量各频带内的输出功率。各滤波器的步进转换开关受频谱记录器控制,并与之同步。

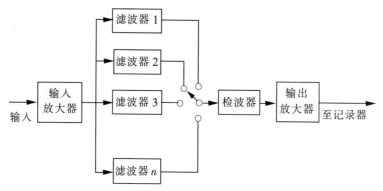

图 A1.30　分立步进滤波分析器方框图

b. 扫描滤波分析器。做窄带频谱分析,普遍采用一个中心频率可调节的滤波器,如图 A1.31 所示的形式。滤波器中心频率受频谱记录器控制。这种分析器也是按顺序依次提取输入信号的各频谱成分。

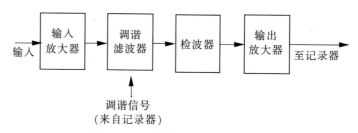

图 A1.31　扫描滤波分析器方框图

c. 实时并联分析器。图 A1.32 是实时并联分析器简单方框图。信号加到一排并联的滤波器-检波器通道,各个通道同时分析。可以认为信号的各个频谱成分是同时获得的。这种分析器获得某个完整频谱是与同样信号部分并行的,所以它不仅能够跟随变化的信号,而且也能比上述两种顺序分析器快得多地获得信号频谱。

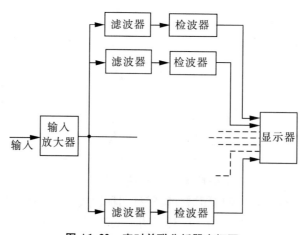

图 A1.32　实时并联分析器方框图

d. 时间压缩分析器。我们知道,频谱分析器一旦选定了分析滤波器,其分析时间就被确定。在我们的讨论中,$T_D = \dfrac{2}{B}$,$T_D$ 是一个滤波器的分析时间,它与带宽 $B$ 成反比。在实用的频谱仪中,常采用外差式滤波器,所以 $T_D$ 也就是一个通道(或称一条线)的分析时间。在实际操作时,为了获得一个信号的完整频谱,往往需要进行数百个通道(或称数百条线)的分析。所以在自然方式下进行频谱分析,所需的时间是很长的。例如,带宽为 45 Hz 的滤波器,时间窗孔为 44.4 ms,用它对一个 44.4 ms 的信号进行 400 个通道(或称 400 条线)的分析,所需的时间为 17.76 s;如果要对一个 44.4 s 的信号相继进行频谱分析,所需的分析时间就得 17 760 s。显然,这种自然分析方式不宜用来进行大量的频谱分析实验。所以在现成的频谱仪中,大多采用通行的时间压缩分析器,大大压缩分析时间。时间压缩分析器的大致原理如下:如前所述,分析带通滤波器的时间窗孔,即分析时间,由带宽决定。在我们的讨论中,$T_D = \dfrac{2}{B}$。由此可知,能够通过增加分析滤波器带宽来缩短分析时间。譬如,把滤波器带宽设计为自然分析方式时带宽的 $M$ 倍,则分析时间 $T_D = \dfrac{2}{MB}$ 便压缩了 $M$ 倍。但此时的时间分辨能力和频率分辨能力也都相应改变,因此还得不到预期的频谱。所以,为了不改变时间分辨能力和频率分辨能力,即为了得到预期的频谱,再把信号记录器的分析放音速率设计为录音速率的 $M$ 倍,便可真正达到把分析时间压缩 $M$ 倍的目的。$M$ 称为时间压缩比。对于采用模拟电路设计的信号记录器来说,$M$ 能够达到的数值是相当有限的,通常是 10 数量级。对于采用数字电路设计的信号记录器来说,$M$ 可以做得很大,很容易达到几千。可以想象,当 $M$ 选取某一个数值,使各个通道分析时间的总和等于被分析信号的时长时,便实现了所谓实时分析。

下面,我们简要介绍一下语图仪的频谱分析器。首先要说的是,语图仪的频谱分析器是一种时间压缩型分析器。譬如 7800 型数字语图仪,在常用的 8 kHz 频率范围档,面板上标示有 10、45、150、300 和 500(Hz)五种带宽滤波器供选用,这些带宽数值都是对自然信号而言的预期数值。而在分析电路中,实际的设计带宽分别为 120、540、1 800、3 600 和 6 000(Hz),都是相应的自然信号预期带宽的 12 倍。所以按照前述关系式推算,"实际分析时间"都比"预期分析时间"压缩 12 倍,即 $M = 12$。同时,在该频率范围档操作时,分析放音速率是录音速率(取样速率)的 12 倍,这使分析放音信号的频率数值比相应的自然信号的频率数值提高了 12 倍,即分析放音信号的时间周期比相应的自然信号的时间周期压缩了 12 倍。因此,"实际分析时间"所包含的信号周期数与"预期分析时间"所包含的信号周期数是相同的,所以时间分辨能力和频率分辨能力与预期的一样,没有改变。语图仪的频谱分析器主要由调制器、载频振荡器和带通滤波器组成(见图 A1.29),其频谱分析原理如图 A1.33 所示。图 A1.33(A)是频谱分析器示意图,图中 $u_1$ 表示调制器的输入信号电压,$u_2$ 表示载频信号电压,$u_3$ 表示调制器的输出电压,$u_4$ 表示滤波器的输出电压。图 A1.33(B)是频谱分析器各点的波形和频谱示意图。这里假定 $u_1$ 是一个频率为 $f$ 的正弦信号、$u_2$ 是一个频率为 $F$ 的正弦信号,$u_1$ 经过 $u_2$ 调制之后形成 $u_3$。$u_3$ 中包含有 $F-f$,$F+f$,$3F-f$,$3F+f$…等许多新的频率成分,其中 $F-f$ 和 $F+f$ 称为下边频和上边频,它们都运载着 $f$ 成分的信息,提取 $F-f$ 或 $F+f$ 成分就相当于提取 $f$ 成分。$u_3$ 与后面的带通滤波器耦合,而带通滤波器的中心频率是 $F-f$,所以允许下边频通过,这就

达到了提取 $f$ 成分的目的。实际上，语图仪在做三维分析时，$u_1$ 乃是信号记录器中的分析放音信号。对于 7800 型数字语图仪来说，$u_1$ 的频率范围被限定为 0～96 kHz，至于具体包含什么频率成分，事先当然是不知道的，这也就是频谱分析要解答的问题；$u_2$ 由载频振荡器产生，受灼针电阻触点上的电压控制，对于 7800 型数字语图仪来说，当灼针在针架一端时，对应的载频频率是 200 kHz，当灼针逐渐向前移动时，对应的载频频率也逐渐增加，经过大约 400 条线后，灼针到达针架的另一端，此时对应的载频频率是 296 kHz，即载频的变化范围是 200～296 kHz；带通滤波器也是给定的，对于 7800 型数字语图仪来说，带通滤波器的中心频率是 200 kHz，也就是只允许 200 kHz 附近的频率成分通过。我们知道，语图仪在分析操作时，是循环放音逐线进行分析的，要获得一个信号的完整频谱，一般需要进行 400 条线分析。所以在操作过程中，200～296 kHz 载频恰与 0～96 kHz 分析放音信号一一对应，分析放音信号的各个频率成分，经过相应载频的调制后，下边频都等于 200 kHz，都能通过滤波器而被提取。

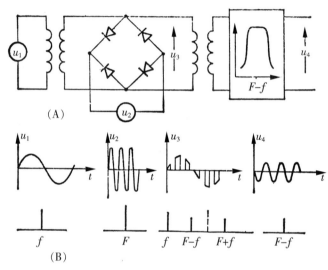

**图 A1.33　语图仪频谱分析原理示意图**
(A) 频谱分析器；(B) 各点的波形和频谱

③ 频谱显示器（或记录器）。频谱显示器（或记录器）是频谱仪的终端部分，频谱分析器所分析的结果由它显示为谱图。显示谱图的方式有两类：一类是电子扫描显示，由屏幕显示谱图，这种显示方式能够适应实时或快速频谱分析进程的要求，很快地显示谱图，但要获得永久性记录还需要通过照相或另用专门的记录器记录谱图；另一类是机械绘图显示，由专门的记录器在记录纸上自动地画出谱图，这种显示方式能够适应一般频谱分析进程的要求，把分析结果同步地记录下来。例如，语图仪的频谱记录器，就属于机械绘图显示方式，对于 7800 型数字语图仪来说，其频谱记录器名为 7900 型绘图器，主要由烧灼放大器、灼针机构、灼针、电感纸、卷纸鼓和马达传动系统等部分组成（见图 A1.29）。频谱分析器各条线的分析结果，依次地经过烧灼放大器放大并加给灼针，灼针与卷纸鼓上的电感纸接触，构成检波回路，于是同步地在电感纸上灼出痕迹，显为谱图。

频谱显示器（或记录器）所显示（或记录）的谱图构形与频谱分析器的性能及所选用的频率标度型式等多种因素有关。在现成频谱仪中，分析滤波器系列往往是给定的，也就是说，分析器的性能是确定的，而频率标度形式是任选的，操作者可自行选用线性频率标度或对数频率标度等等。因此，同一个信号，用不同的频谱仪去分析，所得谱图的构形是有差别的，就是用同一个频谱仪分析，当选用不同的频率标度时，所得谱图的构形也将是不一样的。下面，我们仅以图 A1.34 来说明用恒定带宽分析器和恒定百分率带宽分析器配以不同频率标度，分析包含 200、400、600 和 800 Hz 频率成分的同一个信号时，所得谱图在频率轴的差异。图 A1.34（A）是根据 45 Hz 恒定带宽滤波器系列和线性频率标度的要求，所绘制的 200、400、600 和 800 Hz 四个等幅频率成分的频谱示意图。图 A1.34（B）是根据恒定百分率为 23.2% 的恒定百分率带宽滤波器系列（即 1/3 倍频程滤波器系列）和线性频率标度的要求，所绘制的上述四个频率成分的频谱示意图。图 A1.34（C）和（D）是分别根据恒定带宽分析器、对数频率标度和恒定百分率带宽分析器、对数频率标度的要求，所绘制的上述四个频率成分的频谱示意图。由图 A1.34 可见，在线性频率标度时，恒定带宽分析器对各频率分量给出一致的频率分辨能力，且各谐波谱图之间的间隔相等。而在对数频率标度时，恒定百分率带宽分析器对各频率分量虽给出了一致的分辨能力，但各谐波谱图之间的间隔不相等。在另外两种条件下，即恒定带宽分析器在对数频率标度时及恒定百分率带宽分析器在线性频率标度时，对各频率分量都不能给出一致的分辨能力。因此，在实际频谱分析中，如果要求谱图有一致的分辨能力，则对于恒定带宽分析器应该选用线性频率标度，而对于恒定百分率带宽分析器应该选用对数频率标度。另外，需要指出的是，对于中心频率固定的分析滤波器系列来说，如倍频程滤波器系列和 1/3 倍频程滤波器系列等，每个滤波器都有确定的中心频率数值，只对频率数值与中心频率相符

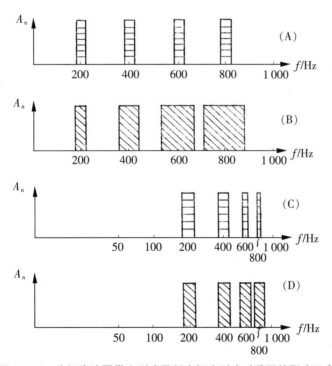

**图 A1.34　分析滤波器带宽型式及频率标度型式对谱图的影响示意图**
　　（A）条件——恒定带宽分析器、线性频率标度
　　（B）条件——恒定百分率带宽分析器、线性频率标度
　　（C）条件——恒定带宽分析器、对数频率标度
　　（D）条件——恒定百分率带宽分析器、对数频率标度

的成分有最佳的分析效果。但实际信号是千变万化的,每个分量不可能都有对应的中心频率相符的滤波器,有的分量还可能落在两个相邻滤波器特性的交界处,甚至两个分量落于同一个滤波器的通带内,因此所得分析结果是不甚准确的。

### A1.2.5 语图仪

我们已在频谱分析一节穿插介绍了语图仪的构造、原理,本节仅简要介绍语图仪的用途和功能。

(1) 语图仪的用途

语图仪是第二次世界大战期间美国贝尔电话实验室发明的,后来由美国 KAY 电气公司开始制造经销,称为 KAY 语图仪(吴宗济,1963)。我国一些科研单位和大学的语音实验室使用的大多是 KAY 语图仪,目前用得较多的是 7029A 型一类的语图仪和 7800 型数字语图仪。

语图仪是一种动态音频频谱分析仪,它能把声音信号转变为可见图谱,我们可以从图谱来观测声音信号的频率、幅度和时间等物理参量以及这三者之间的动态关系,从而了解被测声音信号的声学本质。另外,新式的语图仪,如 7800 型数字语图仪,能够直接分析的信号可以超出音频范围,并且还有许多其他功能。语图仪由于设计独特和操作方便,所以用途非常广泛。在语言研究方面,语图仪可用来进行语音研究、语音教学等。在通信工程方面,语图仪是研究信息源的有力工具,可为频带压缩、多路通信、语言合成以及保密通信等提供基础资料。在自动控制方面,语图仪可为研究、设计语言自动控制设备、自动翻译、语言打字机等提供必要的参考数据。在机械制造方面,语图仪可用来分析、研究机械振动和噪声,是进行结构分析的有用工具。在医学方面,语图仪可用来记录、分析心跳和脑电波,还可用来帮助诊断歌唱家、播音员等声乐工作者的喉科疾患,从而校正其发音等。在动物学、水声学、地球物理学、水下声学和地震等方面,也都可以使用语图仪对有关信号进行分析和研究。总之,凡是声音信号都能使用语图仪进行分析和研究。

(2) 7800 型数字语图仪的功能

多年来,语图仪的设计不断改进,其功能也不断扩充。例如,美国 KAY 公司近几年推出的 7800 型数字语图仪采用了数字电路和模拟电路的混合技术,更为轻便、实用。它不仅具备老式语图仪的常规功能,而且还增加了多种其他功能。下面,我们一并做些介绍。

① 图谱显示功能。7800 型数字语图仪对已存入数字存储器的信号可以用 6 种不同方式进行分析,显示出 6 种不同的图谱:

a. 时间波形:它表示信号的时域特性。图版 A1.1(c)是普通话"沙地"两个音节的时间波形图,纵向表示幅度,横向表示时间。通常,时间波形图显示在语图纸的 5/8 以上部分,但在实际操作时,可在更大的纵向范围做幅度扩展显示。时间波形图也能做横向扩展显示,在 16 kHz 音频范围内,有 8 种不同的时间扩展显示规格,最小的时间轴扩展是 2 倍的扩展,其次是 6 倍的扩展……最大的时间轴扩展是 384 倍的扩展。时间扩展显示将使时间波形图所表现的信号时域特性变得更加明显,如果同时再把它的幅度加以扩展,则所得到的时间波形图将更便于观测和研究。值得指出的是,当需要用时间波形进行幅度量算,以做某些研究时,语图仪应该首先断开高频提升网络,再存储信号(记录信号),以保持信号的原状。

b. 振幅曲线：它实际是信号时间波形的振幅包络线，显示信号振幅随时间的变化。图版 A1.1（a）是普通话"沙地"两个音节的振幅曲线，纵向表示振幅，横向表示时间。在应用上，振幅曲线可用来观测音强。这里也需要指出，当需要用振幅曲线来量算幅度，以研究音强时，语图仪也应该首先断开高频提升网络，再存储信号（记录信号），以保持信号的原状。另外，当需要对多幅振幅曲线进行测量比较时，则在操作时还应该使录音机、语图仪等保持一致的工作状态，这样得到的多幅振幅曲线才有进行比较的基础。

c. 窄带三维图谱：通常称为窄带语图，它显示信号的动态谐波结构，即显示信号的基频和各次谐波依时变化的情况。窄带语图是用带宽较窄的滤波器分析出来的，例如，对 8 kHz 频率范围档，通常选用 45 Hz 带宽滤波器。为了便于观测，窄带语图通常采用频率标度放大方式来做。图版 A1.1（b）是以频率标度放大方式做出的普通话"沙地"两个音节的窄带语图，纵向为频率，横向为时间，灼痕的灰度粗略反映了信号幅度的大小。该图谱最下边的一条谱线表示基频的依时变化，即所谓音高曲线，第二条谱线表示第一次谐波的依时变化，第三条谱线表示第二次谐波的依时变化……它们的间隔是大致相等的，所以在进行基频测量时，为减小测量误差，可测量第 $n$ 条谱线的频率数值，然后再除以 $n$，便得到基频数值。从窄带三维图谱可测量语音的基频变化，进而研究声调、语调等。

d. 功率谱：在老式语图仪中称为断面谱。这种图谱就是我们在频谱分析中所讲的即时频谱，那时我们把信号看作是稳定的，即认为信号各分量的频率和幅度都有确定的数值，因此频谱分析的结果将得到能够代表该信号频域特性的即时频谱。但实际信号是复杂的，如语音信号，其各分量的频率和幅度往往都是随时变化的，所以此时我们得到的即时频谱只能代表某个确定时刻的平均频域特性，而不能代表一个信号的整体频域特性。图版 A1.1（f）是普通话"沙地"两个音节中某时刻的功率谱，图谱的纵向为幅度，横向为频率，谱线之间的间隔等于所选时刻的基频数值。功率谱可用来观测信号在确定时间断面的谐波结构和能量分布。在分析语音信号时，功率谱的各个包络峰就是相应的共振峰，所以，功率谱可用来比较准确地测定各共振峰的频率数值。

e. 宽带三维图谱：通常称为宽带语图。它是用带宽较宽的滤波器分析出来的图谱，例如，在 8 kHz 频率范围档，通常选用 300 Hz 带宽滤波器进行宽带分析。图版 A1.1（d）是普通话"沙地"两个音节的宽带语图，纵向代表频率，横向代表时间，灼痕灰度粗略描述信号的幅度大小。我们从关于滤波器分辨能力的讨论已知，宽带滤波器的时间分辨能力较高，一般能够分辨持续时间为带音周期数量级的瞬间幅度变化，所以宽带三维图谱应由一条条垂直于时间轴的、宽度都相当于滤波器时间窗孔的条纹组成。实际上，我们在宽带语图上看到，带音部分的显示正是一条条垂直的声门脉冲，而一般辅音的显示是冲直条或乱纹或两者兼有。就灰度来说，这些垂直条纹，在不同的频段有深有浅，构成特定的模式，不同声音显示出不同的模式。对辅音来说，灰度大的频段称为强频区；对于元音来说，灰度大的位置形成宽横杠，称为共振峰。在图谱上，从下到上的共振峰分别称为第一共振峰、第二共振峰……有关宽带语图的其他术语，请参看本书第五章和第六章的介绍。在语音研究中，宽带语图能够用来观测音色和音长。

f. 等强度线：如图版 A1.1（e）所示。这种图谱也是一种三维图谱，只是灰度的变化分出层次。它能把动态范围为 42 dB 的强度分为 7 级，强度每差 6 dB 用虚线画出轮廓，并掩以相应的灰度，有如地形图一样。等强度线图谱多用于噪声分析。在语音信号分析中，它可以弥补宽带三维图谱强度不易定量的缺陷，很容易观测不同共振峰的相对强度。

② 电子信号剪接功能。前节已经述及，7800 型数字语图仪的信号记录器通常是一个 64 K 的数字存储器，由 256 个数据块组成，每个数据块包含有 256 个数据点。我们使用面板上的寻址活尺选择这些数据块，即寻找特定的内存位置。内存的任何一部分都可以被分隔或者被单独地回放出来。同时，门电路允许内存中两个分隔的音频信号拼接在一起，从而"产生"新的声音。在进行剪接实验时，首先要把信号存入机内，然后可以凭听觉来选择要剪接的地址，或者做出宽带语图，从语图上粗选要剪接的地址，然后再结合听觉仔细选择。电子信号剪接这个功能在语音研究中大有用处。

③ 双通道存储功能。7800 型数字语图仪具有三种信号储存方式：在通道 1 方式中，全部内存可以用来储存主要信号；在通道 1 和慢通道 2 方式中，每一个第 256 点数据字用来储存慢变化的辅助信号（在 8 kHz 范围内可以高到 50 Hz），这对显示换能器输出或显示与主要信号同步的基频变化曲线是有用处的。低频信号可以直接存入辅助通道存储器中，这个存储器与高频通道精确同步。例如，当数字语图仪与 KAY6087 型音调显示器对接时，基频曲线就能存储并直接显示在语图上。换能器、加速度计和其他低频输入信号也能以频谱显示的形式被分析和显示；在全通道 1 和通道 2 方式中，每隔一个数据字用来储存第 2 通道的内容。这样对每一个通道来说就有效地等分了采样率，于是在每个频率范围档可以存入两个信号。例如，在 16 kHz 频率范围档，能够存入频率高到 8 kHz、时长为 1.28 s 的两个信号。但在全通道 1 和通道 2 方式中，为滤除通道 2 的混叠信号及进行必要的衰减或放大，应在通道 2 接入 7813 型双通道选件。

④ 示波器显示功能。7800 型数字语图仪能够通过 7811 型示波器界面与 KAY9003A 型示波器对接，以便实时地搜索整个内存，选择功率谱或时间波形的屏幕显示。

⑤ 7800 型数字语图仪能够与 7850 型实时语图仪联用。7850 型实时语图仪不具有 7800 型数字语图仪那种分析和显示分辨能力，但它能实时地表示信号的时间历程。在 7800 型数字语图仪储存和分析信号之前，7850 型实时语图仪能用于监视信号，若在 7850 型实时语图仪上看到一帧有意义的信号，马上可以用 7800 型数字语图仪去捕捉和分析那个信号。

⑥ 7800 型数字语图仪能与计算机联用。利用 7812 型计算机界面（IEEE-488）能将数字信号输入到 7800 型数字语图仪的数字存储器中，以待分析并输出图形，但不能通过 IEEE-488 来改变语图仪前面板所设置的键钮位置。输出被安排成类似频谱显示，因频谱分析有很多信息，为有选择地显示、操作、提取特征和处理数字化了的图形输出，还必须写出相应的软件程序。处理不具备 7812 型计算机界面的语图仪图形输出的一种变通办法是，用一数字转换器与微处理机或计算机对接。数字转换器是一种输入装置，它可将图形信息转换成数字值。把一帧有意义的图谱放置在数字转换器上，可以用"电笔"有选择地输入有意义的特征。这种简化了的由操作者提取的数据然后与计算机的内存沟通，用作显示或其后的处理/计算。

## A1.3　语音实验仪器的应用

前面对一些仪器已说明其性能和用途，现在把各类仪器照实验语音学的研究范围，也就是按"言语链"的研究内容分类列出。表 A1.5 是言语链的研究范围与实验仪器的关系，表 A1.6 是几种主要仪器对语音研究所起到的效果。这两个表仅作为建立实验室或进行研究工作的参考。

**表 A1.5　言语链与实验仪器**

（引自 Painter, 1979）

| 言语链 | 实验仪器/研究范围 | 分支语音学 |
|---|---|---|
| a) 中枢神经系统<br>内在程序　电化学<br>学知程序→变化 | 语言学<br>神经解剖学 | |
| 肌肉收缩动作 | 肌电实验 | 发音语音学 |
| 气流起动 | 呼吸计<br>声门下气压实验<br>气流测试 | |
| 发声 | 喉镜装置<br>音高计 | |
| 调音 | X光照相<br>腭位纪录<br>咽鼻口气压<br>气压计 | |
| 空气扰动 | 声图仪　音强计<br>示波器　声级计<br>音高计 | 声学语音学 |
| 听受 | 心理声学<br>听力学 | 听力语音学 |
| 知觉 | 言语知觉<br>语言学 | |

**表 A1.6　几种主要语音实验仪器的用途**

| | 实验仪器 | 元音 | | 辅音 | | | | | | 韵律 | | |
|---|---|---|---|---|---|---|---|---|---|---|---|---|
| | | 舌位 | 音色 | 发音部位 | 发音方法 | 送气/不送 | 清/浊 | 口/鼻 | 过渡音征 | 声调 | 重音 | 长度 |
| 生理分析 | X光照相 | + | | + | + | | | + | | | | |
| | X光电影 | + | | + | + | + | | + | + | | | |
| | 腭位照相 | + | | + | | | | | | | | (+) |
| | 腭位动态仪 | | | + | + | | | + | | | | |
| | 气压、气流计 | | | + | + | + | + | | | | + | |
| | 声带镜 | | | | + | + | | | | + | | |
| | 肌电仪 | | | + | + | | | | | + | + | (+) |

续表

| 实验仪器 | | 元音 | | 辅音 | | | | | | 韵律 | | |
|---|---|---|---|---|---|---|---|---|---|---|---|---|
| | | 舌位 | 音色 | 发音部位 | 发音方法 | 送气/不送 | 清/浊 | 口/鼻 | 过渡音征 | 声调 | 重音 | 长度 |
| 声学分析 | 示波器 | | + | | | + | + | | | + | (+) | + |
| | 语图仪 | + | (+) | + | + | + | + | + | + | + | + | + |
| | 音高计 | | | | | | | | | + | (+) | (+) |
| | 音强计 | | | | | + | | | | (+) | + | (+) |

## 参考文献

管善群（1982）《电声技术基础》，北京：人民邮电出版社。

哈尔凯维奇，A. A.（1958）《频谱和分析》，徐澄波译，北京：人民邮电出版社。

孔江平（2008）《动态声门与生理模型》（英文版），北京：北京大学出版社。

林茂灿（1965）音高显示器与普通话声调音高特性，《声学学报》第2卷第1期。

齐鲁（1961）谈谈现代语音实验方法，《中国语文》第10、11、12期。

王士元（1983）实验语音学讲座，《语言学论丛》第十一辑，北京：商务印书馆。

吴宗济（1963）一种分析语音的重要仪器——语图仪综述，《科学仪器》第1卷第3期。

吴宗济等（1979）实验语音学知识讲话，《中国语文》第1-6期。

周殿福（1954）介绍几种简单的语音学仪器，《中国语文》11月号；又见罗常培、王均《普通语音学纲要》附录一，1957，北京：科学出版社。

周殿福、吴宗济（1963）《普通话发音图谱》，北京：商务印书馆。

Kiritani, S.（1977）Articulatory studies by the X-ray microbeam system, in M. Sawashima & F. S. Cooper（eds.）, *Dynamic Aspect of Speech Production*, University of Tokyo Press, 171.

Kiritani, S., Kakita, K. & Shibata, S.（1977）Dynamic palatography, in M. Sawashima & F. S. Cooper（eds.）, *Dynamic Aspect of Speech Production*, University of Tokyo Press, 159.

Kuzmin, Y. I.（1962）Mobile palatography as a tool for acoustic study of speech sounds, *Report 4th International Congress Acoustics*, Copenhagen, G35.

Painter, C.（1979）*An Introduction to Instrumental Phonetics*, Universtity Park Press.

Randall, R. B.（1977）*Application of B. & K. Equipment to Frequency Analysis*, Bruel & Kiser Publication.

Warren, D. W.（1976）Aerodynamics of speech production, in N. J. Lass（ed.）, *Contemporary Issues in Experimental Phonetics*, New York, Academic Press.

# 附录二 计算机在语音学研究中的应用

电子学、通信技术、计算机技术和信号处理技术等的飞速发展,为语音学的研究提供了许多准确而有效的仪器和手段,使人们对语音特性有了更加深入、全面的了解,而现代语音学的发展,又反过来促进了通信技术和计算机智能化的发展。

本章简要地介绍一下计算机技术在语音学中的应用。首先介绍一点用计算机处理语音信号的基础知识;接着介绍用计算机来分析和提取各种语音参数(如基频、共振峰频率等)的方法;然后介绍语音合成器的基本原理以及在语音感知研究中的用例;最后介绍一些自动语音识别和言语合成的基本原理及其在人-机-人通信中的应用。

## A2.1 语音信号数字处理的基础知识

### A2.1.1 语音信号的数字化

由发音器官发出的语音波是一种连续变化的声波,在信号处理技术中,这样的信号叫作模拟信号。它每时每刻都存在,而某一时刻的幅度值可以在一连续的范围内取任意的数值。然而,在如今的数字计算机中,所处理的信息都是一些由 0 和 1 组成的数字串,经过特定的编码技术把信息加工成为所谓数字信号。因此,要想用计算机来处理或分析语音信号,就必须先把这种模拟信号转换成数字信号;反过来,经计算机加工处理的数字信号又必须转换为模拟信号,才能供人们听取。模拟信号和数字信号之间的这种互相转换过程就分别叫作模数转换(A/D)和数模转换(D/A)。

在图 A2.1 中,输入的模拟信号在进行 A/D 转换前,先通过一个低通滤波器(作用后述)。整个 A/D 转换大体可分成两步(图 A2.2):采样(又叫取样)和量化。所谓采样就是将时间上连续的波形用前后相继的离散的数列来表现的过程。数列中的每一个数叫作一个样点,两样点之间的时间间隔就为采样周期 $T_s$,$T_s$ 的倒数就是采样频率 $F_s$。那么,这样的一串样点能否忠实地代表原始的模拟信号呢?很显然,当采样周期越来越小时,样点逐渐密集,数字信号就接近模拟信号;而当采样频率降低时,样点稀疏,失真自然增大。根据信息论的香农(Shannon)采样定理:当采样频率 $F_s$ 大于模拟信号中最高频率成分的频率的两倍时,则可由样点完全恢复出原始信号。例如,一般的语音信号的频谱能量集中在 5 kHz 之下,则采样频率必须大于或等于 10 kHz。如果 $F_s$ 不够高,信号就会产生所谓"混叠失真"。为了防止这种失真,必须在采样前和恢复成模拟信号后,对信号进行低通滤波,把所要研究范围之外的高频成分滤掉。低通滤波器的截止频率必须小于采样频率的一半。

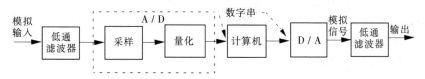

**图 A2.1** 语音信号处理系统的构成

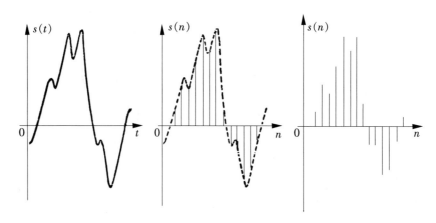

**图 A2.2　采样和量化**

在计算机中，一切数据都是以二进制的形式出现的。如果某计算机存储器的字长是 8 位（bit），则一些十进制整数就有如表 A2.1 所示的二进制数。表中二进制一栏的左边头一位是符号位，正数为 0，负数为 1。显然，8 位二进制数里最大 + 127，最小 – 128。

**表 A2.1　十-二进制数列**

| 十进制 | 二进制 | | | | | | | |
|---|---|---|---|---|---|---|---|---|
| 127 | 0 | 1 | 1 | 1 | 1 | 1 | 1 | 1 |
| 111 | 0 | 1 | 1 | 0 | 1 | 1 | 1 | 1 |
| 16 | 0 | 0 | 0 | 1 | 0 | 0 | 0 | 0 |
| 3 | 0 | 0 | 0 | 0 | 0 | 0 | 1 | 1 |
| 0 | 0 | 0 | 0 | 0 | 0 | 0 | 0 | 0 |
| – 1 | 1 | 1 | 1 | 1 | 1 | 1 | 1 | 1 |
| – 42 | 1 | 1 | 0 | 1 | 0 | 1 | 1 | 0 |
| – 128 | 1 | 0 | 0 | 0 | 0 | 0 | 0 | 0 |

模拟信号经采样后，在时间上已变成一系列离散数值，但还必须转化为一定位数的二进制数，才能由计算机来处理，这就是量化过程。如果我们将采样值用 8 位来量化，即分别用 256 个值中的某一个来近似某一样点值。显然，量化过程也会给信号带来误差。这种误差给原始的模拟信号带来了一定的噪声。量化位数越少，量化误差越大，量化噪声也较高。一般用信噪比来衡量噪声对信号的影响程度，即看信号比噪声高出多少分贝。根据理论推导，量化位数为 $n$ 时，

$$信噪比（S/N）= 6n + 1.8（dB）$$

对语音信号来说，一般采用 12 位量化，$S/N$ 约 74 dB。

经 A/D 转换后，原始的语音信号就变成二进制编码的数字信号了，经计算机加工处理后，再经 D/A 转换还原成模拟信号，语音信号处理的全过程到此完毕。D/A 转换是 A/D 转换的逆过程，这里就不赘述了。

### A2.1.2 数字滤波器

数字滤波器和快速傅里叶变换（FFT）是现代数字信号技术中的两种主要工具。要较透彻地了解它们，需要专门的数学基础，这已超出本书的范围。所以，这里只能用较浅显的文字和简单的数学公式做点定性的介绍。

所谓数字滤波器实际上是一种计算过程，是将输入数列按既定的要求，转换成输出数列的过程。在模拟电路中，滤波电路由电感、电容和电阻等元件组成，具有一定的传输特性，信号通过后，保留有用成分，去除不要成分，达到一定的滤波效果。在数字滤波器中，对数字信号数列行进行加减乘除运算，经延时等处理达到滤波目的。

例如，在语音信号的分析中，经常需要提升原始信号的高频成分［见图 A2.3（A）］，这时，可用如下表达式所代表的数字滤波器来完成：

$$y(n) = x(n) - a \cdot x(n-1) \quad (n=1, 2, 3, \cdots) \quad (A2.1)$$

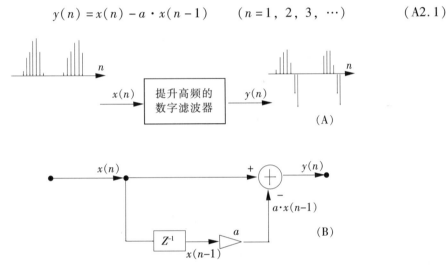

**图 A2.3　提升高频的数字滤波器**

式中 $x(n)$ 和 $y(n)$ 分别代表输入和输出中第 $n$ 个样点的数值，$x(n-1)$ 代表 $x(n)$ 的前一个采样点的值，$a$ 是常数。上式表明，某一时刻的输入值 $x(n)$ 和乘上数 $a$ 的前一输入值 $x(n-1)$ 相减，就得到该时刻的输出 $y(n)$。举个数值的例子来说，假设式（A2.1）中的系数 $a=0.9$，输入的数字序列为 $x(n) = \{1, 15, 30, 45, \cdots\}$，其"波形"类似声带波，如图 A2.3（A）左边所示。经过式（A2.1）所代表的滤波运算后，得到输出数列 $y(n) = \{1, 14.1, 16.5, 18, \cdots\}$，运算过程如表 A2.2 所示。从波形来看，输出与输入已大不一样了。在数字信号处理技术中，常常把这种过程用信号流图形象地表示出来。例如，式（A2.1）的滤波过程可表示如图 A2.3（B）。图中，⊕代表加法器或进行加法运算，指向⊕的箭头旁边的正负号代表相加信号的正负；△ 代表乘法器或乘法运算，$a$ 代表乘数，$\boxed{Z^{-1}}$ 代表延时器，信号通过它，代表前一时刻的信号。

在信号处理技术中，对信号进行加工处理的程序或装置称为系统。系统的一端是输入，另一端是输出（图 A2.4）。该系统对信号的作用用传输特性来表征。在数字信号处理技术中，专用一种称为 $z$ 变换（$z$-transform）的数学工具来描述数字信号和系统。

表 A2.2　滤波运算的例子

| $n$ | 1 | 2 | 3 | 4 | 5 | 6 | 7 | 8 | 9 |
|---|---|---|---|---|---|---|---|---|---|
| $x(n)$ | 1 | 15.0 | 30.0 | 45 | 50.0 | 80 | 0 | 0 | 0 |
| $x(n-1)$ | 0 | 1.0 | 15.0 | 30 | 45.0 | 50 | 30 | 0 | 0 |
| $a \cdot x(n-1)$ | 0 | 0.9 | 13.5 | 27 | 40.5 | 45 | 27 | 0 | 0 |
| $y(n)$ | 1 | 14.1 | 16.5 | 18 | 9.5 | -15 | -27 | 0 | 0 |

图 A2.4　系统

例如，表 A2.2 中的输入数字序列 $x(n)=\{1,15,30,45,\cdots\}$ 可以变换为：

$$X(z) = 1 + 15z^{-1} + 30z^{-2} + 45z^{-3} + \cdots$$

而系统的传输特性则用传输函数 $H(z)$ 来表征（符号 $H$ 也可以用其他字母来替代）。如果 $H(z)$ 是已知的，则输出信号的 $z$ 变换 $Y(z)$ 就等于：

$$Y(z) = X(z) \cdot H(z) \tag{A2.2}$$

再用 $z$ 变换由 $Y(z)$ 变出输出数字序列 $y(n)$ 来。由上式可以得出，传输函数 $H(z)$ 等于输出 $Y(z)$ 与输入 $X(z)$ 之比：

$$H(z) = \frac{Y(z)}{X(z)} \tag{A2.3}$$

例如，对上述提升高频的数字滤波器，传输函数为

$$H(z) = 1 - az^{-1} \tag{A2.4}$$

在实际应用中，如果已经通过其他途径得到了 $H(z)$，我们如何列出从输入序列 $x(n)$ 求输出序列 $y(n)$ 的表达式呢？举例来说，设

$$H(z) = \frac{b_0 + b_1 z^{-1}}{1 + a_1 z^{-1} + a_2 z^{-2}} \tag{A2.5}$$

根据式（A2.2），输出 $Y(z)$ 为

$$\begin{aligned} Y(z) &= X(z) \cdot H(z) \\ &= X(z) \frac{b_0 + b_1 z^{-1}}{1 + a_1 z^{-1} + a_2 z^{-2}} \end{aligned}$$

进行普通的分式运算：

$$Y(z)(1 + a_1 z^{-1} + a_2 z^{-2}) = X(z)(b_0 + b_1 z^{-1})$$
$$Y(z) + a_1 z^{-1} Y(z) + a_2 z^{-2} Y(z) = b_0 X(z) + b_1 z^{-1} X(z)$$

利用 $z$ 变换的如下性质：$a_m z^{-m} Y(z) = a_m y(n-m)$，于是有

$$y(n) + a_1 y(n-1) + a_2 y(n-2) = b_0 x(n) + b_1 x(n-1)$$
$$y(n) = b_0 x(n) + b_1 x(n-1) - a_1 y(n-1) - a_2 y(n-2) \quad \text{(A2.6)}$$

根据上式可得到此数字滤波过程的信号流图（图A2.5）。图中，四个箭头指向加法器，它们代表式（A2.4）右边的四项；图左边是乘于 $b_0$ 的当前输入值 $b_0 x(n)$ 和乘于 $b_1$ 的前一点的输入值 $b_1 x(n-1)$，图右边分别是乘于 $-a_1$ 和 $-a_2$ 的前一点和前二点的输出值 $-a_1 y(n-1)$ 和 $-a_2 y(n-2)$，对于待求的 $y(n)$ 来说，$y(n-1)$ 和 $y(n-2)$ 都是已知的。例如，要求第8个样点 $y(8)$，就用 $x(8)$、$x(7)$、$y(7)$ 和 $y(6)$ 来运算。如果要计算的信号是 1 000 点，那么利用式（A2.4），令 $n = 0, 1, 2, \cdots 999$，就可以逐一计算出来。

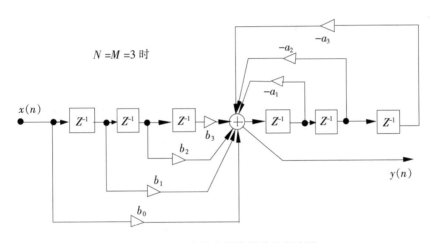

**图 A2.5　一个数字滤波器的信号流图**

一般来说，数字滤波器的传输函数具有如下形式：

$$H(z) = \frac{Q(z)}{P(z)}$$
$$= \frac{b_0 + b_1 z^{-1} + b_2 z^{-2} + \cdots + b_n z^{-N}}{1 + a_1 z^{-1} + a_2 z^{-2} + \cdots + a_m z^{-M}} \quad \text{(A2.7)}$$

即 $H(z)$ 是关于 $z$ 的两个多项式 $Q(z)$ 和 $P(z)$ 之商。例如，在式（A2.5）的例子中，$Q(z) = b_0 + b_1 z^{-1}$，$P(z) = 1 + a_1 z^{-1} + a_2 z^{-2}$。有了某一系统的传输函数 $H(z)$ 后，该系统的各种特性就可以推知。其中，我们用得较多的是系统的频率传输特性（又称频响）$H(f)$，即该系统对各种频率的信号是如何传输的，这里的 $H(f)$ 和 §2.4.2 中声管的频率传输特性 $T(f)$ 是同一概念。下面我们不加论证和推导，简单地讨论一下各种系统的频率特性。

我们可以求得多项式 $Q(z)$ 和 $P(z)$ 的根，这些根表征着该系统在频响方面的特征（图A2.6）。在式（A2.7）中，令 $P(z) = 0$ 可求得 $M/2$ 对共轭复根，每对根对应于系统的一个极点，每一极点对应着传输频率特性曲线上的一个共振峰；同样，令 $Q(z) = 0$，可得 $N/2$ 个系统的零点，对应曲线上的谷。

如果 $H(z) = Q(z)$，则称该系统为全零型；如果 $H(z) = 1/P(z)$，则称该系统为全

极型；如果 $H(z) = Q(z)/P(z)$，$Q(z) \not\equiv 1$，$P(z) \not\equiv 1$，则称该系统为极零型。

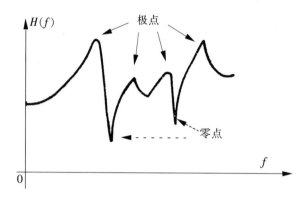

图 A2.6　系统的频率传输特性

### A2.1.3　语音产生模型及其参数

在前面的章节中已经说过，一个语音的产生大体经历三个过程：声源激励、声道共振和口鼻辐射。本来，这三个过程间是互相关联的，但是，为了能够用数学的手段来处理语音现象，人们假设这三个过程是互相独立的，是线性可分的。于是得到图 A2.7 的语音产生模型（Fant, 1960）。

图 A2.7　语音产生模型

从 $z$ 变换域上来看，如果声源信号为 $G(z)$，声道系统的传输函数为 $V(z)$，辐射特性为 $R(z)$，则根据上述模型，语音信号 $S(z)$ 就为三者的乘积：

$$S(z) = G(z) V(z) R(z) \tag{A2.8}$$

声源激励有清浊之分。浊声源是以 $T_0$ 为周期的脉冲列，此脉冲具有类似于三角形的波形；清声源是白噪声。因此，表征激励源的参数有：①清浊判别因子 $V/U$；②噪声源幅度 $A_u$；③浊声源幅度 $A_v$；④浊声音高周期 $T_0$ 或基频 $F_0$；⑤浊声源波形（声门体积速度波形）。

声道的传输特性可以用许多类型的参数来表征，在语音学中用得较多的有：语音频谱及包络、语音的共振峰参数和声道调音时形状。

在这种简化的语音产生模型中，唇的辐射被近似为无限大障板上的活塞辐射，而且对不同的语音，其活塞半径都是相同的。现已证明，这种辐射作用有如提升高频的数字滤波器，其传输函数的形式与式（A2.4）一样，即

$$R(z) = 1 - az^{-1} \tag{A2.9}$$

其中 $a$ 近似于 1，它使频谱每倍频程提升约 6 dB。

在进一步分析中，我们将激励源也看作一个源-滤波过程，令

$$G(z) = U(z) E(z) \tag{A2.10}$$

式中的 $E(z)$ 对浊声来说是周期为 $T_0$ 的冲激式脉冲，对清声来说是白噪声，$U(z)$ 是源滤波器。进而，把源滤波器、声道和辐射对语音谱的贡献归纳在一个数字滤波器 $H(z)$ 之下，即将式（A2.10）代入式（A2.8）再加以合并：

$$S(z) = E(z)U(z)V(z)R(z)$$
$$= E(z)H(z) \quad (A2.11)$$

这样，又得到一种简化的语音产生模型（图 A2.8），模型中的 $H(z)$ 等于：

$$H(z) = U(z)V(z)R(z) \quad (A2.12)$$

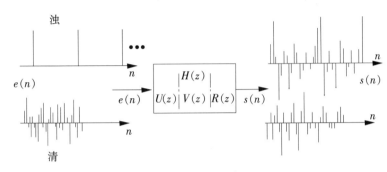

**图 A2.8 语音产生的简化数字模型**

尽管对鼻音和除 [h] 外的清音来说，频谱有谷点，即其传输函数有零点，但由于人耳对频谱的谷点不太敏感，所以我们可以进一步假设 $H(z)$ 是没有零点只有极点的全极系统，其传输函数有如下形式：

$$H(z) = \frac{1}{1 - a_1 z^{-1} - a_2 z^{-2} - \cdots - a_m z^{-m}} \quad (A2.13)$$

仿照上面对式（A2.5）处理的过程，由式（A2.11）可得从源 $e(n)$ 经数字滤波产生一个语音的运算公式：

$$s(n) = e(n) + a_1 s(n-1) + a_2 s(n-2) + \cdots + a_m s(n-m) \quad (A2.14)$$

总之，对语音分析来说，就是要根据上述模型及其表达式，从语音信号中提取声源激励的参数和声道传输特性参数。对语音合成来说，就是要根据上述模型，根据给定的声源参数和声道特性参数，合成出语音来。

## A2.2 语音信号的时域分析

在信号处理技术中，所谓时域分析就是将信号在时间范畴内进行处理，从时间波形上分析，与此相对的还有频域分析，即从频谱或频率响应的角度来考察信号的特性。

随音素的不同，语音波形大体上有如下几类：

（1）准周期波。如图 A2.9 中的 V 段，这是浊音的波形，它具有比较明显的周期性，不同浊音的波形是不相同的。（经过数字化的波形本应画成图 A2.8 中那样的竖线条，但为了清楚起见，后面的波形图仍画为连续的波形。）

（2）噪声波。如图 A2.9 中 N 段。这是清擦音的波形。从形状看，忽大忽小，忽正忽负,毫无规律;幅度一般小于浊音的幅度。

(3)脉冲波。如图 A2.9 中 P 段。这是塞音或塞擦音起始段的波形,持续时间较短。

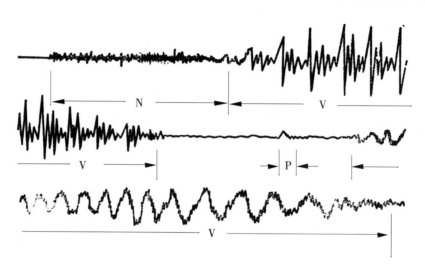

图 A2.9 "沙地" /ʂa-ti/ 的波形

在语音的波形中。包含着语音四要素的信息,通过时域分析,可以提取出有关激励源的参数和声道传输特性的参数,特别是前者。

### A2.2.1 预处理

由于语流中语音的音强、音高和音色是随时变化着的,所以计算机要一小段一小段地顺序处理,即把一大段语音分成许多帧来分析。帧长的选取要依待分析音段而定,要使在帧长范围内的语音波基本上是稳态的。一般说,分析浊音的稳态段时,帧长取 10 ms 左右;分析清音或过渡音,帧长约 5 ms。如果采样频率为 $F_s$,帧长为 $L$,则该帧的样点数 $N$ 为

$$N = L F_s \tag{A2.15}$$

例如,$F_s = 10\,000$ Hz,$L = 10$ ms,则 $N = 10\,000 \times 0.01 = 100$ 点。

在较长的语流中,一帧一帧地截取样点进行分析,这一过程好比坐在列车里,透过车窗观看沿途景色一样。因此,我们把截取样点的过程叫作对信号的加窗,这样的窗叫时间窗,也叫窗函数。对信号加窗的过程就是原信号乘以窗函数的过程,即

$$\begin{aligned} y(n) &= x(n)\,W(n) \\ n &= 0,\,1,\,2,\,\cdots N-1 \end{aligned} \tag{A2.16}$$

式中 $W(n)$ 是某种窗函数。在一般语音分析中,常用到矩形窗和哈明窗,其窗函数如下:

矩形窗 $\begin{cases} W(n) = 1 & 0 \leqslant n \leqslant N-1 \\ W(n) = 0 & \text{其他} \end{cases}$

哈明窗 $\begin{cases} W(n) = 0.54 - 0.46 \cos\left[2\pi n/(N-1)\right] \\ W(n) = 0 & \text{其他} \end{cases}$

图 A2.10 (B) 和 (C) 分别是这两种窗的用例。

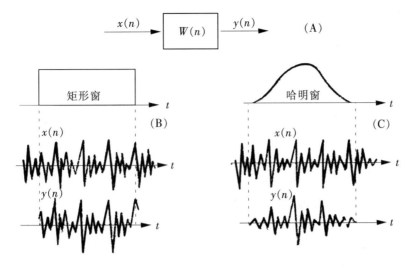

图 A2.10　窗函数

在时域分析中，多用矩形窗。但在频域分析中，就不太用矩形窗了。因为用这种窗时，窗外数据为零，窗内数据突起，在"窗框"处信号不连续，致使所提取的参数不准确。而用哈明窗时，在窗内的两端，样点值被平滑地衰减，没有上述不连续现象。

### A2.2.2　语音信号的过零率分析

试观察图 A2.11（A）所示的一段语音波形。在擦音段，信号杂乱无章，忽正忽负，频频通过零线；而后续的元音段，信号通过零线的次数就少一些，且 [i] 段比 [a] 段少。在一段语音波形中，单位时间内，信号通过零线的次数就叫作过零率。示例中音段的过零率随时间变化的样子如图 A2.11（B）所示。

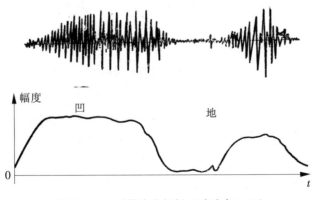

图 A2.11　过零率分析例（试验音/sai/）

数字化的语音信号，其过零率是很容易计算的。用矩形窗取出帧长为 $L$ 的一组样点 $s(n)$, $n=0, 1, 2, \cdots N-1$，再通过如下两种方法中的一种：①依次比较相邻两样点的符号，如果异号，则其间必有一过零点；②依次求出相邻两样点值的乘积，如此积为负，则其间必有一过零点。这样求得过零点次数 $z_0$ 后，该帧的过零率 $\rho_0$ 就得到了：

$$\rho_0 = z_0/L$$

信号的过零率包含着许多信息。首先，清音（特别是擦音）信号是一种无规噪声，过零率大；而浊音信号是准周期信号，过零率小。这样，利用过零率，就可以进行清浊判断。先经过大量的测试分析，定出一个阈限值 $\rho_{0T}$，待分析音段的 $\rho_0$ 大于 $\rho_{0T}$，则判为清音，否则为浊音。其次，过零率的大小还随音素而变。就同一发音方式的音素来说，如同是擦音，其过零率由大而小的顺序是/s/、/ʂ/、/x/。就浊音而言，$z_0$ 与第一共振峰 $F_1$ 密切相关，可以通过 $z_0$ 粗略地计算 $F_1$。人们曾经利用音素的过零率不同的特性，进行自动语言识别的研究。

### A2.2.3 语音信号的幅度测定

用语图仪可以很方便地测得语流的幅度变化曲线，与此相似，用计算机也能测出幅度随时间变化的情况。

如果有样点数为 $N$ 的一帧信号 $\{x(n)\}$，则对数平均幅度 $L_n$ 定义如下（Rabiner & Schafer，1978）：

$$L_n = 20\log \frac{1}{N}\sum_{m=0}^{N-1} x^2(m)$$

图 A2.12 示出一段语流及其对数平均幅度的变化。

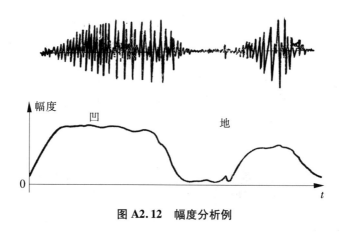

**图 A2.12　幅度分析例**

与对数平均幅度类似的还有短时能量等指标，它们除了度量语音的强弱外，还用于语音自动识别的有无音鉴别。在一段语流中，语音从哪儿开始，到哪儿结束，对语音信号的处理来说是很重要的。有些语音（如弱擦音、弱塞音）的起迄点是很不好判定的，因为即使在语音的休止期间，也会夹杂着一定大小的噪声信号，这就需要对语流进行幅度或能量分析，有时还做过零率分析，从而自动而准确地鉴别出语音的有无，找出某个语音的起迄点。

### A2.2.4 语音信号的自相关函数

在数理统计学中，相关是一个十分重要而且应用甚广的概念。譬如，考察身高和体重的关系时，一般而言，身高高的人，体重也重一些；反之亦然。那么，我们就说，人的身高和体重十分相关或相关性较大。可是，一个人记忆力的好坏，与身高之间，相关性恐怕就很小了。相关性的大小由相关系数来度量，相关系数随变量的变化关系用相关函数来表征。就一个系统内部的某一参数而言，相隔的数据的相似性就是自相关。例如，一个人前年的身高与今年的身高之间的关系。

在图 A2.13 所示的一段语流中，A、B、C、D 四小段中 B 段和 C 段看起来很相关。而 A 和其他三小段之间，相关性就很小。那么，如何求得语音信号的自相关呢？它在语音信号分析时又有什么作用呢？

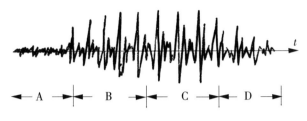

图 A2.13　波形的相关性

今有数字信号系列 $x(m)$，$m=0, 1, 2, \cdots N-1$，则自相关函数定义如下（Rabiner & Schafen, 1978）：

$$\left. \begin{array}{l} R(m) = \dfrac{\dfrac{1}{N}\sum\limits_{n=0}^{N-1-m} x(n) \cdot x(n+m)}{R(0)} \\ R(0) = \dfrac{1}{N}\sum\limits_{n=0}^{N-1} x^2(n) \end{array} \right\} \qquad (A2.17)$$

其中，$R(0)$ 是序列的平均能量，也是自相关序列中的最大值。很显然，如此计算出来的相关函数是归一化的，即 $|R(m)| \leq 1$。图 A2.14 分别表示一段浊音和一段清音的波形及其自相关函数。可以看出，清音段的自相关函数仍是杂乱无章的，而浊音段的自相关函数中，有明显的尖峰，这些尖峰的周期性要比原波形的周期性明显一些，由此，我们可求得此浊音段的音高周期 $T_0$ 和基频 $F_0$。

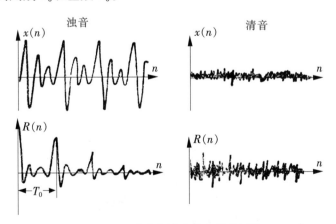

图 A2.14　浊音和清音的自相关函数

通过计算自相关函数提取基频的过程如图 A2.15 所示。在此，一般用矩形窗截取至少大于两音高周期的语音信号；接着按式（A2.17）计算出自相关函数 $R(m)$；第三步是从 $R(m)$ 序列找出基音周期的峰。此时，需要事先规定一个阈限值 $R_T$，如果 $R(I_0) > R_T$，则代表基音高峰。

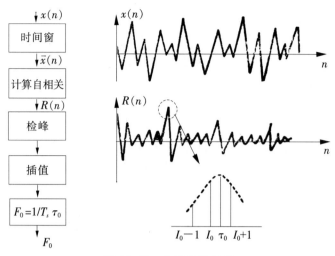

图 A2.15  自相关提 $F_0$ 法

如果峰 $R(I_0)$ 的时延点是 $I_0$，而采样周期为 $T_s$，则立即可求得基音周期 $T_0 = I_0 T_s$，进而求出基频 $F_0 = 1/T_0$。例如，$I_0 = 30$，$T_s = 1/10\,000$（s），则 $F_0 = 333$（Hz）。显然，真正的峰常常处在两个延时点之间，这与共振峰频率常常处在两个谐波之间一样。如果 $I_0 = 31$，则 $F_0 = 322$ Hz，$I_0$ 一点之差，$F_0$ 差了 11 Hz。

为了提高精度，利用数学上的抛物线插值方法，从 $R(I_0)$ 及其相邻的 $R(I_0 - 1)$ 和 $R(I_0 + 1)$ 出发，找到真正的极大峰的位置 $I_0$。

$$\tau_0 = I_0 - \frac{1}{2} \cdot \frac{R(I_0 + 1) - R(I_0 - 1)}{R(I_0 + 1) + R(I_0 - 1) - 2R(I_0)} \qquad (\text{A2.18})$$

图 A2.16 是按上述过程提取出的基频的结果，可以看到图中有些点与代表声调模式的光滑的虚线偏离较大，而且多为正常 $F_0$ 值的一倍或一半，在较为完善的程序中，设有专门修正这些偏差数据的程序段。

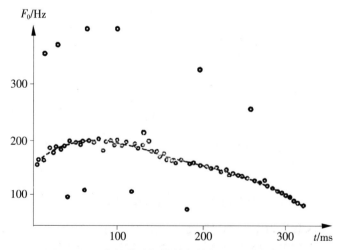

图 A2.16  自相关法提取基频的例子（试验音/ai/）

## A2.3 快速傅里叶变换和倒频谱分析

### A2.3.1 离散傅里叶变换和快速傅里叶变换

在附录一中，我们介绍过，任何一个信号 $S(t)$ 都可以用傅里叶级数或傅里叶积分进行所谓的傅里叶变换，从而求得该信号的振幅谱、相位谱和功率谱。信号被数字化后，与此对应的是所谓离散傅里叶变换（DFT）（Rabiner & Schafen，1978）。

现在，有数目为 $N$ 的一数字信号序列 $\{x_m\}$，$m = 0, 1, 2, \cdots N-1$，其离散傅里叶变换式为：

$$x_m = \frac{A_0}{2} + \sum_{k=1}^{(N-1)/2} \left[ A_k \cos \frac{2\pi k_m}{N} + B_k \sin \frac{2\pi k_m}{N} \right] \quad (A2.19)$$

$$\left. \begin{aligned} A_k &= \frac{2}{N} \sum_{m=0}^{N-1} x_m \cos \frac{2\pi k_m}{N} \\ B_k &= \frac{2}{N} \sum_{m=0}^{N-1} x_m \sin \frac{2\pi k_m}{N} \end{aligned} \right\} \quad (k = 0, 1, 2, \cdots \frac{N-1}{2}) \quad (A2.20)$$

式中 $A_k$ 和 $B_k$ 就是傅里叶系数。这个公式表明，数字信号序列 $\{x_m\}$ 可以分解为常量项 $A_0/2$ 和若干项余弦"谐波"项与正弦"谐波"项，这些成分的振幅就是 $A_k$ 和 $B_k$，利用式（A2.20），可以由 $\{x_m\}$ 求出 $A_k$ 和 $B_k$。

如果引入复数，定义一个复傅里叶系数 $X_k$

$$X_k = \frac{A_k - jB_k}{2} \quad (A2.21)$$

则可以得到一对复数形式的离散傅里叶变换对：

$$\left. \begin{aligned} X_k &= \frac{1}{N} \sum_{m=0}^{N-1} x_m e^{-j(2\pi km/N)} \quad k = 0, 1, 2, \cdots N-1 \\ x_m &= \sum_{k=0}^{N-1} X_k e^{j(2\pi km/N)} \quad m = 0, 1, 2, \cdots N-1 \end{aligned} \right\} \quad (A2.22)$$

此变换对中，前一式为正变换，用于从"波形"$x_m$ 求"频谱"$X_k$；后一式为逆变换（记为 IDFT），用于从"频谱"$X_k$ 求"波形"$x_m$。

从原则上来说，我们可以通过式（A2.22）来进行所需的变换，但如这样直接运算，其计算量是十分大的。例如，要由 $\{x_m\}$ 计算 $\{X_k\}$，按式（A2.22）对一个 $F_k$，需要 $N$ 次复数乘法和 $N-1$ 次复数加法运算，一共 $N$ 个 $X_k$，就需要 $N^2$ 次运算。假如一次复数乘法和一次复数加法需0.01 ms，则当 $N = 256$ 时（采样频率 10 kHz 时，相当于 25.6 ms 的样点），对 $N$ 个 $X_k$，$N^2 = 65\,536$，共需 0.65 s 左右。对使用计算机来说，这个时间太长了，所以在相当长的时期里，DFT 一直未能付诸实际应用。

1964 年，Cooly 和 Tukey 研究出快速傅里叶变换（FFT）的算法，这是傅里叶分析领域中的一次革命。这种算法巧妙地利用了 $e^{j2\pi k m/N}$ 的周期性，将原来 DFT 所需的 $N^2$ 次运算减为 $N\log_2 N$，这样就大大缩短了计算时间。例如，$N = 256$ 时，仍用上面的计算机，只需 0.02 s。

如今，FFT 的算法已是五花八门，已开发出许多专用软件和硬件。有关 FFT 算法的基本原理和推导，这里就不涉及了。至于它的基本程序可以在信号处理的程序库找到（D. S. P. Com.，1979）。

### A2.3.2　利用 FFT 进行语音信号的频谱分析

FFT 是数字信号处理技术中的一种得力手段，广泛应用于频谱分析、相关计算、卷积计算和数字滤波器设计中。这里只介绍利用 FFT 进行语音信号频谱分析的基本方法。

（1）FFT 参量的选取。在进行 FFT 计算时，一般要考虑如下几个参量：采样频率 $F_s$、频率分解力 $\Delta f$、FFT 长度 $N$。对一般的语音信号来说，$F_s$ 已选定为 10 kHz，因而，长度 $N$ 就取决于所需的分解力 $\Delta f$。因为长度 $N$ 的时域信号对应于频率轴上由零到 $F_s$ 分布着的离散谱，即

$$N \cdot \Delta f = F_s$$

因此，要使得分解力小于或等于某一 $\Delta f$，则

$$N \geqslant F_s / \Delta f \tag{A2.23}$$

此外，如前所述，$N$ 必须为 2 的乘幂。

例如，分析浊音时，为了显示其谐音构造，希望 $\Delta f \leqslant 45$ Hz（类似于语图仪中的窄带语图,）按式（A2.23）计算，$N \geqslant 222$，进而取 $N = 2^8 = 256$，此时，实际的 $\Delta f = 39$ Hz。

有时，实际信号点数不足 2 的乘幂。譬如上述例子中信号只有 200 点，则需补零使 FFT 的长度为 256。即从 200 到 255，信号 $x(n)$ 都为零。

（2）时间窗的选取和复数信号的生成。如 §A2.2.1 所述，在频域分析中，对信号样点要加上哈明窗。

在许多 FFT 子程序中，参量 $x$ 是复数数组，调用前，必须把待分析的信号 $x(n)$ 作为此 $x$ 的实部，而在其虚部令其为零。参量 $N$ 是 FFT 长度。此外，还有一个参量 $INV$，它是一选择开关。例如，$INV = 0$ 时，此子程序执行正变换；$INV \neq 0$ 时，执行逆变换。

（3）频谱的计算。通过 FFT 变换后，程序的输出参量 $X$ 已变换成复数的傅里叶系数。由此可以求得：

$$\left. \begin{array}{l} 幅度谱\ F(k) = X(k)\ 的绝对值 \\ 相位谱\ Q(k) = X(k)\ 的相位角 \quad k = 0, 1, 2, \cdots N/2 \\ 功率谱\ P(k) = X(k) \cdot X*(k) \end{array} \right\} \tag{A2.24}$$

式中 $X*(k)$ 为 $X(k)$ 的共轭复数。

一般常用对数化的分贝（dB）来表示功率谱，即

$$G(k) = 10 \log P(k) \tag{A2.25}$$

图 A2.17 是一段 256 点的元音 [i] 的波形及其功率谱。从谱图可以看出基频与谐波构造，可以看到在 300、2 000、3 000 Hz 附近有共振峰。

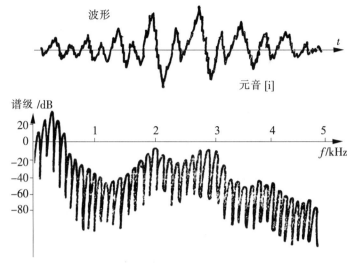

**图 A2.17 元音 [i] 的波形及频谱**

图 A2.18 是一段擦音 [ʂ] 的波形及其功率谱,从谱图看不到谐波构造,而其谱分布较宽,强谱区集中在 2~4 kHz。

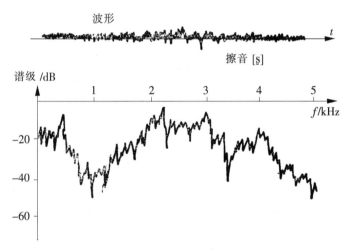

**图 A2.18 擦音 [ʂ] 的波形及频谱**

### A2.3.3 倒频谱分析

以上介绍过的自相关法、幅差函数法都是从语音波形方面来检测音高周期的。但是,常有这样的情况,声道共振峰产生的峰会与以声门波周期性相关的峰混在一起,用时域的方法难以区分。如果换到频域来处理,采用下述倒频谱分析法,这个问题就可能得到解决。

根据上述语音产生的线性模型,我们可以把浊音谱 $F(f)$ 看成是声源谱(已包括辐射特性)$S(f)$ 和声道共振谱 $T(f)$ 的乘积。

$$|F(f)| = |S(f)| \cdot |T(f)| \tag{A2.26}$$

如果对上式两边都取对数,则根据对数运算的性质

$$\log |F(f)| = \log |S(f)| + \log |T(f)| \qquad (A2.27)$$

这样,就在形式上把声源和声道这两者分开了。图 A2.19(A)是一个浊音的对数傅里叶谱,光滑的虚线代表声道共振谱,其上叠加了声源谱的等间隔的抖动,这些抖动相应于基频和谐波,如何从对数谱中得到基频呢?

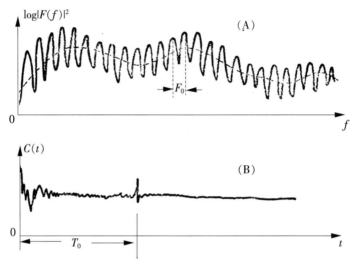

图 A2.19 倒频谱法原理

很自然,我们又想到了傅里叶变换。如果把图 A2.19(A)的谱图看作是一种周期性的高频成分和非周期性的振动的叠加,对其施行傅里叶变换,就可以把这种成分分开。这种变换又变换的分析法就是倒频谱分析法。频谱分析和倒频谱分析的关系比较如下:

频谱分析:输入信号 $f(t)$ → FFT → 频谱 $F(f)$

倒频谱分析:对数谱 $\log F(f)$ → IFFT → 倒频谱 $C(t)$

在英语中,倒频谱(cepstrum)是将 spectrum(频谱)的前四个字母颠倒而成,故可译为"倒频谱"。倒频谱是时域信号经两次傅里叶变换得到的东西,它仍为一种时间的函数。在英语中,倒频谱图的横坐标虽用 quefrency(由频率 frequency 前三字母与中间三字母交换而得),但单位仍是时间,不妨译作"倒时"。

再回头来看图 A2.19(B)的倒频谱图。可以看到,在倒时轴的高端,有一短冲直条,它就是由声源的周期性产生的,由其位置可得到音高周期 $T_0$;在低端,有一些扰动,它们体现着声道共振的成分,如果将这些成分再来一次傅里叶变换就可能得到声道共振的谱包络。从倒频谱中分开高低成分的过程,在英语中叫 lifting,这是将 filting(滤波)的前三字母颠倒而成,我们不妨译为"倒滤波"。

图 A2.20 是用倒频谱法提取基频和声道共振包络的原理框图。

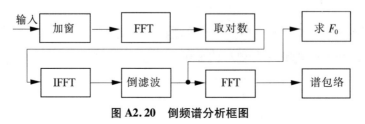

图 A2.20 倒频谱分析框图

## A2.4 线性预测技术

在英语中，LPC 是 linear prediction coding（线性预测编码）或 linear prediction coefficient（线性预测系数）的缩写，一般也泛指线性预测技术。LPC 是 20 世纪 60 年代末发展起来的一种高效的语音信号处理技术，经过十几年的发展，如今已广泛应用于语音分析、合成、识别、传输和贮存等领域，开发出许多专用硬件和软件。由于 LPC 技术涉及许多数学理论，在本节中，我们只能先简单地介绍一下 LPC 技术的基本概念，接着介绍 LPC 技术在语音分析中的应用。

### A2.4.1 LPC 技术的基本概念

在说 LPC 之前，我们不妨举一个统计学中线性回归分析的例子来说明 LPC 的思路。在 §A2.2.4 中，我们说人的身高和体重相关性很大，现在，我们进一步考察一下这二者间的数量关系。假如我们有一大群人的身高 $\{H_i\}$ 和体重 $\{W_i\}$ 的数据，以身高为横轴，以体重为纵轴，可得图 A2.21。

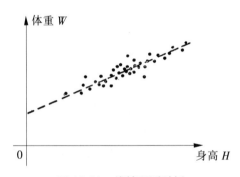

**图 A2.21　线性预测引例**

图中每一点代表一个人的身高和体重。我们发现，大多数点都分布在图中虚线周围，这条直线就叫回归直线，其方程式为

$$W = a_0 + a_1 H \tag{A2.28}$$

式中的线性回归系数 $a_0$ 和 $a_1$，可由统计学中最小平方原理导出。例如，今有某一组 $W_i$ 和 $H_i$，如果按式（A2.27）估算的体重为 $\hat{W}_i$，则与真实值 $W_i$ 之间的误差为 $e_i$

$$e_i = W_i - \hat{W}_i = W_i - (a_0 + a_1 H_i)$$

求出所有的 $e_i$ 后，要求待求的系数 $a_0$ 和 $a_1$，使得所有误差的平方和达到最小值，即

$$\sum_i e_i^2 = \sum_i [W_i - (a_0 + a_1 H_i)]^2 \rightarrow 最小$$

利用数学方法，就可以求出 $a_0$ 和 $a_1$。这样，如果现在我们只知道某个人的身高 $H_j$，就可以预测他的体重为

$$\hat{W}_j = a_0 + a_1 H_j$$

我们进一步把这种概念加以延伸，譬如，考察一个人现在的体重 $W(n)$ 跟一年前、两年前、三年前……的体重 $W(n-1)$、$W(n-2)$、$W(n-3)$……之间的关系。假定有如下关系成立：

$$W(n) = a_1 W(n-1) + a_2 W(n-2) + a_3 W(n-3) + \cdots$$

如果也能用最小平方误差原理求出系数 $a_1$，$a_2$，$a_3$，…，则上式也就是一个线性预测方程。这就是所谓从它的过去预测到它的现在。

现在可以将上述预测概念推广到语音现象中，但有个前提：待预测的一段语音是稳态的。如果是变化莫测的，当然也无规可循。这个前提基本上是成立的，虽然整个语句或者音节是在随时变化着的，但在一个相当短的期间，我们还是可以把语流看成是稳态的。一般说，10ms 左右的一段语音（特别是浊音）就能很好地满足此稳态假设。

如图 A2.22，今有语音波形的 $N$ 个采样点 $x(n)$，$n=0,1,\cdots N-1$。假设，目前的 $x(n)$ 可以用过去的 $M$ 个样点来做线性预测，即

$$\hat{x}(n) = a_1 x(n-1) + a_2 x(n-2) + \cdots + a_M x(n-M)$$

其预测误差为

$$\begin{aligned} e(n) &= x(n) - \hat{x}(n) \\ &= x(n) - \sum_{k=1}^{M} a_k x(n-k) \end{aligned} \quad (\text{A2.29})$$

通过最小平方误差原理，可以求得系数 $a_1$，$a_2$，$\cdots a_M$，这一组系数就是线性预测系数。

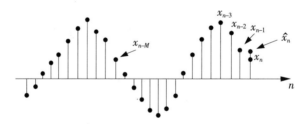

图 A2.22　语音信号的预测

以上预测过程可以用方框图表示，如图 A2.23（A）所示。

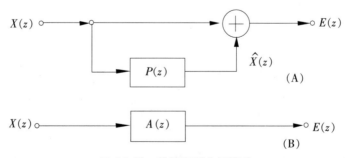

图 A2.23　线性预测分析模型

图中的方框代表预测滤波器,其传输函数为

$$P(z) = \sum_{k=1}^{M} a_k z^{-k} \qquad (A2.30)$$

由图 A2.23(A)可以进一步得到图 A2.23(B)所示的线性预测分析模型,图中方框是所谓反滤波器,其传输函数为

$$A(z) = 1 - P(z) = 1 - \sum_{k=1}^{M} a_k z^{-k} \qquad (A2.31)$$

下面,我们将式(A2.29)移项为

$$x(n) = \sum_{k=1}^{M} a_k x(n-k) + e(n) \qquad (A2.32)$$

上式在形式上跟表示语音产生模型的公式(A2.14)是一样的,只要令 $a_k = a_k$,我们就可以将式(A2.14)所代表的语音产生模型同式(A2.32)所代表的线性预测合成模型等价起来。如果得到了线性预测反滤波器 $A(z)$,也就等于得到了式(A2.13)所表达的语音产生模型中的全极滤波器:

$$H(z) = \frac{1}{A(z)} = \frac{1}{1 - \sum_{k=1}^{M} a_k z^{-k}} \qquad (A2.33)$$

现在,线性预测分析的主要任务在于,从语音序列 $\{x_n\}$ 中,通过最小平方误差原理,求得预测系数 $\{a_k\}$;再通过式(A2.33)这条纽带,得到语音产生模型中的总传输函数 $H(z)$,并以此为基础,进而提取基频、共振峰等参数。

从语音序列求预测系数的过程,涉及许多专门数学理论,这里就不深入讨论了,现在已有许多专用程序(D. S. P. Com., 1979),对我们来说,只要领会其原理,能应用就行了。

### A2.4.2　利用 LPC 技术提取基频

按上面的分析,语音信号通过图 A2.23(B)的反滤波器后,就得到预测误差序列。这种误差序列就相当于语音产生简化模型(图 A2.8)中的 $E(z)$,即浊音周期脉冲序列或清音的白噪声。不过,这种理想的结果只能发生在预测阶次 $M$ 趋向无穷大时,如图 A2.24(B)所示。实际应用中,$M$ 只是 10~12(理由后述),所以误差信号中仍残留着声道系统的信息。尽管如此,语音信号通过线性预测反滤波器后,比起原始语音波形[图 A2.24(A)],误差信号[图 A2.24(C)]已比较单纯,周期性较分明,要提取 $F_0$ 已很容易。

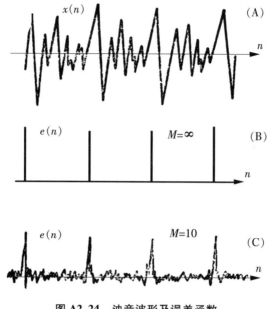

图 A2.24　浊音波形及误差函数

图 A2.25 是利用 LPC 技术提取基频的流程图。经第（2）框求得预测系数后，在第（3）框中再利用式（A2.29）进行反滤波得误差序列 $e(n)$。此后的过程就与 §A2.2.3 所介绍的利用自相关法提 $F_0$ 的过程相同了，只不过在那里是处理原始波形，这里是处理误差"波形"。

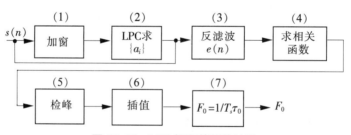

图 A2.25　LPC 提取基频的过程

### A2.4.3　利用 LPC 技术估测共振峰和谱包络

利用 LPC 技术求得语音的系统传输函数 $H(z)$，这已不成问题，但如何将 $H(z)$ 跟语音的共振峰参数联系起来呢？在 §A2.1.2 中，曾经讨论过，一个数字滤波器的传输函数 $H(z)$ 的多项式的根对应着系统频率传输特性曲线的极点和零点。根据这一理论，这里的语音传输函数 $H(z)$ 是全极型的，只有分母多项式，即

$$H(z) = \frac{1}{A(z)} = \frac{1}{1 - \sum_{k=1}^{M} a_k z^{-k}}$$

令 $A(z)=0$，可求出此多项式的 $M/2$ 对共轭复根 $(z_j, z_i^*)$

$$\left. \begin{array}{l} z_j = r_i e^{j\theta_i} \\ z_i^* = r_i e^{-j\theta_i} \end{array} \right\} \quad \text{(A2.34)}$$

式中，$r_i$ 是复根的模，$\theta_i$ 是幅角。理论推导表明，它们与共振峰频率 $F_i$ 和带宽 $B_i$ 之间有如下关系：

$$\left. \begin{array}{l} F_i = \theta_i/2\pi T_s \\ B_i = |\log r_i|\, \pi T_s \end{array} \right\} \qquad (A2.35)$$

式中 $T_s$ 是采样周期。对一般的语音分析来说，有五六个共振峰就足够了，所以 $M$ 取为 $10 \sim 12$。

此外，从传输函数 $H(z)$，还可以求出它的频率传输特性曲线，此曲线就是语音的频谱包络。

图 A2.26 是利用 LPC 技术提取共振峰参数和谱包络的流程框图。图 A2.27（A）是逐帧提取的 /iao/ 的头三个共振峰频率的例子，图 A2.27（B）是估测的谱包络的例子。作为数值例子，表 A2.3（A）列举了在上述提取过程中，由某一帧信号计算出来的预测系数 $a_1$，$a_2$，$\cdots a_{10}$；表 A2.3（B）是由这组系统计算 $F_i$ 和 $B_i$ 的过程。

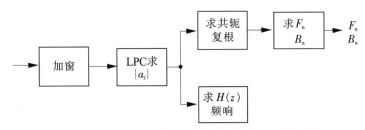

图 A2.26　LPC 技术提取共振峰参数和谱包络的过程

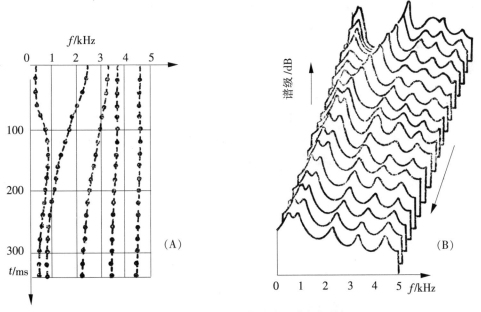

图 A2.27　用 LPC 提取共振峰和谱包络的例子

表 A2.3（A）　预测系数的实例

| $k$ | $a_k$ | $k$ | $a_k$ |
|---|---|---|---|
| 1 | $-0.39132$ | 6 | 0.36148 |
| 2 | 0.24434 | 7 | 0.04046 |
| 3 | $-0.02424$ | 8 | 0.08689 |
| 4 | 0.51764 | 9 | $-0.05402$ |
| 5 | 0.43062 | 10 | 0.61193 |

表 A2.3（B）　由复根计算共振峰参数的实例（$F_s = 10$ kHz）

| $i$ | $z_i$ | $z_i^*$ | $r_i$ | $\theta_i$/度 | $F_i$/Hz | $B_i$/Hz |
|---|---|---|---|---|---|---|
| 1 | $0.844 + 0.499j$ | $0.844 - 0.499j$ | 0.980 | 30.6 | 850 | 63 |
| 2 | $0.707 + 0.664j$ | $0.707 - 0.664j$ | 0.970 | 43.2 | 1200 | 97 |
| 3 | $-0.003 + 0.952j$ | $-0.003 - 0.952j$ | 0.952 | 90.1 | 2504 | 157 |
| 4 | $-0.506 + 0.802j$ | $-0.506 - 0.802j$ | 0.948 | 122.2 | 3395 | 169 |
| 5 | $-0.847 + 0.336j$ | $-0.847 - 0.336j$ | 0.911 | 158.3 | 4398 | 296 |

### A2.4.4　声道截面函数的估测

在语音学中，共振峰一类声学参数无疑是重要的，但是，我们对表征调音运动的生理参数（如声道构形）同样感兴趣。过去，调音生理参数主要依靠 X 光照相和腭位图等获得，这些技术能提供形象的声道形状，但数据处理过程既繁杂又带有几分经验性，操作上也不太方便。如今，利用 LPC 技术已能较简便且快速地从语音信号中估测声道截面函数。

这种估测技术建立在语音产生的声管模型之上，按此种模型，弯曲的声道被简化为一串截面积不同的圆柱管（图 A2.28）。根据声学理论，在两节声管的界面处，由于截面积不等，会发生声波的反射效应。如果相邻两节声管的截面积为 $S_m$ 和 $S_{m+1}$，则在界面上的反射系数为

$$\mu_m = \frac{S_m - S_{m+1}}{S_m + S_{m+1}} \tag{A2.36}$$

而在 LPC 技术中，还有一种系数叫偏自相关系数（PARCOR）$k_m$。理论证明，反射系数 $\mu_m$ 是与偏自相关系数 $k_m$ 对应的。因此，从语音信号中求得了 $k_m$，也就相当于求得了 $\mu_m$，于是从式（A2.36）推导出截面函数的公式：

$$S_m = \frac{1 + \mu_m}{1 - \mu_m} S_{m+1} \tag{A2.37}$$

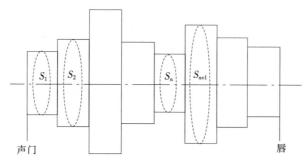

图 A2.28　声道的声管模型

关于 PARCOR 系数，这里就不涉及了。值得一提的是，在 LPC 的各种算法中，从语音序列中推出 PARCOR 系数的算法是最迅速的。而且这种 $k$ 参数跟前面介绍过的 $a$ 参数之间是可以互相转换的。

现在，我们再一次回到式（A2.11）和图 A2.8 所表述的语音产生模型上。此模型中的传输函数 $H(z)$ 包括了声源、声道和辐射的作用，因此，要想求声道面积函数，必须从此 $H(z)$ 中分离出真正的声道传输函数 $V(z)$。由于已假设该模型是线性可分的，所以不改变输入-输出关系就可以将图 A2.29（A）所示的模型变成图 A2.29（B），相应有：

$$S(z) = E(z) \ V(z) \ R(z)$$
$$= E(z) \cdot U(z) \ R(z) \cdot V(z)$$

$E(z) \rightarrow \boxed{U(z)} \rightarrow \boxed{V(z)} \rightarrow \boxed{R(z)} \rightarrow S(z)$ （A）

$E(z) \rightarrow \boxed{U(z)R(z)} \rightarrow \boxed{V(z)} \rightarrow$ （B）

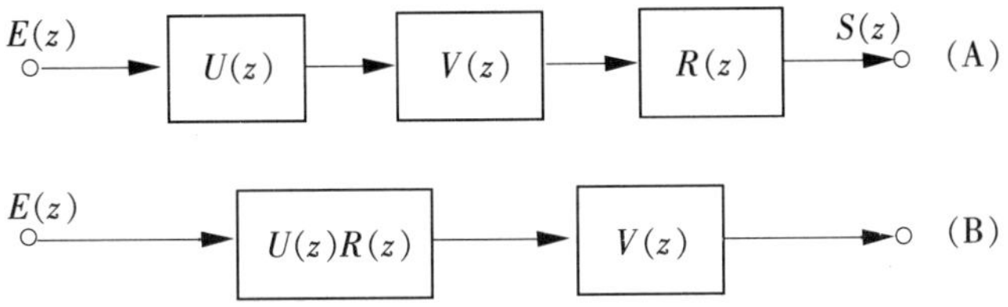

**图 A2.29 估测声道截面函数的原理框图**

如果我们能得到这样一种滤波器，其传输函数 $I(z)$ 正好与声源和辐射滤波器的相反，即

$$I(z) = 1/U(z) \ R(z) \tag{A2.38}$$

语音信号通过此反滤波器后，就除去了声源与辐射的作用，余下的只是声道的作用，再对此信号进行 LPC 分析，求得 $k$ 参数就完全等同于声管模型的反射系数 $\mu$。

根据以前的分析，浊声源的频谱特性近似于 $-12\,\text{dB/oct}$，而辐射频响近于 $6\,\text{dB/oct}$，二者组合为 $-6\,\text{dB/oct}$，这样，所需的反滤波器的频响应为 $6\,\text{dB/oct}$。

如下形式的微分滤波器就能基本满足这一要求：

$$I(z) = 1 - z^{-1}$$

图 A2.30 就是按上述原理和过程，从元音/i/的声波中估测出来的声道面积函数的例子。图中虚线是根据 X 光照片计算出来的结果，两者还是比较一致的。

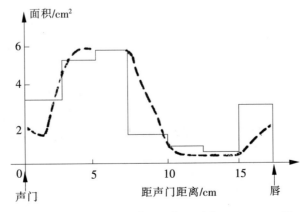

**图 A2.30 估测的声道截面函数**（引自 Wakita，1973）

### A2.4.5 声门波形的估测

声门波是一切浊音的声源。从实际语音中提取声门波是一件很有意义的工作。因为声门波的特性跟语音的超音段特征、个人性和自然性密切相关;研究声门波有助于提高合成语音的音质;在医学和噪音艺术领域,声门波可以用于喉功能的判别。

与估测声道截面函数同理,估测声门波依然是反滤波法。不过这里是对声道和辐射进行反滤波,即

$$G(z) = S(z) / V(z) R(z) \quad (A2.39)$$

已如前述,$R(z) = 1 - az^{-1}$($a \approx 1$),所以关键在于求声道的 $V(z)$。我们知道,浊音产生时,先是声门打开,气流脉冲通过声门,然后声门关闭,此时气流脉冲在声道里所引起的振动就自由衰减下去,直到下一次声门打开。因此,只有在对应于声门闭区间内,语音波才属于自由衰减,对闭区间的语音样点进行线性预测,才能得到真正的 $V(z)$。理论分析和实验发现,预测误差信号 $e(n)$ 中,包含着声门开闭的信息。一般说来,$e(n)$ 的最大峰点就对应着声门关闭点,因此,可以从 $e(n)$ 检测出声门关闭区。对此短区间的语音样点进行线性预测就能得到 $V(z)$,于是声门反滤波的过程就如图 A2.31 所示。

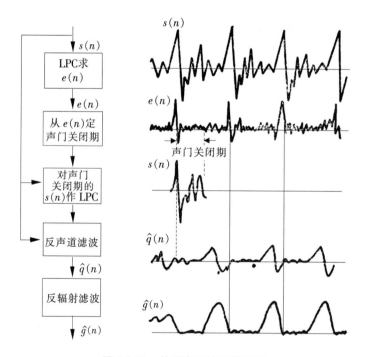

图 A2.31 估测声门波形的原理

## A2.5 语音合成技术及其在语音感知研究中的应用

语音合成技术是利用计算机一类机器,按人们预定的程序和指令,人为地产生出音素、音节、词和句子的技术。

语音合成技术不但可以用于人-机-人通信系统,而且也是语音学研究的一种重要手段。

人们可以利用语音合成技术产生出各种语音。这些语音的各种参数是事先设定的,人们通过对这些人工语音的听辨试验,揭示出语言产生和语言感知的机制。"如今,未经合成的验证,没有一个人敢于发表语言产生方面的重要理论。"(Coker,1972)

在语音特性的研究中,用得较多的是共振峰合成和声道模拟合成。前者以共振峰为控制参数,只要求在输出终端上模拟出实际语音的谱特征,故又称为终端(模拟)合成;后者是以声道截面函数为控制参数,甚至以调音参数为控制参数,故又称调音合成。两类合成器相辅相成,都是深入研究语音特性不可缺少的工具。

### A2.5.1 共振峰合成器的基本原理

共振峰合成器是建立在§A2.1.3 所述语音产生模型基础之上的,即一个语音是由声源激励、声道共鸣和口鼻辐射共同作用的结果。图 A2.32 是一种共振峰合成器的原理框图。图中左边是声源部分,上面是浊声源,下面是噪声源。浊声源是一个模拟声门波形的信号发生器,常用下式来产生类似三角波的声门波形(图 A2.33):

$$g(n) = \begin{cases} 0.5\left[1 - \cos(\pi n/N_p)\right] & (0 \le n \le N_p) \\ \cos\left[\pi(n - N_p/2N_n)\right] & (N_p \le n \le N_n) \\ 0 & (N_n \le n \le N_0) \end{cases} \quad (A2.40)$$

式中 $N_0$ 是由基频 $F_0$ 和采样频率 $F_s$ 决定的数($N_0 = F_s/F_0$),$N_p$ 和 $N_n$ 是控制声门波开启状态和合拢状态的时长的数。频谱分析表明,这种声门波的频谱包络下降斜率约 $-12$ dB/oct。图 A2.32 中的噪声源用一种随机数发生器来模拟。框图右边的辐射微分器就简单地用式(A2.9)所代表的数字滤波器来完成。

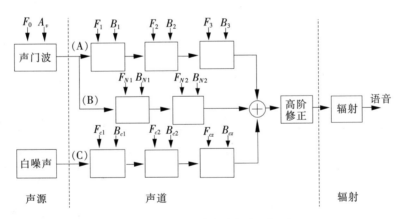

图 A2.32　共振峰合成器原理框图

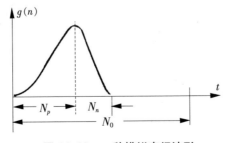

图 A2.33　一种模拟声门波形

框图 A2.32 中间部分是合成器的核心，它是由三条支路组成的声道滤波器：A 支路有三个串联的共振峰滤波器，用于合成浊音；B 支路有一个带宽较宽的共振峰滤波器和一个反共振峰滤波器，与 A 合用，用于合成鼻音；C 支路有两个共振峰和一个反共振峰滤波器，用于合成清辅音。每一个共振峰滤波器的频率传输特性如图 A2.34 所示，图中 $F$、$B$、$L$ 分别为共振峰频率、带宽和幅度。这种数字滤波器的传输函数为

$$H(z) = \frac{a}{1 - bz^{-1} + cz^{-2}}$$

$$\left. \begin{array}{l} a = 1 - b + c \\ b = 2e^{-BT_s}\cos(2\pi FT_s) \\ c = e^{-2BT_s} \end{array} \right\} \quad (A2.41)$$

式中 $T_s$ 是采样周期。由于传输函数只决定于共振峰频率 $F$ 和带宽 $B$，因此，我们可以根据各音素的不同特性，设置一组不同的 $\{F_i, B_i\}$ 参数，来模拟声道的共鸣特性。表 A2.4 列出了合成 /i/ 时的五个共振峰参数，以及按式（A2.41）算出的五组数字滤波器系数，图 A2.35 是这五个共振峰滤波器串联起来得到的声道频率传输特性曲线。一般说来，元音音色的差别主要取决于头三个共振峰的不同，后两个可固定不变。

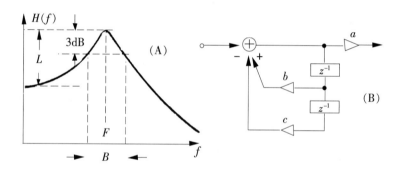

图 A2.34　一个共振峰滤波器

表 A2.4　合成 /i/ 时的 $F_i$ 和 $B_i$ 以及数字滤波器的系数（$T_s \approx 0.1\text{ms}$）

| $i$ | $F_i$/Hz | $B_i$/Hz | $a_i$ | $b_i$ | $c_i$ |
| --- | --- | --- | --- | --- | --- |
| 1 | 270 | 50 | 0.0285 | 1.941 | 0.969 |
| 2 | 2200 | 65 | 1.593 | 0.367 | 0.960 |
| 3 | 3200 | 115 | 2.752 | -0.821 | 0.930 |
| 4 | 3500 | 120 | 3.059 | -1.113 | 0.927 |
| 5 | 4500 | 130 | 3.748 | -1.826 | 0.922 |

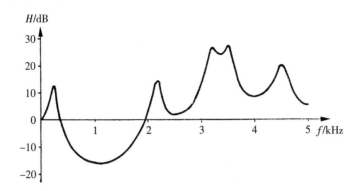

图 A2.35　合成 /i/ 的声道频率传输曲线

合成器的各输入参数，包括浊声源幅度 $A_v$、基频 $F_0$、噪声源幅度 $A_u$ 和各共振峰滤波器的 $F$ 和 $B$，一般 5～10 ms 更新一次，这样就可以合成出音强、音高和音色都依时而变的语音。框图 A2.32 最右边的数模转换器能把计算机计算出来的数字波形序列转换成可以听见的声波。

汉语是一种声调语言。合成汉语语音时，必须有一个较好的声调模型来控制基频参数。在一种普通话音节合成系统中（杨顺安，1986），采用了如图 A2.36 和下式所示的归一化的字调模型：

$$F_0(t) = \log^{-1}[f_c + f_d \cdot f_{0i}(t)]$$
$$(i = 1, 2, 3, 4)$$
$$f_{01}(t) = 0.453 + 0.295t - 1.456t^2 + 2.574t^3 - 1.468t^4$$
$$f_{02}(t) = 0.011 + 0.16t - 0.913t^2 + 3.751t^3 - 2.56t^4$$
$$f_{03}(t) = -0.155 + 0.246t - 7.845t^2 + 16.36t^3 - 8.72t^4$$
$$f_{04}(t) = 0.463 + 1.205t - 5.584t^2 + 6.437t^3 - 3.387t^4$$

式中 $t$ 为归一化时长；$f_c$ 是中值频率，体现字调的基本音高；$f_d$ 是调域，体现字调变化的幅度；$f_{0i}(t)$ 是由实例的阴阳上去四个声调的基频数据归纳出来的调型函数，见图 A2.36（B）。在合成应用时，只要输入 $f_c$、$f_d$ 和 $i=1、2、3、4$，即可得到对应于某一时刻的基频 $F_0(t)$。

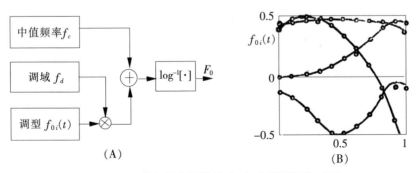

图 A2.36　普通话字调模型（A）和调型函数（B）

语音合成音质的好坏，除了取决于合成器外，还取决于我们对语音特性的了解。要合成某一语音时，先通过分析（用语图仪或计算机）取得构成此语音的各成分的各种声学参量（包括共振峰频率、基频、强度、时长等），然后，这些参数以一定的格式输入计算机，经过程序的处理和计算,最后输出该语音。如果音质听起来不满意,则需有针对性地修改某些参数,重新合成。一旦合成的语音非常逼真时,我们对该语音特性上的认识就提高了一大步。这一观念,下面将进一步阐述。

### A2.5.2 利用合成语音进行语音感知研究

在语音分析中,通过仪器对实际语音进行分析和观测,从而归纳出一些语音规律,这种方法无疑是正确的。但是,这种方法有一定局限,因为语音现象是复杂的,自然发音受到发音人生理上的限制,不可能提供比较单纯的样品,而我们又受到认识能力的限制,往往无法从错综复杂的自然语音中切中本质。所以,语音合成器一出现,就成为语音研究中的得力工具,通过合成听辨试验,发现了许多语音学的重要规律。如塞音的过渡音征问题,就是首先通过合成发现的(参见本书第六章)。下面,我们再通过几个例子,介绍一下语音合成器在语音感知研究中的应用。

(1) VOT 在塞音感知中的作用(中嶋鸿毅等,1983)

从分析的数据来看,VOT 在判断塞音的清浊和发音部位方面都有很大的作用。一般来说,清塞音的 VOT 为正,而浊塞音的 VOT 为负,但是同一部位的清浊塞音对立(/b-p/、/d-t/、/g-k/)的 VOT 的界限值在什么地方呢?自然的发音不能提供只改变 VOT 而其他参数保持不变的样品。人们必须用合成技术来进行此项研究。

用共振峰式合成器按图 A2.37(A)的模式和表 A2.5 的数据合成不同塞音。三种塞音都后接/a/,根据塞音的音轨理论,不同部位的塞音有不同的音轨频率。图中,$T_0$ 是起始的辅音段的时长,$T_j$ 是过渡段,$T_a$ 是除阻后的爆破段。每一组合成音中,有 13 个样品,它们仅只 VOT 不同,VOT 依次差 5 ms。这样的试验音分别请英美人和日本人来听,判断其清浊。图 A2.37(B)是判定结果的一例,图中纵轴表示被判为/b/的百分率,取 50% 为判定界,则可得图中的清浊判别界是 22 ms,即 VOT 小于 22 ms 被感知为/b/,大于 22 ms 被感知为/p/。对所有受试者的数据进行平均,得到表 A2.6 的结果。从此表看出,不同部位的 VOT 清浊感知界是按唇、舌尖和舌根排列的;日本人和英美人之间并无明显差异。

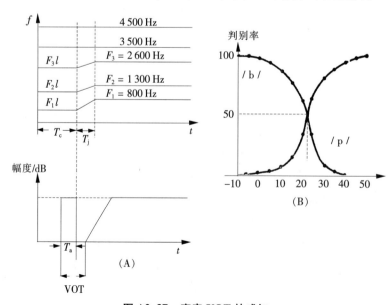

图 A2.37　塞音 VOT 的感知

### 表 A2.5　塞音合成参数

| 对立音位 | $T_c$/ms | $T_j$/ms | $T_a$/ms | VOT/ms | $F_1$/Hz | $F_2$/Hz | $F_3$/Hz |
|---|---|---|---|---|---|---|---|
| /b—p/ | 60 | 30 | 5 | −10～50 | 400 | 1100 | 2200 |
| /d—t/ | 60 | 40 | 10 | −5～55 | 400 | 1800 | 2900 |
| /g—k/ | 60 | 50 | 15 | 0～60 | 400 | 1700 | 2100 |

### 表 A2.6　VOT 的感知界

单位：ms

| 受试 | /b—p/ | /d—t/ | /g—k/ |
|---|---|---|---|
| 日本人 | 20.5 | 27.7 | 35.5 |
| 英美人 | 23.2 | 34.2 | 36.7 |

（2）字调弯头翘尾的感知

林茂灿（1965）的实验证实，普通话的四种声调都或多或少有所谓弯头降尾，这种现象已在 §7.1 中介绍过。这种弯头降尾对调型感知的影响如何？如图 A2.38 所示的基频曲线，人们是否都能听出起音段的基频是渐升？如果听出是渐升，是否还能听成是阴平调？弄清这类问题，无论是对声调感知机理的研究，还是对提高合成音节的自然度都是有益的。

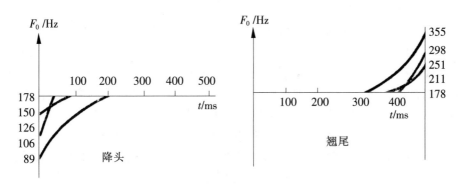

图 A2.38　调型降头和翘尾

我们用共振峰式音节合成系统分别合成出如图 A2.38 所示的不同降头和翘尾的阴平调元音/i/，每组中基频变化分五级，每级间差三个半音，下降或上翘段的时长也分五等（0、50、100、150、200 ms）。每组共 17（＝1＋4×4）个试样。要求被试者在听完每一音后，判断是否有降头或翘尾，然后求出 50% 的感知阈值。初步听辨结果如表 A2.7 所示。可以看出，随着下降或上翘段时长的增长，频率阈值下降，两者呈互补关系：时长短，阈值高；时长长，阈值低。一般说来，即使试样中下降或上翘最厉害的音，也无阳平调之感，只是感到很不自然。

表 A2.7　降头和翘尾的感知阈

| 降头长/ms | 阈值 | | 翘尾长/ms | 阈值 | |
|---|---|---|---|---|---|
| | 下降频率/Hz | 下降半音数 | | 上翘频率/Hz | 上翘半音数 |
| 50 | 64 | 7.7 | 50 | 59 | 7.0 |
| 100 | 54 | 6.2 | 100 | 49 | 5.6 |
| 150 | 49 | 5.6 | 150 | 45 | 5.2 |
| 200 | 23 | 2.8 | 200 | 42 | 4.8 |

## A2.6　计算机的语言输入和语音输出

目前，国际上正酝酿和进行着一场所谓信息革命，在这场革命中，一种能模拟人的智能的计算机，即所谓第五代计算机将崭露头角。这种计算机能看，能听，能说，具有分析、判断、推理和思考的能力，是名副其实的电脑。就语音学范畴而论，这种计算机应能接收自然语音的输入并能用语音输出。那样，人们用自己的语音跟计算机打交道将是十分方便的。

下面，我们就扼要地介绍一下计算机语言输入和语音输出的基本原理和现状。

### A2.6.1　语音自动识别

要计算机听懂人们说的话，这是语音自动识别研究的课题。在日常生活中，我们是用数以万计的词语组成连贯的语句来交谈的。语音自动识别的最终目标是要将连贯的语音机械地变换成文字符号系列，实现所谓语音打字机式的识别。然而，在自然发音的语句中，由于协同调音以及语调、重音和抑扬顿挫等韵律的影响，每个音素的声学特性都跟单念时不大一样，要实现此最终目标是很不容易的。就目前的技术水准而言，语音的自动识别基本上有两条途径：孤立词的模式匹配识别和有限词汇的连续识别。

图 A2.39 是孤立词模式识别系统的原理图，在正式执行识别作业之前，发话人逐个地朗读待识别的词语，计算机经过逐帧分析，提取出某些特征（如频谱包络、共振峰、LPC 系数等），制成一组组标准样板贮存备用。这就是所谓训练或学习阶段。使用时，发话人说出某一词，计算机经过分析和提取特征，逐一与库存样板做比较，选出一组匹配得最好的，判为所说的词。由于受到计算机存储容量和处理时间的限制，这种系统识别的词汇量一般只有 10～1000 个。此外，这种方式一般是认人的，能以较高的识别率（一般都在 95% 以上）识别出训练它的人所发的词。如果换了人，识别率明显下降。目前，国际市场上已有许多种这类孤立词识别装置，开始应用于产品质量检验和记录、邮件分类、电话查询等方面。

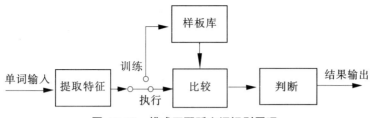

**图 A2.39　模式匹配孤立词识别原理**

近年来，我国在孤立词识别的研究方面也取得了可喜的进展。如中国科学院声学研究所的单呼口令识别系统可识别 1400～2000 条口令，反应时间已经达到实时，该系统已应用于模拟作战指挥系统等场合。清华大学和哈尔滨工业大学等也纷纷推出了识别率 90% 以上、词汇量为 1000 条左右的系统。

显然，孤立词识别装置的应用很有限，人们需要它能识别大量词语组成的连续语句。从原理来说，一个语句由若干词语组成，一个词又由一个或几个音节组成，一个音节又由一个或几个音素组成。在一种特定语言中，音素只有几十个，只要能正确识别出一个个音素，不就可以识别出一连串的音节、词和语句了吗？是的，这是一条可行的思路，但问题在于发话人头脑中的言语信息是离散的，可是所发出的语音声波却是连续的，我们怎样才能教会计算机把连续的语流切分成一段段的识别单元，正确地识别出来并组成正确的音节、词和句子呢？下面，让我们举例说明计算机将如何识别连续语句。

图 A2.40 是一套以音素为识别单元的连续识别系统的原理框图。连续语流输入后，首先根据语流中能量的峰谷、清浊、共振峰变化模式等多项特征进行词、音节和音素等识别单位的切分，这就需要语音学家广泛进行音联等方面的研究，总结出一套切分规则。在音素识别阶段，进行模式匹配式的识别，就某一音段选出几个候选音素。由于协同调音的影响，语流音素的声学特性变化较大，这就需要事先分析和归纳出各种音变规律，以提高音素识别的正确率。

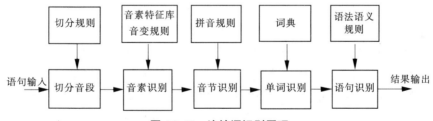

**图 A2.40　连续语识别原理**

在音节识别阶段，计算机根据音素识别的结果和库存的拼音规则来组合音节。例如，某一音段以 0.9 的概率判为 h，以 0.8 的概率判为 q，后一音段分别以 0.9 和 0.8 的概率判为 ü 和 i，那么两音段组合成音节的概率分别为 h—ü (0.81)、h—i (0.72)、q—ü (0.72)、q—i (0.64)。按普通话拼音规则，前两种组合是不成立的，故最后依概率大小可判为 q—ü。

在单词识别阶段，可以通过查询计算机词典将识别的音节组成词并判定该词的正确性。目前，还没有达到识别无限词汇的水平，只能将识别限定在某一领域常用的词汇上，词汇量一般在 1000 左右。到了语句识别阶段，计算机要根据事先定好的语法规则、语义信息、上下文关系等语言学知识，分析候选语句，挑出最佳者。我们可以看到，在连续语的识别系统中,语音学乃至语言学的作用是举足轻重的,这种系统实际就是一种言语理解系统。目前,连续语识别系统基本处在实验室阶段,有少数几个系统在情报检索、预约机票、旅费管理等方面试用,识别词汇为几百到一千,识别率约90%。

此外,在语音识别方面,还有一个话者识别的课题。在保密和司法等部门,这是一个重要的课题。从直观上看,一个人的话音包含着这个人的特点,这就是所谓语音的个人性,好比一个人有其特定的指纹,一个人也有其特定的"声纹"。在孤立词识别装置中,认人是不好的,可是在这里却专门希望计算机认人。话者识别的原理基本上和模式匹配识别的原理相同。关键在于寻找能体现个人特征的语音参数,如声带波形、声道构形、鼻音共振峰、语调等。但目前这一领域也只处于试验阶段。

### A2.6.2 语音的规则合成

让计算机说话,是语音合成的课题。与语音识别相比较,语音合成似乎要容易些,因为在语音识别中,计算机以及设计者处在被动地位,要应付不同人所说的不同话语。而在语音合成中,计算机以及设计者处在主动地位,要按预定要求,让计算机说话。

的确,在目前的国际市场上,大量价廉的语音输出装置已经涌现。这些合成装置,小的如一台袖珍计算器,按下键盘上的几个字母,扬声器就发出相应的语音;有的装在汽车上,随时报告车速、油量、旅程等。其实,这些商品化的语音输出装置,大多是一种低数码率的录放设备,把要说的话或语音,经数字化和编码后,存在微机的存储器中,使用时,再经解码和数模转换还原成话音。目前多用于汽车、家用电器、钟表、计算器和电子游戏机等方面。

我国的一些研究部门(如清华大学、航天部等),也利用这种录音编辑合成方式,研制出能输出普通话的计算机系统,开始应用于文字校对、语音教学等领域。然而,这种方式有许多局限性,其输出音质受计算机存贮容量的限制。如果要求输出的词汇量较小,如报电话号码、报时、报天气预报等,人们可以以短句和词组为单位,录入计算机,其音质是较好的。但如果要输出无限词语的话语,人们只得录入较小的语音单元(如音节或音素组),输出时,再将这些单元加以编辑拼合,其音质就较差了,因为自然发音时,各语音单位是连贯的,有协同调音效应。

作为较完善的计算机语音输出装置,我们需要的是文-语合成系统,又叫言语规则合成系统。这种系统能够将输入的离散文字系列变换成连续的语音声波,犹如朗读文章一般。

图 A2.41 是一种以音素为合成单元的文-语合成系统的原理框图。以合成普通话为例,首先用键盘或其他装置输入待合成的文字系列,计算机通过查询音素符号字典,将这些文字系列转换为离散的符号系列。如"他要买伞"被转换为:

$$\#T—A-1 \quad \#I—A-O-4 \quad \#M—A—I-3 \quad \#S—A—N—3$$

其中,#代表一音节起始,1、3、4分别代表该音节的声调,T、A等字母分别代表某音素。接下去,计算机查询参数库,为每一音素设定出相应的音色参数(如一组共振峰频率值,或一组声道截面函数等),根据相邻的关系,按预定的过渡规律,给出这些参数随时间变化的一系列"连续"参数。如果是浊音,要加基频,基频的依时变化也要有变调规则和调型模式。例如,上例中的"买伞"两字均为上声,"买"要取阳平调。为了保证合成声调自然，还必须使相邻音节间的基频平滑过渡。此外，强度和音长的参数都要随音而异，这些都要有规可循。有了依时变化的各种控制，再来控制共振峰式或其他式合成器的声源滤波器系统，就能合成出连贯的话语了。

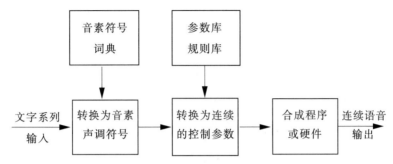

**图 A2.41　文-语合成原理框图**

目前，文-语合成系统已问世多年，但合成音质总成问题，人们为计算机制定的各种规则仍然远远不能满足要求。

随着研究的不断深入，随着科学技术的日新月异，无论在语音自动识别方面，还是在文-语规则合成方面，人们一定会有所突破。在真正实现人-机-人语音通信的征途中，语音学研究大有作为。

**参考文献**

林茂灿（1965）音高显示器与普通话声调特性，《声学学报》第 2 卷第 1 期。

杨顺安（1986）浊声源动态特性对合成音质的影响，《中国语文》第 3 期。

袁保宗（1981）《数字信号处理与通信》，北京：人民邮电出版社。

中嶋鴻毅等（1983）破裂音の知覚的識別におけるVOTの役割，日本音響学会講演論文集，1，57。

Coker, C. H. (1972) Facing the complexities of speech, in J. Hirsehberg (ed.), *Papers in Interdisciplinary Speech Research*, Akadeiai Kisdo Budapest, 319-320.

D. S. P. Com. (ed.) (1979) *Programs for Digital Signal Processing*, IEEE Press, New York.

Fant, G. (1960) *Acoustic Theory of Speech Production*, Mouton, The Hague.

Flangan, J. L. (1972) *Speech Analysis, Synthesis and Perception*, Springer-Verlag, New York.

Rabiner, L. R. & Schafer, R. W. (1978) *Digital Processing of Speech Signals*, Prentice-Hall, Inc.

Saito, S. & Nakata, K. (1985) *Fundamentals of Speech Signal Processing*, Academic Press, Tokyo.

Wakita, H. (1973) Direct estimation of the vocal-tract shape by inverse filtering of acoustic speech waveforms, *IEEE Trans. Audio Electroacout*, Vol. AU-21, 417-427.

# 中英名词对照

## B

| | |
|---|---|
| 白噪声 | white noise |
| 半音 | semi-tone |
| 半元音 | semi-vowel |
| 包络 | envelope |
| 爆发音（破裂音） | plosive |
| 倍频程 | octave |
| 被掩蔽声 | masked sound |
| 本体感受 | proprioceptive |
| 鼻化（鼻音化） | nasalization |
| 鼻腔 | nasal cavity |
| 鼻音 | nasal |
| 鼻音/口音 | nasal/oral |
| 鼻音韵尾 | nasal-ending |
| 闭拢相 | closing phase |
| 闭相 | closure phase |
| 闭音联 | close juncture |
| 边界信号 | boundary signal |
| 边音 | lateral |
| 编码 | coding |
| 变调 | tone-sandhi |
| 辨认测验 | identification test |
| 辨认率 | rate of identification |
| 波长 | wave length |
| 波腹 | antinode |
| 波节 | node |
| 波形微扰 | jitter of waveform |
| 伯努利定律 | Bernoulli's theorem |
| 不送气音 | non-aspirated, unaspirated |

## C

| | |
|---|---|
| 采样 | sampling |
| 参量（参数） | parameter |
| 参数式的言语合成器 | parametric speech synthesizer |
| 层流 | laminar flow |
| 差别感受度 | differential sensitivity |

| | |
|---|---|
| 差阈 | difference limen |
| 长度特征 | protensity feature |
| 超高速摄影 | utra-high speed photography |
| 超音段（素）特征 | supra-segmental feature |
| 潮汐量 | tidal volume |
| 沉钝性/尖锐性 | grave/acute |
| 冲直条 | spike |
| 传递特性 | characteristics of transmission |
| 传输函数 | transfer function |
| 窗函数 | window function |
| 垂直肌 | verticalis muscle |
| 锤骨 | malleus |
| 纯音 | pure tone |
| 词重音 | word stress |
| 刺激 | stimulus |
| 粗糙性/柔润性 | strident/non-strident (mellow) |

## D

| | |
|---|---|
| 嗒嘴音 | click |
| 大脑的 | cerebral |
| 大脑两半球 | cerebral hemispheres |
| 带宽 | bandwidth |
| 倒频谱 | cepstrum |
| 镫骨 | stapes |
| 等响曲线 | loudness contour |
| 电子声门仪 | electro-glottograph (electro-laryngograph) |
| 调型段 | tone-section |
| 断层过渡 | fault transition |
| 对比 | contrast |
| 对侧的 | contralateral |
| 对立 | opposition |
| 对数平均幅度 | log average magnitude |
| 多分特征 | multinary feature |
| 多余率 | redundancy |

## E

| | |
|---|---|
| 腭舌肌 | palatoglossus |
| 腭位照相 | palatography |
| 儿化韵 | retroflexed final |
| 耳道 | ear canal |
| 耳廓 | earflap |
| 耳蜗 | cochlear |
| 耳蜗导管 | cochlear duct |

| | |
|---|---|
| 耳蜗隔膜 | cochlear partition |
| 耳咽管 | eustachian tube |
| 耳语 | whisper |
| 二腹肌 | dignastric |
| 二合元音 | diphthong |
| 二元（偶分）概念 | binary concept |

## F

| | |
|---|---|
| 发声 | phonation |
| 发声类型 | phonation type |
| 反共鸣（反共振） | anti-resonance |
| 反滤波器 | inverse filter |
| 反射 | reflection |
| 范畴知觉 | categorical perception |
| 方向性灵敏度 | directional sensitivity |
| 肺活量 | vital capacity |
| 分辨能力 | discriminability |
| 分布 | distribution |
| 分散性/集聚性 | diffuse/compact |
| 分音 | partial tone |
| 辐射阻抗 | impedance of radiation |
| 辅音 | consonant |
| 辅音性/非辅音性 | consonantal/non-consonantal |
| 复合音 | combination tone |

## G

| | |
|---|---|
| 干涉 | interference |
| 感受阈 | perception threshold |
| 感知 | perceive |
| 共振（共鸣） | resonance |
| 共振峰 | formant |
| 共振峰带宽 | formant bandwidth |
| 共振峰合成 | formant synthesis |
| 共振峰模式 | formant pattern |
| 共振峰频率 | formant frequency |
| 共振峰频率变化速率 | shift rate of formant frequency |
| 共振峰振幅 | formant amplitude |
| 共振曲线 | resonance curve |
| 鼓阶 | seala tympani |
| 鼓膜 | eardrum |
| 过渡音 | transition |
| 过渡音征 | transition cue |
| 过零率 | zero-crossing rate |

## H

| | |
|---|---|
| 横肌 | transversus |
| 喉化（喉音化） | glottalization |
| 喉内肌 | intrinsic laryngeal muscle |
| 喉塞音 | glottal stop |
| 喉头频闪镜 | laryngo-stroboscope |
| 喉外肌 | extrinsic laryngeal muscle |
| 呼气力量 | expiratory force |
| 滑音 | glide |
| 话者识别 | speaker recognition |
| 环甲肌 | cricothyroid |
| 环杓侧肌 | lateral cricoarytenoid |
| 环杓后肌 | posterior cricoarytenoid |
| 环状软骨 | cricoid cartilage |
| 会厌 | epiglottis |
| 混响 | reverberation |

## J

| | |
|---|---|
| 肌电仪 | electro-myograph（EMG） |
| 肌弹性空气动力学 | myoelastic aerodynamics |
| 基底膜 | basilar membrane |
| 基频 | fundamental frequency |
| 基频曲线（基频拱度） | fundamental frequency contour |
| 基音 | fundamental |
| 级 | level |
| 极点 | pole |
| 极与零 | pole and zero |
| 急煞性/非急煞性 | checked/unchecked |
| 集聚性/分散性 | compact/diffuse |
| 甲杓肌 | thyroarytenoid |
| 甲状软骨 | thyroid cartilage |
| 甲状舌骨肌 | thyrohyoid |
| 尖锐性/沉钝性 | acute/grave |
| 简谐振动 | simple harmonic vibration |
| 降尾段 | offset-section |
| 降音性/平音性 | flat/plain |
| 节奏单元 | rhythmic unit |
| 节奏群 | rhythmic group |
| 节奏音联 | rhythmic juncture |
| 紧喉嗓音（吱嘎音） | creaky voice |
| 紧音性/松音性 | tense/lax |
| 茎突舌骨肌 | stylohyoid |

| | |
|---|---|
| 茎突舌肌 | styloglossus |
| 句子重音 | sentence stress |
| 卷舌音化（-r 音化） | rhotacized, rhotacization |
| 卷舌元音 | retroflexed vowel |
| 绝对感受度 | absolute sensitivity |
| 均等对立 | equipollant opposition |

## K

| | |
|---|---|
| 开启相 | opening phase |
| 开商 | open quotient |
| 开相 | opened phase |
| 柯替氏器官 | organ of Cortis |
| 颏舌骨肌 | geniohyoid |
| 可见语言（视识语） | visible speech |
| 口轮匝肌 | orbicularis |
| 口腔 | oral cavity |
| 口音/鼻音 | oral/nasal |
| 快速傅里叶变换 | fast Fourier transform (FFT) |

## L

| | |
|---|---|
| 郎飞氏节 | nodes of Ranvier |
| 浪纹计 | kymograph |
| 雷诺数 | Reynold number |
| 连续谱 | continuous spectrum |
| 连续知觉 | continuous perception |
| 两歧实验 | dichotic experiment |
| 量化 | quantization |
| 临界带宽 | critical bandwidth |
| 临界时长 | critical duration |
| 临界速度 | critical velocity |
| 淋巴液 | perilymph |
| 零点 | zero |
| 零声母 | zero-initial |
| 流音 | liquid |
| 卵形窗 | oval window |
| 乱纹 | fills |

## M

| | |
|---|---|
| 毛细胞 | hair cells |
| 模拟信号 | analog signal |
| 模式 | pattern |
| 模式还音合成器 | pattern-playback synthesizer |

| | |
|---|---|
| 摩擦音（擦音） | fricative |
| 目标值 | target value |

## N

| | |
|---|---|
| 内耳 | internal ear |
| 内淋巴 | endolymph |
| 黏膜弹性空气动力学说 | muscoviscoelastic aerodynamies |

## O

| | |
|---|---|
| 偶分法则 | binary fearture convention |
| 偶值特征（二分法特征） | binary feature |

## P

| | |
|---|---|
| 拍 | beat |
| 频率 | frequency |
| 频率范围 | frequency range |
| 频率分析仪 | frequency analyzer |
| 频率群 | frequency groups |
| 频谱 | spectrum |
| 频谱仪 | spectrograph |
| 频域 | frequency domain |
| 平音性/降音性 | plain/flat |
| 平音性/升音性 | plain/sharp |
| 谱级 | spectrum level |

## Q

| | |
|---|---|
| 起动作用 | initiation |
| 气管 | trachea |
| 气嗓音（气声） | breathy voice |
| 恰能分辨的差别 | just-noticeable difference（JND） |
| 前庭阶 | scaiavestibuli |
| 潜听阈 | listening-in threshold |
| 强频集中区 | concentrated frequency area |
| 强迫振动 | forced vibration |
| 切音（音段） | segmentation |
| 清辅音 | voiceless consonant |
| 清声母 | voiceless-initial |
| 清音 | voiceless |
| 清音性/浊音性 | voiceless/voice |
| 区别（性）特征 | distinctive feature（DF） |
| 区分测验 | discrimination test |
| 去声 | fourth tone |

|  |  |
|---|---|
| "全与无"效应 | "all-or-none" effect |
| 颧骨肌 | zygomatic muscle |

## R

| | |
|---|---|
| 人工智能 | artificial intellegence |
| 柔润性/粗糙性 | non-strident (mellow) /strident |

## S

| | |
|---|---|
| 三合元音 | triphthong |
| 三角肌 | triangular muscle |
| 嗓音 | voice |
| 嗓音横杠 | voiced bar |
| 嗓音起始时间 | voice onset time (VOT) |
| 嗓音音高 | the pitch of voice |
| 塞音 | stop |
| 上声 | third tone |
| 上颌骨（颌骨） | maxilla |
| 上纵行肌 | superior longitudinalis muscle |
| 杓间肌 | interarytenoid |
| 杓状软骨 | aryteniod cartilage |
| 舌骨 | hyoid bone |
| 舌骨舌肌 | hyoglossus |
| 舌冠/非舌冠 | coronal/non-coronal |
| 舌尖元音 | apical vowel |
| 舌内肌 | instrinsic lingual muscle |
| 舌前/非舌前 | anterior/non-anterior |
| 舌外肌 | extrinsic lingual muscle |
| 神经末梢 | nerve ending |
| 神经时值学说 | neurochroaxic theory |
| 神经纤维 | nerve fiber |
| 神经信息 | nerve information |
| 神经元 | neuron |
| 升音性/平音性 | sharp/plain |
| 声带肌 | vocalis |
| 声带紧张度 | vocal cords tension (VCT) |
| 声道截面积 | cross-sectional area of vocal tract |
| 声道面积函数 | vocal tract area function |
| 声调 | tone |
| 声调特性 | tonality feature |
| 声调系统学 | tonology |
| 声调知觉 | tone perception |
| 声码器 | vocoder |
| 声门 | glottis |

|  |  |
|---|---|
| 声门声源（嗓音声源） | glottal source (voice source) |
| 声门下压力 | subglottal pressure ($P_s$) |
| 声母 | initial |
| 声强 | sound intensity |
| 声强密度级 | the density level of sound intensity |
| 声速 | speed of sound |
| 声学表现 | acoustical manifestation |
| 声学分析 | acoustic analysis |
| 声学关联物 | acoustic correlate |
| 声学连续集 | acoustic continuum |
| 声学特征 | acoustic characteristic |
| 声压 | sound pressure |
| 声源 | sound source |
| 时长 | duration |
| 时间效应 | time effect |
| 时域 | time domain |
| 实验语音学 | experimental phonetics |
| 受试者 | subject |
| 树状分叉末端 | terminal arbor |
| 数字滤波器 | digital filter |
| 数字信号 | digital signal |
| 瞬态噪声 | transient noise |
| 松音性/紧音性 | lax/tense |
| 送气 | aspiration |
| 送气音 | aspirated |
| 速度商 | speed quotient |
| 速度指数 | speed index |
| 髓鞘 | myelin sheath |
| 缩气音（内破裂音） | implosive |

## T

|  |  |
|---|---|
| 体积速度 | volume velocity |
| 条肌 | strap muscle |
| 调音（发音）部位 | place of articulation |
| 调音（发音）方法 | manner of articulation |
| 调音（发音）作用（调音） | articulation |
| 调音合成 | articulation synthesis |
| 调音器官 | articulatory organ |
| 调音器官矢状坐标 | sagittal dimention of articulatory organ |
| 听觉的 | auditory |
| 听觉感受度 | auditory sensitivity |
| 听觉皮质 | auditory cortex |
| 听小骨 | auditory osside |

| | |
|---|---|
| 听阈 | auditory threshold |
| 停顿音联 | pausal juncture |
| 通音 | approximant |
| 同侧的 | ipsilateral |
| 痛阈 | threshold of pain |
| 突触 | synapse |
| 突发性（暂音）/延续性（久音） | abrupt/continuant |
| 湍流 | turbulent flow |
| 湍流噪声 | turbulent noise |

## W

| | |
|---|---|
| 外耳 | external ear |
| 外周神经系统 | peripheral nervous system |
| 弯头段 | onset-section |
| 文-语合成 | text-to-speech synthesis |
| 稳态发声 | steady-state phonation |
| 五度制声调符号 | the five-point scale |

## X

| | |
|---|---|
| X 光照相 | X-ray photography, radiography |
| 吸收 | absorption |
| 颊肌 | buccinator |
| 下颌 | jaw |
| 下颌骨 | mandible |
| 下颌骨舌骨肌 | mylohyoid |
| 下纵行肌 | inferior longitudinalis muscle |
| 线性预测 | linear prediction |
| 线状谱 | line spectrum |
| 响度 | loudness |
| 响度级 | loudness level |
| 响度特征 | sonority feature |
| 响辅音 | sonorant |
| 响应曲线 | response curve |
| 相位 | phase |
| 笑肌 | risorius |
| 协同调音（发音） | co-articulation |
| 斜率 | slop |
| 谐音 | harmonic |
| 行波 | travelling wave |
| 胸骨甲状肌 | sternothyroid |
| 胸骨舌骨肌 | sternohyoid |

## Y

| | |
|---|---|
| 咽腔 | pharyngeal cavity |
| 延续性（久音）/突发性（暂音） | continuant/abrupt |
| 言语工程学 | speech technology |
| 言语识别 | speech recognition |
| 衍射 | diffraction |
| 掩蔽声 | masking sound |
| 掩蔽效应 | masking effect |
| 掩蔽值 | masking value |
| 阳平 | second tone |
| 阴平 | first tone |
| 音长 | length |
| 音渡（过渡音） | transition |
| 音段 | segment |
| 音高 | pitch |
| 音高显著性 | pitch prominence |
| 音高知觉 | pitch perception |
| 音高重音 | accent |
| 音轨 | locus |
| 音节 | syllable |
| 音节音联 | syllable juncture |
| 音联 | juncture |
| 音强 | intensity |
| 音色 | timber, quality |
| 音位 | phoneme |
| 音位配列学 | phonotactics |
| 音系学（音位系统学） | phonology |
| 音征（征兆） | cue |
| 萤光电影照相 | cineflourograph |
| 有无对立 | privative opposition |
| 有效值 | effective value |
| 右耳优势 | right ear advantage (REA) |
| 语图仪 | sonagraph |
| 语音范畴 | phonetic category |
| 阈（界限） | threshold |
| 元音 | vowel |
| 元音固有强度 | intrinsic intensity of vowel |
| 元音色彩 | vowel color |
| 元音性/非元音性 | vocatic/non-vocalic |
| 元音音质（色） | vowel quantity |
| 元音韵尾 | vowel ending |
| 圆唇/非圆唇 | rounded/non-rounded |
| 圆形窗 | round window |

| 韵律特征 | prosodic feature |
| --- | --- |
| 韵母 | final |

## Z

| 载讯单元 | information bearing element |
| --- | --- |
| 噪声 | noise |
| 展唇 | spread |
| 砧骨 | incus |
| 振幅 | amplitude |
| 振幅曲线（振幅拱度） | amplitude contour |
| 正常嗓音 | normal voice |
| 知觉（感知） | perception |
| 中耳 | middle ear |
| 中枢神经系统 | central nervous system |
| 终端模拟合成器 | terminal analogue synthesizer |
| 重音 | stress |
| 周期 | period |
| 轴突 | axon |
| 逐级对立 | gradua opposition |
| 驻波 | standing wave |
| 浊辅音 | voiced consonant |
| 浊化（浊音化） | voicing |
| 浊声母 | voiced-initial |
| 浊音性/清音性 | voice/voiceless |
| 自相关 | auto-correlation |
| 自由振动 | free vibration |
| 自主音段音系学 | auto-segmental phonology |
| 阻抗匹配 | impedance match |
| 阻尼振动 | damping vibration |
| 最小对立体 | minimum pair |
| 左耳优势 | left ear advantage（LET） |

# 图 版

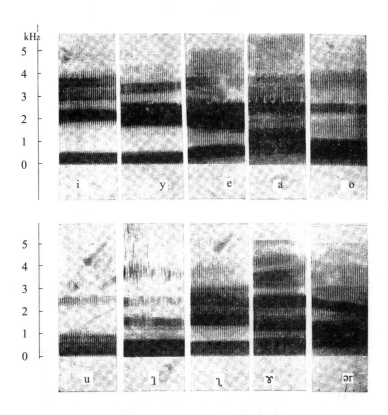

图版 5.1 普通话单元音共振峰模式

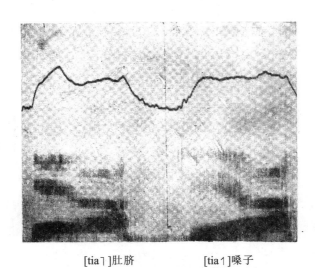

[tia˥]肚脐　　　　[tia˧˥]嗓子

图版 5.2 阿里藏语真性二合元音语图

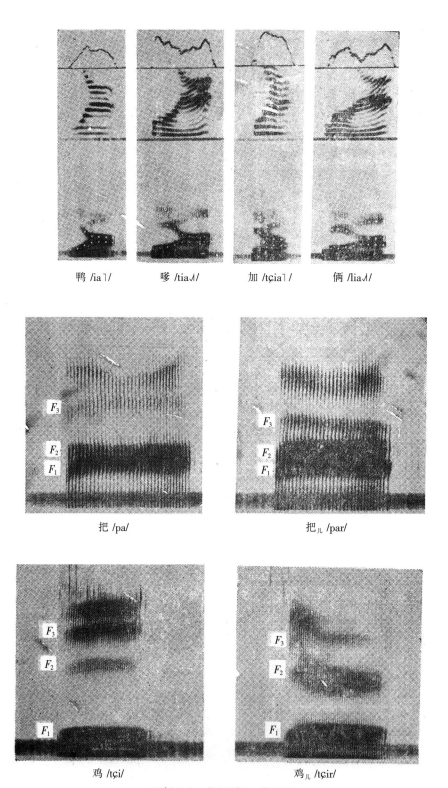

图版 5.3 普通话 /ia/ 韵语图

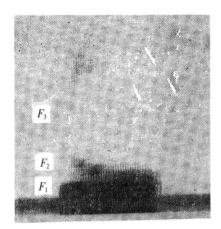 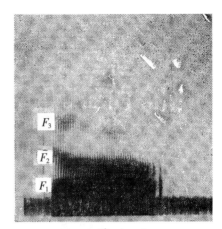

珠 /tʂu/　　　　　　　　　　珠ᵣ /tʂur/

**图版 5.4**　普通话卷舌/非卷舌元音共振峰比较

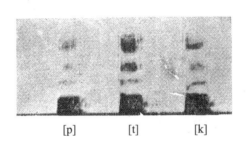

[p]　　[t]　　[k]

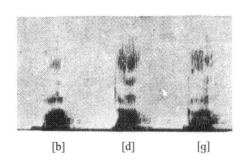

[b]　　[d]　　[g]

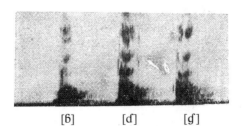

[ɓ]　　[ɗ]　　[ʄ]

**图版 6.1**　几种塞音的比较

（上）清塞音；（中）浊塞音；（下）缩气音

（各辅音均拼元音 [ə]）

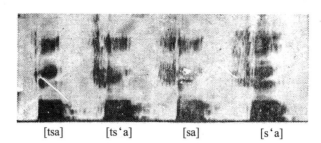

图版 6.2　塞擦音和擦音的不送气和送气比较

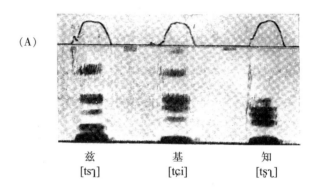

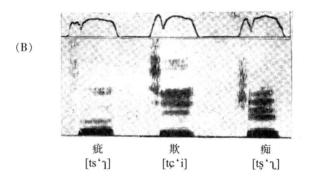

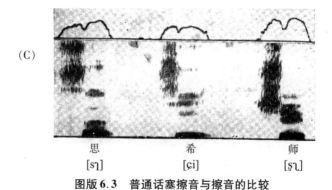

图版 6.3　普通话塞擦音与擦音的比较
（A）不送气塞擦音；（B）送气塞擦音；（C）擦音

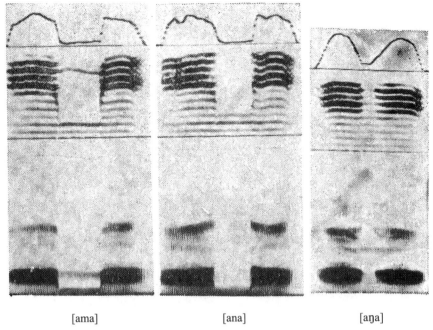

图版 6.4　鼻音的语图举例

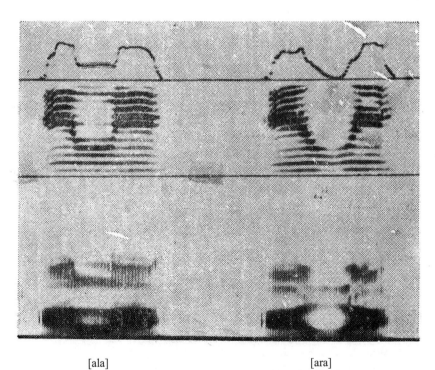

图版 6.5　流音的语图举例

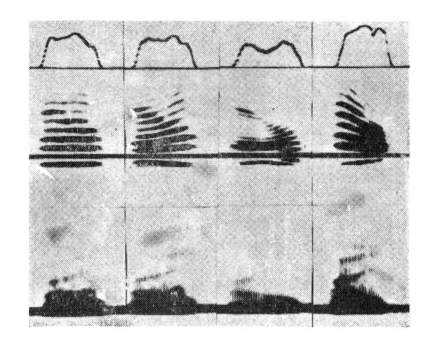

图版 7.1　按条件一合成的/ai/语图

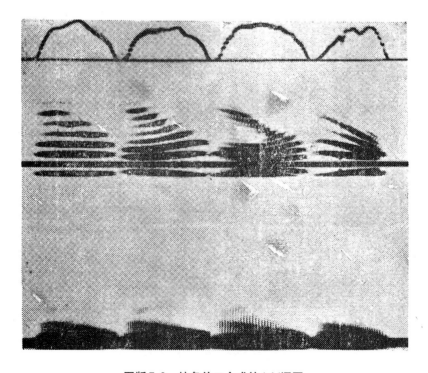

图版 7.2　按条件二合成的/ai/语图

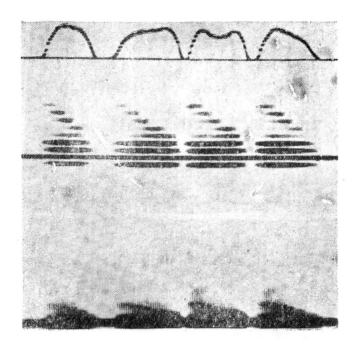

图版7.3 按条件三合成的/ai/语图

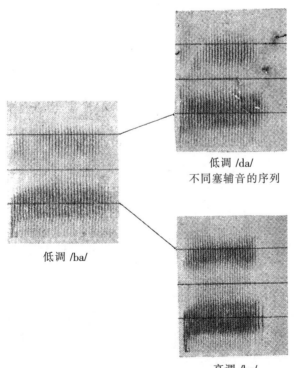

低调 /da/
不同塞辅音的序列

低调 /ba/

高调 /ba/
不同基频的序列

图版7.4 Wood 等人用于研究大脑神经生理活动的三种刺激声语图（引自 Wood *et al*., 1971：图 1）

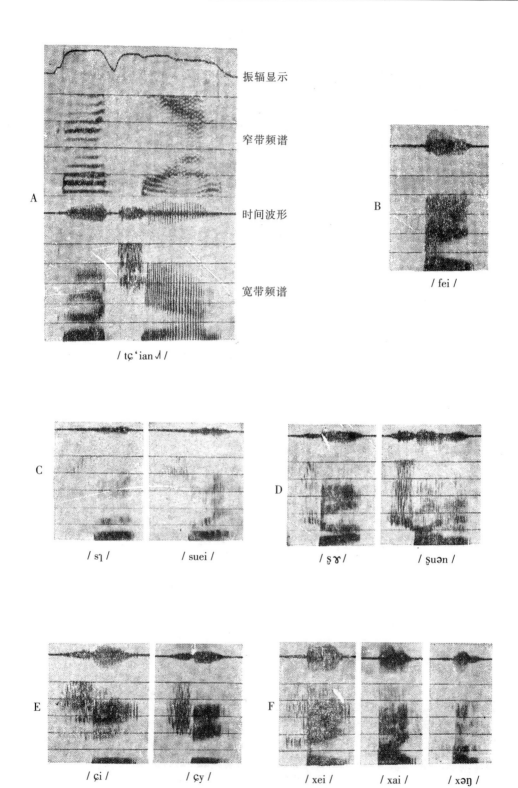

图版 8.1 普通话三维语图

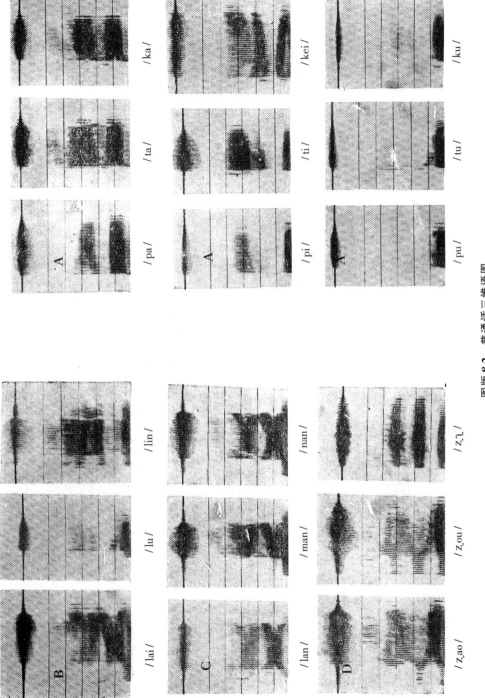

图版 8.2　普通话三维语图

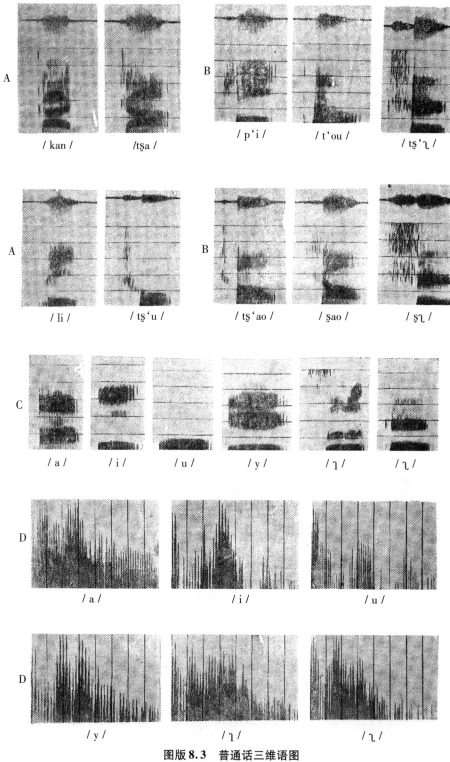

**图版 8.3　普通话三维语图**
（其中图 D 为单元音的二维功率谱）

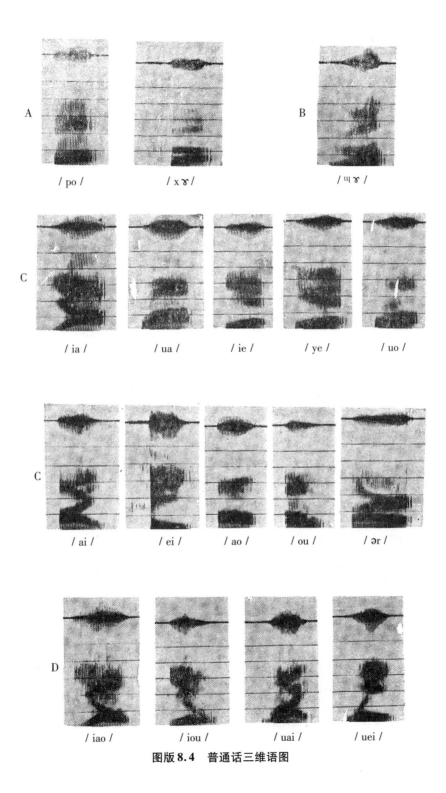

**图版 8.4** 普通话三维语图

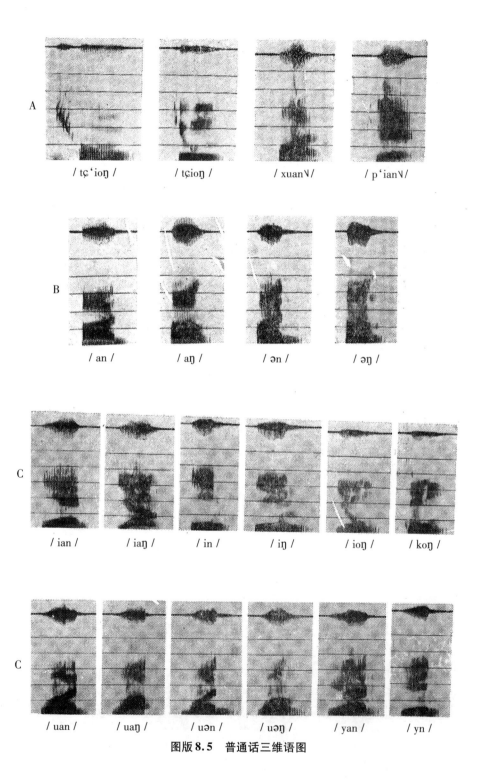

图版 8.5　普通话三维语图

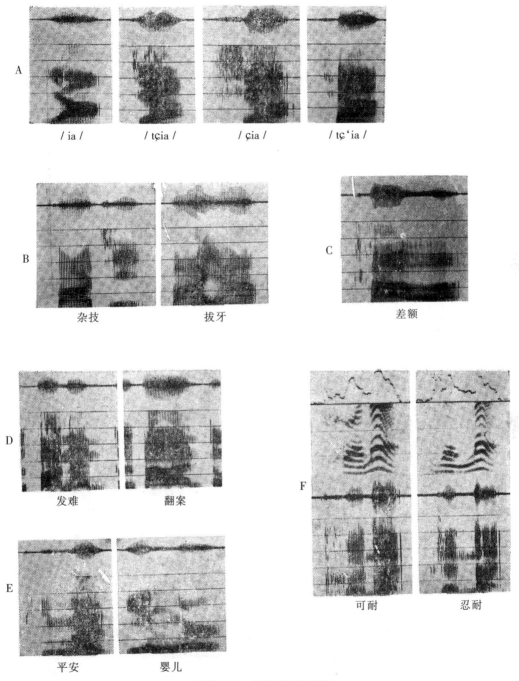

图版8.6 普通话三维语图

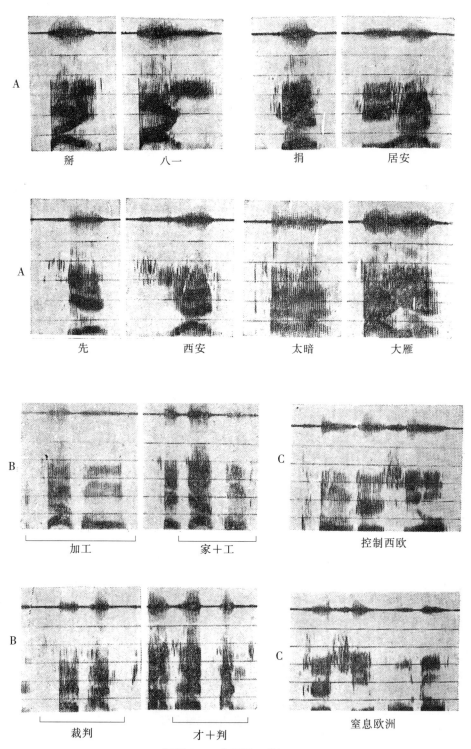

图版 8.7　普通话三维语图

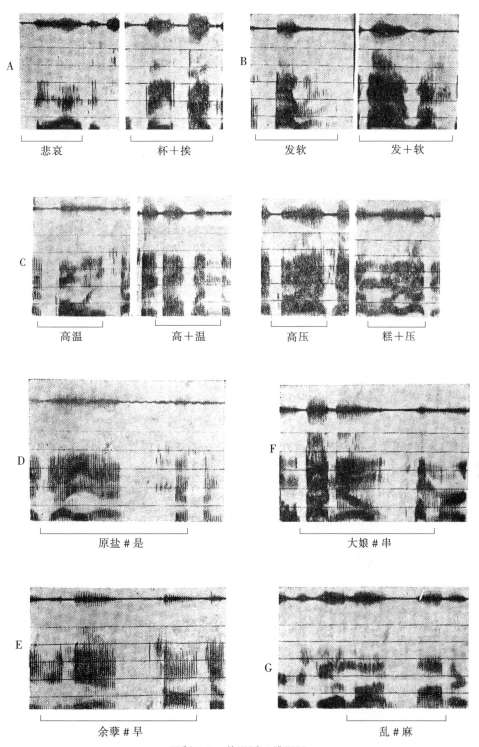

图版 8.8　普通话三维语图

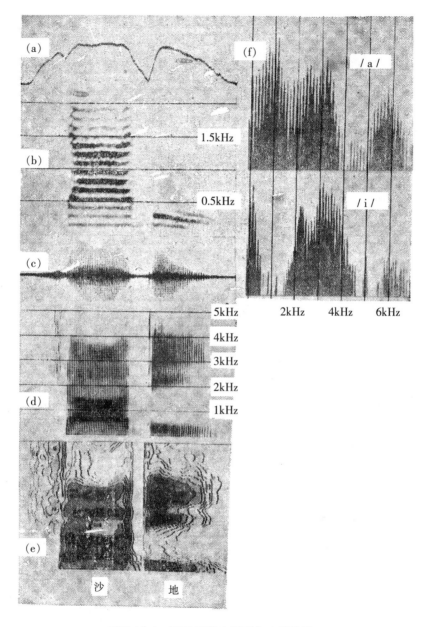

**图版 A1.1　7800 型数字语图仪功能举例**
（a）振幅曲线；（b）窄带语图
（c）时间波形；（d）宽带语图
（e）等强度线；（f）功率谱

# 续 编

第一章　语音音段的生理和声学分析及相关理论　　　　鲍怀翘
　　　　中国社会科学院　民族学与人类学研究所　　　　hqbao@163.com

第二章　声调区别特征　　　　　　　　　　　　　　　　李蕙心
　　　　香港城市大学　翻译及语言学系　　　　　　　　w.s.lee@cityu.edu.hk

第三章　汉语语调　　　　　　　　　　　　　　　　　　林茂灿　李爱军
　　　　中国社会科学院　语言研究所　　　　　　　　　linmaocan@263.net

第四章　语音库的收集与标注　　　　　　　　　　　　　李爱军
　　　　中国社会科学院　语言研究所　　　　　　　　　liaj@cass.org.cn

第五章　言语知觉　　　　　　　　　　　　　　　　　　杨玉芳　蔡丹超
　　　　中国科学院　心理研究所　　　　　　　　　　　yangyf@psych.ac.cn
　　　　　　　　　　　　　　　　　　　　　　　　　　caidc@psych.ac.cn

第六章　语音合成和识别　　　　　　　　　　　　　　　吕士楠
　　　　中国科学院　声学研究所　　　　　　　　　　　lu_shinan@163.com

第七章　第二语言教学与习得中的语音研究　　　　　　　曹　文
　　　　北京语言大学　汉语学院　　　　　　　　　　　tsao@blcu.edu.cn

第八章　语言病理学　　　　　　　　　　　　　　　　　于　萍
　　　　中国人民解放军总医院　耳鼻咽喉头颈外科　　　yuping1207@yahoo.com.cn

第九章　语音同一认定　　　　　　　　　　　　　　　　王英利
　　　　广东省公安厅　刑事技术中心　　　　　　　　　wangyingli776@sina.com

# 第一章 语音音段的生理和声学分析及相关理论

## 1.1 导　言

本章延续《实验语音学概要》关于元音、辅音和音联方面的内容，着重介绍近20年来在音段生理、声学分析方面的新技术、新方法和新理论，尽可能采用汉语在音段方面研究的新成果。总的方向是由《概要》静态的、二维的描写到动态的、三维的分析；由对语音音段孤立的、局部的研究到对一个语言的语音系统进行完整的剖析，《语音声学参数数据库》介绍的就是对一个语言音位系统（元音、辅音、声调）进行完整声学分析的实例。

"协同发音"理论将音段目标姿态的描写发展到动态剖析。音段的发音姿态和声学属性在语流中相互影响、相互渗透，形成"你中有我，我中有你"的局面。因此要总结变化规律，要提升到变化的成因高度，才能在万千的变化中不迷失方向。

"语音产生理论"的研究是建立在语音生理、声学研究基础之上的，它探究语音生理和声学之间的关系，建立相应的模型。语音产生理论反过来也必将促进语音研究各个分支以及语音应用领域的加速发展，避免走弯路。因此语音产生理论是语音研究的基础理论和指导思想，必须引起我们足够的重视。

"语音量子理论"是最近20年来的热门话题，这个理论的目的在于"统帅"语音生理、声学和感知属性并赋值给区别特征。区别特征是音系学的基本结构单元，对世界所有语言具有普适性，量子理论是"打通"语音学与音系学屏障的钥匙，所以这一理论从诞生开始就引起了语音学界的极大关注。所展开的讨论，不论是理论还是主张，都将把语音生理、声学和感知的研究引向深入。我们借此机会介绍出来，抛砖引玉，以期促进我国语音研究的发展。

## 1.2　语音生理研究

### 1.2.1　发音器官动态 X 光研究

语音研究和教学一开始就重视发音生理的关系。350多年前沃利斯（Wallis）出版了他的英语语法（1653年），其中就包含了生理语音学和实际应用的内容。他采用二维方法将发音器官区分为唇、腭、咽喉，每个部位可产生三种不同的唇开度，这样可以安置9个元音。1904年匈牙利语音学家开始用 X 光拍摄发音器官，罗素（Russell）在1928年已积累了400人次的3 000张 X 光照片进行发音生理研究。随着技术的不断进步，对发音生理的研究不断深入，应用范围也日趋扩大。截至1987年，世界上有名的 X 光语音数据库计有："X-ray film database for Speech Researsh"（日本 ATR videodisk）；The IPS X-ray database（由 Strasbourg Institute of Phonetics 提供，法语）；Lund X-ray Database（典隆德大学）；还有日本国立国语研究所 X 光录像数据库等。中国语音学家直到 1960 年才开始进行系统的 X 光发音器官的研究。他们在医生的帮助下拍摄了五位发音人的普通话单元音和辅音的静态发音姿态，其结果发表于《普通话发音图谱》（周殿福、吴宗济，1963）。

语音是在动态中表露出自身本质属性的，因此音位式的目标发音姿态固然重要，但从语流中来研究音位在上下文中的变化及其规律才更是不可或缺的。上世纪 80 年代初期，鲍怀翘、杨力立在解放军总医院放射科的大力支持下，拍摄了两男两女普通话动态 X 光电影，语料包括 204 个单音节词、36 组双音节儿化词语（如"小熊儿"），还有 9 组声调。1985 年由北京语言学院出版社编辑成《普通话发音器官动作特性》（X 光录像带）出版发行，使人们第一次看到了普通话发音器官的各部分，如双唇、下颚、舌尖、舌面、舌根、悬雍垂等协调一致的真实动作。但这种 X 光录像材料图像比较模糊，一般人不易看懂，这限制了它的使用和推广。

对这套 X 光录像资料进行开发的是北京大学博士汪高武，他的博士论文题为《汉语语音声道几何模型研究》（2010）。他和他的团队将 X 光录像带转换为 avi 数字格式，然后对每帧图像提取发音器官的轮廓线。通过这样的转换，就可以清晰地看到每个音节的发音器官动作，并伴有原始录音，必要时可以慢放，甚至截取其中每一帧的轮廓线。图 1.1 左图是连续发音中截取的舌形轮廓线，右图是辅音（声母）b、p、m 加韵母 a、an、ang 除阻前一帧叠加图像。从叠加的舌形上可以看出，塞音破裂前舌头位置已摆在后接元音的位置上，而且仔细分析，这个 a 处在三个不同的韵母中，受到韵尾的影响，表现为三个变体，即单韵母是一个中［A］，an 里的是一个稍高偏前的［æ］，而 ang 韵里的是［ɑ］。有了这套资料，就可以对每个音节中每个音段的发音做出详细的描述，图 1.2 就是这种描述的一例。

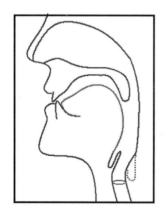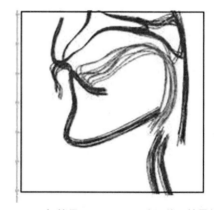

**图 1.1** 连续发音动作的截图（左）及辅音（声母）b、p、m 加韵母 a、an、ang 除阻前一帧叠加图像（右）

图 1.2A 是三维语图，其中四条竖直线代表发音的不同时刻。图 1.2B 是相应的发音器官矢状面图。图 1.2A 第一条竖线代表第 10 帧发音器官矢状面，是成阻前的静止状态，双唇尚未完全紧闭；第二条竖线代表第 14 帧，是除阻前状态，双唇紧闭，舌头已摆好了发 a 音的状态，所以除阻后，马上就进入 a 元音，这也可从语图的共振峰得到验证；第三条竖线代表第 22 帧，舌位已进入 a 音稳定状态的后部；第四条竖线代表第 28 帧，可以明显看出发音状态已处于尾声，舌体趋于自然状态，开始放松。图 1.2C 是在矢状面上提取的 8 个生理参数：唇突度和唇开度、舌尖前后和舌尖上下、收紧点位置和收紧点宽度、软腭开合和声门高度。如唇突度（左上图黑点）在整个音节发音期间比较稳定；而唇开度（空

心圆点）第 10 帧开始闭紧，说明进入成阻状态。进入第 15 帧，唇开度发生跃变，说明声母辅音 b 双唇除阻了，到第 20 帧双唇开度最大，也就是舌位最低。此后开度缩小，到第 28 帧，唇开度恢复到当初的静止状态。与唇开度变化相关的是舌尖前后和声门高度，它们都发生了相应改变；舌位数据（收紧点宽度/前后位置）也有变化，如收紧点位置前三帧基本没有移动，直至最后一帧发生改变。图 1.2D 是与 4 帧发音器官矢状面相应的头三个共振峰数据（根据同步录音提取），以及 8 个生理参数的数据。总之，经过这样的处理，发音姿态的变化一目了然，语音生理和声学属性之间的关系也因此能得到深入的研究。

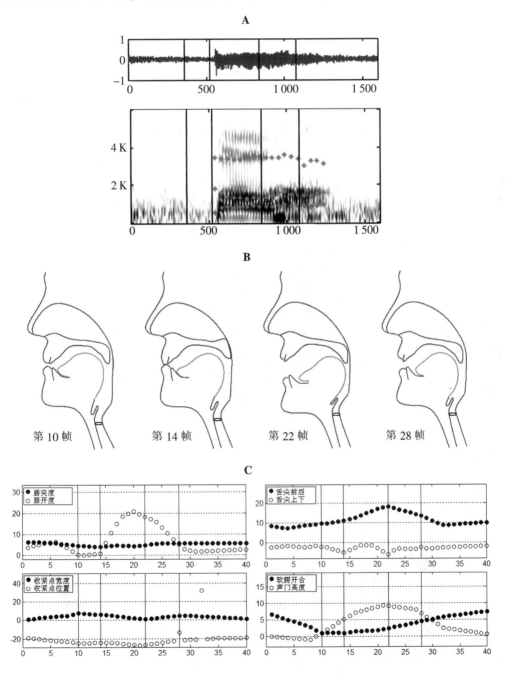

| 帧数 | $F_1$ | $F_2$ | $F_3$ | 唇突度/开度 | 舌尖前后/上下 | 收紧点宽度/位置 | 软腭开合/声门高度 |
|---|---|---|---|---|---|---|---|
| 10 | | | | 4.5/0.2 | 9.7/−1.9 | 7.8/−24.8 | 1.0/1.0 |
| 14 | | | | 4.0/0.6 | 11.1/−4.8 | 6.3/−24.4 | 1.0/5.1 |
| 22 | 890 | 1380 | 3481 | 4.8/18.3 | 18.3/−5.8 | 1.4/−26.7 | 2.5/9.1 |
| 28 | 949 | 1510 | 3088 | 5.6/5.0 | 13.6/−2.2 | 4.9/−13.4 | 4.5/6.9 |

图 1.2　普通话音节"巴"ba 发音综合图及数据表（由汪高武提供）

X 光技术虽然有了长足的进步，如 256 或 320 排螺旋 CT 能得到清晰的发音器官（从唇到喉）三维图像，但毕竟 X 射线对身体有一定副作用，在语音研究中已不再提倡，现在比较看好的是核磁共振成像技术（MRI）。汪高武等（2008）拍摄了普通话 8 个发音人的 MRI 图像（见图 1.3），其中 7 号发音人的语料最完整，既有单元音，也有声母配上不同韵母，共计 100 个音节的二维 MRI 图像。对于动态三维声道成像，因为难度很大，即使日本 ATR 研究所自己也只录制了很少的数据，所以在汪高武的实验中只做了普通话"一二三五日"五个音节的小片段。图 1.4 左图是三维成像及其声道各点的截面，右图是三维声管图像。这个图像在处理平台上可以做 360 度旋转。由三维声管就能取得真实的声道从声门到唇各个点上的截面函数，这是发音器官研究的目的之一，因为有了声管的截面函数，就可以计算出共振峰数据了，有了实时声道截面数据，也能实现"发音器官语音合成"。这方面的问题将在"语言产生理论"中进行详细说明。

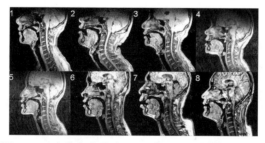

图 1.3　8 个发音人元音 [ɿ] 的 MRI 声道矢状面图

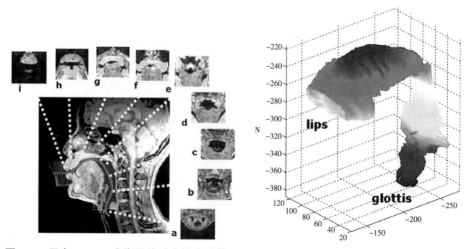

图 1.4　元音/i/MRI 成像及其对应的声道截面（左）及元音/a/声管的三维截面函数（右）

MRI 技术有很多优点,最大优点是对人体(正常健康人)没有损害,因而受到研究者的青睐。但 MRI 成像的过程比较复杂,无论元音还是音节都需要重复几十次到上百次,很难保证每次发音的准确近似。其次,现场机器声分贝值很高,大大超过人声,因而需要后期配音,很难保证图像和声音的完美、准确结合。记录一句话更需要上千次发音,所以要做到真正实时是不可能的。Stone 等(2001)报告了一种称为电影核磁共振成像(Cine-MRI)的技术,图 1.5 左图为从/i/到/a/连续发音的一帧截图,右图为加网格的图像(tapped-Cine-MRI),这种技术可以提取发音的舌体运动,还能计算出舌体内外肌的活动能力。最近,Niebergall 等(2013)报告了一种新的用于德语语音研究的实时核磁共振系统,该系统采用辐射 FLASH 非线性逆重构技术,以 30 帧/秒回放,能清晰看到发音时唇、舌、喉等的变化,不仅能对元音、辅音加以精确的立体量化,还可以表达协同发音的情况。可以预期,随着技术的改进,MRI 的噪声会越来越小,接近或达到语音研究的要求。

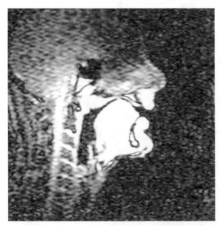 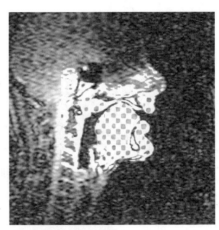

图 1.5　MRI 电影截图(左)及加网格图像(右)

### 1.2.2　语音动态腭位研究(Electropalatography,EPG)

#### 1.2.2.1　动态腭位原理及图形表示

在语音研究中,腭位技术已有悠久历史并得到普遍应用。腭位反映了发音时舌体与上腭接触的位置和面积,由此可判定发音部位。但这种方法只适用于单元音。假使应用于 CV 音节,则反映的是 CV 总的接触状况,很难将其分开,而且在使用上有很多限制。在以往的实验中,辅音只与元音/a/相配,因为普通话里作为单元音韵母的/a/开口度很大,而且居央位,舌-腭没有接触,所以能反映出辅音舌-腭接触的本来面目。我们称这种技术为"静态"技术,周殿福、吴宗济(1963)发表的《普通话发音图谱》中采用的就是这种静态腭位技术。为了实时观察语流中的舌-腭接触情况,语音学家和工程技术人员做了多年努力。

20 世纪 70 年代以来,动态腭位研究有了突破性进展,已可付诸语音研究。当前主要的动态腭位系统有三个:英国系统(Hardcastle et al.,1989,64 个电极)、美国系统(Flecher et al.,1975,96 个电极)和日本系统(Fujimura et al.,1973,64 个电极)。截至 80 年代末,研究所及语言有英、法、德、日、瑞典、意大利、爱沙尼亚、斯瓦西里、印度、希腊以及它们的方言,近来也有少量研究广东话的报道。涉及内容包括言语各个层次上的音段、协同发音、同化、腭化和弱化以及跨语言的研究等,其中很大部分涉及言语障碍病人(speech disorder)的语音研究。在语言教学中使用 EPG 是这种设备的一个重要用途,因此被 Flecher（1982）称为"实时地看语言"（seeing speech in real time）。值得称道的是 Hardcastle & Machal（1990）报道了欧洲多语言生理和声学数据库（EUR-ACCOR）的研究，这其中的生理数据主要就是动态腭位图，这是一个很大的工程，对语音学的研究有很大贡献。

这里介绍的是美国 KAY 公司生产的电子腭位仪，电子假腭 96 点阵，图形采样 100 帧/秒，音频采样 11 500 Hz/秒。图 1.6 是电子假腭及其分区表示。在分区图上，"软腭区"指的是发音部位而不是生理区域。这个区域从解剖上还是属于硬腭的后部，但发软腭音时，这个区会有接触，所以定位"软腭区"。假腭制作只可能到硬腭这个位置，再往里伸延，就会产生强烈的异物感，难以接受。再则，也挡住了软腭的自由升降，严重影响发音。所以，当前所有的 EPG 系统都将最后两排电极标记为"软腭区"。

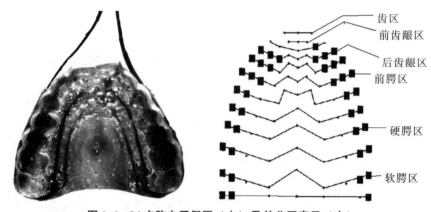

**图 1.6　96 点阵电子假腭（左）及其分区表示（右）**

#### 1.2.2.2　辅音发音三阶段

一般语音教科书中谈到辅音发音都有三个阶段：成阻、持阻和除阻。这都是语音学家根据自身体会总结的发音规律，但看不到摸不着，单凭语图也很难分辨清楚。而在动态腭位图上，这三个阶段显示得很清楚，与语图相对应，也容易解释语图上的声学表现。图 1.7 是普通话双音节"大地"（C1V1C2V2）的综合图形。最上面是语音波形和对应的语图，中间是舌-腭随时间变化的接触面积比，简称 RCA（ratio of contact area）。波形、语图和 RCA 在时间轴上是完全对齐的，最下面的是舌-腭接触图。在 RCA 和舌-腭接触点阵图上，T1 表示 C2/d/的成阻开始点，也就是说，塞音的成阻开始于 V1 元音尾部；T2 表示成阻完成和持阻开始点，此时在腭位图上可以看到舌-腭完全阻塞了口腔通道；T3 表示持阻时段中接触面积最大处，过了这一帧，接触面积逐渐减小，直到 T4 是塞音破裂前最后一帧。这一帧对发音非常关键，它决定了发音的部位，也直接影响破裂后的声学特性，因此 T2-T4 都属持阻阶段，在语图上表现为"空白段"；T5 是除阻（塞音破裂）时刻，在腭位图上可以观测到原来闭塞的地方出现了一小缺口，此刻口腔内积聚的气压瞬时冲出口外形成爆破音，在语图上可以看到破裂形成的冲直条。接下来舌-腭接触面积逐渐减小，口腔通路逐渐增大，直到接上后边的元音 V2，这就是除阻结束点 T6。越过这点，元音发音仍会继续。在有的音节中，辅音与元音的舌-腭接触位置及接触面积十分相似，T6 位置很难确定，如 ji [tɕi]、zi [tsɿ]、zhi [tʂʅ]、gu [ku]。塞音、塞擦音读得认真时，这三个阶段是明显存在的，因而能听到清晰的发音。但在语流中由于语速的加快以及咬字不清晰的缘故，塞音的成、持阻往往表现为不完全闭塞，在腭位图上留有小的缺口，口内气压积聚不起来。于是塞音和塞擦音几乎不存在持阻阶段，在语图上 V1 与 C2 之间就直接连接在一起，没有了它们之间本应有的空白段（GAP）。

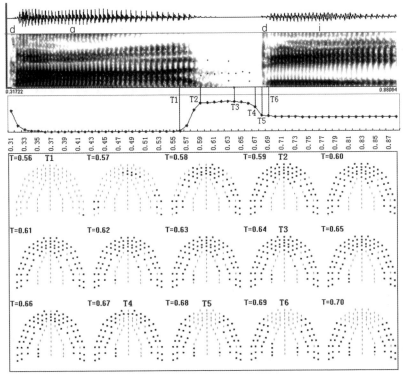

图 1.7　普通话双音节"大地"生理、声学综合显示图（T 下边的数值表示"秒"）

擦音的成、持、除阻情况与塞音、塞擦音略有差别。擦音成阻不完全闭塞，在相应部位留一小缺口，就马上转入持阻。擦音的发声有时发生在成阻尾部，有时在持阻阶段，所以没有真正意义的"除阻阶段"。普通话塞音、塞擦音成、持阻数据及其柱形图见表 1.1 和图 1.8，这是测量了一名女发音人 EPG 的 C1V1C2V2 双音节中 C2 得到的结果。其中生理时长是成阻和持阻的总和，因而与语图上量得的声学时长是有区别的。

表 1.1　普通话辅音成、持阻时长

单位：ms

| 音素 | 成阻段时长 | 持阻段时长 | C2 生理时长 |
| --- | --- | --- | --- |
| d | 0.041 | 0.089 | 0.130 |
| g | 0.072 | 0.067 | 0.139 |
| t | 0.043 | 0.063 | 0.106 |
| k | 0.067 | 0.059 | 0.126 |
| z | 0.065 | 0.037 | 0.102 |
| zh | 0.043 | 0.06 | 0.103 |
| j | 0.058 | 0.056 | 0.114 |
| q | 0.056 | 0.041 | 0.097 |
| c | 0.055 | 0.045 | 0.100 |
| ch | 0.043 | 0.044 | 0.087 |

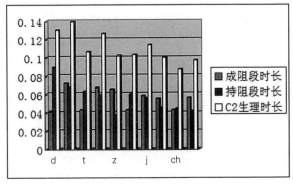

图 1.8　辅音时长的柱形表示

#### 1.2.2.3 数据缩减

所谓数据缩减，就是将每帧 96 点阵的接触情况，用简略的、意义明确的几个指数表达出来。利用这几个指数，就可以方便地对每个音素的接触部位、接触面积进行明确的描述。

"接触指数"是一种数据缩减方法。李俭、郑玉玲（2003）对 Fontdevila 等（1994）提出的基于 62 点阵的算法进行了调整，以适合 96 点阵腭位图。然后将假腭由前往后分成 12 行，命名为 R1…R12；由两边往中间分成 11 列，分别命名为 C1…C6，即 C1 代表 L1 和 L11（左右两侧）接触点数，C2 代表 L2 和 L10 的接触点数，如此类推。最后剩下 L6，也就是中间一列，由 C6 代表。然后将它们转换成几个指数：CA（靠前性）、CC（集中性）和 CP（靠后性）。三个指数的计算公式分别为：

CA ＝＝［LOG（1 * R12/7 ＋10 * R11/9 ＋100 * R10/9 ＋1000 * R9/9 ＋10000 * R8/9 ＋122222 * R7/11 ＋1466664 * R6/11 ＋17599968 * R5/11 ＋172799686 * R4/9 ＋959998356 * R3/5 ＋3455993722 * R2/3 ＋13823974888 * R1/3 ＋1）］／［LOG（18431966517 ＋1）］

CP ＝［LOG（1 * R1/3 ＋4 * R2/3 ＋26 * R3/5 ＋280 * R4/9 ＋3422 * R5/11 ＋41064 * R6/11 ＋492768 * R7/11 ＋4838086 * R8/9 ＋48380860 * R9/9 ＋483808600 * R10/9 ＋4838086000 * R11/9 ＋43005207778 * R12/7 ＋1）］／［LOG（43005208889 ＋1）］

CC ＝＝［LOG（1 *（C1/16）＋19 *（C2/18）＋361 *（C3/18）＋7621 *（C4/20）＋96025 *（C5/12）＋1248325 *（C6/12）＋1）］／LOG（1352352 ＋1）

以上三个公式中的"＊"号表示乘积。利用 CA 和 CC 两个指数研究普通话辅音的接触状态。其中 CA 描述舌腭接触的靠前性，即辅音发音部位的前后，CA 值越大，说明辅音的发音部位越靠前。而 CC 描述舌腭接触的集中性，即舌与上腭之间接触的宽度，CC 值越大，说明舌与上腭之间的接触面积越大，留有的间隙越窄。CC 值大到一定程度时，舌腭之间形成完全的阻塞，这是塞音和塞擦音发音时的生理特点。

下面是用 CA 和 CC 两个指数对普通话辅音的接触部位进行的描述。由于双唇音 b、p、m，唇齿音 f 和舌根擦音 h 不会在假腭上形成接触，故此处不考虑这些音。为了尽可能避免元音语境对辅音的影响，我们选取了辅音后接元音 a 构成的单音节词，取辅音目标点上的一帧（破裂前的一帧），计算出接触指数 CA 和 CC 的值（见表 1.2）。表中 ji、qi、xi 舌位基本相同，可以代表舌面-硬腭辅音的基本特征。

表 1.2 辅音接触指数表

| 辅音 | CA | CC | 辅音 | CA | CC |
| --- | --- | --- | --- | --- | --- |
| da | 0.9993 | 0.9049 | zha | 0.7297 | 0.8757 |
| ta | 0.9998 | 0.8778 | cha | 0.6769 | 0.8831 |
| na | 0.9869 | 0.8378 | sha | 0.6118 | 0.5292 |
| la | 0.7882 | 0.8377 | ji | 0.7766 | 0.8444 |
| za | 0.9078 | 0.8382 | qi | 0.7911 | 0.8406 |
| ca | 0.9112 | 0.8384 | xi | 0.6898 | 0.5953 |
| sa | 0.8197 | 0.4820 | ran | 0.639 | 0.5547 |
| ga | 0.3061 | 0.5018 | ka | 0.3057 | 0.5017 |

以表 1.2 中 CA（靠前性）为横坐标、CC 为纵坐标绘制成辅音的分布（见图 1.9），又称辅音格局（consonant pattern）。从横轴上可以看出，最靠前的是 d、t、n，其次是 z、c，再往后分别是 q、j、l、zh、ch，而最靠后的是 g、k。由于擦音中缝位置没有接触，因此，集中指数小于塞音和塞擦音，故处于塞音下方，两类不同发音方法的辅音上下排列、经纬分明。需要说明的是，g、k 在纵轴上与擦音处于同一水平，这是因为这两个软腭辅音的接触点原本应在舌面后部与软腭位置完全闭塞，但现在的假腭没有软腭的电极，所以只能从这个音的接触前边界，即硬腭后缘（R11、R12）上取其值，但这两列中缝不接触，所以 CC 值与擦音近似。

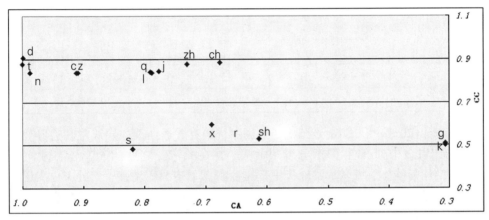

**图 1.9** 基于指数 CA（横坐标）、CC（纵坐标）的普通话辅音发音部位格局

EPG 在语音研究中有广泛的使用价值。哈斯其木格、郑玉玲（2008）研究了普通话双音节 C1V1#C2V2（C = 21 个辅音，V = i、ɑ、u）中元音的前后过渡与 C2 腭位之间的关系（见图 1.10）后指出："元音过渡段的声学数据和腭位数据之间具有较强的相关关系，这表明声学数据和生理动作之间具有密切的关系"，"i、u 等 $F_1$ 低的元音过渡段，T1 和腭位数据之间的相关关系不稳定，但是 ɑ、i、u 三个元音 $F_2$ 过渡段和腭位数据之间都具有明显的相关关系。$F_3$ 和腭位数据之间的相关关系虽然复杂，但值得注意的一点是 zh、ch、sh、r、l 等辅音前后元音 $F_3$ 过渡段和腭位数据之间出现比较一致的负相关关系"。

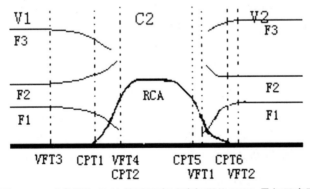

**图 1.10** "发达" fādá 前后元音过渡与腭位 RCA 叠加示意图

EPG 在韵律研究中的作用也得到了有力的证明。Cao & Zheng（2006）通过分析两个发音人的 EPG 数据（见表 1.3）指出：增强的模式差异依赖它们的诱因，边界前的增强是由音节韵母主导的，边界后的增强则受声母辅音主导（即声母辅音的增强），而重音/重读

的影响表现出声母辅音和韵母之间的相对平衡分布。此外，韵律位置的影响比重音对比更大。所有观测到的效应更清晰地表明言语产生的确存在提前计划机制，这种机制在其他语言中也得到了证明。

表1.3 韵律短语"shuo1zhe0 shuo1zhe0"（"说着说着"）EPG 测量数据

| Parameters | Speakers | Segments | | | | | | | |
|---|---|---|---|---|---|---|---|---|---|
| | | sh1 | uo1 | sh2 | uo2 | zh1 | e1 | zh2 | e2 |
| Duration/ms | M | 23.938 | 158.50 | 127.98 | 129.70 | 87.50 | 74.1 | 107.78 | 217.00 |
| | F | 740.020 | 187.13 | 180.79 | 150.65 | 128.45 | 87.2 | 144.31 | 244.22 |
| RCA/% | M | 37 | 2 | 41 | 4 | 48 | 26 | 40 | 8 |
| | F | 50 | 7 | 47 | 6 | 46 | 37 | 36 | 3 |
| DRCS/% | M | 43 | 57 | 24 | 76 | 41 | 59 | 15 | 85 |
| | F | 49 | 51 | 24 | 76 | 41 | 59 | 15 | 85 |

Li & Kong（2011）利用62点阵电子假腭系统研究普通话韵律层级中的边界效应后指出，较高韵律层级中辅音舌-腭接触得到增强，并在此辅音之后的元音姿态倾向于缩减（reduce）。结论是韵律层级显示出辅音发音的舌-腭接触有累积增强，而处于更高层级上的塞音声母闭塞段时长也得到了增强。以上结果还支持一种猜想：音步和音节边界可以由辅音的发音增强来加以区分，而不是声学上的静止段（silent）的时长。

中国社会科学院民族学与人类学研究所在1997—2002年间建成了《普通话动态腭位数据库》，数据库的语料由以下内容组成：单音节408个；双音节1 076个，含半元音y、w、yu 的零声母双音节词48个，轻声音节42个，儿化韵音节76个；古诗5首，20句，114个音节；句子50个，含574个音节；对话20句，含143个音节，以上共计2 676个音节。同时，他们与内蒙古大学合作录制了蒙古语动态腭位数据库，其特点是突出语音结构中的复辅音（包括音节内和音节间的各类复辅音组合）。复旦大学中文系建立了《上海方言语音的动态腭位数据库》，包含414个单音节，若干双音节、三音节及短句。北京大学中文系的动态腭位数据库容量较大，约有13 000个音节。中国社会科学院语言研究所也完成了多个儿童和成人的动态腭位数据库。

#### 1.2.2.4 动态腭位技术在语音生理研究中的优缺点

从以上的叙述不难看出，当前的EPG技术优点很突出。首先，凡是舌尖、舌面与上腭有接触的辅音，接触的位置与面积都能得到准确的反映，其优点胜过X光矢状面图，因此在协同发音研究中得到了很好的发挥；其次，操作比较简单，数据处理也容易被语音学家接受。但其缺点也是无法回避的。一方面，双唇音和舌根音得不到原始的接触状态，只有与某些元音相配时，才能得到部分结果；另一方面，电子假腭电极数越多，得到的数据就越准确。普通话在齿龈部位有三组辅音，只有96点阵电极才能有效加以分辨，这一点已由 Fougeron 等（2000）的报告证实。

### 1.2.3 电磁发音器官记录仪（Electromagnetic Articulograph，EMA）

EMA进入语音学领域已有20年历史。它能实时记录舌面特定点的运动轨迹，因此被用来研究语音的发音生理特点。发音实验时，被试者头戴一个架子（头盔），舌面及上下齿脊安装三个微型传感线圈（传感器），舌头和下颚运动时五个传感线圈产生感应电压，经过一系列的校正和计算，每个采样点的位移就可以画在笛卡尔坐标系上，见图1.11。

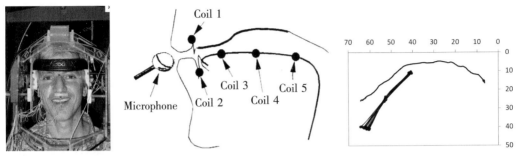

**图1.11　EMA头盔（左）、传感线圈安装点（中）和元音/i/舌面三个点的图形（右）**

EMA在元音、辅音和协同发音方面已得到广泛应用，胡方（2006）利用EMA技术研究了宁波话的元音系统。在他的报告中，首先给出了10个元音的声学元音图（见图1.12的左图）。他将得到的元音EMA数据进行PARAFAC处理，提取"前举"（front raising）和"回缩及后举"（retraction and back raising）两个因子，绘制成"元音因子装载图"（见图1.12的右图）。他的结论是："从采样的舌发音点的位置信息看，元音前后与舌位前后具有较好的对应关系，但元音高低与舌位高低没有明确的对应关系。这进一步证明了传统的元音描写术语并没有生理上的和发音上的实证基础，而只有语言学上的分类意义"，"表面上纷繁复杂的舌位信息可以成功地分解出两个底层舌运动机制，'回缩及后举'和'前举'，宁波方言中所有元音发音都可以用这两个机制来模拟重构"。他最后的结论是："分析模型所提取这两个舌运动机制在人类语言的元音发音上是具有普遍性的。"

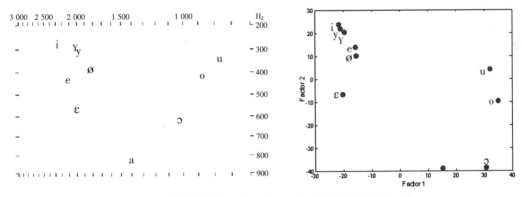

**图1.12　宁波话声学元音分布（左）和舌位因子装载图（右）**

Shosted（2011）利用EMA和鼻流计研究了印地语口元音、鼻元音舌位高度与腭咽开度（Velopharyngeal Opening，VPO）之间的关系。研究表明，舌位高度无法解释观测到的鼻气流，因为鼻气流与舌位高度之间只存在低水平的相关，因此推荐使用直接腭咽口成像方法。

近年来EMA技术有了新的发展，AG500在硬件上得到了改进，被试者头位可以自由活动，但得到的仍是三维动态数据。这套系统使用12个传感线圈粘贴到与发音相关的部位，见图1.13。其优点是6、7、9、10四个线圈放在唇的四个角上，便于唇形的研究；4、5两个线圈放在舌的两边，可以观测舌形的变化，以便测量出舌的凹度，这类舌形对声音产生都有影响。

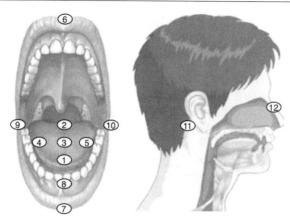

图 1.13　AG500 系统 12 个微型线圈粘贴位置

Susanne Schötz 等（2011）利用这套系统研究了瑞典语元音，重点研究了常规 [iː]（见图 1.14 左图）和阻尼（damped）[ɨː]（见图 1.14 右图）。由此图可看出，[iː] 的舌叶点比 [ɨː] 靠前，舌尖也低一些，但舌脊点位置比 [ɨː] 高。作者认为，用 8 个正则元音的位置来衡量的话，[iː] 是一个前高或前半高元音，而 [ɨː] 是一个靠后的、央高或央半高元音。

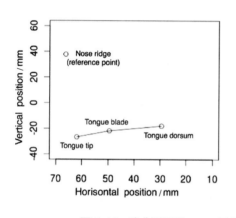 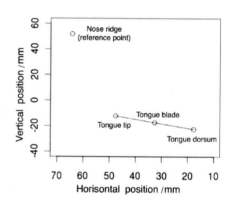

图 1.14　瑞典语元音 EMA 舌位图（左为 [iː]，右为 [ɨː]）

Li 等（2010）也使用 3D EMA（Carstens Articulograph AG500）研究了普通话 9 个元音在情感语言中的发音状态。将微型传感线圈分别粘贴在舌尖（TT）、舌叶（TB）、舌根（TR）、上唇（UL）、下唇（LL）和下门齿（LI）上，另有三个微型线圈安放在左右耳和鼻梁上作为头位的校准点。语言材料是 111 个句子分别用 7 种情感语调发音，检查不同情感状态下元音的发音姿态变化。图 1.15 是 /a/ 元音在四种情感条件（愤怒、悲伤、快乐和自然）下 TT、TB、TR、LI 的三维轨迹。它们分别描述了每个元音各个参数的变化，/i、a、u/ 的舌体在"愤怒"和"悲伤"情感中比"自然""快乐"抬得高一些，"悲伤"的舌形变化比其他三种条件都来得大。[i、ɿ、ʅ] 在"愤怒"和"悲伤"情感中舌体高于"自然""快乐"，而"悲伤"语调舌形变化比其他三类大得多。总的来说，情感影响元音发音，高前元音 [i、ɿ、ʅ] 有较一致的模式，在许多情感条件下，舌叶较高，舌根较低。舌尖后元音 [ʅ] 舌体更向后缩，舌叶抬得比 [i、ɿ] 高。

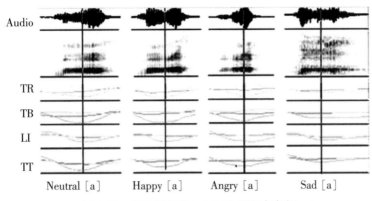

**图 1.15 普通话元音/a/EMA 的各点参数**

EMA 系统比起 X 光来说安全得多，但同样受电磁场辐射影响，因此在实验时要遵循国际辐射防护协会已经发表的准则。其次，舌形的表现不够直观，得到的结果都是传感线圈各点的三维（x、y、z）移动轨迹，发音器官的其他部分需要外加生成。在操作上比较复杂，如微型线圈的定位手续很麻烦，否则保证不了准确性和一致性。总之这一系统在当前对研究人员来说还不够"友善"，这也在一定程度上妨碍了它在语音学界的推广使用。

发音器官动作研究的另一种方法是"超声"，它可以实时记录舌头表面二维运动的图像，而且还可以重建三维舌头表面，在 VTV 实验室有很好的业绩[①]。在 17 届国际语音科学大会（2011，香港）上，Chen & Li（2011）利用超声技术研究了汉语普通话三个元音/i、u、a/的舌形；Li & Bird（2011）研究了普通话的单元音、零声母音节，都有一定的价值。

从以上对各种方法的介绍可以看出，各种方法都有优缺点。X 光动态技术无疑是最简便、直观、有效的手段，但由于对人体健康有害而被拒之门外。MRI 在医学上已广泛使用，在语言认知功能研究上也卓有成效。希望随着技术的进步，真实的三维动态 MRI（4D）能应用于语音研究。EMA 相对于 MRI 更简单一些，但尚需提高测量点密度，改善测量平台，使其表现发音器官（二维、三维）时更直接、更有效。EPG 虽然有一定限制，但无疑是发音生理研究较为理想的技术，电极数量较多的系统能更精细测量接触部位的差别，提高齿龈部位分辨度。

### 1.2.4 视位研究

#### 1.2.4.1 研究意义

唇形对语音产生的作用一直被中外语音研究者所肯定。罗常培、王均（1957）把唇圆展的程度分为五级：特展、中性、略圆、圆和最圆，但没有给出各元音唇形的定性描述。鲍怀翘（1984）用三个参数（唇开度、唇突度和唇形面积）对唇形进行了描述：唇开度指的是上下唇之间的距离，唇突度指门齿到双唇外切线之间的尺度，唇形面积指发元音时上下唇张开的面积，可用椭圆面积近似得到。国外学者对元音唇形的研究做了很多工作。Fromkin 早在 1964 年就指出：建立在实际生理参数测量基础上的元音唇形描写应该包括双唇张开的高度、宽度和下唇的突度。Linker（1982）利用因子分析程序分析了英语、汉语

---

① Depts. of Biomedical Sciences and Orthodontics, Vocal Tract Visualization Lab, University of Maryland Dental School.

(广州话)、法语、瑞典语和芬兰语的唇形,指出唇的水平开度就是唇展度,突度/垂直开度之比就是唇圆度。他的研究证明,利用因子分析法,不仅能有效地区分某种语言内部元音间的差别,而且能够比较不同语言之间的元音圆展度。

随着语音技术的发展,唇形研究受到了更多的关注。多模态言语合成(Multi-modal Speech Synthesis)、多模态言语识别系统(AVSR)、噪声条件下提高语言可懂度以及唇读对聋哑患者的唇语理解等研究的开展,推动了唇形、脸型的深入研究。但对语音研究来说,必须首先搞明白有多少种不同形状的唇型,也就是说,特定语言的音位系统和与之对应的唇形类别有多少。我们将与音位相对应的、在视觉上有区别意义的唇形定义为"视位"(viseme)。

### 1.2.4.2 普通话视位研究

国内的唇型研究是在语音技术的推动下展开的。高文(1997)在描述虚拟人脸的唇动合成时,把汉语发音常见唇型定义为六种基本唇型:/a/音唇型、/o/音唇型、/e/音唇型、/i/音唇型、/u/音唇型和/b、p、m/音唇型,汉语每个音节的唇型是一到两个基本唇型的线性组合。徐彦君(1998)采用图像处理技术,对人脸的眼睛、鼻、嘴、下颌位置进行定位,目的在于建立一个"主动形状模型"来实现基于模型的 AVSR。姚鸿勋等(1998)提出了一种有效且稳健的唇定位跟踪方法,首先用肤色模型查找脸,然后搜索脸区域内的眼睛,再根据眼的位置和脸的大小确定唇的位置,最后将上下唇的内外轮廓描述出来。他们观察到,跟踪唇的高度通常是非常令人满意的,并且即使在光的条件不理想时也能具有显著的稳定性。但这些研究都立足于初步的声音和人脸的配合,没有向着视位的方向发展。

Wang, Bao & Chen(2000)基于与音位对应的唇形思想,希望构建一套普通话的视位系统。研究中设计的语音材料为 195 个单音节,包括所有的声母和韵母,并考虑到"四呼"的音节配列关系。这一字表能够反映普通话音节内的元辅音协同发音,基本概括了普通话的视觉言语概貌。在实验中,同步拍摄了发音人的正面和侧面图像,并确定了唇形参数及其测量方法,见图 1.16。

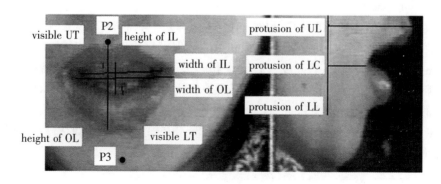

**图 1.16 唇形的正面和侧面图像及其测量点示意**

图 1.16 中 P1、P2、P3 是测量参考点，以此来矫正发音人的正面方向。11 个唇形参数是：①外唇角宽度；②外唇高度；③内唇角宽度；④内唇高度；⑤上齿露现度；⑥下齿露现度；⑦下颌位置；⑧上唇外缘位置；⑨上唇突度；⑩唇角突度；⑪下唇突度。

在数据处理方面，首先对 11 个参数进行因子分析，观察参数间的相关程度，提取主因子；然后对观测量（音素）进行语音学意义上的分组（音素组），利用因子分析提取出的主因子对音素组进行分层聚类，根据分层聚类的结果得出普通话视位与视位变体，并用主要参数值对视位和视位变体进行描述（见表 1.4）。

表 1.4 普通话视位和视位变体

| 视位 | 视位变体 | 音素 | 内唇高度 | 唇角突度 | 上齿露现度 |
|---|---|---|---|---|---|
| b | b | b/p/m | 0.00 | 2.10 | 0.00 |
| d | d | d/t/n/g/ng | 0.22 | 2.04 | 0.06 |
| f | f | f | 0.28 | 2.10 | 0.28 |
|   | f (u) | f (u) | 0.18 | 2.53 | 0.18 |
| z | z | z/c/s/zh/ch/sh/r/j/q/x/k/h/l | 0.49 | 2.11 | 0.09 |
| i | $i_2$① | $i_2$ | 0.54 | 2.07 | 0.13 |
|   | i | i/e/$i_1$ | 0.65 | 1.83 | 0.10 |
| u | (f) u | (f) u | 0.31 | 2.48 | 0.17 |
|   | ~u | ~u | 0.13 | 2.09 | 0.10 |
|   | u (ng) | u (ng) | 0.71 | 2.60 | 0.00 |
|   | y | y/u~/_ u | 0.37 | 2.54 | 0.04 |
|   | u | u | 0.35 | 2.77 | 0.01 |
| o | o | o/y (ng) | 0.50 | 2.27 | 0.01 |
| a | a | a/e (r) | 1.29 | 1.70 | 0.03 |

注：①$i_1$ 指舌尖前元音，$i_2$ 指舌尖后元音。

潘晓声（2011）使用的三维运动捕获设备 Vicon MX 的四个动作捕获摄像机，可以同时从四个方面采集贴在人脸上的反光球的三维位置数据。使用三维设备进行唇形数据采集有以下优点：

（1）可以获取唇形的三维立体数据，唇凸度这一维信息更是语音学研究唇形的重要参数；

（2）运动捕获设备有着实时性强的特性，即每秒钟可以捕获 120 帧数据。在时间上的高分辨使得在分析双唇塞音［p］、［$p^h$］等辅音的唇形运动时有了更多的数据支持；

（3）多个摄像机采集的数据通过匹配而合成一个无盲区的三维数据的工作由设备自行完成，对数据采集者没有任何技术要求。

但三维运动捕获设备也有着明显的缺陷：

（1）由于技术的原因，利用三维运动捕获设备还不能提取到与言语声学关系更加紧密的唇形内轮廓位置；

（2）采集到的三维运动数据理论精确为 120 帧/秒，但目前使用的设备速率不够稳定。为排除这种非均速采集对数据分析带来的干扰，还需要对数据进行预处理；

（3）采集到的是每一个点在时域上的三维位置坐标，以 CVS 格式保存，但并不能保存发音人的语音，因此所使用的语音是从同步采集的录像文件中分离得到的。但录像文件与运动捕获数据的时长并不一致，二者之间有不确定时长的延迟。为保证语音和发音动作的对应关系，还需要对二者进行时域较准工作。

（4）每次进行数据采集之前都要对设备重新进行参数较准工作，还做不到非专业人士也能使用的程度。

（5）每次最多只能采集将近 100 秒的数据；

（6）采集到的数据常会出现某个数据点丢失或与其他点相互干扰的现象，有时数据中还会产生噪声点。

潘晓声通过实验采集汉语普通话二维及三维唇形参数，利用统计的方法，提出汉语普通话中圆唇的本质是唇宽度的变窄，而不是嘴唇的形状变圆或凸出。在生理上，发音是一个动态过程，他提出内外唇宽度之和的变化可以定义圆/展唇发音动作的变化。此外，虽然普通话发音时，唇部发音动作具有较强的随意性，但总能保持同一发音人非展唇元音比展唇元音的唇宽度更窄这一特性。他的结论是：内外唇宽度之和应作为区分圆/展唇元音的标准。

Pan & Kong（2011）讨论了辅音的唇形视觉和声学听觉对辨认的作用问题，他们指出：唇形对听觉辨认有影响，但对各类辅音的影响是不同的。对双唇部位辅音的影响最大，对唇齿辅音的影响较轻，对其他部位的影响最小。

小结：语音的生理研究还牵涉到一系列神经-肌肉活动，这些方面的研究无论国内还是国外都还比较薄弱。就发音器官本身组成来说，既有外在的双唇、下颚，又有隐藏在口腔里面的上腭（包括硬腭、软腭、悬雍垂及与咽壁构成的腭咽口）和舌头，而且舌头在发音中占有主导地位，但对舌头动作的研究是极其困难的。虽然一百多年来语音学家们孜孜以求、乐此不疲，但至今仍有很多问题没有搞清楚。再则，研究发音动作需要复杂的医疗设备，如 fMRI、先进的螺旋 CT、整套肌电设备等，这不是一般语音实验室能装备得起的，而到医院去使用也不是一件容易的事，更何况对语音发音生理研究而言，现在没有一套设备是理想的，这有待科学技术的进一发展为语音研究奠定基础。最后，大脑语言功能的研究也是当前的热门话题，科学家已开始利用 fMRI 和 ERP 来研究口语产生过程的大脑编码机制。相信由人类的意念驱动发音器官，使之发出清晰可懂的语言的梦想，离我们不会太远了。这是一个具有极大理论意义和实用价值的课题，需要几代人、多学科的共同努力，语音学首当其冲，责无旁贷。

## 1.3 语音声学研究

进入上世纪 90 年代，计算机逐渐推广使用，在语音研究中计算机的使用也得到了普及。一批语音研究数字信号处理硬件和软件装备了各语音研究单位，使语音声学分析得到了大踏步前进。其中专业级设备要数美国 KAY 计算机语音工作站和语音多功能分析软件，但因价格昂贵，使用单位不多。直到 90 年代 Praat 的问世，21 世纪初开始可以公开免费下载，才使语音声学分析真正走入"千家万户"。只要有一台笔记本电脑和一支话筒，就能建立一个"流动语音实验室"。Prrat 的功能随着全世界的推广使用而日趋多样和完美，语音声学研究更加深入，成果也越发丰硕。期间虽有其他语音分析软件，但其影响都不及 Praat。当然 Praat 也有不足，如在很多公式的计算中，可调参数不多，影响了特征数据提取的精度，这也是不争的事实。值得一提的是，20 世纪 90 年代末，南开大学开发出 mini-speech（中文版），其功能可与国外语音分析同类产品媲美。与此同时，有关语音研究单位和大学陆续开发出了自己专用的生理、声学和语料库研究平台，不但节省了人力，也提高了数据提取的精度。

### 1.3.1 元音：元音声学空间（元音格局）

半个多世纪以来，"共振峰"（formant）一致被公认为是元音主要的不可或缺的声学特征。《实验语音学概要》（以下简称《概要》）已对汉语普通话元音（单元音和复合元音）的共振峰数据及其感知特性做了介绍。元音声学空间（又称声学元音图或元音分布格局）的应用真正使元音共振峰数据被语言学家所接受和推广使用。《概要》§5.4.2 中对空间分布的设置提出了"目的和标准"；介绍了二维线性标度、对数标度、频率数值的美（Mel）转换和巴尔克（Bark）转换，以及 Joos 型、Ladeforged 型、Fant 型和 Schroeder 型元音声学空间。

2011 年（香港）召开的第 17 届国际语音科学大会（17th ICPhS）上，Nicholas Flynn & Paul Foulkes 报告了他们对当前流行的 20 种元音共振峰规整方法的比较结果。他们首先明确了规整的目的：

- 尽量缩小发音人之间的变化，这些变化来自发音人个体生理或解剖结构的差异；
- 改善发音人之间因方言和社会背景差异引起的发音改变；
- 保持音位差别；
- 模型化认知过程使听音人能理解不同发音人所发出的有差异的语音。

他们提出评价标准是检查发音人元音空间方差的减小程度，这就是拿每种方法的方差平方系数 SCV（squared coefficient of variance）作为标准：

$$SCV = \left[\frac{\sigma}{\mu}\right]^2$$

假使 SCV 值低，说明这组共振峰数据的方差是小的；假如 SCV 低于原始数据的赫兹（Hz）值，这意味着减小了发音人之间元音空间的方差，达到了使不同的元音空间更相似的目的。另一种评价标准是元音空间的"对齐"（alignment），具体指标是重叠的百分比。在文中作者给出了两种评比标准的结果，认为 Gerstman 方法在 SCV 排比中位列第一，在对齐标准中居第四位。Gerstman 方法的规整公式是：

$$F_i^N = 999\left[\frac{F_i - F_i^{\min}}{F_i^{\max} + F_i^{\min}}\right]$$

作者也指出，不同的使用目的要选择不同的规整方法。假若目的在于比较不同发音人的元音空间，任何一种规整方法比不规整的都要好；在研究语言感知方面，元音内在

（vowel-intrinsic）的规整方法起到了相当好的作用，如 Bark、Mel、Log 标度空间都可用，但对社会语音学家来说，Lobanov 等方法比较适宜：

$$F_i^N = \frac{F_i - \mu_i}{\sigma_i}$$

其中 $\mu_i$ 为均值，$\sigma_i$ 为标准差。最后作者还介绍了在线规整方法 NORM（数据规整并作图），可登录：http://nncslaap.lib.ncsu.edu/tools/norm。

元音规整方法也已被国内语音研究人员广泛使用。石锋（2010）发表了《论语音格局》一文，全面介绍"声调格局""元音格局"和"辅音格局"的思想和算法。元音格局中共振峰规整的公式是：

$$V1 = \frac{B1x - B1\min}{B1\max - B1\min} \times 100 \qquad V2 = \frac{B2x - B2\min}{B2\max - B2\min} \times 100$$

其中 $V$ 代表共振峰的规整值，$B$ 是 Bark 变换值，但在这一公式中既可用 $B$，也可用 Mel 转换，甚至也可以是频率数值。在谈到规整的意义时他指出："$V$ 值计算的意义是实现元音分析的归一化、相对化。将每一个元音放在该语言（或方言）的全部元音空间中来考察，得到各元音在元音空间中的相对表现，从而淡化不同发音人的个性差异，突显同一语言元音系统的共性特征。"我们可以发现，这种 $V$ 值公式与上面介绍的 Gerstman 方法基本相同。

图 1.17 是规整前后的比较。元音之间的格局基本不变，规整后元音 /i、u、a/ 会占领三个顶角，无论采用什么标度单位——频率（Hz）、巴克（Bark）、美（Mel），都不会冲出正方形格局框架。

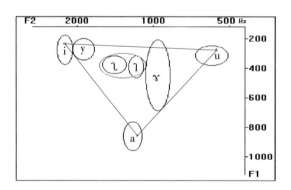
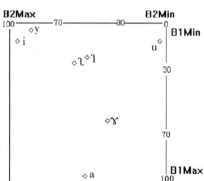

图 1.17 普通话单元音原始数据（左）和规整数据（右）

此外，文章还介绍了对于大样本元音实验数据进行统计分析时，需要在原有 $V$ 值公式的基础上做适当调整。以第一共振峰（$F_1$）为例，先分别统计所有元音的对数性 Bark 值中的最大值（$B1\max$）和最小值（$B1\min$），以及这两个 Bark 值所对应的元音的标准差（$SD1\max$、$SD1\min$）。分别用 $B1\max + SD1\max$ 代替 $B1\max$；用 $B1\min - SD1\min$ 代替 $B1\min$。第二共振峰（$F_2$）也同样处理。因此首先必须计算每个元音 $F_1$ 和 $F_2$ 的平均值、标准差，并转换为 Bark 值；最后用调整的 $V$ 值公式进行归一化，将以上各个 Bark 值转换为 $V$ 值标度，公式如下：

$$V1 = \frac{B1x - (B1\min - SD1\min)}{(B1\max + SD1\max) - (B1\min - SD1\min)} \times 100$$

$$V2 = \frac{B2\text{x} - (B2\min - SD2\min)}{(B2\max + SD2\max) - (B2\min - SD2\min)} \times 100$$

与此有关的是所谓元音的"最大对立"和"充足对立"理论。在 2010 年第 8 届中国语音学年会（天津）上，凌锋报告了《"最大对立"还是"充足对立"——苏州话与宁波话、北京话与英语元音系统的比较》。文章介绍了 Lindblom 和 Lijencrants 等提出的元音"最大对立"理论，这一理论认为一个语言的不同元音之间需要保持最大的语音对立，所以元音都尽量占据元音空间的边缘位置，并把元音空间撑到最大。后来 Lindblom 等又提出了一个修正理论，叫作"充足对立"理论。这个理论认为相近音位的距离大小同时受制于发音尽量省力和感知上保持足够差别两个要素。从这个修正理论可以推测，元音空间的大小会随元音数量而改变。凌锋用同属吴方言的苏州话和宁波话元音声学空间做比较（见图 1.18），似乎能印证"充足对立"理论。但北京话和苏州话的比较结果（见图 1.19）说明，"充足对立"并不能解释两者低元音的差异，相反，北京话的元音系统看上去更符合"最大对立"原则。凌锋引用 Bradlow 比较了美国英语、西班牙语和希腊语的元音系统，得到的结论是，元音声学空间的大小因语言而异，元音数量大小对它基本没什么影响。凌锋最后给出的结论是："不论是'最大对立'还是'充足对立'，都是从理想模型中导出的理论模型，而实际语言情况比这些理论预测的要复杂得多。相比较而言，'充足对立'解释力要强一些。"

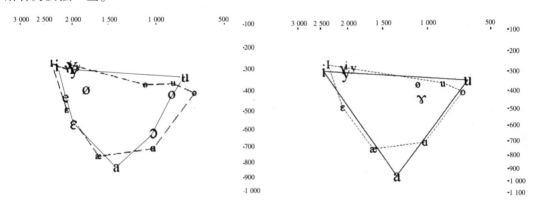

图 1.18 苏州话元音空间（小写字母，虚线）与宁波话元音空间（大写字母，实线）

图 1.19 苏州话元音空间（小写字母，虚线）与北京话元音空间（大写字母，实线）

我们根据对普通话男女老少的发音和少数民族语言的研究认为，性别之间，或真实发音与模型计算之间的元音共振峰数据使用规整的办法能满足"对齐"的目的。但不同语言间的比较，如使用了规整，就有可能将应有的差异性抹杀掉。如普通话/a/的 $F_1$ 在 1 000 Hz 左右，对比国际音标应该是 [ɑ]（见图 1.19）。但蒙古语、维吾尔语和哈萨克语的 /a/，$F_1$ 均值约在 600~800 Hz 之间，只能认为是 [ɐ]，而且两者在听感上也有明显区别。因此，是否使用规整方法，应视研究目的而定。总之，我们要承认元音空间的语音区别性，也要确保元音在声学空间中的距离与听感的一致性。

### 1.3.2 辅音：声学特征及分析方法

辅音具有时程短、信号弱、大部分属非周期性信号的特点，因此早期对辅音进行分析具有一定难度。《概要》中介绍了 6 种辅音的基本语图模式：嗓音横杠、共振峰横杠、乱纹、共振峰加乱纹、冲直条、冲直条加乱纹。此外还介绍了"嗓音起始时间"（VOT）、过渡音征（T）、强频集中区与音轨等。

塞音破裂在语图上表现为一条极窄的冲直条，双唇和舌尖塞音约 10 ms 左右，舌根塞音破裂时往往出现两条冲直条，因此长度约 20~25 ms。《概要》时代对塞音的声学描述主要依赖过渡音征，但也尝试用模拟滤波器做分析，由于滤波器响应时间对分析信号的时长有严格要求，所以得到的结果不十分可靠（见《概要》图 6.22）。随着计算技术的日臻完善，不断有学者用 FFT 来分析短脉冲。Stevens & Blumstein（1979）对塞音破裂成分（冲直条）进行了谱分析，并提出了声学不变量理论。他们认为塞音发音部位与频谱特性之间有一定的对应关系，舌根音与双唇、齿龈塞音有明显差异，前者的谱型是集中的，后者是分散的。Tabaina & Beare（2011）用 FFT 分析澳洲 Pitjantjatjara 语言的三个塞音 [t]、[ṯ]、[c]。采用 44.1 k 采样频率、10 ms 权重窗函数对准冲直条宽度的中心位置、256 点 FFT 分析方法，结果见图 1.20。图中实线代表 [t]，tt 虚线代表 [ṯ]，ty 虚线代表 [c]。第一个能量最强的窄峰是 FFT 分析的直流成分，应该排除。第一谱峰约 2 000 Hz，第二谱峰约 3 500 Hz。4 000 Hz 以后谱能量成陡峭下降。到 5 000 Hz 下降约 20 dB。而 [c] 的谱线虽也有两个峰，但比之另外两个塞音，能量下降 10 多分贝。作者对此十分不解，表示有待进一步研究。作者还分析了三个塞音与 [i]、[a]、[u] 结合后对塞音本身的影响，得到的数据经 ANOVA 分析，认为有显著性差别。

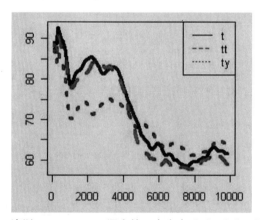

图 1.20　澳洲 Pitjantjatjara 语言的三个塞音 [t]、[ṯ]、[c] 声谱

阳晶、陈肖霞（2005）研究了普通话三对塞音 b—p、d—t 和 g—k（分别后接元音 a、i、u），10 k 采样，然后进行 FFT 分析，再进行 14 个极点的 LPC 平滑，在 0~5 000 Hz 范围内取得 65 点谱振幅，因此频率分辨率为 78.125 Hz。她们通过实验得到的结论是：b、d 两类塞音在频率域上没有显著性差异（0.05），而在峰点的能量上具有差别意义；g 受到不同元音影响，峰值位置有所不同，但都有两个峰。这与 Stevens 的结果不一样。

音轨方程：上世纪 90 年代 Sussman 等（1991、1996）以及 Tabain & Butcher（1999）提出了音轨方程的概念并给出了多种语言的数据，他们认为音轨方程能有效解决部位分类和协同发音等问题。所谓音轨方程是利用元音的 $F_2$ 目标值（target）和辅音过渡音的起始点（onset）频率值，将此两维数据画在直角坐标图上，见图 1.21。

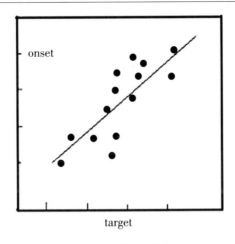

**图 1.21　音轨方程示意**

图 1.21 中，target 是指不同元音的第二共振峰目标值，onset 是指 $F_2$ 过渡起始点数值。根据两维数值得到回归方程：$y = kx + b$。回归方程是一条直线，其中 $k$ 是斜率（见图里的直线倾斜度），$b$ 是截距，代表这条直线垂直方向的上下距离；$x$ 是自变量，代表元音的目标值；$y$ 是应变量，代表可推算得到的音轨点频率。不同部位的塞音，方程的数值是不同的。

石锋、冉启斌（2008）通过对普通话三个不送气清塞音 /p/、/t/、/k/ 后接四个元音 /i、a、u、ə/ 组成 CV 音节，并分别提取相应音节的元音目标值和过渡起始点频率，计算出了各自的音轨方程（见图 1.22A、B、C）。表 1.5 给出了三个辅音音轨方程的斜率、截距以及由方程推算出的音轨。其中斜率数值反映了辅音受后接元音影响的程度，数值越大其影响就越大，所以 /k/ 受后接元音舌位的影响最深，/p/ 次之，而 /t/ 的独立性最强。这与我们的感觉是一致的，与国外的材料也大致相同。

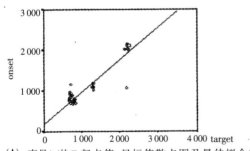

(A) 声母 /p/ 的 $F_2$ 起点值、目标值散点图及最佳拟合线

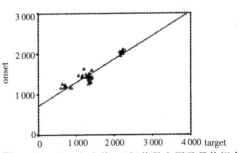

(B) 声母 /t/ 的 $F_2$ 起点值、目标值散点图及最佳拟合线

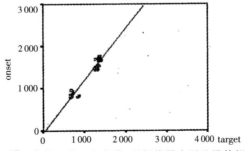

(C) 声母 /k/ 的 $F_2$ 起点值、目标值散点图及最佳拟合线

**图 1.22　塞音音轨方程**（横坐标为 $F_2$ 目标值，纵坐标为 $F_2$ 过渡起点值）

表1.5　三个音轨方程的数值及音轨推算值

| 塞音 | 音轨/Hz | 斜率 | 截距 | $R^2$ | 样本数 |
|---|---|---|---|---|---|
| /p/ | 900 | 0.80 | 180 | 0.876 | 48 |
| /t/ | 1 714 | 0.58 | 720 | 0.892 | 48 |
| /k/ | 167 | 1.24 | -40 | 0.930 | 36 |

清擦辅音的强频集中区（又称辅音共振峰）现可由 Praat 软件来提取[①]，舌尖擦音能量比较集中，双唇和舌根清擦音 f 和 h 由于音量较弱，本身接触面又较大，在语图上的强频区位置不明显，因而 Praat 提取的清擦音共振峰点线也纷乱一片。基于此，在噪声谱分析中，Svantesson（1986）提出了"重心"（Center of Gravity）和"分散"（Dispersion）度方法。首先在擦音谱的某一时间点上做 FFT 分析，然后将0~10 000 Hz频率范围划分为24个子带，计算出每个子带的平均能量，而谱重心就是指能量最强子带。计算重心的公式[②]：

$$m = \sum n * 10^{(xn/10)} / F$$

其中 m 为重心子带，n 为 1 - 24 个子带。

分散度 s 的计算公式为：

$$s = \sqrt{\sum (n-m)^{2*10(xn/10)} / F}$$
$$s = \sum 10^{(xn/10)}$$

石锋、冉启斌（2008）计算了五个普通话擦音的重心和分散度，将其绘成擦音格局（见图1.23左）。在图中 s 和 h 居于两个顶角位置，s 重心度为100%，分散度为零，而 h 分散度为100%，重心却为零。这与我们在语图上看到的形态很接近。

关于辅音的格局问题，从现在可以看到的资料大致有三类。第一类是张家骅（2010）利用听音人对语音材料"刺激-响应"方法得到的普通话语音的知觉混淆矩阵，以此为基础建立了普通话辅音最佳二维知觉空间（见图1.24）；第二类是以生理舌腭接触为出发点建立的普通话辅音发音格局（见上面的图1.9）；第三类是石锋、冉启斌（2008）以 VOT 为横轴，GAP 为纵轴建立的辅音的声学格局（见图1.23右）。送气塞音因送气有较长的 VOT，因此居于图的右侧；不送气塞音集中于左侧，从 VOT 上可清楚地将三者分开。这几种格局以不同的特征作为维度，从不同侧面反映了辅音的特点。这些格局的考察方法对辨别语音系统的异同乃至对方言和语言归类都有一定的意义。

---

① 新版 KAY 4500 型语音计算机工作站和 3700 型语音多功能分析软件已取消对噪声提取共振峰功能。
② Praat 的使用手册中也给出了计算"重心"的公式。

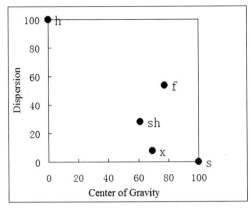 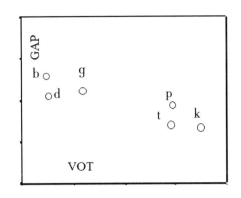

图 1.23 普通话辅音声学格局（左图为擦音格局，右图为塞音格局）

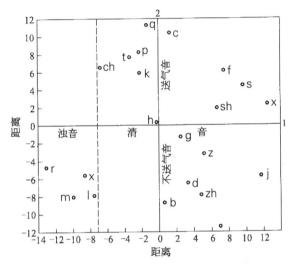

图 1.24 普通话辅音最佳二维知觉空间

受到《概要》表 6.2、6.3 "普通话辅音参量表"的启发，中国社会科学院民族所从上世纪 90 年代开始，着手建立《中国少数民族语言语音声学参数数据库》（Bao, 1999; Huhe et al., 2011），到现在已建成了蒙古语、藏语、维吾尔语、哈萨克语、彝语以及鄂温克、鄂伦春、达斡尔等语言的声学参数数据库。每种语言都包括经过精心选择的 2000~3000 个词语料。数据库以 EXCEL 表格为基础，每个音位（音素）为一条记录（一行），每条记录包含四类特征量：

*功能性字段：

| | | |
|---|---|---|
| WN | 词序号 | 按词典音序 |
| W | 词 | SAMPA 字符 |
| WD | 词长 | 单位：毫秒（ms） |
| SN | 词的音节个数 | 1，2，3，4，5，…… |
| S | 音节 | SAMPA 字符 |
| T | 音节类型 | 依次给予数字编号 |
| L | 音节位置 | 词首 1、词中 2~8、词尾 9 |

| SD | 音节时长 | 位：毫秒（ms） |
| P | 音素 | SAMPA 字符 |
| TT | 声调类型 | 1，2，3，4，5，…… |
| PT | 发声类型 | 正常嗓音、气嗓音、紧喉嗓音、耳语嗓音…… |
| PN | 音素序号 | 1，2，3，4，5，…… |

\*\*辅音声学特征字段：

| GAP | 辅音无声间隙 | 单位：毫秒（ms） |
| VOT | 嗓音起始时间 | 单位：毫秒（ms） |
| CD | 辅音时长 | 单位：毫秒（ms） |
| CA | 辅音强度 | 单位：分贝（db） |
| CF1 | 清辅音第一强频集中区（共振峰） | 单位：赫兹（Hz） |
| CF2 | 清辅音第二强频集中区（共振峰） | 单位：赫兹（Hz） |
| CF3 | 清辅音第三强频集中区（共振峰） | 单位：赫兹（Hz） |
| CF4 | 清辅音第四强频集中区（共振峰） | 单位：赫兹（Hz） |
| VF1 | 浊辅音第一共振峰 | 单位：赫兹（Hz） |
| VF2 | 浊辅音第二共振峰 | 单位：赫兹（Hz） |
| VF3 | 浊辅音第三共振峰 | 单位：赫兹（Hz） |
| VF4 | 浊辅音第四共振峰 | 单位：赫兹（Hz） |

\*\*\*元音声学特征字段：

| VD | 元音时长 | 单位：毫秒（ms） |
| VA | 元音强度 | 单位：分贝（db） |
| TF1 | 元音第一共振峰前过渡 | 单位：赫兹（Hz） |
| TF2 | 元音第二共振峰前过渡 | 单位：赫兹（Hz） |
| TF3 | 元音第三共振峰前过渡 | 单位：赫兹（Hz） |
| TF4 | 元音第四共振峰前过渡 | 单位：赫兹（Hz） |
| F1 | 元音第一共振峰 | 单位：赫兹（Hz） |
| F2 | 元音第二共振峰 | 单位：赫兹（Hz） |
| F3 | 元音第三共振峰 | 单位：赫兹（Hz） |
| F4 | 元音第四共振峰 | 单位：赫兹（Hz） |
| TP1 | 元音第一共振峰后过渡 | 单位：赫兹（Hz） |
| TP2 | 元音第二共振峰后过渡 | 单位：赫兹（Hz） |
| TP3 | 元音第三共振峰后过渡 | 单位：赫兹（Hz） |
| TP4 | 元音第四共振峰后过渡 | 单位：赫兹（Hz） |

\*\*\*\*声调特征字段：

| FD | 韵母长度（ms） |
| TD | 声调长度（ms） |
| TS | 始点音高（Hz） |
| BF | 拐点音高（Hz） |

BD　　拐点时长（ms）
TE　　终点音高（Hz）

凭借"功能性字段"可以搜索或检出在任何音节类型中、任何音节位置上的任一音素，包括属于该音素的所有特征数据。根据声调字段的数据可以绘出声调的调型及其音高参数。凭借元音共振峰的前、后过渡，不仅可以确定塞音的音轨点位置，还可以与元音共振峰一起计算出塞音的音轨方程。《声学参数数据库》的价值在于确保每个声学特征测量的准确性和一致性，因此制定严格的测量标准是必须的，参见郑玉玲（2012）。

《声学参数数据库》是更高层级的语言文化资源，是研究该语言语音系统（音位和变体、协同发音）的一种更客观、科学的资料，也是语言类型学、比较语言学、语言（或方言）亲疏关系研究的可靠凭证，对其他语音应用学科也有极重要的参考价值。

### 1.3.3　"发声类型"（phonation type）问题

在发音生理研究中，嗓音声源的研究具有十分重要的意义。语言中的元音、浊辅音和韵律变化中的音高变化，其基础都是声带振动。声带不同的振动方式还担负着语言发声类型的角色，嗓音声源研究对嗓音医学和声乐教学更是不可或缺。但由于声带机构精细、复杂且又深藏在喉头之中，因此研究难度很大。现在很多医院配置了频闪喉镜，可以直接观测声带的形态，这无疑是十分可贵的。但我们语音研究更要深入到声带振动每一周期的每一相位，频闪喉镜还不能满足这个要求。为达此目的，声带照相机必须达到4000帧/秒以上的速率。孔江平在东京大学医学院利用高速数字成像技术，以4500帧/秒速率采集了不同类型的嗓音样品，并建立了图像和语音信号处理系统"VoiceLab_Image"，在此基础上出版了《动态声门与生理模型》（英文版）（Kong, 2008）。书中介绍了声门参数提取方法，研究了正常嗓音、气嗓音、气泡音、假声、紧喉嗓音、双音调嗓音和吸气音的声带振动方式、振动特性及相关的声学性质，在此基础上建立了"动态声门模型"。这本书的出版填补了嗓音生理研究的空缺，对语言学、嗓音医学、声乐以及语音技术都有极大的参考价值。

《概要》§5.3.1"声源频谱"和§5.6"元音紧松问题"已对语音中的发声类型做了初步介绍，以引起语音学界的关注。鲍怀翘、周植志（1990）分析了佤语浊送气现象后指出，所谓浊送气就是辅音后面接着一段约70~80 ms的气嗓音段，$L_{h1}-L_{F1}$比值较大，这一段气嗓音并不影响原来元音段的长度；在研究蒙古语的松紧元音时（鲍怀翘、吕士楠，1992）发现，$L_{F2}-L_{F1}$这一指标存在明显的差异，松元音是正常嗓音，$L_{F2}/L_{F1}$是负的；而紧元音的$L_{F2}/L_{F1}$之比约为15 dB，因此是紧喉嗓音。

关于吴语的浊音或清音浊流问题，曹剑芬（1992）在元音功率谱上测量了第一谐波（h1）、第二谐波（h2）以及第一共振峰区域内最强谐波（f1）的振幅值，计算了谐波之间的能量差，(Lh1-Lh2)以及(f1-h1)的比值。她的结论是，吴语诸方言中浊塞音与不送气清塞音之间确实存在着气声（breathy voice）与非气声发声类型的区别，而不仅仅是它们后接元音音高的不同。

孔江平（2001）出版了《论语言发声》，书中系统地分析研究了中国境内诸多少数民族语言的元音松紧问题，计有哈尼语、苗语、凉山彝语、阿细彝语、载瓦语、景颇语等。以凉山彝语为例，除了有些松紧元音之间存在开口度差别外（一般是紧音比松音大），主要是两者存在发声类型上的差异。他用第一、二谐波和第一、二共振峰振幅之间的关系（$L_{h2}-L_{h1}$，$L_{F1}-L_{h1}$，$L_{F2}-L_{F1}$，$L_{F2}-L_{h1}$）做了对比，另外还记录分析了声门阻抗信号（EGG）。他的结论是：松音 $L_{F2}-L_{h1}$ 的值小于紧音，松音 $L_{F2}-L_{F1}$ 的值小于紧音，松音 $L_{h1}-L_{h2}$ 的值大于紧音（个别除外）。这三种关系基本上可以反映彝语嗓音的性质，特别是 $L_{F2}-L_{F1}$ 和 $L_{F2}-L_{h1}$ 紧音都大于松音。这就是说，彝语中的紧元音是紧喉嗓音（creaky voice），而松元音是正常嗓音（normal voice），由此可见彝语的紧元音和蒙古语的紧元音性质相似。

发声类型差别在一些语言中往往与开口度或音高差别相伴生，因此，在音位系统处理中，有的学者处理成开口度不同的两类音位，有的处理成声调的差别，而不认为是发声类型的差别。这证明了赵元任先生 1934 年提出的"音位标音法的多能性"原理。

发声类型的差别在汉语普通话中也时有发现，如上声低音调处由正常嗓音演变为紧喉嗓音，此时音高产生非周期现象，声调调值不能被成功提取。但这对声调或元音的听辨不会造成困难，因此不具有语言学意义。

发声类型是一个比较复杂的问题。目前经常引用的主流类型有：正常嗓音（normal voice）、气嗓音（breath voice）、紧喉嗓音（creaky voice）、气泡音（fry）、耳语（whisper）等，此外还有以上各类的多种混合型。无疑，声带可以有许多振动方式，但我们应注重对区别音位有意义的振动方式和各种语言艺术中特殊的振动方式。为此我们需要对声带振动生理、声学及其振动机制进行更广泛、更深入的研究，以揭示各种发声类型全貌的、本质的特征。

## 1.4　语音产生理论（The theory of speech production）

语音产生理论是语音学的核心理论，它不仅指导语音生理、声学的研究，而且与语音技术发展（如发音器官参数合成）也有紧密关系。近十年来在语音领域中开展的有关"语音量子理论"（Quantal Nature of Speech, QNS）的讨论，其基础也与语音产生理论密不可分。

《概要》§5.3 "元音产生的声学理论"中简要介绍了 Fant 的一维线性方程模型，并使用阻抗相移法计算了普通话元音声道的共振频率。利用此模型，人为地改变舌收紧点位置、收紧点宽度、唇形面积和声管长度参数，可得到相应的共振频率，并在此基础上研究元音生理模型和共振频率之间的关系。在实现过程中由声道（舌面与上腭）的距离 $d$ 变换声道截面函数 $A(x)$ 使用的是 Ladeforged 的三段因子法，因此得到的声道截面函数与真实声道的截面函数难免有些出入，由此获得的共振频率与原始录音提取到的共振峰频率之间出现差距也是预料中的事。

语音产生理论研究一直是语音学的热门问题，现将当前比较重要的理论和模型介绍如下。

### 1.4.1　声道截面积和传输线模型（sectional area function and transmission line model）

这是知名度较高而且行之有效的 Fant 模型[①]。过去的难点在于截面函数计算方法。现在由三维螺旋 CT 或 MRI 方法取得真实的声管立体图像已不是难事。于是由少量的三维声

---

① 与 Fant 模型近似的 Stevens 等（1955）三参数模型（收紧点的位置、面积、唇突与面积比）已在《概要》§5.1.2 中做过介绍。

道截面函数，比如由几个元音的真实截面函数，就可以应用 αβ (alpha-beta) 模型 (Heinz & Stevens, 1964) 推导出该发音人的截面函数计算方程：

$$A(x) = \alpha d(x)^{\beta}$$

其中 $x$ 是声道各点位置，$d$ 代表各点的宽度（上颚与舌面距离），$A$ 是各点面积。可用下式训练，使其误差最小：

$$\arg\min_{\alpha(x),\beta(x)}\left\{\sum_{V=/aoeiuv.../}[A(x,V) - \alpha(x)d(x,V)^{\beta(x)}]^2\right\}$$

汪高武等（2008）利用 X 光轮廓线图和 MRI 舌体图对普通话的元音进行了详尽的描述，制作了声道的三维立体模型，并用推导出的面积函数计算了每个元音的传递函数（共振峰数据）（见图1.25）。需要说明的是，αβ 模型推导特定人的截面函数方法对该发音人是较适合的，但应用于其他人可能会引起误差，因为每个人声腔的几何形状是有差别的，这是发音人个人音质特异性的物质基础。

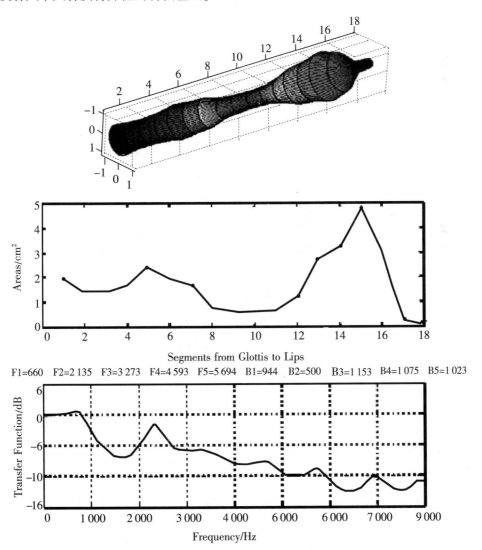

图 1.25 /u/元音的三维声道模型（上）、截面函数（中）和传递函数（下）

### 1.4.2 生物力学模型（explicit biomechanical model）

这一模型关注理解舌肌结构及其生理机制。Dang & Honda (2001) 从三维声道核磁共振数据中抽取出中矢状面左右各1厘米范围内的舌、下颚、上颚和咽腔的生理形态数据，运用扩展有限元（Extended-FEM）的方法对舌头建立生物力学模型，对下颚、上颚和咽腔建立刚体模型。在模拟发音运动时，用"肌肉作用空间"（muscle-workspace）的方法，根据控制点的当前位置与目标位置的差异与肌肉活动模式的动态映射关系，驱动舌和下颚运动，实现目标发音姿态。之后，Dang & Honda (2004) 对模型的控制方式进行了改进，建立了基于 EP-Map 的控制方法。该方法建立了模型平衡位置与相关肌肉活动模式的静态映射关系，根据控制点的目标位置直接生成相关肌肉的力（见图1.26）。Fujita & Dang (2007) 在 Dang 模型的基础上，根据发音器官的形态特征，将原有舌头模型扩展成完整的三维模型，并对原模型中部分肌肉的解剖结构进行了改进。方强等（Fang et al., 2008）在 Fujita 模型的基础上对茎突舌肌等肌肉的解剖结构和控制单元进行改进，并在该模型的基础上分析了各肌肉的功能，推测并验证了发日语元音相关肌肉的活动模式。此外，他们还在发音器官的控制方式上探索了如何根据舌的三维形状而不是少数二维控制点的位置生成相应的肌肉的力，实现了三维发音姿态的控制（Fang et al., 2009）。最近，Wu, Fang & Dang (2010) 在 Artisynth 生物力学仿真平台上，采用连续体有限元的方法重新构建了三维发音生理模型，并探索如何使用该模型生成连续发音运动。比较遗憾的是，由于技术限制，暂时缺乏神经-肌肉力量方面的深入研究及其必要的数据，或许网格化的核磁共振图像对此有所帮助。

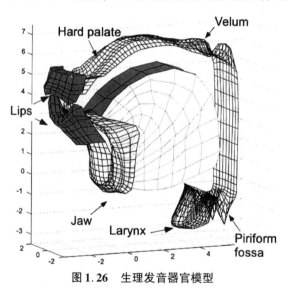

图 1.26 生理发音器官模型

### 1.4.3 几何发音器官模型（geometrical articulatory model）

这一模型介于前两种声道模型之间，相对于面积函数模型更进了一步。在这个模型中，把声道分解成各个调音器官，分别研究其形状变化和运动规律。比较典型的是 Harshman 等（1977），他提出了一个舌形模型，应用 PARAFAC（parallel factor analysis）法来分析英语元音舌形，发现可用两个因子来描述舌体形状运动模式：前升和后升。实验证明，模型与实际舌形符合相关系数达 0.96。§1.2.3 介绍了胡方的研究，他的结论就与此有关。

Maeda（1991）对几何发音器官模型做出了卓越贡献，他将先验知识和数据分析结合起来设计模型。根据 X 光录像的舌形数据，提取几个变量来控制舌形，其他部位则采用预先设定。图 1.27 是基于 Maeda 模型的合成器 VTdemo 程序的界面，调节左边面板中的各种参数可以获得不同的声道形状。

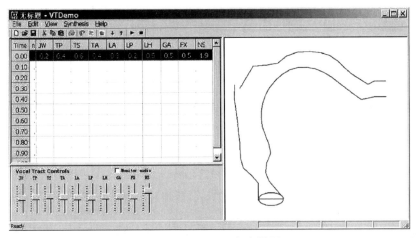

图 1.27 VTdemo 程序界面

汪高武在大量 MRI 实验基础上，对发音器官形状做了细致分析，结合动态 X 光轮廓线，对上下唇、舌体（包括舌尖和舌根）、下颚、悬雍垂和喉头位置做了具体测量并将其量化。在此基础上他建立了汉语普通话发音器官几何模型，搭建了相应的框架。这个模型的界面如图 1.28 所示。

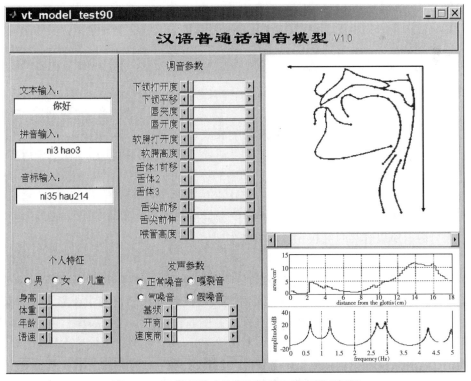

图 1.28 汪高武搭建的普通话发音器官模型框架

图 1.28 中有 22 个调音参数，其中 5 个参数被用来规定舌头形状。汪高武认为，单纯依靠"前高""后高"双参数模型虽可重构舌面元音的舌形，但对汉语普通话的舌尖元音和卷舌元音这些特殊的元音舌形来说，必须多达 5 个参数才能把它们精确地描绘出来。

这是一个既现实又大胆的设想。在图 1.28 中，从中央面板的"调音参数"中改变各项发音器官的参数，就能生成新的"矢状面图"（右上面板），并能计算出相应的"面积函数"和"共振峰"频率（右下面板）。应用共振峰合成器或发音器官合成器，在"发声参数"的激励下，就能获得语音信号。这些功能在目前是可以实现的。而左面板"文本输入"试图将文本自动"转换"为调音参数，从而实现"文本—发音器官动作—语音信号"这一语音学所追求的任务。这是目前的设想，还需要解决由静态转变为动态、协同发音和韵律调制等一系列问题，但为期不远了。

由以上描述不难看出，语音产生原理需要建立在语音生理、声学研究的基础之上，对语音音段的发音姿态以及由它产生的声学特性之间的关系进行深入的探索，寻找两者之间线性与非线性关系，建立相应的模型。语音产生理论反过来也必将促进语音研究各个分支以及语音应用领域的加速发展，避免弯路。

## 1.5　协同发音（Co-articulation）

### 1.5.1　定义

在语流中，音段并不是独立存在的。不同的音段组合在一起，发音会相互影响，从而产生变化。从生理上说，发音器官的各个部位不断运动，相邻音段的发音姿态相互叠加，以至于在任何一个时间点上，声道的形状（特别是舌头）总是受到前后音段的影响，协同发音描述的就是这样的现象。因为语音是在语流中实现自身性质的，因此，"协同发音"是语音学中的重要理论问题之一。

罗常培、王均（1957）的《普通语音学纲要》第六章专门谈到了世界语言中的各类"语流音变"现象，归纳为"同化""异化""弱化""增音""减音""脱漏""换位"和"代替"等。这些变化很多都与"协同发音"相关。

《概要》也涉及许多协同发音问题。在"辅音"中指出，擦音 s、sh 由于后接元音的不同，分别有圆唇和不圆唇两种变体，且圆唇的擦音和不圆唇的相比，频率下限和强频区频率都比较低。而舌根软腭擦音 h 是普通话中变体最多的擦音，有什么样的后接元音，就有什么样的 h。书中还指出，边音 l 产生时，舌尖抬起与上腭形成阻塞，但舌体的其余部分有较大自由，所以容易受后接元音影响产生变体。另外，研究者们常提到的一个现象就是鼻韵尾-n 的发音受到后一音节的辅音的影响，当后一音节声母为双唇音时-n 就变为-m。普通话声母与韵母之间的相互影响被称为"音征互载"，即在声母中载带有韵母的信息，而在韵母中又载带有声母的信息。更有甚者，声母或者韵母的信息主要是由对方载带的。这种相互载带主要是从元音共振峰过渡观察的。例如，对于不送气塞音，元音前半部分的音渡正是它们之间相互区别的主要音征。对于介音 i、u、y，它们的实现方式主要取决于声母的性质。传统研究将语流中各语音单元之间的连接与分界称为音联。许毅在《概要》第八章中将普通话的音联分成不同的等级：闭音联，即音节内部各音段之间的音联，指的是相邻音段之间的协同发音；音节音联，是音节之间的音联（二音节、三音节等）；节奏音联，是节奏单元之间的音联；停顿音联，即语流中的短暂停顿。

由 Hardcast & Nigel（1999）主编的 *Coarticulation：Theory，Data and Techniques* 是对协同发音较为全面的总结。全书分四个部分：理论、模型、研究成果和仪器技术。理论部分介绍了自 60 年代开始 Ohman 的工作，直到上世纪末 Lindblom、Keating、Saltazman 和 Munhall 的研究，并瞻望了理论前景；研究成果广泛涉及各种语言以及音系学与语音学之间的关系。技术部分介绍了动态腭位（EPG）、超声成像、核磁共振成像（MRI）、X 光系统和 CT 以及 EMA 等，并结合声学分析进行研究。所以说，这本书成为一切研究语音学，特别是研究协同发音的必备读本。

### 1.5.2 协同发音成因（学说）

早期的研究将协同发音归因为发音器官的"惯性"（mechanical inertia）。发音器官都是有质量的。有的质量小，易变化，如舌尖、声带；有的质量大，不易进行很快的动作，如舌面。发音时各个发音器官之间的动作相互协调，产生了协同发音的变化。但"惯性"说只说明后延效应（carryover），实际上协同发音中居首位的是先行性效应（anticipatory）。

Lindblom（1963）在元音弱化研究中提出了"声学目标"（acoustic target）的概念，即在没有语境影响的理想状态下的共振峰模式是元音共振峰的目标值。但大多数情况下元音都达不到这个声学目标。根据 Lindblom 的实验，元音时长长时，发音比较到位，差不多可以达到目标值；但随着元音缩短，元音趋于央化，共振峰向相邻辅音过渡，则达不到目标值。这种变化过程的连续性说明，元音的弱化是一个连续的发音过程，这种弱化与时长有关。同时，元音的弱化程度与辅音有关，辅音与元音发音动作之间的距离越近，元音的弱化程度越小。由此可以推定，普通话中 ji、zi、zhi、gu 中元音弱化程度是最小的，因此总能保持自己的目标姿态。

"省力原则"是 Lindblom（1983）关于协同发音的又一解释。协同发音表现为发音动作位移幅度的减小和向相邻音段的发音动作过渡，这是一种减少动力损耗的行为，是发音的省力方式。这种方式的普遍性说明，发音的动力系统与其他的动力行为一样，受控于省力原则。

Daniloff & Hammarberg（1973）提出了"特征展延"（feature spreading）的观点，他们认为发音器官每次只发一个音段，但音段的特征可以延展至其他音段的发音过程，协同发音的作用是抹去相邻音之间的差异。如果各个音素以它们标准的形式发出来，发音器官就要从一个音段向后一音段过渡，因此在时域上必然产生"起始—峰值—结尾"的全过程，这是难以想象的。协同发音使音段在发音时互相调整，使相互之间的过渡最小化。

与特征展延相对应的解释是"协同产生"（coproduction）。这个理论源于 Fowler（1980），并被众多语言学家和生理学家不断论证和完善。Saltzman（1986）依据这个理论开发了一个计算模型——"目标任务运动模型"（task-dynamic model），用来解释语音发音器官的动力学特征。模型的输入单位是"语音姿态"（phonetic gestures），也就是发音时声道内要实现的动作。语音的发音过程大致分为计划（planning）和执行（execution）两个阶段（Farnetani，1997）。依据姿态音系学，计划阶段规定了将要实现的一系列发音姿态的顺序和动态过程，这些发音姿态是不受语境影响的，它们自动地规定了发音器官的动作。发音姿态有它们固有的时长结构，但在发音的过程中可以与相邻的姿态互相叠加（即协同产生，coproduction）。

图1.29是该理论姿态叠加的示意图。一个姿态在时域上逐渐产生然后消失，它对声道的影响也随之消失。图中两根虚线界定的时间范围（在语图上也许相当于音段的声学边界）中，姿态2对声道的影响达到最大，而与之叠加的姿态1和3的影响很微弱。在这个时间段的前、后，姿态2的影响较小，另外两个姿态占主要地位。

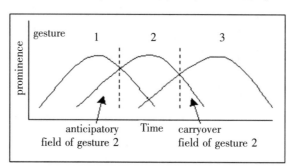

**图1.29　三个姿态之间叠加的示意图**（引自 Fowler & Saltzman，1993）

根据 Fowler & Saltzman（1993），"协同产生"引起的发音变化的大小依赖于相邻发音姿态是否使用相同的发音器官，即在空间上的重叠程度。例如 ibi 序列中，b 只要求下颌动作，使双唇形成阻塞然后破裂，与前后元音的发音姿态不相重叠，几乎不造成相互的干扰。在这种情况下，音段（姿态）之间在时域上的叠加最大；相反，如果两个音段的发音姿态要求同一个发音器官进行不同的运动，那么这两个音在空间上高度重叠，如 gu。若两个发音姿态相抵触，解决办法就是在时间上延迟后一个姿态，使两个姿态减少时间上的叠加，从而可以先后完成，如 da。这种解决办法是在语音的计划阶段就已经完成的。

Browman & Goldstein（1989）提出姿态之间时序上的协调也许和语境没有关系，姿态相抵触的发音结果可能是两个姿态各自的混合（blending）。Fowler & Saltzman（1993）也认为姿态的混合取决于两个姿态各自的混合强度（blending strength）。强势姿态能够抑制弱者的影响。而如果两者强弱均等，发音结果将是两者的中间姿态。这种对于协同发音约束（coarticulation constraint）的理解说明与后来的很多研究结果是一致的（如 Recasens，1984；Farnetani & Recasens，1993）。根据这个解释，混合强度最大的应该是要求严格阻塞或者对发音动作限制度高的辅音，如舌尖辅音。而元音的姿态混合强度相对较弱，因此易受到相邻辅音的影响。

"协同产生"理论对协同发音的解释说明，连续语流中音段之间的协同发音变化是由于各个音段的发音姿态以及相互之间重叠的程度不同造成的。研究还发现，不同语言之间的差异也是因为同一个音素在不同语言中的发音姿态有差异。

Recasens（2001）利用 EPG 研究了 Catalonia（加他罗尼亚语）语音的 DAC（发音约束度，Degree of Articulatory Constraint）模型，据此将 DAC 与辅音收紧度相联系。他认为硬腭辅音比之齿-龈辅音受到更大约束，这是因为硬腭辅音的接触面积大于齿龈辅音。同理，元音的约束度更小。根据 DAC 模型，还可以解释音段之间的同化（assimulation）和混合（blending）现象。

"协同发音"的另一问题是方向性。在 C1V1C2V2 结构中，C1 对 V1 和 V1 对 C2 的影响称为顺向性或后向性（carryover）协同发音；而 V2 对 C2 和 C2 对 V1 的影响称为逆向性或前向性（anticipatory）协同发音，其影响力的大小与辅音、元音本身的发音姿态有关。

### 1.5.3 普通话协同发音研究

吴宗济、孙国华（1989）研究了 C1V1C2V2 结构中不送气塞音的协同发音，他们用元音的前后过渡音端点频率与元音第二共振峰目标值差值百分比（△T%）作为评价标准。结论是：(1) CV 音节内部，/p/（原文是指双唇不送气塞音，后同）易受后接元音圆唇度影响而有圆、展之别，/k/ 的部位受元音舌位前后的影响而前后移动，/t/ 的发音部位相当稳定，后面的元音舌位反受它的影响（见原文表 2 的△T%）；(2) 在双音节中，V1 受到 C2 的逆向协同影响而带有明显的出渡（即 V1 的后过渡），普通话中每一个 CV 音节的音系结构都是一个单元，而 VC 并不构成自然单位，所以它们之间常常有协同发音中断现象；(3) 言语中协同发音作用包含了一系列的语音问题：同化/异化、顺向/逆向、同器官发音/异器官发音、延续/阻断等等，它们可能在协同发音中单独起作用或共同起作用，主要依据音段或音节在语音学、音系学和语言学层面上下不同的排列组合而定。上述主要结果与石锋（2008）由音轨方程斜率推算的协同发音强度是一致的（见表 1.5）。

曹剑芬（1999）考察了普通话比较典型的 400 多个双音节声学表现，她的结论是：(1) 协同发音本质上是相邻音段发音姿态彼此交叠和相互干扰的效应，是语音产生过程中的一种普遍现象，它不仅发生在音节之内，也发生在音节之间；(2) 普通话音节之间普遍经历着发音姿态上的相互交叠进一步支持了"动作理论"，说明语音生成的过程确实是非线性的链式交叠过程；(3) 这种链式交叠方式注定会产生语音间的相互干扰，它是引起语音环境变异的生理基础和根本缘由。

Bao, Zheng & Li（2004）利用动态腭位研究了普通话 CV 音节的协同发音。C 为全部 21 个声母辅音，V 为 a、i、u。图 1.30 是全部舌腭接触图的选择版①。图中（A）是普通话五个元音的目标发音姿态；（B）代表双唇辅音，是取塞音破裂前一帧腭位图（下同）；（C）代表舌根辅音；（D）代表舌尖辅音。他们发现，b、p、m 与 a、i、u 结合，呈现的舌腭图基本与 a、i、u 相同。这说明双唇声母本身没有舌腭接触，双唇关闭时元音舌形是自由的，所以表现出元音自身的特点，这就是上面提到的时域上的叠加最大化。(C) 图中三条线从前到后表示：gei 接触但最靠前，ga 次之，gu 最靠后。这说明在舌根辅音成阻时，舌位已被元音调制。因为舌根辅音和元音同时使用舌面中后部发音，此时产生"空间叠加"发音现象。(D) 图是舌尖辅音发音，对舌尖动作来说具强制性，其中 1、2、3、4 行满接触就是明证。但此时舌面与舌根相对自由一些，因此在舌尖辅音破裂前的舌腭接触，除 di 外，看不到 -a、-uo 的影响。di 的 RCA 第 9 行达到了 90%，与单元音 i 近似，因与 d 构成"空间叠加"，所以 d 被"腭化"了。a、u 因没有舌腭接触，与 d 的发音姿态相距甚远，因此只发生"时序协调"。

---

① 原图包括 22 个小图：21 个声母图和 1 个元音图。

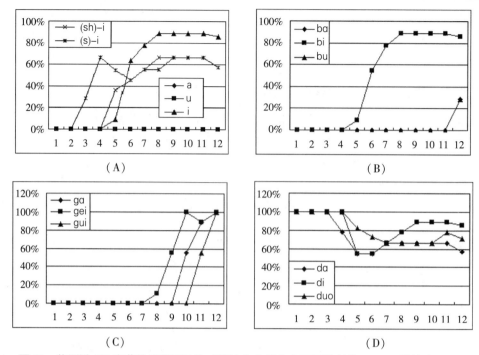

**图 30 普通话 CV 音节的舌腭接触比** [横轴为电极自上而下的行数（$L_i$），纵轴为 RCA]

郑玉玲、鲍怀翘（2004）进一步考察了普通话 C1V1CN#C2V2 双音节词，第一音节能作辅音韵尾的只有两个鼻音：n [n] 和 ng [ŋ]。这里要考察的是 n 和 ng 与后续辅音 C2 相连时的协同发音变化（即 NC2 结构），图 1.31 为归纳得到的四种协同发音模式。

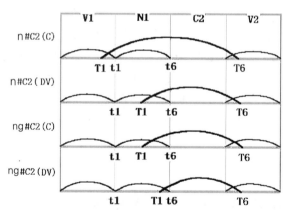

**图 1.31 N1#C2 时域上四类彼此叠接示意**（其中 T1 是 C2 的成阻开始点，T6 为除阻终点；t1 是鼻韵尾在语图上的起始点，t6 为鼻韵尾的终点）

在四种结构分析中，我们采用了吴宗济先生曾经用过的"体位"概念。"体"指发音的腔体，就是口腔和鼻腔，而"位"是指发音部位。第一种模式：n#C2（C），是前鼻音"异体同位"结构（不同的腔体，相同的发音部位），如"班底"ban#di，N1C2 的发音姿态在时域上高度叠加，形成跨音段叠加模式，我们可以看到 C2 的成阻向前跳过 N1 在 V1 的尾部开始，也可以认为-n 与 d 的成阻是同时开始的；第二种模式：n#C2（DV），是前鼻音的"异体异位"结构，如"盘古"pan#gu，N1C2 部分叠加，N1 后部开始了舌根成阻，但不影响鼻音成分；第三种模式，ng#C2（C），是后鼻音"异体异位"结构，如

"庞大" pang#da，发生逆同化现象，后鼻音韵尾后部由舌根阻逐渐向舌尖阻过渡；第四种模式：ng#C2（DV），是后鼻音"异体同位"结构，如"命苦"ming#ku，N1C2只有很少部分叠加，由于C2也是舌根辅音，两音节之间没有明显的GAP。虽然有逆向同化趋势，但由于部位相同，鼻腔共鸣不受影响，因此N1没有被实质性地改变。由以上描述可知，当N1C2"异位"（发音部位不同）时，N1的部位会受到不同程度的影响；当N1C2"同位"时，C2逆同化影响是有限的，或完全没有影响。

上面提到了混合强度（blending strength）的概念，强的姿态能够抑制弱者的影响。与此相呼应，郑玉玲、刘佳（2006）利用CA、CC指数的均值和方差，提出了约束度概念。接触指数的方差大意味约束度小，也就是说这个音素在语境中变化范围大。约束度与混合强度具有相同的含义，约束度大也就是混合强度强，本身不易被相邻音素影响反而要去影响相邻音素。郑玉玲依据约束度由大变小，给出了普通话辅音的先后顺序：j、q、x——d、t、z、c、s、zh、ch、sh、r——g、k、n——l、ng。j、q、x约束度最大，这是普通话音系特点造成的。与辅音相比，元音的约束度更小，更易受到相邻音素影响。这与上面提到的Recasens（1984）、Farnetani & Recasens（1993）等人的结论是一致的。

李英浩（2011）利用EPG研究了普通话的协同发音，他基于"协同发音阻力"和"元音发音限制条件"这两条基本成因，认为普通话单音节中，辅、元音可能同时启动，音段协同发音现象表现为音节内强于音节间；双音节C1V1#C2V2中，C2对V1（同时V2对C1）的逆向作用次于C2对V2的顺向作用；证明了双音节音步具有"内紧外松"的特点；韵律边界对协同发音存在影响，边界对辅音发音动作的幅度随边界层级的增加而递增；域尾元音的舌腭接触的幅度大于域首、域中的位置，等等。

潘晓声（2011）研究了唇形的动态特性，他定义圆唇度为内外唇宽之和，在双音节i#ti、in#ti和i#tu、in#tu中发现，i#ti的唇形前后不变，i#tu中u的圆唇不仅影响t，而且传递到i；in#tu中u的圆唇影响向前跨过两个辅音扩展到i。

综上所述，我们可以把普通话协同发音简要地归纳为以下几点：

从"特征展延"和"共同产生"的理论出发，发音姿态相近时就发生"空间叠加"（spartial overlap），叠加的大小由姿态的近似度决定。如zhi组、zi组和ji组，每组CV两个音素的发音姿态十分近似，于是在姿态叠加示意图上（图1.29），两个音素（两个峰）可能彼此重叠，交叉点被"抹平"；与此相呼应，在声学上$F_2$过渡的$\Delta T\%$等于零。随着两者的姿态由近而远，交叉点逐渐分离，交叉点谷值越来越小。这种由近及远的过程，可以从图1.30（C）中看到，图中三条平行线代表了重叠的深度和交叉点远近；小到不发生交叉时，协同发音方式变为"时序叠加"（temporal overlap），这种情况发生在双唇塞音里，双唇持阻时，舌头是自由的，它们往往预先摆好后接元音的姿态，两者是同时完成的。舌尖辅音发音姿态具有一定的强制性，图1.30（D）头三行（1、2、3）全接触是这类音的要求，这种情况都可从$\Delta T\%$由小变大来佐证（吴宗济、孙国华，1989；石锋，2008）。总起来说，发音姿态相差远，交叉深度浅，空间重叠少，$F_2\Delta T\%$数值大，协同作用也就大；反之，则反是。这种排列顺序与郑玉玲根据约束度提出的次第是一致的。

关于协同发音的方向，即后延性（carryover）或先行性（anticipatory），国内外学者都表示，无论音节内部还是音节间都存在双向性，但逆向性趋势是主要的，上面的例证都说明了这一点。

在语音研究中，"协同发音"的重要性不次于对音位（音素）的静态描写，因为每个音素进入语流后，就会变得"面目全非"，所以必须探索和归纳每个音素协同发音的规则，使之成为音系的重要组成部分。

## 1.6 关于语音量子理论（Quantal Nature of Speech, QNS）

K. N. Stevens 是美国麻省理工大学教授，国际著名语音科学家，他于1972年第一次提出了语音量子理论问题，1989年在 *Journal of Phonetics* 上发表长篇文章，再论量子语音理论，由此引起了国际语音学界的一次大讨论，有15位学者在11篇文章中各自表达了对 QNS 的意见，最后由 Stevens 作答。2010年，Stevens & Keyser 发表了 Quantal theory, enhancement and overlap，重申 QNS 并做了补充和完善。李智强（2014）发文介绍了 Stevens & Keyser（2010）的文章。下面将综合介绍 QNS 理论并讨论文章的要点。

### 1.6.1 语音量子理论的定义及作用

1972年 Stevens 已观测到在声学属性和发音属性（attribute）之间具有一种量子特性（properties）。1989年和2010年的文章对此给出了具体描述：声学参数对发音器官在某一定范围内的变化相对不敏感，如图1.32中标明的 I 区（平稳：plateau），在这里发音器官接近由某特定特征（feature）说明的目标状态时，音型（sound pattern）的相关属性没有明显的修改。但在另一种发音状态下，声学参数会发生迅速改变（discontinuit），如 II 区。而进入 III 区，声学参数与发音变化之间的关系又返回到 I 区状态。对区别特征来说，可以把 I 区内相对稳定的发音和声学属性看作 [-F] 特征，把 III 区内的发音和声学属性看作 [+F] 特征。这种发音参数、声学参数和感知之间的非线性关系被定义为语音的量子关系，它是形成语言中被用来区别语音的声学和发音属性的主要因素。

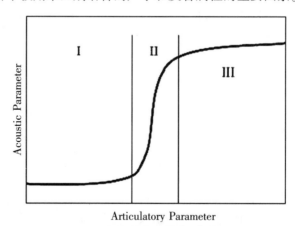

图1.32 假想的发音器官/声学关系

Stevens 表示，过去许多年中，提出了许多区别特征系统，但他基本采用的是 Chomsky & Halle（1968）的特征系统。这个特征系统除了声学特征外，还根据生理发音部位增加了若干对立体。Stevens 声明：我们的目的不是提供一个定义的特征系统并进行演示，我们希望令人信服地表明，我们介绍的无论哪个特征必须给出其模版（template）。

### 1.6.2 语音量子理论的两个来源

基于图1.32所标明的语音量子关系，Stevens & Keyser（2010）提出，定义区别特征是由两个物理因素决定的：第一类因素包括共振声道通路之间的声学耦合，因此"量子"

是声道传输函数中"零"点移动的结果。许多语言中，鼻化元音、塞音、塞擦音、鼻辅音、某些响辅音中的部位对立，都与零点有关。此外还包括[圆]、[粗糙]、[鼻]等区别特征。这类特征被 Halle（1992）称为"发音器官边界特征"（articulator-bound features）。第二类因素是指语音产生的三类声源。它们是"准脉冲"（元音声源）、"摩擦噪声"（擦音声源）和"瞬态声"（塞音声源）。他们认为在 VCV 序列中，噪音的不连续正是基于这类特征，因为其中 C 需要经历成阻、持阻以及最后口腔突然打开的过程，产生瞬态爆破，显示出"非连续性"。区别特征中[stiff vocal folds]（硬声带）、[slack vocal folds]（松声带）、[continuant]（持续）、[sonorant]（响音）和[strident]（粗糙）都与声源相关。这类特征被 Halle（1992）称为"发音器官自由特征"（articulator-free）。

### 1.6.3 语音量子理论举例

Stevens（1989）、Stevens & Keyser（2010）通过对元音、辅音和声源的详尽描述揭示了发音—声学—感知之间的量子关系，这里仅简单举例说明他们的理论思想。

#### 1.6.3.1 发音器官边界特征

（1）为了具体说明图 1.32 中 II 区的发音与声学关系非线性现象，Stevens 提出了声门上下声学的耦合作用问题。喉下气管有三个自然频率 $F_{1sub}$、$F_{2sub}$、$F_{3sub}$（500～2 500 Hz），这些喉下共鸣因人而异，但对特定某个人而言是对固定的。当喉上与喉下器官产生耦合时，喉下气管的 $F_{2sub}$ 靠近喉上声道的 $F_2$（1 350～1 600 Hz），产生较强的作用，使 $F_2$ 突变，其变化跨度约为 100 Hz，其振幅突然变小（语图上灰度级变浅），这种效果在声学上称为"零点"（zero）效应，即元音全极点传递函数上引入了"零点"的表现。图 1.33 说明了这种耦合作用，其中横实线代表 $F_{2sub}$；虚线是非耦合情况下，随着发音由/a/过渡到/i/，$F_2$ 呈直线上升；由黑点构成的实线代表耦合情况下 $F_2$ 的走势，在经过实线时产生曲折变化，使 $F_2$ 呈非线性。$F_2$ 的这个区域相当于边界，使元音由[+back]变换为[-back]。声道共鸣远离这个区域时，由于极点与零点的相互抵消，因而其影响是小的。Stevens 指出，这类情况不是必然的，而是因人而异的，有的发音人有此现象，有的人则无。

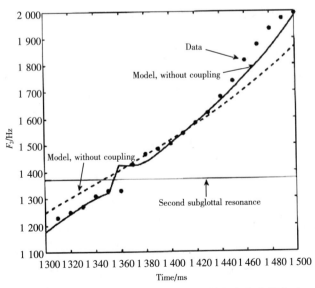

**图 1.33** 英语复合元音/ai/（hide）声门上下声管耦合和非耦合对 $F_2$ 的影响

(2) 另一类量子发音/声学关系定义了阻塞辅音①发音部位作为区别特征的基础。与元音不同,产生阻塞辅音的声道传输函数含有极点与零点,收紧点上游声道(收紧点到声门)极点几乎被附近的零点抵消,能量被减弱;收紧点下游声道(收紧点到唇部)的极点表现出相对较强的谱能量。下游声道越短,极点位置越高,也就是这一段声管的自然频率越高。这一点也可在普通话中找到证据,如 [s] 的下游声道比 [ʂ] 更短,因此它的谱能量集中在 5 000 ~ 6 000 Hz 范围,而 [ʂ] 音的最强能量降低到 4 500 Hz 左右。

在描述和分析边界条件时,他们把特定音段的发音姿态(央矢状面图)模型化为不同长度均匀声管的耦合,求解声门体积流速度 $U_g$ 与输出体积流速度 $U_o$ 之比 $H(f)$,即声管传递函数;并通过改变收紧点位置、前后腔长度来演示头四个共振峰的相互关系。例如,收紧点设在声管从声门到唇 2/3 位置上,结果是 $F_2$、$F_3$ 相对接近于中频段而凸显,表示软腭辅音的特征。又如,清擦音收紧处扰动噪声源,在已知收紧点截面积 $A$ 条件下就可解出声源振幅 $p_s$ 等等。

还有几类与发音绑定的量子关系就是 [+ nasal]、[+ lateral] 和 [+ rhotic] 等特征,都是因为声道的全极点传递函数引入旁支而被修改的。发元音时,打开腭咽通道使其与鼻腔耦合,产生元音鼻化。对辅音边音来说,声道终端在唇开口处后边几厘米处形成关闭,产生 2 000 Hz 左右的零点,使其获得 [+ lateral] 特征。在英语中,/r/ 类音也有一个旁支,常常在舌叶底下,1 500 Hz 处有一极点,2 000 ~ 2 500 Hz 附近有一零点,使其获得 [+ rhotic] 特征。其他还有 [+ round]、[+ atr] 等特征也都是因为声道引入了旁支,从而在全极点传递函数基础上引入零点所致。

1.6.3.2 发音器官自由特征(articulator-free)

所谓"发音器官自由特征"是指与喉上发音器官无关的发音特征,如 [sonarant](响音)、[continuant](持续音)、[strident](粗糙)以及与声带有关的特征,如 [stiff vocal folds](硬声带)、[slack vocal folds](松声带)。以上各特征的发音/声学关系呈现出更突然性,发音上很小的变化就能产生完全不同的声学效果。这种突然变化的例子是声带振动的阈值作为声带劲度由松构型([- stiff vocal folds])转变为硬构型([+ stiff vocal folds])。此外还有与发声类型相关的特征,即正常嗓音(modal)、气嗓音(breathy)和挤压嗓音(pressed)。

1.6.3.3 区别特征的音系表示

前面已谈到,Stevens 提出语音量子关系的目的是将发音/声学属性赋值给区别特征,但不是提供一个完整定义了的特征系统,仅仅是对介绍的特征给出其模版(template)。表 1.6 是他们用特征矩阵的方法聚合成音系树终端符号的例子。

表 1.6 区别特征集的词汇(seem)表示

| /s/ | /i/ | /m/ |
| --- | --- | --- |
| + continuant | + syllable | + sonorant |
| + stiff | − back | + nasal |
| + anterior | + high | + labial |
| + strident | + atr | |

---

① 阻塞音(obstruent)既指塞音,也包含塞擦音和擦音。

表 1.6 的第二行是独立于发音器官的特征，只说明某类发音器官的附属特性，但与个别发音器官动作本身无关。每一个音系树至少包含这样一个特征，如一个擦音有一个独立于发音的特征[+continuant]特征，但不能用[+nasal]这个发音器官动作的特征。对大多数而言，与发音绑定的区别特征常常与独立于发音的区别特征同时存在于一个特征包中，例如，舌尖鼻辅音/n/，它有[+sonarant]特征，但对它的发音部位使用与舌尖塞音相同的声学属性。舌尖塞音使用破裂处的声谱峰来定义声学属性，因此也可用来定义舌尖鼻辅音，因为它们在除阻时的发音姿态是相同的，即具有相同的前腔共鸣特性，其声谱峰在 $F_4$ 或 $F_5$ 范围内。

另一例子是[stiff vocal folds]，此特征用来定义阻塞辅音（obstruent）对立（声门动作的存在或不存在）和不同类声学对立（高频区域低频区），这个特征可以用于发音姿态相同的辅音，但不适用于发音器官自由特征，如[+continuant]。

此外，在声学属性与感知的关系上，Stevens 详细介绍了语音的听觉机制（耳蜗的滤波器理论），以及语音学界早已公认的辅音的双共振峰感知特性和辅音、声调都具有范畴感知的特点，而范畴感知就是"非连续性"（discontinuence），像图 1.32 所表明的那样。

Lee（2013）用 EMA 与声学分析的方法研究了粤语元音 [iː yː] 和 [i y]，结果显示出舌腭收紧点的上下、前后移动和 $F_1$、$F_2$ 变化之间存在非线性量子关系（见图 1.34）。

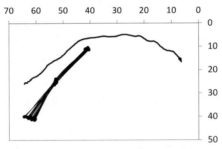

**图 1.34　粤语元音 [iː yː] 和 [i y] EMA 舌面三个电极移动**

#### 1.6.3.4　增强（Enhancement）

Stevens & Keyser（2010）考虑到区别特征已有的发音姿态和相应的声学属性定义在语流中会发生变化，从而添加某些附加的发音、声学属性以增强感知上的显著性。通常有两种方法可以将增强姿态附加到某一区别特征定义的姿态上。

（1）一个发音姿态被叠加在定义姿态上，从而增强特征的感知显著性。实际上，由增强姿态造成的声学属性增强了这个特征与邻近特征的距离。当然，这种增强姿态对区别特征来说并不是原来定义的姿态，因此本身并不代表语言中的对立。这类增强是因元音而异的，它对已定义的声学属性进行调整，并在全部特征出现的环境中得到加工。在元音空间中这个元音被调整到确定范围的离散状态，也就是所谓的"离散理论"。

这类例子是很多的，如英语 [ʃ] 发音被叠加上圆唇，等于加长了前腔，从而降低了共振频率，拉大了与 [s] 的距离。英语全部非低后元音用圆唇产生增强了与具有[-back]特征元音的对立；与此类似，非低前元音常常用展唇发音，增强[-back]的定义。这类例子在普通话中也能找到，与元音 u 或与 u 介音相拼的声母辅音，如 p、d、z、g，它们的发音姿态被叠加上圆唇姿态，因此成为圆唇化的辅音。

（2）第二个增强类型是导入一个新的声学属性，在原特征之外引入附加的感知音征。这类增强不是第一类发音空间上的叠加，而是一种时变属性。这类例子很多，如塞音除阻后紧接着 $F_2$ 过渡的起始频率，这个频率与塞音收紧点后面的声腔长度有关，或者 $F_2$ 移动时程（time course）扮演了一个重要角色①。英语中另一常见现象是舌尖辅音/t/在语流中常被喉塞［ʔ］所替代，如英语 that boy（那个男孩），可以不存在齿龈关闭/t/，但那个位置上有个喉塞的存在。粤语中入声短调三个塞音尾，没有真正破裂，但是有发音的动作，不过把它们各自的定义姿态加到前面的元音尾部罢了，这样的叠加增强了对塞音尾的感知。

### 1.6.3.5 叠加（Overlap）

由音段构成的话语中，许多音征有助于鉴别区别特征，其中一些音征直接与这些特征的定义相关，其他音征也被认为对区别特征的感知显著性有贡献。对特定的特征而言，这些音征分布在整个时间段上。例如，在连续语言中常常发生发音姿态的叠加，叠加的结果是某些音征弱化了，有时还掩蔽或删除了音征。

为了对上面这个定义做出注释，以英语 top tag（顶部标签）为例（见图 1.35），元音 o 之后的 p 因为后面的舌叶成阻，所以 p 没有破裂，被"掩蔽"掉了，但 o 的后过渡起到了双唇关闭（音征）的作用，从而实现了双唇部位增强的目的。在下面一句话中可以见到更多的姿态被掩蔽，如 I can't go up。在这串音段的语图上（见图 1.36）看不到 nt 齿龈关闭的证据，如图中圆圈所标示的那样。不过元音/æ/在整个时段上被鼻化了，并且元音末端带有声门化痕迹。不管这些明显的修改和对一些音征的删除，如［nasal］、［tongue blade］（对鼻辅音），［-continuant］（对齿龈辅音）和［tongue blade］（对齿龈辅音），仍有足够的音征让人去解码这句话。元音鼻化是鼻辅音存在的加强属性，声门化是音节尾 t 的加强属性，同时语音配列规则要求前加鼻辅音/n/。因此这 4 个音节、9 个音段的系列中，两个音段的特征所定义的属性被删除了，但这些特征的增强属性包含了维持短语可懂度的足够音征。

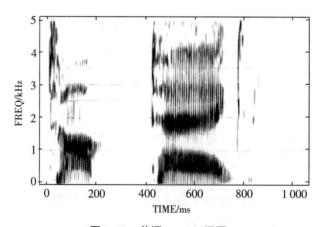

图 1.35　英语 top tag 语图

---

① 这实际上是指音轨理论问题。

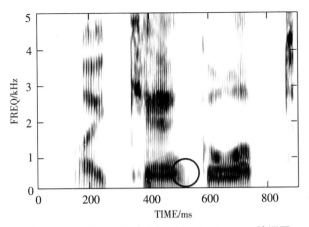

图 1.36 一个男发音人发语句 I can't go up 的语图

"增强"和"叠加"在阿尔泰各语言中是很普遍的,如 CVC#CVC 的双音音节类型中,加了下画线的辅音往往有成阻的动作,虽然不破例,但我们感知到了这个辅音的存在。图 1.37 是维吾尔语/ap tap/(阳光)的语图,/p/的发音姿态(双唇阻)叠加在前面元音上(见圆圈标识部分);/t/破裂之前有一延长的 GAP,约 200 ms,这也是由于/p/叠加的缘故,这些声学属性提供了不破裂辅音感知上的"增强"。又如,图 1.38 维吾尔语/xizmetchi/(职工)中/z/和/t/也被删除,其发音姿态由前面的元音尾负载。这充分说明发音姿态的叠加虽删除了"破裂",但丝毫不影响音段/z/和/t/的感知。这也就是"协同发音"中前向性作用(anticipation)的结果。

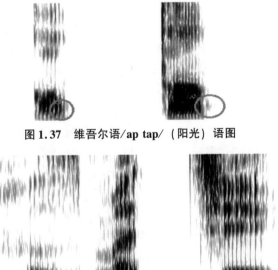

图 1.37 维吾尔语/ap tap/(阳光)语图

图 1.38 维吾尔语/xizmetchi/(职工)语图

区别特征所赋值的发音/声学属性与"增强"和"叠加"不同,前者对世界范围语言是通用的(共性),后者则因语言的不同而具有自己的个性,也就是说,可以有自己独特的"增强"和"叠加",如"协同发音"中已阐明的各类变化。

#### 1.6.3.6 Stevens 语音量子理论总结

（1）人类声音产生系统的解剖学和生理学假定语音是一组离散的"状态"（states），这种状态是建筑在一定的发音器官参数和由它产生的声学特性之间的量子关系基础上的。区别特征对每一状态定义了基本的发音/声学属性，而区别特征担当着区分音位对立的作用。

（2）这些声学的和发音的属性由于导入附加姿态得到了增强，从而加强了特征感知显著性。这些增强姿态既依赖于语言，也依赖于特征出现的环境。

（3）在连续语言中，底层音段区别特征的声学表示受到姿态叠加的修改，增强了的声学音征从而为区别特征"保管"着音段的证据，即使原来的声学音征弱化或被删除。

（4）在这个系统（模型）中，底层完全以区别特征的形式表示；底层和表层之间的差别主要是由于增强的策略和姿态的叠加，如导入、删除或延伸姿态，但对区别特征本身不采取改动。

### 1.6.4 对语音量子理论的讨论

在 Stevens（1989a）发表了长篇 QNS 之后，当年的 *Journal of Phonetics* 上连续有 15 位世界著名语音学家发表了 11 篇文章对 QNS 进行热烈评论。最后 Stevens（1989b）把批评意见归纳为两个问题：（1）认为使用的模型太有选择性、太理想化，批评者要求使用更真实的模型去研究"平稳"和"不连续"，因为这是 QNS 的基础；（2）有人指出，即使这样一种非单调（non-monotonic）关系是存在的，但对区别特征清单（inventory）和言语产生策略（strategy）的通用理论所采取的态度是不严肃的，并停留在猜测阶段，需要有一个客观标准来评断这种非单调性是否存在。

Blumstein（1989）是 Stevens 长期的合作人，他们联名发表过很多文章，应该说他最了解 Stevens 的研究思想。他在评论中集中讨论了 QT 与声学不变量和区别特征的关系。他认为 Stevens 在阐述 QT 理论方面做了大量假设，将 QT 直接与语音的另外两个理论——声学不变量和区别特征相关联，并假设 QT 构成了声学不变量和区别特征的基础。但对声学不变量，Blumstein 认为存在许多问题，首先是同一发音部位不同发音方法（塞音、擦音、鼻音）的声学特性还不清楚，基于不变量理论，它们（音段）应有相同的特性，然而实际上是不同的，这一点已被许多研究证实；另一个问题是关于全套区别特征（DF）的声学特性的精确数值，如话语、元音环境、语境、速率、不同发音人和不同语言，这些都需要有精确的描绘。此外还有声学特性的感知实验问题，假若听音人对这样的声学特性感觉不灵敏，那么这种特性的适当性对 QT 和声学不变量就成问题了。例如，听音人感知塞音部位对声谱相对变化的灵敏度超过声谱凸显形状（gross shape），这样的结果提示了发音部位的稳定声学特性是声谱的时变特性而非静态特性。Blumstein 最后称赞 QT 理论为认识人类声音结构提供了一个理论框架和猜想，虽然许多细节有待进一步研究和更多的数据支持，但在这个框架中，将发音器官的、声学的、听觉的、语音的、音系的特性集成为单一的视角进行考察，因此，这个理论影响了 1972 年到今天，并将持续到今后。

Abry 等（1989）怀疑"量子理论"的命名是否适当，因为 Stevens 的理论是一个非线性、非单调理论，因此它不是量子理论，假使用大变数理论（catastrophic theory）视角来审视，它确实已变成"由连续到不连续急变"理论。

Fant（1989）认为采用具有号筒形状的三参数模型更适合真实的声道形状，并给出了详尽的计算结果。针对 Stevens 提出的元音两个最基本的量子效应，即前元音中 $F_2$-$F_3$ 靠近，后元音 $F_1$-$F_2$ 靠近的观点，Fant 认为后元音/u/、/o/的 $F_1$、$F_2$ 关系更多地依赖于特定语言。而前元音/i/中是 $F_3$-$F_4$ 靠近，圆唇/y/因圆唇使 $F_3$ 降得更低，所以 $F_3$-$F_2$ 靠近；在感知方面，$F_2$-$F_1$ 小于 3 Bark 为前元音，$F_3$-$F_2$ 小于 3 Bark 为后元音；对唇辅音，Fant 认为应引入一个"圆唇"特征，而非 Stevens 主张的 [+anterior] 和 [-coronal] 这样的口部特征。关于声学特性（characteristics）"不变性"（invariance）问题，Fant 认为语音的上下文变化具有感知上的相对不变性，暗示量子区域常常作为理想的目标而不是特定的、绝对的语音特性。因此，Stevens 的理论主张针对的是原形态（prototype）而不是上下文环境中的变体。Fant 进而认为相对不变性既能满足交际中对立的需要，也能满足协同发音和缩减（弱化）的通用省力原则。

Goldstein（1989）认为语音姿态的产生似乎不需要像量子分析提出的那样精确，他从 AT&T 的 X 光库中收集了到大量语音姿态的"隐藏"（hiding）现象，隐藏可以表现为删除、同化和重叠，这种隐藏姿态缺少它们标准的声学特性，因此，这种姿态属于语音产生中（相对地）的不变部分，即它们保留了听觉的特性。最后，Goldstein 提出量子理论与姿态组织理论之间的关系在细节上值得进一步研究，量子理论似乎起到了挑选一定姿态模式的作用。因此，量子理论域限（domain）实际上比 Stevens 已提到的姿态对立更加广泛。在新的域限中并不要求发音人的发音姿态多么精确，也不要求同时存在两个对立姿态（因为其中一个姿态将被隐藏），这样的结构规律地出现在即时言语中。

Ladeforged & Lindau（1989）不太认同 Stevens 使用的模型，同时详细介绍了他们自己使用的类似真人声道的模型，在此基础上研究了大量元音发音姿态的声学效果，指出其结果没有显示出对元音产生 QT 的支持[①]。

笔者认为，线性意味着系统的简单性（满足叠加原理），但自然现象就其本质来说，都是复杂的、非线性的（变量的不对称）。所幸的是，自然界中的许多现象都可以在一定程度上近似为线性。传统的物理学和自然科学就是为各种现象建立线性模型。由此我们可以说，不一定所有的具有非线性特征的自然现象或社会现象都能冠名为"量子理论"。

对语音这种非线性现象的研究早已有之，这也正是言语产生理论所研究和探讨的问题。协同发音理论研究揭示了语流中音段相互之间的非线性关系；语音声学特性"变量"和"不变量"的争论已进行了几十年，至今仍然没有定论；语音感知研究中已公认辅音部位感知属范畴感知，与图 1.32 展示的三个区具有相同特点，即辅音部位感知也是不连续的、突发的。Stevens 和 Keyser 举例证明量子关系的语音现象很多在以往的语音研究中已提到，并非新问题。例如，量子语音关系的文章提出的传递函数"极"与"零"的理论，以及声管共鸣模型及计算方法等言语产生理论众所周知，而且现在的模型和方法更逼真，其结果也更可信；再则，量子语音理论没有对选定的区别特征系统（Chomsky & Halle，1968）给出完整的发音/声学定义（只有举例性的模板）。所以，正像有的学者指出的那样，提出语音的量子关系是否还有必要，值得我们思考。

有人将区别性特征本身看作是原子对语音单位的分析，也就是语音单位，即音段或音素属分子层级，那么赋值区别特征的发音、声学属性就是"量子"。这种解释很牵强，有违 Stevens 语音量子关系的本意。

---

① 读者如对此感兴趣，可以查阅 *Journal of Phonetics*（1989）的全部论文。

以上简单介绍了语音量子理论的几个问题以及众多专家的讨论。无论是 Stevens 本人还是参与讨论的语音学家都十分肯定这个理论对语音学与音系学的贡献。这一理论所讨论的语音发音/声学/感知关系的研究涉及语音学的本质，因此必将对语音学的发展起到深远的影响。

**参考文献**

鲍怀翘（1984）普通话单元音分类的生理解释，《中国语文》第 2 期。
鲍怀翘（2008）辅音声学特征简议，《中国语音学报》第 1 辑，北京：商务印书馆。
鲍怀翘、吕士楠（1992）蒙古语察哈尔话元音松紧的声学分析，《民族语文》第 1 期。
鲍怀翘、杨力立（1985）《普通话发音器官动作特性》（X 光录像带），北京：北京语言学院出版社。
鲍怀翘、周植志（1990）佤语浊送气声学特征分析，《民族语文》第 2 期。
曹剑芬（1992）吴语的发声型考察，Journal of Phonetics, Vol. 20：79-92；又载于曹剑芬著《现代语音研究与探索》，2006。
曹剑芬（1999）从协同发音看语音的结合与变化，载于石锋、潘悟云编《中国语言学的新拓展——庆祝王士元教授六十五岁华诞》，香港：香港城市大学出版社；又载于曹剑芬著《现代语音研究与探索》，2006。
高文（1997）虚拟人面部行为的图像合成技术，载《智能计算机接口与应用进展》会议论文集。
哈斯其木格、郑玉玲（2008）普通话元音过渡与辅音腭位关系解析，《中国语音学报》第 1 辑，北京：商务印书馆。
呼和、哈斯其木格、周学文、乌日格喜乐图、郑玉玲（2009）中国少数民族语言语音声学参数数据库的研制方法，全国人机语音通讯学术会议（NCMMSC' 2009）。
胡方（2006）论元音产生的舌运动机制，《中国语音学报》第 1 辑，北京：商务印书馆。
孔江平（2001）《论语言发声》，北京：中央民族大学出版社。
李俭、郑玉玲（2003）汉语普通话动态腭位的数据缩减方法，载《第六届全国现代语音学学术会议论文集》，天津：天津师范大学出版社。
李英浩（2011）《基于动态电子腭位的汉语普通话音段协同发音研究》，北京大学博士论文。
李智强（2014）区别特征理论的语音学基础，《中国语音学报》第 4 辑，北京：商务印书馆。
凌锋（2010）"最大对立"还是"充足对立"——苏州话与宁波话、北京话与英语元音系统的比较，《中国语音学报》第 3 辑，北京：商务印书馆。
罗常培、王均（1957）《普通语音学纲要》，北京：科学出版社。
潘晓声（2011）《普通话唇形协同发音及可视语音感知研究》，北京大学博士论文。
石锋（2008）《语音格局——语音学与音系学的交汇点》第三章"辅音研究"，北京：商务印书馆。
石锋（2010）论语音格局，《南开语言学刊》第 1 期。
石锋、冉启斌（2008）塞音的声学格局分析，《南开语音学报》第二卷。
汪高武、孔江平、鲍怀翘（2008）从声道形状推导普通话元音共振峰，《中国语音学报》第 1 辑，北京：商务印书馆。
吴宗济、孙国华（1989）普通话 CVCV 结构中不送气塞音协同发音的实验研究，载中国社会科学院语言研究所《语音研究报告》；又载《吴宗济语言学论文集》，北京：商务印书馆，2004。
徐彦君（1998）《听觉视觉双模态汉语语音识别关键技术的研究》，中科院声学所博士论文。
阳晶、陈肖霞（2005）普通话塞音爆破段谱的声学特性分析，《声学技术》第 24 卷。
姚鸿勋、王晶、山世光、张洪明、王瑞（1998）唇读系统中的话者唇定位与跟踪，载《第五届全国人机语音通讯学术会议论文集》。
张家骅（2010）《汉语人机语音通信基础》，上海：上海科学技术出版社。

郑玉玲（2012）试论语音声学参数，《中国语音学报》第 3 辑，北京：商务印书馆。

郑玉玲、鲍怀翘（2004）论普通话/－N1C2/的协同发音，载《现代语音学与音系学研究》，天津：天津社会科学出版社。

郑玉玲、刘佳（2006）普通话辅音发音部位及约束研究，第七届中国语音学学术会议暨语音学前沿问题国际论坛，北京。

中国社会科学院语言研究所语音研究室（2010）《语音研究报告》（总第 17 期）。

Abry, C. et al. (1989) Plateaus, catastrophes and structuring of vowel systems, *Journal of Phonetics*, 17, 47-54.

Bao, H. Q. (1999) An acoustioc parameter database of speech sound of Kazakh and harmony theory of vowel, *Oriental COCOSDA' 99*, *Second International Workshop on East-Asian Language Resources and Evaluation*, May 13-14, 1999, Taipei, Taiwan.

Bao, H. Q., Zheng, Y. L. & Li, J. (2004) Research on articulatory features based EPG in Standard Chinese, in G. Fant *et al.* (eds.), *From Traditional Phonology to Modern Speech Processing*, Foreign Language and Teaching Press, Beijing, 31-48.

Blumstein, S. E. (1989) Theoretical implications of the quantal nature of speech: A commentary, *Journal of Phonetics*, 17, 55-61.

Browman, C. P. & Goldstein, L. (1992) Targetless schwa: An articulatory analysis, in G. J. Docherty & D. R. Ladd (eds.), *Laboratory Phonology II*, Cambridge University Press, 26-67.

Browman, K. & Goldstein, L. (1989) Articulatory gestures as phonological units, *Phonology*, 6: 201-251.

Cao, J. F. & Zheng, Y. L. (2006) Articulatory strengthening and prosodic hierarchy, *Proc. Of Speech Prosody' 2006*, Dreston, Germany.

Chen, Y. & Lin, H. (2011) Analysis tongue shape and movement in vowel production using ANOVA in ultrasound imaging, *Proceedings of the 17th ICPhS*, 124-127.

Chomsky, M. & Halle, M. (1968) *The Sound Pattern of English*, Harper & Row Pub, N. Y.

Dang, J. & Honda, K. (2001) A physiological model of a dynamic vocal tract for speech production, *Acoust. Sci. & Tech.*, 22: 415-425.

Dang, J. & Honda, K. (2004) Construction and control of a physiological articulatory model, *J. A. S. A.*, 115 (2): 853-870.

Daniloff, R. G. & Hammarberg, R. E. (1973) On defining coarticulation, *Journal of Phonetics*, (1), 232-248.

David, E. E. Jr. (eds.) (1972) *Human Communication: A Unified View*, New York: McGraw Hill, 51-66.

Fang, Q. et al. (2008) Investigation of the functional relationship of tongue muscles for the control of a physioloigcal articulatory model, *The 8th National Conference of Phonetics*, Beijing, China.

Fang, Q., Nishikido, A. & Dang, J. (2009) Feedforward control of a 3D physiological articulatory model for vowel production, *Tsinghua Science and Technology*, 14 (5).

Fant, G. (1960) *Acoustic Theory of Speech Production*, The Hague: Mouton.

Fant, G. (1989) Quantal theory and features, *Journal of Phonetics*, 17, 79-86.

Farnetani, E. (1997) Coarticulation and connnected speech processes, in W. J. Hardcastle & J. Laver (eds.), *Handbook of Phonetic Sciences*, 371-404.

Farnetani, E. & Recasens, D. (1993) Anticipatory consonant-to-vowel coarticulation in the production of VCV sequences in Italian, *Language and Speech*, 36: 279-302.

Fletcher, S. G. (1982) Seeing speech in real time, *IEEE Spectrum*, 19, 42-45.

Fletcher, S. G. et al. (1975) Dynamic palatometry, *J. S. H. R.*, 18: 812-819.

Flynn, N. & Foulkes, P. (2011) Comparing vowel formant normalization methods, *Proceedings of the 17th ICPHS*, 17-21.

Fontdevila, J., Pallares, M. D. & Recasens, D. (1994) Contact index method of electropalatographic data reduction, *J. A. S. A.*, 22, 141-154.

Fougeron, C. *et al.* (2000) 62 vs 96 electrodes: A comparative analysis of reading and Kay elemetrics EPG pseudo-palates, *Seminar on Speech Production: CREST Workshop on Model of Speech Production: Motor Planning and Articulatory Modeling*, Germany, 309-312.

Fowler, C. A. (1980) Coarticulation and theories of extrinsic timing, *Journal of Phonetics*, 8, 113-133.

Fowler, C. & Salzman, E. (1993) Coordination and coarticulation in speech production, *Language and Speech*, 36 (2/3): 171-195.

Fujimura, O. *et al.* (1973) Computational processing of palatographic pattern, *Journal of Phonetics*, Vol. 1, No. 1, 47-54.

Fujita, S. & Dang, J. (2007) A computational tongue model and its clinical application, *Oral Science International*, 4 (2): 97-109.

Goldstein, L. (1989) On the domain of the quantal theory, *Journal of Phonetics*, 17, 991-997.

Halle, M. (1992) Features, in W. Bright (ed.), *Oxford International Encyclopedia*, New York University Press.

Hardcast, M. J. & Nigel, H. (eds.) (1999) *Coarticulation: Theory, Data and Techniques*, Cambridge University Press.

Hardcastle, W. J., Johns, W., Knight, C., Trudgeon, A. & Carder, G. (1989) News developments in electropalatography: A state-of-the-art report, *Clinical Linguistics and Phonetics*, 3, 1-38.

Hardcastle, W. J. & Machal, A. (1990) EUR-ACCOR: A multi-lingual articulatory and acoustic database, *ICSLP*90, 2, 458-461, Japan: Kobe.

Harshman, R., Ladefoged, P. & Goldstein, L. (1977) Factor analysis of tongue shapes, *J. A. S. A.*, 62.

Heinz, J. M. & Stevens, K. N. (1964) On the derivation of area functions and acoustic spectra from cineradiographic films of speech, *J. A. S. A.*, 36, 37.

Hu, H., Zhou, X. W. Wurigexiletu & Hasiqimuge (2011) Acoustic parameter databases of Daur, Evenki, Oroqen nationalities, *COCOSDA 2011*, 2011. 10, Taiwan.

Kong, J. P. (2008) Laryngeal dynamics and physiological models—High speed imaging and acoustical techniques, 北京: 北京大学出版社.

Ladefoged, P. & Lindau, M. (1989) Modeling articulatory-acoustic relations: A comment on "QNS", *Journal of Phonetics*, 17, 96-106.

Lee, W. S. (2014) Articulatory-acoustic relations in palatal vowels, 《中国语音学报》第 4 辑, 153-162.

Li, A. J. *et al.* (2010) Acoustic and articulatory analysis on Mandarin Chinese vowels in emotional speech, *ISCSLP*2010, Taiwan.

Li, Y. & Bird, S. (2011) Ultrasound study of gestural timing in Mandarin vowel-nasal production, *Proceedings of the* 17*th ICPhS*, 168-171.

Li, Y. H. & Kong, J. P. (2011) Prosodic boundary effects on segment articulation and V-to-V coarticulation in Standard Chinese, *Proceedings of the* 17*th ICPhS*, 1218-1221.

Lindblom, B. (1963) Spectrographic study of vowel reduction, *J. A. S. A.*, 35, 1773-1781.

Lindblom, B. (1983) Economy of speech gestures, in MacNeilage (ed.), *The Production of Speech Springer*, New York.

Linker, W. (1982) *Articulatory and Acoustic Correlates of Labial Activity in Vowels: A Cross-linguistic Study*, Doctoral dissertation, UCLA Working Papers in phonetics 56.

Maeda, S. (1991) Toward better models of speech production, *Journal of Phonetics*, 19, 493-495.

Niebergall, A. & Zhang, S. *et al.* (2013) Real-time MRI of speaking at a resolution of 33ms: Undersampled radial FLASH with non-linear inverse reconstruction, *Magnetic Resonance in Medicine*, 69: 477-485.

Pan, X. & Kong, J. (2011) Audio-visual perception of CV syllable of the Standard Chinese, *Proceedings of the 17th ICPhS*, 1558-1561.

Recasens, D. (1984) V-to-V coarticulation in Catalan VCV sequences, *J. A. S. A.*, 76, 1624-1635.

Recasens, D. (2001) Coarticulation, assimilation and blending in Catalan consonants clusters, *Journal of Phonetics*, 29, 273-301.

Russell, G. O. (1929) The mechanism of speech, *J. A. S. A.*, 1 (1), 83-109.

Ryan K. S. (2011) An EMA-Aerodynamic approach to the velic opening hypothesis: Evidence from Hindi vowel pairs, *Proceedings of the 17th ICPhS*, 68-72.

Saltzman, E. (1986) Task Dynamic coordination of the speech articulators: A preliminary model, *Experimental Brain Research Series*, 15, 129-144.

Saltzman, E. L. & Munhall, K. G. (1989) A dynamical approach to gestural patterning in speech production, *Ecological Psychology*, 1: 333-382.

Schötz, S., Frid, J. & Löfqvist, A. (2011) Exotic vowel in Swedish—An articulographic and acoustic pilot study of /iö/, *Proceedings of the 17th ICPhS*, 1766-1769.

Stevens, K. N. (1972) The quantal nature of speech: Evidence from articulatory-acoustic data, in E. E. David, Jr. & P. B. Denes (eds.), *Human Communication: A Unified View*, 51-66, New York: McGraw-Hill.

Stevens, K. N. (1989a) On the quantal nature of speech, *Journal of Phonetics*, 17, 3-46.

Stevens, K. N. (1989b) Response to commentaries, *Journal of Phonetics*, 145-157.

Stevens, K. N. & Blumstein, S. E. (1979) Acoustic invariance in phonetics production: Evidence from measurement of the spectra characteristics of stop consonants, *J. A. S. A.*, Vol. 66, 1001-1017.

Stevens, K. N. & Keyser, S. J. (2010) Quantal theory, enhancement and overlap, *Journal of Speech*, 38, 10-19.

Stone, M., Davis, E., Douglas, A., Ness Aiver, M., Gullapalli, R., Levine, W. & Lundberg, A. (2001) Modeling tongue surface contours from Cine-MRI images, *Journal of Speech, Language, and Hearing Research*, 44 (5), Oct, 1026-1040.

Sussman, H. M. & Shore, J. (1996) Locus equations as phonetic descriptors of consonantal place of articulation, *Perception and Psychophysics*, 58, 936-946.

Sussman, H. M. et al. (1991) An investigation of locus equations as a source of relational categorization, *J. A. S. A.*, 90, 1309-1325.

Svantesson, J-O. (1986) Acoustic analysis of Chinese fricatives and affricates, *Journal of Chinese Linguistics*, 14: 53-70.

Tabain, M. & Beare, R. (2011) A spectral analysis of stop burst in PITJANTJATJARA, of the spectra characteristics of stop consonants, *J. A. S. A.*, Vol. 66, 1001-1017.

Tabain, M. & Butcher, A. (1999) Stop consonants in Yanyuwa and Yindjibarndi: Locus equation data, *Journal of Phonetics*, 27, 333-357.

Thomas, E. R. & Kendall, T. (2007) NORM: The Vowel Normalization and Plotting Suite, Online Resource, http://ncslaap.lib.ncsu.edu/tools/norm, accessed: 17/11/08.

Wang, A. H., Bao, H. Q. & Chen, J. Y. (2000) Primary research on viseme system in Standard Chinese, *ISCSPL 2000*, Oct. 13-14, Beijing, 171-174.

Wang, G. W., Dang, J. W. & Kong, J. P. (2008) Estimation of vocal tract area function for Mandarin vowel sequences using MRI, *INTERSPEECH-2008*, 1182-1185.

Wu, X., Fang, Q. & Dang, J. (2010) Investigation of muscle activation in speech production based on an articulatory model, *ISCSLP* 2010.

# 第二章 声调区别特征

上世纪 60 年代起至 80 年代后期,语言学家们对平调和曲折调进行音系学表达的分析,并提出了不同的声调区别特征系统。本章介绍学者们提出的有关声调区别特征的理论(Gruber, 1964;Wang, 1967;Sampson, 1969;Woo, 1969;Maddieson, 1971;Halle & Stevens, 1971)及评论(Fromkin, 1972;Anderson, 1978;van der Hulst & Smith, 1983)。

## 2.1 平调的区别特征

Gruber(1964)首先提出两个声调区别特征 [±high]([±高])及 [±high 2]([±高 2]),用来区分两、三或四个不同音高的平调。他认为在任何语言中的声调都可分成为"高"及"非高"两类,高过一般平均音高值的(如/55/)为 [+high]([+高]),低过一般平均音高值的(如/11/)为 [-high]([-高])。在三个或四个平调的系统中,必须使用 [+high 2] 及 [-high 2] 去区别高平调/55/及低平调/11/之间的平调/44 22/。如是,相对/55/来说,/44/是 [-high 2];而相对/11/来说,/22/是 [+high 2](见表 2.1)。在三个平调(/55 33 11/)的声调系统中,/33/可以是 [-high, +high 2] 或 [+high, -high 2]。

表 2.1 Gruber(1964)声调区别特征

两个平调的系统:

| 区别特征 | /55/ | /11/ |
| --- | --- | --- |
| [high] | + | - |

三个平调的系统:

| 区别特征 | /55/ | /33/ | /11/ |
| --- | --- | --- | --- |
| [high] | + | - | - |
| [high 2] | + | + | - |

或

| 区别特征 | /55/ | /33/ | /11/ |
| --- | --- | --- | --- |
| [high] | + | + | - |
| [high 2] | + | - | - |

四个平调的系统:

| 区别特征 | /55/ | /44/ | /22/ | /11/ |
| --- | --- | --- | --- | --- |
| [high] | + | + | - | - |
| [high 2] | + | - | + | - |

Gruber 的两个声调区别特征最多能区分四个不同音高的平调。但是语言学家们发现，多个语言中的声调系统可以有五个平调（Edmondson & Gregerson, 1992），如墨西哥的 Trigue 语（Longacre, 1952）、南美洲的 Ticuna 语（Anderson, 1959）、中国西南的青江黑苗语（Kwan, 1971; Maddieson, 1978）等。

为了处理有五个平调的声调系统（/55 44 33 22 11/），Wang（1967）提出使用［±central］（［±央］）及［±mid］（［±中］）两个声调特征去取代 Gruber（1964）的［±high 2］（［±高2］）。如表 2.2 所示，Wang 如 Gruber 一样，用特征［±high］去区分"高于"（/55 44/）及"等于/低于"（/33 22 11/）邻近中音高值"3"的声调。然后用［±central］把三个邻近中音高值的平调/44 33 22/和/55 11/加以区分；再用［±mid］去区分位于中音高值的/33/和/44 22/。从表 2.2 可以看到，在 Wang 的声调特征系统中，［±mid］只专门用来区分五个平调。

表 2.2　Wang（1967）平调区别特征

| 区别特征 | /55/ | /44/ | /33/ | /22/ | /11/ |
| --- | --- | --- | --- | --- | --- |
| ［high］ | + | + | − | − | − |
| ［central］ | − | + | + | + | − |
| ［mid］ | − | − | + | − | − |

Sampson（1969）接受 Wang 系统中的声调特征［±high］及［±central］，并指出［+high］这一声调特征不只是用来表达音高值为"5"的声调（/55/），而是用来表达音高值为"4"或以上的声调（/55 44/）。此外，他认为 Wang 系统中［±mid］的应用范围过分狭窄，只用来区别五个平调，故建议用声调特征［±low］去取代 Wang 的［±mid］，并指出［+low］是用来表达音高值为"2"或以下的声调（/22 11/），不只是表达音高值为"1"的声调（/11/）（见表 2.3）。在 Sampson 的系统中有以下的冗余规则（redundancy rules），即［+high］⇒［−low］、［+low］⇒［−high］、［−high, −low］⇒［+central］。［+high, +low］对平调来说不能成立，但可应用于曲折调，即［+high, +low］⇒［+contour］（［+曲折］）。至于［±central］，这是用来区分邻近中音高值的平调/44 33 22/及其他两个平调/55 11/的。Sampson 认为他的声调特征系统比 Wang 的系统更为可取，虽然 Wang 的声调特征能反映出有五个平调的语言是罕见的，但在理论上各个声调特征应有同等的应用机会。

表 2.3　Sampson（1969）声调区别特征

| 区别特征 | /55/ | /44/ | /33/ | /22/ | /11/ |
| --- | --- | --- | --- | --- | --- |
| ［high］ | + | + | − | − | − |
| ［low］ | − | − | − | + | + |
| ［central］ | − | + | + | + | − |

Woo（1969）继续使用 Sampson 的［±high］和［±low］两个声调特征去处理五个平调，但用声调特征［±modify］（［±修改］）取代 Sampson 的［±central］及指定（specifying）在高音值域中较低的/44/及在低音值域中较高的/22/（见表 2.4）。Woo 与 Sampson 的不同之处是 Woo 用一个负值特征［−modify］去指定中平调/33/，而 Sampson 则用了一个正值特征［+central］。Woo 的目的在于显示中性的中平调/33/应是"无标记

性"（unmarked）的，故此，用负值特征［－modify］去指定，而正值特征［＋modify］用来指定/44 22/，表示这两个平调是"有标记性"（marked）的。

表 2.4 Woo（1969）声调区别特征

| 区别特征 | /55/ | /44/ | /33/ | /22/ | /11/ |
| --- | --- | --- | --- | --- | --- |
| ［high］ | ＋ | ＋ | － | － | － |
| ［low］ | － | － | － | ＋ | ＋ |
| ［modify］ | － | ＋ | － | ＋ | － |

Maddieson（1971）的声调特征系统中采用的声调特征是［±raised］（［±提升]）、［±lowered］（［±降低]）及［±extreme］（［±极端]）（见表2.5）。其提升或降低依音高值"3"做标准，故此，/55 44/是［＋raised］的声调，而/22 11/则是［－raised］的声调；相应地，/55 44/是［－lowered］的声调，而/22 11/则是［＋lowered］的声调。至于声调特征［±extreme］，是用来区分两个［＋raised］的声调/55/及/44/或两个［＋lowered］的声调/22/及/11/，其中/55/及/11/是［＋extreme］。此外，Maddieson的［±raised］及［±lowered］分别取代了Sampson及Woo的［±high］及［±low］，他认为这样可以避免跟用来指定舌位高低的元音发音特征［±high］和［±low］相混淆。

表 2.5 Maddieson（1971）声调区别特征

| 区别特征 | /55/ | /44/ | /33/ | /22/ | /11/ |
| --- | --- | --- | --- | --- | --- |
| ［raised］ | ＋ | ＋ | － | － | － |
| ［lowered］ | － | － | － | ＋ | ＋ |
| ［extreme］ | ＋ | － | － | － | ＋ |

Maddieson采用声调特征［±extreme］（［±极端]）的原因是，各声调语言的音高值域大小不一，其大小是依声调系统中声调数量多少而定的，声调数量越多，声调的音高值域越大。他认为较小的声调系统中之三个平调，是较大的声调系统中五个平调中间的三个（/44 33 22/），而并非五个平调中最高（/55/）、最低（/11/）及中央（/33/）的三个。基于这种分析，他认为两个远离中央音高值的声调/55 11/应被视为［＋extreme］；又，/55 11/是邻近中央音高值三个平调/44 33 22/的音高值域扩大后产生的。

Maddieson提出的声调特征是基于非洲语言的声调系统，在这些系统中可以有最高音高值"5"及最低音高值"1"的出现，这两个音高值代表了两个极端："极端高"和"极端低"。由于［±extreme］声调是由/44 33 22/的音高值域扩大所得，且不常出现，故被认为是"有标记性"（marked）的。但在亚洲语言的声调系统中，最高音高值"5"及最低音高值"1"相对较邻近中央音高值的"2"及"4"是"无标记性"（unmarked）的。故此，就"标记性"（markedness）来说，Maddieson的［±extreme］声调特征不适用于亚洲语言中［＋high］的/55/及［＋low］的/11/。

Halle & Stevens（1971）认为在语音普遍现象的框架里可将音高分成为"高、中、低"三个值，同时可将这三个音高与阻塞音的清浊相关起来，即高音高值的元音 V́（high）与清阻塞音［p］相关，低音高值的元音 V̀（low）与浊阻塞音［b］相关，以及中音高值的元音 V（mid）与介乎清浊之间的阻塞音［$b_1$］相关（见表2.6）。他们又提出两个声带（状态）区别特征［±stiff（vocal cords）］（［±硬质声带］）及［±slack（vocal cords）］（［±软质声带］）。［+stiff］用来指定 $\acute{V}$（high）及［p］，［+slack］用来指定 $\grave{V}$（low）及［b］，而［-stiff］和［-slack］同时用来指定 V（mid）及［$b_1$］。如是，一套语音特征［±slack］和［±stiff］可以应用于元音的音高高低及辅音的清浊。

表2.6　Halle & Stevens（1971）声带区别特征

| 区别特征 | $\acute{V}$（high）/［p］ | V（mid）/［$b_1$］ | $\grave{V}$（low）/［b］ |
|---|---|---|---|
| ［stiff（vocal cords）］ | + | - | - |
| ［slack（vocal cords）］ | - | - | + |

Halle & Stevens 所提出的语音特征系统没有被音系学家接受。Anderson（1978）指出 Halle & Stevens 声调特征系统中有多个弱点。首先，两个声带特征［±stiff］及［±slack］不足以用来区分超过三个平调，因为对嗓音发音来说，在发音生理学上声带不可能同时是*［+stiff，+slack］。第二，根据 Halle & Stevens 的语音特征系统，气嗓音（breathy voice）只能与低声调同时产生。但事实上，辅音的嗓音音质及嗓音类型与声调音高之间没有一定的相关关系，比如，在青江黑苗语的五个平调中，气嗓音只能与中声调/33/同时产生（Kwan, 1971），而不与低声调同时产生；又，在南非波西漫语群的ǂhòã 语中之气嗓音，可与其声调系统中五个声调中的任何一个共同产生（Gruber, 1973、1975）。第三，声调类型的数量多于用来指定辅音类型的两个声带特征［±stiff，±slack］。第四，虽然声带在不同音高时会产生不同的紧张度及声门下气压，但没有实验资料证明声带在不同音高时是硬化或软化的。这些都表明声调音高与辅音类型及嗓音音质不能混为一谈。

Fromkin（1972）根据以上各音系学家提出的声调区别特征系统得出两个结论。首先，她认为将所有语言中同一个声调视为"无标记性"是不可能的，因为每个个别声调系统中的声调都经由不同的历史演变而产生。其次，声调特征系统是具有阶层性的，在声调语言中，最基本的划分是［+high］和［-high］两类声调。其他声调特征如［±low］和［±mid］用作在第二阶层中的区分，并在声调特征阶层中有同等地位。她同时也提出一组普遍性的区别特征（universal set of distinctive features），包括［±high］、［±mid］、［±low］三个声调特征（见表2.7）。在三声调系统中，非高调类有中调（［+mid］）和低调（［+low］）。在四声调系统中可以有：①高调（［+high］）、高中调（［+high，+mid］）、中调（［+mid］）及低调（［+low］）；②高调（［+high］）、中调（［+mid］）、低中调（［+mid，+low］）及低调（［+low］）。至于五声调系统，声调特征与声调的配搭如表2.7所示，可以有高调/55/（［+high］）、高中调/44/（［+high，+mid］）、中调/33/（［+mid］）、低中调/22/（［+mid，+low］）及低调/11/（［+low］）。

表2.7　Fromkin（1972）声调区别特征

| 区别特征 | /55/ | /44/ | /33/ | /22/ | /11/ |
|---|---|---|---|---|---|
| ［high］ | + | + | - | - | - |
| ［mid］ | - | + | + | + | - |
| ［low］ | - | - | - | + | + |

Anderson（1978）对以上各音系学家所提出的声调区别特征系统也做出了评论。首先，声调特征系统必须能区分五个平调，同时，使用三个声调特征去区分五个平调已为各家接受。其次，评审不同声调特征系统的困难之处是目前尚未有具体证据去鉴定哪一个系统更为优胜。比如，不少有关各声调特征系统可取性的讨论都提到"标记性"这一因素，或企图反映个别声调系统的复杂性。可是，这两方面都难以取得可靠的依据去做判断。尤其"标记性"并不可靠，因为这个概念是基于未经证实的直觉，缺乏经严格处理的跨语言语音统计数据。故此，他认为目前没有任何一家所提出的声调特征系统是特别优胜的。

## 2.2　曲折调的区别特征

Wang（1967）的声调特征系统采用［±contour］（［±曲］）、［±rising］（［±升］）、［±falling］（［±降］）及［±convex］（［±凸］）四个曲折调特征，去区分汉语中的八类曲折调，包括两个升调/35 13/（［+rising］）、两个降调/53 31/（［+falling］）、两个凹调/535 313/（［-convex］）及两个凸调/353 131/（［+convex］）（见表2.8）。［±contour］是曲折调的一个冗余特征，只用于区分系统中的平调和曲折调；又，如平调一样（见表2.2），［±high］用于区分在"高"音高值域及"低"音高值域中的升、降、凹、凸等曲折调。

从表2.2可见，Wang（1967）的平调系统中有五个音高值域，但所有的曲折调只限出现在"高"（［+high］）和"非高"（［-high］）两个音高值域（见表2.8）。这是因为Wang认为在一种语言中，最多只可以有两个相同调型的曲折调，一个在"高"音高值域出现，另一个在"低"音高值域出现。在此须指出，Wang（1967）跟Pike（1948）一样，也认为曲折调应被视为一种单一声调成分，而不是由两个或数个不同音高的平调组合而成的。

表2.8　Wang（1967）曲折调区别特征

| 区别特征 | /35/ | /13/ | /53/ | /31/ | /535/ | /313/ | /353/ | /131/ |
| --- | --- | --- | --- | --- | --- | --- | --- | --- |
| ［high］ | + | - | + | - | + | - | + | - |
| ［contour］ | + | + | + | + | + | + | + | + |
| ［rising］ | + | + | - | - | + | + | - | + |
| ［falling］ | - | - | + | + | + | + | + | + |
| ［convex］ | - | - | - | - | - | - | + | + |

Woo（1969）不同意Pike（1948）及Wang（1967）把曲折调视为一种单一声调成分的观点，她认为曲折调是由一串不同音高的平调组合而成的。Woo（1969）把平调及曲折调在底层音系中均分析为（连串）平调，这是基于语言中广泛出现的"声调复制"（tone copy）现象。声调复制不允许一个整体的曲折调被复制，而只允许一部分被复制。比如，一个升调只能被复制其高调的部分，一个降调则只能被复制其低调的部分，这意味着曲折调可以分开成两个不同音高的平调。

Woo（1969）也不同意Gruber（1964）和Wang（1967）把声调整体负载在音节上的假设，她认为声调中各声调成分是分别显示在音段中的莫拉（moras）上的。Woo认为只有一个含有多个莫拉的音段才能负载一个复合声调的曲拱。以普通话中四个声调为例，复合声调/214/含有三个不同的平调成分，即/2/、/1/和/4/分别负载在音段中的三个莫拉上。/214/的时长比普通话中其他三个声调/55 35 51/约长 0.5 倍，因为这些声调只含两个平调成分，即/55/中的/5/和/5/、/35/中的/3/和/5/，以及/51/中的/5/和/1/，分别负载在音段中的两个莫拉上。Woo（1969）的声调复杂性与音段复杂性的相应关系，是基于汉语声调及其他亚洲语言的声调，如泰语声调（Gandour, 1974）。在这些语言中，假如声调具有复杂性的话，音段必然也具有复杂性。不过，在其他语言中，如非洲的曼德（Mende）声调语，单一个莫拉的音段可以负载曲折调（Leben, 1973），故此，这种现象不支持 Woo（1969）的声调复杂性与音段复杂性假设。

　　Maddieson（1972、1978）基于很多来自美洲印地安声调语及非洲声调语的声调资料，支持 Woo（1969）把曲折调分析为一串平调的观点，并认为在声调音系学理论中没必要用曲折调声调特征，声调音高的滑动应被视为一串平调的音高之改变。因此，一组能用来描述五个不同音高的声调特征足以去区分所有各类声调。Maddieson（1978）在一项世界声调语言的调查中，对含有平调和曲折调的声调系统概括出下面（1）和（2）两个语言普遍现象（language universals）。假如把曲折调视为由一串平调所组成，那么（1）和（2）中所提及的就有其共通之处，（2）实际上是（1）的个案。根据（1i），一个字或语素负载一串同样音高的声调的可能性大于负载一串不同音高的声调；而根据（2ii），假如曲折调 LH（低高）或 HL（高低）不出现的话，那么复合曲折调 HLH（高低高）或 LHL（低高低）必定不出现。

（1）i. 在语言中，如允许一串不同的声调出现于一个字或一个语素上，那么也允许有一串相同的声调出现。

　　ii. 一个语言如允许在一个字上声调的音高可连续做相反方向的改变，那么也允许只做一次的改变。

（2）i. 一个语言如有曲折调，必有平调。

　　ii. 一个有复合曲折调的语言，必有简单曲折调。

## 2.3　声调之音段与超音段的表达

　　音系学家们关注到另外一个问题，就是韵律特征（prosodic features）与音段之间的关系，即声调是属于音段的本（身的性）质（segmental），还是超越音段（音段之外）的性质（suprasegmental）。Woo（1969）的假设暗示了声调（韵律）特征是音段的本质，而非超越音段性质，因为她认为曲折调是由两个或两个以上不同音高的平调组成的；又，曲折调的出现表示底层的元音必定是长的，即含有两个或两个以上的莫拉。如是，一个高降调前半的高平调是长元音中第一个莫拉的本质，而高降调后半的低平调是长元音中第二个莫拉的本质。

　　Halle（1971）支持 Woo（1969）底层曲折调不存在的假设，但认为韵律特征是一个超音段的现象。他提出使用一串平调特征，如［+［+high］　［-high］］或［+［-high］　［+high］］去取代曲折调特征［+falling］或［+rising］所代表的负载在音段或元音上的降调或升调，这不管音段是含有一个莫拉的短元音，还是有两个或两个以上的长元音。但问题是，实质上［+［+high］　［-high］］等于［+falling］，［+［-high］　［+high］］等于［+rising］，这与 Woo（1969）底层曲折调不存在的假设是抵触的。

Goldsmith（1976）提出"自主音段理论"（autosegmental theory），目的是为了解决曲折调既能被分析成一串不同音高的平调，也可以在短元音上出现的问题。自主音段理论建议将表达形式分为两个平行的"层次"（tiers）。过去，所有音段（辅音及元音）的语音特征（包括声调特征）都放在单一个"层次"中。现在把这个层次横切分开成二，一个是由音段序列组成的"音段层"（segmental tier），另一个是由声调序列组成的"声调层"（tonal tier）。如图2.1所示，在"音段层"中放置辅音及元音的语音特征，在"声调层"则放置声调的声调特征。

图2.1　自主音段理论中的两个层次

自主音段的理论不要求两个层次中声调及音段的数量必须相等。曲折调是声调数量多于音段数量相搭配（mapping）的一个实例。不同层次的声调和音段都是独立自主的，在"声调层"中，声调的变动不受"音段层"中音段或元音的约束，即声调的行为与元音无关，而"音段层"中元音的变动也不影响声调。故此，这一理论称之为"自主音段"（autosegmental）。最后，通过连接线（association line）把"声调层"和"音段层"连接起来，显示出两个层次中声调和音段之间的协同发音。图2.2所示，是一个元音负载一个由两个平调［+high］和［-high］组成的降调；图2.3中的元音则负载一个由三个平调［+high］、［-high］和［+high］组成的凹调；而图2.4所示的是两个元音，前面一个负载一个［+high］的平调，后面一个负载由［-high］和［+high］组成的升调。这种基于声调与元音之间的搭配方式是由左至右，一对一，搭配到最尽处。

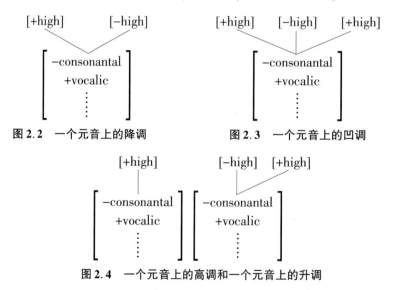

图2.2　一个元音上的降调　　　图2.3　一个元音上的凹调

图2.4　一个元音上的高调和一个元音上的升调

## 2.4 结 论

本章介绍了音系学家们有关设立声调区别特征及分析曲折调提出的理论。声调区别特征的设立和分析曲折调有直接的关系,当曲折调被分析为一串平调时,曲折调特征([±contour]、[±rising]、[±falling]、[±convex])失去应用之处及有必要被放弃。音系学家们提出的声调区别特征系统的相异,相信是因为他们基于各语言中不同的声调系统而得出了不同的观点。虽然他们之间没有达成共识,但声调区别特征的设立及对曲折调的分析和讨论导致了极重要的自主音段理论的出现。

**参考文献**

Anderson, L. (1959) Ticuna vowels with special regard to the system of five tonemes, Publicalloes do Museu Nacional, Rio de Janeiro, *Série Lingüistica Especia*, 1: 76-127.

Anderson, S. R. (1978) Tone features, in V. A. Fromkin (ed.), *Tone: A Linguistic Survey*, New York: Academic Press, Inc., 133-175.

Edmondson, J. A. & Gregerson, K. J. (1992) On five-level tone systems, in S. J. J. Hwang & W. R. Merrifield (eds.), *Language in Context: Essays for Robert Longacre*, A publication of the Summer Institute of Linguistics and the University of Texas at Arlington, 555-576.

Fromkin, V. A. (1972) Tone features and tone rules, *Studies in African Linguistics*, 3 (1): 47-76.

Gandour, J. (1974) On the representation of tone in Siamese, *UCLA Working Papers in Phonetics*, 27: 118-146.

Goldsmith, J. (1976) *Autosegmental Phonology*, Ph. D. dissertation, Massachusetts Institute of Technology, reprinted in 1979, New York, Garland Press.

Gruber, J. S. (1964) The distinctive features of tone, Unpublished manuscript.

Gruber, J. S. (1973) ǂhòã kinship terms, *Linguistic Inquiry*, 4: 427-449.

Gruber, J. S. (1975) Bushman languages of the Kalahari, *Technical Project Report to the National Endowment for the Humanities*, Washington, D. C.

Halle, M. (1971) Theoretical issues in phonology in the 1970's, *Paper delivered to the 7th International Congress of Phonetic Sciences*, Montreal, Canada.

Halle, M. & Stevens, K. N. (1971) A note on laryngeal features, *Quarterly Progress Report*, MIT Research Laboratory of Electronics, 101: 198-213.

Kwan, J. (1971) Ch'ing Chiang Miao phonology, *Tsing Hwa Journal of Chinese Studies*, New Series, 9: 289-305.

Leben, W. R. (1973) Suprasegmental and segmental representation of tone, *Studies in African Linguistics*, Supplement 2: 183-200.

Longacre, R. E. (1952) Five phonemic pitch levels in Trique, *Acta Linguistica Academiae Scientarum Hungaricae*, 7: 62-81.

Maddieson, I. (1971) The inventory of features, in I. Maddieson (ed.), *Tone in Generative Phonology*, University of Ibadan Research Notes 3, parts 2 and 3, Ibadan: University of Ibadan, 3-18.

Maddieson, I. (1972) Tone system typology and distinctive features, *Proceedings of the International Congress of Phonetic Sciences*, The Hague: Mouton & Co., 957-961.

Maddieson, I. (1978) Universals of tone, in J. H. Greenberg (ed.), *Universals of Human Language*, Vol. 2., Stanford: Stanford University Press, 335-365.

Pike, K. (1948) *Tone Languages*, Ann Arbor: University of Michigan Press.

Sampson, G. (1969) A note on Wang's phonological features of tone, *International Journal of*

*American Linguistics*, 35: 62-66.

van der Hulst, H. & Smith, N. (1983) An overview of autosegmental and metrical phonology, in van der Hulst & N. Smith (eds.), *The Structure of Phonological Representations* (Part I), Dordrecht, the Netherlands, Foris Publications, 1-45.

Wang, W. S-Y. (1967) Phonological features of tone, *International Journal of American Linguistics*, 33: 93-105.

Woo, N. (1969) *Prosody and Phonology*, Ph. D. dissertation, Massachusetts Institute of Technology, reprinted in 1972, Indiana University Linguistics Club.

# 第三章 汉语语调

人类交际可以分为言语交际（verbal communication）和非言语交际（nonverbal communication）。言语交际是指人们通过词汇、焦点和语言等手段的信息交互，非言语交际则是通过语调、说话方式、姿态、面部表情和身体姿态等自然手段的信息交互。语音交际（speech communication）可以说是最为方便的交际手段，它可以传递多层次信息，包括语言信息（linguistic information）、副语言信息（paralinguistic information）和非语言信息（non-linguistic information）。副语言信息属于非言语交际，通过音高、音质和语调等手段来改变语义，表达态度和交际意图；非语言信息则是传递说话人的个人信息和其他信息，比如性别、年龄、身体状况或者情感，一般是交际双方无意识产生的。我们都有这样的体验：通过交谈方一个"啊"，我们就可以断定说话人是表示疑问还是肯定，情感状态是高兴还是生气，是兴奋还是难过，或者态度是赞成还是反对等，即通过语调特征，就可以获得说话人的情感语气。因此 Ladd（1996：6）给语调的定义是："利用超音段特征、用语言结构化手段来传递句子的语用意义"。

赵元任于20世纪20年代末到30年代初提出他的语调学说后，汉语调研究可以说是停滞不前，只有零散的凭自己体验的一些论述，直到20世纪50年代才得以蓬勃发展。国内外学者对功能语调采用实验方法，主要研究普通话语调，也有研究方言的，如研究广东话语调等，提出了各种主张。在普通话功能语调方面，吴宗济（1982、1984、1990、1993）提出变调块和移调主张；Gärding（1985、1987）和 Gärding, Zhang & Savantesson（1983）提出汉语语调"格栅"模型；沈炯（1985、1992、1994b、1994c）提出高低线模型；沈晓楠（Shen, 1989）提出汉语北京话三个基本调子模型；曹剑芬（2002）提出汉语语调存在于声调之中，必须通过各个声调的沉浮才能实现；赵元任（1929、1932a、1932b、1933），Chang（1958），吴宗济（1982），胡明扬（1987），林焘、王理嘉（1992），劲松（1992），贺阳、劲松（1992），石锋（1999、2013），Yuan等（2002），林茂灿（2003、2012），江海燕（2003、2010），Liu & Xu（2005），Gu等（2006），Li等（2011）和Yuan等（2002）提出句末调和边界调。对广东话功能语调，Gu等（2006，见林茂灿，2012：285-286）运用Fujisaki模型实现了广东话疑问和重音的合成，他们认为，疑问主要是在句末特别是最后一个重读音节。赵元任（1929、1932）提出表情语调，并进行分类和详解，吴宗济（1982，见2004）用移调原则对情感语调进行了分析，沈炯（1992、1994c）用高低线理论对口气语调进行了探索。

我们将以赵元任语调学说为指导，在有关学者句末调和边界调的基础之上，运用现代语调的自主音段-节律（AM）理论（Pierrehumbert, 1980；Ladd, 1996；见陈虎，2009）中的边界调、重音韵律层级及语调音系特征等概念，并汲取调群理论中调核等概念（赵元任，1932a/2002：722-723；见陈虎，2009；《语言学名词》审定委员会，2011），研究汉语功能语调和表情语调。

本章介绍的语调指普通话语调，包括功能语调和表情语调，重音和语气或口气是其组成的两个要素。本章介绍的功能语调是无词汇和句法标记的语调，包括疑问、感叹、命令和陈述等语气；表情语调包括态度和情感语调。本章分四部分：首先阐述赵元任语调学说；接着简要介绍功能语调的研究成果，提出汉语功能语调的双要素模型，讨论功能语调与声调之间的关系，给出功能语调的表述，阐明汉语语句（句子）节奏是什么；然后介绍表情语调的重音、边界调等研究成果，讨论两者与声调之间的关系；最后指出汉语语调研究任重道远。

## 3.1 赵元任语调学说

马大猷先生以 "Chao's viewpoint of Chinese intonation" 为题，在 2004 年庆贺吴宗济先生 95 岁华诞举办的国际音调研讨会上，高度评价了赵元任先生的语调论述。马先生指出："赵元任先生是最彻底研究汉语语调的第一位语言学家，在上世纪 20 年代末到 30 年代初以他灵敏的耳朵、聪颖的思维，对汉语语调作了最彻底、最精辟的描述，他的成果仍然闪耀着辉煌的学术光芒！"（马大猷，2004；又见林茂灿，2012：3）赵元任的语调学说具有普通语言学意义。

赵元任在 1929 年 "北平语调的研究" 中第一次提出 "代数和" 主张。他说："耳朵所听见的总语调是那一处地方特别的中性语调加上比较普通一点的口气语调的代数和。因此，虽然加数同而因为被加数不同，得数当然也不同了。"赵先生在提出 "代数和" 的同时，把音程放大及时间加长跟重音联系起来（赵元任，1929/2002：262-263，265）；赵元任在 "国语语调"（赵元任，1932b/2002：426-434）中还提出用 "橡皮带比喻" 音程（音域）。

"代数和" 用于处理语气或口气与声调之间的关系，而 "橡皮带比喻" 音域，说明重音作用于声调后产生的音高变化，两者用于不同范畴。耳朵听到的总语调是什么？我们在功能语调中，将说明它是轻重缓急、抑扬顿挫——它们反映了语句节奏。

我们把赵元任的 "重音和语气或口气（语调的两要素），通过'代数和'（同时叠加和连续叠加）和'橡皮带比喻'，作用于声调和中性语调，生成'耳朵听到的总语调'" 这一论述，称为赵元任语调学说。图 3.1 给出了赵元任汉语语调学说的基本内容（李爱军，2005；Li, Fang & Dang, 2011；林茂灿，2012：1-3）。语调是语音的超音段问题，要从产生（产出）和感知两方面进行讨论与研究。

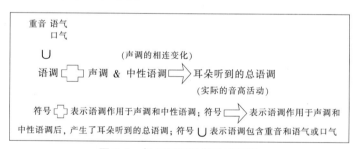

**图 3.1 赵元任语调学说示意图**

## 3.2 功能语调

### 3.2.1 疑问语气和陈述语气

3.2.1.1 "代数和" 与边界调（林茂灿，2012：219-259）

赵元任在《北平的语调研究》（1929）中用 "我姓王，你姓叶" 和 "我姓叶，你姓王"的例子说明他的"代数和"。赵元任在《中国话的文法》（1968，见吕叔湘译，1979：28）中进一步说明"代数和"是什么。他说："我姓王，你姓陆"，前一小句升调，"王"字的第二声升得比平常更高；第二小句降调，"陆"字的第四声降得比平常更低。但在"我姓陆，你姓王"中，"陆"字语调整个提高，但仍保持第四声的降调；"王"的语调整个降低，但仍保持第二声的升调。我们认为在赵先生用的例子中，这种"代数和"含义有两层。第一层是：上升语调和下降语调只作用于句末音节；第二层是：上升语调使得句末音节音高相对于这个音节单念时的抬高（音阶抬高），下降语调使得句末音节音高相对于这个音节单念时的降低（音阶降低），但音节的声调调型不变。这两点是"代数和"思想的重要内涵。

我们通过"分段听辨"实验、"疑问音高与陈述音高的差值"声学分析、辨认实验，以及"疑问短语与陈述短语的末音节互换"实验等看到：

携带区分疑问与陈述语气的信息主要存在于短语边界音节（末了一两个音节或首音节），短语边界音节的调子称为边界调。

边界调对区分疑问语气与陈述语气的作用是主要的、决定性的，而边界调前面或后面各音节的音高活动对语气只有一些辅助作用，是次要的。

普通话边界调不论是阴平、阳平、上声还是去声，都有三种音高活动方式（如图 3.2 所示，各小图下面的线条为陈述，上面的为疑问）——疑问边界调起点相对于陈述的抬高和终点抬得更高最为常见（方式 1），而起点不抬高只有终点抬高（方式 2），以及起点、终点以相同幅度抬高（方式 3）的现象比较少见。

边界处音节声调不论是阴平、阳平、上声还是去声，疑问语调都没有使这个音节原来的声调调型发生改变。

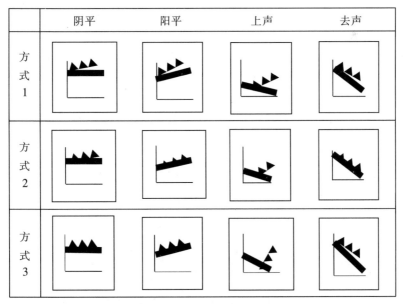

**图 3.2　普通话疑问边界调和陈述边界调的音高（$F_0$）模式**
（横坐标为归一化时长，纵坐标为音高）

表 3.1 给出了男女发音人念普通话疑问和陈述的边界调与相应音节声调的四声的平均音阶值。从表 3.1（结合图 3.2），可以得到边界调与声调之间的关系是：疑问边界调不论

阴平、阳平、上声还是去声，其音高曲拱音阶都高于这个音节单念时的音高；而陈述边界调不论阴平、阳平、上声还是去声，其音高曲拱音阶都比这个音节单念时的低。因此，普通话疑问和陈述边界调的特征用符号表示如下：［＋Raised Tone］和［＋Lowered Tone］，缩写为RT%和LT%（％代表边界调）。我们用实验证实了赵元任用"代数和"说明语气与声调关系的准确和科学。

表3.1 男女发音人念普通话疑问和陈述的边界调与相应音节声调的四声的平均音阶值

单位：半音；参考频率：64Hz

| 声调 | 阴平 | | 阳平 | | 上声 | | 去声 | |
|---|---|---|---|---|---|---|---|---|
| | 男 | 女 | 男 | 女 | 男 | 女 | 男 | 女 |
| 疑问边界调 | 13.90 | 19.80 | 6.15 | 13.82 | 3.14 | 10.41 | 11.70 | 18.81 |
| 单念音节声调 | 10.20 | 17.34 | 4.40 | 13.19 | 1.18 | 8.47 | 8.35 | 16.16 |
| 陈述边界调 | 8.63 | 15.83 | 2.50 | 11.75 | －2.00 | 3.98 | 6.49 | 14.33 |

#### 3.2.1.2 "橡皮带比喻"与重音（林茂灿，2012：129-218）

赵元任用"橡皮带比喻"音域，既形象又贴切，使中国语音学界较早地掌握了重音与音域之间的关系。

焦点一般分自然（正常）焦点和对比焦点（《语言学名词》审定委员会，2011：69）。王韫佳、初敏、贺琳（2006）介绍了从正常重音到宽焦点重音这个名词的演变过程，焦点重音有窄焦点重音和宽焦点重音之分。

几位学者先后看到（见林茂灿，2012：130、135）：语调短语中，窄焦点重音引起的音高曲线是先缓升然后骤降，给人的感觉是音高凸显；这种重音落在阴平、阳平和去声上，和落在上声上有不同的表现。窄焦点重音落在非上声音节上的声学表现是，其音高高点相对其前后音节的有明显抬高，音域加大，时长往往加长；而窄焦点重音落在上声的声学表现是，上声音节的音高低点下压些，往往呈V型，时长加长。窄焦点重音的特征是：［＋Raised H］和［＋Lowered L］，缩写为：［＋RH］和［＋LL］。贾媛（2012）看到，窄焦点主要是将H调显著抬高，而对L调影响不大，焦点对前接音节音高影响不显著，而将后续音节音高显著压低。

林茂灿（2012：131、135）看到，宽焦点重音表现为，后面韵律词音高曲线的高点不会比其前面的高，但其低点下降（上声音高呈弧型），即宽焦点重音的音高曲线是逐步下降的；最后音节的时长可能长，听起来末了一两个音节音高清晰、明显。宽焦点重音的特征是：［－Raised H］［＋Lowered L］，缩写为：［－RH］和［＋LL］。宽焦点引起的重音，多数在短语末音节，少数涉及动词及其包含的成分。贾媛（2012）看到，普通话宽焦点的声学表现主要是阻止音高下倾的出现（下倾程度较小）。王萍、石林、石锋（2012）让北京学生以正常重音（即宽焦点）且不出现语义强调和情感色彩念普通话陈述句，看到句调域的音高下倾表明：普通话陈述句句调域、上线和下线的整体走势均为音高下倾，且下线的下倾度比上线更明显。

我们用特征［±Raised H］和［±Lowered L］表示焦点重音。这里及下面的H和L不是声调的高低，而是音高曲拱或曲线的高点和低点（Lin & Li，2011）。

### 3.2.2 感叹语气与陈述语气（陈虎，2008；又见林茂灿，2012：269-277）

普通话无标记感叹语气的构成与感知要素是强重音与宽调域。重音的加强与调域的加宽可以使陈述语气向感叹语气转化。同样，重音的显著减弱与调域的显著压缩也可使感叹语气消失。感叹语气的特征可能是：[ + Raised Ĥ ] 与 [ + Raised H] [ + Lowered L]，可以简写为 [ + RĤ ] 与 [ + RH] [ + LL]，其中 [ + RĤ ] 表示强重音。

### 3.2.3　命令语气与陈述语气（路继伦、孙佳，2010；又见林茂灿，2012：277-283）

命令语气主要体现在边界调。命令短语的时长跟陈述相比要缩短，但时长缩短主要体现在表现为那个词或短语重音前面的准备部分。我们认为，命令语气的边界调也是相对于这个音节单念的抬高，命令边界调的特征可能是：[ + Raised Tone]，简写为：[ + RT]。

### 3.2.4　"耳朵听到的总语调"与汉语节奏（林茂灿，2012：291-293）

"耳朵听到的总语调（实际的音高及时长活动）"是什么？我们以为，它是轻重缓急、抑扬顿挫，它反映汉语一种节奏。

3.2.4.1 语句里的音高及时长与语调短语重音

语句（句子）的关键信息由焦点产生的重音传递，说话态度由语气传达。依据边界调的边界信号把语句划分为一个个语调短语，其重音不止一个。语调短语的窄焦点重音音高是一种前"缓升"后"骤降"的态势（Xu，1999；林茂灿，2002；陈玉东、吕士楠、杨玉芳，2009）；其宽焦点音高是逐步下降的（重音居末）。因此，语句往往形成重音前的音高比其后面高的音高变化组；短语末音节往往拉长（念得慢）；当短语首音节音高与其前面的末音节音高之间有一定差值时，短语之间的基频跃变就产生了声波停顿；加上可能发生通常所说的停顿（无声波停顿），和边界调的特有音高模式等，形成了语句的一种音高-时长组。语句中，语调短语的音高及时长活动，给人的感觉是轻重相间和快慢交替，而其相间或交替的时间是语调短语的时长。

3.2.4.2 语句里的音高活动与韵律词重音

语句（句子）因说话需要还在语调短语中产生了韵律词，韵律词有其重音：韵律词重音。韵律词重音有前重型（音高从首音节下降）、中重型（音高从中间音节下降）和后重型（音高上升）三种类型（林茂灿，2002）。韵律词又形成了语句的一种音高活动。语调短语中，韵律词的音高活动给人的感觉是轻重交替，而其时间间隔是韵律词的时长。

韵律词重音不等于词重音。词重音是词语单说时的轻重效果，两音节词重音分"中重"和"重轻"，三音节词最常见的是"中轻重"。如果把单念的词重音看作是静态的，语句中的韵律词重音便是动态的。

节奏被定义为：在言语和诗歌中，由凸显的要素有规则地间断出现所产生的知觉模式（Trask，1996；见《语言学和音系学词典》编译组，2000：229）。我们把语句中音高-时长组给人的感觉是轻重相间及快慢交替，而其相间或交替的时间是语调短语的时长，称为语调短语节奏；把语调短语中音高活动给人的感觉是轻重交替，其时间间隔是韵律词的时长，称为韵律词节奏。语句节奏分两个层次：语调短语节奏和韵律词节奏。通俗地说，"耳朵听到的总语调"（实际的音高及时长活动）给人以"轻重相间、快慢交替、高低起伏、停顿转折"的感觉，它反映了汉语语句（句子）的一种节奏。当然，语句中，韵律短语重音比韵律词的重音强得多。

### 3.2.5 汉语语调的双要素模型、功能语调的边界调与声调关系和汉语语调的表述

Gu 等（2006，见林茂灿，2012：285-286）运用 Fujisaki 模型实现了广东话重音和疑问在句末重读音节的合成。陈虎（2006）在他的《英汉语调音系对比研究》"前言"第 4 页中指出："基于我们的观察和发现，本书支持林茂灿（2004）中的观点，汉语语调的表现方式与 AM 理论的基本假设十分吻合，适合于在该框架下进行描写与研究。"

3.2.5.1 汉语语调的双要素模型（Lin & Li，2011；见林茂灿，2012：289-290）

图 3.3 是普通话功能语调（疑问、感叹、命令和陈述）用特征表示的双要素（重音和语气）模型，特征的含义见前面有关段落；特征的语音表现，在图 3.2 的三种方式中可以得到。

| | 前边界调 | 重音 | 后边界调 |
|---|---|---|---|
| 疑问或陈述 | RT% or LT% | | RT% or LT% |
| 感叹 | | [ +RH^ ] and [ +RH ] [ +LL ] | |
| 命令 | | | RT% |
| 窄焦点 | | [ +RH ] or [ +LL ] | |
| 宽焦点 | | [ −RH ] [ +LL ] | |

**图 3.3　普通话功能语调的双要素模型**

3.2.5.2 汉语功能语调的边界调与声调关系

从图 3.3 模型可以得到普通话功能语调的边界调与声调之间的关系。普通话功能语调包含重音和语气，而疑问和陈述及命令语气由边界调体现。疑问和命令语气是其边界调的音高相对于该音节单念时音高的抬高，而陈述语气是其边界调的音高相对于该音节单念音高的降低。焦点重音有窄焦点重音和宽焦点重音之分，窄焦点重音落在非上声音节上，使其音高相对前后的明显抬高；窄焦点重音落在上声音节上，使这个上声音节低点下降；宽焦点重音使各个音节音高逐步下降。感叹语气所引起的重音使其所在音节的音高抬得更高（相对于一般重音而言）。

3.2.5.3 汉语功能语调的表述（林茂灿，2012：293）

人们说话的关键信息由焦点伴随的重音来传递，说话的态度用语气来传达，因此汉语功能语调包含重音和语气。焦点重音和功能语气作用于声调和中性语调上，在韵律结构（音节之上有韵律词、语调短语和语句等）的制约下，使语句音高及时长做如下的、有规律的变化（实际听到的音高活动）：语调短语重音前的音高比其后面的高，短语末音节的时长往往拉长，语调短语之间基频跃变产生有声停顿以及可能发生的无声停顿，边界调按其特有的音高模式变化；语调短语中，韵律词也有其音高变化方式。

人们听话时则从语句的音高及时长有规律变化（实际听到的音高活动）中，依靠边界调的边界信号，把语句划分为一个个语调短语（及韵律词）；从感觉到的抑扬顿挫、轻重缓急中，从重音（音高凸显及音高明显）和边界调中，获得话语的关键信息和语气信息。语调短语重音比韵律词重音容易被感觉。

从焦点重音和功能语气产生的"实际音高活动"中，听者在感到语句节奏的同时，又获得话语的关键信息和语气信息。节奏和语调是语音在超音段上的两个语言学属性。

## 3.3 汉语表情语调

### 3.3.1 表情语调的研究

赵元任（1929、1932a）将语调分为中性语调和表情语调。他指出："中性语调就是最平淡而仍旧连贯成话的语调，这是一切语调的起码货。中性语调里有两种变化，一种是字与字相连所发生的变化，一种是因字音的轻重而发生的声调上的变化，也就是声调的连续变调和轻重音的分别。国语有了中性语调，它的意义就明白了，算是实现了它的达意功用。但是一国的语言除了达意之外，还有表情的功用，特别是在艺术上所用的语言。表情语调比字调和中性语调复杂得多，除了严格的语调只讲声音的高低之外，还包括轻重快慢以及喉音的音程，它们都是表情的成素。"

在《汉语的字调跟语调》（赵元任，1933）中，他强调："在汉语中，除了因本调和有规则的连字调引起的调节，还存在大量表达说话者情绪和态度的音高运动，一种声调语言的实际旋律或音高运动分为三个层面，由三种因素构成：一个个音节词所独有的声调（通常称为声调或词源上的声调）；这些声调在连贯的言语中的相互影响（称之为中性语调）；以及表达说话者的情绪或者态度的音高运动（称之为表情语调）。"

"这些声调实际上是两个因素的代数和，或者说是两个因素的合成，一个是本字调，一个是句调本身"，在字调跟语调的叠加方式上，赵先生提出了"至少有两种声调叠加：同时叠加和连续叠加"。

同时叠加的实现方式在上面"功能语调"部分已经有了详细的解释，其结果是边界音节音高水平整个提高或者降低，音高范围扩大或者缩小，声调的调形保持不变。

赵先生提出了两种连续叠加方式，即上升的结尾和下降的结尾，分别用符号↗和↘表示，并用下面的公式表示它们对声调的影响，1~5表示声调的5度值，6表示外加的高音。

表3.2 具有上升和下降结尾的两种连续叠加边界调

| 声调 | 上升结尾的叠加 | 下降结尾的叠加 |
|---|---|---|
| 阴平 | ↗55：=56 | ↘55：=551 |
| 阳平 | ↗35：=36 | ↘35：=351 |
| 上声 | ↗214：=216 | ↘214：=2141 |
| 去声 | ↗51：=513 | ↘51：=5121 |

吴宗济继承和发展了赵先生的语调思想，将赵先生提出的"橡皮条比喻"以及"小波浪和大波浪"的关系进行了具体的量化，在语法、语音和音系三个层面考察语调的变化模式，提出了逐级变调的多米诺变调规则和语调的移调规则等。他的语调思想的核心就是"必然变调"加"或然变调"。他对情感语调进行了定性说明，提出边界调单独处理。（吴宗济，2004）

赵元任提到的尾巴上的后续叠加调子，很多学者都观察到了。比如 Mueller-Liu（2006）发现撒娇等语气会出现一个下降的边界调。沈炯（1992）认为："尾音指句末正常语素音节，不包括上升尾音、下降尾音等寄生音段。后者在词汇学层面起语气意义的作用，不属于整句性语调调节。"Lu & Lin（2009）发现以去声结尾的疑问句一般会不同程度地出现一个上扬尾巴，是语气助词失掉了其音段而保留下来的超音段，作为对疑问信息的加强而依附在全句最后一个音节上。边界调基频曲拱的抬高（调形不能改变）或斜度的改变是疑问语气的决定因素。

沈炯（1992、1994c）认为"口气语调"可以分为"窄带低语调、窄带中语调、窄带高语调、宽带语调"等，如"不满、同情、拒绝"等的语调模式为"窄带低语调"；"试探、安慰、犹豫、埋怨、亲昵"等的语调模式为"窄带中语调"；"告警、求助、惊慌"等的语调模式为"窄带高语调"；"愤怒、威胁、惊讶、欢快"等的语调模式为"宽带语调"。

### 3.3.2 表情语调的分类

语言学家偏向于将情绪（或情感）（emotion）与态度（attitude）分开来对待。如果情绪和情感是完全释放的情感（full-blown emotion），两者的区别无疑很清楚，但是态度和内在的情感往往有着紧密的联系，例如友好态度暗含了潜在的热情这种情绪。有的学者认为情感和态度有一种"程度"上的差别，之所以有这种看法，可能是由于对两者的研究传统不同造成的。

赵元任（1929）在《北平语调的研究》中把表情语调（口气语调）按照声学特征分成40种，还按照"体式"（形式）给出每一种体式对应的一种或几种"功用"（功能）。其中27种"以音高跟时间的变化为主要的成素"，另外13种"以强度跟嗓子的性质（voice quality）为主要的成素"。

### 3.3.3 表情语调的语音特征

与中性语调不同，赵元任的表情语调强调了语速、音质和边界调等语调成分。很多学者也都提出了音质在情感表达中是非常重要的参数（Erickson，2005；Wang，Li & Fang 2006），甚至有的学者提出音质是韵律特征的第4个维度（Campbell & Mokhtari，2003；Campbell，2007）。

但是，"语调的形式和功能之间的对应绝不是简单的，表情语调将是一个需要用历史语言学和普通语言学的方法共同处理的题目"（赵元任，1933）。

#### 3.3.3.1 情感句重音与重音转移现象

情感句的重音位置与情感表达密切相关。与中性语句对比，情感重音的声学表现在音高、时长以及音强等方面都有一些变化。以表达友好的情感语句为例，李爱军（2005）考察了疑问句和陈述句中承载重音的韵律词声学变化。研究结果显示，韵律词基频 $F_0$ 在不同重音条件下的变化模式如图3.4和图3.5所示，时长变化模式如图3.6和图3.7所示。为了对比，图上还同时出给了中性语音基频 $F_0$ 和时长变化情况。

从图3.4和图3.5中看到，友好陈述句中，承载句重音的韵律词调阶比同位置的不承载重音的韵律词的调阶高，且存在语调下倾现象；中间重音位置的韵律词基频变化范围扩大。友好疑问句中，也是第一个和最后一个位置承载句重音的韵律词调阶比同位置的不承载重音的韵律词的调阶高；中间和最后位置的承载句重音的韵律词基频变化范围扩大。无论重音位置和句型如何，友好语音音阶整体比中性语音音阶高（P < 0.05）。韵律词基频低点（bottom-line）除了陈述句句尾非重音以外（P = 0.29），在其他情况下，友好语音较

中性语音显著地抬高（P＜0.05）。

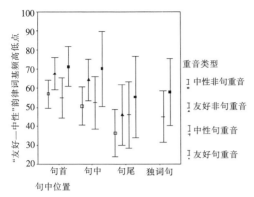

图 3.4　友好与中性陈述句中韵律词的音高模式

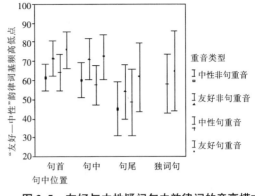

图 3.5　友好与中性疑问句中韵律词的音高模式

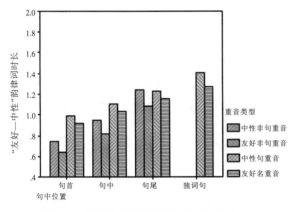

图 3.6　陈述句韵律词的时长变化模式

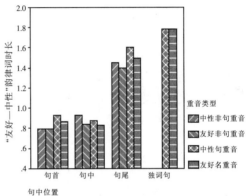

图 3.7　疑问句韵律词的时长变化模式

图 3.6 和图 3.7 的时长变化显示，在疑问句和陈述句中，负载句重音的韵律词时长大部分情况下比其对应的非句重音长（P＜0.01），只有中性和友好疑问句的中间韵律词及独词句是例外（P＞0.05）。

但是，在言语工程应用中，经常需要进行中性语音到情感语音的转换（Tao et al., 2006），此时情感重音的位置如何设置应该加以考虑。对于有情感标记的语句，情感重音的设置相对容易，但是对字面无情感标记的语句，不能认为中性句的重音就是对应的情感句重音。因为我们发现中性句子中的重音位置与情感句子中的重音位置有很大的不同，我们称这种现象为情感语句重音转移现象。

对几种基本情感句重音的研究（李爱军，2008）发现，高兴的句重音位置试图保持与对应的中性句重音位置一致；不管中性句中的情况如何，对应的"高兴""害怕""难过"和"愤怒"情感句重音有向句末转移的趋势，但转移的程度有所区别——从高到低依次为："愤怒"—"害怕"—"难过"—"高兴"。

### 3.3.3.2　情感语调时长（语速）

情感语调的整体语速变化是重要的声学特征之一。图 3.8 是男女两位发音人的六种基本情感语调相对于中性语调的时长变化模式。可以看到，这两位发音人的模式多少有些差异，比如男声的高兴和女声的高兴语速与他们其他情感语调比变化不同。但总体上看，生气、惊讶和厌恶的语速快，难过和害怕的语速慢。

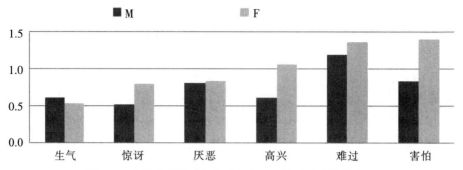

图3.8 六种基本情感句与中性句对比的时长变化模式

#### 3.3.3.3 总体音高变化

情感语调的音高与中性语调比较，在调阶和调域上都有很大的变化，图3.9为一名男性发音人所说两句话的六种基本表情语调和对应中性语调（Li, Fang & Dang, 2011）。表3.3是两位普通话发音人（男女声各一名）的六种基本情感语调的分析结果。表中数值是按照每位发音人音域的5度值规整的结果，L、M和H（低、中、高）分别是对应的音高特征。可以看到男声和女声略有差异。总体来说，高兴、惊讶和生气语调为中高调阶（M/H），难过和厌恶语调为中低调阶（M/L），害怕和中性语调为中调阶（M）；高兴和害怕语调的调域为宽调域（H），难过、厌恶和生气的调域较窄（M/L），而害怕和中性语调的调域处于中间（M）。

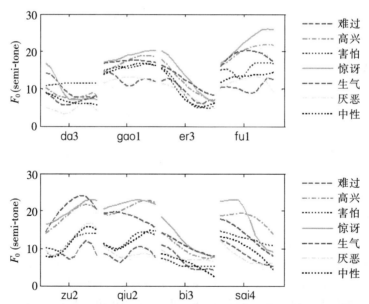

图3.9 一位男发音人的六种基本情感语调与中性语调的音高变化对比
（图中时长进行了归一，两个句子分别为"打高尔夫。"和"足球比赛。"）

表 3.3　普通话情感语调音高变化的调值、调阶、调域的 5 度值规整和声调特征

| 情感 | 变化范围 | 调阶 | 调域 |
|---|---|---|---|
| 难过 | 1~3<br>1~4（女） | L<br>M | 3（L）<br>4（M） |
| 高兴 | 1~5 | H | 5（H） |
| 生气 | 2~5<br>2~4（女） | H<br>M 女 | 4（M）<br>3（L）女 |
| 害怕 | 1~4 | M | 4（M） |
| 惊讶 | 1~5 | H | 5（H） |
| 厌恶 | 1~3 | L | 3（L） |
| 中性 | 1~4 | M | 4（M） |

#### 3.3.3.4 表情语调的边界调及其音系表达

在上面"功能语调"中，我们介绍了疑问语气、陈述语气与中性语调的边界调的同时叠加的形式。在表情语调的边界调中（见图 3.9），我们发现了赵元任指出的另外一种声调和语调的叠加形式：后续叠加边界调。图 3.10 给出了中性语调和其他四种表情语调边界调的四声聚合情况。与中性语调的边界调比较，生气、厌恶语调的边界调中，词调后面出现了一个下降的尾巴；高兴、惊讶语调的边界调中，词调后出现了一个上扬的调。

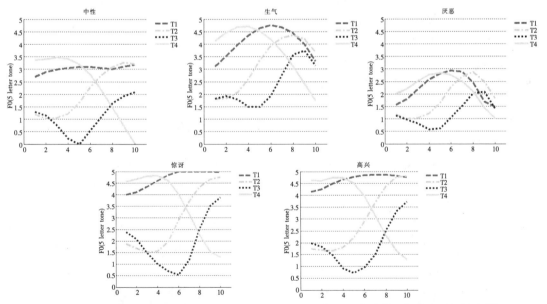

图 3.10　一位普通话男声的中性语调的边界调，以及生气、厌恶、惊讶和高兴语调的边界调
（T1~T4 表示阴阳上去四个声调。每个音节取 10 个采样点，$F_0$ 按照 5 度值规整）

此时，情感语调的边界调由两个成分组成，如图 3.11 所示。第一部分为词调，表示边界音节的声调信息，第二部分为表情调，传递情感信息。表情调可以有上扬或者下降等形式，我们用特征"r, f"分别表示。结合传统的边界调表达 H% 和 L%，这种后续叠加的边界调的音系表达为"H-r%, H-f%, L-r%, L-f%"等。但是，具有后续叠加的边界调的

调长并不比中性边界调的调长长。

通过对后续叠加边界调形式和情感表达功能的感知研究（Li et al., 2012），我们认为每一个语调成分对情感语音的感知都有贡献，但是都不能独立编码。发音人对情感语调的编码是对所有这些语调成分的并行编码。听音人对情感的感知，是这些成分对应的感知空间特征整合的结果。每一种成分的贡献大小和编码方式还与交际双方的语言文化背景相关。

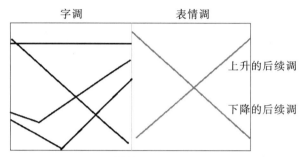

图 3.11 后续叠加边界调的两个组成成分

#### 3.3.3.5 嗓音音质

发声类型是指声带振动的不同模式。发声类型的变化与情感的变化有密切的联系，不同情绪态度往往和一定的发声类型相对应（陶建华、许晓颖，2003；Wang, Li & Fang, 2006）。中性语调为中性嗓音（Modal Voice），愉快、生气、难过和害怕等分别更倾向于使用亮嗓音（Bright Voice）、紧嗓音（Tense Voice）、紧喉音（Creaky Voice）以及气嗓音（Breathy Voice）。气嗓音通常表达亲昵，耳语的出现通常表达一种机密的信息，不耐烦则通常会出现紧喉音等。在不同的情感中，基频抖动大小的方差按从大到小的顺序排序为：难过＞害怕＞生气＞愉快＞中性；在不同的声源类型中，基频抖动大小的方差按从大到小的顺序排序为：Breathy＞Whisper＞Creaky＞Lax Creaky＞Tense＞Bright＞Modal；在汉语不同的声调中，基频抖动大小的方差按从大到小的顺序排序为：上声＞去声＞阳平＞阴平。

## 3.4 汉语语调研究任重道远

我们对赵元任语调学说的理解和论述，难免有片面性和不当之处，所得到的汉语功能语调和表情语调结论需要用更多普通话语料和更好的实验方法加以改进和证实；带词汇和句法标记的汉语疑问、感叹、命令和陈述句的语气以及表情语调问题，亟须进一步研究；需要用各地方言及民族语言语料，研究方言和民族语言（非声调的和声调的）与普通话在语调的声学表现及其特征上有无差异及差异类型；赵元任（1933）早就提出西方学生学好汉语语气要在句末调上下功夫（又见林茂灿，2012：255），需要开展汉语（北京话及方言）语调与外国语言语调的对比（及习得和认知）研究；我们提出的语句节奏看法需要进一步研究，特别需要用语篇语料研究耳朵听到的总语调，研究语篇中的实际音高活动（轻重缓急、抑扬顿挫）比句子中的多了什么，从而进一步认识汉语节奏。这些研究不仅将大大加深对赵元任语调学说的认识，使赵元任语调学说发扬光大，而且还会为汉语言语工程发展做出贡献。

**参考文献**

曹剑芬（2002）汉语声调与语调的关系，《中国语文》第3期。
陈虎（2006）《英汉语调音系对比研究》，开封：河南大学出版社。
陈虎（2008）汉语无标记类感叹句语调研究，《语言教学与研究》第2期。
陈虎（2009）英语语调研究百年综论，《解放军外国语学院学报》第3期。
陈玉东、吕士楠、杨玉芳（2009）普通话语段重音对小句重音声学特征的调节，《声学学报》第34卷第4期。
贺阳、劲松（1992）北京话语调的实验探索，载于胡明扬等著《北京话研究》，北京：北京燕山出版社；又载《语言教学与研究》第2期。
胡明扬（1987）关于北京话的语调问题，载于胡明扬著《北京话初探》，北京：商务印书馆。
贾媛（2012）《普通话焦点的语音实现和音系分析》，北京：中国社会科学出版社。
江海燕（2003）关于普通话字调和语调关系的再认识，载《第六届全国现代语音学学术会议论文集》，天津：天津师范大学出版社。
江海燕（2010）《汉语语调问题的实验研究》，北京：首都师范大学出版社。
劲松（1992）北京话语气和语调，《中国语文》第2期。
李爱军（2005）友好语音的声学分析，《中国语文》第5期。
李爱军（2008）情感重音研究，《中国语音学报》第1辑，北京：商务印书馆。
林茂灿（2002）普通话的韵律结构和音高高低线构建，《当代语言学》第4期。
林茂灿（2003）汉语边界调及其独立作用，载《第六届全国现代语音学学术会议论文集》，天津：天津师范大学出版社。
林茂灿（2012）《汉语语调实验研究》，北京：中国社会科学出版社。
林焘、王理嘉（1992）《语音学教程》，北京：北京大学出版社。
路继伦、孙佳（2010）汉语命令句音高、时长与音系模式，《中国语音学报》第2辑，北京：商务印书馆。
马大猷（2004）Chao's viewpoint of Chinese intonation，2004年为庆贺吴宗济先生95岁华诞举办的国际音调研讨会上的讲话。
沈炯（1985）北京话的声调和语调，载于林焘、王理嘉等著《北京语音实验录》，北京：北京大学出版社。
沈炯（1992）汉语语调模型刍议，《语文研究》第4期。
沈炯（1994a）北京话上声连读的调型组合和节奏形式，《中国语文》第4期。
沈炯（1994b）汉语语势重音的音理（简要报告），《语文研究》第3期。
沈炯（1994c）汉语语调构造和语调类型，《方言》第3期。
石峰（1999）汉语语调格局在不同语速中的表现，载于石锋、潘悟云编《中国语言学的新拓展——庆祝王士元教授六十五岁华诞》，香港：香港城市大学出版社。
石锋（2008）《语音格局——语音学与音系学的交汇点》，北京：商务印书馆。
石锋（2013）《语调格局——实验语音学的奠基石》，北京：商务印书馆。
陶建华、许晓颖（2003）面向情感的语音合成系统，载《第一届中国情感计算及智能交互学术会议论文集》。
王萍、石林、石锋（2012）普通话陈述句中的音高下倾和降阶，《中国语音学报》第3辑，北京：商务印书馆。
王韫佳、初敏、贺琳（2006）汉语焦点重音和语义重音分布的初步实验研究，《世界汉语教学》第2期。
吴宗济（1982）汉语语句中的声调变化，《中国语文》第6期。
吴宗济（1984）普通话三字组变调规律，《中国语言学报》第2辑，北京：商务印书馆；又载《吴宗济语言学论文集》，北京：商务印书馆，2004。
吴宗济（1990）汉语普通话语调的基本调型，载《王力先生纪念文集》，北京：商务印书馆；又载《吴宗济语言学论文集》，北京：商务印书馆，2004。

吴宗济（1993）普通话语调分析的一种新方法：语句中基本调群单元的移调处理，载《中国社会科学院语言研究所语音研究报告》；又载《吴宗济语言学论文集》，北京：商务印书馆，2004。

吴宗济（2004）《吴宗济语言学论文集》，北京：商务印书馆。

《语言学和音系学词典》编译组（2000）《语言学和音系学词典》，北京：语文出版社。

《语言学名词》审定委员会（2011）《语言学名词》，北京：商务印书馆。

赵元任（1922）中国言语字调底实验研究法，《科学》第7卷第9期；又载《赵元任语言学论文集》，北京：商务印书馆，2002。

赵元任（1929）北平语调的研究，载《最后5分钟》附录，北京：中华书局；又载《赵元任语言学论文集》，北京：商务印书馆，2002。

赵元任（1932a）国语语调（1932年2月8日演讲词），《广播周报》第23期；另见《国语周刊》第214期，1935年；又载《赵元任语言学论文集》，北京：商务印书馆，2002。

赵元任（1932b）英语语调（附美语变体）与汉语对应语调初探，载《历史语言研究所集刊》外编《蔡元培先生六十五岁庆祝论文集》；又载《赵元任语言学论文集》，北京：商务印书馆，2002。

赵元任（1933）汉语的字调和语调，《中研院史语所集刊》第四本第三分；又载《赵元任语言学论文集》，北京：商务印书馆，2002。

赵元任（1968）《中国话的文法》，美国加州大学出版社；《汉语口语语法》，吕叔湘译，北京：商务印书馆，1979。

赵元任（2002）《赵元任语言学论文集》（吴宗济、赵新那编），北京：商务印书馆。

陈虎（2006）《英汉语调音系对比研究》，开封：河南大学出版社。

Campbell, N. (2007) On the use of nonverbal speech sounds in human communication, *International Workshop on Paralinguistic Speech—Between Models and Data*, Saarbrücken, Germany.

Campbell, N. & Mokhtari, P. (2003) Voice quality: The 4th prosodic dimension, *Proceedings of the 15th International Congress of Phonetic Sciences (ICPhS' 03)*, Barcelona, Spain, 2417-2420.

Chang, N. C. (1958) Tone and intonation in the Chengdu dialect (Szechuan, China), *Phonetica*, Vol. 2: 59-85.

Erickson, D. (2005) Expressive speech: production, perception and application to speech synthesis Gifu City Women's college. *Japan Acoust. Sci. & Tech.*, 26.

Gärding, E. (1985) Constancy and variation in Standard Chinese tonal patterns, Lund University Working Papers, *Linguistics-Phonetics*, 28: 19-51.

Gärding, E. (1987) Speech act and tonal patterns in Standard Chinese: Constancy and variation, Lund University Working Papers, *Linguistics-Phonetics*, 44: 13-29.

Gärding, E., Zhang, J. & Savantesson, J. O. (1983) A generative model for tone and intonation in Standard Chinese based on data from one speaker, Lund University Working Paper, *Linguistics-Phonetics*, 25: 53-65.

Gobl, C. & Chasaide, A. N. (2003) The role of voice quality in communicating emotion, mood and attitude, *Speech Communication*, 40: 189-212.

Gu, W., Hirose, K. & Fujisaki, H. (2006) Modeling the effects of emphasis and question on fundamental frequency contours of Cantonese utterances, *IEEE Transactions on Audio, Speech & Language Processing*, Vol. 14, No. 4: 1155-1170.

Ladd, D. R. (1996) *Intonation Phonology*, Cambridge University Press.

Li, A., Fang, Q. & Dang, J. (2011) Emotional intonation in a tone language: Experimental evidence from Chinese, *ICPhS* '2011.

Li, A., Fang, Q. & Dang, J. (2012a) Emotional expressiveness of successive addition boundary tone in Mandarin Chinese, *Speech Prosody*, 2012, Shanghai.

Li, A., Fang, Q. & Dang, J. (2012b) More targets? Simulating emotional intonation of Mandarin with PENTA,

*ISCSLP*, 2012.

Li, A., Fang, Q., Yuan, J. & Dang, J. (2012) Successive addition boundary tone in Chinese disgust intonation, *NACCL* 24, San Francisco.

Lin, M. & Li, Z. (2011) Focus and boundary tone in Chinese intonation, *Proc. of the 17th International Congress of Phonetic Sciences*, 1246-1279, Hong Kong.

Liu, F. & Xu, Y. (2005) Parallel encoding of focus and interrogative meaning in Mandarin Chinese, *Phonetica*, 62: 70-87.

Lu, J. & Lin, M. (2009) Raising tail of the question v. s. the modal particle, in G. Fant, H. Fujisaki & J. Shen (eds.), *Frontiers in Phontics and Speech Science*, Commerical Publisher.

Mueller-Liu, P. (2006) Signalling affect in Mandarin Chinese—the role of utterance-final non-lexical edge tones, *Proc. of SP2006*, PS6-3-0048.

Murray, I. & Arnott, J. (1993) Toward a simulation of emotion in synthetic speech: A review of the literature on human vocal emotion, *Acoust. Soc. Ante*, No. 2: 1097-1108.

Pierrehumbert, J. (1980) *The Phonology and Phonetics of English Intonation*, PhD thesis, MIT Press.

Shen, X. S. (1989) *The Prosody of Mandarin Chinese*, California: University of California Press.

Tao, J., Kang, Y. & Li, A. (2006) Prosody conversion from neutral speech to emotional speech, *IEEE Transactions on Audio, Speech, and Language Processing*, 14: 1145-1154.

Wang, H., Li, A. & Fang, Q. (2005) F0 contour of prosodic word in happy speech of Mandarin, *Affective Computing and Intelligent Interaction*, First International Conference, ACII 2005, Beijing, China, proceedings ed. by Jianhua Tao, Tieniu Tan & Rosalind W. Picard.

Wang, L., Li, A. & Fang, Q. (2006) A method for decomposing and modeling jitter in expressive speech in Chinese, *Proc. Speech Prosody*, 3rd International Conference, Dresden: TUD Press.

Xu, Y. (1999) Effects of tone and focus on the formation and alignment of F0 contours, *Journal of Phonetics*, 27: 55-105.

Yuan, J., Shi, C. & Kochanski, G. P. (2002) Comparison of declarative and interrogative intonation in Chinese, *Speech Prosody*, Aia-en-provence, 11-13.

# 第四章 语音库的收集与标注

语音数据库建设是语音研究以及语音识别、语音合成、对话系统、语音翻译、语音评测等应用系统的重要基础。国内外已成立了一些专门的机构来负责各种语音和语言资源的制作、收集和发布，比如美国语言资源联盟 LDC、中国语言资源联盟 ChineseLDC、欧洲语言资源联盟 ELRA 等。

本章将简要介绍语音数据库制作中涉及的各种规范，以及语音库的音段和韵律标注、口语对话库的言语行为标注等内容。

## 4.1 语音数据库分类

语音库的分类可以按照语音录制信道、语体风格、交际模式、用途、语种、发音人社会属性，以及特定语音类别等多种方式进行分类。例如，按照录音信道，可以分为正常麦克风信道语音库（microphone speech corpus）、电话语音库（telephone speech corpus）、网络语音库（web speech corpus）、多模态语音库（multimodal speech corpus）等；按照语体风格，可以分为朗读语音库、自然口语语音库等；按照交际模式，可以分为独白语音库、对话语音库（dialogue or conversation speech corpus）、新闻广播语音库（broadcast news speech corpus）等；按照用途，可以分为语音识别语音库（speech recognition corpus）、语音合成语音库（speech synthesis corpus）、语音评测语音库（speech evaluation corpus）、语音研究和教学语音库等；按照语种，可以分为汉语普通话语音库（Standard Chinese speech corpus）、方言语音库（dialect speech corpus）、多语种语音库等（multilingual speech corpus）等；按照发音人社会属性，可以分为成人语音库（adult speech corpus）、儿童语音库（child speech corpus）等；此外，还可以按照语音属性和类别来分类，如情感语音库（expressive speech corpus）、病理发音语音库（pathological speech corpus）等。

## 4.2 语音数据库制作规范

语音库的制作全过程可以大致分为9个步骤：①针对具体任务，制定语音库制作规范；②语音库收集准备工作；③语音库预收集；④语音库预评价；⑤语音库正式收集；⑥语音库标注；⑦生成电子发音词典、词频词典等；⑧有关机构的评价；⑨发布。但实际操作中有一些步骤不是必须的，比如统计词典、发布等环节，可以根据需要进行选择。

以上工作的第一步，是对语音库项目进行总体分析与规划，确定语音库建设各阶段中需要遵循的技术规范。该步骤是语音库制作成功与否的关键。语音库规范包括对语音语料库的设计、制作、标注、评价、发布等各方面所做的规定，其相关内容应以文档形式成为语音语料库的组成部分，如形成"发音人规范""法律和道德规范""录音内容规范""录音技术规范""转写和标注规范"等文档。下面简要介绍一些规范中需包含的内容。

在发音人规范里，应该根据项目需要说明发音人数量、社会属性分布（如性别、年龄、教育程度、地域）等情况。

　　法律和道德规范主要是确定语音库在录制、发布和使用过程中需要遵循的法律和道德方面的内容。如录音的用途和知识产权等问题。

　　录音内容规范里，需说明发音文本（prompt）的设计原则。发音文本的内容是由语音库用途决定的，比如识别、合成语音库往往需要设计的语料覆盖各种音段组合的文本，此时需要使用一些算法（如 greedy 算法），在海量文本中挑选合适的语料（Li & Zu, 2006）。

　　数据库存储规范里，要详细描述数据库的内部结构、文件命名法以及分发数据的介质。如果是进行长期数据收集，还必须定义最后发布的数据包格式。常见的语音库存储根目录结构如下左栏所示；内容多的时候可设置二级目录，如 DATA 的二级目录，见右栏所示。

| 根目录结构： | DATA 二级目录结构，如： |
|---|---|
| DATA 语音文件 | Male/Female |
| ANNOT 标注文件 | Recording session |
| META 描述 | Speakers |
| DOC 文档 | Different acoustical environments |
| LEX 词汇 | Languages |
| TOOLS 语音处理、标注等工具 | Dialect classes |
| | Speech types（read/spontaneous; dialogue/monologue...） |
| | Technical setups（telephone, on-site...） |

　　上面的目录里有一项为描述数据（Meta data），在国际大型的标准语音库中一般中都有这一项内容。描述数据并不是语音数据本身，也不是语音库文档，而是为方便语音数据分类、查询等应用而建立的对当前语料各种属性的描述性、可机读的数据。因此，描述数据通常包括一些编码（数据类型和值）和辅助注释内容。下面是国家 863 项目支持完成的语音识别库 RASC863 中描述数据的实列，CMT 是一些注释说明文字。

```
LHD: SAMPA //标注规范
DBN: RASC863 //语料库名
SES: Xmf001 //录音文件夹编号
CMT: * * * Speech Label Information * * *
SRC: A0001.a.wav, A0001.b.wav //各通道的文件名
DIR: \ Xmf001 //录音文件存放目录
CCD: 1 //语料编号
BEG: 0 //labled sequence begin position
END: 3.133375 //labled sequence end position
REP: office //录音场景
RED: 12-23-2003 //录音日期
```

RET: 17: 20: 28 //录音时间点

CMT: \* \* \* Speech Data Coding \* \* \*

SAM: 16000 //SampleRate

SNB: 2 signed //BytesPerSample

SBF: lohi //Sample byte order

SSB: 16 //BitsPerSample

QNT: PCM //录音格式

NCH: 2 //通道数

CMT: \* \* \* Speaker Information \* \* \*

SCD: 001 //发音人 ID

SEX: female //性别

AGE: 31-40 //年龄

ACC: Xiamen //录音地点

CMT: \* \* \* Recording Conditions \* \* \*

SNQ: //通道的 SNR

MIP: close, medium //Mic 与发音人的位置关系

MIT: SENNHEISER_ME64, 797_CR722 //Mic 信息

SCC: ENV = office //环境信息

DBA: 38 //环境噪声（dB）

CMT: \* \* \* Label File Body \* \* \*

LBD: A0001.TextGrid //标注文件

LBR: 0, 3.133375 //Prompt text 的 begin end gain min max

LBO: 0, 3.133375 //Prompt text 的 begin end gain min max

ELF:

  语音库收集准备工作也不能小觑。首先是准备录音指南和发音文本，以及按照录音环境和技术要求准备录音设备。录音环境可能是电话录音（telephone recording）、现场录音（on-site recording）、田野/真实场景录音（field recording）、模拟录音（wizard-of-Oz）、互联网环境的录音（web-recording）等。其次要定义数据库的声学特性和用途，说明录音设备型号、采样率、发音人和麦克风的距离、录音声学空间大小、环境噪声等等。最后，准备各种表格，包括：录音人信息登记、协议、录音检查、发音人雇用计划等。

  为了尽量避免前期规划中的疏漏在后期大规模数据收集过程中造成的致命影响，一般在正式收集之前要进行少量的预收集，并及时对语音质量进行预评价。在确认没有问题之后才能进行大规模的收集。同时，对语音数据的后续处理可以相继开展，包括对重要数据的备份、检查以及标注等。

## 4.3 语音库的标注

语音库的标注是对连续的（语音等）物理信号进行（语言学等）离散符号（范畴）描写的过程。通常该规范包括一套符号系统和标注原则。标注时需要根据原则，将这些符号与某个时间点或某个时间段联系起来。标注内容可以包括音段和韵律、句法语义，甚至语用信息（信息结构、言语行为等）。

### 4.3.1 音段标注

音段标注内容可以是音节、声韵母、音素等。标注符号可以使用汉语拼音、国际音标（IPA）或 SAMPA-C（Li, Zheng & Byrne et al., 2000）等。SAMPA-C 是依据 SAMPA 符号系统制定的汉语音段标注符号系统。表 4.1 和表 4.2 给出了普通话辅音和元音的拼音、IPA 以及 SAMPA-C 符号（Li & Zu, 2006）。

表 4.1　普通话辅音的 IPA 与 SAMPA-C 标注符号

| 拼音 | IPA | SAMPA-C | 拼音 | IPA | SAMPA-C |
|---|---|---|---|---|---|
| b | p | p | z | ts | ts |
| p | pʰ | p_h | c | tsʰ | ts_h |
| m | m | m | s | s | s |
| f | f | f | zh | tʂ | ts` |
| d | t | t | ch | tʂʰ | ts_h` |
| t | tʰ | t_h | sh | ʂ | s` |
| n | n | n | r | ʐ | z` |
| (ɑ) n | n | _n | j | tɕ | ts \ |
| l | l | l | q | tɕʰ | ts \ _h |
| g | k | k | x | ɕ | s \ |
| k | kʰ | k_h | | ʔ | ? |
| h | x | x | | | |
| ng | ŋ | N | | | |

表 4.2　普通话元音的 IPA 与 SAMPA-C 标注符号

| 音位 | | 音位变体 | SAMPA-C | 音位 | | 音位变体 | SAMPA-C |
| 拼音 | IPA | | | 拼音 | IPA | | |
|---|---|---|---|---|---|---|---|
| ɑ | A | a | A | i | i | i | i |
| | | A | a_" | | | I | I |
| | | ɑ | A | | | j | j |
| | | ɛ | E | | | ɿ | i` |
| | | æ | { | | | ʅ | i\ |
| o | o | o | o | u | u | ʊ | U |
| | | ʊ | U | | | u | u |
| | | u | u | | | w | w |
| | | ə | @ | | | v | v\ |
| e | ɤ | ɤ | 7 | ü | Y | y | y |
| | | e | e | | | ɥ | H |
| | | E | E_r | er | ɚ | ɚ | @` |
| | | ə | @ | | | | |

根据实际研究和应用需要,标注的语音符号可以与语音信号进行时间点对齐。音段的语音标注既可以采用宽式语音标注,也可以采用严式语音标注。宽式语音标注只标注音段对应的词典中的正则(标准)发音,而不考虑实际的发音。严式语音音段标注是对音段进行实际发音的标注。按照需要,还可以进行多个层级、不同内容的标注。

现在有很多开源软件可供语音分析和标注所用,如 PRAAT(http://www.fon.hum.uva.nl/praat/)、SFS(http://www.phon.ucl.ac.uk/resource/sfs/index.html)、ESPS/XWAVES 等。

进行音段标注的时候,一般要结合观察三维语图和听音来标注音段起始点。所以,对音段三维语谱图的识别是基本功。如图 4.1 是用 ESPS/XWAVES 标注的一段自然口语:"这个第三就是说,要把这下属叫过来之后呢要"。该样例标注了三层信息,第一层是音节边界,用拼音标注;第二层是声母和韵母边界,用 SAMPA-C 符号标注实际的发音(Li, Xu, Zong et al., 2001)。第三层标注了一些情感态度等副语言或者非语言现象,如呼气音用"breath <"和"breath >"标记起始,语气词用"mod <"和"mod >"标记起始。

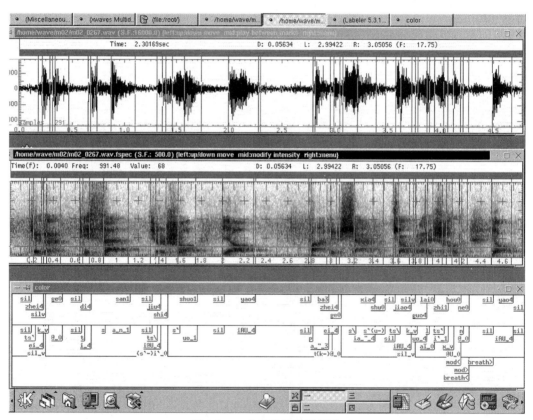

图4.1 一个音段标注的例子

最上显示的是波形图,中间是语谱图,最下是三层语音标注,
包括正则音节层、声韵母实际发音层以及杂类层(副语言和非语言现象)

### 4.3.2 韵律标注

韵律标注是对语音信号中具有语言学功能的韵律特征进行的定性描写,一般包括语句中有语言学功能的声调变化、语调模式、重音模式和韵律结构等内容。受轻重音影响的音高变化也属于标音内容,而元音内在音高变化和音节间声调协同发音不属于标注内容。此

外,一般不标注宜于定量描写的韵律现象。

标注规范应尽量精确。好的标注规范是建立在对语调音系学、方言学、语用学和话语分析等领域的深入研究基础上的。即使最低标准的标注规范也是建立在严格的语调音系分析基础上的。但标注结果不能代替语音信号,声音是韵律标记系统的一部分。标注规范应该注重效率,不应该让标注者浪费太多时间去标记那些可以自动提取的基频高低变化,或者一些可以通过发音词典得到的信息。标注规范还应该容易学习,并有足够的例子。为了使标注者之间具有较好的标注一致性,还应该有一个规范维护中心来保证标注的一致和准确。

韵律标注一般是分层的。音段切分是韵律标注的基础,所以是其中必不可少的一层,而其他层次的标注,则要依据实际应用的需求和标注的语音特性来确定。这里介绍的汉语韵律标注系统 C-ToBI(李智强,1998;Li,2002)是建立在汉语语调和韵律结构等研究基础上,并参考英语韵律标准系统 ToBI(Silverman et al.,1992)建立起来的。一般来说,按照需要可以选择以下几个层级的标注:音段层、声调语调层、韵律边界层、重音层、韵律功能层、副语言层、话轮层等。

声调语调层标记每个音节的声调变化和全句的语调变化模式。以建立在 AM 语调理论上的普通话为例,该层主要标记声调语调特征的变化,见表 4.3:

**表 4.3 声调语调特征标记说明**

| 标注内容 | 符号 | 说明 |
| --- | --- | --- |
| 声调特征 | H-L, L-H, H-H, LL (H) | 普通话四个声调对应的特征 |
|  | h, l | 轻声的声调特征 |
|  | & | 过渡调 |
| 由重音或者语气引起的声调特征变化 | 用附加符号^和!表示声调特征的抬高和降低。附加符号的多少表示抬高和降低的程度。一般最多用两个。如 H 调抬高,L 调降调标为 H^, L! | 在强调重音和一些表情语调时,与中性语调比,声调特征可以出现程度更大的抬高或者降低 |
| 边界调 | 后边界调:L% 或者 H%;<br>前边界调:%L 或者 %H;<br>后续叠加边界:L-r%、H-r%、L-f% 或者 H-f% | 边界调的语音实现见汉语语调章节 |

韵律边界层(间断指数层)标记感知到的韵律边界或者韵律层级结构。韵律层级是一种音系组织的方法。这种方法认为,涉及比音段大的结构的音系现象能按线性排列组成适用于不同韵律域的类型,而且使每一个较小的域恰好包括在下一个更大的域里。一般认为这些域从小到大依次为:音节、音步、韵律词、韵律短语、语调短语和韵律语句(Selkirk 1984、1986;Ladd,1996)。

汉语韵律结构以及边界征兆的研究有很多(Liu & Li,2003;Li,2003;李爱军,2002;熊子瑜,2003;林茂灿,2002、2012;Tseng,2010),汉语韵律结构的韵律层级从下至上依次为:音节、韵律词、韵律短语(复合韵律词)、语调短语、韵律组,分别用"B0、B1、B2、B3、B4"表示;在口语中经常出现的异常停顿用附加符号"p"来表示,如 B1p、B2p、B3p 等;"?"表示不确定。

重音层标记语句的重音模式。汉语重音分布具有层级性（林茂灿，2012；贾媛，2012），比如用"S1、S2、S3、S3@"分别标记韵律词重音、韵律短语重音、语调短语重音和强调重音等，各层重音标记一般标记在该层最重的那个音节上。

需要强调的是，由于汉语是声调语言，声调和语调的关系与重音、语气密切相关，所以我们通常将重音层单独标记。在进行韵律分析和建模的过程中，重音层和韵律边界层是重点。声调语调的语音变化可以通过其他的层次信息加以预测。图 4.2 是用 PRAAT 标注的两个例子。一句是陈述句，另一句是疑问句，拼音层是正则标准，声韵层是实际发音标注，比如"一张"的"一"声调变化，"四十"的"十"轻读后声调特征为"1"等。两句的韵律结构不同，边界调也不同。

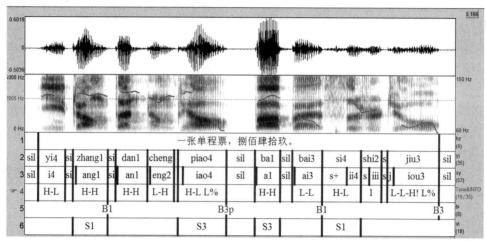

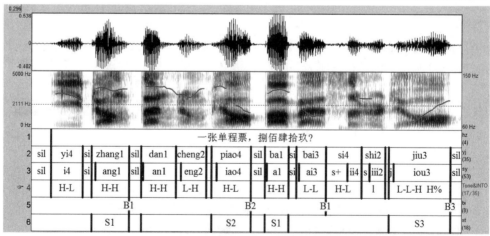

图 4.2　陈述句"一张单程票，捌佰肆拾玖。"（上）和疑问句
"一张单程票，捌佰肆拾玖？"（下）的韵律标注

### 4.3.3　言语行为标注

"言语行为理论"最初是由奥斯汀（Austin，1950）提出的，塞尔（Searle）对奥斯汀的理论进行了发展。言语行为理论认为，人们以言行事，说出某句话便是做出某件事。说任何一句话时，人们同时要完成三种行为：言内行为、言外行为、言后行为。言内行为表达的是字面意思；言外行为表达的是说话人的意图；言后行为指行为意图一旦被受话人所

领会而对其产生的影响或效果。

在口语对话、口语语音翻译系统中，除了上述的语音和韵律信息，往往还需要标注对话言语行为等一些语用信息。比如，第一个大型真实场景的汉语电话对话口语库 CASIA-CASSIL，提出了汉语的言语行为标注系统（Zhou et al., 2010），分为普通标注（13 种）、特殊标注集（39 种）以及中断集（13 种）。下面为一个标注的实例，"^" 符号前面是普通标注，后面为特殊标注。

| 对话内容 | 言语行为标注 | 说明 |
| --- | --- | --- |
| A：你好，国旅客服张建。 | s^sh | 陈述^问好 |
| B：欸，你好。 | s^sh | 陈述^问好 |
| A：您好！ | s^sh | 陈述^问好 |
| B：欸，我呀，我想咨询个事情。 | s^f^rsg | 陈述^引起对方注意^询问建议 |
| A：嗯，请讲。 | is^co | 祈使^命令 |

## 4.4　语音库收集的新方向与挑战

互联网应用技术的飞速发展，为收集大规模的真实语料提供了一个方便快捷的途径；同时，互联网环境下口语交互的特点，又给语音和语言学理论提出了新的挑战。

通过网络平台，研究人员或者开发人员可以足不出户地收集到大量所需的真实语料，收集成本大大降低了，但发音质量的控制和处理难度加大了。至于语料的标注，甚至可以考虑通过网络募集志愿者来进行。但如何从海量的语音资料数据中提取所需内容，自动构建所需语音语料库将是一个新的研究课题。

互联网环境下即时语音通讯的口语语音，不同于面对面的对话和电话中的对话。因为对话双方可能在一个虚拟平台下使用多模态的交互手段进行交际，交际双方可能打破传统对话模式下的"合作礼貌"原则，因此，以网络聊天为代表的新型交互模式对语音和语言学理论研究都提出了新的挑战。

**参考文献**

奥斯汀（2012）《如何以言行事》，杨玉成译，北京：商务印书馆。
贾媛（2012）《普通话焦点的语音实现和音系分析》（英文版），北京：中国社会科学出版社。
李爱军（2002）普通话对话中韵律特征的声学表现，《中国语文》第 6 期。
李智强（1998）韵律研究和韵律标音，《语言文字应用》第 1 期。
林茂灿（2002）普通话语句的韵律结构和基频（F0）高低线，《当代语言学》第 4 期。
林茂灿（2012）《汉语语调实验研究》，北京：中国社会科学出版社。
熊子瑜（2003）韵律单元边界特征的声学语音学研究，《语言文字应用》第 2 期。
《语言学名词》审定委员会（2011）《语言学名词》，北京：商务印书馆。
Austin, J. L. (1950) Truth, *Proceedings of the Aristotelian Society XXIV*; reprinted in J. O. Urmson & G. J. Warnock (eds.), *Philosophical Papers*, Oxford: Clarendon P, 1961.
Dhillon, R., Bhagat, S., Carvey, H. & Shriberg, E. (2004) Meeting recorder project: Dialog-act labeling guide, *ICSI Technical Report*, TR-04-002, International Computer Science Institute.

Jurafsky, D., Shriberg, L. & Biasca, D. (1997) Switchboard SWBD – DAMSL labeling project coder's manual, Draft 13, *Technical Report*, 97-02, Boulder: University of Colorado, 1-49.

Ladd, R. D. (1996) *Intonational Phonology*, Cambridge: Cambridge University Press.

Levinson, S. (1983) *Pragmatics*, Cambridge: Cambridge University Press.

Li, A. (2002) Chinese prosody and prosodic labeling of spontaneous speech, in B. Bel & I. Marlin (eds.), *Proceedings of the Speech Prosody* 2002 *Conference*, Aix-en-Provence, France, 39-46.

Li, A. (2003) Prosodic boundary perception in spontaneous speech of Standard Chinese, *Proceedings of ICPHS*.

Li, A., Xu, B. & Zong, C. et al. (2001) A spontaneous conversation corpus CADCC, *Oriental COCOSDA*, Korea.

Li, A., Zheng, F. & Byrne, W. et al. (2000) Cass: A phonetically transcribed corpus of Mandarin spontaneous, *ICSLP*.

Li, A. & Zu, Y. (2006) Corpus design and annotation for speech synthesis and recognition, in C. Lee, H. Li, L. Lee, R. Wang & Q. Huo (eds.), *Advances in Chinese Spoken Language Processing*, Singapore: World Scientific Publishing Co. Pte. Ltd., 243-268.

Liu, Y. & Li, A. (2003) Cues of prosodic boundaries in Chinese spontaneous speech, *Proceedings of ICPhS*, Barcelona.

Searle, J. R. (1979) *Speech Acts*, Cambridge, Cambridge VP.

Selkirk, E. O. (1984) *Phonology and Syntax, the Relation Between Sound and Structure*, Cambridge, MA: MIT Press.

Selkirk, E. O. (1986) On derived domains in sentence phonology, *Phonology Yearbook*, 3: 371-405.

Silverman, K. E. A., Beckman, M. E., Pitrelli, J. F., Ostendorf, M., Wightman, C. W., Price, P., Pierrehumbert, J. B. & Hirschberg, J. (1992) ToBI: A standard for labeling English prosody, *Proc. ICSLP*.

Tseng, C. (2010) Beyond sentence prosody, *Interspeech*, Makuhari, Japan. (Keynote speech)

Zhou, K., Li, A., Yin, Z. & Zong, C. (2010) CASIA – CASSIL: A Chinese telephone conversation corpus in real scenarios with multi-leveled annotation, *LREC*.

# 第五章 言语知觉

言语知觉研究主要探索人类如何识别和加工口语。它的起源和发展一直与语言工程紧密相关。早期主要目标是研究和寻找最基本的音位知觉线索，以为这些线索一旦确定下来，就可以解决言语识别和理解的根本问题。随着学科的深入发展，它的研究视野逐渐从音位扩大到词、语句，甚至语篇。研究发现，在每一个层次上，都包含了较低层次所没有的独特问题和现象。如今，言语知觉已经成为心理语言学的一个重要组成部分。本章从音段知觉、词汇的切分和识别、言语知觉的神经生物学基础三个方面，介绍言语知觉领域近年来的主要研究进展。

## 5.1 音段知觉

言语知觉领域研究的核心问题之一是语音的知觉不变性。在语流中，音位的声学语音学表现会发生很大变异，但人们能够很容易地对其进行准确识别。那么，人类知觉系统是如何将声学信号转换为言语信号的？

语音变异源自几个方面。第一是说话者的个体特征因素。不同个体的发音器官有其独特性，使得不同说话者发出的言语声在声学特征上存在差异，即存在所谓的"声纹"。除了先天的结构差异外，后天经验对发音习惯和声纹形成也具有重要作用，例如语速的快慢、吐字的清晰度等。第二是音段在语流中所处的语境。音段会受到来自音节内部或相邻音节中前后音段的影响，即协同发音引发的变异。此外，语言环境也会改变听者接收到的言语信号。语流声学信号和背景噪声混杂在一起，会导致言语加工的困难。听者如何分析语音并将其知觉为音位？研究者分别从知觉范畴化和语境的影响这两个角度进行了探索。在实证基础上，提出了一系列理论和模型，阐释语音知觉过程。

### 5.1.1 言语知觉范畴化

探讨语音知觉的范畴化问题，研究者通常系统改变某个语音的物理参数，构建音位变化的连续体，从一个音位逐渐变到另一个音位（Liberman, Harris, Hoffman & Griffith, 1957）。如果连续体中的刺激被知觉为两个不同的音位，则称之为范畴知觉。如果对某种物理属性的知觉是范畴化的，那么属于不同范畴的刺激比同一范畴内的刺激更容易区分。在实验结果上表现为范畴间陡峭变化的识别函数和范畴边界处具有明显峰值的区分函数。Studdert-Kennedy 等（1970）对语音范畴知觉提出了更为细致的标准。第一，存在不同的音位范畴，且边界明显；第二，同一个范畴内的刺激无法分辨；第三，区分任务的成绩在边界附近达到最高值；第四，根据识别任务的结果，可以对区分任务的成绩进行有效预测，且实际测得的结果和预测结果高度一致。

早期研究者曾认为，范畴知觉是人类言语系统所特有的。研究证明，出生几天的婴儿就可能对一些语音对立（例如/p/ vs. /b/）表现出范畴知觉（Eimas, Siqueland, Jusczyk & Vigorito, 1971）。这使人们有理由推测，知觉系统中存在某种特殊机制，能够把连续的声音转换成离散的语音范畴,即语音范畴知觉具有特异性。但随后的研究对这个假设提出了质疑。首先,有些语音,如元音和声调,并未表现出明显的范畴知觉。Francis 等(2003)研究了粤语三个平调的范畴知觉。结果表明,虽然高平调和低平调的识别函数在边界处存在陡峭的斜率,但区分函数在范畴边界并没有明显的峰值。因此,声调的范畴知觉值得怀疑。其次,研究发现,某些非言语刺激的知觉也可以表现出范畴性。Pisoni(1977)使用由两个正弦波纯音组成的非言语刺激,高低音分别为 1 500 Hz 和 500 Hz,逐步变化低音相对于高音的起始时间,类似于元音的 VOT。结果发现,被试对这组刺激的识别和区分成绩,具有范畴知觉的特点。再者,语音对立的范畴知觉在某些动物中也能观察到。Kuhl & Miller(1975)给南美栗鼠听由不同说话者发出的以 t 和 d 开头的音节。经过一段时间的训练之后,栗鼠能够对 t 和 d 做出区分,而且这种区分能力可以泛化到人工合成的 ta 和 da。在另一个实验中又测查了栗鼠对 ta—da 刺激的识别能力,结果和前一实验得到的区分成绩存在对应关系。以上研究从多方面证明,范畴知觉不是人类言语进化出的特殊机制。而且,范畴知觉本身也受到了质疑。识别函数和区分函数之间的对应关系是范畴知觉的主要假设之一,但有研究者提出,经典研究中表现出的两者之间的关系可能在本质上并不相关。

### 5.1.2 语境对音位知觉的影响

人们发现,音位知觉不仅取决于声音信号,而且受到听者语言学知识以及发音场景中存在的各类线索的影响。有三个说明语境作用的经典现象。

第一是音位恢复效应。当语句中的某个音位被掩盖或者完全由其他声音代替时,是否影响言语理解?Warren(1970)将语句中某个词的一个音段,如"legislatures"中的第一个 s 用咳嗽声取代(两者时长均为 120 ms,且音强相似)。实验前告诉被试,在句子某个地方会出现咳嗽声,要求被试在听完句子以后,在纸质的材料中圈出咳嗽声所处的位置,并说明被圈的字母是否完全被咳嗽声所取代。20 名被试参加了实验,其中只有 1 名被试报告了音位缺失,并且还是错误报告。这一结果表明,在言语加工过程中听者能够知觉到事实上已经缺失的音位,这个现象被称为音位恢复效应(phonemic restoration effect)。

第二是词汇识别转换效应(Ganong, 1980)。采用范畴知觉实验的经典材料,例如介于 g 和 k 之间的辅音序列,并和其他音位一起组成的音节,构成词-非词(gift—kift)或者非词-词(gis—kis)的连续体。处于连续体两端的刺激可以被清楚地知觉为词或非词。研究考察的问题是,词或非词的语音环境是否会改变音位知觉范畴边界的位置。结果表明,被试总是倾向于将范畴边界处的刺激识别为与词语相一致的音位。这个效应说明,音位知觉中有自上而下加工过程的参与。

第三是 McGurk 效应。在实际的言语交流情境中,听话者不仅可以听到言语声,而且可以看到说话者的面部表情、肢体动作以及某些发音器官的活动。这些视觉信息是否影响言语加工的过程?McGurk & MacDonald(1976)的研究结果对此做出了肯定的回答。实验材料为 ba 和 ga 两个音节,包括视频和音频两个部分,视频材料是发音人在发音时的头部录像(主要是唇部运动)。当 ba 的音频材料和 ga 的视频材料同时呈现时,被试报告的声音是 da;而当 ga 的音频材料和 ba 的视频材料同时呈现时,大部分被试认为他们听到了 bagba 或者 gaba。这种跨通道的知觉整合现象称为 McGurk 效应。这一现象使得人们开始从新的角度看待言语知觉。

### 5.1.3 音位知觉理论

围绕语音知觉不变性问题，研究者们通过实证研究观察到了很多重要现象，获得了一系列重要发现，在此基础上提出了不同的言语知觉理论，对语音知觉过程从不同角度加以阐释。

最早的言语知觉理论是动作理论（Liberman et al., 1967）。该理论认为，言语知觉和言语产生使用相同的表征和机制。在发音过程中，不同的音位与发音器官的不同活动模式相对应。听者在识别音位时需借助对其发音器官动作模式的分析和推测。动作理论支持言语知觉在大脑加工机制上的特异性的观点，并以语音范畴知觉作为主要的支持证据。

直接实现观点（Fowler, 1986）可以看作是传统动作理论的修订版本。不同于标准动作理论，直接实现观点认为，说话者发声器官的运动造成了空气压强的变化，这种变化产生的声波构成了能被听者接收的言语。因此，动作是由说话者发出的，是真实存在的，并非是听者对说者发音器官活动进行的模拟。另外，直接现实观点不支持言语加工的特异性。Fowler用非言语声音刺激重复了言语双重知觉实验（Fowler & Rosenblum, 1990）。

近年来，在认知神经科学领域中镜像神经元的发现，以及采用脑功能成像技术进行的言语知觉研究的结果，为动作理论提供了强有力的支持。Pulvermüller等（2006）采用包含p和t的简单音节作为实验材料。被试完成三个不同的任务：进行单纯的唇部或舌部运动、默读音节和被动听音节。事件相关脑成像研究结果表明，被试在知觉某个音节时，发音所涉及的运动区域也会得到激活，尽管激活模式和发音器官的单纯运动有所不同。事实上，动作理论符合目前认知神经科学领域兴起的具身理论（embodiment theory）。

上述的动作理论和直接现实观点主要围绕言语知觉的两个核心问题展开（Diehl, Lotto & Holt, 2004）：是否有发音器官的参与？是否和非言语声音刺激共享知觉机制？下面将介绍另外两个模型，它们可以看作是传统模式识别理论在言语知觉中的应用和延伸。

其一是合成分析的观点（Halle & Stevens, 1962; Ishwar, 2005）。这种观点认为，在言语知觉过程中，说话人会根据内在规则和对输入信号的初步分析结果，合成一个预期或者适合的模式，然后将合成的模式和输入信号进行比较。如果两者之间不匹配，则对模式进行修改直到相互匹配为止。这里所说的内在规则和言语产生时使用的规则存在很大程度的重叠。合成分析的观点很容易在计算机模拟中实现。该模型一直在言语知觉领域占据重要位置（Poeppel, Idsardi & Van Wassenhove, 2008）。

其二是声学不变量理论。研究者们注意到，尽管有声学变异的存在，但声学参数在言语产生中具有稳定性（Blumstein & Stevens, 1979）。例如，对于特定的闭塞音，不论和什么元音结合在一起，不论是否需要浊化，其频谱形状都基本保持一致。由此推测，听觉系统可能存在与这些频谱形状对应的探测器，言语知觉过程就是通过这些探测器对声学信号所包含的特定语音进行侦测。这些保持相对不变的频谱特征可以被归纳为音位的区别性特征。该理论继承了特征整合理论（IPA, 2005）的核心观点，被称为声学不变量理论（Acoustic Invariance）。

最近，Stevens & Keyser（2010）对该理论进行补充，提出了量子理论（Quantal Theory）。量子理论假设，特定音位的声学参数存在一定的不变性，可将其量化为区别性特征。在理想的发声/声学关系中，发声参数在某个范围（Ⅰ）内变化时，相应的声学参数几乎没有变化；然后在相邻的另一个范围（Ⅱ）内变化时，声学参数发生了相对急剧的变化,说明在该区域内,声学参数对发声参数的变化十分敏感;然后在接下去的另一个范围(Ⅲ)内,声学参数又开始不再敏感。量子理论认为,这种模式的发声/声学关系,尤其是其中声学参数对发声参数变化不敏感的区域范围,可以作为量化定义区别性特征的基础。例如,分别将上述Ⅰ区和Ⅲ区中的稳定值记为 −F 和 +F。区别性特征总是对应于特定的发声动作。但在实际发声过程中,除了上述的特定动作外,必然伴随着其他附带的动作,这些动作有助于强化区别性特征。但另一方面,由于不同区别性特征的发声动作之间存在重叠,部分声学线索的作用会被减弱。尽管如此,还是存在足够的线索能对话语中的区别性特征进行提取。

## 5.2 词汇的切分和识别

词是最小的意义单元,承载着语音、语法和语义等不同层面的语言学信息。因此,词的识别不同于音位识别,将涉及更复杂的加工过程。在连续语流中,词的识别还与切分相互交织。听者如何对连续语流进行切分,并对单个词汇进行识别?言语知觉领域对这个问题已有很多研究。下面做一简单介绍。

### 5.2.1 词的切分

识别自然语流中的词汇,首要的问题是词的切分。切分过程可分成前词汇和词汇阶段。前词汇水平的线索主要包括声学线索和词条的各类统计信息,如词频、竞争词的数目、音节的分布规律、重音节奏等。但是,连续语流中词与词之间的边界在很多时候并不明显。尤其在语调短语内部,词汇边界线索的声学表现相对较弱,基本等同于词汇内部音节之间的边界。因此,并非总能依据上述线索进行切分。可能出现先识别再切分的情况,即利用词汇水平的知识和信息进行切分。人们可能会使用一些高效的切分策略。这些策略在本质上是基于话语经验得出的统计信息,据此对相继出现的音位进行合理的组合。虽然不同语言可能拥有各自独特的切分线索,但大致存在以下几点通用的原则或者策略。一是可能性限制,保证切分出的每一部分都是有意义的词;二是语音组合限制,不能同时出现的两个音位(如 mr)之间很可能存在词汇边界;三是节律切分策略,切分结果应符合语言的节律模式。

尽管词汇切分的问题可能通过上述策略以及其他经验和知识得到解决,但切分导致多重歧义的情况依然存在。例如,"I scream" 和 "ice cream" 的音节组成完全一致。在没有语境的条件下,两种切分方式都是合理的。由于快速呈现的语流并不存在明显的边界线索,因此对边界的定位在很大程度上是依据自上而下的词汇信息。

近期研究表明,音节单元在言语识别过程中可能具有重要作用(Dupoux, 1993; Eimas, 1997)。例如,语音组合限制从另一角度可以看作是"可能音节限制",因为在特定语言中,所有音节的组成就决定了音位之间能否相继出现。对婴儿的言语知觉研究也表明,相对于音位特征,婴儿对音节的通达更容易实现。最近一项脑磁图研究发现,言语加工主要引发特定脑区 θ 波段(4~8 Hz)的活动,对应的时间窗口约为 200 ms,正好是单个音节的平均持续时间。在神经生理学层面,证明了音节在语流切分中的重要作用。

## 5.2.2 语境对词汇切分和识别的影响

除了以上几种基于统计信息的切分策略外，语境引导的自上而下的预期也是指导词汇切分/识别的重要信息。语境的影响主要来自两个方面：非结构语境和结构语境（Frauenfelder & Tyler, 1987）。非结构语境主要指来自同一加工层级的其他词汇的信息。语义相似或语音相近的词汇，在扩散激活网络中相距较近，可以在词汇识别过程中相互促进，即存在启动效应。例如，前文出现的"医生"可以促进后文对"护士"的识别。结构语境指词汇整合之后的更高层级的信息，泛指所有自上而下的影响。包括句子信息对词汇识别的影响，也包括词汇知识对音位识别的影响。就词汇识别而言，结构语境又可以进一步分为语义语境（semantic structure）和注释性结构语境（interpretative structural context）。

语义语境的影响在许多不同的实验任务（音位监测、命名等）中得到了证实。研究结果一致表明，在语义上符合语境的单词可以得到更快的加工（Marslen-Wilson & Tyler, 1980; Tyler & Wessels, 1983）。由于非结构语境主要也是语义启动，两者之间可能存在部分重叠。

注释性结构语境包括语用信息、语篇信息以及世界知识等。由视觉通道提供的语境信息也包括在其中。Tanenhaus 等（1995）进行的研究证明了视觉环境信息对词汇识别的影响。他们给被试呈现由不同物体组成的场景，然后要求被试根据指导语对场景中的物体进行想象操作，并对被试的眼动模式进行记录。结果发现，当图片中同时包含名称相近的物体时，被试需要更长的时间才能识别目标词。

### 5.2.3 词汇识别模型

如前所述，言语知觉研究人类如何将声音信号知觉为音位和音节，并进一步识别传递语义信息的词汇单元。研究者分别从认知和神经过程等不同层次上，揭示词汇识别的复杂过程；并以此为基础建构计算模型，模拟并实现上述的言语知觉过程。模型研究一方面从一个新的角度对问题进行探讨，另一方面也为人工智能中的语音识别提供了理论基础。

#### 5.2.3.1 认知模型

最有影响的认知模型是 Cohort 模型和邻域模型。

Cohort 模型由 Marslen-Wilson & Welsh（1978）最早提出，此后又相继提出了多个修订版本（Gaskell & Marslen-Wilson, 1997）。Cohort 模型将词汇识别过程分为三个阶段。首先是初步接触阶段。语音刺激的知觉表征激活相关词汇，词首信息与语音输入相符合的一系列词汇会得到激活，成为候选词。这些候选词即组成了词群（Cohort）。其次是词汇选择阶段。随着语音信息的进一步加工，仍旧符合输入的词汇得到进一步激活，而不符合输入的词汇激活水平则急剧下降。当词群中只剩下一个词汇与刺激输入完全匹配时，目标词即得到识别。这两个阶段都属于前词汇水平。最后是词汇水平的整合阶段，利用目标词的语义和句法属性将目标词整合到语境当中。可以看出，Cohort 模型的中心思想包含以下四个基本假设。第一，词汇识别过程具有严格的序列性。第二，当某个词汇的激活水平下降到一定程度时，会被排除在词群之外。第三，当词群中只剩下一个词汇，而后续的刺激输入与该词汇不符时，该语音刺激会被判断为假词。第四，词汇早期加工是一个完全自下而上的自主过程，词汇信息的影响只能发生在词汇识别之后。

邻域激活模型（neighborhood activation models，以下简称 NAM）重点在于说明词频和邻域密度对词汇识别和选择过程的影响（Luce & Pisoni, 1998）。该模型认为，候选词的激活水平在很大程度上取决于词汇的出现频率和所处邻域的性质。在发音上和目标词相似的所有词汇都可以称为邻近词，邻域是邻近词的集合。邻域有三个特性：邻域包含的邻近词数量（即邻域密度）；不同邻近词之间的音位相似程度；各个邻近词在语言中的出现频率。根据前两个特性，可以将邻域分成密集邻域和稀疏邻域。邻域密度越大，邻近词相似度越高，则邻域越密集。NAM 的主要观点是，词频信息会影响目标词及邻近词各自的激活水平，词汇选择依赖于邻域的激活模式，而词汇识别是词汇选择的直接结果。由于邻近词在词汇选择阶段是相互竞争的关系，具有密集邻域的词汇识别相对困难，表现为识别速率慢和正确率低。而当目标词具有稀疏邻域，且与其他邻近词相比词频更高时，词汇最容易被识别。

### 5.2.3.2 计算模型

词汇识别的计算模型主要有 TRACE 模型和 Shortlist 模型。

TRACE 是联结主义的代表模型（Elman & McClelland, 1986; McClelland & Elman, 1986）。这个模型有两个版本，分别对应两个不同的计算过程。TRACE I 是对音位知觉的建模，而 TRACE II 关注的是词汇通达问题。两者在结构特征上存在很多相似点，主要区别在于输入刺激的表征。TRACE 模型的主要假设包括：第一，词汇识别系统包含区别性特征、音位和词汇三个层次，每层都由许多识别单元构成，每个识别单元都代表一个特定的语音表征；这些单元相互联结，彼此存在交互作用。第二，识别过程从最底层的区别性特征识别层开始，自下而上地传递信息，并且在识别过程中上层信息可以即时地对下层的加工产生影响。第三，识别单元之间的相互竞争只存在于同一层次内部。当某个单元被激活时，同一层次内的其他单元受到抑制，而其他层次中与该单元相连的单元则受到一定程度的激活。

Shortlist 模型是一个数据驱动的动态网络模型（dynamic-net modal）（Norris, 1990、1994）。模型最初主要围绕递归（recurrent）的概念展开。为了更好地模拟词汇竞争过程，后来又在动态网络模型的基础之上增加了竞争网络（competition network）。Shortlist 模型包括两个阶段，其词汇竞争网络与 Cohort 及 TRACE 模型中的词汇层级基本相同，不同之处在于前词汇阶段使用了递归网络。在词汇识别递归网络中，输入单元是音位特征，输出单元是包含这些特征（束）序列的音位或单词。隐单元除了音位的激活状态外还包括语境信息。除隐单元内部的循环网络之外，信息流自下而上单向传递。在递归网络中时间不是一个独立的维度，而是包含在结构之中，因而可以更好地解释时间表征的问题。Shortlist 模型还强调完全的自下而上的加工，认为自下而上的加工是一个自动过程，而词汇水平对音位水平的反馈信息则是冗余信息。音位识别的词汇效应是由于相邻的音位共用了隐单元层，并且存在递归的联结。

Shortlist 模型整合了递归网络和 TRACE 模型的优势，有效解决了时间表征问题。但是有一些现象尚未考虑，如词长和词汇重叠的关系、邻近词效应、词尾嵌套词的启动等。Norris & McQueen（2008）提出了一个修订版本，称为 Shortlist B。新版本和原始模型的主要区别在于将词汇的局部表征改为分布式表征。具体表现为两点：第一，原始的联结主义模型是基于交互激活原则，而修订版则基于贝叶斯原则；第二，刺激输入不再是离散的音位序列，而是跨越多个时间点的可能的音位集合。改进之后的模型能够更好地模拟词频效应、词汇识别时的错误发音效应，以及音位判断任务中词汇信息的参与。

### 5.2.3.3 神经计算模型

言语知觉的神经模型将在 §5.3 介绍。这里介绍一个以神经过程为基础的计算模型——自适应共振理论（Adaptive Resonance Theory，以下简称 ART）。言语加工的 ART 理论（Grossberg, 2003）认为，对听觉或言语刺激的感知源自大脑的某种共振状态。当环境刺激引发的自下而上的加工和来源于已有经验的自上而下的预期之间产生交互作用时，大脑就会产生共振状态。共振使得符合词汇信息的音位特征群产生一致的同步化神经活动，从而增强对相应词汇的反应。由于共振会扩散到整个系统网络并持续一段时间，因此能够影响长时记忆中的痕迹，从而加强音位范畴及词汇表征。换言之，对词汇的每次加工都会影响该词在长时记忆中的表征，对新词的学习过程也类似。该模型主要回答以下几个问题：对于在时间上动态变化的言语信号，大脑是如何进行编码和表征的？听者如何跨越数百毫秒将分布在不同时间点上的音位信息整合到一起，并进而形成音节或者词汇的表征？大脑使用什么机制对时间顺序进行正确加工？

与其他的言语识别模型相比，ART 具有以下三项优势。第一，能很好地解释新词的学习过程。ART 的本质就是自组织的学习型神经网络。因此，在学习新词汇时，不需要向模型提供有关该词汇的所有信息，模型会自发地将新词汇和旧词汇联系在一起。第二，其理论假设具有相应的神经生理结构基础。认为预期和环境输入之间的匹配过程是通过皮层回路实现的。第三，可以很好地解释词汇识别过程中的时间问题。从时间顺序来看，对音位特征的知觉（发生在过去）总是先于对词汇整体的知觉（发生在未来），那为什么未来事件会影响对过去事件的知觉？ART 认为，这是由于共振活动和引发共振的环境刺激之间存在延时。假如过去的事件还没有引发大脑的共振状态，或者共振活动还没有传播到表征未来事件的脑区，则未来事件仍可以影响过去事件。ART 认为词汇表征并不是抽象的，而是先前所有样例的平均，越新近的样例衰退越少，权重也越大。因此，音位或词汇的表征本身就是动态变化的。

以上从音位知觉和词汇识别两个方面，对言语知觉研究的进展进行了介绍。值得指出的是，在自然言语加工过程中，这两者密不可分，不存在必然的先后关系。言语加工的最终目的在于理解言语信号所传递的信息，词汇识别不要求对所有音位都进行完整的加工。言语知觉研究的发展趋势之一，就是整合这两方面的研究，以形成新的视角，更好地理解人类超凡的语言能力。

## 5.3 言语知觉的神经生物学基础

言语知觉是人类重要的认知能力。它的神经基础是什么？它与其他认知系统之间存在怎样的关系？近几十年，认知神经科学方法的发展和应用，使这方面的研究取得了很大的进展。

言语信号的物理本质是声波。神经系统对言语信号的初级加工与其他复杂声学刺激相同：声波引起鼓膜的振动并传递到耳蜗，然后通过毛细胞对输入信号的频率信息进行编码，并经由螺旋神经节将信号传递至听觉神经；听觉神经信号通过各种结构传递后最终投射到颞叶的初级听觉皮层和次级听觉皮层（有关听觉系统的详细介绍请参考 Aitken & Capranica, 1984; Altschuler, 1991）。听觉中枢在言语加工中的作用是认知神经科学研究的重点。

研究者一般认为，言语知觉过程中从声学输入到音位表征，由双侧的颞上区域负责加工。而词汇识别的过程，包括对词汇语音和语义的通达，主要涉及颞中或者颞下区域。通常的研究思路是：首先，根据声学参数特点将言语信号分解为不同的信息流——音段和超音段、时间和频率、包络和精细结构；其次，分别检验加工两类信息时对应的脑电活动和成像区域。由于大脑的活动以神经元放电为基础,因此不同频段的脑电活动可能对应着声学刺激不同维度的加工。

Hickok 和 Poeppel(Hickok & Poeppel, 2000、2004、2007; Poeppel & Hickok, 2004; Poeppel, Idsardi & Van Wassenhove, 2008))根据对脑损伤病人的研究和各类脑成像研究的神经生理学证据,提出了一个系统完整且相对具体的言语知觉神经模型——双通路模型(Dual-stream Model)。该模型几乎涵盖了上述所有基本发现。除了初级声学分析外,还包括词汇语音表征的通达过程。双通路模型还将发音网络纳入言语知觉的系统中,合理解释了言语产生和言语知觉之间的关系。

双通路模型将言语知觉过程分为三个阶段,每个阶段由特定的脑区负责。图5.1显示双通路模型的语言功能与结构。其中图5.1A 内是功能框图。第一,对输入刺激的频率和时间参数进行解析,由双侧的颞上回(STG)背部负责,且两侧的计算过程可能存在差别,分别对应不同的时间尺度。第二,将声学参数的分析结果转换为抽象的音系表征并激活语音网络,由双侧的颞上沟(STS)中后部负责。第三,音位信息激活后沿两条通路进行后续加工。腹侧通路(①-②-③-④)将语音信号投射到词汇的概念表征,由双侧的颞中回(MTG)后部和颞下沟(ITS)后部负责,略微呈现出左侧化优势。背侧通路(①-②-⑤-⑥)将语音信号投射到发音运动表征,由左侧的颞顶外侧裂(Spt)负责。

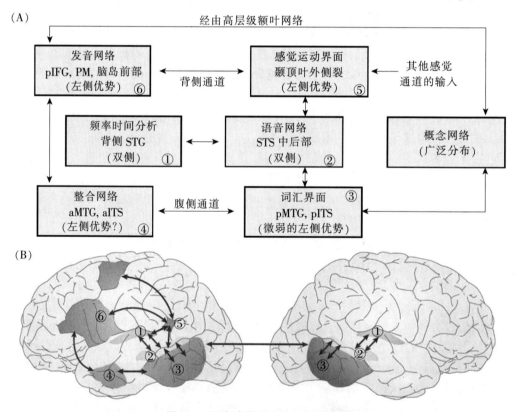

**图5.1 语言功能结构的双通路模型**
A. 双通路模型的图示;B. 模型各成分对应的脑结构位置
(aITS,颞下沟前部;aMTG,颞中回前部;pIFG,额下回后部;PM,前运动皮层)
(引自 Hickok & Poeppel, 2007)

根据已有实验证据尽可能精确定位的双通路模型中各个成分对应的结构位置，见图 5.1B 所示。区域①代表颞上回（STG）的背侧表面，与频谱时间分析有关。区域②代表颞上沟（STS）的后半部分，与音系水平的加工有关。区域③和④代表腹侧通路，双侧分布但略带左侧化倾向。腹侧通路的后半部分以及颞叶的后中部和下部对应于词汇界面，连接音系和语义信息；前半部分对应于整合网络。区域⑤和⑥代表背侧通路，具有明显的左侧化倾向。背侧通路的后半部分对应于颞顶叶边界的外侧裂（Spt），被认为与感觉运动界面有关；前半部分（位于额叶）可能包含布罗卡（Broca）区和更靠上的前运动区，对应于发音网络的一部分。

必须指出，模型中涉及的脑区是综合大量成像研究得出的结果。具体的实验任务不同会激活不同的脑区或表现为不同的激活模式，因为不同的实验任务要求不同心理过程的参与。例如，外显的音位感知任务只要求前词汇水平的加工；而自然条件下的听觉理解任务则要求词汇以上水平的加工，同时还会涉及记忆、注意、控制等其他认知过程。因此在探讨言语加工的对应脑区时，需要十分注意特定任务涉及的认知加工过程（Hickok & Poeppel, 2000）。此外，在言语加工过程中，两侧通路并不一定同时激活。位于左侧的额-顶叶的背侧通路属于听觉-运动交互系统，主要关注如何发音（how），因此只有当实验任务要求外显地通达语音信息时才会显著激活，例如音位辨别、判断词汇中是否包含某个特定音位等。位于颞-顶-枕联合区的腹侧通路属于听觉-意义交互系统，主要关注信号中传递的信息（what），因此只有当实验任务要求通达词汇的语义信息时才会显著激活，如自然的言语加工和听觉理解任务。

双通路模型的核心假设在于第三个阶段的背侧和腹侧通路的存在及其在言语加工中的不同作用。两条通路分别对应了从音系学信息到发声信息和词汇语义信息的加工过程。然而就本章目的而言，主要关注的是前两个阶段和第三阶段的腹侧通路，即如何将声音信号知觉为具有语言学意义的音系学信息，以及如何将音系学信息转换为具体的词汇信息。

双通路模型的另一假设是，前两个阶段以及腹侧通路虽然是双侧分布，但左右半球在加工过程上存在差异。双通路模型采纳了 Poeppel（2003）提出的"不对称时间采样"（asymmetric sampling in time，简称 AST）假设。AST 假设的提出是基于研究者们的普遍共识，即在言语知觉过程中需要对不同种类的信息同时进行加工：一方面是识别快速变化的音段信息（例如对 pest 和 pets 做出区分）；另一方面是慢速变化的超音段信息（例如声调、音节重音、语调等）。大脑中可能存在不同的区域或者通路分别负责这两类信息的加工，这两条通道甚至可能分布在不同的半球。

由于两类信息在持续时间上表现为不同的尺度，因此 Poeppel（2003）假设，大脑对两类信息的不同加工机制体现为认知加工中不同层级的时间窗口。Boemio, Fromm, Braun & Poeppel（2005）采用功能核磁共振成像研究大脑对变化速率不同的非言语刺激的加工，结果表明左右两侧的听觉皮层对时间的敏感性不同。快速变化（如每秒包含 80 个音段）的声学刺激更多地激活了左半球，而慢速变化（如每秒包含 3 个音段）的声学刺激在右半球的激活更强。需要明确指出的是，作者并不认为两类时间窗口本身具有偏侧化加工的趋势。与之相反，在早期的初级声学分析阶段，双侧半球都同时在两个时间尺度上进行加工，只是两个窗口得出的加工结果会分别投射到不同的半球。这种投射的方向可能仍旧取决于不同脑区的功能，并且表现出的偏侧化趋势相对比较微弱。

因此，按照 Poeppel 等人的观点，双通路模型中的腹侧通路事实上可以进一步分成两条平行加工的通路（见图5.2）。一条通路负责提取音段水平的信息，在双侧半球都有分布；另一条通路负责提取音节水平的信息，在右半球具有更强的表征。因为两条通路都能够单独通达词汇的语音表征，所以单侧半球受损时也不会造成严重的听觉理解障碍。

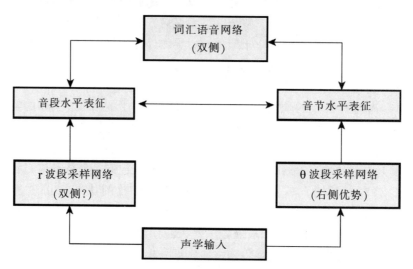

**图 5.2　声学输入投射到词汇语音表征的平行通路**
（引自 Hickok & Poeppel，2007）

图 5.2 描述了腹侧通路中两条平行加工通路的计算特征。一条通路以相对较快的采样率（γ 波段）对声学输入进行分析，适合提取音段水平的信息，可能分布在双侧半球。另一条通路以相对较慢的采样率（θ 波段）对声学输入进行分析，适合提取音节水平的信息，可能在右半球具有更强的表征。正常情况下，两条通路在半球内或半球间都存在交互作用，但是每条通路都能单独激活词汇的语音网络。不同时间窗口的加工可能对应着神经元不同频段的活动。尽管信号频率和神经元放电频率之间并非一定存在简单的对应关系（也没有得到相应研究的支持），但近期研究表明，神经元振荡活动确实在两类信息的整合过程中扮演着十分重要的角色（Luo & Poeppel，2007）。

## 参考文献

Aitken, P. G. & Capranica, R. R. (1984) Auditory input to a vocal nucleus in the frog Rana pipiens: Hormonal and seasonal effects, *Experimental Brain Research*, 57 (1), 33-39.

Altschuler, R. A. (1991) *Neurobiology of Hearing*: *The Central Auditory System*, Raven Press.

Blumstein, S. E. & Stevens, K. N. (1979) Acoustic invariance in speech production: Evidence from measurements of the spectral characteristics of stop consonants, *Journal of the Acoustical Society of America*, 66 (4), 1001-1017.

Boemio, A., Fromm, S., Braun, A. & Poeppel, D. (2005) Hierarchical and asymmetric temporal sensitivity in human auditory cortices, *Nat Neurosci*, 8 (3), 389-395.

Diehl, R. L., Lotto, A. J. & Holt, L. L. (2004) Speech perception, *Annual Review of Psychology*, 55, 149-179.

Dupoux, E. (1993) *The Time Course of Prelexical Processing*: *The Syllabic Hypothesis Revisited*, Paper presented at the Cognitive Models of Speech Processing: The Second Sperlonga Meeting, Mahwah, NJ, US.

Eimas, P. D. (ed.) (1997) *Infant Speech Perception*: *Processing Characteristics*, *Representational Units*, *and the*

*Learning of Words* (Vol. 36), Academic Press.

Eimas, P. D., Siqueland, E. R., Jusczyk, P. & Vigorito, J. (1971) Speech perception in infants, *Science*, 171 (3968), 303-306.

Elman, J. L. & McClelland, J. L. (1986) Exploiting lawful variability in the speech wave, *Invariance and Variability in Speech Processes*, 360-385.

Fowler, C. A. (1986) An event approach to the study of speech perception from a direct-realist perspective, *Journal of Phonetics*, 14 (1), 3-28.

Fowler, C. A. & Rosenblum, L. D. (1990) Duplex perception: A comparison of monosyllables and slamming doors, *Journal of Experimental Psychology: Human Perception and Performance*, 16 (4), 742.

Francis, A. L., Ciocca, V. & Chit Ng, B. K. (2003) On the (non) categorical perception of lexical tones, *Attention, Perception, & Psychophysics*, 65 (7), 1029-1044.

Frauenfelder, U. H. & Tyler, L. K. (1987) The process of spoken word recognition: An introduction, *Cognition*, 25 (1), 1-20.

Ganong, W. F. (1980) Phonetic categorization in auditory word perception, *Journal of Experimental Psychology: Human Perception and Performance*, 6 (1), 110-125.

Gaskell, M. G. & Marslen-Wilson, W. D. (1997) Integrating form and meaning: A distributed model of speech perception, *Language and Cognitive Processes*, 12 (5-6), 613-656.

Grossberg, S. (2003) Resonant neural dynamics of speech perception, *Journal of Phonetics*, 31 (3), 423-445.

Halle, M. & Stevens, K. (1962) Speech recognition: A model and a program for research, *Information Theory, IRE Transactions on*, 8 (2), 155-159.

Hickok, G. & Poeppel, D. (2000) Towards a functional neuroanatomy of speech perception, *Trends in Cognitive Sciences*, 4 (4), 131-138

Hickok, G. & Poeppel, D. (2004) Dorsal and ventral streams: A framework for understanding aspects of the functional anatomy of language, *Cognition*, 92 (1-2), 67-99.

Hickok, G. & Poeppel, D. (2007) Opinion—The cortical organization of speech processing, *Nature Reviews Neuroscience*, 8 (5), 393-402.

IPA (2005) The international phonetic alphabet, from http://web.uvic.ca/ling/resources/ipa/charts/IPAlab/IPAlab.htm.

Ishwar, I. (2005) Spectrogram_-iua-.png: Wikipedia.

Kuhl, P. K. & Miller, J. D. (1975) Speech perception by the chinchilla: Voiced-voiceless distinction in alveolar plosive consonants, *Science*, 190 (4209), 69-72.

Liberman, A. M., Cooper, F. S., Shankweiler, D. P. & Studdert-Kennedy, M. (1967) Perception of the speech code, *Psychological Review*, 74 (6), 431.

Liberman, A. M., Harris, K. S. Hoffman, H. S. & Griffith, B. C. (1957) The discrimination of speech sounds within and across phoneme boundaries, *Journal of Experimental Psychology*, 54 (5), 358.

Luce, P. A. & Pisoni, D. B. (1998) Recognizing spoken words: The neighborhood activation model, *Ear and Hearing*, 19 (1), 1-36.

Luo, H. & Poeppel, D. (2007) Phase patterns of neuronal responses reliably discriminate speech in human auditory cortex, *Neuron*, 54 (6), 1001-1010.

Marslen-Wilson, W. & Tyler, L. K. (1980) The temporal structure of spoken language understanding, *Cognition*, 8 (1), 1-71.

Marslen-Wilson, W. D. & Welsh, A. (1978) Processing interactions and lexical access during word recognition in continuous speech, *Cognitive Psychology*, 10 (1), 29-63.

McClelland, J. L. & Elman, J. L. (1986) The TRACE model of speech perception, *Cognitive Psychology*, 18

(1), 1-86.

McGurk, H. & MacDonald, J. (1976) Hearing lips and seeing voices, *Nature*, 264, 746-748.

Norris, D. (1990) A dynamic-net model of human speech recognition, *Cognitive Models of Speech Processing: Psycholinguistic and Computational Perspectives*, 87-104, Cambridge, MA: The MIT Press.

Norris, D. (1994) Shortlist: a connectionist model of continuous speech recognition, *Cognition*, 52 (3), 189-234.

Norris, D. & McQueen, J. M. (2008) Shortlist B: A bayesian model of continuous speech recognition, *Psychological Review*, 115 (2), 357.

Pisoni, D. B. (1977) Identification and discrimination of the relative onset time of two component tones: Implications for voicing perception in stops, *The Journal of the Acoustical Society of America*, 61, 1352.

Poeppel, D. (2003) The analysis of speech in different temporal integration windows: Cerebral lateralization as 'asymmetric sampling in time', *Speech Communication*, 41 (1), 245-255.

Poeppel, D. & Hickok, G. (2004) Towards a new functional anatomy of language, *Cognition*, 92 (1-2), 1-12.

Poeppel, D., Idsardi, W. & Van Wassenhove, V. (2008) Speech perception at the interface of neurobiology and linguistics, *Philosophical Transactions of the Royal Society B: Biological Sciences*, 363 (1493), 1071-1086.

Pulvermüller, F., Huss, M., Kherif, F., del Prado Martin, F. M., Hauk, O. & Shtyrov, Y. (2006) Motor cortex maps articulatory features of speech sounds, *Proceedings of the National Academy of Sciences*, 103 (20), 7865-7870.

Stevens, K. N. & Keyser, S. J. (2010) Quantal theory, enhancement and overlap, *Journal of Phonetics*, 38 (1), 10-19.

Studdert-Kennedy, M., Liberman, A. M., Harris, K. S. & Cooper, F. S. (1970) Motor theory of speech perception: A reply to Lane's critical review, *Psychological Review*, 77 (3), 234-249.

Tanenhaus, M. K., Spivey-Knowlton, M. J., Eberhard, K. M. & Sedivy, J. C. (1995) Integration of visual and linguistic information in spoken language comprehension, *Science*, 268 (5217), 1632-1634.

Tyler, L. K. & Wessels, J. (1983) Quantifying contextual contributions to word-recognition processes, *Attention, Perception, & Psychophysics*, 34 (5), 409-420.

Warren, R. M. (1970) Perceptual restoration of missing speech sounds, *Science*, 167 (3917), 392-393.

# 第六章 语音合成和识别
## ——语音学在言语工程技术中的应用

林焘（1999：1-3）曾指出，推进新中国语音学发展的有两个重要的相关领域，一个是语音教学，特别是汉语普通话的教学，另一个是迅猛发展的言语工程技术。本章专注语音学在言语工程技术中的应用。其中语音合成技术和语音学的结盟比语音识别早，两个领域的研究工作者合作共事的时间长，文-理交融的成果较为显著。本章重点阐述汉语的语音合成。第一节介绍语音合成技术的发展历程；第二节介绍语音合成的计算机模型；第三节介绍当前的技术水平和展望。从语音学在言语工程技术中的应用来看，语音识别和语音合成有相似和相异之处。在声学处理阶段，都以语音的频谱参数为依据；但在语言学处理阶段，语音合成关注语言的短语结构和焦点设置，语音识别关注音素、音节和词的结合概率等统计特征。第四节阐述语音识别的原理和现状。第五节总结全章内容。

## 6.1 史的叙述

语音合成是通过机械的、电子的方法产生人造语音的技术（特拉斯克，2000）。1779年俄国人克拉岑斯坦试验并设计出产生五个元音［A, E, I, O, U］的共鸣器（图6.1）（Ohala, 2011），证明了口腔共鸣产生元音的机制。克拉岑斯坦因此获得了彼得堡皇家科学院学院奖。

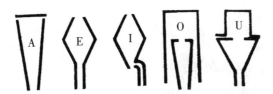

**图6.1 克拉岑斯坦设计成功的元音共鸣器**

1791年肯佩伦发明了讲话机，他用长达430页的专著描述他的机器，包括设计图。讲话机的外观如图6.2所示，工作过程的描述参见吕士楠等（2012）。21世纪初，为纪念肯佩伦对语音学的卓越贡献和他的讲话机的重大发明，举行了国际会议（2004年3月11-13日，布达佩斯），以缅怀这位伟大的发明家。

**图6.2 肯佩伦讲话机**

由于语音合成技术的突破性进展,目前语音合成已走出实验室,进入市场。互联网上许多热心人在欢呼"人类百年梦想"实现了。但是,马大猷(1990)指出,中国人发明的讲话机要比它早得多。古希腊人相信语言是神赐予的,"会说话"的神像引起了不少人的顶礼膜拜;我国唐朝也有利用木和尚"说话"来化缘的故事。

这个故事记载在唐朝的《朝野佥载》中。文字简短,描述生动,转载如下:"将作大匠杨务廉甚有巧思,尝于沁州市内刻木作僧,手执一碗,自能行乞。碗中钱满,关键忽发,自然作声云'布施'。市人竞观,欲其作声,施者日盈数千矣。"作者张鷟是唐代文学家(660—740),调露进士,任司门员外郎。开元中,流放南岭,撰有《朝野佥载》《龙筋凤髓》等书。这个记录,少说也要比肯佩伦早 1 150 年。那么今天的语音合成技术得到广泛应用,说"千年梦想"实现了,也不为过。

语音合成经历了机械式、电子式和计算机语音合成器三个阶段。

机械式语音合成器除了肯佩伦的讲话机器以外,还可以举出图 6.3 所示的欧风尼雅讲话机,它是 1835 年由法贝尔发明的。操作员面对的是一个键盘,她的左边是发音机构。气流由与脚踏板相连的风箱提供。气流通过簧片哨产生基频。调音系统由上下颚、舌和可以联合控制声道截面积的组合挡板组成。不同语音的调音组件的位置事先调整好,与键盘指定的按键相连接,如图 6.4 所示。它可以发出 [a]、[o]、[u]、[i]、[e]、[l]、[r]、[v]、[f]、[s]、[ʃ]、[b]、[d]、[g] 等 14 个音素。操作员可以用键盘,不但能说话,还可以唱出 "God Save the Queen" 这样的歌(Traunmüller,1997)。这种讲话机只能作为皇家宫廷中的玩物,很少有实用价值。

 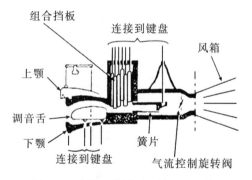

图 6.3　欧风尼雅讲话机　　　　　图 6.4　欧风尼雅讲话机的原理结构

电子式语音合成器与机械式不同,它不拘泥于人的讲话过程的仿真,没有取代肺功能的风箱,以及调音的人工嘴,而是用电子技术产生对应于实际语音的电信号。它摒弃了对人类说话的生理过程的模拟,而是着眼于最终的结果,所以被称为"终端语音合成器"。它的理论基础被后来的方特总结为源-滤波器模型(Fant,1960)。电子式语音合成器的代表作是 1939 年轰动世界的图德利的 VODER。图 6.5 和图 6.6 分别图示它的工作原理和结构(Dudley et al.,1939)。

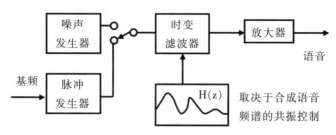

图 6.5　VODER 的工作原理

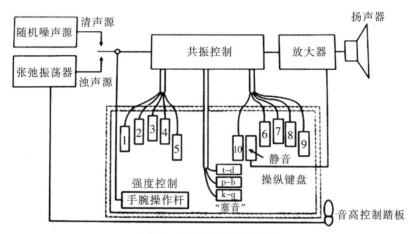

图 6.6　VODER 的原理结构

VODER 用一个脉冲发生器来模拟产生浊音的声带振动，激励源脉冲频率和浊音的基频一致。清音用一个噪声发生器来模拟。声道对声源的调制作用用一个多通道的时变滤波器组来模拟。它容许某些频率成分的声音通过，其余的被阻止，使得其输出具有目标语音的频谱特性。滤波器组的输出经过放大后，通过扬声器放音，得到合成语音。这样做的好处是在语音远程通信中不需要把完整的语音信号通过线路传输到接收端，而只要将基频值和语音的谱参数传输出去就可以了。基频的变化通常是缓慢的，谱参数也只要传递前三个共振峰的值就可以恢复成能听懂的原始语音，这就大大减少了信号的传输量。也就是压缩了传输频带，使得在一条线路上可以同时传输多路信号。这是声码器的起源，具有重大的实际意义。VODER 的结构简图如图 6.6 所示，由图可见，基频是由右下角的踏脚板控制的，手腕操作杆控制声音的强度，带数字的十个键分配给十个手指，用于控制不同的共振频率，爆破音有单独的键控制。

这种终端语音合成器，如果采用数字方法，利用计算机实施，比模拟方法要方便且灵活得多。随着计算机运算速度的不断提高，以及存储空间限制的不断突破，利用计算机合成语音的技术越来越普及。目前不但 PC 机可以合成语音，手机也可以合成了。但说到计算机的语音合成，最具影响力的合成器，还是要举出 KLATT 合成器（Klatt，1987）的例子。它是一个串/并联的共振峰合成器，其原理见图 6.7。由图可见，它有一个串联的共振峰合成通道（右上方）作为常规的浊音合成通道，串联通道包含五个频率和带宽都可以调节的共振器。同时有鼻腔和声门下气管的零、极点调节，达到合成鼻音和声门下器官共鸣对合成语音的调制的目的。当它们零点和极点的参数设置成同样的数值时，因为零极点的作用相互抵消，相当于鼻并联通道或声门下共鸣对语音合成没有作用。从图 6.7 左上角可以看到有三个可以选择的脉冲声源，由于语种或说话人的个性不同，选择合适的脉冲声源，对改善语音品质有好处。在图 6.7 的最下方，有一组并联共振器，它们用于合成清音，清音虽然没有明显的共振峰，但形式上还是借用共振频率和带宽来模拟它的谱特征，全通回路是为模拟爆破音除阻瞬间的谱特征而设计的。有一个摩擦噪声发生器提供清音声源。在图 6.7 的中央，有一组并联共鸣器，它是一个完整的并联型语音合成器，相当于霍尔姆斯合成器（Holmes et al., 1964）。一般不用，只有必须利用并联合成器才能奏效时（如在串联通道中即使设置了鼻和气管的零极点，也没有得到理想的合成效果时），才需要启动并联合成器。这个并联型合成器有可能解决一些特殊辅音的合成问题。

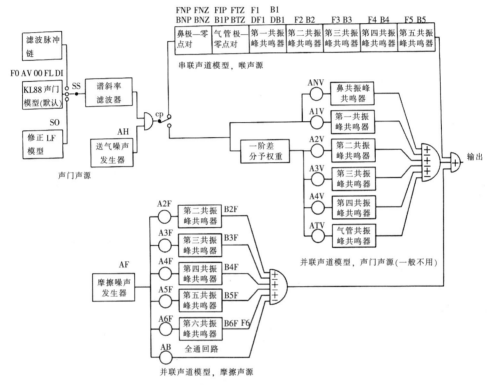

图 6.7　KLATT 语音合成器的原理框图

基于计算机的汉语语音合成研究，起始于上世纪 60 年代。由于我国闭关锁国政策的影响，造成了计算机科学的研究和计算机的普及应用严重落后的局面，一些汉语语音合成研究的开拓者都是利用"文革"后国门开放的机遇，在国外完成的，如李子殷（李子殷，1981）、黄泰翼（Huang et al., 1982）等。此后不久，开始有一些小型机和 PC 机进口，在国内也出现了汉语语音合成的研究工作，最早开始研究汉语语音合成的是中国社会科学院语言研究所的杨顺安（杨顺安，1994）。此后，相继有一大批科技工作者投入这项研究工作，表 6.1 列出了这个时期有影响的研究结果，包括研究者的姓名、研究单位、合成方法和代表性作品。

表6.1 汉语语音技术的发展概貌（引自吕士楠等，2012）

| 时间 | 作者 | 研究单位 | 合成原理 | 典型合成结果 |
| --- | --- | --- | --- | --- |
| 1980 | 李子殷 | 西德达姆斯塔特邮电所 | 双音素共振峰合成 | "声学所五定"报道 |
| 1982 | 张家騄 | 瑞典皇家理工学院 | 串联共振峰合成 | "北风与太阳"寓言 |
| 1982 | 黄泰翼 | Case Western Reserve | 线性预测合成 | 暂缺 |
| 1984 | 杨顺安 | 社会科学院语言研究所 | 串联共振峰合成 | "刻舟求剑"寓言 |
| 1985 | 赵伯璋 | 航天部710研究所 | 线性预测合成 | "系统介绍"，古诗 |
| 1986 | 吕士楠 | 中国科学院声学研究所 | 并联型共振峰合成 | "北风与太阳" |
| 1987 | 党建武 | 天津大学计算机系 | 波形拼接 | 地震语音报警系统 |
| 1989 | 崔成林 | 中国科学院声学研究所 | 多脉冲线性预测合成 | "桥梁专家茅以升" |
| 1989 | 罗万伯 | 四川大学计算中心 | 线性预测合成 | 暂缺 |
| 1992 | 石波 | 英国伦敦大学 | 并联共振峰规则合成 | "北风与太阳" |
| 1992 | 许军 | 北方交通大学信息研究所 | 波形拼接 | 航空港指挥系统 |
| 1993 | 吕士楠 | 中国科学院声学研究所 | 串并联型共振峰合成 | "空城计" |
| 1993 | 蔡莲红 | 清华大学计算机系 | 波形拼接 | "我家有个小弟弟" |
| 1993 | 倪宏 | 中国科学院声学研究所 | 多脉冲激励线性预测合成 | "桥梁专家茅以升" |
| 1993 | 李彤 | 中国科学院声学研究所 | 声韵母混合编码合成 | "合成系统介绍" |
| 1994 | 初敏 | 中国科学院声学研究所 | 基音同步叠加波形拼接 | "修复圆明园围墙" |

从1980年开始的20年中，汉语语音合成技术取得了显著的进步，表现在合成语音的品质有了突破性的提高，如图6.8所示。

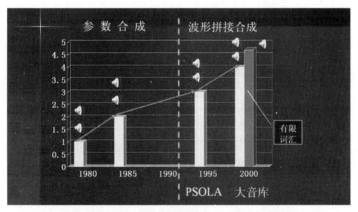

图6.8 汉语语音合成技术的进步（引自吕士楠等，2012）

图6.8纵坐标表示主观印象得分（Mean Opinion Score，MOS），从5分到1分分别表示"优、良、中、差、劣"。参数合成指共振峰参数和线性预测参数的合成技术。共振峰合成技术，如KLATT合成器，前面已有所阐述；线性预测（LPC）参数合成，本质上是一种编码技术，它基于在一个"时不变系统"中，信号的当前值 $y(n)$ 可以用之前的若干个值 $y(n-1)$，$y(n-2)$，$y(n-3)$，$\cdots y(n-m)$ 的线性组合来预测的原理。即：

$$y(n) = a_1 \times y(n-1) + a_2 \times y(n-2) + a_3 \times y(n-3) + \cdots + a_m \times y(n-m) + e$$

其中 $a_1$，$a_2$，$a_3$，$\cdots a_m$ 是预测系数，可以通过对语音信号的线性预测分析程序计算得到。$e$ 是预测误差。虽然语音信号是一个时变信号，但通过加窗、分帧方法，周期性重复时间窗中的信号，向 ±∞ 无限延拓，使它成为时不变信号，得到短时语音信号的一组预测系数。随着时间窗的有规则推移，得到一组二维的预测系数，即随时间变化的预测系数组。按时长的不同，它可以表示音素、音节、词等语音信号。在接收端利用上式可以恢复原始信号。在实际工作时，和共振峰合成器一样，需要设定声源，即激励信号 $x(n)$。线性预测合成的计算公式为：

$$y(n) = a_0 \times x(n) + a_1 \times y(n-1) + a_2 \times y(n-2) + a_3 \times y(n-3) + \cdots + a_m \times y(n-m) + e$$

其中 $a_0$ 为系统的增益。

这类参数合成技术在参数提取和重新合成的过程中难免会造成信号的损伤和语音清晰度的降低。波形拼接合成指将真人的录音剪切、编辑、重新拼接得到目标言语的技术。它本质上是数字录音和波形检索两种技术的结合产物。由于汉语音节性比较强及音节数目比较少的缘故，波形拼接合成很容易达到汉语无限词汇合成的目标。最初的实验系统表明，因为它避免了参数合成（共振峰和 LPC 参数）中波形重建不可避免的"机器声"，在合成一些宽焦点的语句时，给人良好的印象。但在基于汉语基本音节的波形拼接合成系统中，由于失去韵律控制，也难免出现一些极端平淡或让人听起来啼笑皆非的合成语音。

基音同步波形拼接合成（PSOLA）时语音的音段是取自真人的录音，但在合成时具有超音段特征的调节能力。其中音高调节是核心，其基本原理如图 6.9 所示。时长的改变可以通过增加或删除语音平稳段的完整周期波形实现。音强的控制由直接调节相关波形的振幅实现。这种方法既保留了真人语音的音色，又实现了词、短语和句子级的韵律控制的目的。这个系统在第二届全国现代语音学学术会议（1994，北京）和第三届全国人机语音通信学术会议（1994，重庆）上得到了好评。

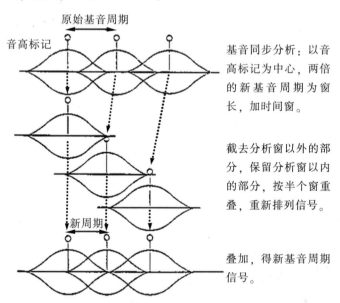

**图 6.9　PSOLA 改变基频的原理图**（引自 Moulines & Charpentier，1990）

基于大规模语音库的真人语音的拼接合成，与基本音节的简单拼接有重大区别。它在选择拼接单元时充分考虑到拼接单元的语音特征是不是符合目标言语的要求。它的语音库要求足够大，以覆盖不同语音特征的拼接单元；并且要有良好的选音策略，找到最符合目标语句语义、语用要求的拼接单元进行拼接。拼接单元往往是不等长的，选用较长的拼接单元，减少拼接点，可使合成语音更流畅。基于大规模的语音波形拼接的合成技术的细节可参见吕士楠等（2012）。

由图 6.8 可见，大规模语音库波形拼接合成的语音品质达到了相当高的水平，对于有限词汇的合成应用，如天气预报，可以达到以假乱真的程度。听众对合成语音的态度，从好奇和欣赏转变到愿意接受它、使用它。在语音学和声学的基础研究和应用研究取得成功的基础上，相继出现了一些语音技术公司，开发新的合成系统，推广应用技术，语音合成技术出现了欣欣向荣的局面。图 6.8 中给出了不同时期的合成样品，读者可以向本章作者索取（电子邮箱地址：lu_shinan@163.com），以听到它们的声音。

## 6.2 语音合成的计算机模型

由上面的阐述可知，计算机是最有效的合成语音的工具。有三种基于计算机的语音合成模型，分述如下：

### 6.2.1 声学模型

所谓声学模型就是上面阐述的，基于言语生成的源-滤波器原理的终端语音合成模型。利用计算机模拟语音生成的两种声源和声道的共鸣功能，与人类语音生成的生理过程无关。典型的是上述 KLATT 语音合成器的工作原理，这里不再赘述。声学模型是目前主流型的语音合成模型，虽然合成器的工作方式有许多种类，如共振峰合成器、线性预测合成器、波形拼接合成器、隐马尔科夫合成器，但它们都基于 Fant 的言语产生的源-滤波器理论。

### 6.2.2 生理学模型

它模拟人的语音生成的生理过程，利用一套发音器官运动的状态参数控制计算机语音合成，如图 6.10 所示。

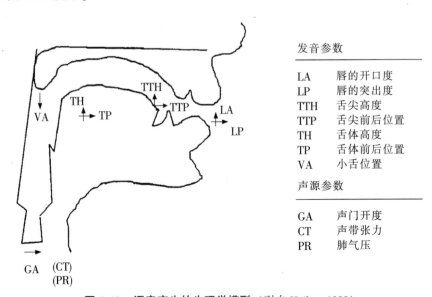

图 6.10 语音产生的生理学模型（引自 Heike, 1980）

控制声源的有声门的张开度、声带的张力和声门下的肺气压力。声道中各个发音器官与发音有关的特征点的位置坐标参数也一起罗列在图中。

由于生理参数的测量和调试较困难，而且它是通过由发音器官的位置参数估计出声道的横截面积，再转换为共振峰参数来合成声音的，声道各点的断面形状不规则，发音时的变化更加复杂，难以准确计算；而且声道截面积与共振峰的关系并不是一一对应的，是多对一的关系，所以在实验室里虽然也建成了发音参数合成器的范例，但是在实际应用中，与声学模型相比，生理学模型缺乏竞争力。

### 6.2.3 心理学模型

语言是人类特有的思维和交际工具，语音是用来交换思想的，因此语音是起源于"思维"的。计算机语音生成的心理学模型最贴近人类语音产生的实际过程，因而也是最完美的计算机模型。它的特点是用大脑神经细胞的激活状态参数来控制计算机语音生成程序，发出表达思维的语音。心理学的研究很长时间都依赖外围的"行为"观察，以此来推导、猜测大脑的工作过程，如认知、注意、记忆等，缺乏直接观察大脑神经活动的技术手段。可喜的是，上世纪末出现的核磁共振技术，通过脑血管血流量的观察，看到相关脑细胞束的激活状态。最引人注目的是美国波士顿大学 Guenther 教授的研究，他在总结 20 多年来神经科学研究的基础上，梳理出神经细胞束和发音器官运动的对应关系，提出了指向发音器官运动速度（Directions into Velocities of Articulators）的言语习得和产生的神经网络模型 DIVA（Guenther et al., 2006）。DIVA 发音器官和神经解剖学的匹配关系如图 6.11 所示。

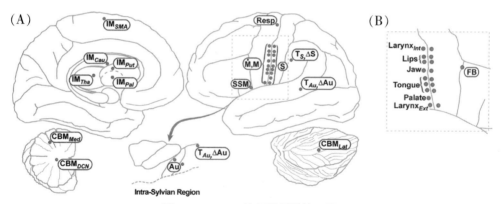

**图 6.11　DIVA 神经解剖学的匹配**

（A）DIVA 模型分量（黑点）的位置被画在左半脑的图形。中间的区域呈现在左边，侧面的区域在右边。
（B）右半脑侧面罗兰多和下额区的简图。左半脑相应对侧区在 A 中用虚线框出。右半脑图形演示负反馈控制神经族的位置，以及发音器官的运动和体觉表示的位置。

附注：ΔAu：听觉错误神经族　　　ΔS：体觉错误神经族　　　Au：听觉状态神经族
　　　CBMDCN：小脑深内核　　　CBMLat：小脑侧面　　　CBMMed：中央小脑
　　　FB：负反馈控制神经族　　　IMCau：尾状初始神经族　　　IMSMA：辅助区初始神经族
　　　IMTha：脑丘初始神经族　　　IMPal：苍白球初始神经族　　　IMPut：硬膜初始神经族
　　　LarynxInt：喉固有　　　LarynxExt：喉非固有　　　M：发音器官位置神经族
　　　M：发音器官速度神经族　　　Resp：呼吸运动细胞　　　S：体觉状态神经族
　　　SSM：言语声神经族　　　TAu：听觉目标神经族　　　TS：体觉目标神经族

由图 6.11 可见，与发音器联系密切的神经束主要分布在右半脑侧面罗兰多和下额区。

图中表明了与喉（Larynx）、唇（Lips）、下腭（Jaw）、舌（Tongue）、上腭（Palate）位置和速度相关的神经束的位置。原理上，当我们想说什么话时，相应的神经细胞会按音素序列有序地被激活，如果在计算机中将这些神经束的激活状态与一个发音参数合成器连接在一起，计算机就可以发出表达思想的言语。如果实现了这一设想，霍金教授就可以抛弃键盘，随心所欲地和健康人一样讲课了。这就是计算机言语生成的心理学模型。因为本章不是专题讨论言语产生的心理学模型，挂一漏万，有许多偏颇的地方。若读者对此兴趣，建议阅读 Golfinopoulos 等（2010）。

## 6.3 语音合成技术现状和展望

从现有的技术水平来看，无疑是声学模型占主导地位。在这个模型的控制下，在一些特定场合，已可以达到与真人说话无异的水平。二十世纪六七十年代，考虑计算机的语音合成，计算机的运算速度和存储空间是重要因素。今天由于计算机技术的迅猛发展，尤其是"云"技术的出现，运算速度和存储空间都不再是问题。这也是基于大规模语料库的波形拼接合成仍具有生命力的原因。这种合成方法具有与构建语音库时的发音人非常接近的音色和言语的风格特征，自然度好。但占用的计算机存储空间大，改变音色困难。参数合成正好相反，储存参数的空间小，改变合成语音的音色和语调都很容易，但目前自然度尚不够理想。

在参数合成中，经典的共振峰合成器已大不如 KLATT 合成器年代红火了，隐马尔科夫合成受到工程技术界更多的青睐。隐马尔科夫合成的原理如图 6.12 所示。

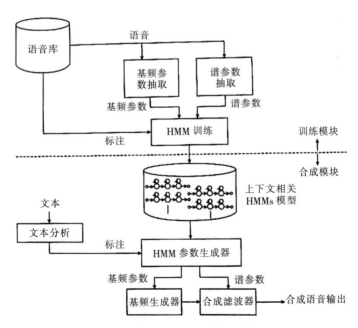

图 6.12　基于 HMM 的语音合成系统（引自 Zen et al., 2007）

如图 6.12 所示，系统包括训练部分和合成部分。训练部分是要为每一个在不同言语环境中的合成单元，如音素，通过训练建立各个状态的激励参数和谱参数的分布和状态时长的 HMM 模型。合成部分是利用训练得到的上下文相关的 HMM 模型，将待合成文本

（text）做文本分析，并进行上下文信息标注。然后根据带标注的文本序列，从上下文关联的 HMM 库中顺序取出相应的 HMM 模型，拼接起来成为语句的 HMM 的状态转换序列，即激励参数和各阶美尔倒谱系数序列。通过激励发生器和合成滤波器得到合成言语。

展望语音合成技术的发展，心理学模型是最合理的。在这个模型中，语音和思维是完全一致的，只要计算机和人脑充分融合，即脑神经束的状态被计算机完整地接收，就可以实现心里想什么，计算机就说什么的目标。但是，目前通过血流量测定神经束的激活状态还是很粗糙的，因为位置测量精度在 2mm 左右，强度是通过颜色深浅的比较，也不是精确的度量。新的研究发现，大脑对发音器官的控制不是由单独的神经束完成的，而是若干个处于不同激活状态的神经束整合的结果，这无疑是一个异常复杂的过程。虽然离这个模型的实现还有很长的距离，这一由人脑控制的"讲话机"的梦想一定能实现。

## 6.4 语音识别

语音识别被定义为"能对人的言语作出适当响应的计算机程序所完成的任务"（特拉斯克，2000）。这些任务包括最初研究语音识别的动因，即"言语打字机"，以及以后发展的形形色色的言语控制系统，如口语翻译系统，其共同特点是以语音作为计算机任务的触发源。

最初的语音识别技术是基于语音的频谱特征，典型的是共振峰特征和简单的模板匹配方法。1952 年 AT & T Bell 实验室实现了单一发音人、孤立发音的十个英文数字的语音识别系统（Davis et al., 1952）。1959 年中国科学院声学研究所利用梳状滤波器组，完成了汉语普通话十个元音的识别。1960 年英国伦敦大学研究成功第一个有限词汇、认人的计算机语音识别系统（Fry & Denes, 1959）。此后在词汇量和运算识别效率上都有很大的进步。如 1980 年 IBM 公司研制的 Tangora-20000（Averbuch et al., 1987），词汇量已扩展到 20 000，语言打字的速度可以与人工打字员竞争。但是这一类认人的、孤立词的语音识别器并没有得到大范围的推广应用。因为原本流畅的人类言语，说给机器听，就得一个词一个词分着说，这是用户不情愿的事。1988 年，卡内基梅隆大学的美国华裔科学家李开复最先实现了基于隐马尔科夫模型（HMM）的大词汇、非特定人、连续语音识别系统 Sphinx（Lee & Reddy, 1988），使语音识别逐步进入应用领域，达到实用化的目标。

基于 HMM 的语言识别技术是一种统计算法，分声学处理和语言学处理两个阶段。在声学处理中，因为我们能观察到的是语音的声学参数，在模型中称为观察矢量，记为 $O = \{O_1, O_2, O_3, \cdots\cdots\}$。设被识别语言的音素集为 $PH = \{PH_1, PH_2, PH_3, \cdots\cdots\}$。首先找与 O 相对应的诸音素 $PH_1$，$PH_2$，$PH_3$，……的概率，建立识别模型，并认定其中具有最大概率的音素 $PH_n$ 为对应于 O 的识别结果。即

$$PH = \mathrm{argmax} P(PH|O)$$

通过贝叶斯公式，上式可以改写为：

$$PH = \mathrm{argmax} \frac{P(O|PH) \, P(PH)}{P(O)}$$

由于对于确定的输入串 O，P(O) 是确定的，省略它并不会影响上式的估计结果。因此，一般来说，语音识别的基本公式表示为：

$$PH = \mathrm{argmax} P(O|PH) \, P(PH)$$

其中 $P(O|PH)$ 表示某一音素出现某一观察矢量的概率，通过训练得到被识别语言中每个音素 $P(O|PH)$ 的统计模型。$P(PH)$ 是音素集中出现某个音素 PH 的概率，也容易从训练集中统计得到。通过声学处理我们可以得到观察矢量和音素之间的映射关系。观察矢量目前普遍采用听觉计权的美尔倒谱系数。一个语音识别系统的框架结构和声学解码结果的实例分别如图 6.13 和图 6.14 所示。

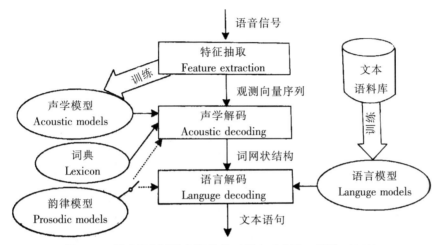

**图 6.13** 语音识别器的框架结构（引自王士元、彭刚，2006）

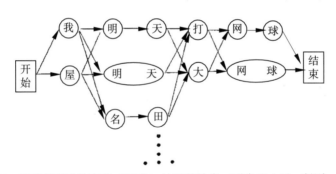

**图 6.14** 声学处理后的音节（汉字）的网状输出（引自王士元、彭刚，2006）

语言学处理也同样基于统计方法，统计语言中音节、词等不同语言单元的结合概率，有二元语法、三元语法和多元语法等。用维托比算法搜索概率最大的路径，得到最后的识别结果，如图 6.14 位置最高的路径所示。

在语言识别中，过去大都基于语音的音段频谱特征，对其他的声学特征关注较少。2004 年华裔科学家李景辉提出进一步充实语音学知识的语音识别新方案（Lee, 2004）。他的识别系统的特点是，除了谱特征以外，还检测元音性（vowel）、鼻音性（nasal）、塞音性（stop）、擦音性（fricative）、近音（通音）性（approximant）等广泛的语音特征，如图 6.15 所示。

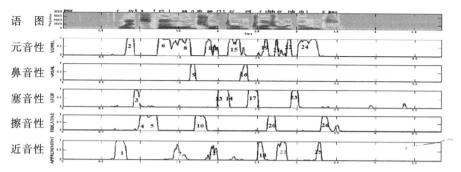

**图 6.15** 句子 "*RATES FELL ON SHORT TERM TREASURY BILLS*" 的检测曲线

这些特征的检测结果用语音学知识分析、判断识别结果的合理性，可以有效地纠正某些错误。他举出一个很有说服力的例子。在句子 "*if the Fed pushes the dollar higher, it may curb the demand for U.S. exports*" 中，短语 "*it may curb*" 最初被误判为 "*and maker of*"。如图 6.16 所示，最上面的分图是短语的波形，第二分图是帧能量，$F_0$ 曲线在第三个分图中。识别的音子和词序列分别报告在第四和第五分图，引用的音子和词的转写分别显示在第六和第七分图。他们发现，短语的中间词 "maker" 的识别结果，与相关的第二和第三分图的测量结果有冲突，即：(i) 音段 "ker" 的 $F_0$ 与前面的音段 "ma" 比较起来太高，词的强调音节一般位于词的中央，而不是结尾；(ii) 在 "maker" 中，塞音 60 毫秒的 "声门闭合" 时间太长。这应该是一个清塞音 "持阻" 段。这些追加的语音特征纠正了将 "*it may curb*" 识别为 "*and maker of*" 的错误。

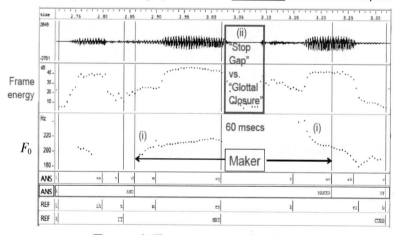

**图 6.16** 短语 "*it may curb*" 的识别结果

有趣的是，回顾图 6.13，王士元将语音识别器框架结构描绘成除了一般识别器中采用的声学模型外，还包含韵律模型，语音学家的远见卓识可见一斑。

本节从语音学在语音识别中的应用的角度阐述了语音识别技术的概貌，包括语音识别的任务、识别原理和识别过程，以及当前的学术动态等，特别是与语音学的关系。想了解语音识别技术细节的读者可以阅读包含语音识别技术的专著（杨行峻等，1995；Huang et al.，2001；蔡莲红等，2003；韩纪庆等，2004）。

## 6.5 总　结

语音学在现代实验技术的推动下，由"口耳之学"发展为现代实验语音学。特别是近20年，计算机的语音采集、语音分析和语音数据库的建立，使得语音学的研究不再是单纯依靠少数语音学家悟性的理性主义研究，而是发展成为以数据为基础的经验主义研究。人们对语音的认识也越来越客观了，具有更多的自然科学色彩，因此与工程技术的关系更加密切了。语音识别和合成是语音学在言语工程技术中的两个典型应用。它们都是在语音的声学特征用现代实验技术获得足够知识的基础上实现的，如共振峰特征、音轨的发现。随之产生工程应用，如流行一时的共振峰合成器，以及语音识别开始阶段的共振峰识别器等。语音的时变特征和随机特征一直困扰着语音技术的发展。由于语音合成受这两方面的影响较小，即使计算机只能产生一个人或几个人的语音，它都会有应用价值。而一个"认人"的语音识别器的应用会受到很大的限制，这就是语音合成技术率先得到应用的原因。基于统计方法的隐马尔科夫模型较好地解决了语音的时变性和随机性问题，使语音识别技术也相继获得实际应用，但在稳健性上还有进一步提高的必要。基于隐马尔科夫模型的合成技术，在产生多音色和情感表达方面具有优势，但目前遇到言语韵律知识贫乏的障碍，迫切需要加强对韵律的研究，使能够灵活控制合成语音韵律的隐马尔科夫模型发挥应有的积极作用。

**参考文献**

蔡莲红、黄德智、蔡锐（2003）《现代语音技术》，北京：清华大学出版社。
韩纪庆、张磊、郑铁然（2004）《语音信号处理》，北京：清华大学出版社。
李子殷（1981）合成无限词汇的汉语语言的初步研究，《声学学报》第6卷第5期。
林焘（1999）中国现代语音学的形成与发展，《现代语音学论文集》，北京：金城出版社。
吕士楠、初敏、许洁萍、贺琳（2012）《汉语语音合成》，北京：科学出版社。
马大猷（1990）物理学进入了生命科学，《马大猷科学论文选集》，北京：中国科学院声学所。
特拉斯克，R. L. （2000）《语言学和音系学词典》，语音学和音系学词典编译组译，北京：语文出版社。
王士元、彭刚（2006）《语言、语音与技术》，上海：上海教育出版社。
杨顺安（1994）《面向声学语音学的普通话语音合成技术》，北京：社会科学文献出版社。
杨行峻、迟惠生等（1995）《语音信号数字处理》，北京：电子工业出版社。

Averbuch, A. *et al.* (1987) Experiment with the Tangora-20000 word speech recognizer, *IEEE Int. Conf. on Acoust.*, *Speech and Sig. Proc.*, 701-704, Dallas, TX, USA.

Davis, K. H., Biddulph, R. & Balashek, S. (1952) Automatic recognition of spoken digits, *J. Acoust. Soc. Am.*, Vol. 24, No. 6, 627-642.

Dudley, H., Riesz, R. R. & Watkins, S. A. (1939) A synthetic speaker, *J. Franklin Inst.*, 227.

Fant, G. (1960) *Acoustic Theory of Speech Production*, Mouton & Co. Printers.

Fry, D. B. & Denes, P. (1959) The design and operation of the mechanical speech recognizer at university college London, *J. British Inst. Radio Engr.*, Vol. 19, No. 4, 211-229.

Golfinopoulos, E., Tourville J. A. & Guenther, F. H. (2010) The integration of large-scale neural network modeling and functional brain imaging in speech motor control, *NeuroImage*, 52, 862-874.

Guenther, F. H., Ghosh, S. S. & Tourville, J. A. (2006) Neural modeling and imaging of the cortical interactions underlying syllable production, *Brain Lang*, 96, 280-301.

Heike, G. (1980) Artikulatorische synthese, *IPKöln*, Nr. 10.

Holmes, J. N., Mattingly, L. G. & Shearme, J. N. (1964) Speech synthesis by rule, *Language and Speech*, Vol. 7.

Huang, T., Wang C. & Pao, Y. (1982) A Chinese text-to-speech synthesis system based on initial-final model, *Proc. ICASSP*-82.

Huang, X., Acero, A. & Hon, H-W. (2001) *Spoken Language Processing: A Guide Theory, Algorithm, and System Development*, Prentice Hall.

Klatt, D. H. (1980) Software for a cascade/parallel formant synthesizer, *J. Acoust. Soc. Am.*, 67.

Klatt, D. H. (1987) Review of text-to-speech conversion for English, *J. Acoust. Soc. Am.*, 82 (3).

Lee, C-H. (2004) From knowledge-ignorant to knowledge-rich modeling: A new speech research paradigm for next generation automatic speech recognition, *Proc. Interspeech*, 109-112, Jeju Island, Korea.

Lee, C-H. (2012) An information-extraction approach to speech analysis and processing, *Proc. Interspeech*, 25, Portland, Oregon, USA.

Lee, K. & Reddy, R. (1988) *Automatic Speech Recognition: The Development of the Sphinx Recognition System*, Kluwer Academic Publishers, Norwell, MA, USA.

Moulines, E. & Charpentier, F. (1990) Pitch-synchronous wave-form processing techniques for text-to-speech synthesis using dophones, *Proc. Icassp*-90.

Ohala, J. J. (2011) Christian gottlieb kratzenstein: Pioneer in speech synthesis, *Proc. ICPhS XVII*, Hong Kong.

Traunmüller, H. (1997) Wolfgang von Kempelen's speaking machine and its successors, Stockholms University, 2010-3-12, http://www.ling.su.se/staff/hartmut/kemplne.htm.

Zen, H. & Yamagishi, J. *et al.* (2007) The HMM-based speech synthese system version 2.0, *Proc. of ISCA SSW6*, Bonn, Germany.

# 第七章  第二语言教学与习得中的语音研究

第二语言教学,指的是"非母语"教学①。第二语言教学跟实验语音学乃至普通语音学的渊源,即使从现代语言学的角度来看,也是很久远的。比如说国际语音学会及国际音标(IPA)正是 19 世纪在欧洲外语教师的倡议和努力下形成的;现代语音学的先驱者之一丹尼尔·琼斯的代表作《英语语音学大纲》(Jones,1918)也正是为教外国人学英语而写的。琼斯更早时期出版的《语调曲线》更是充分利用音叉来定音调高低,将全部音高曲线画在五线谱上(Jones,1909)。我们甚至可以说,20 世纪 80 年代以前的英、美语调研究,其成果主要是在第二语言教学领域(Palmer & Blandford,1922;Kingdon,1958;Halliday,1970;等等)。毫无疑问,第二语言教学中的语音研究促进了现代语音学的发展。

近数十年来,随着第二语言习得研究的兴起②,语音学获得了更多的、新的关注点及研究方向。本章的主要目的不在具体而微地总结第二语言(下文或简称"二语")教学/习得领域的语音研究成果,而是概要性地介绍该领域有代表性的一些发现或观点。

## 7.1  二语教学语音研究的基础:对比分析

对比分析理论(Contrastive Analysis,简称 CA)③ 是由 Lado(1957)在他的专著《跨文化的语言学——面向语言教师的应用语言学》一书中提出的。

该书构建起了第二语言教学的首个理论框架。全书共六章。第一章谈语言及文化系统对比的必要性,二到六章分别谈如何进行语音系统对比、语法结构对比、词汇系统对比、书写系统对比和文化对比。其中,语音对比一章篇幅最长,占全书三分之一强。

Lado 认为,解决外语学习难易的关键在于对母语和外语的异同进行有系统的对比。他设想通过对比来预测外语学习的难点和非难点;由此出发才可进行有针对性的、高效率的教学,包括教学内容确定、教材编写、考试命题等等。

除了系统对比(compare systems)这个主张以外,他还提出了一些重要的基本概念,如习惯系统(a system of habits)、母语音系迁移(transfer of native sound system)、感知盲点(perception blind spot)、问题分析(problem analysis)等等。Lado(1957)对语音项目的分析相当全面,从元、辅音到重音、节奏、语调,甚至还关注到了音渡和词边界。书中还举了许多在教学和研究中发现的第二语言语音学习的难点。有些难点/问题至今仍是有关二语语音研究关注的话题。正如他的老师 Charles C. Fries 所说,该书的出版使外语教学研究的重点从对方法和技巧的关注转移到了对教学基础材料或内容的关注(Lado,1957:V)。

---

① 第二语言是与第一语言相对而言的,通常情况下,它最有可能是外语(第一外语),但也有可能不是。其性质主要视第一语言而定;而第一语言——除非特殊情况——基本上就是母语。第二语言教学这项工作自古就有。两千多年前的孟子(前372—前289)曾以楚人学齐语为例,说明环境对学习外语及其他事情的重要性(《孟子·滕文公下》);差不多同时代的西方马其顿帝国国王亚历山大也公开鼓励面向非希腊人的希腊语教学(Robins,1967:18)。

② 第二语言教学注重"教"的研究,第二语言习得注重"学"的研究,两者同源,本书不做严格区分。

③ 也有人称之为对比分析假说(Contrastive Analysis Hypothesis,简称 CAH)。

Fries 和 Lado 都认为学好外语的过程是发展新的语言习惯的过程，在这一过程中必然会产生与母语习惯相冲突的地方。他们还提出：孩子学习母语，不仅是能动地习得那些有区别功能的单位，同时也学会忽略其他无意义的单位。某种程度上，他们形成了一套"盲点"系统。这套系统会阻碍他们对母语区别特征所没有的信息产生反应。学习第二语言，难就难在习惯的养成/重建，而二语教学的基本目标则是克服盲点。

　　对比分析的语音研究，其程式大体如下：首先描写母语和第二语言的音系；然后找出二语中有而母语里没有的语音要素；最后进行分析或/和难点预测。如果与实践结合得紧密一些，还会整理出相应的语音练习材料以供教学试验和训练（Whitman，1970；钟荣富，2009：2）。

　　随着第二语言教学研究的开展和深入，对比分析理论也在不断发展。20 世纪 70 年代就有人把这个理论的发展和分类总结为"强式"（strong version/claim）、"弱式"（weak version/claim）（Wardhaugh，1970）以及"温和式"（moderate version/claim）（Oller & Ziahosseiny，1970）。其中"强式"重在对比分析的预测功能，"弱式"重在对学习中产生的差错进行分析。"弱式"后来成为偏误分析法（Error Analysis）的一部分。

　　20 世纪 60 年代以来，采用对比分析假设（CAH）进行的二语习得语音研究尽管不总是主流，但也几乎没有中断过。当然，现在多数研究会同时结合其他方法、理论来进行。读者如果有兴趣了解，可参考以下几篇文献：Lepetit（1989）——对日语母语者和英语母语者法语语调的比较研究，Deterding（2001）——对新加坡英语和英式英语节奏方面的比较研究。

　　此外，国内也有依据对比分析理论做得很好的实验研究。例如朱川（1981a、1981b）所做的汉日语音对比实验研究，石锋、廖荣容（1986）对中美学生汉语塞音时值的对比分析，等等。

## 7.2　偏误分析和中介语理论

　　Corder（1967）发表了一篇题为《学习者偏误的重要性》的文章。这大体上可视为偏误分析及中介语理论（Interlanguage Hypothesis）的开端（Ellis，1994/1997：48；王建勤，2009：17）。该文明确区分"失误"（mistake）和"偏误"（error），提出第二语言教学要重视对学习者语言偏误的分析。所谓失误指的是学习者不小心、偶然产生的口误或笔误，偏误则是学习者学习过程中产生的有规律的、系统性的错误。Corder（1967）认为偏误提供了学习者语言发展、过渡的重要证据。该文还讨论了干扰（interference）、动机（motivation）、输入控制（control of in put）、内在大纲（built-in syllabus）、过渡语言水平（transitional competence）等问题。第二语言教学研究的重点从此开始转向对学习者的语言和习得过程的研究。

　　偏误分析（Error Analysis）与中介语理论是紧密关联的。中介语理论提供的是理论假设，而偏误分析则是研究方法之一。在公认的中介语理论的三位创始人 Corder、Nemser、Selinker 里[①]，Nemser 是较多地进行语音实验研究的一位。他的代表作《外语学习者的近

---

[①] 他们所用的术语开始并不相同，Corder（1967）用的是"过渡语言水平"，Nemser（1971）用的是"近似系统"，Selinker（1972）用的是"中介语"（interlanguage）。后者后来得到了广泛使用。

似系统》可以说很大程度上得益于他在语音学方面的研究与发现。例如，他发现许多德国人会把英语的/sw/发成［ʃv］，［θ］发成［s］；匈牙利人会把英语的［gz］发成［ks］，［θ］发成［fθ］或［sθ］；等等。他指出，这些发音既不同于目的语，也不同于母语，属于学习者言语的近似系统，是他们在特定时间的"定型产物"（patterned product），有特点，有规律（Nemser，1971）。

1974年，Corder又专门写了一篇文章，对偏误分析的具体方法进行了阐述。他将偏误分析划分为五步：资料收集，偏误鉴别，偏误描写，偏误解释，偏误评估。所谓偏误评估，主要是评估有关偏误的严重性，如可懂度、自然度，以及冒犯程度，等等（Corder，1974）。

上世纪70年代以后，研究者常常把偏误分析和其他方法结合起来进行二语习得语音研究。例如，Major（1986）结合偏误分析和过程研究法，对美国学习者西班牙语r音位的习得情况进行了研究，甚至还就此提出了一套个体学习模型（Ontogeny Model）。再如，国内蔡整莹、曹文（2002）结合实验语音学对泰国学生汉语语音偏误进行的研究也是较有代表性的一篇偏误分析文章。

传统的偏误分析法在语料收集方面有一定的局限，如有关材料常常只是通过针对性极强的测试获得，不能反映学习者的自然习得情况。这也成为它为人诟病的一个缺点。不过，近些年来，随着中介语语音语料库的大量建立以及计算机辅助发音学习（CAPL）的开展，偏误分析重又变得大有前途（曹文、张劲松，2009；陈桦、文秋芳、李爱军，2010）。

一般来说，偏误分析主要是对产出性偏误（production errors）或外在偏误（overt errors）所做的分析，对于感知偏误或理解性偏误（comprehension errors）以及潜在偏误（covert errors）的研究则需要运用中介语理论的其他假设/模型或方法来进行。

例如，发音偏误及其顽固性与年龄的关系就牵涉到化石化（fossilization）和关键期假设（critical period hypothesis）。Seliger等（1975）、Abrahamsson（2012）和Darcy & Krüger（2012）是这方面几篇有代表性的文献。

再如对偏误变异或多样性的研究，那可能涉及监控理论（Monitor Theory）、变异理论（Variability Theory）及风格连续体理论（the Continuum of Interlanguage Style）。Dickerson（1975）和Dickerson & Dickerson（1977）对日本学习者在不同语境下英语/z/和/r/发音的研究、Sato（1985）对一个越南男孩在不同任务下所发英语辅音丛和音节末辅音的研究、袁博平（Yuan，1995）对三组英国学生在五种语境下汉语声调正确率的研究、梅丽（2005）对日本学生在不同语境下习得汉语zh、ch、sh的研究等等，所有这些研究都属于偏误变异研究。

## 7.3 二语语音习得的语言学模型

二语习得研究的历史尽管不长，但却发展迅速，各种理论、假说及模型可谓层出不穷。除了前面提到的中介语理论和其他一些理论以外，较知名的还有技能建立模型、竞争模型、文化适应模型、多元发展模型、信息加工模型、平行分布加工模型、思维适应性控制模型，等等（参见Ellis，1994；王建勤，2009）。

从本节开始，我们只能选择一些跟语音研究关系非常密切的模型做一个概要的介绍。

这里介绍的是二语语音习得的两个语言学模型：标记差异假说（MDH：Markedness Differential Hypothesis）和结构一致性假说（SCH：Structural Conformity Hypothesis）。

Eckman（1977）首次提出标记差异假说。这一假说的主要观点是：对目的语难点及难度的预测除了要看有关项目跟母语的差异之外，还要比较此项目在类型学意义上的普遍性或标记性如何。目的语的标记性越强（普遍性越弱），越难习得；反之，则相反。例如，英语和法语中都有［ʒ］这个音，在英语里它却从不出现在音节首（如 pleasure 中 s 的发音），但出现在法语音节首的［ʒ］（如 je 中 j 的发音）对于英语母语者来说并不构成难点。这是因为出现在单词中间的浊音（即如［ʒ］）比出现在词首的浊音标记性强。

Eckman（1981）又运用 MDH 研究并解释了两位汉语母语者和两位西班牙母语者的英语发音，并以此讨论中介语的自然性问题。此后，又有许多研究结果和文章支持 MDH （Weinberger, 1987；Major & Faudree, 1996；Hansen, 2004；等等），最近他和 Iverson 合作研究韩国人和日本人习得英语［s］、［ʃ］对立的文章依然与这一假说相合（Eckman & Iverson, 2013）。不过，也有研究表明，这一假说在对声调习得方面的解释力较弱（Schmid, 1986）。

结构一致性假说也叫中介语结构一致性假说（ISCH：Interlanguage Structural Conformity Hypothesis）。这一假说同样是由 Eckman 提出的。20 世纪 80 年代中期以后，他不满足于仅仅用普遍性/标记性来预测二语习得的顺序、难度及常见性，而开始考虑是否中介语本身也遵守某些普遍规则。Eckman（1991）设计了几项任务，对 11 名母语分别是广东话、日语和朝鲜语的被试进行英语辅音丛/复辅音习得情况的考察，并跟 4 名英语母语者进行对比。结果发现，他们的表现全部支持这样两条规则：①擦音-塞音规则——如果某种语言有塞音＋塞音的音节尾（如 pt），则其必有擦音＋塞音的音节尾（如 ft）；②可分解规则（Resolvability Principle）——如果某种语言存在由 m 个音素构成的辅音丛，则其在同样位置（如音节首、尾）必然存在由 m－1 个音素构成的辅音丛。由此他得出结论：对一般语言（primary language）适用的普遍性规则同样适用于中介语，中介语也属于人类自然语言范畴。这就是中介语结构一致性假说。

此后，又有一些研究结果支持这一假说（Eckman & Iverson, 1993、1994；Carlisle, 1997、1998；Chan, 2010）。

需要说明的是，作为 MDH 和 ISCH 这两个假说的发明人，Eckman（1991、2008）认为 ISCH 蕴含 MDH，更有解释力。尽管如此，当中介语的偏误源自目的语和母语的干扰时，用 MDH 更为简洁明了。事实上，他最近对韩、日学习者习得英语［s］、［ʃ］的研究也正是择善而从（Eckman & Iverson, 2013）。

此外，上世纪 90 年代中后期至本世纪的头十年，优选论（Optimality Theory）广为流行。它自然也在二语习得语音研究领域留下了一些成果。优选论的运作主要由三部分组成：输入、评估、输出。评估是核心工作，主要任务有二：一是确定制约/条件（constraint）的内容，二是对制约/条件进行排序。违反最少制约或者最少违反高层制约的候选输入即被选为最优而得以输出。Boersma & Levelt（2004）和钟荣富（2009：163-190）是把相关问题说得比较清楚的两篇文献。

## 7.4 二语语音习得的认知模型

二语习得除了可以从语言学的标记性/普遍性角度研究以外，也可以从认知的角度进行研究和考察。迄今较有影响的二语语音习得认知模型主要有两个：一个是言语学习模型（SLM：Speech Learning Model），另一个是感知同化模型（PAM：Perceptual Assimilation Model）。

**言语学习模型**（SLM）是由 Flege（1981、1987、1995）创建的。因对"关键期"理论的怀疑，他早期的研究对象为熟练的双语者，主要研究移民年龄（AOA：age of arrival）和二语语音习得之间的关系。在他的早期研究中，这一模型被称为语音学习模型（the model of phonetic learning）。后来他将研究范围扩大到一般的二语习得，相关的模型也被定名为 SLM。他在研究中发现：许多儿童说二语都带有外国口音，即使他们在二语环境里已沉浸多年；而成人二语学习者虽然多数带口音，但仍有一些人努力做到了不带口音。在对英语母语者学习法语元音［y］、［u］的研究中，他对相关发音的第二共振峰（$F_2$）进行了测量、比较，结果发现他们所发的［y］的 $F_2$ 非常接近法语母语者，而［u］的 $F_2$ 跟法语母语者相差非常大；也就是说，所谓的新音素普遍习得较好，而对相似的音素却习得较差。正是在这些发现的基础上，Flege 推出了他的模型。

SLM 的目的是为了说明人们是怎样学会——或学不会——第二语言的语音的。Flege（1995）将 SLM 归纳为 11 个基本假设和前提。其要旨可以概括为四条：①可根据第二语言语音和学习者母语的相似度预测学习者习得二语语音的顺序；②学习者会将跟母语相同的二语音素同化为母语音位；③如果二语音系的两个不同音位的音素与母语某一音位的音位变体类似，而且这些语音在母语里并不具有区别性，虽然随着学习者学习时间的增加能形成这些音位范畴，但是仍然可能无法正确地掌握这些音位的发音；④对于自己母语里不存在的新音位，学习者在母语音位中找不到相似的音系范畴，但只要有充分的输入，就可以建立起新的范畴，这一过程与母语习得的进程相似。

SLM 最近又有些新发展，一方面开始关注 L2 对 L1 的影响（Flege，2005），另一方面则强调母语使用强度对二语的影响（Flege & MacKay，2011）。

**知觉同化模型**（PAM）最早是由 Best 等（1988）在研究英语成人和婴儿听辨非洲祖鲁语碰击音①（click）的过程中提出的。后来 Best（1991、1995）对模型又有所补充和修改。PAM 的主要观点是：当听到某对/个二语的音段时，听音人会把它与母语中发音最为相似的音位范畴进行类比，因此会产生以下几种类比模式：

（1）TC 型（Two Categories）：将非母语中的两个音分别纳入到母语的两个音位范畴里；听音人对这类非母语语音的感知很容易。例如，英语母语者很容易区分印地语的/ɖ/、/dʰ/这两个音，因为它们被感知同化为英语中的/d/和/ð/了。

（2）SC 型（Single Category）：将非母语中的两个音纳入到母语的一个音位里；听音人对这类非母语语音的区分能力较差。例如，英语母语者很难区分北美原住民萨利希语的/k'/、/q'/这两个音，因为它们都被感知同化为英语中的同一个音位/kʰ/了。

（3）CG 型（Category Goodness）：将非母语中的两个音纳入到母语的一个音位里，但

---

① 此处用刘复 20 世纪 30 年代所译术语名。

两个二语音素与母语那个音位的相似性有好坏（goodness）之别；听音人对这类非母语语音能进行一定程度的区分，但区分的正确率不如 TC 型。例如，英语母语者勉强可区分祖鲁语的/k'/、/k/这两个音，因为它们虽然都被感知同化为英语中的/kʰ/，但后一个听起来更好。

（4）UC 型（Uncategorizable vs. Categorizable）：非母语的两个音，一个能同化到母语音位里，另一个虽然分布于语音的声学空间上，但无法纳入到母语的音位范畴里；听音人对这类非母语语音也容易区别。例如，日语母语者可区分英语的/s/、/θ/这两个音，因为后者虽然无法被同化，但前者被感知同化为日语中的/s/了。

（5）UU 型（Uncategorizable Uncategorizable）：非母语的两个音在声学空间上存在，但并未处于母语音位范畴的声学空间里。这些语音是否容易区分取决于在声学空间中语音分布位置之间的远近程度，越接近则越难分辨。例如，日语母语者很难区分英语的/l/、/ɹ/这两个音，原因可能就是因为它们都不能被日语范畴化。

（6）NA 型（Non-Assimilable）：非母语的两个音处于话语感知经验之外，被感知为非言语声。例如，祖鲁语里的那些碰击音很难被英语母语者感知为言语声。

PAM 揭示了没有二语经验的人在听到二语语音之后所表现出来的知觉同化程序，听者有时候直接用母语音位范畴的知觉能力去感知，但有时候还是要形成新的音位范畴才能正确地感知二语语音。总而言之，PAM 的核心思想就是：若某二语中的两个音不能在母语音位系统的背景里形成某种形式的对立（contrast），那么它们就很难被区分及习得。

王韫佳（2001）对韩国、日本学生普通话高元音感知情况的考察和梅丽（2011）对泰国学生汉语塞擦音的感知研究，是国内运用 PAM 理论来进行汉语二语语音习得实验研究较有代表性的两篇文献。

除 SLM 和 PAM 这两个影响较大的认知模型以外，近几年又有两个理论/模型也引起了二语语音习得研究者的关注。一个是**母语磁极模型**（NLM：Native Language Magnet Model），另一个是**自动选择感知模型**（ASP：Automatic Selective Perception Model）。

经过对动物、婴儿以及成人言语感知多年的研究，Kuhl（1991）提出成人和婴儿对言语的感知存在一种可以命名为"感知磁极效应"（perceptual magnet effect）的机制，人们对语音所具有的范畴感知是在感知声学空间里语音原型（prototype）周围的聚散。在此基础上，Kuhl（1992）提出了母语磁极模型（NLM）。这一模型假设大脑的感知空间由以原型范畴为代表的相关语音学分布来决定，由于语音具有连续性，且其范畴界线模糊，于是在认知空间里形成的母语语音范畴也是与它的实际物理属性相对应的界线模糊的原型范畴，而范畴中心则有原型成员，这一原型对外部语音发挥磁极效应。如果所输入外部语音的声学参数和范畴原型一致，该外部语音就被拉到原型的周围。如果非母语音位在实际声学空间的分布上越接近于母语某个音位声学分布的中心，该母语音位就越能发挥磁极效应而将非母语语音拉到自己的范畴里，从而使听者将它感知为母语范畴的音位变体。反之，如果新音位与母语音位原型相差很大，母语原型就无法发挥磁极效应，不能将它拉到自己的周围，听者就会认为该语音是一个独立的新音位。关于这一模型最近的进展情况可以参阅 Kuhl 等（2008）。

自动选择感知模型（ASP）是新近由 Winifred Strange 等人提出的（Strange & Shafer, 2008；Strange, 2011）。在近 40 年的研究中，Strange 积累了大量的实验成果和数据，而这些成果和数据都证明，即使在不太理想的听觉条件下，或是听音人在关注其他的语言层级、抑或是在完成其他任务时，他们对母语语音对立之间的区别都是迅速而强烈的；相反，第二语言学习者必须用更多的注意力，从话语中提取足够的信息，以便将其母语中不存在的语音对立区别开来。正是在这些发现的基础上，Strange 推出了 ASP 模型。这一模型旨在解释何以母语和二语的语音感知是那样地不同。根据 ASP，语音感知是一个有目的的、选择信息的活动。人们对母语语音和二语语音感知的区别在于自动化（automatic）选择和注意性处理（attentional processing）之间的不同。而这两种处理方式可以看作是一个连续统（continuum）的两端，任务、刺激、听音人等因素将影响或决定具体的处理过程或结果。此外，该模型还对第二语言语音教学提出建议：应在语流中进行知觉训练。ASP 模型被 PAM 的创建人 Best 等（2011）誉为"同时具有总结性和前瞻性的贡献，并将在跨语言以及二语言语感知研究领域产生巨大的影响"。

## 7.5 二语习得韵律研究

本章前面几节提到的有关模型，大体都是基于音段研究的成果而建立起来的。除了有些模型的元、辅音感知研究涉及时长这一韵律因素以外（Henly & Sheldon, 1986; Strange et al., 2011），可以说，绝大多数模型都未涉及韵律，或者说对韵律习得的解释力不强（Schmid, 1986; DiCanio, 2012; 等等）。总体而言，这些模型的普遍性如何，是否适用于韵律习得研究还有待考察。

然而，韵律特征在二语习得过程中具有重要的作用。Anderson-Hsieh 等（1992）发现，职业英语评分员对测试者发音好坏的评估主要是看他们韵律的发音；而 Munro（1995）更是发现：即使未受过专门训练的母语者，同样通过韵律、非音段信息就可判定二语习得者的"外国口音"。由此可见，韵律习得——包括感知和产出——的好坏对二语习得总体效果的影响是非常明显的。

国外对二语韵律习得的具体研究主要集中在这几个方面：①流利度；②重音；③语调；④声调。下面分别简要地加以概述。

对二语流利度的研究基本属于 Crookes（1991）所称的言语产出研究。其研究内容或者说对流利度的计算方法，据 Kormos & Dénes（2004），可归纳为四种类型：①节奏变量考察；②结合互动、语境考察节奏变量；③侧重语流音变等特征；④增加对程式化语句的分析。其中，第一种是最基本的研究类型。

那么节奏变量包括哪些呢？Lennon（1990）曾经列出 12 个变量对英语二语习得者的流利度进行研究，结果发现，语速、话轮内的有声停顿（filled pause）以及停顿后的话轮数（percentage of T-Units）这三个变量对流利度有显著影响，而自我更正并不是一个好的指标；Towell 等（1996）对法语二语习得者流利度的研究则发现，长时停顿间的平均句长（MLR）是流利度最重要的指标；Kormos & Dénes（2004）则主张语速、平均句长、有声时间比（Phonation Time Ratio）以及每分钟单词量等四项指标是最能反映流利度的测评项；Bosker 等（2013）的研究一方面再次验证了 Lennon（1990）的发现，即停顿和语速是流利度主观评分的声学相关物，自我更正作用很小，另一方面他们提出整体的评分最好不要单独依赖某个指标，而应该综合考虑。

陈默（2007）和陈默、王建勤（2008）对韩国留学生汉语口语停延及边界的实验研究是近期国内二语习得流利度研究较有代表性的两篇文献。

在近些年来二语习得的重音研究中，除了一些具体的发现与成果（Schmid，1986；Face，2005；等等）以外，有两个模型尤其值得关注。一个是**重音失听模型**（SDM：Stress Deafness Model），一个是**重音类别模型**（STM：Stress Typology Model）。

SDM 是由 Dupoux 和 Peperkamp 等人提出的，其主要观点是：词重音预测性越强的语言，其母语者分辨二语重音对立（minimal stress pairs）的能力越弱。例如：法语单词末重，芬兰语和匈牙利语单词左重，波兰语重音不固定，西班牙语重音不但不固定、且音节结构也对重音位置有影响。这些语言里，法语词重音的可预测性被认为最强，因此，法语母语者分辨重音的能力最弱。芬/匈、波、西诸语重音的可预测性逐渐减弱，其母语者感知二语重音的能力则渐强（Dupoux et al.，1997；Peperkamp & Dupoux，2002；Peperkamp et al.，2010）。

STM 是由 Altmann & Vogel（2002）提出的，从某种意义上说，它是对 SDM 的扩展。STM 不仅考虑到词重音的预测性，而且考虑到词重音的有无，以及其他韵律现象（如声调）的影响。以 Altmann（2006）的研究为例，她的被试包括母语背景分别为阿拉伯语、汉语、法语、日语、韩语、西班牙语、土耳其语以及英语的听音人和发音人。结果她发现，在感知假词的重音位置时，母语重音可预测的被试（阿、法、土）遇到了很大的困难，而母语无词重音的被试（中、日、韩）或词重音的预测性很低的被试（西）对重音的感知近乎完美。然而，发音的情况与感知的情况恰恰相反：阿、法、土的被试远远好于其他被试。Altmann（2006）对 STM 的总结是：L1（第一语言）重音可预测/位置固定会干扰 L2（二语）的重音感知，而 L1 有（vs. 无）重音则有利于（vs. 阻碍）二语重音的产生。这一模型对西班牙被试的表现尚不能给出较好的解释。

近些年来国外较有影响的有关二语**语调**习得的研究大致可以分为两块：①语流重音/突显（prominence）感知研究；②语调调形-功能感知及产出研究。

Lehiste & Fox（1992）合成了一个四音节的语音流，然后通过修改这些音节的时长与振幅来研究语流重音的感知。实验的被试是美国人和爱沙尼亚人。结果她们发现美国人对振幅的突显敏感，爱沙尼亚人则对时长敏感。Beaugendre 等（2001）合成的是一个五音节的语流，其中三、四音节间有 $F_0$ 骤升或骤降，他们通过改变升/降起始时间得到若干不同的听辨样本，其实验被试包括法国人、荷兰人和瑞典人。三类被试对重音位置/边界听辨的结果明显不同。对于骤升调，法国人感知到的重音边界要先于荷、瑞被试；而对于骤降调，法国人无明确的重音感知。与此相关，Smith（2011）基于实际语料研究的结果则表明，法语母语者对重音的感知与边界有紧密的联系，她认为他们实际使用同样的策略来感知重音与边界。以上研究表明：母语背景影响句重音感知。

关于学习者对二语**语调调形-功能**的感知研究，至少从 20 世纪 60 年代就开始了。例如 Majewski & Brasdell（1969）对一个有意义的独词句（"Farmer"）和一个无意义音节（/a/）的基频进行修改，合成出若干有升有降的句子，然后分别让波兰人和美国人去听哪些是疑问，哪些是陈述。他们发现，句子是否有意义对被试的听辨结果影响不大，但是不同的母语背景被试却对听辨结果有影响。后来的研究——如 Cruz-Ferreira（1987）、Grabe 等（2003）、Liu & Rodriguez（2012）——也都有类似的发现。Gandour 等（2003）运用脑成像技术研究美国被试和中国被试对汉语语调的语气功能和表情功能的感知情况，他们同样也发现母语者（中国人）与非母语者（美国人）存在感知上的差异。

在二语语调产出研究方面，除了前面提及的 Lepetit（1989）和 Deterding（2001）以外，Schack（2000）对一位中国人英语语调的个案研究和 Burleson（2007）对日本人英语反义疑问句调的研究也值得了解和参考。

讨论二语习得中的韵律研究不能不说到**声调**的感知与习得。Gandour & Harshman（1978）运用多维尺度分析法对母语为旋律型声调语言的泰国人、母语为高低型声调语言的约鲁巴人和母语为非声调语言的美国人进行声调感知对比研究。他们的发现是：美国人对声调的感知依次有赖于音节的平均音高和末点音高，约鲁巴人则依次对调势、平均音高和末点音高非常关注，而泰国人依次对平均音高、调势和斜率敏感。简言之，不同语言背景的人依赖不同的声学线索、采用不同的策略来感知声调及 $F_0$ 变化。他们的这种研究方法与后来所谓的"线索权重"研究模式（参见 Chandrasekaran et al.，2010；张林军，2011；Kim et al.，2012；等等）基本相同。

感知研究的成果若得以合理运用是可以帮助习得的。Leather（1990）对荷兰母语者进行的汉语声调感知训练、Wang 等（1999、2003）对美国的汉语学习者进行的声调感知训练都收到了一定的成效，有关被试的声调产出在短时间内即取得了明显的进步。

## 7.6 实验语音学在对外汉语教学中的应用研究及其他

对外汉语教学是第二语言教学的一部分，在这个领域，有一个大家公认的事实，那就是：外国留学生学汉语，很少有不带"洋腔洋调"的。要解决这个问题，除了他们自己努力之外，除了上文提到的以及未提到的一些汉语二语习得研究成果之外，语音研究者和老师们还能做点什么呢？

实际上，所谓的"洋腔洋调"也就是语音偏误。如前所述，偏误不是"失误"，它总是有一定规律的。过去，对语音偏误的分析与纠正主要依靠教师的语音学功底、职业素养以及学生的悟性和努力；而现在，随着科技的发展与进步，除传统的方法以外，我们还可以借助计算机软件进行语音分析、测试及辅助教学。

举例来说，许多泰国学生所发的汉语声母 x[ɕ] 听感上都有点像[s]。但是，当老师这样对学生解释时，常常会遇到学生疑惑的目光甚至是当面的质疑。因为他们可能根本就没有听出这两个音的差别。而且，用"感觉"来说服别人很难有说服力。此时用实验语音学的手段来分析、演示一下，情况就会不一样。就像罗常培（1956：23）说过的，"解决积疑，可资实验以补听官之缺"。

下面两张语图选自蔡整莹、曹文（2002），分别记录的是一位泰国女生和一位北京女生所说的"心情"。

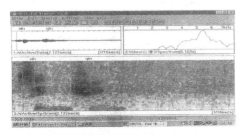

图 7.1　一位泰国女生说的"xīnqíng"

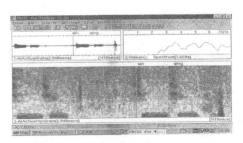

图 7.2　一位中国女生说的"xīnqíng"

图 7.1、图 7.2 中各有三个小窗口，下面的窗口显示的是三维语图，左上的小窗口是声音波形，右上显示的是光标所在瞬间的能量分布。两个图的光标位置都在声母"x"上。从图中可以看出，泰国学生的"x"能量峰值集中在 5 400 Hz 左右，而中国人的"x"能量分布较均匀，在 3 600 Hz、4 800 Hz、5 700 Hz 等处分别出现峰值。两个人的发音明显不同。事实上，根据声学语音学的研究，这样的数据基本表明泰国学生所发的"x"声道收紧点偏前且湍流较强，近似于［s］（参见吴宗济、孙国华，1990；Stevens，1998：379-399）。

分析、研究是测试及教学工作开展的基础。有了实验语音学较充分的对比、分析和研究之后，计算机辅助对外汉语语音测试及教学就顺理成章了。

最近爱尔兰理工学院和北京语言大学以及几所欧洲的孔子学院合作，在欧盟完成了一个名为"声学技术辅助汉语学习"（ChAT：Chinese with Audio Technology）的网络在线学习项目，其中有一个模块就是汉语声调发音评测。评分的大致过程是：将学习者所发音节的基频音高与母语者的进行比较，对调形、调高、转折点位置等给以不同的权重，然后分两级打分——一级是对错，分别以√、×表示；另一级是完美度，用数字 3～5 表示（1～2 为错），5 分为完美。

通常情况下，对于一位外语或二语学习者来说，仅仅得到一个分数显然是不会满足的。至少他/她还会想知道：自己的问题/偏误是什么？应该怎么去改正？汉语语音学习者的心理也是这样，而满足他们这样的要求应该是汉语计算机辅助语音学习（CCAPL）的目标。

迄今为止，成熟、高效的 CCAPL 产品尚未面世。但是，一些准备性、基础性的工作，如理论思路、功能设计、数据库建设等已经展开。例如曹文、张劲松（2009）明确提出："理想的 CAPL 系统应当如一名有经验的对外汉语教师"，"能够给出……正音提示"，"可通过动画或程序提供正音示范和比较"，"可根据需要，对学习者的发音作相应修改后重新播放"等等。目前他们已创建了一套中介语语音偏误标注体系和一系列高质量的面向 CCAPL 的汉语二语语音语料库，并尝试将感知训练的方法融入正音环节。

最后值得一提的是，作为对外汉语教学的同行，国内的英语教学界也正在兴起语音实验研究的热潮，那同样也是一个大有发展前途的研究领域。

## 参考文献

蔡整莹、曹文（2002）泰国学生汉语语音偏误分析，《世界汉语教学》第 2 期。

曹文、张劲松（2009）面向计算机辅助正音的汉语中介语语音语料库的创制与标注，《语言文字应用》第 4 期。

陈桦、文秋芳、李爱军（2010）语音研究的新平台——中国英语学习者语音数据库，《外语学刊》第 1 期。

陈默（2007）韩国留学生汉语句子停延习得的实验分析，《暨南大学华文学院学报》第 2 期。

陈默、王建勤（2008）汉语作为第二语言的口语产出韵律边界特征的个案研究，《世界汉语教学》第 4 期。

罗常培（1956）《汉语音韵学导论》，北京：中华书局。

马秋武（2008）《优选论》，上海：上海教育出版社。

梅丽（2005）日本学习者习得普通话卷舌音声母的语音变异研究，《世界汉语教学》第 1 期。

梅丽（2011）泰国学习者汉语塞擦音的知觉同化与区分，《世界汉语教学》第 2 期。

石锋、廖荣容（1986）中美学生汉语塞音时值对比分析，《语言教学与研究》第 4 期。

王建勤（2009）《第二语言习得研究》，北京：商务印书馆。

王韫佳（2001）韩国、日本学生感知汉语普通话高元音的初步考察，《语言教学与研究》第6期。

吴宗济、孙国华（1990）普通话清擦音的协同发音声学模式，《语音研究报告》，中国社会科学院语言研究所语音研究室。

张林军（2011）美国留学生汉语声调的音位和声学信息加工，《世界汉语教学》第2期。

钟荣富（2009）《对比分析与华语教学》，台湾：正中书局。

朱川（1981a）汉日语音对比实验研究（节选一），《语言教学与研究》第2期。

朱川（1981b）汉日语音对比实验研究（节选二），《语言教学与研究》第4期。

Abrahamsson, N. (2012) Age of onset and nativelike L2 ultimate attainment of morpho-syntactic and phonetic intuition, *Studies in Second Language Acquisition*, 34: 187-214.

Altmann, H. (2006) The perception and production of second language stress: A cross-linguistic experimental study, Doctorate dissertation, the University of Delaware, http://ling.uni-konstanz.de/pages/home/altmann/papers/Altmann-dissertation.pdf.

Altmann, H. & Vogel, I. (2002) L2 acquisition of stress: The role of L1, Paper presented at the DGfS Annual Meeting "Multilingualism Today" in Mannheim, Germany, March 2002.

Anderson-Hsieh, J., Johnson, R. & Koehler, K. (1992) The relationship between native speaker judgements of nonnative pronunciation and deviance in segmentals, prosody and syllable structure, *Language Learning*, 42: 529-555.

Beaugendre, F., House, D. & Hermes, Dik J. (2001) Accentuation boundaries in Dutch, French and Swedish, *Speech Communication*, 33: 305-318.

Best, C. T. (1991) The emergence of native-language phonological influences in infants: A perceptual assimilation model, *Haskins Laboratories Status Report on Speech Research*, SR-107/108, 1-30. http://www.haskins.yale.edu/sr/SR107/SR107_01.pdf.

Best, C. T. (1995) A direct realist view cross-language speech perception, in W. Strange (ed.), *Speech Perception and Linguistic Experience*, Baltimore, MD: York Press, 171-204, http://www.haskins.yale.edu/Reprints/HL0996.pdf.

Best, C. T., Bradlow, A. R., Guion-Anderson, S. & Polka, L. (2011) Using the lens of phonetic experience to resolve phonological forms, *Journal of Phonetics*, 39 (4): 453-455.

Best, C. T., McRoberts, G. W. & Sithole, N. N. (1988) The phonological basis of perceptual loss for non-native contrasts: Maintenance of discrimination among Zulu clicks by English speaking adults and infants, *Journal of Experimental Psychology: Human Perception and Performance*, 14: 345-360.

Boersma, P. & Levelt, C. (2004) Optimality Theory and phonological acquisition, *Annual Review of Language Acquisition* 3: 1-50.

Bosker, H. R., Pinget, A-F., Quené, H., Sanders, T. & de Jong, N. H. (2013) What makes speech sound fluent? The contributions of pauses, speed and repairs, *Language Testing*, 30 (2): 159-175.

Burleson, D. (2007) Intonation patterns in English tag questions of Japanese speakers of English as a second language, IULC Working Papers Online, Vol. 07-04. https://www.indiana.edu/~iulcwp/pdfs/07-Burleson4.pdf.

Carlisle, R. (1997) The modification of onsets in a markedness relationship: Testing the Interlanguage Structural Conformity Hypothesis, *Language Learning*, 47: 327-361.

Carlisle, R. (1998) The acquisition of onsets in a markedness relationship: A longitudinal study, *Studies in Second Language Acquisition*, 20: 245-260.

Chan, A. (2010) An investigation into Cantonese ESL learners' acquisition of English initial consonant clusters, *Linguistics*, 48 (1): 99-141.

Chandrasekaran, B. , Sampath, P. D. & Wong, P. C. M. (2010) Individual variability in cue-weighting and lexical tone learning, *Journal of Acoustical Society of America*, 128 (1): 456-465.

Corder, S. (1967) The significance of learner's errors, *IRAL*, 5 (4): 161-170.

Corder, S. (1974) Error analysis, in J. P. B. Allen & S. Corder (eds.), *The Edinburgh Course in Applied Linguistics*, Vol. 3, London: Oxford University Press.

Crookes, G. (1991) Second language speech production research, *Studies in Second Language Acquisition*, 13: 113-132.

Cruz-Ferreira, M. (1987) Non-native interpretive strategies for intonational meaning: an experimental study, in A. James & J. Leather (eds.), *Sound Patterns in Second Language Acquisition*, Berlin: de Gruyter, 103-120.

Darcy, I. & Krüger, F. (2012) Vowel perception and production in Turkish children acquiring L2 German, *Journal of Phonetics*, 40: 568-581.

Deterding, D. (2001) The measurement of rhythm: A comparison of Singapore and British English, *Journal of Phonetics*, 29: 217-230.

DiCanio, C. T. (2012) Cross-linguistic perception of Itunyoso Trique tone, *Journal of Phonetics*, 40: 672-688.

Dickerson, L. (1975) The learner's interlanguage as a system of variable rules, *TESOL Quarterly*, 9 (4): 401-407.

Dickerson, W. & Dickerson, L. (1977) Interlanguage phonology: current research and future directions, in S. Corder & E. Roulet (eds.), *The Notions of Simplification, Interlanguages and Pidgins*, Neufchatel: Faculte des Lettres, 18-30.

Dupoux, E. , Pallier, C. & Sebastian, N. (1997) A destressing "deafness" in French? *Journal of Memory and Language*, 36: 406-421.

Eckman, F. (1977) Markedness and the contrastive analysis hypothesis, *Language Learning*, 27: 315-330.

Eckman, F. (1981) On the naturalness of interlanguage phonological rules, *Language Learning*, 31: 195-221.

Eckman, F. (1991) The Structural Conformity Hypothesis and the acquisition of consonant clusters in the interlanguage of ESL learners, *Studies in Second Language Acquisition*, 13: 23-41.

Eckman, F. (2008) Typological markedness and Second Language Phonology, in J. Hansen Edwards & M. Zampini (eds.), *Phonology and Second Language Acquisition*, John Benjamin Publishing Company, 95-115.

Eckman, F. & Iverson, G. (1993) Sonority and markedness among onset clusters in the interlanguage of ESL learners, *Second Language Research*, 9: 234-252.

Eckman, F. & Iverson, G. (1994) Pronunciation difficulties in ESL: Coda consonants in English interlanguage, in M. Yavas (ed.), *First and Second Language Phonology*, San Diego: Singular publishing Group, 251-266.

Eckman, F. & Iverson, G. (2013) The role of native language phonology in the production of L2 contrasts, *Studies in Second Language Acquisition*, 35: 67-92.

Ellis, R. (1994) *The Study of Second Language Acquisition*, 上海外语教育出版社, 1997.

Face, T. (2005) Syllable weight and the perception of Spanish stress placement by second language learners, *Journal of Language and Learning*, 3 (1): 90-103.

Flege, J. (1981) The phonological basis of foreign accent, *TESOL Quarterly*, 15: 443-455.

Flege, J. (1987) The production of "new" and "similar" phones in a foreign language: Evidence for the effect of equivalence classification, *Journal of Phonetics*, 15: 47-65.

Flege, J. (1995) Two methods for training a novel second-language phonetic contrast, *Applied Psycholinguistics*, 16: 425-442.

Flege, J. (2005) Origins and development of the Speech Learning Model, Keynote lecture at the 1st Acoustical

Society of America Workshop on L2 Speech Learning, Simon Fraser University, Vancouver, CA (April 14-15, 2005), http://jimflege.com/files/SLM_Vancouver_.pdf.

Flege, J. & MacKay, I. (2011) What accounts for "age" effects on overall degree of foreign accent? in M. Wrembel, M. Kul & K. Dziubalska-Kołaczyk (eds.), *Achievements and Perspectives in SLA of Speech: New Sounds 2010*, Vol. 2, Bern, Switzerland: Peter Lang, 65-82, http://jimflege.com/files/Flege_MacKay_NewSounds_2011.pdf.

Gandour, J. & Harshman, R. (1978) Cross language differences in tone perception: A multidimensional scaling investigation, *Language and Speech*, 21 (1): 1-33.

Gandour, J., Wong, D., Dzemidzic, M., Lowe, M., Tong, Y. & Li, X. (2003) A cross-linguistic fMRI study of perception of intonation and emotion in Chinese, *Human Brain Mapping*, 18: 149-157.

Grabe, E., Rosner, B. S., García-Albea, J. E. & Zhou, X. (2003) Perception of English intonation by English, Spanish, and Chinese listeners, *Language and Speech*, 46 (4): 375-401.

Halliday, M. (1970) *A Course in Spoken English: Intonation*, Oxford University Press.

Hansen, J. (2004) Developmental sequences in the acquisition of English L2 syllable codas: A preliminary study, *Studies in Second Language Acquisition*, 26: 85-12.

Henly, E. & Sheldon, A. (1986) Duration and context effects on perception of english /r/ and /l/: A comparison of Cantonese and Japanese speakers, *Language Learning*, 36 (4): 505-521.

Jones, D. (1909) *Intonation Curves*, B. G. Teubner.

Jones, D. (1918) *An Outline of English Phonetics* (8th edition), 1960, Cambridge: Heffer.

Kim, S., Broersma, M. & Cho, T. (2012) The use of prosodic cues in learning new words in an unfamiliar language, *Studies in Second Language Acquisition*, 34: 415-444.

Kingdon, R. (1958) *The Groundwork of English Intonation*, London: Longman.

Kormos, J. & Dénes, M. (2004) Exploring measures and perceptions of fluency in the speech of second language learners, *System*, 32: 145-164.

Kuhl, P. K. (1991) Human adults and human infants show a "perceptual magnet effect" for the prototypes of speech categories, monkeys do not, *Perception & Psychophysics*, 50: 93-107.

Kuhl, P. K. (1992) Psychoacoustics and speech perception: internal standards, perceptual anchors, and prototypes, in L. A. Werner & E. W. Rubel (eds.), *Developmental Psychoacoustics*, Washington, DC: American Psychological Association, 293-332.

Kuhl, P. K., Conboy, B. T., Coffey-Corina, S., Padden, D., Rivera-Gaxiola, M. & Nelson, T. (2008) Phonetic learning as a pathway to language: New data and native language magnet theory expanded (NLM-e), *Philosophical Transactions of the Royal Society B*, 363: 979-1000, http://ilabs.washington.edu/kuhl/pdf/Kuhl_etal_2008.pdf.

Lado, R. (1957) *Linguistics Across Cultures—Applied Linguistics for Language Teachers*, Ann Arbor: the University of Michigan Press.

Leather, J. (1990) Perceptual and productive learning of Chinese lexical tone by Dutch and English speakers, in J. Leather & A. James (eds.), *New Sounds 90: Proceedings of the 1990 Amsterdam Symposium on the Acquisition of Second Language Speech*, University of Amsterdam, 72-97.

Lehiste, I. & Fox, R. (1992) Perception of prominence by Estonian and English listeners, *Language and Speech*, 35 (4): 419-434.

Lennon, P. (1990) Investigating fluency in EFL: a quantitative approach, *Language Learning*, 40 (3): 387-417.

Lepetit, D. (1989) Cross-linguistic influence in intonation: French/Japanese and French/English, *Language Learning*, 39 (3): 183-189.

Liu, C. & Rodriguez, A. (2012) Categorical perception of intonation contrasts: Effects of listeners' language background, *Journal of Acoustical Society of America*, 131 (6): 427-433.

Majewski, W. & Brasdell, R. (1969) Influence of fundamental frequency cues on the perception of some synthetic intonation contours, *Journal of Acoustical Society of America*, 45 (2): 450-457.

Major, R. (1986) The ontogeny model: Evidence from L2 acquisition of Spanish r, *Language Learning*, 36 (4): 453-504.

Major, R. & Faudree, M. (1996) Markedness universals and the acquisition of voicing contrasts by Korean speakers of English, *Studies in Second Language Acquisition*, 18: 69-90.

Munro, M. (1995) The effects of noise on the intelligibility of foreign accented speech, *Studies in Second Language Acquisition*, 20: 139-154.

Nemser, W. (1971) Approximative system of foreign language learners, *IRAL*, 9 (2): 115-125.

Oller, J. & Ziahosseiny, M. (1970) The contrastive analysis hypothesis and spelling errors, *Language Learning*, 20 (2): 183-189.

Palmer, H. E. & Blandford, F. G. (1922) *Everyday Sentences in Spoken English* (5th edition), 1935, Cambridge: Heffer.

Peperkamp, S. & Dupoux, E. (2002) A typological study of stress "deafness", in C. Gussenhoven & N. Warner (eds.), *Laboratory Phonology VII*, Berlin: Mouton de Gruyter, 203-240.

Peperkamp, S., Vendelin, I. & Dupoux, E. (2010) Perception of predictable stress: A cross-linguistic investigation, *Journal of Phonetics*, 38: 422-430.

Robins, R. H. (1967) *A Short History of Linguistics* (3rd edition), 1990, London: Longman.

Sato, C. (1985) Task variation in interlanguage phonology, in S. Gass & C. Madden (eds.), *Input in Second Language Acquisition*, Rowley MA: Newbury House, 181-196.

Schack, K. (2000) Comparison of intonation patterns in Mandarin and English for a particular speaker, *University of Rochester Working Papers in the Language Sciences*, 1: 24-55.

Schmid, B. (1986) A comparative study of children's and adults' acquisition of tone accents in Swedish, *Language Learning*, 36 (2): 185-210.

Seliger, H., Krashen, S. & Ladefoged, P. (1975) Maturational constraints in the acquisition of a native-like accent in second language learning, *Language Sciences*, 36: 209-231.

Selinker, L. (1972) Interlanguage, *IRAL*, 10 (3): 209-231.

Smith, C. (2011) Perception of prominence and boundaries by naïve French listeners, *Proceedings of ICPhS XVII*, 1874-1877.

Stevens, K. (1998) *Acoustic Phonetics*, First MIT Press paperback edition; Cambridge: The MIT Press, 2000.

Strange, W. (2011) Automatic selective perception (ASP) of first and second language speech: A working model, *Journal of Phonetics*, 39: 456-466.

Strange, W., Hisagi, M., Akahane-Yamada, R. & Kubo, R. (2011) Cross-language perceptual similarity predicts categorial discrimination of American vowels by naïve Japanese listeners, *Journal of Acoustical Society of America*, 130 (4): 226-231.

Strange, W. & Shafer, V. L. (2008) Speech perception in second language learners: The re-education of selective perception, in J. G. Hansen Edwards & M. L. Zampini (eds.), *Phonology and Second Language Acquisition*, Philadelphia: John Benjamins, 153-191.

Towell, R., Hawkins, R. & Bazergui, N. (1996) The development of fluency in advanced learners of French, *Applied Linguistics*, 17 (1): 84-119.

Wang, Y., Jongman, A. & Sereno, J. A. (2003) Acoustic and perceptual evaluation of Mandarin tone productions before and after perceptual training, *Journal of Acoustical Society of America*, 113 (2): 1033-1043.

Wang, Y., Spense, M. M., Jongman, A. & Sereno, J. A. (1999) Training American listeners to perceive Mandarin tones, *Journal of Acoustical Society of America*, 106 (6): 3649-3658.

Wardhaugh, R. (1970) The contrastive analysis hypothesis, *TESOL Quarterly*, 4 (2): 123-130.

Weinberger, S. (1987) The influence of linguistic context on syllable simplification, in G. Ioup & S. Weinberger (eds.), *Interlanguage Phonology: The Acquisition of a Second Language Sound System*, Rowley, MA: Newbury House, 401-417.

Whitman, R. (1970) Contrastive analysis: problems and procedures, *Language Learning*, 20 (2): 192-197.

Yuan, B. (袁博平) (1995) Variability and systematicity in the performance of the four Chinese tones by English SLA learners of Chinese,《世界汉语教学》第 1 期.

Zhou, W., Chen, H. & Dai, L. (周卫京等) (2011) Perception of English monophthongs by native speakers of Mandarin, *Proceedings of ICPhS XVII*, 2320-2323.

# 第八章　语言病理学

语言病理学（speech-language pathology）是研究因听功能障碍、言语障碍及语言障碍等导致出现交流障碍（communication disorders）的学科，这门学科在发达国家的研究已有半个多世纪的历史。然而，我国目前尚没有建立语言病理学专业，但随着人民生活水平的不断提高和医学事业的发展，人们开始关注和重视言语-语言障碍本身以及由此带来的社会、心理问题，相关的研究和发表的论文日益增多。

语言病理学是多学科交叉的边缘学科，涉及耳鼻咽喉科学、神经科学、精神科学、儿科学、口腔医学（口腔矫形学、口腔颌面外科）等医学学科；同时与语言学、语音学、声学、心理学、行为学、社交学及教育学等学科密切相关。

语言病理学的研究范畴包括对言语-语言的功能及其发育情况进行评估，并对存在的障碍提出治疗对策和康复措施。然而，对导致这些障碍原发疾病的诊断和治疗则由相关的医学学科负责，因此，语言病理学是介于临床医学与康复医学之间的学科。语言病理学的工作包括：①言语-语言障碍的筛查、认定、解释、评估、诊断、康复和预防；②言语-语言障碍患者康复计划的制订与执行，包括训练指导、疗效评估和心理咨询；③交流辅助或替代系统的评估、选择和改进；④言语技能和效果的提高（如减少方言口音）。从事语言病理学研究的人员有语言病理学医师、语言治疗师、心理治疗师，以及相关临床科室的临床医师。

## 8.1　言语障碍

言语（speech）是指人们经口发声表达思维活动和意愿的语言实践。通俗地讲，言语就是说话，即口头说出的语言，是语言表达形式中最常用的一种方式。言语障碍（speech disorders）是指不能像正常人说话那样发出清晰流畅准确的言语，以及不能像正常人那样听清楚言语。根据障碍发生的原因，言语障碍分为发声（嗓音）障碍、发音障碍、口吃及听功能性言语障碍等几种。

### 8.1.1　嗓音障碍或发声障碍

嗓音（voice）指声带振动产生的听觉效果。声带振动时产生的音是带声音或浊音。带声音从发音学上定义为声带所处位置能使其在气流下振动发出的音。与之对立的是不带声音，是声带间隙过宽而导致声带不能振动产生声音（戴维·克里斯特尔，2004）。发声（phonation）是指声带振动产生嗓音的活动，是语音学通用术语。在嗓音医学中，对嗓音和发声这两个术语的使用没有严格的界限。使用"嗓音"时，主要反映的是主观听感知印象，如嗓音嘶哑、嗓音洪亮等；而在使用"发声"时，强调的是一种机制和动作，如发胸声（低音）、发头声（高音）等（戴维·克里斯特尔，2004）。

嗓音障碍（voice disorders）是指由于发声器官（呼吸器官、振动器官或共鸣器官）的功能不协调或声带发生器质性病变，致使嗓音的音量、音调、音质、声音持续时间以及共鸣等出现异常。音调主要受声带的长度、质量、紧张度和声门下压等因素的影响；音量则受呼吸流量、声带阻抗力、声带振动模式和声门下压等因素影响。音质是声带的振动质量、音调、音量、共鸣器官等因素的综合作用。

导致嗓音障碍的疾病非常广泛。尽管国际上对于嗓音疾病的分类尚无统一标准，但通常采用的是根据嗓音障碍产生的机制进行分类，分为：①不良发声行为性声带病变：如声带小结、声带息肉、声带任克水肿、慢性喉炎、声带炎等；②器质性声带病变：如声带沟、声带表皮样囊肿、喉发育畸形等；③功能性嗓音障碍：如青春期变声障碍、心因性发声障碍、痉挛性发声障碍等；④声带运动障碍：如喉返神经麻痹、环杓关节脱位或固定等；⑤外伤性嗓音障碍：如喉外伤、喉癌功能切除术后等（于萍、王荣光，2009）。

异常嗓音或病理性嗓音主要表现在以下几方面：

8.1.1.1 音调异常（pitch disorders）

音调异常是指嗓音的音调高出或低于性别年龄相同的正常人的嗓音（若干个音符）。不论说话还是唱歌，女声的正常音调范围均高于男声。成年女性的常用音调相当于钢琴上的中央 C 音调，即 256 Hz，而成年男性的常用音调比女性低一个音阶（1 个八度音），即 128 Hz。如果习惯性地采用高于或低于其喉部组织结构条件的方式发声，即用高于或低于自然音调的音调来发声，就容易导致功能不良性发声障碍。

（1）音调过高：是指话语音高于正常话语音的频率范围，多见于青年男性。大部分是由青春期变声期障碍所引起，少部分患者是因不良习惯或喉肌紧张失调所致。变声期男孩的音调将下降一个音阶，女孩则只下降两到三个音调。如果音调不下降，带着童声进入成人期，即成为高调发声（反常高调），即所谓的青春期假声或变声不全。

（2）音调过低：是指话语音低于正常话语音频率范围，多见于女性吸烟者，或女性长期应用雄性激素，少数是由不良习惯或喉肌张力失调所引起。

（3）音调不稳定：是指音调高低没有规律性，表现为声音抖动或颤动、怪异，音调突然发生急剧的变化（音调高低变化的幅度超过正常所需要的范围）等，多见于神经系统方面的疾病或功能性发声异常。

（4）音调单调（monotonous）：是指话语音单调乏味，说话没有抑扬顿挫的韵律感，只在几个音调以内说话，这种现象多见于抑郁症，或提示应对患者进行神经系统方面的检查。

8.1.1.2 响度失调（loudness disorders）

响度失调是指说话声音的响度过强或过弱，或与说话的背景不协调。日常谈话声的响度有上下 20 dB 的变化，过强过弱均属异常。

（1）响度过强：是指说话声音过强或过度用力发声。声音的强弱取决于声门下压力，而声门下压的高低与声门阻力的大小有关，即声门的闭合力量。声门下压、声门闭合力量及声带紧张度在正常情况下是相互平衡的，这个平衡一旦失调，声带过度紧张，声门闭合力量过大，将引起发声过强或声带收缩过紧，导致不能发声。

（2）响度过弱：多是由喉肌张力不足、松弛无力所引起，多继发于喉功能过强性发声后的喉肌疲劳。表现为音强较弱，响度不足，发声不能持久，易疲劳，不能高声说话，嗓音中伴有过多的气息声。

8.1.1.3 音质异常

音质异常的表现比较复杂，主要有以下几方面。

(1) 气息声：嗓音中带有呼吸声，音质欠清晰，响度减弱。

(2) 嘶哑声：是指嗓音失去了圆润清亮的音质。嗓音是由声带振动和使之振动的气流相结合产生的，任何影响声带振动规律性、重复性和同步性的因素，都可使嗓音在频率和强度上出现无规律的变化，从而出现声音嘶哑。

(3) 嗓音颤动：是指嗓音在音调和响度上出现不自主的、不能控制的、节律性的变动。

(4) 异常鼻音：根据发生机制，异常鼻音可分为两类：①开放性鼻音：指腭咽闭合功能不良（如腭裂音质），使所有音都通过鼻腔；②闭合性鼻音：指鼻腔闭塞时，鼻腔共鸣消失。

### 8.1.2 发音障碍

发音（articulation）是指在喉以上声道内改变气流以产生各种语音时发生的生理活动。语音按发音器官的发音部位和发音方式进行分类。发音考虑的因素有气流机制、声带振动模式、软腭位置、口腔中其他器官（主要是舌和唇）的协调运动。

发音障碍（articulation disorders）是指由舌、软腭、唇、咽等发音器官结构异常或动作不到位、不合适（超前或滞后，过快或过慢），或运动方向、压力、速度不当，或不能正确地整合动作，致使不能像用同种语言的其他人那样产生正确的言语声。根据病因可分为功能性发音障碍、器质性发音障碍和运动性发音障碍几类。

#### 8.1.2.1 功能性发音障碍

功能性发音障碍是指发音器官无结构、形态及功能方面的异常，并且语言发育已达4岁水平以上，听功能正常，但出现发音错误并呈固定状态。功能性发音障碍多是由不良学习环境造成的，即习得形成，如双语言环境、方言的影响等。

功能性发音障碍多见于学龄前儿童，常见的错误发音有：①舌根音化：即以舌根音如g、k、h代替大多数语音；②舌前音化：即以舌前音d、t代替某些语音；③不送气音化：汉语中有许多音如p、t、k、c、ch等是送气音，当儿童用不送气音替代送气音时，即为错误，说明儿童存在气流与语音协调的问题；④省略音化：即省略语音的某些部分。

#### 8.1.2.2 器质性发音障碍

器质性发音障碍是指发音器官存在形态和（或）结构方面的异常，从而影响发音的清晰度。障碍发生的部位不同，表现出的语音症状也不相同。例如，腭裂音质（见§8.2）；舌癌行舌根切除术，将影响到后元音的发音，若切除范围广泛，辅音发音也会受影响；牙齿缺损、牙列咬合等异常，发音时会发生轻度变音，从而影响语音的清晰度。

#### 8.1.2.3 运动性发音障碍

运动性发音障碍是指由于神经肌肉的器质性病变导致发音器官的肌肉无力瘫痪、肌张力异常和运动不协调，致使发音部位错误、不准确，或是气流的方向、压力或速度不准确，甚至整个发音动作不协调，而在发声、发音、共鸣、韵律等方面出现异常。表现为发声困难、发音不准、咬字不清，声响、音调、速度、节律等异常，鼻音过重等言语听觉特征的改变。运动性发音障碍是口语的语音障碍，言语的词义和语法正常，即仅在语言输出的最后阶段——言语形成阶段——出现障碍。运动性发音障碍患者常伴有咀嚼、吞咽和控制流涎的困难。

运动性发音障碍的临床表现较为复杂，可分为不同的类型，多是以一种表现为主，伴有一种或一种以上其他类型，且言语障碍的程度与神经肌肉受损的程度一致。根据神经损伤的部位和语音特点，运动性发音障碍分为：弛缓型发音障碍、痉挛型发音障碍、运动失调型发音障碍和混合型发音障碍。在康复医学领域，常将运动性发音障碍称为构音障碍（dysarthria）。

### 8.1.3 口吃

#### 8.1.3.1 概念

口吃（stuttering）是一种在交流状态下言语流畅性出现障碍的言语疾病。表现为音节或词语不应有的重复、语音不适当的拖长、有发音动作而发不出声、不适当停顿、堵塞等。口吃发生率为1%~2%，男性多见。部分口吃儿童是因为语迟造成其语言流畅性差，词与词之间运用能力差（找词困难），而出现上一个词的重复、延长，这些障碍会随着语言能力的提高而逐渐得到修正。

口吃是一种非常复杂的言语异常，发生机制尚不清楚。口吃会影响正常的言语交流，由此可能引发患者有负面情绪、行为等方面的反应，如焦虑感、挫折感、羞愧感，以及有意掩饰言语流利障碍的行为等心理反应。尤其是成人和大龄儿童口吃患者，都伴有程度不同的心理障碍。因此，口吃患者的治疗应包括言语治疗和心理治疗（心理疏导）两方面。

#### 8.1.3.2 临床分类

口吃患者的言语流畅性损害表现为以下几种类型：①痉挛性口吃：表现为不可控制的断断续续的音节重复（通常出现在单词和句子的第一个音节），这种口吃常伴有面部肌肉的收缩。②张力性口吃：其特点是由于张力性阻塞致使不能发出某些单词，同时伴有在唇、颌骨及眼部水平的肌张力明显增强，甚至播散到全身。第一个音素以强制性的方式重复，紧随的单词以爆发的方式发出。③混合性口吃：同时存在痉挛性口吃和张力性口吃的表现，两者以不同的比例组成，临床上以这种类型最为常见。混合性口吃常同时伴随有面部血管扩张和唾液分泌增加的现象。④生理性口吃：这是一种特殊类型的口吃，是口吃的最初表现形式。生理性口吃多出现在3岁左右，即幼儿在开始学习日常对话时，其特点是在一个句子中出现音节的重复，但不伴有痉挛或高张力的表现。生理性口吃不需要任何治疗，随着言语表达能力的完善将自然消失。但需要注意的是，在有口吃的儿童中，常伴发高比例的言语和语言障碍，在这种情况下，则需要对出现的言语或语言障碍进行训练治疗。

#### 8.1.3.3 儿童言语流利性问题

儿童言语流利性问题表现为说话中有停顿、重复、延长和阻塞现象。常始于2~4岁的儿童。主要表现为：①重复：小儿在言语和语言发展过程中，重复可看作是正常现象。但是，当重复过于频繁，每1000个词语中重复超过50次时，则需要干预；②延长：在说某词语时拖长某一声音。③联带运动：当小儿说话不流利时，常伴随一些动作，如面部扭曲、张大嘴、伸舌、瞪眼、下颌抽动等。儿童言语流利性问题一般随着年龄的增长会逐渐改善或消失，少数可持续至成年，发展为口吃。

家长的过分关注及紧张都会给儿童带来很大的心理负担，从而加重口吃或延长修正过程。因此要正确对待儿童口吃，不要过分纠正儿童出现的说话错误，应避免惩罚或歧视，更不要戏弄、嘲笑或故意模仿儿童口吃。应多鼓励儿童参与集体活动和锻炼，有节奏的唱歌、朗诵对训练儿童言语表达能力也有一定的帮助。

## 8.2 腭裂语音

### 8.2.1 概念

腭裂（cleft palate）是最常见的出生缺陷之一，是指胎儿第 6 至第 12 周硬腭、软腭、唇未能正常地发育融合，出生时有长裂隙。腭裂除了腭部组织缺损外，还常伴发唇裂、上颌骨发育不良，从而影响鼻腔功能和咽鼓管功能，导致出现听力障碍、言语障碍。

语音障碍是先天性腭裂畸形最明显的功能障碍，进行腭裂修复手术是改善或恢复腭裂患者正常语音的前提。腭裂语音除了受最主要因素——腭咽闭合不全影响之外，还受到牙槽突裂、牙列紊乱、咬合异常等因素的影响。在腭裂修复手术后，仍然有部分患者存在不同程度的语音问题。

### 8.2.2 腭裂语音

腭裂所致的语音障碍，主要是共鸣和发音两方面的问题，其原因是腭裂患者的口鼻腔相通和腭咽闭合不全（Kuehn et al., 2002）。

腭裂语音特征为发音时口腔内压减弱，影响元音和辅音的正常发出，其音质特点表现为既有过度鼻音又伴有严重的代偿性发音。元音方面，由于共鸣腔的异常而呈现元音鼻化、圆唇化或歪曲等，元音段可出现多个额外共振峰，第二、三共振峰频率下降且带宽增大。辅音代偿主要有腭化发音、喉塞发音、鼻塞发音、咽擦发音、边音化发音、齿间化发音等特点；并有辅音脱落、辅音替代以及咽喉擦音、声门爆破音、咽喉爆破音等病理性语音的表现；语图上可见冲直条和乱纹大大减少，辅音起声时间明显缩短或消失（王国民等，2002；蒋莉萍等，2005）。

### 8.2.3 腭裂语音的评估

评估腭裂语音的目的是判断语音障碍类型、原因、发生部位和错发音素，以指导语音训练治疗。语音障碍的评估包括主观评估和客观评估两部分：①主观评估：是通过言语病理学家和言语治疗师的主观听感知来评价患者发音的清晰度及音质特点（见表 8.1）；②客观评估：是应用仪器设备分析与发音相关的解剖结构、生理功能及语音特征，通过客观测试参数来分析和判定腭裂患者的语音状况。

表 8.1 语音清晰度测试表（Test words of intelligibility）（引自陈晓容等，2011）

| 顺序 | 音素 | 词语 | | | |
|---|---|---|---|---|---|
| 1 | b | 爸爸 | 鼻子 | 布鞋 | 菠萝 |
| 2 | p | 爬楼梯 | 枇杷 | 葡萄 | 婆婆 |
| 3 | m | 妈妈 | 蜜蜂 | 蘑菇 | 毛巾 |
| 4 | f | 发夹 | 佛 | 斧头 | 飞机 |
| 5 | d | 大象 | 弟弟 | 肚子 | 得到 |
| 6 | t | 塔 | 太阳 | 兔子 | 特地 |
| 7 | n | 拿 | 你好 | 牛奶 | 努力 |
| 8 | l | 喇叭 | 梨子 | 鹿 | 老虎 |

续表

| 顺序 | 音素 | 词语 | | | |
|---|---|---|---|---|---|
| 9 | g | 哥哥 | 鼓 | 高矮 | 嘎嘎 |
| 10 | k | 卡车 | 可乐 | 裤子 | 看电视 |
| 11 | h | 哈密瓜 | 河马 | 蝴蝶 | 红色 |
| 12 | j | 机器人 | 菊花 | 酒杯 | 军人 |
| 13 | q | 气球 | 去学校 | 跷跷板 | 墙壁 |
| 14 | x | 西瓜 | 虾 | 星星 | 螃蟹 |
| 15 | z | 杂技 | 自己 | 足球 | 责备 |
| 16 | c | 草莓 | 刺猬 | 粗细 | 测试 |
| 17 | s | 洒水 | 四个 | 塑料 | 色彩 |
| 18 | zh | 炸鸡 | 蜘蛛 | 煮饭 | 折纸 |
| 19 | ch | 叉子 | 吃蛋糕 | 厨房 | 车轮 |
| 20 | sh | 狮子 | 刷牙 | 书包 | 舌头 |
| 21 | r | 热 | 日历 | 乳牛 | 人 |

### 8.2.4 语音治疗

腭咽闭合不全患者表现出明显的高鼻音、鼻漏气和口腔压力不足，整体语音清晰度低，且合并有声门或咽喉爆破等多种形式的代偿性构音。代偿性构音是腭裂患者后天习得形成的，通常是由于腭咽闭合不全所致，患者在发音过程中试图用一些代偿性动作在气流通过腭咽口进入鼻腔前阻塞气流，因此代偿性发音又反过来影响腭咽闭合功能。代偿性构音的形成与腭裂的严重程度和患者年龄有关，完全性腭裂患者代偿性构音发生率高于不完全性腭裂患者（尹恒等，2010），并随着年龄的增长逐渐成为一种习惯性错误发音，严重影响到言语的清晰度。代偿性构音中声门塞音的发生率最高，咽擦音次之。因此，在腭裂修复术后的语音训练中，语音治疗师在加强患者腭咽闭合功能训练的同时，不能忽视错误代偿性构音对语音的重要影响，纠正患者的不良发音习惯尤其重要。

对于腭裂患者的语音训练一般在腭裂手术后一个月左右开始进行。有研究者提出（Golding-Kushner，2001；Watson et al.，2001），在腭裂手术前对其进行早期的语音干预治疗将有益于语音的正常发育并预防语音障碍，特别是有益于预防代偿性错误构音的发生。语音治疗的内容主要涉及以下几方面（昝飞、马红英，2005）：①改善腭咽闭合功能的训练：如鼓腮、练习发［a］音；②节制呼气功能训练：如吹笛子、吹蜡烛等；③唇、舌、下颌功能的练习；④听辨音训练，以改善患儿听力方面的不足；⑤发音练习：重点是声母训练。

## 8.3 听觉性言语障碍

### 8.3.1 概念

语言的学习理解是一个复杂的生理过程，言语信息能否输入取决于听觉传导路径是否正常。听力是学习语言和发展认知能力的必备条件，听觉中枢必须在出生后不断地接受声音刺激，才能正常发育，没有听力就无法获得语言。因此，正常的听力是言语及语言学习的前提，听力正常的婴儿一般在4~9个月，最迟不超过11个月开始牙牙学语，这是语言发育的重要阶段性标志。听力障碍的儿童由于缺乏声音和言语的刺激，在语言发育最关键时期（2~3岁内）不能建立正常的语言学习，最终将导致不同程度的言语和语言障碍。通过纯音听力检查言语频率（0.5、1、2、4 kHz），平均听力损失30 dB以上即可诊断为听力障碍。据文献报道，新生儿中双耳听力障碍的发生率为0.1%~0.3%。其中，重度至极重度听力障碍的发生率为0.1%（Erenberg et al., 1999）。

听觉性言语障碍（hearing speech disorders）是指由于听功能障碍，影响到听觉对发声、发音的监控作用，致使发音部位错误、不准确，或是气流的方向、压力或速度不准确，甚至整个发音动作不协调，而在发声、发音、共鸣、韵律等方面出现异常。表现为发音不准，咬字不清，声响、音调、速度、节律异常，鼻音过重等听觉性言语障碍的特征改变。

### 8.3.2 听力障碍的分类

听力障碍涉及听力损失程度、性质、部位等方面的问题。根据听力损失的性质，可分为传导性聋、感音神经性聋和混合性聋。根据耳聋发生的时间，可分为听功能障碍发生在获得语言能力之前的语前聋和听功能障碍发生在获得语言能力之后的语后聋。

8.3.2.1 语前聋（pre-lingual deafness）

在学会语言之前发生的耳聋称为语前聋，包括先天性耳聋、各种婴幼儿时期出现的耳聋。由于语言尚处于发育学习期，如果耳聋严重，且未得到早期干预和康复，将会形成聋哑。在语言发育前的听力丧失，不管是感觉神经性的还是传导性的，均会出现一定程度的语言障碍。与中耳炎有关的语言障碍大多表现为儿童早期的语言发育迟缓，以及学龄早期的语音问题。

因此，语前聋的治疗，不仅仅是听觉径路补偿的问题（助听器或人工耳蜗），更重要的是在有声环境中进行获得语言的各种训练。这是语言治疗的重点，需要听力学家、耳科医师、语言病理学医师、语言治疗师、心理学医师、教育工作者，以及患儿家庭的共同参与，才能使这类患儿获得言语交流能力。

8.3.2.2 语后聋（post-lingual deafness）

在言语形成之后发生的听力障碍称为语后聋。因为失去听觉反馈能力，对自己发出的声音不能正确地监测和校正，表现为发音不准，言语清晰度下降，嗓音单调且常常不自觉地提高嗓音音量，与环境要求不协调。语后聋对言语的影响较轻，治疗相对简单，仅仅是听觉径路补偿的问题，不需要复杂的言语康复治疗。

### 8.3.3 听力障碍对发音的影响

听力障碍者通过听反馈获得的信息减少，不能了解和纠正相关系统在动作协调方面的不当之处，结果导致言语行为中各系统的动作协调性差，表现为错发元音及辅音，以错发辅音为主，严重影响到言语清晰度。元音方面表现为发出的元音缺少应有的共振峰结构，元音持续时间延长。辅音方面表现为发出的辅音比听力正常者少且发展缓慢，辅音常被错发成较小范围内的几个辅音，常见错误有：①辅音替代，常用发音部位在口腔前部的辅音（尤其是浊辅音）来替代那些不易看见发音部位的辅音；②辅音遗漏或歪曲；③气息控制不同步，如发清辅音时常被同源的浊辅音替代，或相反；④辅音鼻音化，辅音中伴有过度的鼻音成分。

### 8.3.4 言语治疗

听力损失对于儿童言语和语言技能发展的影响复杂多变，在其他条件相同的情况下，听力损失越严重，听力损失发生得越早，对言语的发展影响越大。听力损失是通过影响言语接收和言语发出两方面导致言语障碍。因此，对听力障碍儿童干预越早效果越好，最合适的时间是在出生后 6 个月以前。研究表明，出生后 6 个月前即开始干预的儿童，其语言发育商及社会适应能力好于 6 个月后开始干预的儿童。这种差异不受性别、家庭社会经济状况、语言康复治疗形式选择等方面的影响。如果在 3 岁前即已进行正确的干预，患儿可望获得较满意的语言能力。同时，患儿的智力发育及潜能发展是否完好也依赖于早期的诊断及正确干预。

言语训练分为两部分：一是言语理解能力的培养，二是言语表达能力的培养。发展语言能力的第一步是理解语言，理解是表达的基础。在语言训练中应当使聋儿在获得大量语言刺激的同时，与语言的意义结合起来，发展聋儿的语言理解能力，引导启发聋儿把口型、语音、实物和词有机地联系在一起。在理解语言的条件下让儿童先练习发单词、短句，然后再训练语言表达能力。训练过程中，要注意创造良好的语言环境，增加儿童的语言实践机会，鼓励儿童用他所理解的词汇和句子进行表达和交往。

## 8.4 语言障碍

语言是人类在交流活动中，由规定符号并按一定的规则将这些符号组合起来，以社会共享的或约定的编码系统来交流思想的行为。语言同思维有密切的联系，是人类形成和表达思想的手段，也是人类社会最基本的信息载体。人类最主要的语言是由语音、词汇和语法构成的，一般以口说或书面的形式表达出来。语言功能包括用那种语言（如汉语普通话、某种方言、某种外语、某种形体语言）为符号，运用音系（phonology）、词法（morphology）、语义（semantics）、句法（syntactical）和语用（pragmatics）组成要表达的语言，在这一过程中的任何缺陷，都属于语言障碍。

语言障碍（language disorders）是一个人不能表现出与预期正常标准相当的语言学知识系统的状态，应该与由于语言（语系、民族、方言）的不同和文化的差异而导致的交流困难相区别。语言障碍表现复杂，有不同的分类方法。根据障碍发生的时期（阶段）可分为：发生在语言获得过程中的儿童语言发育迟缓和发生在语言获得后的失语症。

### 8.4.1 儿童语言发育迟缓

儿童语言发育迟缓（language retardation）是指发育中的儿童因各种原因所致的在预期时间内未能达到与其实际年龄相应的语言水平，但不包括由于听力障碍引起的语言发育迟缓。造成儿童语言发育迟缓的原因很多，主要有智力发育迟缓、孤独症、发育性语言障碍等。其中智力发育迟缓所占的比例最大，是儿童语言发育迟缓的主要原因。

8.4.1.1 智力发育迟缓（mental retarded）

智力发育迟缓是指由各种原因导致的大脑损伤，致使智力发育出现障碍，表现为智力水平比同龄儿童低（IQ 值在 70 以下），并伴有不同程度的适应性行为障碍。智力发育迟缓的儿童，在听理解、言语表达、语言获得等方面都比正常儿童落后或迟缓。语言障碍主要表现为语言发育速度慢、达到的水平低。通常又将智力发育迟缓的儿童称为弱智、智力落后、智力低下、智力迟滞或精神发育迟滞等。导致语言发育障碍的脑损伤原因包括脑创伤、脑炎、先天性 21-三体综合征等。

#### 8.4.1.2 特发性语言障碍（specific language impairment）

特发性语言障碍又称为发育性语言障碍，是指单纯性语言功能或能力的某一方面或全面发育迟缓，除语言障碍外，其他方面的发育基本正常，并且不存在有明显阻碍语言正常发育的一般原因，如听功能障碍、智力低下、严重个性失调等，是不属于任何其他类型或不伴发于其他疾病的语言障碍。发育性语言障碍属于儿童语言发育迟缓的一种特殊类型。

发育性语言障碍常表现为：①学会发第一个词的时间晚，多出现在 2 岁以后，正常出现在 10～15 个月；②接近 3 岁时才能发出单词或两个词的句子，正常出现在 12～18 个月；③接近 4 岁时才会用代词，尤其是会用"我"，正常出现在 3 岁左右；④词汇量小；⑤不能说出复杂的句子，不遵守正常词序，用第三人称代替说"我"。由于存在的困难，说话内容带来的信息量有限或匮乏。通常，发育性语言障碍儿童的言语理解能力好于表达能力。

#### 8.4.1.3 行为障碍

语言障碍与行为问题密切相关，行为问题常继发于沟通障碍。突出的表现是不能听从指令，或因不能表达感受或愿望而表现出行为障碍或焦虑。行为障碍和注意力缺陷的发生率在语言障碍的儿童中较高；同时，语言迟缓或语言障碍又可导致情绪障碍或心理创伤，从而加重行为问题。

#### 8.4.1.4 环境剥夺

儿童词汇量的发展和语言表达能力与其生活环境及父母的受教育程度、言语表达习惯和内容的丰富性等因素有着密切联系。电视机、收音机和录音机等媒介不能作为早期儿童学习和感受语言的良好途径。在语言贫乏环境中长大的孩子，会出现语言发育迟缓，但这些儿童对早期治疗干预和语言刺激的反应最好。在儿童语言发育早期，双语家庭环境是影响儿童语言学习的一个重要因素。

### 8.4.2 失语症

失语症（aphasia）是指由于大脑器质性损伤致使原已习得的语言功能丧失的一种语言障碍综合征。患者在无意识障碍情况下，对交流符号的运用和认识发生障碍，即对语言的表达和理解能力受损或丧失；且并非因感觉缺失（听觉或视觉下降或丧失），即患者能听到言语声或看见文字，但不理解言语或文字的意义；也无口咽部的肌肉瘫痪、共济失调或不自主运动，但不能清晰地说话，或说出的话不能表达意思，使听者难以理解。

说话、阅读、书写等都与大脑皮层的功能密切相关，而与言语相关的只是大脑皮层的一部分区域。虽然一侧耳所接受的听觉信息都传递至双侧半球（约 70% 传至对侧半球），但大多数失语症发生在左侧大脑半球受损时，右侧大脑半球受损引起失语症者少见。导致失语症的主要病因有：脑血管疾病、脑外伤、脑肿瘤、脑炎等。

失语症的语言障碍表现错综复杂，每个患者的失语症表现与其病因、脑损伤部位、范围，以及年龄、智力、文化程度、言语习惯等生理性、病理性、心理性及社会性等因素有关。有些患者可能表现出非常严重的言语表达障碍，而言语理解障碍较轻微；有些患者的障碍特征可能正好相反；有些可能只表现出轻微的局限于某一语言形式的偶发性症状，而有些患者的症状则可能非常严重和广泛，以致完全永久性地丧失语言能力。

### 8.4.3 孤独症

孤独症（autism），又称儿童自闭症，是一种广泛性发育异常。它是指儿童不能正常地发育用语言和用非语言进行交流的技能，表现为社会交往障碍、言语沟通障碍及刻板、僵硬的行为模式和兴趣范围狭窄。其特征表现有：①社会交往障碍：这是孤独症的核心特征，表现为对与人交流缺乏兴趣，缺少情感反应，极少以笑容来回应别人的笑容，愿意独处，不愿意与小朋友在一起，独自一人反而自得其乐。②言语沟通障碍：表现为言语发育明显落后于同龄正常儿童，言语表达缺陷，非言语的沟通知识也缺如。③行为异常：表现为固执刻薄，持对抗态度，坚持重复同一举动，对家中的物品病态地依恋等。

多年来，国内外许多专家学者从遗传学、神经生物学、神经生理学、免疫生化学、心理学、家庭社会等不同角度对儿童孤独症的病因开展多方面的研究，但其确切病因至今尚不清楚，多数学者认为是先天基因异常与后天环境相互作用形成的。目前仍没有发现孤独症特有的生理指标，也没有针对孤独症的客观测试。对于孤独症的诊断仅能从行为层面给予界定，而这种行为指标的诊断标准带有一定的主观性，以至于研究者们不得不采用"孤独症范畴内的障碍"（autism-spectrum disorders）这一术语来统称符合上述诊断标准的群体。

由于病因及发病机制不清楚造成临床治疗的困难，目前还没有一种对每个患儿都行之有效的治疗手段。尽管孤独症还不能治愈，但采用综合性教育和训练、行为干预并辅以药物，可显著改善预后。在教育或训练过程中应遵循三个原则：①对孩子异常行为的宽容和理解；②对孩子异常行为的矫正；③对孩子特别能力的发现、培养和转化。

### 8.4.4 儿童学习障碍

儿童学习障碍（learning disorders，LD）是指智力正常或基本正常，听功能检查正常，没有明确原因的，儿童在听、说、读、写、推理、计算等一个或多个方面的学习及应用能力有明显困难，与其智力水平所能期望的成绩相比显著落后。学习障碍可分为：阅读障碍（reading disorders）、诵读障碍（dyslexia）、计算障碍（dyscalculia）、书写困难（dysgraphia）、书面表达障碍和其他未注明的学习障碍。

学习障碍是一个非常复杂的问题，因为一个人的学习能力与其性格、生活环境、文化背景和教育程度等都有着密切的联系，正常情况下已存在明显的个体差异。因此，对于学习障碍的表现形式和程度有时难以确认和评价。根据国外报道，学龄期儿童学习障碍的发生率为2%~5%，男孩多于女孩。由于我国语言病理学工作开展较晚，目前还没有这方面的统计数据，但儿童学习障碍带来的问题越来越受到家长、教师及儿科工作者的重视。

有学者认为注意力缺陷是学习和语言学习障碍的一个重要潜在因素。注意力缺陷综合征表现为不安定、动作过度、注意力分散、行为不一致、易于疲劳等，在解决问题时没有足够的精力保持注意力。学习障碍在幼儿期就可能表现出来，若不采取有效的干预措施，可持续到成年。

**参考文献**

陈晓容、赵彪、尹恒（2011）腭裂术后边缘性腭咽闭合不全的语音训练特点，《国际口腔医学杂志》第3期。

戴维·克里斯特尔（2004）《现代语言学词典》（第4版），沈家煊译，北京：商务印书馆。

蒋莉萍、王国民、杨育生、陈阳、吴忆来（2005）腭裂咽成形术后患者异常语音的发音特点研究，《中国口腔颌面外科杂志》第1期。

王国民、费斐、蒋莉萍、陈阳、吴忆来、李青云（2002）异常语音的临床分类和治疗，《华西口腔医学杂志》第2期。

尹恒、赵树蕃、郑广宁、李盛、王癸、郑谦、石冰（2010）大龄腭裂患者治疗模式的初步研究，《华西口腔医学杂志》第3期。

于萍、王荣光（主编）(2009)《嗓音疾病与嗓音外科学》，北京：人民军医出版社。

昝飞、马红英（2005）《言语语言病理学》，武汉：华东师范大学出版社。

Erenberg, A., Lemons, J. & Sia, C. et al. (1999) New born and infant hearing loss: Detection and intervention, *Pediatrics*, 103 (2): 527-530.

Golding-Kushner, K. J. (2001) *Therapy Techniques for Cleft Palate Speech Related Disorders*, Canada: Singular Thomson Learning.

Kuehn, D. P., Imrey, P. & Tomes, L. et al. (2002) Efficacy of continuous positive airway pressure for treatment of hypernasality, *Cleft Palate Craniofacial*, 39 (3): 267-276.

Watson, A. C. H., Sel, D. A. & Grunwell, P. (2001) *Management of Cleft Lip and Palate*, London: Whurr Publishers.

# 第九章　语音同一认定

语音同一认定（也称声纹鉴定）是运用语言学、语音学、生理学、心理学、物理学、计算机科学和统计学等学科的相关知识，通过对证据语音（或涉案语音）和已知语音进行听觉和频谱两方面特征的比对鉴别和综合分析，确定二者是否出自同一人发音器官的一种专门技术。

## 9.1　语音同一认定的客观依据

### 9.1.1　语音的反映性

语音的反映性是指语音反映讲话活动、暴露发音器官和发音习惯特点的必然性。

（1）语音对发音器官特点的反映性

语音是人的发音器官发出的声音，必然携带发音人发音器官的信息。我们知道，语音是气流或声带音经过声道的传输后所形成的。我们无法直接考察发音人发音时某个时刻的声道形状，但通过实验或理论计算得知，不同的声道具有不同的传输特性，对气流或声带音具有不同的调制作用，即同样的气流或声带音经过不同的声道传输，最终会形成不同的声音。这样我们就可以通过该时刻语音的瞬态特性逆向去考察该时刻声道的形状，换句话说，就是语音对发音人发音器官的特点具有反映性。

（2）语音对发音习惯特点的反映性

语音是人们在一定社会环境中经过长期的学习、训练后形成的，因此又必然携带发音人发音习惯的信息。发音习惯主要表现在发音器官各灵活部分的配合关系以及对某些音节或词组发音的个人喜好等方面。这些因素决定了一个人发音时声道形状的变化过程。既然某时刻的声道形状能通过该时刻语音的瞬态特征反映出来，那么声道形状的变化过程也必然会通过语音的动态特征反映出来。

### 9.1.2　语音的个体稳定性

语音的个体稳定性是指一个人的言语习惯形成以后，语音在一个较长的时间内本质特征的不变性。

从根本上说，语音的个体稳定性主要是由语音的生理基础决定的。人的发音器官在一生中的变化是缓慢的（变声期和由病变、外伤引起的变化除外）。当一个人的发音器官发育成熟以后，他的呼吸器官、喉系统和共鸣腔的生理结构及机能就进入一个相对稳定的状态。在这种状态下，虽然可能会发生某些变化，并导致语音特征的某些细微变化，但是个人语音及其声纹的本质特征却不会改变。

从言语习惯（包括发音习惯）的生理、心理机制上看，言语习惯形成以后，就意味着一个人的言语（包括发音）及支配言语接收、思维和发送的生理、心理机制已经定型，形成了一个相对稳定的规则化、程序化的固定模式，这种模式一旦形成就很难改变。这是决定语音稳定性的又一因素。

对于同一认定来说，客体特征的稳定性当然是越大越好，即客体特征保持基本不变的时间越长越好。但是，语音特征保持稳定的"时间底限"是多少呢？

如果把人的一生分为幼年期、少年期、青年期、壮年期、老年期等五个时期的话，那么一个人至少在青年期和壮年期的不同时间说同样话的语音是稳定的，具有可比性。打个比方说，语音好似一个人的相貌，虽然在青年和壮年整个期间都在不断地变化，但是万变不离其宗，只要是熟悉的人，你就始终认识他（岳俊发，2007）。

### 9.1.3 语音的群体差异性

语音的群体差异性是指每个人的语音特征的总和具有个人属性，具有不同于他人的特定性。

语音既有共同性，又有差异性。语音的共同性是言语交际的客观需要所决定的，语音的差异性则是由发音人的自身条件所决定的。

人们都有这样的经验，只要听到几个熟悉的人在谈话，即使看不到说话人，也能准确判断出哪句话是哪个人说的。这其中就是语音的差异性在起作用。

具体来说，语音的差异性是由发音人的生理因素、心理因素和社会因素决定的。

（1）生理因素

语音是发音器官及相应的肌群在大脑、神经系统支配下的一种生理活动。人的发音器官可以分解成若干个"零部件"，不同人发音器官的所有零部件不可能是一一对应、完全相同的，所有零部件"组装"成的整个声道的形状也不可能是完全相同的，不论是零部件的差异还是整个声道形状的差异，都会导致不同人发出相同语音的差异。例如，肺活量大小的不同导致语音强度的不同，声带长度的不同导致乐音基频的不同，声带闭合程度的不同导致乐音明亮度的不同，声道宏观长度的不同导致共振峰群体位置的不同，声道形状的微观差异导致共振峰个体位置的不同等。

（2）心理因素

发音习惯的形成是一个长期的、复杂的心理训练过程。人们从牙牙学语开始，在语音社会规范的制约下，伴随着发音器官和心理思维的一步步成熟，经过成千上万次"听——想——说"的反复学习和校练，逐渐形成了发音习惯的动力定型。一方面，发音习惯要符合社会规范，形成共同点，在它的支配下，人们彼此说出的话，能够听得懂；另一方面，由于人与人的生理条件的差异，不可避免地会形成语音的差异性。比如听觉、神经、大脑系统遗传的差异，以及后天言语训练形成的调制语音的发音器官运动形式的差异（如发音时舌位的前、后、高、低不同，舌与其他发音部位的配合关系不同，等等），形象地说，就是上述"零部件"在发音时各自的状态和相互之间配合关系的差异，导致在语音共性的基础上，形成了语音的差异性。

（3）社会因素

不同社会群体的人，在学习语言的过程中，必然会受到语言各种变体的影响和制约，从而在言语习惯上打上相应的各种语言变体的烙印。例如，不同地区和籍贯群体的人，受语言地域性变体——方言的影响，言语必然打上不同方言的烙印；不同年龄群体（段）的人，由于经历的时代和历史时期的不同，受语言时间变体——不同时代（历史时期）语言的影响，言语必然打上不同时代和历史时期语言的烙印；不同性别、文化、职业群体的人，受语言社会变体——社会方言的影响，言语必然打上不同社会方言（社会习惯语）的烙印，等等。以上这些烙印反映到语音上，就构成了语音在听觉方面的差异性。

### 9.1.4 语音的同一性

由于语音具有上述三个方面的性质，就决定了一个人在特定时期内（主要指青年期和壮年期）不同时间发出的相同语音及其声纹在一定条件下（比如其间未经历发音器官的创伤、病变发生等）具有本质上的一致性，即语音的同一性。

当然，这里讲的同一并不是僵死的、永远不变的同一，而是包含有自身差异和变化的同一，即辨证的同一（何家弘，1999）。

## 9.2 语音特征

语音特征是个人发音器官特性、发音习惯特性和讲话习惯特性表现在口语和声纹频谱中的各种征象。

### 9.2.1 语音的听觉特征

语音的听觉特征主要包括嗓音音质特征、口头言语特征和发音缺陷特征。

9.2.1.1 嗓音音质特征

嗓音音质特征主要表现在以下几个方面：

（1）共鸣方式特征

不同人发音时的"共鸣重心"存在不同，有些人的共鸣重心在咽腔，有些人的共鸣重心在鼻腔，多数人的共鸣重心则是在口腔。分别称之为咽腔共鸣、鼻腔共鸣和口腔共鸣。

（2）嗓音纯度特征

不同人的嗓音纯度存在不同，粗略地可分为高纯度（明亮）、低纯度（沙哑）和中等纯度三个等级；再进一步还可将明亮分为高度明亮、一般明亮，将沙哑分为高度沙哑、中度沙哑、稍显沙哑等（疾病导致的语音沙哑除外）。

（3）平均音高特征

不同人的嗓音平均音高存在不同，粗略地可将不同人的嗓音分为高、低和中等三个等级，分别称为高亢、低沉和普通。

（4）音域特征

不同人的嗓音音域存在不同，粗略地可将不同人的音域分为高、低和中等三个等级，分别称为饱满、干瘪和普通。

9.2.1.2 口头言语特征

不同的说话人，出于各种原因，口头言语一般都具有各自的特点，形成了口头言语特征。总结起来，口头言语特征主要表现在以下一些方面：

（1）语速特征

不同人讲话的语速存在不同，就整体而言可粗略地分为"快速""慢速"和"适中"三种类型，还可以大致细化为"匀快速""匀慢速""匀适中""变快速""变慢速"和"变适中"等六种类型。

(2) 节奏特征

不同人讲话节奏的存在不同，有的人讲话抑扬顿挫，有轻有重，有缓有急，即节奏感强；有的人则是语调缺少变化，平铺直叙，即节奏感差；多数人则是介于两者之间，即节奏感适中。

(3) 清晰度特征

不同人讲话的清晰度存在不同，有些人讲话，语句中的相邻音节特别是节奏单元中的相邻音节分界明显，各个音节发音清晰（均达到或接近目标值），即清晰度高；有些人则相反，即清晰度低；多数人介于两者之间，即清晰度一般。

(4) 流畅度特征

不同人讲话的流畅度存在不同，有的人伶牙俐齿、语句通顺流畅，即流畅度高；有的人笨嘴拙舌、语句断断续续，即流畅度低；多数人介于两者之间，即流畅度适中。

(5) 音量特征

不同人讲话时的气流量存在不同，表现在语音上就是音量的不同，比如有的人说话高声大嗓，即音量高；有的人轻声细语，即音量低；多数人则是音量适中。

(6) 舌位特征

不同人讲话，对于声母中的舌尖音和卷舌音，有的靠前一些，有的靠后一些，粗略地可分为"靠前""居中"和"靠后"三种情况。

(7) 赘语特征

不同人讲话，有的干净利落，没有多余的字、词，有的则存在一些赘语，比如助词性赘语"啊""这个""那个"等，短语性赘语"是不是""对不对"等。

(8) 变调特征

对于普通话中所谓的"一、七、八"变调，不同人情况不同，有的变，有的则不变。

(9) 轻、重音特征

在不引起含义或语气变化的情况下，不同人说出的同一个词或同一句话，重音的位置存在不同。比如"机器"一词，有人说成"jīqì"，有人说成"jīqi"；再如"特别"一词，有人重音在"特"，有人在"别"。

(10) 儿化发音特征

儿化发音现象并不是所有人都存在。比如："文化"的"化"、"那样"的"样"、"脸面"的"面"、"一层"的"层"、"一成"的"成"等，有人说成本音，有人则说成儿化音。

(11) 发音标准程度特征

有些人对一些特殊的字、词发音不准确，主要表现为声调错读、多音字错读、读白字等。

(12) 用词特征

不同人用词有个人的习惯、偏好，比如动词"做"与"干"、数词"二"与"两"、量词"台"与"辆"、形容词"好"与"棒"等。还有方言性词语、行业性词语的使用习惯等。

(13) 方音特征

有些人讲的方言普通话中存在方言发音的负迁移现象，具体表现在声母、韵母和声调上，比如声母鼻音"n"与边音"l"不分、韵母"e"与"o"不分等。

#### 9.2.1.3 口语缺陷特征

由于各种原因,有些人表现出口语方面的缺陷,也构成一种语音特征——口语缺陷特征。这类特征主要通过听觉来发现。口语缺陷特征主要有以下几种:

(1) 舌体运用异常特征

俗称"大舌头",比如将"二"说成"爱"等。

(2) 口语障碍特征

俗称口吃,即由后天不良习惯(比如模仿口吃等)或先天讲话能力不足等原因造成的讲话语流不顺畅。

(3) 发音缺陷特征

有的人发音器官存在先天缺陷,发音较正常人有明显不同,比如腭裂患者说话,开鼻音就比正常人重很多,即俗称的"囔鼻子";还有的人由于脑猝中、脑外伤等原因造成大部分音节甚至所有音节均发音不准等。

### 9.2.2 语音的频谱特征

语音的频谱特征主要包括共振峰(强频区)频率特征、共振峰走向特征、音强分布特征、时长比例特征等。

#### 9.2.2.1 共振峰(强频区)频率特征

(1) 辅音共振峰(强频区)频率

辅音共振峰(强频区)包括鼻音共振峰、边音共振峰、通音共振峰、擦音强频区等。图9.1中(A)是一人发音节"黑(hēi)"的宽带谱图,(B)和(B')分别是另一人两次发这个音节的宽带谱图,对比可以看出:图(A)与图(B)的 $F_1$ 频率大体相当,图(A)的 $F_2$ 比图(B)的 $F_2$ 低约100 Hz,图(A)的 $F_3$ 比图(B)的 $F_3$ 低约200 Hz,而图(A)的 $F_4$ 则比图(B)的 $F_4$ 高约150 Hz。图(B)和(B')各对应强频区的频率则分别相同。

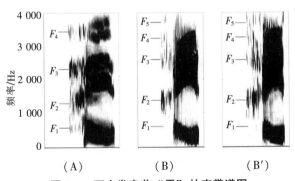

**图9.1 两人发音节"黑"的宽带谱图**

(2) 元音共振峰频率

这里以单元音[i]为例。图9.2中(A)是一人发[i]音的宽带谱图,(B)和(B')分别是另一人两次发这个音的宽带谱图,对比可以看出:图(A)的 $F_1$ 比图(B)的 $F_1$ 频率高约50 Hz,图(A)的 $F_2$ 比图(B)的 $F_2$ 高约100 Hz,图(A)的 $F_3$ 与图(B)的 $F_3$ 大体相当,图(A)的 $F_4$ 比图(B)的 $F_4$ 高约150 Hz。图(B)和(B')各对应共振峰的频率则分别相同。

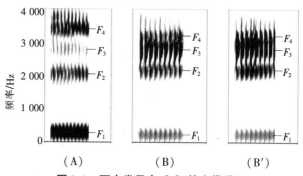

图 9.2　两人发元音 [i] 的宽带谱图

（3）音节内辅音-元音过渡段共振峰端点频率

图 9.3 中（A）是一人发音节"自（zì）"的宽带谱图，（B）和（B′）分别是另一人两次发这个音节的宽带谱图，对比可以看出：图（A）的 $T_1$（为与通常的共振峰相区别，这里用 $T$ 表示）比图（B）的 $T_1$ 频率高约 50 Hz，图（A）的 $T_2$ 比图（B）的 $T_2$ 高约 100 Hz，图（A）的 $T_3$ 与图（B）的 $T_3$ 大体相当，图（A）的 $T_4$ 比图（B）的 $T_4$ 高约 150 Hz。图（B）和（B′）各对应共振峰的频率则分别相同。

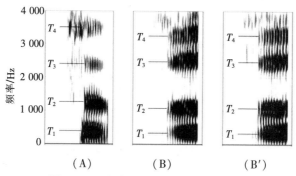

图 9.3　两人发音节"自"的宽带谱图

（4）音节间元音-辅音过渡段共振峰端点频率

图 9.4 中（A）是一人发音节"特别"中"特（tè）"的宽带谱图，（B）和（B′）分别是另一人两次发这个音节的宽带谱图，对比可以看出：图（A）的 $L_2$ 比图（B）$L_2$ 的频率低约 100 Hz，图（A）的 $L_3$ 比图（B）$L_3$ 的频率高约 50 Hz，图（A）的 $L_4$ 和 $L_5$ 则比图（B）$L_4$ 和 $L_5$ 的频率分别高约 350 Hz 和 200 Hz。

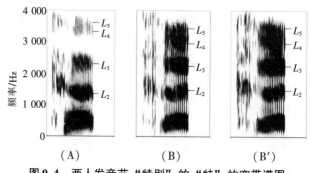

图 9.4　两人发音节"特别"的"特"的宽带谱图

9.2.2.2 共振峰走向特征

共振峰走向是指共振峰的中心线在频率-时间平面上的曲线形态。考察共振峰的走向，主要从直线型共振峰斜度和曲线型共振峰的总体斜度（定义为连接曲线共振峰两端的直线）、曲线型共振峰的凸向、弯曲程度等方面来进行。

(1) 单元音韵母共振峰走向

图9.5 中（A）是从语句"今天天气很好"中截取的一人发音节"气（qì）"的宽带谱图，(B) 和（B′）分别是从上述语句中截取的另一人两次发这个音节的宽带谱图，对比可以看出：图（A）的 $F_1$ 呈渐降状，图（B）和（B′）的 $F_1$ 则呈渐升状；图（A）的 $F_2$ 和 $F_3$ 均大体呈平直状，图（B）和（B′）的 $F_2$ 和 $F_3$ 则均呈渐降状；图（A）的 $F_4$ 呈渐升状；而图（B）和（B′）的 $F_4$ 则呈渐降状。图（B）和（B′）各对应共振峰的走向则分别相同。

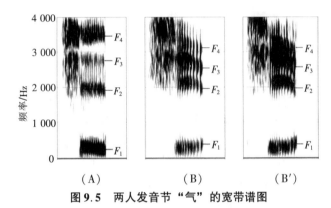

图9.5　两人发音节"气"的宽带谱图

(2) 二合元音韵母共振峰走向

图9.6 中（A）是从语句"不用拜年了"中截取的一人发音节"拜（bài）"的宽带谱图，图（B）和（B′）分别是从上述语句中截取的另一人两次发这个音节的宽带谱图，对比可以看出：图（A）中 $F_1$ 的最高点在约中间处，而图（B）和（B′）中 $F_1$ 的最高点则在约三分之一处；图（A）中 $F_2$ 呈单调上升状，而图（B）和（B′）的 $F_2$ 则在约三分之二处开始下降；图（A）的 $F_4$ 基本呈单调上升状，而图（B）和（B′）的 $F_4$ 则呈先降后升状。图（B）和（B′）各对应共振峰的形态则分别相同。

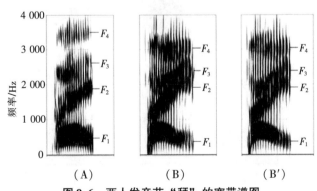

图9.6　两人发音节"拜"的宽带谱图

(3) 三合元音韵母共振峰走向

三合元音共振峰的曲线形态要比二合元音韵母的复杂一些，具体表现在弯曲方向的变化情况较二合元音更加多样。图9.7中（A）是从语句"不是省油灯"中截取的一人发零声母音节"油（yóu）"的宽带谱图，（B）和（B'）分别是从上述语句中截取的另一人两次发这个音节的宽带谱图，对比可以看出：图（A）的 $F_1$ 整体基本平直，只是尾部略降，图（B）和（B'）的 $F_1$ 则是介音"i"段平直，然后升高滑向韵腹"o"，再下降滑向韵尾"u"，整条共振峰出现了两个拐点。

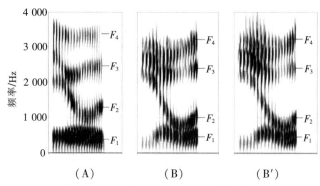

**图9.7　两人发音节"油"的宽带谱图**

#### 9.2.2.3　音强分布特征

（1）总体强度按频率的宏观分布状态

图9.8中（A）、（B）分别是从相同语句中截取的两人所发音节"这（zhè）"的宽带谱图，可见其韵母"e"在2 000 Hz以上频段，图（A）的强度明显低于图（B）的强度，也就是图（A）的强度随频率升高而下降的速率明显大于图（B）的下降速率。图（B'）是图（B）发音人在其他语句中发的这个音节的宽带谱图，可见其强度分布状态与图（B）的相同（注：有时这种现象是由器材的频响性能原因造成的，为了区分这一点，可用擦音或塞擦音声母的强度做参照）。

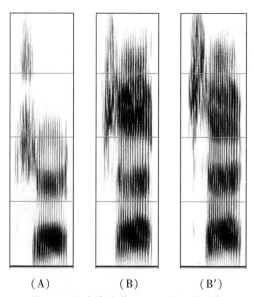

**图9.8　两人发音节"这"的宽带谱图**

(2) 总体强度按时间的分布状态

不同人发相同音节，总体强度按时间的分布情况比较复杂，有的表现为基本上平均分布，有的则表现为不同形式的动态分布。图 9.9 中（A）、（B）、（C）分别是从相同语句中截取的三人所发音节"在（zài）"的宽带谱图，可以看出：图（A）的强度分布呈两端强中间弱；图（B）呈前强后弱；而图（C）则基本呈均匀分布。

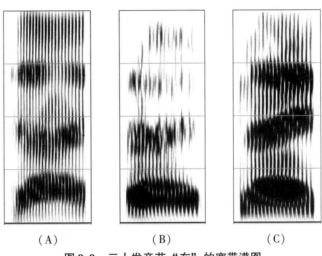

图 9.9　三人发音节"在"的宽带谱图

必要时，可借助音强曲线对强度按时间的分布状态进行较为精确的测量。图 9.10 中（A）、（B）、（C）分别是从相同语句中截取的三人所发音节"外（wài）"的宽带谱图，可以看出：（A）呈前强后弱，（B）呈前弱后强，（C）则呈中间强两端弱。

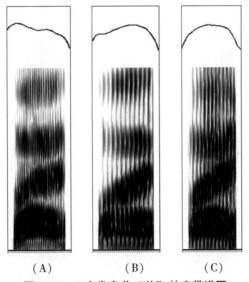

图 9.10　三人发音节"外"的宽带谱图

(3) 共振峰相对强度

一般来说，共振峰的强度是随着频率的升高逐次降低的，但也有例外。图 9.11 中（A）、（B）、（C）分别是从相同语句中截取的三人所发音节"批（pī）"的宽带谱图，可以看出：图（A）的 $F_2$ 与 $F_4$ 基本等强，而 $F_3$ 的强度明显低于 $F_2$ 与 $F_4$；图（B）的 $F_3$ 与 $F_4$

基本等强，而 $F_2$ 的强度明显低于 $F_3$ 与 $F_4$；图（C）的 $F_2$ 与 $F_3$ 基本等强，而 $F_4$ 的强度略低于 $F_2$ 与 $F_3$。

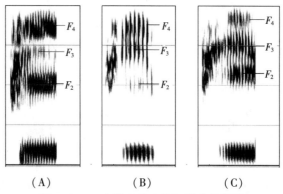

图 9.11　三人发音节"批"的宽带谱图

（4）个体共振峰的强度分布

图 9.12 中（A）、（B）、（C）分别是从相同语句中截取的三人所发鼻韵母音节"生（shēng）"的宽带谱图。可以看出：图（A）主元音部分的 $F_1$ 和 $F_2$ 基本等长，$F_3$ 和 $F_4$ 基本等长，而 $F_3$ 和 $F_4$ 的长度大约是 $F_1$ 和 $F_2$ 的四分之三，亦即 $F_3$ 和 $F_4$ 的后四分之一共振峰强度极弱；图（B）也是主元音部分的 $F_1$ 和 $F_2$ 基本等长，$F_3$ 和 $F_4$ 基本等长，但 $F_3$ 和 $F_4$ 的长度大约是 $F_1$ 和 $F_2$ 的二分之一，也就是 $F_3$ 和 $F_4$ 的后二分之一共振峰强度极弱；图（C）则是 $F_1$、$F_2$ 和 $F_3$ 基本等长，$F_4$ 则比前三者短得多，也就是 $F_4$ 除了中间约五分之一时长部分强度稍强外，两端强度均很弱。同时也可以看出，三者的鼻韵尾强度按频率分布的状态也明显不同。

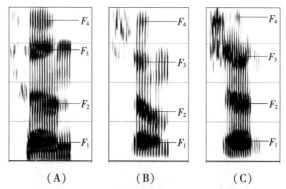

图 9.12　三人发鼻韵母音节"生"的宽带谱图

图 9.13 中（A）、（B）、（C）分别是从相同语句中截取的三人所发非鼻韵母音节"学（xué）"的宽带谱图，可以看出：图（A）的 $F_2$ 略现两端强中间弱，$F_3$ 的强度比较均匀，$F_4$ 则呈前弱后强；图（B）的 $F_2$ 和 $F_3$ 均呈前弱后强，且强弱变化比较突然，$F_4$ 则呈前弱后强；而图（C）除了 $F_4$ 的强度呈不明显的由强到弱的变化外，其他各共振峰的强度则基本均匀分布。

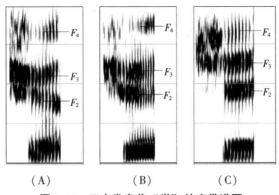

图9.13 三人发音节"学"的宽带谱图

（5）音节间能量强弱

音节间的能量强弱可用振幅曲线的峰值－谷值差来衡量。图9.14中（A）、（B）分别是两人所说相同五字短语"他去无锡市"的振幅曲线图，可见（B）的曲线峰值－谷值差比（A）的大，即（B）的音节间能量比（A）的弱。

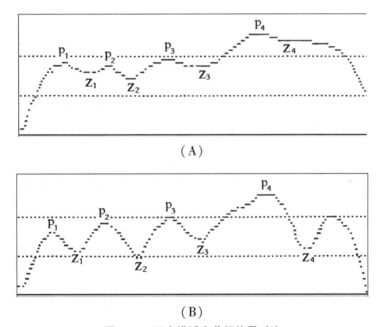

图9.14 两人讲话音节间能量对比

### 9.2.2.4 时长比例特征

这里只讨论稳定性相对较强的音节中声母韵母时长比例、鼻韵母中主要元音与鼻韵尾时长比例、音节间时长比例等三个方面的特征。

（1）声母、韵母时长比例

这里只讨论擦音和送气塞擦音声母的音节。不同人在相同语流中的相同擦音和送气塞擦音声母的音节，其声母、韵母时长比例呈差异性，而同一人的这种音节，这个比例则是相对稳定的。图9.15中（A）是一人发音节"气（qì）"的宽带谱图，（B）和（B′）分别是另一人两次发这个音节的宽带谱图（三者均在同样内容的一段语流中截取，下同）。对比可以看出：图（A）的声韵时长比例约为1:2，而图（B）和（B′）的则接近1:1。

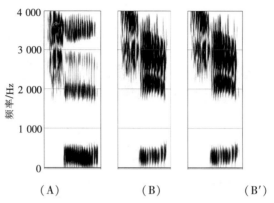

(A)　　　　　(B)　　　　　(B′)

图9.15　两人发音节"气"的宽带谱图

（2）鼻韵母主要元音与鼻韵尾时长比例

图9.16中（A）是一人发鼻韵母音节"灯（dēng）"的宽带谱图，（B）和（B′）分别是另一人两次发这个音节的宽带谱图，对比可以看出：图（A）的这个比例约为1:2，而图（B）和（B′）的则约为1:1。

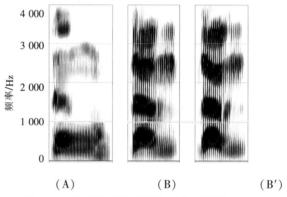

(A)　　　　　(B)　　　　　(B′)

图9.16　两人发音节"灯"的宽带谱图

（3）音节间时长比例

图9.17中（A）是一人发双字词"特别（tèbié）"的宽带谱图，（B）和（B′）分别是另一人两次发这个词的宽带谱图，对比可以看出：图（A）的这个比例约为1:1，而图（B）和（B′）的则约为2:1。

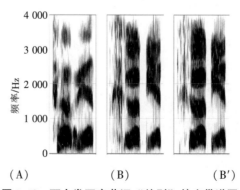

(A)　　　　　(B)　　　　　(B′)

图9.17　两人发双音节词"特别"的宽带谱图

## 9.3 语音同一认定的基本方法

语音同一认定采取的认识方法一般是间接排除法,即根据语音特征组合的重复概率来排除其他相似语音的一种方法。特殊情况下也可采取直接排除法,即根据语音的某些特征直接比较一定范围内的每一个审查对象,逐个进行排除,直至最后剩下一个对象的一种方法(何家弘,1999)。

语音同一认定采取的特征比较方法是特征对照法,即把所要比较的语音特征分别抽取出来,逐个进行比对,以确定符合点和差异点的一种方法。

语音同一认定采取的特征识别方法是观察感知和物理测量相结合的方法。观察感知方法就是通过肉眼观察语音频谱的形态特征及通过耳朵的听觉感知来识别语音的其他特征的一种方法;物理测量方法就是应用长度测量方法测量语音频谱的数值特征的一种方法。

### 9.3.1 听觉比对

听觉比对的内容主要有两个:一个是判断检材语音(未知语音)是否正常,一个是判断检材语音与样本语音(未知语音)是否具有听觉上的相似性。

(1) 判断语音是否正常

要深入分析研究检材语音是否正常,有无变化,是否表现出讲话人平时的讲话习惯。讲话时不同的精神状态,对语音有着不同程度的影响。精神愉快或情绪激动时,讲话节奏加快,语调高昂;情绪不佳时,讲话节奏变慢,语调也较为低沉;而在愤怒时,又可能出现大喊大叫、声嘶力竭等现象。有些疾病也可使语音产生不同程度的变化,如发音器官的某些暂时性病症,可引起语音沙哑或其他变化;感冒引起鼻塞,会使讲话带有鼻音等。过量饮酒也可对语音产生不同程度的影响,如讲话口齿不清、节奏变慢,有时还会出现口吃等。

语音的不正常现象,通过听觉一般是可以感知出来的。如果发现了语音的不正常现象,就要进一步研究其产生原因,并在鉴定过程中考虑这一因素。

(2) 判断检材与样本是否具有听觉上的相似性

通过检材语音与样本语音在共鸣方式、嗓音纯度、基频、音域、讲话节奏和力度、舌位前后、赘语、变调、轻重音、儿化发音、用词、语速、方音、口语缺陷等方面特征的比对分析,判断二者是否具有听觉上的相似性。

一般来说,如果检材语音与样本语音在听觉上差异很大,且无法进行解释,则可直接做出否定结论。除非在极特殊的条件下,一般不能单凭听觉特征做出明确的认定结论。

### 9.3.2 频谱比对

频谱比对就是将检材和样本中共有的、发音较为清晰、音强较大、调音音质相同的语句、词组、音节、音渡(过渡段)、音素的频谱进行比对鉴别,发现它们之间特征的相同点和差异点的鉴定过程。

频谱比对主要有以下几个步骤:

#### 9.3.2.1 选择特征音段

概括地讲,特征音段是指调音音质相同的音段。这里所说的特征音段既可以是相同语句,也可以是相同的词组或多字词(包括同音不同义的词组或多字词),还可以是相同的音节或相同的音渡(音联)、音素,它们统称为特征音段。在实际案件中,相同的语句较少出现,即使出现,对应音节的调音音质也很难完全一致,一般情况下只是其中某个或某些音节或词组的调音音质相同;多数情况下可供选择的只是相同的音节或相同的音渡(音联)、音素等。

在选择特征音段时必须注意一个问题:范畴感知。我们知道,元音是一种连续现象,不是离散现象。比如从[i]到[e]之间,就有无数过渡的元音,因为发音时舌位从[i]到[e]是连续变化的;要是测量共振峰$F_1$、$F_2$、$F_3$……,从[i]到[e]也是连续的。所以,从物理学的观点来看,元音是无限多的。可是世界上各种语言的元音总是有限的,也许是十几个,也许是几十个。我们说某种语言有多少个元音、多少个辅音的时候,实际上已经把无限多的连续现象归纳成很少几个音位范畴了。这就是所谓"范畴感知"(王士元、彭刚,2006)。

在选择特征音段时,一定要冲破"范畴"的思维限制,注意音段之间调音音质的细微差别。音段之间的有些细微差别,反映在频谱图上则是明显的差异。如果在选择特征音段时稍有疏忽,就可能误将它们选作特征音段,造成频谱特征的"伪差异点"。

#### 9.3.2.2 制作声纹频谱

确定特征音段之后,要根据检材和样本的具体情况,适当调整语音分析仪器的带宽、衰减系数、动态范围和高频提升等分析参数,做出质量较高的声纹频谱。

分析参数设置合适与否,对频谱质量影响很大。比如:高频提升不够,可能造成高频段的共振峰显现不出,而提升过多,低频段共振峰又可能层次不清,必要时对同一特征音段可做高频提升量不同的两幅频谱;再如带宽,对于平均基频较高的人,带宽设置如果小于基频,则做出的频谱相当于窄带图,不便考察共振峰的形态,对于平均基频较低的人,带宽设置过大,又会造成共振峰边界不清。

另外,辅音的响度较元音弱,其强频区有时显现不出来,如果过分强调辅音的强频区,又会造成元音部分的过载。因此,必要时可选择合适的分析参数将辅音部分单独作图。

#### 9.3.2.3 频谱的比对鉴别

(1)观察形态特征

逐个音段、逐条共振峰地观察各方面的形态特征,包括共振峰动态形态、共振峰强度、过渡段形态、谐波线形态等,并做出相似或差异程度的评价。

(2)测量数值特征

逐个音段、逐条共振峰地测量各方面的数值特征,包括共振峰(强频区)或共振峰上特定点的频率、各类过渡段共振峰端点频率、时长比例等,并做出相似或差异程度的评价。

#### 9.3.2.4 应注意的问题

(1)要全面客观,避免主观片面

在比对过程中,必然会出现符合与差异两个方面,我们必须全面客观地对待它们,切不可由于主观因素而重此轻彼。特别是在录音设备、讲话人情绪语气等因素影响语音听觉感受的情况下,要防止"先入为主",不能听起来觉得相像,就专找符合点,听起来觉得不像,就专找差异点。

(2) 要抓住特征的本质，避免机械比对

由于语音是由人通过发音器官发出的，所以同一人所发出的调音音质相同的音节，其声纹频谱不可能完全相同，就像同一棵树上的叶子不可能完全相同一样。因此，在比对时，要从各种不同的表面现象中，找出最能代表语音特性的本质性特征进行比对，而不要机械地比对个别点、线上的能量强弱和个别共振峰的长短等表面现象。

(3) 测量标准要统一

由于相当一部分频谱特征是定量特征，为了减小测量误差，必须注意测量标准问题。不同人测量同一特征，由于对标准的掌握不同，可能会得出不同的结果。因此，在二人以上共同参与鉴定时，必须各自独立地测量出所有的特征数据。

(4) 注意语速对某些特征的影响

比如，由于语速的不同造成相邻音节之间的相互作用的不同，因此导致音节音渡过渡段共振峰端点频率的不同。再如，音节之间的音素间过渡方式，也与语速密切相关。一般地讲，只有在语速基本相同的条件下，音节过渡的特征才有意义。如果语速相差过大，那么过渡方式就会发生相应的变化。还有，时长比例特征在相同语境条件下稳定性较强，但在不同语境中，有时可能会发生一定程度的变化。

(5) 注意语境对某些特征的影响

比如，共振峰形态特征在相同语境下稳定性较强，但在不同语境中变化较为明显。对于元音群，如果语境的不同只影响到最前面的音节和（或）最后面的音节，则去掉受到影响的部分，其他部分仍可使用。再如，时长比例特征在相同语境条件下稳定性较强，但在不同语境中，有时可能会发生一定程度的变化；即使在相同的语流中，句首音节和句尾音节有时也会出现变化。另外，说话时情绪的不同，也会引起一定程度的变化。

(6) 注意器材对某些特征的影响

特别是在检材和样本录音器材不同的情况下，有些特征比如总体强度按频率的分布状态会受到影响，在考察时可用擦音或塞擦音声母的音强作为参照。比如图9.8中（A）、（B）的韵母在2 000 Hz以上频段强度差异明显，但二者的声母强度却基本相当，说明二者韵母的强度差异是语音性质不同的反映，与录音器材无关。

### 9.3.3 综合评断

综合评断是语音同一认定程序中最关键的一环。它的任务是将听觉比对和频谱检验所发现的符合点和差异点综合起来进行分析判断，得出相应的鉴定结论。

目前的评断方法是鉴定人根据声纹鉴定的技术理论并结合自己的经验，一方面综合研究符合点，即看符合点的数量有多少，都是那些方面的符合，价值高的符合点有多少，符合的程度如何等；另一方面综合研究差异点，看差异点的数量有多少，差异的程度如何，属于本质差异还是非本质差异，能否加以解释等。

### 9.3.4 做出鉴定结论（意见）

根据上述听觉比对、频谱比对和综合评断的结果，得出相应的鉴定意见。鉴定意见有不同的表述方式。

9.3.4.1 我国的明确型表述方式

目前，我国语音同一认定的鉴定意见分为以下五种，分别表述为：

（1）认定同一；
（2）倾向认定同一；
（3）无结论；
（4）倾向否定同一；
（5）否定同一。

必要时可根据具体情况对倾向性结论用百分比表示倾向的程度。

#### 9.3.4.2 美国的明确型表述方式

目前，美国语音同一认定的鉴定意见分为以下七种，分别表述为：
（1）确认相同（identification）；
（2）很可能相同（probable identification）；
（3）可能相同（possible identification）；
（4）无法判断（inconclusive）；
（5）可能不同（possible elimination）；
（6）很可能不同（probable elimination）；
（7）确定不同（elimination）。

#### 9.3.4.3 以欧洲国家为代表的定性模糊型表述方式

这种采用描述不同信心程度的分级表述方式或按照自信程度打分方式表述的鉴定结论共有以下 6 种或 11 种：非常可能/不可能同一、相当可能/不可能同一、可能/不可能同一；用 -5、-4 …… +4、+5 等分别代表非常确信、非常可能同一……非常可能、非常确信不同一。

## 9.4　说话人自动识别

### 9.4.1　说话人自动识别的概念

说话人自动识别是指以计算机为工具，利用语音中的有关信息进行个人语音识别的一种技术。

9.4.1.1 按照识别任务的不同，说话人识别可分为两种方式：

（1）说话人辨认（Speaker Identification）

这种方式是将未知语音与语音模型库中 N 个说话人的语音进行 N 次比较，辨认出未知语音与语音模型库 N 个说话人中哪个人的语音最相近，是一个"多选一"的问题。

（2）说话人确认（Speaker Verification）

这种方式是对 A 和 B 两个语音进行自动比较，确定二者是否同一，是一个"一对一"的问题。

9.4.1.2 按照对语音要求的不同，说话人识别也可分为两种方式：

（1）文本有关（Text-dependent）的说话人识别

这种方式要求相比较的语音的发音内容必须相同，有时甚至要求音量、语气等也相同或相近。

（2）文本无关（Text-independent）的说话人识别

这种方式对相比较的语音的内容没有要求，只要达到一定的长度和质量要求即可。

### 9.4.2　说话人自动识别系统

一个完整的说话人自动识别系统如图 9.18 所示。识别过程分为两个阶段：训练阶段和识别阶段。在训练阶段，首先由特征提取模块实现对语音的参数化，再经过语音建模得到相应的语音模型，模型是对语音特征的进一步抽象。在识别阶段，对未知语音提取特征参数后，再计算语音的特征矢量与模型的相似度分数，根据"说话人辨认"和"说话人确认"两种任务的不同，按照不同的流程，使用不同的判决准则，得到最终的识别结果。

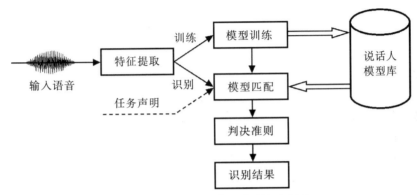

图 9.18　说话人自动识别系统示意图

**参考文献**

［美］国家研究理事会、国家科学院、国家工程研究院、医学研究院（1989）《嗓音鉴别的理论与实践》，丁宁译，张家骅校，北京：群众出版社。

何家弘（主编）（1999）《证据调查》，北京：法律出版社。

王士元、彭刚（2006）《语言、语音与技术》，上海：上海教育出版社。

王英利（2001a）利用鼻韵母发音方法特征进行声纹鉴定，《中国刑警学院学报》第 4 期。

王英利（2001b）论声纹鉴定中复合韵母和鼻韵母中音素间连接形态特征，《警察技术》第 5 期。

王英利（2008）利用鼻韵母共振峰特征进行声纹鉴定的研究，《中国语音学报》第 1 辑，北京：商务印书馆。

王英利（2011）声纹鉴定中普通话音素间过渡方式特征研究，《证据科学》第 2 期。

王英利（2013）《声纹鉴定技术》，北京：群众出版社。

王英利、李敬阳、曹洪林（2012）声纹鉴定技术综述，《警察技术》第 4 期。

王英利、李卫平（1995）利用鼻韵母音节后音渡形态进行声纹鉴定的研究，《中国刑警学院学报》第 2 期。

王英利、潘自勤、蓝常山（2011）声纹鉴定中的音强特征研究，《中国司法鉴定》第 5 期。

王英利、岳俊发（1998）声纹鉴定中音节间过渡段形态特征的研究，《公安应用技术通讯》第 2 期。

岳俊发（2007）《言语识别与鉴定》，北京：中国人民公安大学出版社。

岳俊发、王英利（1996）《声纹鉴定》，北京：警官教育出版社。

岳俊发、王英利、金阳天、陈祥民（1991）利用元音共振峰进行声纹鉴定的实验研究，《中国刑警学院学报》第 2 期。

岳俊发、王英利、金阳天、陈祥民（1992）利用音节内过渡段形态进行声纹鉴定的实验研究，《中国刑警学院学报》第 1 期。

Hollien, H. (1983) *Forensic Voice Identification*, Academic Press.

Nolan, F. (1983) *The Phonetic Bases of Speaker Recognition*, Cambrige University Press.

Rose, P. (2002) *Forensic Speaker Identification*, London and New York.

# 中英名词对照

## B

| | |
|---|---|
| 鼻音过重 | hyper nasality |
| 变异理论 | Variability Theory |
| 标记差异假说 | Markedness Differential Hypothesis, MDH |
| 标记性 | markedness |
| 病理发音语音库 | pathological speech corpus |
| 不对称时间采样 | Asymmetric Sampling in Time, AST |

## C

| | |
|---|---|
| 成熟滞后 | maturational lag |
| 词汇识别转换效应 | lexical identification shift |
| 词群 | cohort |

## D

| | |
|---|---|
| 代偿性发音 | compensatory articulation |
| 电磁发音记录仪 | Electromagnetic Articulograph, EMA |
| 电话语音库 | telephone speech corpus |
| 电声门阻抗仪 | Electroglottography, EGG |
| 电影核磁共振成像 | Cine-MRI |
| 动态（电子）腭位仪 | Electropalatography, EPG |
| 动态网络模型 | dynamic-net modal |
| 对比分析 | Contrastive Analysis, CA |
| 对话语音库 | dialogue or conversation speech corpus |
| 多模态言语合成 | Multi-modal Speech Synthesis |
| 多模态言语识别系统 | Audio Visual Speech Recognition, AVSR |
| 多模态语音库 | multimodal speech corpus |

## E

| | |
|---|---|
| 腭弓塌陷 | maxillary arch collapse |
| 腭裂 | cleft palate |
| 腭咽开度 | Velopharyngeal Opening, VPO |
| 儿童学习障碍 | Learning Disorders, LD |

## F

| | |
|---|---|
| 发声障碍（嗓音障碍） | voice disorders |
| 发音器官边界特征 | articulator-bound features |
| 发音器官自由特征 | articulator-free |
| 发音异常 | articulation errors |
| 发音约束度 | Degree of Articulatory Constraint，DAC |
| 范畴化 | categorization |
| 范畴知觉 | categorical perception |
| 方差平方系数 | Squared Coefficient of Variance，SCV |
| 方言语音库 | dialect speech corpus |
| 分散度 | Dispersion |
| 风格连续体 | Continuum of Interlanguage Style |
| 副语言学信息 | paralinguistic information |

## G

| | |
|---|---|
| 感知磁极效应 | Perceptual Magnet Effect |
| 感知盲点 | Perception Blind Spot |
| 感知同化模型 | Perceptual Assimilation Model，PAM |
| 个体学习模型 | Ontogeny Model |
| 共鸣异常 | resonance errors |
| 构音障碍 | dysarthria |
| 孤独症 | autism |
| 孤独症范畴内的障碍 | autism-spectrum disorders |
| 关键期假设 | Critical Period Hypothesis |

## H

| | |
|---|---|
| 汉语普通话语音库 | Standard Chinese speech corpus |
| 核磁共振成像技术 | Magnetic Resonance Imaging，MRI |
| 很可能不同 | probable elimination |
| 很可能相同 | probable identification |
| 后延效应（顺向，后向） | carryover |

## J

| | |
|---|---|
| 基音同步波形拼接合成 | Pitch Synchronous Overlap and Add，PSOLA |
| 几何发音器官模型 | geometrical articulatory model |
| 计算机辅助语音学习 | Computer-Aid Pronunciation Learning，CAPL |
| 计算障碍 | dyscalculia |
| 加网格的电影核磁共振图像 | tapped Cine-MRI |
| 监控理论 | Monitor Theory |
| 节律切分策略 | metrical segmentation strategy |
| 结构一致性假说 | Structural Conformity Hypothesis，SCH |
| 紧嗓音 | tense Voice |

| | |
|---|---|
| 竞争网络 | competition network |
| 具身理论 | embodiment theory |

## K

| | |
|---|---|
| 可分解规则 | Resolvability Principle |
| 可能不同 | possible elimination |
| 可能词限制 | possible-word constraint |
| 可能相同 | possible identification |
| 口吃 | stuttering |

## L

| | |
|---|---|
| 亮嗓音 | bright Voice |
| 邻域激活模型 | Neighborhood Activation Models, NAM |

## M

| | |
|---|---|
| 莫拉 | mora |
| 母语磁极模型 | Native Language Magnet Model, NLM |
| 母语音系迁移 | Transfer of Native Sound System |

## N

| | |
|---|---|
| 颞上沟 | superior temporal sulcus |
| 颞上回 | superior temporal gyrus |
| 颞下沟 | inferior temporal sulcus |
| 颞中回 | middle temporal gyrus |

## P

| | |
|---|---|
| 偏误分析法 | Error Analysis, EA |

## Q

| | |
|---|---|
| 情感语音库 | expressive speech corpus |
| 确定不同 | elimination |
| 确认相同 | identification |

## S

| | |
|---|---|
| 生物力学模型 | explicit biomechanical model |
| 声道截面积和传输线模型 | sectional area function and transmission line model |
| 声调复制 | tone copy |
| 声学不变量理论 | acoustic invariance |
| 失语症 | aphasia |
| 时序叠加 | temporal overlap |

| | |
|---|---|
| 视位 | viseme |
| 书写困难 | dysgraphie |
| 双通路模型 | Dual-stream Model |
| 说话人辨认 | speaker identification |
| 说话人确认 | speaker verification |
| 诵读障碍 | dyslexie |

## T

| | |
|---|---|
| 停顿后的话轮数 | Percentage of T-Units |
| 特发性语言障碍 | specific language impediment |
| 特征展延 | feature spreading |
| 听觉性言语障碍 | hearing speech disorders |
| 听力损失 | hearing loss |

## W

| | |
|---|---|
| 网络语音库 | web speech corpus |
| 文本无关 | text-independent |
| 文本有关 | text-dependent |
| 无标记性 | unmarked |
| 无法判断 | inconclusive |

## X

| | |
|---|---|
| 先行性效应（逆向，前向） | anticipatory |
| 响度失调 | loudness disorders |
| 协同发音 | co-articulation |
| 新闻广播语音库 | broadcast news speech corpus |

## Y

| | |
|---|---|
| 言语交际 | verbal communication |
| 言语学习模型 | Speech Learning Model, SLM |
| 一种英语韵律标准系统 | Tone and Break Index, ToBI |
| 一种与 IPA 对应的计算机可读符号系统 | SAMPA |
| 音调单调 | monotonous |
| 音调异常 | pitch disorders |
| 音轨方程 | Locus equation |
| 音位恢复效应 | phonemic restoration effect |
| 有声时间比 | Phonation Time Ratio |
| 有声停顿 | Filled Pause |
| 语后聋 | post-lingual deafness |
| 语前聋 | pre-lingual deafness |
| 语言病理学 | speech-language pathology |
| 语言发育迟缓 | language retardation |

| 语言普遍现象 | language universals |
| --- | --- |
| 语言信息 | linguistic information |
| 语义结构 | semantic structure |
| 语音合成语音库 | speech synthesis corpus |
| 语音量子理论 | Quantal Nature of Speech, QNS |
| 语音配列限制 | phonotactic restrictions |
| 语音评测语音库 | speech evaluation corpus |
| 语音识别语音库 | speech recognition corpus |
| 语音学习模型 | Model of Phonetic Learning, MPL |
| 阅读障碍 | reading disorders |

## Z

| 正常麦克风信道语音库 | microphone speech corpus |
| --- | --- |
| 知觉不变性 | invariance of perception |
| 直接实现观点 | direct realist view |
| 指向发音器官运动速度 | Directions into Velocities of Articulators |
| 智力发育迟缓 | mental retarded |
| 中介语结构一致性假说 | Interlanguage Structural Conformity Hypothesis, ISCH |
| 中介语理论 | Interlanguage Hypothesis, IH |
| 中性嗓音（正常嗓音） | modal Voice |
| 重心 | center of gravity |
| 重音类别模型 | Stress Typology Model, STM |
| 重音失听模型 | Stress Deafness Model, SDM |
| 注释性结构语境 | interpretative structural context |
| 注意性处理 | attentional processing |
| 自动选择感知模型 | Automatic Selective Perception Model, ASP |
| 自适应共振理论 | Adaptive Resonance Theory, ART |

# 北京大学出版社语言学教材方阵

**博雅21世纪汉语言专业规划教材：专业基础教材系列**
  现代汉语（上）  黄伯荣、李炜主编
  现代汉语（下）  黄伯荣、李炜主编
  现代汉语学习参考  黄伯荣、李炜主编
  语言学纲要（修订版）  叶蜚声、徐通锵著，王洪君、李娟修订
  语言学纲要（修订版）学习指导书  王洪君等编著
  古代汉语  邵永海主编（即出）
  古代汉语阅读文选  邵永海主编（即出）
  古代汉语常识  邵永海主编（即出）

**博雅21世纪汉语言专业规划教材：专业方向基础教材系列**
  语音学教程（增订版）  林焘、王理嘉著，王韫佳、王理嘉增订
  词汇学教程  周荐著（即出）
  当代语法学教程  熊仲儒著
  修辞学教程（修订版）  陈汝东著
  汉语方言学基础教程  李小凡、项梦冰编著
  新编语义学概要（修订版）  伍谦光编著
  语用学教程（第二版）  索振羽编著
  新编社会语言学概论  祝畹瑾主编
  计算语言学教程  詹卫东编著（即出）
  音韵学教程（第四版）  唐作藩著
  音韵学教程学习指导书  唐作藩、邱克威编著
  训诂学教程（第三版）  许威汉著
  校勘学教程  管锡华著
  文字学教程  喻遂生著
  文化语言学教程  戴昭铭著（即出）
  实验语音学基础教程  孔江平编著
  汉语韵律语法教程  冯胜利、王丽娟著（即出）

**博雅21世纪汉语言专业规划教材：专题研究教材系列**
  现代汉语语法研究教程（第四版）  陆俭明著
  汉语语法专题研究（增订版）  邵敬敏等著
  现代汉语词汇（第二版）  符淮青著（即出）

新编语用学概论　何自然、冉永平编著
现代实用汉语修辞(修订版)　李庆荣编著
汉语语音史教程　唐作藩著
近代汉语研究概要　蒋绍愚著
汉语白话史　徐时仪著(即出)
说文解字通论　黄天树著
实验语音学概要(增订版)　鲍怀翘、林茂灿主编
外国语言学简史　李娟编著(即出)